El Pensamiento de Pablo

La Teología Paulina

Editado por Departamento de Educación Teológica de la

Editorial Universitaria Libertad

Copyright © 2016 by Editorial Universitaria Libertad

Madrid, España.

Pag. Web: http://alv36588.wix.com/editorial-libertad

Contenido

Introducción 3

Parte I 10

Las Primeras Acciones de Saulo de Tarso 10

La Conexión Teología de Pablo con la Enseñanza de Jesús 32

Buenas Nuevas para los paganos 40

Buenas Nuevas para Israel 51

'La justicia de Dios' en las epístolas paulinas 55

La humanidad renovada de Dios 72

El evangelio de Pablo en sus días y en nuestros días 82

La justificación en el pasado y en la actualidad 86

Pablo, Jesús y los orígenes cristianos 91

El trasfondo de Saulo 93

El Espíritu Santo y Pablo 100

Contribuciones literarias de Pablo 123

Teología de Pablo 138

Parte II 141

La coherencia y centro de la teología de pablo 141

El Desarrollo de la Teología Paulina a Través de sus Epístolas 156

Los énfasis Comunes y las Convicciones Centrales de las Cartas de Pablo 355

Obras Citadas 394

Introducción
Análisis sobre el pensamiento de Pablo epistola a los hebreos

Según vemos en los Hechos de los Apóstoles, Pablo advertía a los recién convertidos en Asia de que en el camino al reino de Dios les esperaba la persecución. Y si hubieran tenido alguna duda al respecto, la propia vida de Pablo habría servido de prueba. Fue amenazado, atacado, malinterpretado, criticado, ridiculizado, insultado, apaleado, apedreado; también naufragó; todo esto era su pan de cada día. Al final, y probablemente esto es lo peor de todo, fue canonizado por la iglesia, y por eso algunos escritores le acusan de haber fingido para obtener poder. (Sin embargo, la iglesia a menudo ha utilizado el título de 'San Pablo' como una excusa, al no haber conseguido entenderle o imitarle).

A veces me pregunto qué diría Pablo del trato que se le ha dado en el siglo XX. *'Plus ça change, plus c'est la même chose'*, quizás – dado que seguro que a estas alturas ya habría añadido el francés a la impresionante lista de lenguas que dominaba. Su destino en este siglo se parece mucho al que le tocó vivir en su tiempo. Cualquier persona que haga referencia al cristianismo debe tenerle en cuenta; ahora bien, también puede, y de hecho así es, abusar de él, malinterpretarle, imponerle categorías propias, hacerle las preguntas equivocadas y cuestionar por qué no da una respuesta clara, e incluso puede tener la poca vergüenza de utilizar material suyo con fines con los que Pablo nunca habría estado de acuerdo. Y cuando algunos defienden que sus ideas son paulinas, y que el gran apóstol es su guía, a menudo descubrimos que están enfatizando un aspecto de su pensamiento sobre el resto, tanto es así, que otros aspectos, igualmente importante para Pablo, quedan relegados e incluso, abandonados.

A menudo, al igual que ocurrió en el alboroto de Éfeso, uno sospecha que la gente que más ruido hace es la que no está del todo segura de lo que dice. Las personas que temen decirle a Dios, o a Jesús, lo enojados que están con él, suelen estar contentos de poder dirigir su rabia hacia alguien como Pablo, ante el cual no actúan con tanto reparo o inhibición. Del mismo modo, aquellos que se aferran a una línea teológica o religiosa a veces no se atreven a afirmar que lo que dicen representa el pensamiento de Dios, pero sí se atreven a presentar a Pablo como su aliado y cuentan así con una buena defensa ante cualquier tribunal. Sí, seguro que Pablo está avergonzado de ese tipo de amigos, pero a estas alturas me imagino que ya se debe haber acostumbrado.

Sería ingenuo si creyera que yo estoy libre de caer en tales trampas. Comprender los pensamientos de un escritor o escritora tal y como él o ella los concibió es bastante complicado. De hecho, la mayoría de las veces lo único que podemos hacer es una aproximación. Pero para acercarnos lo máximo posible uno debe hacerse la siguiente pregunta: ¿una interpretación concreta nos ayuda a entender mejor los pasajes que antes nos resultaban desconcertantes? ¿Esta interpretación permite que sus cartas adquieran una nueva coherencia tanto en su situación particular como en la relación entre ellas? ¿Nos proporciona una vista general de las enseñanzas de Pablo, sin detrimento de los detalles más pequeños? ¿Está dando importancia a esos pequeños detalles? Cuando vemos el tratamiento que Pablo ha recibido en el siglo XX, una y otra vez nos damos cuenta de que la respuesta a todas estas preguntas es: NO. Los logros conseguidos en algunas áreas se ven ensombrecidos por los desastrosos resultados en otras áreas. Yo espero humildemente que eso no ocurra en este libro, al menos no en tan alto grado.

Escribir sobre Pablo supone participar en una conversación que ya empezó hace mucho tiempo. Se han escrito libros enteros en la historia de la investigación paulina, y aquí sólo podremos tratar por encima una o dos figuras importantes. Pero deberemos, como mínimo, verlas por encima, porque estos expertos son los que determinan cómo concebimos la figura de Pablo en la actualidad, las preguntas que le hacemos y, en cierta medida, las respuestas que esperamos.

Pablo en el siglo XXI
Schweitzer

El estudio de Pablo en este siglo se remonta, igual que el de Jesús, a la monumental obra de Albert Schweitzer. Aunque empezó el estudio de la teología paulina bastante tarde debido a su dedicación misionera como médico, sus primeros apuntes sobre Pablo y sus intérpretes deben tenerse en cuenta si queremos entender su forma de trabajar – a pesar de algunos de sus puntos de vista absolutos y sesgados[3]. Únicamente analiza la obra de un grupo de buenos escritores planteándoles dos preguntas, que se han seguido utilizando en el estudio erudito, y que tendremos muy en cuenta en este libro. En primer lugar, ¿es Pablo ciertamente un pensador judío, o es un pensador griego? Y en segundo, ¿cuál es el centro de la teología paulina? ¿Se trata de la 'justificación por la fe', o de 'estar en Cristo'? (Schweitzer considera las dos opciones como serios candidatos). Las dos preguntas están entrelazadas: Schweitzer creía que 'estar en Cristo' era una creencia judía esencial, mientras que la 'justificación por la fe' suponía un fuerte criticismo implícito al judaísmo.

La solución que Schweitzer ofrece no deja lugar a dudas. Se burlaba de los que insistían en adjudicarle a Pablo categorías paganas y helenísticas para poder interpretarlo. Él decía que Pablo era judío de cabo a rabo, a pesar de que, precisamente a través de su ministerio como el apóstol judío a los gentiles, preparó el camino para la posterior helenización del cristianismo. De la misma manera, Schweitzer argumentaba que la justificación por la fe, y los complejos temas que giran en torno a ésta, no era el centro de la teología paulina, sino que era una idea polémica (que de hecho sólo se trata en dos cartas, y se menciona brevemente en una tercera) relacionada con el tema concreto e importante de la admisión en la iglesia de los gentiles incircuncisos. En cambio, el centro de la teología paulina era lo que Schweitzer llamaba 'el misticismo de Cristo'. Éste hacía referencia a la famosa doctrina paulina de 'estar en Cristo', e interpretaba dicha doctrina a la luz del trasfondo judío apocalíptico. El Dios de Israel había actuado en el mundo de forma radical, apocalíptica, a través de Jesús el Mesías. El verdadero pueblo de Dios estaba ahora estrechamente ligado a este Mesías, este Cristo. Estaba incluido 'dentro' de él.

Junto con este análisis Schweitzer tomó muchas decisiones importantes sobre cómo interpretar algunos pasajes clave de Pablo. Quizá lo más conocido es el efecto de su punto de vista sobre cómo leer la carta a los Romanos, conocida generalmente como la obra maestra de Pablo. Podemos pensar que la 'justificación por la fe' es el centro de la teología paulina. Igualmente podríamos pensar que 'estar en Cristo' es a lo que Pablo da más importancia.

Una tercera pregunta que acompaña el análisis que Schweitzer hace de Pablo tiene que ver con la consecuencia práctica: ¿qué está diciendo Pablo al hombre y a la mujer de hoy? Creo que para Schweitzer había dos significados, el positivo y el negativo. En primer lugar, si lo importante es 'estar en Cristo', en vez de los ilógicos debates sobre la justificación, se es libre de vivir la vida cristiana de formas nuevas y diferentes. Y creo que esto formó parte de lo que llevó a Schweitzer a vivir como vivió y a realizar su ministerio y trabajo únicos y extraordinarios. En segundo lugar, por la misma regla de tres, no hace falta prestar mucha atención a lo que la iglesia oficial hace, ya que ésta aún está empecinada en ver a Pablo como un teólogo dogmático. Así, Schweitzer se marcó su propio camino en la primera mitad de siglo, y avanzó como un solitario y erudito gigante en medio de una multitud ruidosa de superficiales pigmeos teológicos.

El legado que Schweitzer nos dejó consiste, en resumidas cuentas, en las cuatro preguntas que siempre nos hacemos sobre Pablo.

Historia, teología, exégesis y aplicación: todos los comentaristas de Pablo proponen, ya sea de manera explícita o implícita, estas cuatro preguntas. Una de las razones por las cuales Schweitzer es tan importante es porque las pronunció de forma clara y, aunque las respuestas que da no tienen todas la misma calidad, nos ofrece un punto de referencia para un estudio posterior.

Bultmann

Otro gran expositor de Pablo del siglo XX digno de tener en cuenta es Rudolf Bultmann. En su *Teología del Nuevo Testamento* [Salamanca: Sígueme, 1981; traducción de *Theologie des Neuen Testaments*, Tübingen, 1965, 5ª ed.], convirtió a Pablo en uno de los dos pilares de su investigación (el otro fue Juan). Para Bultmann, Pablo ofrece un análisis crucial de la grave situación en la que se encuentra el ser humano, y de la solución a dicha situación. Bultmann utiliza el lenguaje de Pablo y de Lutero, para tratar sobre los grandes enemigos de la raza humana (el pecado, la ley y la muerte) y sus grandes soluciones (la gracia, la fe, la justicia, la vida). En este análisis, Bultmann utilizó mucho y explícitamente tanto la filosofía contemporánea como la investigación histórica. Concretamente, desarrolló una variante del existencialismo alemán que Martin Heidegger hizo famosa. Cabe pues preguntarse si la teología de Bultmann, incluyendo su retrato de Pablo, es realmente una versión cristiana del existencialismo, o una versión existencialista del cristianismo.

Las respuestas que Bultmann da a las cuatro preguntas se desarrollan como sigue: Pablo pertenece al contexto helenístico; al fin y al cabo, era el apóstol de los gentiles, así que muy pronto abandonó las categorías judías de su pensamiento inicial para expresar su mensaje tanto con las categorías como con el idioma del mundo griego. Así, se desmarcó del mundo judío en el que sus compatriotas, al defender la supremacía de la ley, rechazaban la posibilidad de la auténtica existencia ofrecida en Cristo, el fin de la ley. Para Bultmann, el centro de la teología paulina era el análisis de la grave situación humana y de la decisión ('fe') por la cual uno puede escapar de la misma. Según Bultmann, Pablo mantenía la creencia judía de que el mundo estaba a punto de acabar, pero para él ésta era una de la razones para abandonar las esperanzas históricas judías y redefinir su mensaje con las categorías atemporales del pensamiento griego.

Cuando Bultmann estudió Romanos, (al igual que Schweitzer, pero por razones muy diferentes) estableció que el centro de la carta estaba en los capítulos 5 al 8, especialmente en los capítulos 7 y 8. En estos, se describe de forma muy gráfica la grave situación humana a la que Bultmann llamó 'el hombre bajo la ley'. En la práctica, la idea de Pablo para la actualidad era sostener a los cristianos en su fe, puesto que el mundo, incluido el mundo cristiano, se tambaleaba alrededor de ellos. Debemos recordar que Bultmann, al igual que Barth y otros, alcanzó su madurez teológica en la misma época que el nazismo llegó al poder.

La brillante síntesis de Bultmann paga un precio muy alto. Algunas ideas de Pablo no caben en el marco que ésta establece. Por tanto lo que hace es rebajar su categoría: dijo que se trataban de 'glosas' (palabras o frases añadidas por otros autores al texto paulino), o reminiscencias del trasfondo judío de Pablo, que éste no se había parado a considerar a la luz de su madurez teológica. (Creo que es demasiado pretencioso decir que él podía considerar los razonamientos de Pablo mejor que Pablo mismo, pero trataré ese tema más adelante).

Davies

Bultmann fue muy popular entre los estudiosos del Nuevo Testamento durante la primera mitad del siglo XX. Su obra muestra que muy pocos prestaban atención a la teoría de Schweitzer de interpretar a Pablo a la luz de su contexto judío. La idea de que Pablo adquirió sus ideas principales, los motivos y la teología no del judaísmo sino del helenismo, permanece en el trabajo de muchos escritores, debido en parte a una deficiente interpretación del propio judaísmo, de lo cual nos ocuparemos en breve. Pero justo después de la Segunda Guerra Mundial se produjo un cambio radical, cuyo precursor fue el joven galés W. D. Davies, quien pasó la mayor parte de su vida en los EE.UU. Davies estudió a los rabinos judíos de una forma, para la época, innovadora. Al compararlos con Pablo descubrió que cada una de las características que Bultmann y otros habían atribuido al trasfondo griego de Pablo eran también características que se podían encontrar perfectamente en el judaísmo. Así, argumentó en su obra principal *Paul and Rabbinic Judaism* (Pablo y el judaísmo rabínico) que Pablo era, en el fondo, un rabí judío que creía que Jesús de Nazaret era el Mesías judío.

Después de Davies, la mayoría de estudiosos de la posguerra respondieron o bien en contra de sus ideas, o bien desarrollándolas. No llegó a decir como Schweitzer que Pablo era un judío apocalíptico, que anunciaba que el mundo iba a acabar en cualquier momento; pero, aparte de eso, su obra constituye una vuelta hacia Schweitzer. Rechaza por completo que el pensamiento de Pablo derivara del helenismo, y lo relaciona inequívocamente con sus raíces judías. De ahí que Davies, al igual que Schweitzer, dejara de lado la crítica que Pablo hace del judaísmo, tanto exegética como teológicamente. En cambio, el Pablo de Davies enfatiza que la 'era venidera', tan esperada por los judíos, ha llegado con Jesús. Él ha dado lugar a un nuevo pueblo de Dios – con una nueva Torá (ley), a saber, 'la ley de Cristo' (Gálatas 6:2).

La obra de Davies supone una nueva actitud frente al judaísmo por parte de los expertos de la posguerra. Hasta entonces, el judaísmo había sido considerado por la mayoría de expositores paulinos como un buen ejemplo de 'la religión que no debía practicarse'. Representaba la confianza en el esfuerzo humano, el legalismo, el prejuicio y el orgullo. La razón por la cual Pablo había adoptado sus ideas del helenismo, como se pensaba, era porque las ideas judías estaban contaminadas. Si se usaban, se comprometía la fe. Pero el escenario cambió con Davies que estaba en la misma línea de Karl Barth, con el movimiento llamado 'teología bíblica', y con la reacción de la posguerra contra el antisemitismo que causó el holocausto. De repente, el judaísmo se puso de moda; las ideas judías eran buenas, y se tachaba a las griegas de 'paganas' y así (implícitamente), de malas. Debido a la obra de Davies, se dio un nuevo énfasis a la historia, la teología, la exégesis y la aplicación. La mayoría de los eruditos no han seguido esa tendencia de investigar todos y cada uno de los temas paulinos a partir de fuentes rabínicas (muchas de las cuales, como él ya sabía, son de algunos siglos después de Pablo). Pero al menos logró demostrar que si se separa a Pablo de su trasfondo y entorno judío no se le está haciendo justicia.

Käsemann

El cuarto experto que vamos a considerar brevemente es Ernst Käsemann, profesor en Tübingen (Alemania) en los años 60 y 70. En muchas de sus obras, que culminan en su comentario a los Romanos, ofreció una nueva síntesis de la teología paulina. Käsemann intentó mantener los puntos fuertes tanto de Schweitzer como de Bultmann. Por un lado, con Schweitzer coincidía en que el verdadero trasfondo de Pablo se encuentra en el judaísmo apocalíptico. Por otro, se unía a Bultmann y a otros luteranos para decir que el centro del pensamiento paulino se encontraba en la teología de la justificación, en contra del legalismo humano y el orgullo religioso. Al dividir su pensamiento así, Käsemann fue capaz de hacer más justicia a los detalles de los escritos de Pablo que Bultmann. Käsemann recogió muchas ideas de Pablo que el análisis de Bultmann había ignorado, y les dio de nuevo más o menos el lugar que les correspondía. En concreto, arguyó que Pablo estaba sobre todo interesado en la victoria del Dios verdadero sobre los poderes del mal y del mundo rebelde. Dios, en Cristo, había vencido al mal, y estaba ahora implementando esa victoria mediante la predicación del evangelio. El orgullo humano (y también el orgullo *religioso*) intentaban conseguir la victoria por sí mismos en vez de aceptar la humillante victoria de Dios. La justificación del impío (Romanos 4:5) declara que esa victoria es verdad.

Käsemann hace un primer apunte a un tema que es de enorme importancia para comprender a Pablo: a saber, que desde su contexto judío, hizo una crítica al judaísmo. Hasta ahora, en el estudio del Nuevo Testamento, se asumía que si uno era un pensador judío no iba a criticar al judaísmo – y que, por la misma regla de tres, si uno lo criticaba, esta crítica debía haber nacido fuera del judaísmo. Käsemann parece reconocer (y se podría pensar que se trata de algo bastante obvio ya en los profetas del Antiguo Testamento y después en Juan el Bautista y Jesús) que la *crítica interna* era, de hecho, la característica central del judaísmo. El Pablo apocalíptico de Käsemann anunció al mundo que el Cristo crucificado era su Señor, que se hace responsable del orgullo y la rebelión humana, incluyendo el orgullo y la rebelión judía (lo vemos especialmente en su propia ley). Para Käsemann, parte de la aplicación de esta lectura era una teología política más firmemente arraigada que la que la mayoría de sus predecesores habían tenido. Käsemann había sido parte de la Iglesia Confesional Alemana bajo el Tercer Reich, e incluso había estado en prisión por realizar actividades antinazis. Él odiaba la gran presencia de la religión pequeñoburguesa alemana que había bajo Hitler, y el uso del lenguaje religioso para promover el nazismo, así que podemos ver su obra, en parte, como un vehemente intento de basar su protesta sociopolítica en una seria y detallada exégesis de Pablo.

Si tuviera que elegir la obra de un exégeta paulino para llevármela a una isla desierta, elegiría la de Käsemann. Escribe con un increíble poder, dinamismo, sinceridad y rigor exegético, y pasión por la verdad y la libertad, lo que me hace releer a Pablo una y otra vez de forma renovada. Las muchas cosas con las que no estoy de acuerdo con él no consiguen hacer sombra a la gratitud y gran admiración que siento por él. Pero el erudito que ha afectado a los expertos en el pensamiento paulino de la actualidad más que todos los demás juntos es Ed P. Sanders, antiguo colega mío en la Universidad de Oxford, y actualmente Profesor en Duke University de Durham, en Carolina del Norte (EE.UU.).

Sanders

Para medir la importancia de este autor sólo hace falta notar que los expertos en el pensamiento paulino de todo el mundo hablan de 'la revolución de Sanders'. Incluso los que rechazan sus teorías no pueden negar que sus planteamientos han supuesto un giro radical en la investigación, hasta el punto de que muchos libros escritos antes de Sanders, o con una perspectiva preSanders, resultan ahora extremadamente anticuados e incluso aburridos – ¡y ningún comentarista sobre Pablo debería resultar aburrido! Aunque yo no estoy nada de acuerdo con algunos puntos de Sanders, y desarrollo mucho más algunos otros, no puedo negar que ha sido la figura principal en el último cuarto del siglo XX, igual que lo fueron Schweitzer y Bultmann en la primera mitad.

La obra más importante que Sanders escribió sobre Pablo es *Paul and Palestinian Judaism* (Pablo y el judaísmo palestino). Tiene una fuerte influencia de Davies; éste fue uno de los profesores de Sanders, quien se vio a sí mismo como sucesor de su profesor y de sus posturas, aunque añadió algunas formas nuevas. En lugar de leer a Pablo teniendo en cuenta simplemente su trasfondo rabínico, definió un escenario más amplio del judaísmo palestino de los días de Pablo, estudiando los Rollos del Mar Muerto (que aún no habían aparecido en la época de Davies), los apócrifos y pseudoapócrifos, la literatura sapiencial, etc. Su argumento principal, del cual se deriva el resto, puede resumirse de una forma muy simple. El judaísmo en la época de Pablo no era, tal y como siempre se había pensado, una religión que abogaba por la fórmula legalista justificación-obras. Y si creemos que lo era y que Pablo estaba atacándola por serlo, no estamos entendiendo sus enseñanzas. La mayoría de los exégetas protestantes interpretan a Pablo y al judaísmo como si éste fuera una forma de la antigua herejía pelagiana, según la cual los humanos se construyen a sí mismos mediante sus propios esfuerzos y ganan así la justificación, la justicia y la salvación. Según Sanders, esto no es así. En el judaísmo, guardar la ley siempre ha funcionado íntimamente unido a la idea de pacto. Dios tomó la iniciativa, cuando hizo un pacto con el judaísmo; la gracia de Dios precede a cualquier cosa que puedan hacer los humanos (especialmente los judíos). El judío guarda la ley porque está agradecido a la gracia de Dios – no para *entrar* en el pacto, sino para *mantenerse* en el pacto. Estar en el pacto es regalo de Dios. Sanders llamó a este idea 'el nomismo pactal' (del griego *nomos*, ley). Guardar la ley judía era la respuesta humana correcta a la iniciativa de Dios, el pacto.

Así, Sanders, de un solo golpe, rompió con la mayoría de interpretaciones de Pablo, especialmente con la del protestantismo tradicional. Insistía en que el judaísmo era y es una forma perfectamente válida de religión. La única crítica que Pablo hace del judaísmo era, según Sanders, que iba en contra del cristianismo. Pablo, que había encontrado la salvación en el cristianismo, fue forzado a concluir que el judaísmo no era suficiente. El centro del pensamiento de Pablo (y aquí Sanders se une firmemente a Schweitzer) no era ni la justificación, ni la crítica del judaísmo; era lo que llamaba la 'participación', palabra que Sanders utiliza para el complejo pensamiento paulino que se centra en la idea de 'estar en Cristo'.

Una de las ironías de la posición de Sanders es que nunca desarrolló su reforma a través de un replanteamiento profundo del pensamiento de Pablo. Se contenta con tratar varios temas paulinos de forma no sistemática. Tampoco nos ha dejado una exégesis amplia versículo a versículo, que es la verdadera prueba para ver si una idea en concreto funciona realmente como uno cree que funciona. Pero su orden práctico es bastante claro: los cristianos deberían considerar a los judíos con mucho más respeto del que han mostrado en el pasado, y sobre todo no deberían acusarles de una forma de religión que de hecho no es la suya. Los cristianos paulinos y los sucesores del judaísmo palestino del primer siglo no deberían llamarse anatema los unos a los otros tal y como han solido hacer a lo largo de la historia.

Las secuelas de la 'revolución de Sanders' son reveladoras. Algunos se han dado una prisa indecente por subirse al tren – queriendo probablemente llegar a las conclusiones relativistas de Sanders sin tener que pasar por sus fundamentos exegéticos, su reconstrucción histórica, o su arquitectura teológica. Otros, especialmente de los círculos conservadores, han reaccionado con hostilidad, esforzándose por rehabilitar la vieja visión del judaísmo como forma de protopelagianismo, y la vieja lectura de Pablo como predicador de la justificación por la fe, como medio de salvación que anula el esfuerzo humano ('obras de la ley'). En Alemania, muchos expertos paulinos ven a Sanders simplemente como una amenaza peligrosa, aunque ignorante e incoherente. Pero de hecho, sí domina el tema y, hasta que no se produzca una significativa refutación de su tesis central, la honestidad nos obliga a escuchar lo que tiene que decir. Yo no creo que se llegue a refutar lo que él defiende; es más, no creo que se pueda hacer. Para ello se requieren serias modificaciones, pero creo que su argumento base ya está establecido.

El debate actual

La situación actual en lo que respecta a los estudios paulinos es un poco confusa. Supongo que siempre ha sido así; sólo si hacemos un análisis retrospectivo podremos observar las principales tendencias y los importantes cambios de opinión. En la actualidad, probablemente como en la mayoría de las épocas, hay mucha gente que está interpretando a Pablo de muchas y diferentes maneras que a veces resultan desconcertantes. Se están estudiando las cuatro grandes preguntas. A continuación le dedicaremos unas líneas a cada una de ellas.

Historia

Actualmente, casi todos los eruditos ven a Pablo como un pensador judío, aunque se sigue debatiendo sobre los principios del judaísmo de los que más cerca está, y sobre las ideas judaicas que revisó a la luz del evangelio. (Ahora sabemos, claro está, mucho más del judaísmo del primer siglo de lo que se sabía en la generación anterior a nosotros). También ha surgido el tema de cómo ubicar a Pablo históricamente. La sociología y el estudio de las técnicas de escritura antiguas ('retórica') intentan situarlo en diferentes aspectos de la cultura de sus días. Aún hay uno o dos autores que intentan representarle como un helenista convencido (a diferencia de las opiniones de principios de siglo, estas representaciones buscan ensombrecer la reputación de Pablo), pero no cuentan con muchos seguidores.

Teología

No hay consenso sobre cuál es el centro de la teología paulina. La mayoría de comentaristas paulinos de Alemania, y algunos pertenecientes a los círculos conservadores estadounidenses, siguen insistiendo en que la cruz y la justificación son el centro del pensamiento de Pablo; pero muchos grupos contradicen esta idea, y en esta última década muchos expertos se han preguntado cómo descubrir cuál es el centro del pensamiento de alguien, e incluso si hacerse tal pregunta tiene sentido o no. La categoría de 'narrativa' que ahora está en boga ha sido utilizada para introducirse en la teología de Pablo, aunque hoy por hoy no existe ningún consenso sobre cómo usar dicha categoría, o qué pasaría si la usáramos. El abandono de la teología en muchos análisis bíblicos, particularmente en muchas instituciones estadounidenses (donde la mayoría de la investigación bíblica tiene lugar actualmente) tiene como resultado que a Pablo lo estudia muchas veces gente que no tiene una formación ni filosófica ni teológica y que, además, cree que tal formación no es necesaria. Muchos expertos del Nuevo Testamento utilizan una exégesis detallada para escapar del conservadurismo severo y destructor; cualquier intento de articular una teología paulina general lo ven como un intento de reconstruir un sistema del que no quieren depender. Como en otros círculos de estudiosos, usar el estudio de la historia para exorcizar el pasado de alguien es una forma de terapia atractiva, aunque ineficaz.

Exégesis

El estudio detallado de las cartas de Pablo se ha producido muy rápidamente, e incluso se han consultado otras fuentes primarias, tanto de escritores judíos como paganos, para encontrar textos paralelos con el uso y las ideas de Pablo. De la misma manera, ha habido una ola de literatura secundaria, de calidad muy variada, por lo que el comentarista que quiere ser profundo se enfrenta a una enorme tarea de investigación si quiere hacer justicia a todas las posiciones habidas y por haber. Así, los comentarios recientes suelen ser reposiciones fruto de un estudio detallado, y no declaraciones teológicas fundamentales. Esto no tiene por qué ser malo, siempre y cuando seamos conscientes de que ahora ya hay una buena base para que se puedan ampliar las interpretaciones teológicas en un futuro, construyendo (esperemos) sobre lo que sea mejor en ese mar de estudio detallado.

Aplicación

La cuestión sobre cómo aplicar las enseñanzas de Pablo hoy en día sigue siendo un debate candente. Algunos aún siguen el juego reduccionista de imaginar que si ponemos a Pablo en su contexto histórico le podemos dejar ahí; esa es precisamente la propuesta de la interpretación actual que consiste en dejar a Pablo a un lado y reconstruir nuestra propia interpretación y teología. Algunos aún le utilizan para legitimar una 'predicación del evangelio' bastante arcaica en la que el problema principal es el orgullo y el pecado humano y la solución, la cruz de Cristo. Otros, sin llegar a decir que esto no forma parte del mensaje paulino, tienen problemas a la hora de hacer justicia a las categorías más amplias y cuestiones que parecen ser una parte no negociable de la enseñanza general de Pablo. Y esta es la categoría donde se colocaría un servidor, tal y como mostrará este libro. Esto muestra el amplio abanico de posibilidades a la hora de abordar las cuestiones concretas de los 90, y también de la primera década del siglo XXI, y de descubrir la relevancia de algunas partes de Pablo que habían sido relegadas a la oscuridad comparativa. Cuando, por ejemplo, nos enfrentamos al serio neopaganismo del mundo occidental, con su materialismo desenfrenado por un lado y sus filosofías de la 'Nueva Era' por otro, es un momento propicio para recordar, que la misión principal de Pablo se desarrolló entre los paganos de su mundo, no entre los judíos, y que probablemente también tenga algo que decir al paganismo contemporáneo. Pero continuaremos con esto más adelante.

Si graduamos bien las lentes de nuestra investigación, enfocaremos mejor y veremos que el debate de Pablo encierra una pregunta importante de la que él es parte vital. ¿Cuál fue el papel de Pablo en la fundación del cristianismo? ¿Fue Pablo el verdadero intérprete de Jesús? ¿O fue un innovador inconformista que inventó una nueva religión, que no tenía nada que ver con las intenciones de Jesús, y en la que la persona de 'Jesús' adquirió un papel central?

Este es el argumento de uno o dos escritores contemporáneos sobre Pablo, particularmente algunos provinentes del marco judío. Hyam Maccoby, erudito y apologista judío bien conocido, ha argumentado en varios libros que los 'evangelios' cristianos no dejan ver al verdadero Jesús, quien en verdad era un fariseo, un judío leal a quien nunca se le habría ocurrido romper con el judaísmo, ni mucho menos inventar una nueva religión. Pablo, sin embargo, según Maccoby, nunca fue un fariseo (a pesar de que Pablo así lo dijera); siempre estuvo al margen del judaísmo, un pensador completamente helénico que interpretaba a Jesús dentro de un marco de pensamiento griego, incluso quizá gnóstico. Sólo logró producir un 'Jesús' producto de su propia y peculiar imaginación religiosofilosófica, una figura que no guardaba relación con Jesús mismo y que pertenecía al mundo de la religión griega, el dios de una secta. Pablo, según Maccoby, preparó el camino para el posterior antisemitismo occidental.

A. N. Wilson, escritor y periodista que renunció públicamente al cristianismo hace unos años, a raíz de lo cual escribió un libro sobre el Jesús 'diseñado', en parte para justificar su renuncia, ha escrito ahora un libro del mismo tipo sobre Pablo. Ignorando, parece ser, las advertencias de Schweitzer sobre los que le atribuyen a Pablo conceptos helénicos para explicar sus enseñanzas cuando es evidente que los conceptos judíos son más propicios para la ocasión, él arrogantemente describe a Pablo como un gran pensador, pero que no supo entender el punto central de Jesús. Pablo es el verdadero 'fundador del cristianismo', que usa categorías helenísticas para interpretar lo que, de una manera entusiasta pero desordenada, él suponía que sería el significado de Jesús. En estos dos ejemplos, y en otros parecidos, veremos en este libro que estas teorías se quedan oscurecidas al pie de la montaña, mientras que por encima de ellas se levantan, de forma clara y contundente, los picos y glaciares que constituyen la verdadera base del pensamiento paulino.

En el siglo XXI se ha usado y abusado tanto de Pablo como en el primer siglo. ¿Podemos ahora escuchar más atentamente a Pablo? ¿Podemos arrepentirnos de la manera en que le hemos malinterpretado o mal usado, y respetar un poco más su forma de hacer las cosas? Este libro es un intento justamente de eso: dejar a un lado las formas en las que hemos interpretado a Pablo e investigar un poco más la manera en la que él sugiere que le interpretemos. Es un intento de estudiar a Pablo siguiendo su propia línea. Se tratará de luchar por descubrir lo que dijo.

Parte I

Las Primeras Acciones de Saulo de Tarso
Los planes de Saulo de Tarso

En Romanos 10:2 Pablo escribe a sus compatriotas judíos esta frase que claramente denota un tono autobiográfico: 'Porque yo les soy testimonio de que tienen celo de Dios, pero no conforme a ciencia'. Y esto se hace aún más autobiográfico en Filipenses 3:6, donde Pablo se describe a sí mismo de la siguiente manera: 'en cuanto a celo, perseguidor de la iglesia'. En Gálatas 1:13–14 aún se ve más claro:

> *Porque vosotros habéis oído acerca de mi antigua manera de vivir en el judaísmo, de cuán desmedidamente perseguía yo a la iglesia de Dios, y trataba de destruirla, y cómo yo aventajaba en el judaísmo a muchos de mis compatriotas contemporáneos, mostrando mucho más celo por las tradiciones de mis antepasados.*

El 'celo', como ya veremos, es un término clave para determinar el tipo de judío, y el tipo de orden judío que el joven Saulo de Tarso buscaba. ¿Pero cuáles eran estos planes, este orden? ¿Y qué le ocurrió a Saulo, qué le hizo dejar de perseguir para predicar aquello que perseguía?

El punto de partida histórico con el que debemos comenzar para investigar a Saulo de Tarso debe ser los comentarios autobiográficos que ya he citado, juntamente con otros como 1ª Corintios 15:9. A pesar de lo que dicen algunos autores como Hyam Maccoby, a quien he mencionado, es completamente inverosímil sugerir que Pablo inventara una autobiografía ficticia. Lo más probable es que toda la iglesia primitiva supiera de sus actividades persecutorias, y que no se podía deshacer de dicho pasado, sino que debía llevarlo consigo y con vergüenza allá donde fuera. Si queremos comprender la conversión de Pablo, y su forma de pensamiento tanto posterior como anterior a tal evento, debemos conocer bien y de forma correcta su trasfondo.

¿Qué tipo de fariseo?

La persecución de Saulo a la iglesia, y la palabra 'celo', con la que la describe, ya lo sitúa en un cierto grupo del judaísmo del primer siglo. Ya podemos hacernos una idea de los planes que debía seguir, planes que se relacionan con sus actividades de persecución de la iglesia incluso más allá de los límites de la Tierra Santa. Esto presenta a un Saulo de Tarso que no sólo era judío, sino además, fariseo; no sólo era fariseo, sino un fariseo shammaíta; creo que no sólo era un fariseo shammaíta, sino que además era el más estricto de todos.

¿Quiénes eran los shammaítas? Durante la generación anterior a Saulo, había tenido lugar una división en el movimiento fariseo. Durante el reinado de Herodes el Grande (36–4 aC) aparecieron dos escuelas de pensamiento dentro del ya poderoso movimiento, siguiendo a dos grandes maestros del período herodiano, Hillel y Shammai. Sabemos de ellos por muchas discusiones en la Misná (la legislación judía, compilada alrededor del año 200 dC), donde en casi todas las ocasiones Hillel era el 'poco severo', y Shammai, el 'estricto'. Sus seguidores, del mismo modo, debaten un tema tras otro en términos de prácticas poco severas y prácticas estrictas.

Cuando la Misná salió a la luz, a finales del siglo II dC, la posición hillelita había ganado terreno, lo que se ve claramente en la Misná misma. Sin embargo, entre el período de Hillel y Shammai a finales del siglo primero aC, y el período del gran Rabí Akiba a principios del siglo II dC, aún había mucha controversia entre estas dos ramas de los fariseos. Saulo habría crecido pues en un ambiente de intenso debate y lealtad al partido. No sólo era un judío en un mundo liderado por *goyim* paganos, gentiles, y no sólo era un fariseo en un mundo donde (desde la perspectiva de los fariseos) muchos judíos cedían ante el paganismo en muchos aspectos, era un shammaíta, un fariseo extremadamente estricto – lo que hoy llamaríamos un militante extremista.

¿Pero en relación con qué tema eran Hillel poco severo y Shammai estricto? La Misná y los otros escritos rabínicos nos muestran que el uno era poco severo y el otro estricto respectivamente, con la observancia personal de las leyes de la Torá. Aunque las cosas no eran tan simples en el mundo de Pablo. El debate entre las diferentes interpretaciones de la ley (la 'poco severa' y la 'estricta') no era tan sólo un tema religioso. Tampoco se trataba sólo de un tema de piedad personal y privada. El tema clave era tanto 'político' como 'teológico'. Se trataba de los objetivos y planes para Israel: para el pueblo, la tierra y el Templo.

La cuestión, para la mayoría de judíos a lo largo de la historia judía, era: ¿qué posición adoptamos con relación a la situación política actual? Los hillelitas, en general, buscaban una política de 'vive y deja vivir'. No les importaba que los Herodes y los Pilatos, y también los Caifás, gobernasen el mundo —incluso que gobernasen políticamente en Israel— siempre y cuando a los judíos se les permitiera estudiar y practicar la Torá (la ley judía) en paz. Pero los shammaítas no se contentaban con eso. La Torá misma demandaba que Israel estuviera libre del yugo gentil, libre para servir a Dios en paz, y que sólo se llamara señor a YHWH, el único Dios verdadero.

Esto es lo que quiere decir ser 'celoso de Dios' o 'celoso de las tradiciones de los padres' en el judaísmo del siglo primero. Nosotros utilizamos la palabra 'celo' para indicar calor de corazón y espíritu, ilusión por una causa. Y esto también es aplicable al significado que se le daba en el primer siglo, aunque entonces éste era más amplio. Para el cristiano de nuestros días el 'celo' es algo que se hace postrado de rodillas, o en la evangelización, o en obras de caridad; sin embargo, para el judío del siglo I el 'celo' era algo que se demostraba con un cuchillo. Aquellos judíos del primer siglo que aguardaban una revolución contra Roma volvían su mirada a Finees y a Elías del Antiguo Testamento, y a los héroes macabeos dos siglos anteriores a Pablo, como modelos a seguir. Se veían a sí mismos como 'celosos de YHWH', 'celosos de la Torá', y por ello, tenían el derecho, y el deber, de poner ese celo en acción mediante el uso de la violencia. Así que el 'celo' se acerca bastante al concepto de guerra santa: una guerra al estilo de las guerrillas, con individuos comprometidos con la causa.

No debemos pensar que tales actividades revolucionarias las llevaron a cabo sólo unos cuantos exaltados, y que duraron un corto período de tiempo (como aquella que propició la guerra de 66–77 dC). Existen muchas pruebas de que hubo mucha actividad revolucionaria entre el siglo I aC y el siglo II dC. Y la gente que tomó parte, por muy sorprendente que les parezca a algunos, fueron la mayoría fariseos, es decir, los shammaítas. Los revolucionarios judíos de este período no sólo eran revolucionarios políticos, a quienes no les importaban los temas religiosos y teológicos. Al igual que pasa con algunos musulmanes extremistas contemporáneos, las interpretaciones que hacían de sus textos sagrados, alimentadas por la oración y el ayuno, generaron su celo revolucionario, y lo mantuvieron en acción. La arqueología nos muestra que los revolucionarios sicarios, los 'hombres del machete', que murieron en la última resistencia en Masada, eran judíos profundamente piadosos.

Según las pruebas que tenemos, podemos decir que los shammaítas estaban en el poder durante el período de Herodes el Grande y la guerra judeo-romana de 66–77 dC. Durante este período hubo hillelitas importantes, como Gamaliel, al que se menciona brevemente en Hechos 5:34–39. Justamente, él aboga por esta posición de 'vive y deja vivir': si este nuevo movimiento (el cristianismo) no viene de Dios, desaparecerá; pero si viene de Dios, mejor no oponerse a él. Sin embargo, los Gamaliel de aquel entonces eran casi todos partidarios del celo revolucionario. Este celo fue muy bien descrito por Josefo en diversos pasajes, y nos ofrece un retrato de los fariseos shammaítas, celosos de Dios, celosos de la Torá, dispuestos a ir a donde hiciera falta para hacer lo que hiciera falta, incluida la violencia, para conseguir la tan esperada libertad, el tan anhelado Reino de Dios. Aunque no es muy probable que en el siglo I hubiera un grupo del movimiento 'zelote', queda claro que lo que muchos judíos llamaban el 'celo de la Torá' era un fenómeno bastante extendido, especial y concretamente entre los shammaítas radicales. Resumiendo, como muchos autores (incluyéndome a mí) han argumentado, los shammaítas extremistas se fusionaron bajo una perspectiva general que nosotros podemos interpretar como 'celo' – celo de la revolución santa en la que los paganos serán vencidos de una vez por todas, y en la que también los renegados judíos volverán a sus antiguas creencias o serán destruidos juntamente con los paganos.

Llegados a este punto, es relevante llamar la atención del lector sobre el peligro del anacronismo. Para tener una idea del movimiento shammaíta y fariseo, hay que tener en cuenta la filosofía que inspiró a Yigal Amir a disparar contra Yitzhak Rabin en Tel Aviv el 4 de noviembre de 1995. Dijeron que Amir era un 'estudiante de derecho'. Pero eso no quiere decir que estuviera estudiando para abogado en el sentido que entendemos en Occidente, sino que estudiaba la Torá. Los medio de comunicación dejaron claro que él creía, con el apoyo de rabinos importantes de Israel y de Estados Unidos, que Rabin era un traidor, que se había vendido a los paganos, porque estaba dispuesto a negociar con el mayor de sus símbolos ancestrales, su tierra, a favor de la paz.

Cuando vi la cara de Amir en la portada del *Times* de Londres, y leí la noticia, caí en la cuenta de que estaba ante una versión del siglo XX de Saulo de Tarso. La posición de Amir era totalmente lógica. No es que estuviera loco. Sabía que tenía razón. Toda la zona, incluida Cisjordania (o 'Judea y Samaria', según los colonizadores judíos) pertenece a Israel, porque la Torá así lo dice. Aquellos que ceden, más aun los que simplemente ceden por flirtear con el enemigo, son *apikorsim*, traidores. El horror que la acción de Amir provocó en la gran mayoría de los judíos, tanto en Israel como en todo el mundo, refleja la antigua actitud judía de Gamaliel y otros. Pero él había entendido lo que significa 'ser celoso de la Torá'. No se trataba de un celo pietista o apolítico. Ciertamente no era pacífico. Consiste en actuar como agente de Dios, para librar a Israel de la corrupción, y así adelantar la llegada del reino y liberar a Israel del yugo pagano. No quiero cometer el error de sugerir que la acción de Amir y las de Pablo sean exactamente iguales. Pero Amir es un buen ejemplo para comprender al joven de Tarso, mejor que otros ejemplos que se han ido dando a lo largo de la historia. Y este ejemplo puede servir para que recordemos, al menos, que el celo era más que la simple oración ferviente y la religiosidad del esfuerzo humano.

Después de la destrucción del Templo en el 70dC, parece ser que los hillelitas y los shammaítas tenían más cosas en común, los primeros liderados por Johanan ben Zakkai, y los segundos por Eleazar ben Hyrcanus. Entonces, el debate central fue el siguiente: ¿debemos a no debemos buscar la reconquista de Jerusalén, la reconstrucción del templo, la expulsión de los romanos? Los hillelitas, aunque lo único que sabemos es a través de su oscura hagiografía (y no-revolucionaria o antirrevolucionaria) posterior, defendían que sólo importaba la Torá. La pérdida del templo tampoco era tan trágica, ya que eso no impedía seguir estudiando y poniendo en práctica la Torá y así disfrutar de la presencia de Dios como si se estuviera en el Templo. Los shammaítas insistían en que hacía falta una revolución más violenta: sólo se contentarían con la liberación total de Israel y la reconstrucción. Al final de este período, Akiba, posteriormente aclamado, incluso por los hillelitas, como uno de los grandes rabinos de todos los tiempos, introdujo sus ideas con la revolución de Simeon ben Kosiba, declarando que él era el Mesías, 'el hijo de la estrella', que había venido a librar la guerra santa contra los paganos.

Las creencias y esperanzas de Saulo

¿En qué creencias y actividades farisaicas del primer siglo podemos situar a Saulo? En uno de sus discursos, en Hechos 22:3, declara que Gamaliel había sido uno de sus maestros. Eso, juntamente con otras pistas que encontramos en las epístolas, ha hecho pensar a algunos eruditos que antes de convertirse fue un hillelita. Pero eso es imposible, a no ser que todas las pruebas sobre la persecución de la iglesia fueran una invención. El Gamaliel de Hechos 5 no habría estado de acuerdo con el apedreamiento de Esteban. Nunca habría planeado marchar hacia Damasco para apresar a cristianos y matarlos. Saulo pudo haber aprendido mucho de Gamaliel, pero no compartía su posicionamiento. Si más tarde, como cristiano, defiende ideas (sobre el divorcio, por ejemplo) que se parecen más a las de los hillelitas, se debe al efecto de su conversión, y no a las ideas que podía tener antes de convertirse al cristianismo.

Podemos por tanto hacer un borrador de los planes de los fariseos shammaítas del tiempo de Saulo de Tarso, y creer que estamos describiendo a Saulo mismo. En primer lugar, creía apasionadamente que las grandes promesas proféticas aún no se habían cumplido. Vivía creyendo en pasajes como Daniel 2, 7 y 9, que anuncian que la venida del Reino tendría lugar muy pronto. Estos pasajes, en su contexto histórico (ya sea ficticio o no) se referían aparentemente al final del exilio en Babilonia. Sin embargo, por lo que sabemos a través de algunas interpretaciones de Daniel del primer siglo, como el libro apócrifo 4º de Esdras, se podía sustituir a 'Babilonia' por 'Roma'.

Estaba claro que las predicciones de todos los grandes profetas aún tenían que cumplirse. La historia aún estaba incompleta. Israel aún no había sido restaurado. Los diez hombres de Zacarías aún no habían tomado a un judío del manto diciendo: 'iremos con vosotros, porque hemos oído que Dios está con vosotros' (Zacarías 8:23); YHWH tampoco había afirmado sus pies sobre el monte de Sión para vencer a las naciones enemigas de Jerusalén (Zacarías 14:1–5). El nuevo templo de Ezequiel no había sido construido, con ríos que traerían sanidad a las aguas del Mar Muerto (Ezequiel 47). Y, para acabar, la visión de Isaías de consuelo, perdón, paz y prosperidad tampoco se había cumplido (Isaías 40–55). Los fariseos, y muchos otros buenos judíos que no se asociaban con ningún grupo concreto, aún estaban esperando que ocurrieran aquellos grandes acontecimientos 'tal y como explicaban las escrituras'. Aún estaban en el exilio. Como vemos en los textos de Qumrán, la gente creía que la vuelta del exilio era inminente, e incluso que ya había empezado a ocurrir en la clandestinidad.

La teología que apoyaba las actuaciones de estos revolucionarios incluía una lectura de las escrituras de Israel que les decía de manera clara qué lugar ocupaban en el propósito de Dios y lo que tenían que hacer para hacer que ese propósito avanzase. Saulo, como muchos otros judíos de aquellos días, interpretaba la Biblia judía como una historia que busca su final; y eso le hacía actuar con el objetivo de avanzar ese final. Esa historia se desarrolla como sigue: Israel había sido llamado a ser el pueblo del pacto del Dios creador, ser la luz que iluminaría al mundo en tinieblas, el pueblo a través del cual Dios acabaría con el pecado de Adán y con sus consecuencias. Pero el pueblo de Israel pecó, y como consecuencia fue llevado al exilio, lejos de su tierra. Y aunque al final volvió del exilio físicamente, la verdadera condición de exilio no había finalizado. Las promesas aún no se habían cumplido. El Templo aún no había sido reconstruido. El Mesías aún no había llegado. Los paganos aún no habían sido sometidos, ni habían empezado el peregrinaje a Sión para aprender la Torá. El pueblo de Israel aún era profundamente pecador y concesivo.

Las escrituras hablaban clara y poderosamente sobre las cosas que ocurrirían cuando todas estas promesas se cumplieran. No se trataba de un puñado de profecías, tomadas de forma aleatoria, que desde la lejanía predecían acontecimientos inconexos que ocurrirían algún día. Las escrituras narraban una historia; e Israel vivía en esa historia, que iba avanzando hacia la conclusión predeterminada. Muy pronto YHWH sería rey sobre toda la tierra; el mal sería derrotado; Israel, o al menos los verdaderos judíos de Israel, serían vindicados como pueblo verdadero del único Dios verdadero. Esta interpretación de la escritura, que avivaba el celo de los shammaítas, se podría resumir teológicamente de la siguiente manera. En este período hay tres puntos cardinales de la teología judía: el monoteísmo, la elección y la escatología. Hay un Dios, el único Dios verdadero de todo el mundo; Israel es el pueblo de este único Dios verdadero; y hay un futuro para todo el mundo, un futuro no muy lejano, en el que el Dios verdadero se revelará, vencerá al mal, y rescatará a su pueblo. Esto era lo que Saulo creía, y estaba actuando 'tal y como creía que las escrituras le indicaban que debía hacerlo', no entendiéndolas como una colección de textos, sino como una historia que busca su final, y él iba a ayudar a que ese final tuviera lugar.

Los shammaítas, y los revolucionarios en general, con su celo por la Torá, querían adelantar el cumplimiento de estas profecías. No iban a sentarse y esperar; harían lo que hiciera falta. Esto era también un celo de Dios, tal y como se explicita en Romanos 10:12. El único Dios verdadero, YHWH, era deshonrado por el estado de cosas de aquel momento; su gloria requería que los paganos, los idólatras, tuvieran su merecido. YHWH se convertiría en el rey del mundo entero. Pero para que esto ocurriera, Israel debía guardar la Torá. La obediencia a la Torá adelantaría el tiempo de su cumplimiento. Si Dios hubiera actuado teleológicamente en aquel preciso instante, cuando Israel no estaba guardando la Torá completamente, hubiera sido condenado igual que los gentiles. Pero para que Israel guardara la Torá, se le tenía que estar recordando continuamente; de nuevo, siendo conscientes del problema del anacronismo, podemos comparar esto con la manera en la que los judíos ultra ortodoxos de la actualidad insisten en la observación del Sabbath, y la promueven tanto como pueden, incluso haciendo uso de la violencia santa, como por ejemplo apedreando los coches que circulan por su barrio. Este es el celo puesto en práctica: celo de Dios, celo de la Torá, celo que hará que llegue el Reino.

Llegado este punto, debemos enfatizar una cuestión. El retrato de Saulo que he desarrollado es muy diferente del Saulo precristiano con el que crecí. Me enseñaron, y así lo creí durante muchos años, que Saulo de Tarso creía lo que creían muchos de sus contemporáneos: que el significado de la vida era ir al cielo cuando uno muriese, y que el camino para ir al cielo después de la muerte era cumplir de forma estricta un código moral general. Yo solía creer que Saulo era un protopelagiano, que creía que podía salvarse por sus propios esfuerzos. Lo que a él le importaba era entender, creer y aplicar un sistema de salvación que podía describirse como 'moralismo' o 'legalismo': un sistema atemporal al que uno se adhería para recibir las bendiciones prometidas, especialmente 'la salvación' y la 'vida eterna', entendidas como la bendición postmortem del cielo.

Ahora creo que eso es tan radicalmente anacrónico (esta visión no surgió en los días de Saulo) como culturalmente irreal (no coincide con el pensamiento judío). A este respecto, Ed Sanders tiene razón: juzgamos mal el judaísmo temprano, especialmente el fariseísmo, si pensamos que es una versión antigua de pelagianismo. Sin embargo, Sanders también cae en el anacronismo. Analiza el judaísmo en términos de 'religión', sin tener en cuenta la dimensión política que he sugerido. Lo que hace es seguir la Misná, intentando entender el judaísmo del primer siglo en un sentido religioso básicamente apolítico. Igual que la Misná, está, de forma implícita, adoptando la posición hillelita.

Pero Saulo de Tarso no estaba interesado en un sistema salvífico atemporal, ya fuera 'por obras' o de cualquier otro tipo. Tampoco estaba interesado simplemente en entender y aplicar un sistema de religión, un sistema de 'entrar' y/o 'permanecer' en la familia de Dios (categorías de Sanders). Quería que Dios redimiera a Israel. Además, interpreta libremente textos de la Biblia hebrea donde se promete que eso es exactamente lo que el Dios de Israel va a hacer. Se unió a judíos de otras persuasiones, judíos cuyas obras nos han influido, quienes debido a la gran tribulación política, cultural e histórica anhelaban que su Dios actuara a su favor en la historia. Este punto es claramente de una importancia enorme, así que voy a repetirlo por si acaso quedara alguna duda: los judíos como Saulo de Tarso no estaban interesados en un sistema de salvación abstracto, atemporal o histórico. De hecho, ni siquiera estaban interesados en 'ir al cielo después de la muerte' tal y como lo entendemos nosotros. (Creían en la resurrección, en la que Dios les levantaría para compartir juntos la vida del prometido nuevo Israel y un nuevo mundo; pero esto es muy diferente a la visión del cielo que tenemos en Occidente). Estaban interesados en la salvación que, según creían, el Dios único y verdadero había prometido a su pueblo Israel.

Debemos prestar una atención especial a una característica de esta esperanza. El propósito del pacto, en la Biblia hebrea y en algunos escritos posteriores, nunca consistía simplemente en que el creador quería tener a Israel como un pueblo especial, independientemente de lo que le ocurriera al resto del mundo. El propósito del pacto consistía en que, a través de él, el creador se dirigiría y salvaría al mundo entero. El llamamiento de Abraham fue diseñado para deshacer el pecado de Adán. Pero, tal y como se vio claramente en el exilio, Israel necesitaba ser redimido; el mensajero necesitaba a su vez un mensaje de salvación. El pueblo poseedor de la solución se había convertido en el problema. Y, tal como dije anteriormente, la mayoría de los judíos del primer siglo pensaba que el exilio aún no había terminado. La reconstrucción del Templo no había finalizado; el Mesías no había llegado; la resurrección general no había tenido lugar; el pueblo no estaba obedeciendo la Torá de forma perfecta; los gentiles no se habían acercado en multitudes al Monte de Sión para escuchar la palabra del Señor. Hasta que estas cosas no ocurrieran, no se cumplirían las promesas y los propósitos de Dios.

Esto nos facilita la comprensión de dos términos técnicos que necesitamos para poder continuar. En primer lugar, ¿qué quiere decir 'justificación' en ese contexto? 'Justificación' es un término jurídico, y en el contexto judío se refiere al mayor de los juicios: el que tendrá lugar el gran día en que el Dios verdadero juzgue a todas las naciones, más concretamente a las naciones que han oprimido a Israel. Al final, Dios actuará a favor de su pueblo: juzgará a las naciones paganas y rescatará a su pueblo verdadero. Así, 'justificación' describe el gran acto venidero de la redención y la salvación, *visto desde el punto de vista* del pacto (Israel es el pueblo de Dios) por un lado, y desde un punto de vista jurídico por otro (el juicio final de Dios será como un juicio en un tribunal, en el que ganará Israel). Aprender a ver un acontecimiento a la luz de dos grandes temas como estos, forma parte de la compresión de cómo los judíos del primer siglo entendían el mundo.

La metáfora jurídica ha sido vital para subrayar el significado del pacto. El pacto fue concebido para solucionar el problema del pecado de todo el mundo, y (para la mentalidad judía) el pecado se trataba en el tribunal, condenando al pecador y 'justificando', es decir, absolviendo y vindicando al justo. Por tanto era totalmente apropiado que este gran acontecimiento, la solución final de todas las cosas, fuera descrito en términos jurídicos. Dios mismo era el juez; los injustos (es decir, los gentiles y los judíos renegados) serían finalmente juzgados y castigados; los fieles (es decir, Israel, o al menos los verdaderos israelitas) serían vindicados. Su redención, que tomaría la forma física y concreta de la liberación política, la restauración del Templo y finalmente de la resurrección, *sería visto como* el gran enfrentamiento legal, la gran victoria ante el gran juez. En el libro de Daniel, especialmente en el capítulo 7, encontramos varios ejemplos. No es extraño que Daniel fuera uno de los profetas favoritos de los revolucionarios.

El segundo término técnico a tener en cuenta es 'escatología'. Si buscamos esta palabra en el diccionario, probablemente encontraremos algo así como 'la doctrina de la muerte, el juicio, el cielo y el infierno'. Aunque cuando los expertos usan la palabra en relación con el judaísmo del primer siglo y con el cristianismo, se están refiriendo a algo bastante distinto. Lo usan para denotar la creencia judía y cristiana de que la historia de Israel, y por tanto la historia del mundo, estaba avanzando hacia el gran momento culminante en el que todo se solucionará de una vez por todas. (Un pretexto para cometer un fallo muy común: entender que cuando los judíos y los cristianos antiguos usaban el *lenguaje* del 'fin del mundo' para describir este fenómeno no lo hacían en sentido literal. Ellos no creían que el mundo y la historia estuvieran destinados a la destrucción. Utilizaban un lenguaje del 'fin del mundo' para invertir los acontecimientos más importantes y catastróficos dentro de la historia.) Así, 'escatología' se refiere a la creencia de que la historia iba a alcanzar, o quizá ya había alcanzado, su clímax, su gran momento decisivo. Tanto al lenguaje que utilizaban para expresar esta creencia, como a la creencia misma, se les suele llamar también 'apocalíptico' o 'apocalíptica', aunque se ha convertido en un término técnico tan resbaladizo que algunos expertos han dejado de utilizarlo.

Si unimos estos dos términos, justificación y escatología, ¿qué ocurre? La 'justificación', el gran momento de la salvación visto a la luz del cumplimiento del pacto y a la luz de la escena del gran juicio final, sería también *escatológica*: sería el cumplimiento final de la tan anhelada esperanza de Israel. Dicho de otra manera, la esperanza escatológica judía era una esperanza en la justificación, en la vindicación que Dios por fin hará de su pueblo.

Este acontecimiento, la justificación final, podría avanzarse o anticiparse si se dieran unas circunstancias concretas. Algunos judíos, guardando la Torá con mucho celo, pensaban que ellos ya eran el 'verdadero Israel'. Entonces, ¿cuál era el plan de Saulo de Tarso? Lo podríamos resumir en tres puntos. En primer lugar, era celoso del Dios de Israel y de la Torá. Sin duda, esto era debido a la piedad personal y a la ferviente oración y estudio. Sin embargo, el celo que tenía por la Torá no era una religión pelagiana con un moralismo de autoayuda. Era un celo porque se honrara a Dios, que debía borrar, por los medios que fuesen necesarios, toda deslealtad a la Torá entre los judíos, y hacer desaparecer, de nuevo por los medios que fuesen necesarios, el yugo pagano que contaminaba la tierra de Israel y le impedía conseguir la libertad, que era su derecho gracias al pacto. En segundo lugar, Saulo creía que si él y otros guardaban la Torá de una manera tan entregada en el presente, eso ya les garantizaba la vindicación en el gran día en el que YHWH actuaría finalmente para salvar a su pueblo. En tercer lugar, pretendía adelantar dicho día forzando a otros judíos contemporáneos a guardar la Torá como él hacía, usando la violencia si era necesario. Para él, estas tres cosas iban unidas. Ofrecían unos objetivos tanto privados y personales, como públicos y políticos. Y en la consecución de estos propósitos obtuvo la autorización de los sumo sacerdotes —porque de hecho, siendo fariseo no gozaba de tal derecho— de ir a Damasco a capturar cristianos, tanto hombres como mujeres, y llevarles a prisión. Eran judíos renegados, que hacían que Israel se desviara y no fuera totalmente leal al único Dios verdadero. Y por eso nos encontramos a Saulo viajando, en un día que los historiadores dicen ser de gran significado para la historia mundial posterior, de camino a Damasco.

La conversión de Saulo y su significado inmediato
Camino a Damasco: el acontecimiento y su significado

Por lo que a su experiencia de conversión se refiere, Pablo insistía en que verdaderamente había visto a Jesús. Él sabía, tal y como vemos en 1ª Corintios 15, que los apóstoles habían visto a Jesús vivo después de su muerte, en lo que podríamos llamar la secuencia 'normal' de apariciones después de la resurrección, y que él había visto a Jesús de la misma manera que los demás; sin embargo, él lo había visto en una época en la que los demás ya no experimentaban ese tipo de visiones. Usando el lenguaje de Lucas, Pablo vio al Jesús resucitado incluso después de la ascensión. El lenguaje que usa no es el de una visión mística, de experiencias religiosas o espirituales que no tienen un referente objetivo definido. Pablo no pensaba que seguiría viendo a Jesús de la misma manera durante su experiencia cristiana, aunque sí es verdad que siempre fue muy consciente de su presencia, amor y poder. Utiliza un lenguaje que expresa que verdaderamente vio a Jesús.

Tenemos que enfatizar este hecho porque, que Pablo reconociera que Jesús había resucitado de entre los muertos, es primordial para entender la importancia de lo que le ocurrió de camino a Damasco. No nos servirá, históricamente hablando, ver el hecho desde un punto de vista espiritual o psicológico, como si (por ejemplo) Pablo hubiera estado trabajando con la conciencia intranquila durante años y de repente hubiera tenido una fantástica experiencia religiosa que le permitió deshacerse de la preocupación y disfrutar de un nuevo nivel o dimensión de experiencia espiritual. De la misma forma, de nada nos serviría decir, como hacen muchos, (a) que Saulo de Tarso anteriormente creía que el Jesús crucificado había sido maldito por la ley judía; (b) que luego se percató de que Dios había invertido la maldición de la ley; por lo cual (c) se dio cuenta de que la ley quedaba a partir de aquel instante obsoleta, y (d) que podía empezar a anunciar al mundo que había una manera de formar parte del pueblo de Dios, en la que la ley no tenía ya ninguna importancia. Aunque algunas de estas afirmaciones sean verdad, no describen lo que ocurrió realmente.

La importancia de la resurrección de Jesús para Saulo de Tarso cuando se quedó ciego y quizás herido en su viaje a Damasco, es la siguiente. *El único Dios verdadero había hecho con Jesús de Nazaret, en medio de la historia, lo que Pablo creía que Dios iba a hacer con Israel al final de la historia.* Saulo creía que YHWH vindicaría a *Israel* después de que sufriera en manos de los paganos. En cambio, había vindicado a *Jesús* después de que padeciera en manos de los paganos. Saulo creía que la gran inversión, el gran acontecimiento apocalíptico, tendría lugar al mismo tiempo, una inauguración del Reino de Dios con sonido de trompetas, con la desaparición del mal de una vez por todas, y la entrada directa en la Era por venir. Pero en cambio, la gran inversión, la gran resurrección se cumplió en un hombre. ¿Qué quería decir esto?

Para hacerlo más fácil, quiere decir lo siguiente: Jesús de Nazaret, cuyos seguidores le aclamaban como el Mesías, el que llevaría a Israel a su destino, le había parecido a Pablo el anti Mesías, alguien que no había logrado vencer a los paganos, y que sólo había conseguido que le siguiera un grupo de personas que a veces no obedecían la Torá ni daban al Templo la importancia que tenía (teniendo en cuenta que la Torá y el Templo eran dos de los grandes símbolos de la identidad judía). Pero la resurrección demostraba que los seguidores de Jesús tenían razón. En su más excelente epístola, Pablo lo explica de la siguiente manera: Jesús el Mesías era del linaje de David según la carne, y fue *declarado Hijo de Dios* (es decir, el Mesías) *según el Espíritu de santidad, por la resurrección de entre los muertos* (Romanos 1:3–4).

Pero si Jesús era en verdad el Mesías, y si su muerte y resurrección eran de verdad la solución divina definitiva para vencer al pecado y vindicar al pueblo de YHWH, entonces la Era por venir ya había comenzado, ya había sido inaugurada, aunque la Era presente, la época del pecado, la rebelión y la maldad, aún siguiera avanzando con rapidez. Así, Saulo se dio cuenta de que toda la perspectiva que él había tenido de cómo YHWH estaba actuando para descubrir su plan de salvación, tenía que cambiar drásticamente. Saulo no había entendido la justicia de Dios, ni conocía los planes de YHWH en cuanto al cumplimiento apocalíptico del pacto. La muerte y la resurrección de Jesús eran en sí mismas el gran acontecimiento escatológico, que revelaba la fidelidad de Dios para con su pacto, y la manera en la que iba a implantar el bien: la palabra 'revelar' es *apokalypso*, de donde se deriva 'apocalipsis'. Saulo ya vivía en el final de los tiempos, el final de la historia, a pesar de que aún se encontraba en la dimensión temporal previa a ese final. La Era presente y la Era por venir se solapaban, y él se vio atrapado en medio, en ese período donde ambas épocas eran una realidad; más bien, se vio liberado en medio, liberado para servir al mismo Dios de una forma nueva, con un conocimiento nuevo al que antes había estado cegado. Si la Era por venir había llegado, si la resurrección ya había empezado a tener lugar, entonces era el momento de que los gentiles entraran en escena.

La visión de Saulo en el camino hacia Damasco le dio una perspectiva completamente nueva, aunque continuaba estando firme y profundamente enraizada en la previa teología del pacto. El destino de Israel había sido resumido y alcanzado en Jesús el Mesías. La Era por venir había sido inaugurada. El mismo Saulo fue llamado para ser su agente. Tenía que declarar al mundo pagano que YHWH, el Dios de Israel, era el único Dios verdadero de todo el mundo, y que en Jesús de Nazaret había vencido al mal y estaba creando un mundo nuevo en el que la justicia y la paz reinarían de forma suprema.

Dicho de otra manera, Saulo de Tarso había encontrado una nueva vocación. Una vocación que requeriría toda la energía y todo el celo que había entregado a su anterior manera de vivir. Ahora era un heraldo del rey.

El Mensajero de Dios
Heraldo del Rey

A nosotros nos resulta bastante sencillo separar 'conversión' de 'vocación'. El primer término hace referencia a la propia experiencia: un giro interior o un proceso de cambio de dirección, un cambio profundo del ser. El segundo se refiere a las obras, a lo que se hace en público, a la dirección que toman las actividades exteriores. En el mundo occidental moderno, no es difícil ver gente que se 'convierte', que tiene una experiencia religiosa interior, pero sin que ésta afecte a su 'vocación'; no vemos apenas cambios. Un director de banco no cristiano que se convierte, probablemente actuará de manera diferente, pero no necesariamente abandonará su llamado original.

Para Pablo, la conversión y la vocación estaban tan estrechamente relacionadas que sería casi imposible separarlas, incluso para una mente tan perspicaz como la suya. Su conversión –literalmente detenido en su persecución 'celosa' de los traidores, para descubrir que aquel crucificado aspirante a Mesías había sido vindicado por Dios– le marcó a todos los niveles. Todo lo que ocurrió en su interior iba de la mano del cambio radical de dirección a la que había sido llamado, cambio que experimentó exteriormente, en su vida pública.

Lo que nunca cambió –esto es importante que lo entendamos de una vez por todas– fue la completa y firme lealtad al Dios de Abraham, Isaac y Jacob, el Dios que hizo las promesas a Abraham, el Dios que dio la ley, el Dios que habló por medio de los profetas. Éste es un tema tan controvertido en los comentarios actuales sobre Pablo como lo era cuando Pablo lo predicaba; desarrollaremos este tema en breve. Pero la cuestión es que, a pesar de lo que muchos piensen o hayan pensado, Pablo no abandonó el judaísmo para abrazar otra religión. Y aquí, tanto Pablo como nosotros, nos encontramos entre la espada y la pared. Si hubiera abandonado el judaísmo e inventado una nueva religión, muchos le tacharían de antijudío. Si hubiera predicado que la larga historia del judaísmo había llegado a su clímax, a su cumplimiento, en Jesús de Nazaret, muchos también le habrían tachado de antijudío. Y yo creo que optó por esta segunda vía. Los que no compartan mi opinión deberían preguntarse si de verdad preferirían que se hubiese decantado por la primera.

Pero el problema radica en que la nueva vocación de Pablo no consistía tanto en el disfrute de la difusión de una nueva experiencia religiosa, como en anunciar lo que él entendía como un hecho público: que el Jesús de Nazaret crucificado había sido resucitado de entre los muertos por el mismísimo Dios de Israel; que por lo tanto había sido vindicado como el Mesías de Israel; que, por muy sorprendente que pareciera, era el Señor de todas las cosas. La vocación de Pablo era transmitir esta historia, la verdadera historia del Dios de Israel y de su pueblo, la verdadera historia (por consiguiente) del creador y del cosmos. Su llamado consistía en difundir dicho mensaje por todo el mundo. No se trataba tan sólo de, igual que hacía el viejo marino del poeta inglés Coleridge, conseguir que la gente fuera más triste y más sabia al escuchar un cuento largo y farragoso que decía más sobre el narrador que sobre los oyentes. Se trataba de ir por todo el mundo como heraldo del rey.

En otras palabras –tal y como él dice en varias ocasiones– 'le ha sido encomendado el evangelio'. ¿Pero a qué se refiere exactamente con 'el evangelio'? Esta pregunta nos lleva al verdadero centro de lo que en realidad dijo, así que debemos detenernos a considerarla de forma detallada.

Malinterpretación del significado de 'evangelio' en la iglesia moderna

La palabra 'evangelio', igual que el mismo Pablo, ha tenido una carrera bastante accidentada en la historia del cristianismo. Durante el primer siglo, podía entenderse de dos maneras: el mensaje proclamado oralmente, y un libro sobre Jesús de Nazaret. Más recientemente se ha utilizado para denotar un tipo particular de reunión religiosa (un evento evangelístico), y como metáfora de una información completamente fiable ('la verdad del evangelio'). Muchos cristianos hoy en día cuando leen el Nuevo Testamento, nunca se preguntan lo que esta palabra quiere decir, sino que como desde su contexto ya saben a lo que se refieren con 'evangelio', creen que tanto Pablo como los otros debían estar refiriéndose a lo mismo. Cualquiera sabe algo sobre esta expresión –buenas noticias–. Pero, ¿qué tipo de buenas noticias?

La palabra 'evangelio' y el sintagma 'el evangelio' han llegado a denotar, especialmente en ciertos círculos dentro de nuestras iglesias, algo que la teología más antigua llamaría un *ordo salutis*, un orden de salvación. 'El evangelio' es una descripción de cómo la gente puede obtener la salvación; del mecanismo teológico por el cual, en el lenguaje de algunos, Cristo toma nuestro pecado y nosotros tomamos su justicia; otros dirían que Jesús se convierte en su salvador personal; otros, admiten su pecado, creen que murió por ellos, y le entregan su vida. En muchos círculos eclesiales, al oír lo anterior, se dirá que sí se ha predicado 'el evangelio'. Y a la inversa, en un sermón en el que las declaraciones de Jesús se relacionan con cuestiones ecológicas o políticas de actualidad, algunos dirán que el tema era interesante, pero que no se ha predicado 'el evangelio'.

El problema está en que, aunque es verdad que hay conceptos difíciles en el Nuevo Testamento, que hacen que incluso los lectores más inteligentes tengan que consultar comentarios y diccionarios, también hay otros conceptos que aunque son igual de difíciles, no se les reconoce como tal. Si continuamos usando una palabra que encontramos en el Nuevo Testamento en un sentido que el mismo Nuevo Testamento no apoya, es nuestra responsabilidad. Pero si buscamos apoyo o ayuda para *nuestras* ideas consultando un pasaje donde aparece la palabra, vamos a interpretar el texto en cuestión de forma incorrecta, y nos negaremos la posibilidad de llegar a entender lo que el texto está diciendo de verdad.

Actualmente, acepto lo que normalmente la gente quiere decir con 'el evangelio', aunque no creo que sea lo que Pablo quería decir. En otras palabras, no niego que los significados corrientes sean algo que la gente deba decir, predicar o creer. Sin embargo, yo no usaría la palabra 'evangelio' para expresar tales cosas.

¿Por qué no? En primer lugar habría que ver qué quería decir 'el evangelio' en el mundo de Pablo. Seguro que el uso que él hacía de la palabra no era ni exclusivo ni privado, sino que no estaría muy lejos del significado que la gente entendía y usaba.

Antecedentes del uso que Pablo hacía de la palabra 'evangelio'

Para tratar este tema, debemos analizar los diferentes aspectos. ¿Cuál era el origen de esta palabra, y qué connotaciones tenía para Pablo y sus lectores? Normalmente se dan dos repuestas diferentes a esta pregunta doble; Pablo, después de todo, compartía más de un mundo, de una cultura (el judío, el griego, el romano, etc.). Yo creo que se ha hecho mal en contraponer estas dos respuestas, y que cuando las examinamos detenidamente descubrimos que de hecho son muy parecidas. Nos encontramos ante preguntas cruciales que, como hemos visto, muchos comentaristas de Pablo se han estado preguntando a través de los años: ¿cómo situamos a Pablo históricamente, y cuál es el centro de su teología?

Los dos antecedentes que normalmente se proponen del uso que Pablo hacía de la palabra griega *euangelion* ('evangelio') y *euangelizesthai* ('predicar el evangelio') son por un lado las escrituras hebreas y, por otro, su uso pagano, es decir, grecorromano. La línea divisoria entre estas dos interpretaciones es la misma que se puede trazar entre aquellos que ven a Pablo básicamente como a un pensador judío, y aquellos que creen que adquirió sus ideas fundamentales del helenismo. Ambas posturas han aportado infinidad de pruebas y argumentos para validar sus posiciones, pero creo que no siempre se ha sabido aprovechar las enseñanzas que se podrían haber desprendido. Veamos brevemente algunas características.

Podemos encontrar el uso judío de dicha palabra en dos versículos bien conocidos de Isaías:

Súbete a un alto monte,
oh Sión, portador de buenas nuevas (ὁ εὐαγγελιζόμενος Σιων);
Levanta con fuerza tu voz,
oh Jerusalén, portadora de buenas nuevas (ὁ εὐαγγελιζόμενος Ιερουσαλημ);
Levántala, no temas;
Di a las ciudades de Judá:
¡Aquí está vuestro Dios! (40:9)
¡Qué hermosos son sobre los montes
los pies del que trae buenas nuevas,
del que anuncia la paz (ὡς πόδες εὐαγγελιζομένου ἀκοὴν εἰρήνης),
del que trae las buenas nuevas de gozo (ὡς εὐαγγελιζόμενος ἀγαθά),
del que anuncia la salvación,
y dice a Sión: Tu Dios reina! (52:7)

Estos pasajes, junto con otros (por ejemplo, 60:6; 61:1), están entre las declaraciones culminantes del gran tema doble de esta sección (Isaías 40–66): el retorno de YHWH a Sión y su consagración, y el retorno de Israel de su exilio en Babilonia. No se trata simplemente de una lista de 'buenas nuevas' variadas, un mensaje generalizado para consolar a los abatidos; son muy específicas, para la grave situación en la que Israel se encuentra en el exilio. Así lo interpretaban algunos judíos en el período del Segundo Templo, como podemos ver en algunos textos post-bíblicos. El tema del heraldo de Isaías estaba muy vigente en el primer siglo, como parte del gran tema, que continuaba en las mentes de los judíos en los tiempos de Jesús y de Pablo (y, de hecho, hasta el día de hoy): *el retorno de Israel del exilio*. Para muchos, y casi para todos ellos, los escritores judíos del período del Segundo Templo (538aC–70dC), el 'retorno del exilio', profetizado por Isaías, Jeremías, Ezequiel y otros, aún no había tenido lugar. Esto queda claro sobre todo en los escritos de Qumrán, en los que se hace un uso explícito, en este contexto, de la figura del 'heraldo' de Isaías. Las 'alegres nuevas' o 'las nuevas del bien' sería el mensaje de que la tan esperada liberación de la cautividad era inminente.

Para algunos, estas pruebas ya son suficientes para ganar el caso: este trasfondo judío es el contexto en el que se debe interpretar el 'evangelio' del Nuevo Testamento. Otros, sin embargo, insisten que es vital tener en cuenta el trasfondo no judío. En el mundo griego, como bien saben los expertos, *euangelion* es un término técnico normal, para referirse al anuncio de una gran victoria, o de un nacimiento, o la coronación de un emperador. (Obviamente, el primero y el tercero podían tener lugar a la vez, si alguien llegaba a ser emperador gracias a una victoria militar). La llegada de un nuevo gobernante garantizaba la paz, un nuevo comienzo, como por ejemplo en los días de Augusto, que fue el primer emperador romano en subir al poder en el año 31 aC después de un largo período de guerra civil. Una inscripción del año 9 aC lo recoge de la siguiente manera:

La providencia que ha ordenado nuestras vidas, mostrando preocupación y celo, ha ordenado la más perfecta consumación a través de Augusto, dándole virtud para hacer la obra de benefactor entre los hombres y, con él, enviándonos a nosotros y a los que nos seguirán un salvador, que pone fin a la guerra, que implanta el orden por doquier…; el nacimiento del dios [Augusto] fue el principio del mundo de las alegres nuevas que él ha traído a los hombres…

Entonces, ¿cuál de estos trasfondos es el apropiado para interpretar el mensaje del Nuevo Testamento? Para Pablo, ¿es 'el evangelio' una palabra de consuelo como en Isaías, o una proclamación imperial?

Sugiero que contraponer los dos trasfondos es un error, que ha llevado a los expertos a tener que decidirse por uno o por otro, provocando durante muchos años una errónea división en el estudio del Nuevo Testamento.

Cuando se estudia el significado de las palabras, lo más importante no es ver *de dónde vienen*, aunque debe ser considerado detenidamente, sino *a dónde van*. La confrontación es casi más importante que la derivación. El problema no está en que ahora sabemos que los 'judíos' y los 'griegos' del primer siglo no vivían en mundos herméticos (aunque esto ya debería hacernos desconfiar de cualquier interpretación que promoviera tener que decidirse por uno o por otro). En cambio, el problema está en que el mensaje de Isaías siempre trató de la subida al trono o la consagración de YHWH y el destronamiento de los dioses paganos; de la victoria de Israel y de la caída de Babilonia; del advenimiento del Siervo Rey y la consecuente llegada de la paz y la justicia. El mensaje escritural de Isaías entra en el mundo donde los dioses paganos y los gobernantes reclaman el poder y celebran su subida al trono. No servirá distinguir, como muchas veces se hace, entre los usos supuestamente 'sagrados' (Isaías) y los supuestamente 'profanos' (Augusto). Según los judíos del primer siglo, las reivindicaciones 'profanas' del culto al emperador eran de hecho profundamente 'religiosas'. El mundo romano, que pronto convertiría a sus emperadores en divinidades, habría estado de acuerdo. Y es precisamente contra tales connotaciones 'religiosas' –la jactancia de los emperadores paganos, desde Babilonia y Egipto, pasando por la megalomanía de Antíoco Epífanes hasta la Roma Imperial– a la que los judíos de los tiempos de Pablo se tenían que enfrentar. Cuando su Dios, YHWH, actuara en la historia para liberar a su pueblo, los falsos dioses de los paganos serían derrotados. Cuando YWHW levantara a su rey como el gobernante supremo, como su único y verdadero representante en la tierra, todos los demás reinos se tendrían que enfrentar con su legítimo señor de señores.

Una vez entendemos el panorama histórico del evangelio de Pablo, descubrimos algo para lo que las categorías abstractas de la investigación de la historia de las religiones no nos ha preparado. *Cuanto más judío hacemos el 'evangelio' de Pablo, más se enfrenta directamente a las pretensiones del culto a los emperadores, y también a otros tipos de paganismo, ya sean 'religiosos' o 'seculares'*. Esto se debe a que el monoteísmo judío establece que 'no hay otro rey sino Dios'. En la historia del pensamiento, y en la lexicografía, la derivación es muy importante; pero también lo es la confrontación. Las declaraciones exclusivistas religiosas y reales del César (o de Babilonia, o Persia, o Egipto, o Siria, o de quien fuera) se enfrentaban directamente con las también declaraciones exclusivistas del Dios de Israel. Anunciar que YHWH era rey significaba declarar que el César no lo era. Y estas eran las 'buenas nuevas' que el heraldo de Isaías tenía que proclamar.

Sin embargo, esto nos obliga a volver a nuestra pregunta inicial. ¿Qué quería decir Pablo exactamente cuando hablaba de 'el evangelio'? ¿Cómo aunaba esta combinación explosiva de ideas, estas expectativas, y estas confrontaciones?

El evangelio cuádruple sobre Jesús

El mensaje de Isaías versaba sobre el Dios de Israel que llegaría a ser rey – rey sobre todo el mundo, no sólo sobre Israel. El evangelio de Pablo era, del mismo modo, un mensaje sobre el único Dios verdadero, el Dios de Israel, y su victoria sobre todo el mundo. En un pasaje donde Pablo explica la importancia tanto para la carta que está escribiendo –el pasaje aparece ya en la introducción– como para su comprensión de Dios, el evangelio, Jesús, y su propia vocación, leemos:

Pablo, siervo de Jesucristo, llamado a ser apóstol, apartado para el evangelio de Dios, que ya él había prometido antes por sus profetas en las santas Escrituras, acerca de su Hijo, que nació de la descendencia de David según la carne, y que fue declarado Hijo de Dios con poder, según el Espíritu de santidad, por la resurrección de entre los muertos: nuestro Señor Jesucristo, por medio de quien hemos recibido la gracia y el apostolado, para promover la obediencia a la fe entre todos los gentiles, por amor a su nombre…

(Romanos 1:1–5)

El evangelio de Dios sobre su Hijo. Un mensaje sobre Dios –el único Dios verdadero, el Dios que inspiró a los profetas– que consistía en un mensaje sobre Jesús. Una historia –una historia verdadera– sobre la vida humana, la muerte y la resurrección a través de la cual el Dios vivo se convierte en el rey del mundo. Un mensaje que convenció a Pablo y, gracias a su ministerio, se extendió a todas las naciones. Éste es el resumen que Pablo hace para explicar qué es el evangelio.

Así pues, no se trata de un sistema que explica cómo alcanzar la salvación. Sí que es verdad que la predicación del evangelio da como resultado la salvación de las personas – Pablo también lo explicará más adelante. Pero 'el evangelio' en sí mismo, es la narración de la proclamación de Jesús como Rey. Pablo habla de 'predicar el evangelio' y de 'predicar a Jesús' de la misma manera, usando el término *kerussein*, 'actuar como heraldo' en ambos casos (por ejemplo, 1ª Corintios 1:23; 15:12; 2ª Corintios 1:19; 4:5; 11:4; Gálatas. 2:2; 1ª Tesalonicenses 2:9). Cuando el heraldo anuncia una proclamación real, dice: 'Nerón (o quien fuese) se ha convertido en emperador'. No dice: 'Si os apetece tener la experiencia de vivir bajo un emperador, quizás querríais probar con Nerón'. La proclamación es una llamada autoritaria a la obediencia. En el caso de Pablo, una llamada a lo que él denomina 'obediencia a la fe'.

Trataremos el tema de la 'fe' en breve. Pero por ahora, debemos centrarnos en el contenido del relato de la proclamación que Pablo, el heraldo, lanza al mundo entero. Él creía que la historia de Dios y del mundo casi se reducía a la historia de Jesús de Nazaret. Esta historia era 'evangelio', buenas noticias, para todo el mundo. Ahora quiero desarrollar, punto por punto, las ideas centrales de la historia tal y como Pablo la concebía. Él predicaba que el Jesús de Nazaret crucificado había sido levantado de entre los muertos; que así se probaba que era el Mesías de Israel; que por ello se convertía en el Señor de todo. O, resumiéndolo más aún: Jesús, el Mesías crucificado y resucitado, es Señor.

El Jesús crucificado

Puede parecer una perogrullada decir que la cruz es el centro de toda la teología de Pablo. (Sin embargo, es revelador ver cuántos comentarios y trabajos sobre Pablo, desde los más serios hasta los más informales, no acotan que es el tema central). El problema con el que se encuentra todo aquel que intenta seguir el pensamiento de Pablo es que cada vez que éste menciona la cruz –y lo hace de forma literal docenas de veces; casi aparece en cada página de sus cartas– dice algo diferente sobre ella. ¿Cómo ha cumplido Dios las promesas hechas a Abraham? Mediante la cruz. ¿Qué es lo que está en juego cuando ex paganos irreflexivos comen carne ofrecida a los ídolos? Que pueden ofender a un hermano o hermana 'por quien Cristo ha muerto'. ¿Qué ocurre en el bautismo? La gente muere con Cristo. ¿Cómo venció Dios a las fuerzas del mal? Con el triunfo en la cruz. ¿Cuál es la revelación suprema del amor de Dios, y, así, su compromiso inamovible con su pueblo y el mundo? La muerte de Jesús. ¿Cómo se reconcilian los judíos y los gentiles? A través de la cruz. ¿Por qué los cristianos ya no están 'bajo la ley'? Porque 'han muerto a la ley mediante el cuerpo de Cristo'. ¿Qué ha hecho Dios con el aparente poder del pecado y de la muerte? Ha condenado al pecado en la cruz y, así, ha anulado el poder de la muerte. Y aún podríamos seguir.

Corremos el peligro de que esta constante repetición nos haga insensibles a lo que Pablo está diciendo – e, igualmente importante, sería oír lo que se decía en su época. En el mundo occidental postcristiano, mucha gente luce un crucifijo colgado del cuello, y lo que normalmente no sabe es que esa joya u ornamento representa el equivalente antiguo a una soga, una silla eléctrica, unas empulgueras, o una parrilla de tortura. O, para ser más preciso, algo que combina esos cuatro instrumentos, pero va aún mucho más allá; la crucifixión era algo tan horrible, que en la educada sociedad romana se solía evitar la palabra. Cada vez que Pablo hablaba de ella –especialmente cuando la mencionaba acto seguido a la salvación, el amor, la gracia y la libertad– tanto él como sus oyentes habrían sido conscientes de cómo el contraste rompía todas sus expectativas normales y resquebrajaba su sensibilidad. De algún modo, debemos recordar esto cada vez que Pablo menciona la muerte de Jesús, sobre todo la manera en que murió.

Cuando así lo hacemos, también afecta a nuestra sensibilidad. Y es que Dios ha invertido los valores del mundo. Ha hecho lo imposible. Ha convertido la deshonra en gloria y la gloria en deshonra. Él es la locura que sobrepasa a los sabios, la debilidad que triunfa sobre los fuertes. La cruz es para Pablo el símbolo, y también el medio, de la victoria liberadora del único Dios verdadero, del creador del mundo, sobre los poderes esclavizantes que han usurpado su autoridad. Por ello, es el centro de 'el evangelio'. Isaías escribió sobre un heraldo con un mensaje del 'evangelio'; y su profecía evolucionó, enfatizando la victoria del Dios de Israel sobre todos los ídolos de Babilonia, y contenía en su centro la extraña figura del siervo de YHWH, sufriente y vindicado. Los oyentes de Pablo pensaban que 'el evangelio' era un mensaje sobre alguien, muy probablemente sobre un rey o un emperador, que ganaría una gran victoria, y quizá así subiría al trono. Pablo, basándose en los profetas, se dirigía al mundo pagano con las nuevas de un nuevo rey, un nuevo emperador, y un nuevo Señor.

Por esta razón sugiero que demos prioridad a las expresiones paulinas de la crucifixión de Jesús que la describen como la victoria definitiva sobre los 'principados y potestades'. No perdemos nada del sentido de la cruz si nos centramos en estas expresiones. La predicación de 'el Mesías crucificado' es la clave de todo porque declara a los gobernantes de este mundo que su tiempo se acaba; si se hubieran dado cuenta de lo que estaba pasando, 'no hubieran crucificado al Señor de gloria' (1ª Corintios 1:18–2:8). Contrariamente a lo que simples espectadores hubieran podido pensar, cuando Jesús fue crucificado era él quien estaba venciendo a las fuerzas del mal, estaba celebrando *su* victoria sobre *ellas*, y no a la inversa (Colosenses 2:14–15). La muerte de Jesús liberaba tanto a los judíos como a los gentiles de la esclavitud de los 'rudimentos del mundo' (Gálatas 4:1–11). Y lo más importante de todo es que la muerte de Jesús, vista como la culminación de su acto de obediencia, es el medio a través del cual el reino del pecado y la muerte es sustituido por el reino de la gracia y la justicia (Romanos 5:12–21). 'El evangelio' es la proclamación de una victoria real.

Cuando nos preguntamos cómo es que la cruel muerte de Jesús fue la victoria definitiva sobre los poderes del mal, entre ellos el pecado y la muerte, Pablo nos contesta: porque era el cumplimiento de la promesa de Dios a Abraham de que a través de él y de su descendencia acabaría con el mal de este mundo. Dios estableció su pacto con Abraham con este propósito concreto. Por ello, en la convincente argumentación de su carta a los Romanos, Pablo expone la fidelidad de Dios con su pacto (en lenguaje técnico, su 'justicia'), explicándola en términos de cumplimiento de las promesas a Abraham, (3:21–4:25), y analizándola en términos de la inversión del pecado de Adán (5:12–21) y, en última instancia, en términos de la liberación de toda la creación (8:17–25). Podemos observar la misma línea de pensamiento en varios pasajes. En Gálatas, toda la exposición del pacto con Abraham, y la forma en que éste alcanza su clímax en Jesús, apunta hacia el mensaje de la 'nueva creación' (6:15). En 2ª Corintios, el nuevo pacto (capítulo 3) nos lleva a la nueva creación (capítulo 5). Y siempre el cumplimiento se centra en la muerte de Jesús, el acto del cumplimiento del pacto, el momento en el que Dios ejecuta la sentencia final sobre el pecado (Romanos 3:24–26; 8:3), el momento en el que el maravilloso amor de Dios se reveló en toda su gloria (Romanos 5:6–11; 8:31–39).

Esto es cumplimiento, y no abrogación. Sería fácil suponer que Pablo, de camino a Damasco, o más adelante, adquiriese una ideología centrada en la cruz, que le hizo querer abandonar todo lo judío, incluida la idea de que el Dios de Israel por fin iba a cumplir sus promesas. Sería posible (aunque erróneo) interpretar lo acabado de comentar a partir de Filipenses 3:7–8: 'Lo he perdido todo, y lo tengo por basura, para ganar a Cristo'. Pero no es muy coherente. Es verdad que ni Pablo ni ninguno de sus contemporáneos judíos esperaban que Dios actuase así. Pero la comprensión que Pablo llegó a tener de la muerte de Jesús no era una idea nueva que acababa de surgir de la nada. El poder de su 'evangelio' provenía precisamente del hecho de que estaba dirigido al mundo pagano, pero llevaba todo el peso de la historia y la tradición judías. Seguro que Saulo el fariseo había leído las escrituras judías como un lamento por todo lo que había ido mal: el fracaso y la deslealtad de Israel, su pecado y rebelión, por los consecuentes desastres nacionales, la derrota, la subyugación y el exilio. Léase el Salmo 74 (por ejemplo) para imaginar a Saulo de Tarso orando fervorosamente en el patio del Templo, bajo la mirada de guardas romanos que vigilaban desde sus torres.

En otras palabras, el destino de Israel –el sufrimiento en manos de los paganos– no había sido pasado por alto. No era irrelevante. Había alcanzado su clímax precisamente con la muerte de Jesús, el Mesías representante de Israel. Cuando Pablo declara que 'el Mesías había muerto por nosotros según las escrituras' –así empieza el resumen oficial de 'el evangelio' en 1ª Corintios 15:3–8– no quiere decir que puede encontrar media docena de textos en las escrituras que él, ingeniándoselas, hará que parezcan predicciones de la crucifixión. Lo que quiere decir es que toda la historia de las escrituras, la gran evolución de cómo Dios trata a Israel, llega a su punto culminante cuando el joven judío de Nazaret fue crucificado por los romanos. Aunque sólo hemos mirado el tema de cómo Pablo ve la cruz muy por encima, hemos dicho lo suficiente como para llegar a la siguiente conclusión: la indigna muerte de Jesús en manos de los paganos fue, para Pablo, el centro y el punto de partida de lo que sería 'el evangelio'. Era el cumplimiento del mensaje de Isaías. Era la proclamación de la victoria real última. Era el mensaje judío de buenas nuevas para el mundo.

Pero (como algunos dirían) cientos de judíos, jóvenes y viejos, fueron crucificados por los romanos en el siglo primero. ¿Por qué la ejecución de Jesús es tan especial? Pablo ofrece una doble respuesta. Esa crucifixión fue diferente debido a la persona que fue crucificada, y a lo que ocurrió a continuación. Y solemos tratar este tema en sentido inverso al cronológico: la resurrección de Jesús, su estatus mesiánico, y el hecho de que, por lo tanto, es el Señor del mundo. Así, la resurrección y la crucifixión son los elementos básicos de 'el evangelio' de Pablo.

El Jesús resucitado

'Y si Cristo no ha resucitado, vana es entonces nuestra predicación, y vana también vuestra fe; y si Cristo no ha resucitado, vuestra fe es falsa; todavía estáis en vuestros pecados' (1ª Corintios 15:14, 17). Sin la resurrección, la crucifixión no sería una buena nueva, no habría ninguna proclamación de victoria y, consecuentemente, no habría salvación. Pero esto no quiere decir que la cruz es sólo un interludio sin importancia anterior a la verdadera victoria. Como ya hemos visto, Pablo entiende la ejecución de Jesús como el momento en que el amor del creador vence a la creación rebelde, cuando las fuerzas que han esclavizado a los humanos y al mundo son derrotadas de una vez y para siempre.

Sin embargo, y continuando con este vaivén teológico, es precisamente esa victoria ya ganada la que llevó directamente a la resurrección de Jesús. Pablo, de acuerdo con el tema principal de la Biblia, entendía que el pecado y la muerte estaban unidos. Si Jesús había vencido al pecado, la muerte no podía retenerle. Si (visto al revés) resucitó de entre los muertos, es porque ya había vencido al pecado en la cruz; dicho de otra manera, Dios había logrado al fin lo que había prometido a Abraham y a los profetas. Es así como funciona la lógica de Pablo en los primeros diecinueve versículos de 1ª Corintios 15, una clara exposición del 'evangelio' de Pablo.

Así que todo depende de la resurrección de Jesús. Los estudiosos y también los escritores populares a menudo componen una fantástica canción y bailan alrededor de lo que Pablo pensaba que iba a pasar en el futuro, como si su creencia 'escatológica' o 'apocalíptica' tuviera que ver con algo que aún tenía que suceder. Según Pablo, el acontecimiento escatológico más importante, a través del cual el Dios vivo había revelado (o si se prefiere, 'había apocalipsado') su plan para salvar todo el cosmos, *tuvo lugar cuando Jesús resucitó de entre los muertos*. Así que no estaba viviendo en los últimos días. Estaba viviendo en los *primeros* días, en un orden del mundo completamente nuevo. Igual que la cruz, la resurrección impregna el pensamiento y los escritos de Pablo; y no se refiere a la resurrección futura, la cual Pablo anhela. Se refiere a la resurrección de Jesús, que ya ha tenido lugar.

Es esencial entender que para un fariseo con la formación y el trasfondo de Pablo, la resurrección implicaba, de forma inevitable, la resurrección del *cuerpo*. 1ª Corintios ya anula dos posibles maneras de entender la resurrección. Por un lado, Pablo no la veía simplemente como la resurrección de un cadáver. Jesús no volvió a la misma modalidad de existencia física que había tenido antes. Por otro, Pablo no la veía como el abandono del cuerpo físico de Jesús. Si le propusiéramos a Pablo que 'la resurrección' podría haber tenido lugar mientras el cuerpo de Jesús aún estaba en el sepulcro, no solamente no habría estado de acuerdo, sino que nos diría que no hemos entendido el significado de las palabras relevantes. Los judíos del primer siglo tenían una serie de creencias sobre lo que Dios haría con la gente de su pueblo después de que muriesen. Pero el término 'resurrección' no incluía las diferentes opciones en su totalidad. Tenía que ver, sobre todo, con una reencarnación, con una nueva existencia física. Cuando Pablo habla del 'cuerpo espiritual' (1ª Corintios 15:44), no se refiere a 'espiritual' en el sentido platónico, es decir, inmaterial. Se refiera a un *cuerpo* (físico, en cierto sentido) que está formado por 'espíritu'.

Pablo creía que, de hecho, Jesús había '*atravesado*' la muerte, es decir, había muerto, y *había salido de ella*. Jesús había entrado en una nueva forma de fisicalidad, una forma sin precedentes. Y esto también había ocurrido 'según las escrituras' (1ª Corintios 15:4). Una vez más, esto no quiere decir que Pablo podía desenterrar un puñado de textos bíblicos que predecían que alguien resucitaría como un acontecimiento aislado en la historia. Quiere decir que se puede desprender del conjunto de la narrativa bíblica. La 'resurrección' era, como vemos en Ezequiel 37, una metáfora del retorno de Israel del exilio. Cuando Pablo se tuvo que enfrentar con el hecho de la resurrección de Jesús, concluyó que el retorno del exilio se había cumplido. Con la muerte de Jesús, el exilio había llegado a su final; saliendo victorioso de la muerte y del exilio, Jesús se había liberado no sólo de Grecia o Roma, Herodes, Pilato y Caifás, sino de los enemigos últimos, el pecado y la muerte (1ª Corintios 15:25–6). Así, la Era por venir, el Eschaton de las expectativas judías, había llegado, aunque no de la manera en la que Pablo siempre había soñado. Israel, en principio, había sido redimido gracias a la persona expiatoria de Jesús. Y ahora se invitaba a los gentiles a unirse a Israel para celebrar el nuevo día, el día de la liberación.

También supuso que, la Era por venir, que Israel tanto había esperado, llegaba *en dos etapas*. En 1ª Corintios 15 Pablo recoge el modelo más o menos tradicional del apocalipsis judío, dejando claro que el final *ya* ha ocurrido (en la 'resurrección' de Jesús), pero que el final todavía *no* se ha completado (cuando todos los creyentes resuciten). En Romanos 8 lo amplía, añadiendo más detalles: la resurrección de Jesús es la garantía de la futura liberación de la muerte y de la corrupción no sólo de aquellos que están 'en Cristo' sino de toda la creación. Pablo es consciente de que vive entre el Final (escenario uno: en Jesús) y el Final (escenario dos). Esta es la verdadera novedad de su teología. Y esta novedad surge aún desde el seno del judaísmo farisaico de Pablo, es decir, que no abandona su antiguo marco de referencia por uno nuevo salido de la nada.

Supuso, sobre todo, que a pesar de la indigna muerte de Jesús de Nazaret –que en principio habría supuesto el final de cualquier aspiración mesiánica– éste fue realmente el Mesías de Israel, el verdadero ungido de Dios, el rey.

Jesús Rey

'Cristo' no es un nombre. Se trata de un título. Se convierte en *nombre* (es decir, se refiere a alguien, sin ninguna connotación) cuando en algún momento durante los primeros tiempos del cristianismo, los gentiles convertidos olvidan el significado judío que tiene la palabra 'Cristo'. Del mismo modo, en el primer siglo no quería decir 'un ser divino', ya que esto también es una evolución posterior (como veremos, Pablo pensaba que Jesús era divino; sin embargo, la palabra 'Cristo' no expresaba, o quizá no podría haber expresado tal creencia). 'Cristo', para Pablo, quería decir 'Mesías'. Y 'Mesías', claro está, quería decir 'el ungido'. Cuando se ignora esta información (como pasa a menudo tanto entre los estudiosos como entre los escritores populares) no debe sorprender que muchos pasajes de Pablo resulten extremadamente opacos.

Así, ese nombre podía hacer referencia a cualquier otra persona, como por ejemplo, un sacerdote. Pero su mayor referente en el judaísmo del primer siglo era 'el rey que había de venir'. Los expertos han escrito sobre la esperanza judía en un Mesías, basándose en las especulaciones literarias de la época. A veces, hacían sonar la palabra 'Mesías' como algo 'religioso', 'etéreo', que guardaba poca relación con la vida real del primer siglo. Hoy en día conocemos, sobre todo gracias a los escritos de Josefo, muchos movimientos mesiánicos que se levantaron en los años 100, tanto antes como después de Cristo. Para comprender bien todo lo que Pablo escribe debemos tener en cuenta que éste era el ambiente que se respiraba. Él creía que Jesús era el verdadero rey. Un rey de 'lo inesperado'. Un rey que acababa con los esquemas de muchos, y con las expectativas que la gente tenía del 'rey que había de venir'. Pero aun así, era el verdadero rey. La resurrección así lo demostraba. No nos iría mal, para recordar esto de vez en cuando traducir *Iesous Christos* no como 'Jesucristo', ni tan siquiera como 'Jesús el Mesías', sino como 'Jesús Rey'.

Así pues, el 'evangelio' de Pablo es 'el evangelio de Cristo': no tanto un mensaje propiedad del rey, sino un mensaje cuyo tema principal es el rey. El Dios verdadero se ha dado a conocer a través de este rey. La predicación del evangelio implicaba la proclamación pública del Jesucristo crucificado (Gálatas 3:1). Para Pablo, las buenas nuevas consisten en que en y gracias a la cruz del Rey Jesús el Dios verdadero había vencido al mal de una vez por todas. A un prisionero sólo le consolará el hecho de saber que su carcelero también ha sido encerrado. De la misma manera, para Sión las únicas buenas nuevas serán saber que Babilonia ha sido derrotada. El evangelio de Pablo declara que la muerte de Jesús el Rey ha derrotado al mal definitivamente.

Esta declaración de Pablo, que Jesús es el Rey, el Mesías, y el hecho de que así lo predicara, es un tema muy debatido en la crítica actual del Nuevo Testamento. Por ello, quiero demostrar la lógica de dicha declaración, y lo haré explicando por qué yo también me uno a la declaración de Pablo.

Volvamos a Romanos 1:3–4, donde, como vimos, Pablo se presenta en su carta con una fórmula bien concisa (véase página 51). Generaciones de estudiosos, resistiéndose a la idea de que Pablo veía a Jesús como rey, el Mesías, el verdadero Hijo de David, han intentado evitar esta breve introducción, para adentrarse rápidamente en lo que ellos consideraban la verdadera fórmula introductoria, los versículos 16–17, la proclamación de la justicia de Dios (tema que trataremos más adelante). Tampoco prestan atención a los versículos 3 y 4, porque dicen que es una fórmula tradicional que Pablo usa para calmar a los lectores, aunque él mismo no lo ve como un resumen exacto de su pensamiento. Pero es absurdo pensar que Pablo, que regularmente usa esta fórmula introductoria para presentar el tema principal de sus cartas, introdujera una fórmula tan bien trabajada y elaborada como introducción a una carta tan importante, y que esta fórmula no constituyera no sólo su pensamiento general, sino el tema que se propone desarrollar a continuación.

Está claro que el último punto es difícil de explicar si no se hace una exégesis detallada de toda la epístola; pero espero poder establecer maneras en las que podamos ver la teología del pensamiento de Pablo.

La fórmula, a la que Pablo llama de forma explícita su 'evangelio', habla del Hijo de David. Gracias a un buen número de fuentes judías, sobre todo las descubiertas en Qumrán, sabemos que pertenecer al linaje de David era una característica a tener en cuenta al hablar del Mesías; y sabemos de al menos uno o dos textos de las escrituras a los que se recurría para apoyar esta idea. Quizá el más conocido es 2º Samuel 7. En el oráculo de Natán para David, Dios le promete a David que él le edificara una 'casa': cuando los días de David se cumplan, Dios levantará después de él a uno de su linaje, que se sentará en su trono, y (dice Dios), 'Yo seré un padre para él y él será un hijo para mí'. Esta promesa se celebra más adelante, cuando en Crónicas se vuelve a relatar el mismo incidente, y también en los dos salmos reales, Salmos 2 y 89. Todos estos pasajes aparecen en varias tradiciones judías que especulan sobre la venida del Mesías.

Así, cuando Pablo nos dice que el evangelio que predica es el que ya había sido prometido en las santas escrituras, y cuya figura central es uno que es del linaje de David y que ahora ha sido señalado como el Hijo de Dios, tendríamos que hacer como hizo Lord Nelson, mirar por el telescopio con su ojo ciego, para negar que Pablo intenta evocar precisamente esta continuidad de las escrituras, que aparece tanto en la literatura judía como en cualquier compilación de ideas mesiánicas. Está, en otras palabras, anunciando un evangelio que no habla tan sólo de la salvación disponible para todos, que resulta que ha sido conseguida por alguien llamado 'Jesús', que también tiene, según Pablo, otro nombre, 'Cristo'. Está anunciando que las promesas mesiánicas de la salvación se han cumplido en Jesús. Jesús es el rey, no sólo de Israel, sino de todo el mundo. Cuando Pablo dice exactamente esto en el versículo 5 –donde se deja bien claro que Dios ha enviado a Pablo a llamar a todas las naciones a que se unan a este Rey Jesús– no deberíamos dudar de que es éste el concepto mesiánico que tiene en mente. Y cuando más adelante en la epístola volvemos a ver una y otra vez que las promesas hechas a Abraham y a su familia se han cumplido en este Jesús –que Jesús ha sido obediente y fiel a Dios, como debería haberlo sido Israel; que él es el Mesías de Israel según la carne, y ahora también Señor de todo el mundo– entonces ya podemos decir que Romanos 1:3–4 es en verdad el resumen del principal tema que se va a tratar en la epístola. La teología de Pablo en Romanos es, sobre todo, real y magnífica.

También ocurre lo mismo en Gálatas. Consideremos brevemente la argumentación que se desarrolla en Gálatas 3:1–4:11. Trata de cómo las promesas hechas a Abraham se han cumplido 'en Cristo', en el Mesías. Hay muchos textos judíos en las que la secuencia histórica de pensamiento, contestando a la pregunta '¿cómo cumplirá Dios las promesas a Abraham?', encuentra su respuesta y su cumplimiento 'en el Hijo de David, el Mesías'. ¿Existen otras indicaciones, además de las muchas veces que aparece la palabra *Christos* en este capítulo, de que Pablo tuviera esta secuencia de pensamiento en mente?

La respuesta es SÍ. Es muy importante la idea de 'linaje': el verdadero linaje de Abraham, el cumplimiento de las promesas. Como varios estudiosos han demostrado, esto establece una relación natural con toda la colección de promesas mesiánicas que aparecen en el oráculo de Natán que mencionamos anteriormente, en el que el Mesías es 'del linaje de David'. Y, en uno de los puntos cruciales de la argumentación, Pablo hace referencia a otra de las muy conocidas promesas mesiánicas: Génesis 49:10.

Esta promesa, muy estudiada por los judíos en el período del Segundo Templo, es difícil de interpretar, aunque esta claro que en la época era entendida como que 'el cetro no se apartará de

Judá hasta que venga al que le pertenece el cetro – en otras palabras, la casa real de Judá continuará hasta que venga el Mesías. La difícil frase 'hasta que venga el que', y la larga espera después de la cual se cumplirán las promesas, es lo que encontramos en Gálatas 3:19: la ley fue añadida a causa de las transgresiones, *hasta que viniera la descendencia a la cual había sido hecha la promesa*. En toda esta explicación sobre Abraham, Pablo está usando una exégesis y teología real implícita. Así, vemos que a medida que el texto avanza la palabra *Christos* aparece cada vez más, lo que, como he dicho anteriormente, puede explicarse en términos de 'incorporación en el pueblo del Mesías': describe a los cristianos como 'bautizados en Cristo', 'de Cristo se han revestido', 'uno en Cristo' y 'que son de Cristo' (3:27–29). La única manera de evitar leer el texto de forma mesiánica es, de nuevo, utilizar el método de Lord Nelson. Gálatas 3 nos lleva a Gálatas 4, capítulo en el que Pablo usa explícitamente lenguaje mesiánico para describir a Jesús. Él es el Señor y el heredero de todas las cosas: él es el Hijo de Dios (un título real; recordemos los Salmos 2 y 89); él es el que someterá a las naciones paganas, y el que libertará al verdadero pueblo de Dios. Y a través de su venida y ministerio Dios se ha revelado. El 'evangelio de Dios' es pues 'el evangelio de Dios en relación con su Hijo'. Para Pablo, 'el evangelio' es la historia de Jesús de Nazaret, crucificado y resucitado, el Rey Jesús, el Mesías de Israel prometido.

Jesús es Señor

El último paso en el desarrollo del evangelio de Pablo fue afirmar que Jesús es lo que el salmista dice del verdadero Rey davídico:

Ciertamente anunciaré el decreto del Señor;
Que me dijo: "Mi hijo eres tú":
Yo te he engendrado hoy.
"Pídeme, y te daré las naciones como herencia tuya,
y como posesión tuya los confines de la tierra. (Salmo 2:7–8)
Oh Dios, da tus juicios al rey,
Y tú justicia al hijo del rey. (…)
Domine él de mar a mar,
Y desde el río hasta los confines de la tierra. (Salmo 72:1, 8)
He hallado a David mi siervo;
Lo he ungido con mi óleo santo.
Y con él estará siempre mi mano,
Mi brazo también lo fortalecerá. (…)
Él clamará a mí: Mi padre eres tú,
Mi Dios, y la roca de mi salvación.
Yo también lo haré mi primogénito,
El más excelso de los reyes de la tierra. (Salmo 89:20–21, 26–27)

Así que el Rey de los judíos que había de venir también sería el rey de toda la tierra. Ésta es, sin duda alguna, la cuestión primordial de la doctrina de la elección, la elección de Israel como el pueblo del único Dios verdadero: si Israel es el pueblo a través del cual Dios se dirigirá al mundo entero, el rey de Israel será el punto central de tal acción. El Mesías será Señor, no sólo de Israel, sino del mundo entero.

Esto es precisamente lo que Pablo dice de Jesús:

Porque no hay distinción entre judío y griego, pues el mismo Señor es Señor de todos, abundando en riquezas para todos los que le invocan. (Romanos 10:12)

Pablo usa el título 'Señor' cuando se refiere a Jesús tan a menudo que este uso ocupa varias columnas en las concordancias. Aunque al igual que con *Christos*, la palabra *Kyrios* ('Señor'), se suele dar por sentado, o (quizá debido a que se usa mucho al dirigirnos a Dios o a Jesús en la vida devocional de los creyentes) su estatus se ve rebajado al de un mero nombre más, que se refiere a

Jesús, pero que no dice mucho sobre él. Si queremos entender todas las dimensiones del evangelio de Pablo, es vital que reivindiquemos el sentido total de esta palabra tan cargada de significado.

Igual que la palabra 'evangelio', 'Señor' lleva consigo dos significados aparentemente muy diferentes, dependiendo de si pensamos en su trasfondo judío o en sus lectores grecorromanos. En este apartado me voy a centrar en este último; pero en el próximo capítulo –que es de hecho la continuación de este, aunque el tema que trato es tan extenso e importante que necesita ser tratado por separado– desarrollaré más el primero de los significados.

En el mundo grecorromano por el que Pablo estuvo viajando, y que era el principal receptor de su mensaje, la palabra *Kyrios* hacía referencia a todo tipo de personas. Podía ser tan solo una forma educada o respetuosa de dirigirse a alguien, como por ejemplo la palabra 'Sir' en inglés. Pero del mismo modo que la forma educada inglesa 'Sir' no anula su significado más estricto, usado para dirigirse a los caballeros, en el contexto de Pablo *Kyrios* se solía usar, no sólo para dirigirse de forma educada a un superior 'social', sino también para referirse a la figura superior por antonomasia: el emperador. Según el punto de vista romano, *sólo* había *un* Señor del mundo. Pero según Pablo, ahora tenía un rival.

Lucas presenta la misma idea de forma bien clara, cuando (a pesar de lo que muchos dicen, ya que muchos piensan que quería defender a Pablo de la acusación de ser un alborotador) le llevan delante de los magistrados en Tesalónica acusándole de decir que 'hay otro rey, Jesús' (Hechos 17:7). Es difícil creer que Lucas inventara esta acusación.

De hecho, Pablo en sus cartas decía más o menos lo mismo. En un conocido pasaje, Filipenses 2:5–11, Pablo no está simplemente articulando una visión sorprendente de quién es Jesús, y de quién es Dios. Lo que también está haciendo, y de forma bastante directa y explícita, es subvertir las declaraciones del otro que decía ser señor del mundo, es decir, del César. Dice que 'toda lengua confiese que "Jesucristo es Señor", para gloria de Dios Padre'. Y aquí, con la palabra 'Señor' vuelve a pasar lo mismo que con 'evangelio': el lenguaje que Pablo usa lo toma prestado, no sólo de Isaías, sino también del culto que se rendía al emperador. En varios textos del imperio romano, encontramos fórmulas referentes al ascenso al poder del emperador, en el que la secuencia de pensamiento funciona de la siguiente manera. Una persona (Augusto, Nerón, o quien fuera) ha servido bien al estado, quizás ganando alguna victoria; así que lo proclamamos como nuestro señor, y nos confiamos a él para que sea nuestro salvador. Le proclamamos nuestro *Kyrios*, y confiamos que él es nuestro *Soter*.

Pablo, escribiendo a la iglesia en Filipo (que era una colonia romana), seguro que era consciente de las implicaciones de lo que estaba diciendo. De hecho, creo que probablemente eso forma parte de su mensaje a los filipenses: no creáis que podéis servir a dos señores, que hay dos señores del mundo. Sólo hay un Señor: Jesús. 'Toda lengua confiese que Jesucristo es Señor'; luego, en el climático final de la siguiente sección, 'porque nuestra ciudadanía está en los cielos, de donde también ansiosamente esperamos a un Salvador, el Señor Jesucristo (…) por el ejercicio del poder que tiene para sujetar todas las cosas a sí mismo' (Filipenses 3:20–21). Así que el evangelio de Pablo era un anuncio real. Al salir del mundo judío e ir a predicar al mundo gentil, no había dejado atrás la categoría de que Jesús era rey. Al contrario, ese era el contexto en el que el mensaje del evangelio, claramente judío, empezaba a hacer mella. La gente era enviada a prisión por decir que había 'otro rey', como muy bien sabía Pablo. No es de sorprender que, precisamente, Pablo estuviera en la cárcel cuando escribió más de la mitad de sus cartas.

El evangelio de Dios

Hemos estudiado el 'evangelio' de Pablo, y hemos visto que bajo su fórmula de presentación ('el Señor Jesucristo', etc.) tenemos una secuencia bien elaborada, una historia implícita, que, cuando es bien entendida, deja ver que él mantuvo sus raíces en el mundo judío, a la vez que dirigía su mensaje directamente a los principados y a las potestades del mundo romano, desde el César para abajo. Pero de hecho, éste no era sólo un mensaje sobre Jesús. Todo lo que decía de Jesús era para hablar de Dios.

En aquel entonces, la palabra 'Dios' (*Theos* en griego, *Deus* en latín) era una incógnita. La gente escribía libros preguntándose si Dios, o los dioses, existían, y cómo era él, o ella, qué hacía, y si interfería en la vida cotidiana de los mortales, etc. Casi todo el mundo se tomaba el tema de los dioses bastante a la ligera; pocos eran los que se lo tomaban seriamente. Sin embargo, en el contexto del que Pablo venía, sólo había un Dios. Él era el creador del mundo; era también el Dios de Israel. Y casi todo el mundo se lo tomaba muy en serio.

Además, los judíos leales creían que un día el resto del mundo también tendría que tomarse al Dios de Israel en serio. Él establecería su reino sobre el mundo entero. Revelaría que Israel siempre había sido su pueblo especial. Condenaría al mundo por su idolatría e inmoralidad. Este es el tema del libro la Sabiduría de Salomón, escrito más o menos en tiempos de Jesús y Pablo. Si Saulo de Tarso se había sentido llamado, siendo fariseo, a predicar a los gentiles, esto habría formado parte de su repertorio, juntamente con una invitación a adorar al Dios verdadero, al Dios de Israel, y a vivir como los judíos, según la Torá.

El 'evangelio' del apóstol Pablo también era un mensaje sobre Dios, el Dios de Israel, el creador del mundo. También era una llamada a rechazar la idolatría y a volverse al Dios verdadero, la fuente de vida y de todo lo bueno. Pablo resume su mensaje en el primer capítulo de la que algunos dicen ser su primera carta: 1ª Tesalonicenses. Y vemos en otros pasajes cómo veía él el efecto de su predicación. Veamos Gálatas 4:1–11.

1. Digo pues: mientras el heredero es menor de edad en nada es diferente al siervo, aunque sea el señor de todo; 2. sino que está bajo guardianes y tutores hasta la edad señalada por el padre. 3. Así también nosotros, mientras éramos niños, estábamos sujetos a servidumbre bajo las cosas elementales del mundo. 4. Pero cuando vino la plenitud del tiempo, Dios envió a su Hijo, nacido de mujer y nacido bajo la ley, 5. a fin de que redimiera a los que estaban bajo la ley, a fin de que recibiéramos la adopción de hijos. 6. Y porque sois hijos, Dios ha enviado el Espíritu de su Hijo a nuestros corazones, clamando: ¡Abba! ¡Padre! 7. Por tanto, ya no eres siervo, sino hijo; y si hijo, también heredero de Dios por medio de Cristo. 8. Pero en aquel tiempo, cuando no conocíais a Dios, erais siervos de aquellos que por naturaleza no son dioses; 9. Pero ahora que conocéis a Dios, o más bien, que sois conocidos por Dios, ¿cómo es que os volvéis otra vez a las cosas débiles, inútiles y elementales, a las cuales deseáis volver a estar esclavizados de nuevo? 10. Observáis los días, los meses, las estaciones y los años. 11. Temo por vosotros, que quizá en vano he trabajado por vosotros.

Este pasaje aparece en el punto climático de la epístola, en el que se une el tema del capítulo anterior y las bases del tema que va a tratar a continuación. Por ello podemos verlo como un resumen del 'evangelio' que, como ha quedado claro al principio de la epístola, es el tema principal. Los versículos 1–7 expresan de forma concreta el contenido del 'evangelio' que Pablo predicaba: 'cuando vino la plenitud del tiempo, Dios envió a su Hijo, nacido de mujer y nacido bajo la ley, a fin de que redimiera a los que estaban bajo la ley'. Los versículos 8–11 describen de forma sustancial el contexto y el efecto de esa predicación del evangelio: antes los gálatas 'no conocían a Dios', pero ahora –gracias a la predicación de Pablo sobre el Cristo– han conocido a Dios o, más bien, 'han sido conocidos por Dios' (4:9). El pasaje explica detalladamente lo que Pablo ya había mencionado en 1:6–9: ¿cómo podían los gálatas abandonar el verdadero evangelio por un pseudoevangelio, una invención humana, una parodia de la verdad?

Según 4:1–11, el mensaje del evangelio paulino es el siguiente: el Dios verdadero ha enviado a su Hijo, para cumplir las profecías de las escrituras, para redimir a su pueblo de la esclavitud de los dioses falsos, de 'las cosas elementales del mundo' (4:3, 9). Y ahora envía su Espíritu para que su pueblo pueda ser lo que ha estado esperando y anhelando – sus hijos, herederos de este mundo. Equipados con este evangelio, los cristianos de Galacia ahora conocen al Dios verdadero, y son conocidos por él. Lo que quiere decir, que han recibido la gran bendición prometida a Isaías en los capítulos 40–55. El único Dios verdadero se ha revelado salvándoles, mediante la destrucción de los ídolos de las otras naciones.

Este mensaje de buenas nuevas, cuyo centro es la cruz de Cristo, confronta de manera definitiva los poderes de los dioses falsos. El Dios que se ha revelado enviando a su Hijo y al Espíritu (4:1–7) es el Dios al lado del cual los principados derrotados palidecen y son insignificantes (4:8–11). El 'evangelio' es para Pablo, *la proclamación del Dios verdadero, contrastándolo con los dioses falsos*. Esta proclamación era, como Pablo ya sabía, una proclamación polémica. El alboroto de Éfeso (Hechos 19) no ocurrió tan sólo porque hubo un malentendido. Si el mensaje que Pablo traía era verdad, era una amenaza para los fabricantes de ídolos y para sus negocios.

Aún podríamos decir mucho más sobre lo que Pablo quería decir cuando usaba la palabra 'Dios'. Pero para ello tendríamos que profundizar más en el evangelio de Pablo, lo que ocuparía otro capítulo. Si el evangelio era tanto el mensaje sobre Jesús como el mensaje sobre Dios, ¿cuál es la relación, según Pablo, entre Jesús y Dios?

Conclusión

Pero antes de contestar esta pregunta, cabe recoger algunas conclusiones sobre el evangelio de Pablo. He sugerido que para Pablo, 'el evangelio' no es un mensaje sobre 'cómo alcanzar la salvación', en un sentido individual e histórico. Se trata de una proclamación cuádruple sobre Jesús:

1. En Jesús de Nazaret, y concretamente en la cruz, se logró la victoria definitiva sobre los poderes del mal, incluyendo el pecado y la muerte.
2. Con la resurrección de Jesús empezó la Era por venir, inaugurando el tiempo tan esperado en el que las profecías empezarían a cumplirse, el exilio de Israel llegaría a su fin, y el mundo entero sería gobernado por Dios el Creador.
3. El Jesús crucificado y resucitado era el Mesías de Israel, su Rey.
4. Por ello, Jesús era Señor, el verdadero rey del mundo, aquel ante el cual toda rodilla se doblará.

Además, es una proclamación doble y drástica sobre Dios:
1. El Dios de Israel es el único Dios verdadero, y los dioses paganos son meros ídolos.
2. El Dios de Israel se ha dado a conocer en, y a través de Jesús.

Cada aspecto de esta proclamación es vital si queremos entender qué es para Pablo 'el evangelio'. Cuando Pablo ve que los gálatas no entienden esta secuencia de pensamiento les acusa de haber sido seducidos por 'otro evangelio'. Cuando Pablo quiere que los lectores romanos entiendan el mensaje claramente antes de ir a visitarles, escribe su gran (y densa) epístola, una epístola que, aunque toda ella trata sobre Jesús, es más bien una epístola sobre Dios.

Así, 'el evangelio' es, como Pablo dice en Romanos 1:16, 'poder de Dios para la salvación'. La palabra 'poder' en esta ocasión proviene de la palabra *dynamis*, de donde también obtenemos la palabra 'dinamita'. Para entender lo que Pablo quiere decir, debemos pensar en otro término técnico. Pablo habla en Hechos 20:24 de 'el evangelio de la gracia de Dios'. Pero, ¿qué es la gracia? La gracia no es una 'cosa' – un gas celestial, una pseudosustancia, que se pueda pasar de aquí para allá o que pueda viajar a través de las tuberías. La palabra 'gracia' es una manera de hablar de Dios mismo, del Dios que ama totalmente y de forma incondicional, que derrochó su amor dándose a sí mismo en la creación, la redención, la erradicación del mal de este mundo, del pecado y de la muerte, y dando vida a aquello que estaba muerto. El evangelio de Pablo revela a este Dios en toda su gracia, en todo su amor.

Pero no sólo revela todo esto para que la gente pueda admirarlo de lejos. Lo revela precisamente poniéndolo en práctica. La proclamación real no es simplemente la transmisión de información verdadera sobre el reinado de Jesús. Es la puesta en práctica de dicho reinado, la llamada autoritaria y definitiva a ser leal. Pablo descubrió, como centro de su práctica misionera, que cuando anunciaba el señorío de Jesucristo, la soberanía del Rey Jesús, ese mismo anuncio era el medio por el cual el

Dios vivo alcanzaba con su amor los corazones y vidas de hombres y mujeres, y los cambiaba, formando con ellos una comunidad de amor que estaba por encima de las barreras tradicionales, liberándolos del paganismo que les había esclavizado, permitiéndoles convertirse, por ver primera, en los seres verdaderamente humanos que Dios había hecho en la creación. El evangelio, como Pablo habría dicho, no sólo trata del poder de Dios que salva a la gente, sino que él mismo es el poder de Dios actuando para salvar a la gente.

Cuando Pablo anunciaba este evangelio, el mensaje llevaba consigo su propio peso, su propia autoridad, independientemente de las habilidades lingüísticas y retóricas del heraldo. Pero si la proclamación de este evangelio era una llamada autoritaria a ser leal a dicho evangelio, suponía desafiar a los otros 'poderes' que reclamaban la lealtad de los humanos. Por eso retener o abrazar símbolos y prácticas que hablaban de otras lealtades o alianzas implicaba que aún se estaba confiando en otros poderes. Y eso, según Pablo, era negar 'la verdad del evangelio'.

Pablo había entendido la verdad: el único Dios verdadero se había dado a conocer en Jesús (y en el Espíritu). Y, habiendo entendido esto, sabía que el amor fiel del Dios fiel le salvaba, le sostenía, y le retenía. Y viéndose retenido por Dios, se convirtió en un 'siervo de Jesucristo, apartado para el evangelio de Dios'; proclamando este evangelio, descubrió una y otra vez que ciertamente era el poder de Dios para la salvación.

Pero esta argumentación nos lleva de nuevo a la misma pregunta, que ahora pasaremos a considerar. Si Dios es el rey, y si Jesús es el rey, ¿cuál es según Pablo la relación entre Dios y Jesús?

La Conexión Teología de Pablo con la Enseñanza de Jesús

Pablo y Jesús

En cierto sentido, todo este libro trata de Pablo y Jesús. Pero llegados a este punto deberíamos tratar la siguiente pregunta: ¿qué pensaba Pablo, a un nivel más profundo, sobre Jesús? ¿Pensaba que era divino? En caso afirmativo, ¿por qué y cómo lo expresaba?

Demostraré en esta sección que Pablo ciertamente pensaba que Jesús era divino, y que —al contrario de lo que han repetido tanto expertos como no expertos— aunque pensaba así, lo hizo *sin abandonar en ningún momento la base del judaísmo monoteísta*. Pero para demostrar tal cosa primero he de explicar más detalladamente cómo veían los judíos del primer siglo al único Dios verdadero.

Monoteísmo judío del primer siglo

El monoteísmo judío en este período no era un análisis profundo del ser del único Dios verdadero. No intentaba describir numéricamente lo que Dios es en su interior. En cambio, hacía dos declaraciones, ambas polémicas en su contexto histórico. Por un lado, el monoteísmo judío afirmaba que el único Dios, el Dios de Israel, era el único Dios de todo el mundo; que los dioses y las diosas paganas eran blasfemias; que el mundo pagano, adorando a estos ídolos, era inherentemente pecador; y que el Dios verdadero un día derrotaría definitivamente a estos dioses paganos y a sus poderes, y vindicaría a Israel, su verdadero pueblo. El monoteísmo, en pocas palabras, era una doctrina de la lucha. Eso es lo que mantuvo a los Macabeos en la batalla contra Antíoco Epifanes. Es lo que sostuvo al gran Rabbi Akiba en la lucha, que al final perdió, contra el emperador Adriano.

Por otro lado, el monoteísmo judío afirmaba rotundamente que los dualistas estaban equivocados. El mundo material no era una creación maligna de un dios maligno. Sólo había un Dios, y él era en última instancia responsable del funcionamiento del mundo. Tal responsabilidad implicaba que él iba a tomar la iniciativa para salvar, sanar y restaurar a ese mundo. Así, una vez más el monoteísmo era una doctrina combativa; uno no podía sentarse a esperar y olvidarse de que el resto del mundo era pecador, sabiendo que iba a salvarse tarde o temprano. El monoteísmo judío hacía que sus fieles se comprometieran tanto a hacer un esfuerzo para adelantar el comienzo del reino en este mundo físico (aunque los judíos diferían en la cantidad de esfuerzo que se debía realizar) como a creer que los que murieran antes del tiempo serían resucitados de forma física a la vida cuando llegara el gran día. Rechazando el dualismo, los monoteístas declaraban que creían en la resurrección del cuerpo.

Dentro de este monoteísmo, muchos judíos se mostraban flexibles en cuanto a cómo hablar de este único Dios verdadero y de su actuación en el mundo, y, sobre todo, de su relación con Israel. Utilizaban un lenguaje, que hoy en día a veces parece un tanto desconcertante, para explicar que este Dios estaba cerca de su pueblo y actuaba en el mundo de diversas maneras.

En especial, hay cinco formas de lenguaje o estilos literarios que usaban con este propósito. Brevemente, son los siguientes: la Sabiduría, la Torá, el Espíritu, la Palabra y la *Shekinah* (este último es el término técnico que designa la presencia del Dios verdadero reuniéndose con su pueblo, viviendo en el Templo de Jerusalén de la misma manera que vivió en el tabernáculo cuando vivieron en el desierto). A veces algunos de estos estilos están estrechamente relacionados, como en Ben-Sira (Eclesiástico 24). Lo que tenemos que entender es que los judíos no concebían que su Dios estaba lejos, ni de ellos, ni del mundo. Es verdad que era un Dios transcendente; el mundo no podía contenerle. Pero no estaba apartado de este mundo. Cuando actuaba en el mundo no intervenía desde lejos. Siempre estaba presente, activo. Y a veces sus actuaciones le cogían a uno por sorpresa.

Concretamente, como debería haber quedado claro, el monoteísmo judío se resistía firmemente a la adoración al emperador. Las declaraciones divinas de los emperadores, especialmente en el Mediterráneo oriental donde el culto al emperador empezó antes que en Roma, eran absolutistas, lo cual tenía sentido en la cosmovisión romana. Después de todo, si Augusto gobernaba sobre todo el mundo conocido, ¿no quería eso decir que era, en un sentido u otro, un dios supremo? Pero los judíos sabían que sólo había un Dios supremo. Las declaraciones judías no podían compararse con las que hacían los emperadores. Y tanto ellos como los emperadores lo sabían.

Mantenían un *modus vivendi* frágil. Pero al fin, unos treinta años después de la muerte de Jesús, el conflicto estalló. La guerra judía no fue simplemente un choque entre un sujeto rebelde recalcitrante y un gran poder imperial. Era un choque entre dos cosmovisiones contrarias. En última instancia, no puede haber dos señores del mundo. Para los romanos, esto quedó demostrado con su victoria en el año 70 dC. Para los judíos, la caída de Jerusalén acrecentó el cuestionamiento de monoteísmo, y llevó a revueltas posteriores.

Así que ésta es, brevemente, la creencia judía sobre el único Dios verdadero. Ahora veremos que lo que Pablo hizo fue tomar esta doctrina judía y redefinirla, introduciendo a Jesús y al Espíritu.

Jesús en el monoteísmo judío de Pablo

Una de las cosas más sorprendentes de la cristología paulina –las declaraciones que Pablo hacía sobre Jesús– es la siguiente: en el mismo instante en que le está dando a Jesús los títulos y honores más grandes, está también enfatizando que él mismo, Pablo, es un buen judío monoteísta. Ante estas declaraciones, o bien pensamos que Pablo no era más que un teólogo confundido, o que intentaba decir, lo más claramente posible, que cuando ponía a Jesús y a Dios en el mismo saco no estaba añadiendo un segundo dios al panteón, tal como hacían los paganos. Tampoco intentaba que se entendiera que Jesús era absorbido por el ser del Dios único. Lo que estaba haciendo era invitar a sus lectores a que vieran que por un lado la identidad de Jesús estaba en el hombre llamado Jesús de Nazaret, pero por otro, estaba en el mismo ser del Dios único, el Dios del monoteísmo judío.

Hay tres pasajes donde esto es bastante evidente. El primero es 1ª Corintios 8:1–6. Pablo está explicando a la iglesia de Corinto, con una gran sensibilidad pastoral, cómo enfrentarse a uno de sus muchos problemas: tenían dificultades para entender su nueva identidad en Cristo, en un contexto tan extremadamente pagano. ¿Qué tenían que hacer con la carne que había sido sacrificada en el templo de un ídolo? Y éste no era un problema aislado. Casi toda la carne a la venta en una ciudad como Corinto habría sido sacrificada. Normalmente, los templos de los ídolos y los restaurantes eran el mismo negocio. Renunciar a la carne sacrificada podría haber significado tener que pasar sin carne – hacerse vegetariano.

Pablo empieza el capítulo (8:1–3) con un disparo inicial dirigido al corazón de aquel que se creía tan superior espiritualmente hablando, que el tema no le afectaba en absoluto – todos tenemos 'conocimiento', ¿no? El 'conocimiento' envanece, pero el amor edifica. Y si alguno se imagina que sabe algo, no ha aprendido todavía como debe saber. Pero si alguno ama a Dios – es conocido por él.

Vemos aquí reminiscencias de Gálatas 4:8–11. Los que han creído en el evangelio de Jesús, no sólo han venido a un nuevo 'conocimiento' de Dios, sino que han entrado en el terreno salvador del amor de Dios. El verdadero monoteísmo no es una opinión, o una deducción lógica sobre Dios; consiste en ser 'conocido' por el Dios que le dice a su pueblo Israel: 'Amarás al Señor tu Dios con todo tu corazón…'.

Esta combinación de declaración monoteística y la ordenanza de amar a Dios nos hace volver al centro del judaísmo, a la oración, que equivale a una confesión de fe, que los judíos devotos han repetido tres veces al día, desde los tiempos de Pablo hasta nuestros días. 'Escucha, oh Israel: el Señor es nuestro Dios, el Señor uno es. Amarás al Señor tu Dios…'. Esta declaración es conocida como la *Shema*, que es la palabra judía 'escuchar', con la que empieza la declaración. Típico del estilo paulino, el texto al que hace referencia es el texto que desarrollará más adelante. Veamos cómo avanza su argumentación.

Una vez sienta la base en los versículos 1–3, empieza el capítulo con la fuerza de una declaración claramente monoteísta judía. Dice que, como sabemos, ningún ídolo tiene vida en sí mismo (de nuevo, Gálatas 4:8–11), y que no hay ningún otro Dios sino el Dios único. Así es como el monoteísmo judío solía pronunciarse ante el politeísmo pagano. Entonces, Pablo, nunca contento con decir una cosa buena una sola vez si se podía desarrollar, continua ahora haciendo una referencia directa a la confesión de fe judía base, la *Shema*. Al contrario de los muchos 'dioses' y 'señores' del mundo pagano, para nosotros, 'hay un solo Dios –el Padre, de quien proceden todas las cosas, y nosotros somos para Él– y un Señor – Jesucristo, por quien son todas las cosas, y por medio del cual existimos nosotros'. Para ver toda la fuerza que este texto tiene, tenemos que compararlo gráficamente con el otro texto que Pablo tenía en mente:

El Señor nuestro Dios	Un Dios – el Padre…
El Señor uno es	Un Señor – Jesucristo…
(Deuteronomio 6:4)	(1 Corintios 8:6)

Ante esta sorprendente declaración, uno tendría que decir que si los primeros Padres de la iglesia no hubieran existido, sería necesario inventarlos. Pablo ha redefinido el significado de las palabras que usaban los judíos cada día en sus oraciones para hablar del único Dios verdadero. Todo el desarrollo del capítulo depende precisamente de que Pablo era un monoteísta judío, y estaba en contra del politeísmo pagano; como eje del argumento, ha citado la confesión más central y santa de dicho monoteísmo, y finalmente *coloca firmemente en el centro la figura de Jesús*. Muchos expertos en el pensamiento paulino han intentado evitar este punto, pero es una cuestión inevitable. Debemos agarrar el toro por los cuernos. Pablo cree que de alguna manera el único Dios es conocido ahora, al menos, como 'padre' y como 'señor'. Todas las cosas proceden de ese uno; todas las cosas son por medio del otro.

Este versículo es uno de los pasajes de teología más revolucionarios que jamás se haya escrito. Aunque sería justo señalar que Pablo se está apoyando en una de las tradiciones que he mencionado anteriormente. Según algunas de ellas, la 'sabiduría' de Dios es el elemento a través del cual fue hecho el mundo. De la misma manera, en los pasajes en los que Pablo habla de Dios 'enviando' a su Hijo (Gá. 4:4; Ro. 8:3–4), también se usa el lenguaje de la sabiduría, enviado por el creador para que habite entre el ser humano, especialmente en medio de Israel.

Cuando he dicho que Pablo se apoya en la tradición judía de la Sabiduría, lo he dicho con razón. Él puede ver más allá de esa tradición; puede que algunos escritores de Sabiduría no compartan totalmente lo que digo sobre Pablo en este punto. Pero lo que Pablo ve desde su nueva posición no es tan sólo un poco de fantasía especulativa. Ha descubierto un nuevo significado de la palabra 'Dios', porque la persona en la que se ha centrado es Jesús de Nazaret, crucificado y resucitado. Pablo ha tomado la palabra 'Dios' y la ha llenado de un nuevo contenido. O, mejor dicho, ha descubierto lo que siempre ha sido su verdadero contenido. Lo que sabe que es verdad sobre Jesús no le deja otra alternativa.

Lo mismo ocurre con el segundo pasaje, Filipenses 2:5–11.

5. Haya, pues, en vosotros esta actitud que hubo también en Cristo Jesús,
6. el cual, aunque existía en forma de Dios, no consideró el ser igual a Dios como algo a qué aferrarse,
7. sino que se despojó a sí mismo, tomando forma de siervo, haciéndose semejante a los hombres;
8. y hallándose en forma de hombre, se humilló a sí mismo, haciéndose obediente hasta la muerte, y muerte de cruz.
9. Por lo cual Dios también le exaltó hasta lo sumo, y le confirió el nombre que es sobre todo nombre,
10. para que al nombre de Jesús se doble toda rodilla de los que están en el cielo, y en la tierra, y debajo de la tierra;
11. y toda lengua confiese que Jesucristo es Señor, para gloria de Dios Padre.

Este es uno de los pasajes más complejos de todo el pensamiento paulino. Ya hemos analizado uno de sus aspectos. La otra cuestión importante a mencionar puede exponerse de manera bastante sencilla, y es lo que haremos a continuación.

Empezaremos por el final del pasaje. Pablo declara (versículos 10–11) que 'al nombre de Jesús se doble toda rodilla… y toda lengua confiese que Jesucristo es Señor, para gloria de Dios Padre'. Aquí, igual que en 1ª Corintios 8:6, Pablo cita un texto monoteísta del Antiguo Testamento. Y no se trata de un texto monoteísta cualquiera. Está extraído de Isaías 40–55, donde encontramos la más clara exposición y exaltación del único Dios verdadero sobre los falsos dioses, y al mismo tiempo, la más firme declaración de soberanía del Dios único, que elimina cualquier posibilidad de dualismo ontológico. En Isaías 45:23 se declara en el nombre de YHWH, el único Dios de Israel: 'Que ante mí se doblará toda rodilla, y toda lengua jurará lealtad'. Lo que importa de este contexto es que el único Dios verdadero no comparte su gloria con nadie más, ni puede hacerlo, ni lo hará. Su gloria es suya. Sin embargo, Pablo declara que este Dios único ha compartido su gloria con Jesús. ¿Cómo puede ser posible? ¿Qué quiere decir Pablo?

Obviamente, la respuesta la encontramos en la primera mitad del poema, si es que se trata de un poema (2:5–8). Una vez resuelto algún término técnico complicado, veremos que Pablo dice lo siguiente.

(1) Jesús existía en forma de Dios, es decir, era igual a Dios. Pero (2) no consideró el ser igual a Dios como algo a qué aferrarse, como característica de la que aprovecharse (hay que tener cuidado con algunas traducciones que no transmiten este punto correctamente). Sino que, como dice Pablo, (3) nos dio el verdadero significado de lo que es ser igual a Dios: se hizo hombre, y murió por el pecado de todo el mundo, obedeciendo el plan divino de salvación.

Pero, ¿por qué fue exaltado, y por qué le fue dado el título de Señor? La razón es bien simple: porque hizo lo que sólo el Dios único y verdadero podía hacer. Para Pablo, la verdad de Dios se revela de forma suprema en la cruz. Como dice en Romanos, 'Dios demuestra su amor para con nosotros, en que siendo aún pecadores, Cristo murió por nosotros'. Démonos cuenta de que este versículo sólo tiene sentido si, de alguna manera, Dios está enteramente y personalmente implicado en la muerte de Jesucristo. Las especulaciones de Pablo (si es que podemos llamarlas así) sobre Jesús y Dios, no le llevaron a unas complejas experiencias metafísicas ni nada por el estilo. Le llevaron a encontrarse cara a cara con el amor profundo, completamente incondicional y fiable del pacto de Dios, el Dios de Abraham, Isaac y Jacob.

Así que en parte, el tema de Filipenses 2 no es tanto la figura de Jesús sino Dios mismo. La cruz no es algo que Dios hace de mala gana, o porque no se le ocurre nada mejor. Tanto Filipenses 2, como toda la teología de Pablo, como el evangelio, anuncian que el único Dios verdadero es, de principio a fin, amor incondicional y entregado. Por eso el hecho de que Dios se hiciera hombre, y muriera por los pecadores no es un error de categoría, algo que un Dios lógico y sensato no haría. Como clímax de Isaías 40–55 encontramos un extraño retrato del siervo de YHWH, que hace por Israel y por el mundo lo que sólo YHWH podía hacer por ellos. Así que Pablo afirma que Cristo se hizo siervo, y ahora está exaltado en la gloria, la cual el Dios único no comparte con nadie sino consigo mismo. Seguro que para muchos todo esto es difícil de aceptar. Pero ha de ser así si queremos dejar que Pablo hable en sus propios términos. Para él, la palabra 'Dios' incluye no sólo a Jesús, sino, más concretamente, al Jesús crucificado. Y este nuevo significado de la palabra 'Dios' es el que sitúa a Pablo, en lo más intenso de la lucha entre el Dios verdadero y los dioses falsos: especialmente, entre el Dios de Israel, que ahora se ha revelado en Jesús de Nazaret, y los 'principados y las potestades'; y, en concreto, entre el Dios único y la declaración imperial del César.

El tercer pasaje es Colosenses 1:15–20.

15 Él es la imagen del Dios invisible,
el primogénito de toda creación.
16 Porque en Él fueron creadas todas las cosas,
tanto en los cielos como en la tierra,
visibles e invisibles;
ya sean tronos o dominios,
o poderes o autoridades;
todo ha sido creado por medio de Él y para Él.
17 Y Él es antes de todas las cosas,
y en Él todas las cosas permanecen;
18 y Él es también la cabeza
del cuerpo que es la iglesia,
y Él es el principio,
el primogénito de entre los muertos,
a fin de que Él tenga en todo la primacía;
19 porque agradó al Padre
que en Él habitara toda la plenitud,
20 y por medio de Él reconciliar
todas las cosas consigo,
habiendo hecho la paz por medio de la sangre de su cruz,
por medio de Él, repito,
ya sean las que están en la tierra o las que están en los cielos.

Esta vez la argumentación depende del paralelismo entre las dos mitades del poema (1:15–18a; 1:18b–20) Este poema es un ejemplo clásico de la poesía monoteísta judía, como la que encontramos una y otra vez en los salmos. Los judíos, enfrentados con el poder y la corrupción del paganismo, enfatizaban repetidamente que el creador del mundo era el Dios redentor de Israel, y viceversa. Si el creador no fuera su Dios, sólo tendrían un Dios local o tribal, que no tendría más fuerza que los dioses de otra tribus o pueblos. Pero si YHWH era tanto el creador del cosmos como el redentor de Israel, salvaguardaban sus tres doctrinas básicas: el monoteísmo, la elección, y la escatología. Un Dios, un pueblo de Dios, un futuro para Israel y el mundo entero.

Y ahora Pablo ha escrito un poema que va en la misma línea; aunque el personaje principal no es YHWH, sino Jesús. O mejor dicho, creo que deberíamos decir que el personaje principal es YHWH, *reconocido ahora* en la figura humana de Jesús. Y una vez más vemos que utiliza un lenguaje vagamente familiar. Una vez más Pablo se apoya en los escritores que veían la 'sabiduría' como el medio a través del cual Dios creó el mundo. Pablo ha ido más allá de las especulaciones judías, aunque él no especula. Lo que está haciendo es sacar ciertas conclusiones a partir de la muerte y resurrección del Mesías.

Estos tres pasajes son de vital importancia. Demuestran que nada hay de verdad en lo que dicen tanto los que sugieren que Pablo no identifica a Jesús directamente con el Dios único del monoteísmo judío, como en lo que dicen los que sugieren lo contrario, que Pablo era un helenista que, al divinizar a Jesús, rompió completamente con el monoteísmo judío e inventó una nueva forma de paganismo. Ninguna de estas dos opciones es válida.

Estos tres pasajes no son textos aislados. Una vez hemos entendido el tema, que creo que es en estos tres textos dónde más claramente se ve, vemos que hay muchos otros textos con el mismo tema. Concretamente, vemos el uso que Pablo hace de la expresión 'Hijo de Dios'. En el judaísmo, esta expresión se refería a Israel, o, más específicamente, al rey. Pero no sugería que la persona a la que se hacía referencia formara parte del ser mismo de Dios. Además, para Pablo esa frase tenía algo que ver con el estatus monárquico del Mesías, y con la identidad de Israel como verdadero hijo de YHWH. Pero no cabe duda de que cambia la manera en la que entendía la frase, ya que ahora, cuando la usa, significa mucho más de lo que los judíos entendían. Cuando escribe que Dios 'envía a su Hijo', en Gálatas 4 y en Romanos 8; cuando habla a la vez del 'padre' y del 'hijo', y también, cuando habla de Dios como 'padre' en estrecha relación con la mención de Jesucristo – entonces es evidente que para él, 'Hijo de Dios' se ha convertido en un término técnico con un nuevo significado. Si intentamos entender este término tal y como Pablo lo hacía, creo que no podemos más que concluir que esta frase hacía referencia tanto al Mesías, en el cual se resume el destino de Israel, como al que es enviado, como Sabiduría, por el creador, para cumplir su propósito salvífico. Pablo descubrió que en el lenguaje mesiánico se escondía un potencial sin explotar. Para él no existe ninguna tensión en el hecho de que Jesús fuera Mesías y totalmente humano, el representante de Israel, y aquel que es enviado por Dios, para hacer y ser lo que sólo Dios podía hacer y ser. Resumiendo, parece que Pablo sostiene lo que generaciones de exégetas creían imposible; una teología de la encarnación, basada en una visión totalmente judía.

Podemos decir lo mismo si miramos la palabra *Kyrios* o 'Señor'. Dijimos en la sección anterior que llamar *Kyrios* a Jesús era desafiar la autoridad del César. Queda claro también, a partir de muchos de los pasajes en los que Pablo usa esta palabra para referirse a Jesús (incluidos dos de los pasajes que hemos comentado) que es para él una manera de alinear a Jesús personalmente, de tú a tú, con la palabra *Kyrios* en la Septuaginta (traducción griega de la Biblia hebrea), donde normalmente se refiere a YHWH, el impronunciable Nombre de Dios. 'Todo aquel que invoque el nombre del Señor, será salvo'. Este versículo (Romanos 10:13), se refiere claramente a invocar el nombre de Jesús, a confesar que Jesús es *Kyrios* (10:9), y a creer que Dios le resucitó de entre los muertos. Sin embargo, el versículo es una cita literal del profeta Joel (2:32 o 3:5 en la versión griega), donde la interpretación lógica es que 'el Señor', *Kyrios*, es YHWH mismo. Pablo no es tonto. Vez tras vez está apuntando a la misma idea, de forma críptica, la cual aparece en los tres pasajes que hemos analizado de forma más detallada, y en Romanos 9:5, que precisamente presenta la idea de 10:9–13: el Mesías proviene según la carne, de la raza judía – pero es el Dios sobre todas las cosas, bendito por los siglos. (Los intentos de algunos estudiosos de encontrar maneras alternativas de entender este versículo no son nada convincentes).

Pablo creía firmemente que lo que caracterizaba al monoteísmo judío –dentro del carácter único de Dios– era la pluralidad, una relación recíproca. Obviamente, esto era difícil de explicar con lenguaje humano, incluso con el lenguaje dado por Dios para las Escrituras; pero lo que sí era posible era reconocer 'la gloria de Dios en la faz de Cristo' (2ª Corintios 4:6).

Así que Pablo nunca dejó de ser un monoteísta al estilo judío. Nunca dejó de denunciar la idolatría pagana y blasfema, ni de ver el comportamiento pagano como inmoral y deshumanizante. Nunca se dejó llevar por los halagos de un dualismo que sugería que ciertas partes de la creación (ciertos tipos de comida y bebida, por ejemplo, o ciertas actividades, como el sexo) eran malas en sí mismas. Insistía en que todo nos había sido dado por Dios y era bueno, para que lo disfrutáramos usándolo de la manera correcta y en el contexto apropiado (Romanos 14:17, 20). En otras palabras, nunca dejó de lado lo esencial del monoteísmo judío. Pero, dentro del mismo monoteísmo, había descubierto a Jesús: el Jesús crucificado, resucitado y exaltado, el Señor del mundo. Y, queriendo ser el más leal de los judíos, adorando al único Dios de Abraham, Isaac y Jacob, adoraba a este Jesús.

Pablo veía al Jesús humano como la revelación del Dios único. De hecho, era importante que el Jesús humano siguiera siendo humano, ahora que estaba sentado en el trono como Señor del mundo. Pero el monoteísmo judío hablaba del Dios único que habitaba entre su pueblo, animándole, sosteniéndole, dándole vida y esperanza. Así que fueron tanto razones teológicas, como una profunda experiencia personal, lo que llevó a Pablo a ir un poco más allá y descubrir el centro del monoteísmo judío: el Espíritu de Dios, también reconocido como el Espíritu de Jesús.

El Espíritu en el monoteísmo judío de Pablo

De nuevo, tenemos tres pasajes en los que este tema es tratado de forma clara. Si tuviéramos más espacio, también podríamos mencionar muchos otros que apoyan la idea de la que vamos a hablar.

Empezaremos con el ya tratado Gálatas 4:1–7. Pablo narra aquí la historia de Israel en la esclavitud, y la manera en la que obtiene su libertad. El modelo pasado que presenta es el del éxodo, cuando YHWH se reveló de una forma nueva a Israel. Luego tenemos el retorno del exilio, cuando por fin Israel es rescatado de la esclavitud bajo Babilonia, de nuevo gracias a la revelación del poder soberano y salvador de YHWH. En ambos casos, la revelación de YHWH funciona como demostración de la incompetencia y la vileza de los dioses paganos, los egipcios en un caso, y los babilonios en otro.

Al leer cómo explica Pablo la manera en que se ha alcanzado esta redención, vemos reminiscencias de esas dos historias. Esta claramente volviendo a narrar la historia de cómo el único Dios verdadero ha rescatado a su pueblo para sí mismo. Pero, tal como la cuenta, la historia se desarrolla de una manera triple. Dios envió a su Hijo; luego envió el Espíritu de su Hijo. El resultado (versículos 8–11) es que este pueblo redimido ahora verdaderamente conoce al Dios verdadero o, mejor dicho, ha sido conocido por él; dicho de otra manera, la combinación Padre-Hijo-Espíritu es la verdadera revelación del único Dios verdadero, que deja a todos los otros dioses en la sombra. Aquí, Pablo no sólo usa el lenguaje judío de sabiduría, el lenguaje dado por el creador, sino también el lenguaje del Espíritu mismo, a partir de varios textos judíos, empezando por Génesis (1:2). El Espíritu no es un ser aparte del Dios único; decir que Dios está actuando a través de su Espíritu es decir que Dios mismo está actuando.

El segundo pasaje en el que se redefine el concepto de 'Dios' en relación con el Espíritu es 1ª Corintios 12:4–6. Aquí el contexto es muy diferente, pero el mensaje es el mismo. Pablo quiere que los corintios entiendan que, a pesar de la diversidad de funciones y dones en la iglesia, sólo hay un Dios. El tema es la unidad, y Pablo resalta esta idea a lo largo de todo el capítulo. Pero de hecho, cuando introduce el tema, habla de una unidad triple:

Ahora bien, hay diversidad de dones, pero el Espíritu es el mismo.
Y hay diversidad de ministerios, pero el Señor es el mismo.
Y hay diversidad de operaciones, pero es el mismo Dios el que hace todas las cosas en todos.

Aunque enfatiza la unidad, Pablo consigue introducir que esta unidad se basa en tres personas, que son Espíritu, Señor y Dios. Pero no debemos caer en el error de pensar que Espíritu y Señor no son para Pablo Dios mismo. Es difícil explicar la realidad que él está definiendo con lenguaje humano, y esto lo demuestra el hecho de que tiene que 'inventar' nuevos conceptos. Pero cuanto más nos acercamos a 'su manera de explicar estos conceptos', mejor vemos que para Pablo Dios es un Dios trino (tendremos que usar esta palabra, o bien encontrar un equivalente directo). Lo que no quiere decir que sea triteísta; para él sólo hay un Dios, como para el monoteísmo judío. Tampoco es panteísta; Dios no está en todas las cosas. Ni tampoco es deísta; este Dios no es distante, sino que se implica en lo que ocurre en el mundo. Tampoco es modalista; los tres son distintos, ya que tenemos al Jesús humano, que oró al Padre como Padre, y que, para Pablo, ya no está presente físicamente de la misma manera que una vez lo estuvo. Pablo no resuelve la cuestión de cómo puede Dios ser tres y uno a la vez. Pero, para él, esto es precisamente lo que la palabra 'Dios' quiere decir. Incluso cuando usa 'Dios' para referirse a la primera de las tres personas, ahora *definimos a esta persona a la luz de su íntima relación con* las otras dos. El creador es conocido como el Padre de Jesús, y el que envía al Espíritu.

El tercer y último pasaje sobre el Espíritu introduce otro gran tema a tener en cuenta. En Romanos 8:1–11, uno de los pasajes centrales de la teología paulina, vemos cómo Cristo y el Espíritu, juntos, consiguen hacer lo que para la Torá era imposible (versículo 3). Pero debemos recordar que para el judaísmo, igual que para Pablo, la Torá no era sólo el código de la ley. Era el aliento vivo del Dios vivo, e identificado por algunos autores como la Sabiduría que estaba con el creador, actuando como su agente, desde el comienzo del mundo.

Más adelante, encontramos otro aspecto de esta compleja comprensión judía del 'Dios implicado en lo que ocurre en el mundo'. Dios envió a su Hijo y a su Espíritu (como Sabiduría en Ben-Sira 24) para hacer lo que para la Torá era imposible (en Ben-Sira, el mismo pasaje identifica a la Torá con Sabiduría). El resultado es que ahora el Espíritu *mora* en los que están en Cristo (Romanos 8:5–11). Pero esta expresión de 'morar en' viene directamente del tercer elemento en el pasaje equivalente de Ben-Sira, en el que Sabiduría y Torá son identificados con la Shekinah, la presencia del Dios vivo en el Templo de Jerusalén, morando en medio de su pueblo. Pablo dice del Espíritu lo que se decía de YHWH mismo, que vivía en el Templo. Pablo ha elegido tres de las maneras en las que los buenos monoteístas judíos del primer siglo concebían que el único Dios verdadero actúa en el mundo, y especialmente, en Israel; y ha usado exactamente estas expresiones para describir lo que Dios ha hecho en Jesús y en el Espíritu.

Esto viene a ser bastante sorprendente si pensamos que la visión de Pablo de los cristianos y/o de la iglesia es, tanto aquí como en toda la teología paulina, el nuevo Templo. Pero por el momento debemos fijarnos que el pasaje nos prohíbe dar menos valor al Espíritu: el Espíritu, al igual que el Hijo, pertenece a la visión judía radicalmente reinterpretada del único Dios verdadero. Cuando Pablo quiere hablar de las maneras en las que el Hijo y el Espíritu están relacionados con el Dios que trasciende el espacio y el tiempo, usa exactamente las expresiones lingüísticas que algunos grupos del judaísmo habían desarrollado para hablar, dentro del monoteísmo, de las maneras en las que este Dios único actuaba en el mundo. Así que Pablo sigue siendo un monoteísta judío; pero el Dios único se conoce ahora como Dios, Señor y Espíritu; o Padre, Señor y Espíritu; o Dios, Hijo y Espíritu; o cualquier otra combinación. Para Pablo, el significado de la palabra 'Dios' ha sido desglosado por, y redefinido en relación a los acontecimientos y, si se quiere, a las personas, de Jesús y el Espíritu.

Pablo, Jesús y Dios

Debería haber quedado claro que cuando Pablo fue al mundo gentil con su 'evangelio', fue a los gentiles como judío, para decirle al mundo gentil lo que los judíos siempre habían creído: que 'todos los dioses de los pueblos son ídolos; más el Señor hizo los cielos' (Salmo 96:5). Pero ahora había recibido una nueva visión de Dios, lo que quería decir que esa declaración tradicional no podía pronunciarse de forma despectiva, con un sentido de superioridad racial. El único Dios, el creador, se había dado a conocer en y como Jesús de Nazaret, el Mesías crucificado y resucitado, el Señor del mundo. Aquel que había dado vida al mundo por fin se había revelado al mundo para rescatarle, para amarle. El viento que se movía sobre la faz de las aguas de la creación volvía a soplar, para dar vida a los muertos. Este era el mensaje, un mensaje totalmente judío, que el mundo gentil debía oír urgentemente. Pablo creía que había sido llamado a ser el medio a través del cual esto se haría realidad.

Buenas Nuevas para los paganos

Mirando los libros recientes que tengo sobre Pablo, los títulos revelan la evolución que el debate ha experimentado durante los últimos veinte años. Hay varios sobre 'Pablo y la ley', o con títulos por el estilo. Otros tantos cubren extensamente el tema de 'Pablo y el Judaísmo', entre los cuales destacan *Paul and Rabbinic Judaism* [Pablo y el judaísmo rabínico] de W.D. Davies, y *Paul and Palestinian Judaism* [Pablo y el judaísmo palestino] de E.P. Sanders. Si tomamos otros libros y leemos entre líneas, encontraremos lo mismo: *Israel's Law and the Church's Faith* [La Ley de Israel y la Fe de la Iglesia] de S. Westerholm; *From Adam to Christ* [De Adán a Cristo] de M.D. Hooker; incluso *The Mysticism of Paul the Apostle* [El misticismo del apóstol Pablo], la ya antigua pero fantástica obra de Albert Schweitzer; estos y muchos otros hablan de la interacción de Pablo y su contexto judío. Los que han seguido intentando explicar a Pablo bá-sicamente como un helenista o un helenizante han estado navegando contra corriente. E incluso aquellos que ponen a Pablo en un contexto helenístico de una manera más matizada como Wayne Meeks con *Los primeros cristianos urbanos* (Salamanca, Sígueme, 1987), o Hans-Dieter Betz con su análisis retórico de Gálatas, han rechazado llegar al extremo de decir que Pablo *derivó* sus conceptos principales de ideas paganas.

Mi deseo no consiste en llevar el péndulo al otro extremo. Como ya he dejado claro en algunos de mis libros, los argumentos a favor del trasfondo judío del pensamiento paulino, y en contra de un posible trasfondo helenístico son abrumadores, independientemente de los debates que aún hay y habrá sobre cómo debemos entender ese trasfondo judío, y cómo situamos a Pablo dentro de dicho trasfondo. Lo que vamos a exponer va, de alguna manera, a reforzar esta conclusión, aunque no lo haré de forma directa, sino dándole varias vueltas al tema. Al mismo tiempo supongo que el campo general de estudios paulinos, incluso paradójicamente Meeks, Betz y otros, no ha logrado en estos últimos años considerar el contexto no judío de Pablo de forma seria.

De hecho, Pablo se describe a sí mismo como el apóstol a los *gentiles* (Romanos 1:5; 11:13; 15:16; Gálatas 2:7–10; Efesios 3:5–8). Según Romanos 11 y tantos otros textos, Pablo tiene también un mensaje para los judíos (compárese 1ª Corintios 9:20: "a los judíos me hice como judío, para ganar a los judíos"); pero esto es simplemente el reflejo de su mensaje a los gentiles, no su objetivo principal. No importa que interpretemos que en Hechos, Pablo intenta empezar a exponer su mensaje en una sinagoga y, cuando le echan, es cuando se vuelve a la población no judía. El mismo libro de Hechos apoya claramente la idea de que Pablo hace un llamado directo a los gentiles.

Si este es el tema que vamos a tratar, surgen un sin fin de preguntas. Éstas no son preguntas nuevas o no tratadas, sino tan sólo preguntas que la mayoría de estudiosos contemporáneos han dejado a un lado. Así que yo voy a hacer una propuesta, y algunas sugerencias concretas, que tratarán este problema. Mi deseo es, en pocas palabras, traer de nuevo a la luz el intrigante tema de 'Pablo y el Paganismo', y darle la misma importancia que se le da al tema de 'Pablo y el Judaísmo'.

Empezaremos centrándonos en un concepto: se nos enseña que el 'judaísmo del primer siglo' no existe, sino que sólo existen 'judaísmos del primer siglo', en plural. Y ocurre lo mismo con el mundo no judío. De hecho, ¿qué tiene que ver Cicerón con los que adoraban a Diana en Éfeso? La palabra 'pagano' es una etiqueta que usaban los primeros cristianos para referirse a una gran lista de pecados, del mismo modo que los judíos usaban la palabra ´gentil´. Originalmente, "pagano" quería decir un 'civil' (antónimo de soldado) o un 'campesino' (antónimo de alguien que vivía en una ciudad). Lo más probable es que el significado que acabaron adquiriendo los cristianos derivara de la primera de estas acepciones.

Pero el problema de esta palabra es que está inevitablemente cargada de connotaciones y de un sesgo concreto. Peor aún: a finales del siglo XX, igual que en tiempos del emperador Juliano (332–363 dC), está cargada en *ambos sentidos*. En nuestra sociedad contemporánea hay quienes (por ejemplo en círculos de la Nueva Era) lo usan de una manera positiva, mientras otros aún lo usan de manera negativa. Esto hace difícil su uso en el estudio histórico; pero quizá no es menos complicado que cualquiera de las alternativas que se han sugerido. Yo me conformo con usar la palabra 'pagano' en el sentido amplio en el que expertos clásicos como E.R. Dodds y Robin Lane Fox lo utilizan – ambos, nótese, con más dedicación y simpatía por los paganos que por los cristianos. Nos encontramos ante un amplio término que evoca una gran cantidad de fenómenos. Básicamente, denota a aquellos que no son ni judíos ni cristianos, y lleva la connotación de sus cosmovisiones, en las que la política y la religión, la superstición y la magia, la esperanza y el temor, y a veces la ética y la moral, se agrupan alrededor de una gama desconcertante de símbolos e historias, que se han formado a través de los siglos y que son resultado del contacto de culturas bastante diferentes.

Derivación y Confrontación

Cuando se ha estudiado a Pablo en su contexto pagano, normalmente se ha buscado la derivación (usaremos este término para denotar 'procedencia' o 'influencia') de sus ideas principales. Tal como ya he dicho antes, esta perspectiva ya no está de moda entre los estudiosos, aunque esto no quita que un escritor contemporáneo haya sugerido que la interpretación de Pablo de la muerte de Jesús derivaba de la secta de Mitras, en la que los devotos se colocaban bajo una plataforma, sobre la que se sacrificaba un toro, y la sangre del toro caía para rociar a los devotos. Obviamente, esta explicación no cuenta con ningún crédito entre los estudiosos serios; además, el mismo Pablo nos diría que la cuestión de la 'derivación' no es el debate más importante, y que no deberíamos perder tanto tiempo con ella. En el estudio de Pablo es más importante establecer hacia dónde avanza su pensamiento, en vez de intentar establecer de dónde viene. La *dirección* es más importante que la *derivación*; la *confrontación* es tan importante, si no más, que el *concepto*. Este es el método que propongo.

En cuanto al contenido, propongo lo siguiente. La dirección del mensaje de Pablo era la confrontación con el paganismo; tenía buenas noticias para ellos, pero eran unas buenas noticias que chocaban con su cosmovisión y proponían sustituirla por una esencialmente judía, aunque reinterpretada por Jesús. Como Pablo se veía a sí mismo como el apóstol a los gentiles, a los paganos, es crucial que nos preguntemos si él pensaba que su mensaje violaba la libertad de sus conciencias, si se imponía sobre sus cosmovisiones, sobre lo que Lane Fox llama su 'religiosidad' en un sentido amplio, ya que el mensaje de Pablo no hacía referencia tan sólo a las prácticas cúlticas o creencias teóricas, sino que implicaba lo más profundo de las actitudes que son las que determinan la creencia y la conducta personal y corporativa a todos los niveles.

Es cierto que ninguna de las epístolas de Pablo está dirigida a paganos no cristianos. Los receptores son todos cristianos. Normalmente, se trata de cristianos paulinos, con la excepción de los receptores de Romanos, ya que Pablo nunca había visitado aquella iglesia (lo mismo ocurre con

Colosenses). También es cierto que las epístolas a los Corintios se pueden interpretar como un intento de Pablo de que el cristianismo de aquella iglesia no perdiera su naturaleza paulina, y de hacerla volver de lo que parecía un comienzo de semipaganismo. Pero para recuperar el sentido del mensaje de Pablo a sus oyentes no judíos, tenemos que extrapolarlo de las cartas tal y como están, y luego suponer una situación hipotética.

Esta tarea debería sonarnos, y deberíamos darnos cuenta de la importancia que mi propuesta tiene a un nivel de una comprensión general de Pablo. El debate reciente en torno a la naturaleza de la teología paulina ha intentado aceptar que esto es lo que debemos hacer si queremos evitar que se acabe sacando una 'teología' diferente de cada epístola. Por lo que me dice la experiencia, esta discusión acaba por hundirse, en parte porque muchos estudiosos de Pablo no tienen el conocimiento filosófico necesario para enfrentarse a las necesarias preguntas metodológicas, y en parte porque el debate normalmente se detiene en cuestiones tradicionales como la justificación y la ley y, últimamente, en discusiones sobre si Pablo era un 'teólogo del pacto', un 'teólogo apocalíptico', o una combinación de ambos. Yo propongo que, en vez de buscar un *marco teológico abstracto* sobre el cual hacer hipótesis y con el que comulgar, o a partir del cual podamos 'derivar', los diversos aspectos concretos de las diferentes cartas, haríamos mejor en investigar *la labor de Pablo entre los paganos*, incluyendo su predicación y enseñanza, y yendo más allá de éstas. Porque éste era su principal objetivo, la motivación que determinaba cómo vivía su vida. Probablemente, ésta es la piedra angular que muchos constructores han rechazado y que es, sin embargo, la que sostiene el edificio del pensamiento paulino. Así que creo que vale la pena que mi propuesta se tenga en consideración.

Si la dirección, en vez de la derivación, es el objetivo principal, debemos esperar encontrar confrontación, no tan sólo variación. Es en este punto en el que el método de 'la historia de las religiones', independientemente de todos sus logros, nos decepciona y se queda corto. Muchos estudiosos, viendo que Pablo critica el judaísmo, dan por sentado que su teología es una teología no judía. Otros, viendo que su teología era en general judía, no saben cómo explicar la crítica que hace del judaísmo. Lo que el método de 'la historia de las religiones', con su concepto de 'derivación', no logra ver es la *relación polémica* por un lado, y la *crítica interna* por otro. Ambas desempeñan papeles cruciales en la proclamación misionera de Pablo. Así que vamos a desarrollar estos dos conceptos.

Relación polémica

Cuando uso la proposición 'relación polémica' quiero decir que Pablo a todos se ha hecho todo (1ª Corintios 9:22). No transmite su mensaje a gritos para que atraviese la gran división cultural. Independientemente de lo que pensemos de la historicidad del discurso en el Areópago (Hechos 17), éste ejemplifica el principio que Pablo mismo enuncia en 2ª Corintios 10:5, el de 'poniendo todo pensamiento en cautiverio a la obediencia de Cristo'. Esta manera de pensar normalmente ha sido estudiada interpretando que Pablo utilizaba los *slogans* de sus oponentes para darles la vuelta y usarlos en su favor. Pero lo que se suele pasar por alto es, precisamente, lo que hace con esas consignas. Parece que cree lo que escribió (él, u otra persona) en Colosenses 1:16 – todas las cosas fueron creadas por medio de Cristo y para Cristo. Así que no debía tener ningún temor de tomar y usar conceptos de los sistemas de pensamiento opuestos.

Y que usara estos conceptos no disminuye el rechazo que Pablo hace de dichos sistemas. No quiere decir que cediese, que cambiara su forma de pensar o que se estuviese acercando al sincretismo. La oposición a las obras de la antigua 'historia de las religiones' viene normalmente de los estudiosos conservadores porque, y tienen razón, decían que el sincretismo no era uno de los fallos que Pablo pudiera cometer. La teología paulina sobre la creación era lo suficientemente clara como para que este problema no se planteara. Hablaba en términos absolutos: para él, toda la verdad era la verdad de Dios, y cuando tomaba una idea de una cultura pagana, se cercioraba de que fuera 'bautizada' completamente, antes de aceptarla en la 'familia'. Decía que la interpretación creacional monoteísta era la correcta, y no la dualista y su mundo dividido. La confrontación no sólo implica un completo desacuerdo mano a mano.

Está claro que la confrontación de Pablo al paganismo era fuerte, severa. Él decía claramente que ciertas creencias eran mentira, que ciertas prácticas eran deshumanizantes e incorrectas, y que ciertos estilos de vida comunitaria no seguían las pautas que el Creador había establecido. Pero Pablo no era un dualista. Como veremos, como punto central de su relación polémica con el paganismo encontramos una afirmación radical y bien fundamentada de la bondad del mundo creado, y, con ello, de la posibilidad de que los paganos, y sus ideas y creencias, pudieran ser redimidas por el Cristo a través del cual el mundo había sido creado. De aquí que fueran buenas noticias para los paganos; pero no eran noticias que les decían que ya estaban bien tal como estaban, sino que les decían que aunque estaban perdidos, el Dios que les creó les amaba y quería transformarles.

La razón de fondo por la que Pablo estableció una relación polémica con una cultura pagana no es difícil de encontrar. Pero como se ignora tan a menudo, me gustaría aquí subrayarla como si tuviera una importancia crucial. Esta razón se encuentra en las expectativas judías sobre cómo los propósitos de Dios incluirían al final a todo el mundo.

Estas expectativas, que ya las encontramos en los grandes profetas, enfatizaban que cuando Israel fuera redimido, los gentiles también disfrutarían de esa bendición. Cuando Sión fuera restaurada, las naciones acudirían para escuchar la palabra del Dios de Israel. Cuando el Templo fuera reconstruido, ríos de aguas vivas emanarían de él para purificar las otras aguas. Es obvio que no todos los judíos contemporáneos a Pablo mantenían estas creencias, estas expectativas. Pero Pablo sí, y de forma muy firme.

Una vez tenemos en cuenta este punto, la misión de Pablo entre los gentiles puede ser bien interpretada. No era, como se ha sugerido a veces, una actividad de 'sustitución', después de que los judíos rechazaran su evangelio. Tampoco era un intento de animar su psyque desmoralizada. Tampoco fue el resultado de su enamoramiento secreto con un judaísmo completamente helenizado, tanto que el mensaje del evangelio se convirtió meramente en un medio para continuar con los planes que ya tenía, es decir, convertir el judaísmo en algo bastante diferente. Tampoco fue una actividad diseñada para *producir* el gran acontecimiento escatológico – como si la muerte y la resurrección de Jesús fueran acontecimientos no relacionados desprovistos de un significado climático. No: la misión entre los gentiles era el corolario natural de la creencia de Pablo de que con los acontecimientos de la muerte y la resurrección de Jesús, y la venida del Espíritu Santo, *se habían cumplido las promesas de la restauración de Israel*, por muy paradójico que pareciera inicialmente. Si dichos acontecimientos habían tenido lugar, había llegado la Era por venir, y los gentiles ya podían entrar. El Dios de Israel había llamado a Israel para salvar al mundo; ese había sido el propósito inicial de la elección. La muerte y la resurrección del Mesías no eran acontecimientos nuevos ni extraños, que surgían de la nada; retrospectivamente, tenían que ser vistos como piedra de albardilla del plan divino, que siempre había consistido en un éxodo real, no sólo de Israel, sino del mundo entero.

Así, las creencias centrales de Pablo generaron de forma natural una misión en la que la relación polémica era primordial. No tuvo que convertir el mensaje judío en un mensaje gentil para que éste fuera audible y comprensible para sus oyentes paganos; esta vieja manera de pensar, que aún mantienen algunos estudiosos de Pablo, es completamente engañosa y nada histórica. Lo que los gentiles necesitaban era precisamente el mensaje judío, o mejor dicho, el mensaje judío *tal y como se cumplió en Jesús el Mesías*. Todo el movimiento de 'la historia de las religiones' tiembla ante el pensamiento de que hay un mensaje *judío* para el mundo *pagano*; sin embargo, y por razones bien comprensibles, esto es lo que Pablo ofrece.

La naturaleza de esta relación polémica es pues que Pablo dice a sus oyentes paganos que él tiene la razón. El mensaje judío mantiene precisamente que no hay otro dios a elegir de entre muchos dioses, ni otras prácticas religiosas válidas. El mensaje judío, como vamos a ver, se centraba en el monoteísmo, y ese monoteísmo era de una manera concreta, es decir, un monoteísmo creacional y del pacto, a diferencia del panteísmo de los estoicos, o del monoteísmo sincretista que surgía de la unión de todas o casi todas las deidades paganas, o del henoteísmo de aquellos que adoraban una de las deidades paganas a la que llamaban 'la única'. La creencia judía en el creador suponía que todo judío que tuviera interés y quisiera (y obviamente Pablo si tenía interés y quería) podía llevar al mundo pagano el mensaje del Dios verdadero, su creador. Paradójicamente, ese mensaje debía conservarse judío para que se mantuviera la relevancia correcta para los paganos. Si se hubiera traducido a categorías paganas, hubiera tenido que competir con las creencias paganas en su propio terreno. Hubiera convertido a YHWH en un Dios entre otros tantos. Sin embargo, manteniéndose lo que era, reivindicaba la autenticidad del monoteísmo creacional.

Pero la relación polémica de Pablo con el paganismo no era exactamente como cualquier relación entre lo judío y lo no cristiano. Implicaba, como reflejo de ésta, una crítica del judaísmo. Pero no una crítica hecha desde el exterior, desde un punto de vista pagano. Sino una crítica interna.

Crítica interna

Pablo deja ver en varios pasajes que su vocación era la misma que la de los profetas (Gálatas 1:15, haciéndose eco de Isaías 49:1 y Jeremías 1:5). Esto apunta a la naturaleza de esta crítica interna. El profeta no critica a Israel desde una perspectiva no judía; dice representar la verdadera creencia y vocación de Israel, y por ello le exhorta a que sea leal a su Dios, del cual se ha olvidado. Aunque el pueblo le viera como un judío desleal, el profeta siempre tenía la razón: representaba la verdadera lealtad, lealtad que estaba siendo violada por el régimen o la ideología del momento (compárese con lo que Elías le responde a Acab en 1º Reyes 18:17–18). La tarea del profeta es hablar desde el corazón de la tradición, criticar y advertir a aquellos que, siendo representantes de la tradición, están abandonándola.

Así que esta es la tarea a la que Pablo dice que ha sido llamado, en pasajes como Gálatas 3–4, Filipenses 3, y algunos fragmentos de Romanos. La crítica que hace de Israel no debe ser vista como un rechazo de la doctrina de la elección, de la creencia de que el pueblo judío había sido elegido por el único Dios verdadero para salvar al mundo a través de él. En cambio, la crítica es como la vanguardia de dicha doctrina, vista desde la visión del judío que cree que el Jesús crucificado y resucitado es el Mesías en torno al cual se redefine el papel de Israel. Pablo arguye que el pueblo de Israel ha fracasado en cumplir el propósito al que fue llamado. No dice que la elección que Dios hizo fue un error, ni que Dios ha cambiado de opinión y de planes. Lo que dice es que Israel, el pueblo elegido, no ha cumplido la misión a la que fue llamado. Es decir, Israel como un todo ha fracasado; pero el representante de Israel, el Mesías, Jesús, ha triunfado. Como veremos, uno de los puntos centrales de lo que Pablo cree sobre Jesús es que era el verdadero representante israelita.

Pablo está muy lejos de aliarse con la posición pagana para criticar a sus compatriotas judíos; lo que hace es adoptar la perspectiva del gran protoprofeta, Moisés, que intercede ante el Dios del pacto por su pueblo errante (Romanos 9:1–5; 10:1–2; compárese con Éxodo 32–33). No deberíamos pasar por alto la importancia que aquí se encierra. Moisés intercedió ante Dios por un Israel que se estaba convirtiendo en pagano, puesto que estaba adorando a un becerro de oro. Pablo se ve desempeñando la misma función.

De nuevo, Pablo está reivindicando que está en lo cierto. Desarrolla Génesis 15, y muchos otros pasajes, para decir que el verdadero cumplimiento de Israel se encuentra en Jesús y el Espíritu. Israel rechazó el llamado de Jesús, y ahora rechaza el mensaje apostólico *sobre* Jesús, porque desafía aquello que se ha convertido en su único interés: su implacable búsqueda de identidad nacional, étnica y territorial. Según Pablo, Israel está en peligro de convertirse en una nación 'como las demás'. Las naciones paganas se caracterizaban por la importancia que daban a la descendencia y a la tierra; Israel estaba usando la Torá y la circuncisión precisamente para enfatizar esas dos cosas. Así que la circuncisión se había convertido en una mutilación al estilo pagano (Filipenses 3:2); la obediencia a la

44

Torá se había convertido en una mera lealtad al estilo pagano a los principados y potestades (Gálatas 4:8–11); todo su sistema estaba condenado ya que estaba siendo conducido por la naturaleza de Adán, la misma que hizo que la trasgresión de Adán abundase (es decir, de Israel) cuando la ley se introdujo (Romanos 5:20; 7:7–25). Cuando Pablo utiliza algún juego de palabras despectivo para tratar este tema (por ejemplo, *katatome*, 'mutilación', por *peritome*, 'circuncisión', en Filipenses 3:2), no se trata simplemente de una invectiva que nace del enfado. Sería el equivalente a lo que ocurriría hoy si un judío que quiere ser leal, que vive en la tierra de Israel y sueña con la paz con todos sus vecinos, se refiriese a los activistas de derechas diciendo que son los '*des*estabilizadores'. Es una forma de señalar que el celo extremo tiene la costumbre de conseguir justamente lo contrario de lo que persigue. Se trata de una crítica interna, hecha desde dentro.

Por unos instantes, vamos a recordar el celo que caracterizaba a Saulo de Tarso antes de que Jesús se le apareciera en su viaje a Damasco. Veamos lo que pasó. Primero, la implacable oposición al paganismo que estaba infiltrándose en su mundo judío. Segundo, la celosa insistencia en que se observara la Torá, que le llevó a practicar la violencia contra aquellos que no lo hacían a rajatabla. Y lo que acabo de argumentar es que Pablo, el cristiano, mantuvo estos dos puntos centrales, aunque cambiando radicalmente el énfasis de ambos. Seguía creyendo que el mensaje del Dios verdadero estaba por encima de los dioses falsos. Seguía creyendo que la mayoría de los judíos eran desleales al Dios verdadero, y se les tenía que hacer volver a la verdad. Pero la verdad, ahora, era la verdad cristiana. El celo de Pablo que le empujaba a enfrentarse a los paganos con el mensaje del Dios verdadero como estandarte, y la crítica que hacía de sus compatriotas judíos como resultado de dicho enfrentamiento, seguía teniendo la misma forma que el celo de Saulo de Tarso. Pero el Dios por el cual Pablo lucha es un Dios visto bajo una perspectiva diferente. Pablo ahora podía decir: 'Yo tengo celo de Dios, conforme a un pleno conocimiento; porque en Cristo conozco a Dios, o mejor dicho, soy conocido por Él (compárese Romanos 10:2 y 1ª Corintios 8:2–3).

Lo expuesto hasta ahora propone que veamos a Pablo desde una perspectiva a la cual no se le ha prestado mucha atención, aunque sí ha contado con muchos elogios. Ahora vamos a centrarnos en algunos de los detalles. ¿Cuál era exactamente el mensaje que Pablo tenía para el mundo pagano? ¿Cómo afectó a los paganos y a su cosmovisión?

El desafío: realidad y parodia

Empezaremos con unas palabras de advertencia. Muchos han intentado explicar el rápido crecimiento del cristianismo argumentado que el mundo pagano del primer siglo estaba 'listo para recibir el cristianismo'. Yo no estoy tan convencido. Los atenienses no estaban 'listos' para oír hablar de 'Jesús y la resurrección' (Hechos 17:18, 32). Tampoco creo que los corintios estuvieran dispuestos a escuchar sobre un nuevo estilo de vida que incluía la castidad y la renuncia a las fiestas que hasta aquel momento celebraban. Los filipenses, como ya hemos visto, debieron sentirse radicalmente desafiados al escuchar que Jesús era el único *Kyrios* verdadero, el Señor de todo el mundo. Puede ser verdad que la gente estuviera cansada del estoicismo, aunque Epicteto, casi contemporáneo de Pablo, no da ningún indicio de ello en sus escritos. Puede que la gente estuviera cansada del epicureísmo, pero de hecho, Pablo lo menciona como una filosofía bastante vigente en Atenas. Otra opción es que la gente estuviera harta del culto pagano habitual; de hecho, Plinio, escritor de principios del siglo II, apunta que los ritos se incumplían en el primer siglo tanto como en sus días. Pero las características básicas del paganismo impregnaban las vidas y las costumbres de la gente. Sacrificios, días santos, oráculos, inspección de auspicios, cultos de misterio, y muchas otras actividades formaban parte de la vida cotidiana de los oyentes de Pablo. Yo creo que el mundo pagano no estaba 'más listo para el evangelio' que el mundo judío para escuchar las nuevas sobre un Mesías crucificado.

El desafío que Pablo lanzaba al mundo pagano no consistía, pues, en que la gente aceptara una serie de valores y verdades que ya conocían. Se trataba de anunciar una verdad que, según Pablo, era la realidad, y el paganismo no era más que una parodia de la realidad. A continuación presento seis áreas, aunque puede haber muchas más, en las que se ve esta afirmación. En cada caso, lo que digo indica que tras mis aseveraciones, se esconde un vasto tema que debería desarrollarse de una manera más amplia.

Dios y creación

En primer lugar, Pablo ofrecía la realidad del Dios verdadero, y la creación como la obra de sus manos. Para Pablo esta era la realidad, en contraste con lo que presentaba el paganismo, el cual, aunque consciente de una fuerza creadora, decía que ésta era algún objeto o fuerza de la misma creación. Es increíble la poca atención que se ha prestado a la definición que Pablo hace de Dios; cuando se ha estudiado, casi siempre se ha hecho en relación a la perspectiva judía habitual. Yo creo que el celo de Pablo por el Dios que ahora se había revelado en Jesucristo le daba una versión fresca, nueva, reinterpretada, pero a la vez coherente con la habitual crítica que los judíos hacían de la idolatría pagana.

Vemos cómo esto se subraya en pasajes como Colosenses 1:15–20. Aquí vemos la mayor afirmación de la bondad del mundo creado, y la intervención divina en la creación, sin peligro alguno de que se le confiera a esa creación un carácter divino, como haría el paganismo. Pablo estaba ofreciendo una explicación más completa de, precisamente, el Dios creador. Como vengo argumentado, Pablo se mantiene dentro del terreno del monoteísmo creacional judío, aunque al mismo tiempo explora el ser interior del Dios único en tanto que Creador, Señor y Espíritu, o Padre, Señor y Espíritu, o Creador, Hijo y Espíritu, etcétera. Ésta es quizá una de las cosas más básicas que los paganos sí habrían comprendido: Pablo se oponía a la existencia de múltiples dioses, trayendo las nuevas del Dios único, y rechazaba la divinización de la creación presentando las nuevas de que la creación había sido creada – sin sugerir, no obstante, que ello suponía que la creación no era buena.

Culto y religión

En segundo lugar, en lo referente al culto, Pablo estaba lanzando un reto enorme. El mundo pagano estaba infestado de dioses de todo tipo y para todos los propósitos. Para cualquier actividad, desde pasar por una puerta hasta emprender un viaje, desde casarse hasta plantar un árbol, siempre había dioses que apaciguar. El sacrificio era algo omnipresente en el mundo antiguo, y como resultado siempre había más carne de la necesaria para comer, lo que hacía surgir el problema que encontramos en 1ª Corintios 8–10, donde la carne sacrificada se vendía en el mercado.

Para nosotros, lo interesante sobre la respuesta de Pablo a este problema es la manera en la que pisa terreno peligroso. Parte de su respuesta constituye la primera teología escrita de la eucaristía cristiana; y a partir de ahí argumenta la incompatibilidad entre la mesa del Señor y la mesa de los demonios. Trata el problema, no como un 'problema moral' aislado, que se pueda contestar sin ningún esfuerzo, sino que lo hace reflexionando sobre qué es la comunidad cristiana: el cumplimiento de la comunidad de Israel, y así muchos de sus símbolos los toma prestados de los símbolos judíos, particularmente aquellos que evocan el éxodo de Egipto (1ª Corintios 10). Para Pablo, la eucaristía es la celebración que muestra que la iglesia es la comunidad del éxodo verdadero. Pero, al mismo tiempo, la eucaristía es la celebración que desafía a la mesa de los demonios, de la misma manera que las realidades retan a las parodias. Cuando se enfrenta al paganismo, la teología paulina no cae en el dualismo, dejando que el paganismo se salga con la suya celebrando la creación. No; Pablo ve la crucifixión de Jesús, y la celebración cristiana de dicho evento, como la verdad final que el paganismo intentaba alcanzar. Pablo no ha derivado su punto de vista de la eucaristía de los misterios paganos de los cultos de sacrificio. Proviene directamente de raíces judías. Pero, simplemente por esta razón, se ofrece a sí misma como la realidad, y los cultos paganos son sólo una mala parodia de esa realidad.

Poder e imperio

En tercer lugar, Pablo claramente reta al paganismo al nivel del poder, particularmente del imperio. Si empezamos analizando la teología de Pablo en términos simplemente de justificación por fe, veremos que en su lenguaje sobre los principados y las potestades falta algo. Pero si empezamos preguntándonos, como creo que deberíamos hacer, cómo se enfrenta su evangelio al mundo pagano, los temas mencionados son, de nuevo, centrales y vitales.

Ya hemos visto cómo en Filipenses 2 y 3 Pablo habla explícitamente (así que diremos que también lo hizo deliberadamente) de Jesús con un lenguaje que recuerda a, y por ello transforma, el lenguaje que se utilizaba en la Roma imperial para describir al César. En el mundo pagano de la época de Pablo, concretamente en el imperio oriental, aunque estaba aumentando en Roma mismo, era normal que los emperadores fueran tratados con honores divinos. Ya en el tiempo de Tiberio, su predecesor, Augusto, era considerado como una divinidad, de manera que el emperador se convertía primero en hijo de un dios y luego, por consiguiente, en un dios. *Kyrios Kaisar* era la fórmula que lo decía bien claro: el César es Señor.

La mayoría de los paganos del mundo romano no tenían ningún problema en reconocer al César como Señor; lo hacían políticamente, y hacerlo religiosamente era algo que ya iba incluido en el mismo paquete. Pero Pablo se negó. *Kyrios Iesous Christos*: Jesucristo es Señor. En concreto, dijo estas palabras cuando se dirigió a una comunidad en la que, como era una colonia romana, el Señorío del César era un tema candente. Sabía lo que estaba haciendo. Además de la riqueza de la teología judía que se esconde detrás de la cristología de Filipenses, sobre todo en el capítulo 2, aparece un claro sentido de enfrentamiento con uno de los tesoros más preciados del paganismo, la ideología imperial. Sabemos que, cien años más tarde, el anciano obispo Policarpo fue quemado en la hoguera por negarse a adorar al César. Le podríamos considerar como 'descendiente directo' de Filipenses 2.

Volvemos a ver aquí la diferencia entre derivación y confrontación. La *derivación* de la cristología de Pablo en Filipenses 2 es claramente judía. Pero precisamente ese marco judío, especialmente Isaías 40–55, le proporciona a Pablo la creencia de que cuando el Dios verdadero sea rey, todos los dioses falsos serán destronados. Así, la derivación judía (el hecho que derive o proceda del judaísmo) genera la *confrontación* o el enfrentamiento con el paganismo. Los poderes del mundo se enfrentan al único que es el verdadero Señor de todo.

Humanidad genuina

En cuarto lugar, Pablo establece un patrón de vivir como ser humano que compite con el patrón ofrecido por el paganismo. En lo que llamamos su enseñanza ética, en su desarrollo de la comunidad y, sobre todo, en su teología y práctica de una nueva vida muriendo a uno mismo y resucitando en Cristo, articuló, inculcó y animó a sus seguidores a que practicaran un estilo de vida que él definía como el estilo humano de vivir la vida. Decía que el paganismo era una manera autodestructiva de ser humano. A cambio, ofrecía una manera de disfrutar de nuestra humanidad que, basada firmemente en los fundamentos judíos, había sido reinterpretada a la luz de Jesús y del Espíritu. Este estilo de vida conseguiría lo que él pensaba, antes de convertirse, que se conseguía a través de la Torá, es decir, vencer al paganismo en su propio terreno. En su teología de la comunidad, sustituyó el imperio romano (bajo el gobierno del irónicamente 'príncipe de paz') por el *imperium* de Jesucristo, el verdadero Príncipe de Paz, bajo el servicio del cual se puede vivir en amor con todos los hermanos y hermanas. Si Jesús (como ya he explicado en otras ocasiones) ofrecía a sus oyentes un movimiento en contra del Templo, Pablo ofrecía a los suyos un movimiento en contra del imperio. Así, no sorprende que a veces le vieran como una figura bastante peligrosa.

La verdadera historia del mundo

En quinto lugar, Pablo contaba la verdadera historia del mundo, y la mitología pagana no. Es irónico que el siglo pasado se estudiaran a muchos cristianos del primer siglo en relación con el tema de la creación de mitos. De hecho, muchos de ellos, no sólo Pablo, intentaron contar la historia de lo que realmente había pasado en la historia de la humanidad de sus días, y así demostrar que aquellos acontecimientos eran ciertamente la revelación del único Dios verdadero. Si se mira cualquier libro de mitología pagana antigua será fácil darse cuenta de lo que estoy diciendo. La historia cristiana *funciona* como 'mito' en el sentido de que es la historia contada por la comunidad para explicar y sostener su forma de vida. Pero, a diferencia de los mitos de Grecia y Roma, la historia que Pablo y otros cuentan sólo hubiera tenido sentido en aquel entonces si de verdad estaba contando lo que estaba pasando. Pablo estaba invitando a sus oyentes ni más ni menos que a aceptar la realidad: no sólo una realidad 'espiritual', en el sentido de una realidad de otro mundo, invisible, procedente de una experiencia 'espiritual' privada, sino la realidad de esta tierra, una realidad de carne y hueso, sobre Jesús de Nazaret y su muerte y resurrección. Y aún más, Pablo ofrecía a sus oyentes una historia en la que todo el cosmos *tenía sentido, una dirección*. A diferencia de la cosmovisión pagana esencialmente histórica, y en contra de los sueños de la 'era dorada' de algunos filósofos de la historia, Pablo articuló una perspectiva histórica lineal, que iba de la creación a la nueva creación. Esto ofrecía al mundo pagano un mapa histórico, con un cartel (la resurrección y el Espíritu) que decía: 'Está Ud. aquí'. Romanos 8 lo deja bien claro. Pablo afirma la bondad en el mundo creado, y se coloca a sí mismo y a sus oyentes con la resurrección de Jesús a sus espaldas, y la liberación de toda la creación enfrente. La Era por venir ha sido inaugurada, y un día será consumada.

Esto se ve bastante claro si consideramos el *kerygma* básico de Pablo (proclamación o anuncio) en 1ª Corintios 15:3–8. Pensando que ya es hora de recordar a la congregación corintia el tono en el que les anunciaba el evangelio, y de desarrollarlo un poco más, se centra en los acontecimientos principales: Cristo murió por nuestros pecados según las escrituras, fue enterrado, resucitó al tercer día según las escrituras, y fue visto por Cefas, Jacobo, por otras quinientas personas y, por último, Pablo mismo también le vio. Ya debería estar claro que el evangelio que Pablo llevaba a los paganos no era una filosofía de vida. Tampoco era una doctrina sobre cómo alcanzar la salvación. Sino que era una lista de hechos; y no hechos ininteligibles, ya que tal cosa no existe, sino una lista de hechos enmarcados en un contexto que les confiere significado y trascendencia. ¿Qué tiene que ver el mundo pagano con los extraños acontecimientos relacionados con Jesús de Nazaret? Respuesta: no son simplemente raros sucesos del contexto judío, sino que son el cumplimiento del plan del creador para todo el cosmos. Y como se hace patente en la narración de Pablo, hablar de Jesús y de su resurrección es hablar sobre el creador del mundo – más concretamente, hablar de cómo el creador, por medio de Jesús, se convierte en el verdadero rey de todo el mundo. El marco judío de interpretación en el que Pablo entiende y desarrolla el tema de la muerte y la resurrección de Jesús es, claro está, apocalíptico: es decir, que tales acontecimientos tienen una trascendencia cósmica. Estas son las buenas noticias para los paganos: que el creador del mundo será todo en todos, derrotando la maldad y la muerte y proclamando el mundo como suyo.

Una vez más, Pablo declara estar en lo cierto. Puede parecer irónico, sobre todo si pensamos que la expresión 'apocalíptico' se suele interpretar como que connota dualismo. Todo el mundo pertenece al Dios único y verdadero, quien ahora reclama esa creación suya. Dios no está simplemente afirmando el mundo en su estado actual: eso supondría claudicar ante el paganismo, y la adoración de todo tipo de elementos creados, como si fueran divinos. Sería ignorar la existencia de la maldad y la corrupción, la miseria y la muerte, que ahora manchan la creación de Dios. Pero Pablo tampoco rechaza este mundo manchado, como si el evangelio cristiano fuera una forma de dualismo. Pablo sostiene, como dice extensamente en Romanos 8, que toda la creación espera su éxodo, y que cuando Dios sea todo en todos, incluso ya no habrá separación entre el cielo y la tierra, entre Dios y el ser humano (como también vemos en Apocalipsis 21). El mensaje de Pablo para el mundo pagano es el mensaje del cumplimiento de la promesa hecha a Israel: el creador, Dios, a través del cumplimiento de su pacto con Israel, está reconciliando consigo al mundo. Esto implica un triple éxodo. Israel es redimido, en la persona de Jesús, para el beneficio de todo el mundo. La raza humana es redimida, a través de Jesús, para que sea restaurada la imagen de Dios. Así, la creación misma es redimida, y el Dios creador será todo en todos.

Filosofía y metafísica

En sexto lugar, Pablo lanzó un reto implícito a las principales filosofías paganas del mundo romano. Dice que él, después de todo, ofrece el verdadero conocimiento del Dios creador, que se diferencia del falso conocimiento del mundo filosófico pagano. Una vez más, coge elementos de su tradición judía, los reinterpreta a través de Jesucristo y el Espíritu, para confrontar al paganismo con la realidad y vencerlo en su propio terreno.

En su famoso libro *De la naturaleza de los dioses*, Cicerón enumera las tres filosofías principales del mundo grecorromano del primer siglo aC. Uno podía optar por el estoicismo: ser monista o panteísta, y creer que todo lo que existe es divino o tiene o forma parte de la divinidad. Uno podía también optar por el epicureísmo: creer que, si los dioses existen, están lejos de nosotros y se mantienen al margen de lo que ocurre en este mundo. (Así que lo mejor que uno puede hacer es organizarse la vida para evitar los máximos problemas posibles, y obtener la máxima felicidad). O uno podría ser, como Cicerón, un academicista, y adoptar un punto de vista escéptico concluyendo que de hecho tampoco podemos llegar a saber mucho sobre estos temas, así que probablemente lo mejor es mantener las viejas costumbres paganas, los sacrificios, las adivinaciones, etc., (Cicerón ejercía de oficial de culto, como muchos otros romanos de clase alta), y esperar de alguna manera que la sociedad vaya funcionando. Pero no ocurrió así, y de hecho Cicerón vivió la desintegración de su sociedad. ¿Qué habría dicho Pablo si hubiera leído la obra de Cicerón?

Una pregunta interesante; no sé cómo no existe ninguna monografía sobre el tema. Básicamente, creo que le habría dicho a Cicerón, academicista escéptico, que tenía razón al mostrarse escéptico ante las declaraciones irrisorias y fantásticas que se hacían sobre los dioses del panteón pagano. Uno no podía llegar a saber mucho de todos ellos, porque o bien no existían, o bien eran un disfraz para las fuerzas malignas. Pero Pablo habría insistido en que se puede saber sobre el único Dios verdadero, el Dios de Abraham, Isaac y Jacob; uno puede llegar a conocerle, incluso más allá de las fronteras de Israel, porque se ha revelado a todos resucitando a Jesús de entre los muertos, y estableciendo a través del Espíritu de Jesús una familia, que da la bienvenida a todos los seres humanos, una familia que heredará el mundo.

A los estoicos, Pablo les hubiera dicho que estaba de acuerdo con que el mundo era un lugar donde se podía ver el poder y la belleza de Dios. Pero habría insistido en que esto no se debía a que el mundo es en sí divino, sino a que es la bella creación del Dios bueno y sabio – y a que ese Dios riega toda la creación con su presencia, para que el mundo, como un cáliz, sea hermoso no por lo que es, sino debido a aquello que contiene, según el diseño original.

A los epicúreos, Pablo les habría dicho que estaba de acuerdo con que el Dios verdadero era algo diferente al mundo, y no se le podía identificar ni confundir con el mundo. Pero habría negado rotundamente que este Dios verdadero era distante, o desinteresado, que no le importaba el mundo. Porque en la historia de Israel, y de forma suprema en Jesucristo, siempre había estado implicado en el mundo actuando con pasión y con compasión. Los escépticos, los estoicos y los epicúreos no tenían nada que hacer ante la teología judía de Pablo, entendida en torno a Cristo y al Espíritu. Es una reflexión interesante ver que lo que acabo de describir es, más o menos, el discurso que Lucas pone en boca de Pablo cuando se dirige a los varones atenienses en el Areópago (Hechos 17:22–31).

Conclusión

Ahora ya estamos en posición de comparar y contrastar los planes de Saulo de Tarso con los de Pablo el apóstol. Yo he argumentado que el 'celo' con el que Saulo de Tarso confeccionó su agenda antes de convertirse al cristianismo fue sustituido, con la vocación apostólica de Pablo, por un nuevo tipo de 'celo', parecido en cuanto a la intensidad, pero radicalmente diferente en cuanto al contenido.

Al igual que Saulo de Tarso, Pablo creía, en primer lugar, que el Dios de Israel estaba en contra del paganismo. Pero en vez de querer derrotar al paganismo con sus propias armas, por ejemplo la violencia y los prejuicios radicales, el apóstol Pablo creía que era su tarea anunciar a los paganos que el Dios verdadero se había revelado en su Hijo crucificado y resucitado, y por ello llamaba a que todo el mundo se arrepintiera (lo que quería decir, concretamente, que abandonaran el culto a los ídolos) y que fuera leal a Dios. Ofrecía a todo ser humano la mejor manera de vivir la vida, ya que viviendo en idolatría y en inmoralidad, sólo conseguían destruir su humanidad. El celo con el que Pablo anunciaba el evangelio a los paganos, y con el que animaba a las iglesias en tierra pagana sustituyó el fuerte celo de Saulo de Tarso.

En segundo lugar, al igual que Saulo de Tarso, el apóstol Pablo creía que el Dios de Israel también estaba en conflicto con los israelitas que eran desleales. Saulo, en cambio, quería deshacerse de tales israelitas mediante la violencia y por un estricto reforzamiento de la Torá. Pablo creía que era su labor ganar al mundo gentil para la familia de Abraham –injertar ramas artificiales en el olivo natural– para que la verdadera familia, las ramas naturales, tuvieran envidia y se volvieran a los privilegios que había rechazado, y que continuaban rechazando, su Mesías enviado por Dios (Romanos 11).

Entonces, como Saulo de Tarso, Pablo creía que las profecías de las escrituras habían sido diseñadas para hacerse realidad en un gran acto que revelaría que el Dios de Israel era el único Dios verdadero de todo el mundo. Este gran acontecimiento demostraría que Israel era el pueblo de Dios y que el mundo pagano no estaba en lo cierto, y que tendría que arrodillarse antes el Dios verdadero.

Pero, a diferencia de Saulo, Pablo creía que ese gran acto ya había tenido lugar. En vez de derrotar militarmente a Roma, Jesús, como representante israelita, había triunfado sobre el pecado y la muerte, los verdaderos enemigos del pueblo de Dios y del mundo entero. Este gran acto demostraba que el Dios de Israel era el único Dios verdadero. Este gran acto le hacía ver al mundo pagano que estaba equivocado, y que ya era hora de arrodillarse ante el Dios verdadero. Pero lo hacía de tal modo que obligaba a los judíos a ser igual de humildes que los paganos ante la revelación de la gracia de Dios.

Pablo continuaba creyendo, como había hecho Saulo, que se podía saber, en el presente, si alguien era miembro del verdadero pueblo de Dios. Para Saulo, la etiqueta reveladora era la Torá: los que guardaban la Torá estrictamente en el presente eran aceptados como el Israel futuro verdadero. Sin embargo, para Pablo eso sólo habría logrado intensificar el gran abismo que había entre los judíos y los gentiles, lo cual ya era obsoleto gracias a la muerte y resurrección del Mesías. Ahora que el gran acto ya había tenido lugar, lo que decía quién pertenecía al verdadero pueblo de Dios era, simplemente, la fe: fe en el Dios que envió a su Hijo a morir y a resucitar en favor del mundo entero. Este es el punto que, como veremos, hace muy relevante la doctrina de la 'justificación por fe' en el mensaje que Pablo llevaba al mundo pagano. Éste no era el mensaje que anunciaba en las calles a los confundidos paganos de (digamos) Corinto; tampoco era el punto central de su mensaje evangelístico. Pero sí era lo que los recién convertidos necesitaban escuchar para recibir la seguridad de que verdaderamente formaban parte del pueblo de Dios.

Como historiador, teólogo y exégeta, creo que la labor que acabo tan sólo de empezar, de analizar el mensaje que Pablo llevó a los paganos, es fundamental si queremos entender al apóstol y su teología desde una perspectiva correcta. De hecho, ésta es la línea que él mismo nos sugiere, así que es absurdo que los eruditos le estudien sin tratar este tema de una manera completa. No obstante, esta tarea tiene otra dimensión. Creo, haciendo un análisis cultural, que el mundo occidental está yendo rápidamente hacia unas nuevas formas de paganismo. Ofrezco un breve análisis de este factor en mi libro *New Tasks for a Renewed Church* (publicado en EE.UU. con el título *Bringing the Church to the World*). Irónicamente, la iglesia se ha centrado en el mensaje que Pablo tenía para el mundo judío, y no en el dirigido al mundo pagano. Esto sigue siendo así. Pero no tenemos que decirles a nuestros oyentes que se tienen que convertir en judíos para luego confrontarlos con el evangelio de Pablo que predicamos. Si queremos alcanzar a nuestra generación con el mensaje de Jesucristo, tenemos que redescubrir cuáles son las buenas noticias que el evangelio ofrece a los paganos. Pablo tenía esto muy en cuenta, ¡así que sigamos el ejemplo del apóstol!

Pero si Pablo tenía buenas noticias para los paganos, ¿qué mensaje tenía para sus compatriotas judíos? Hemos visto la crítica que hace de los judíos: les advirtió de la paganización que había sufrido su tradición. Pero, ¿acaso no tenía buenas noticias para ellos también?

Buenas Nuevas para Israel

Acabamos de ver que la vocación básica de Pablo era ser el apóstol a los gentiles, los paganos. Pero el sentido de esta vocación es, de hecho, que los paganos necesitaban escuchar las buenas nuevas del Dios de Israel, el creador del mundo. Los gentiles serían bendecidos, según la esperanza judía que Pablo estaba predicando, cuando y sólo cuando se cumplieran las promesas que Dios había hecho a su pueblo Israel, y cuando éste hubiera cumplido los propósitos para los que Dios le había creado. Pablo creía que esto ya había ocurrido – en Jesús, el Mesías judío, y su muerte y resurrección. ¿Cómo podía ser esto cierto? ¿Cómo podía ser que estos extraordinarios acontecimientos fueran la revelación del plan pactal del Dios de Israel? ¿Y que significaba esto para el pueblo de Israel?

También vimos, que Pablo seguía concibiendo a Dios tal como lo hacían los judíos, pero que lo reinterpretaba a la luz de Jesús y el Espíritu. Ahora veremos que hizo lo mismo con la creencia judía sobre lo que éste Dios estaba haciendo, o lo que iba a hacer, en la historia de Israel y del mundo. Así que todo esto nos lleva al corazón de la que podríamos llamar la carta más importante de Pablo. Nos lleva también a uno de los términos técnicos más controvertidos y a la vez importantes: el sintagma *dikaiosune theou*, cuya traducción probablemente más acertada sea 'la justicia de Dios'.

Pero detengámonos a hacer un apunte lingüístico. En inglés, existe un problema de traducción: la raíz griega que estamos tratando se puede traducir por dos raíces diferentes. *Dikaios* quiere decir *righteous* (justo o recto), pero se traduce por *just* (justo). De igual forma, *dikaiosune* se traduce por *righteousness* y por *justice* (justicia o actos de justicia, y justicia o rectitud, respectivamente). Desafortunadamente, cuando en inglés se traduce el verbo de la misma familia, *dikaioun*, se puede decir *to justify* (justificar), pero no se puede construir el verbo *to righteous* (justiciar – que vendría a decir algo como 'hacer justicia'). (E.P. Sanders intentó extender este uso, pero no cuajó; en la traducción inglesa de la *Teología del Nuevo Testamento* de Bultmann, se usó la antigua voz inglesa *to rightwise* ['ser declarado justo' en la traducción española], lo que tampoco ha tenido una influencia posterior). En inglés esto no supondría ningún problema si siempre pudiéramos decir *just* y *justice* en vez de *righteous* y *righteousness*. Pero, si el significado actual de la segunda pareja de términos lleva a error, más lo hace la primera. El problema está en que Pablo escribe en griego, pero tiene en mente las escrituras hebreas, que son, de hecho, las que dan forma a su pensamiento; y el problema se ve incrementado cuando traducimos al inglés (o al castellano), intentando en vano encontrar palabras o expresiones para un término muy sutil e intrincado, del que depende toda una manera de pensar. Es como traducir poesía.

Pacto, tribunal de justicia y escatología

'La justicia de Dios' ha sido objeto de muchos estudios técnicos. No pretendo aquí recoger todos los aspectos de este estudio. Este término, o uno casi idéntico, aparece ocho veces en las cartas de Pablo, y siete en Romanos. En muchas traducciones el significado es bastante oscuro, igual que el pasaje principal sobre el tema, que es Romanos 3:21–26; la Nueva Versión Internacional, por ejemplo, pone en boca de Pablo dos significados diferentes para esta expresión, en un espacio de seis versículos. Lo que yo voy a intentar es hacer un bosquejo del contexto judío en el que esta expresión era de uso normal, indicaré las opciones de interpretación de las diferentes escuelas de pensamiento, y diré cuál, según mi criterio, es la mejor solución.

Según la Septuaginta, la versión griega de las escrituras judías, la 'justicia de Dios' tiene un significado claro: la fidelidad de Dios a sus promesas, al pacto. La 'justicia' de Dios, especialmente en Isaías 40–55, es el aspecto del carácter de Dios que le lleva a salvar a Israel, a pesar de la perversidad y la maldad de Israel. Dios ha hecho unas promesas; Israel puede confiar en esas promesas. Así que la justicia de Dios es afín a su fidelidad por un lado, y a la salvación de Israel por otro. Y en Isaías vemos la extraña figura del siervo sufriente en el que se cumple el propósito justo de Dios.

Hay muchos otros pasajes que apuntan a esa interpretación de la 'justicia de Dios'; por ejemplo, la gran oración de Daniel 9. Pero aquí no hay ninguna controversia. En la Septuaginta, la expresión quiere decir la fidelidad de Dios a su pacto con Israel, gracias al cual le salva de su exilio en Babilonia. En la literatura judía del período del Segundo Templo aparece muchas veces esta expresión, o expresiones similares; todas refuerzan la interpretación que acabamos de presentar. El punto central de la 'justicia de Dios' es su pacto con Israel, el pacto a través del cual acabará con el problema del mal en el mundo.

Sin embargo, parte del colorido de este término viene de la metáfora que esconde. 'Justicia' es un término legal, es decir, que pertenece al ámbito jurídico. Así que tenemos que desarrollar esta idea brevemente.

1. En el tribunal hebreo bíblico había tres partes: el juez, el demandante y el demandado. No existía la figura del fiscal; todos los casos consistían en que una parte acusaba a otra, y el juez decidía la sentencia.
2. ¿Qué quiere decir usar el lenguaje de 'justicia' en este contexto? Lo que quiere decir cuando se aplica al juez es bien diferente a lo que quiere decir cuando se aplica al demandante o al demandado. Cuando se aplica al juez, quiere decir (como se hace patente en el Antiguo Testamento) que el juez debe juzgar el caso según la ley; que debe ser imparcial; que debe castigar el pecado tal y como se merece; y que debe apoyar y defender a los desfavorecidos y a aquellos que sólo le tienen a él como intercesor. Para el juez, ser 'justo', y tener la 'justicia' y practicarla en su contexto legal, es un asunto muy complejo, y tendrá que ver con la manera en la que lleve el caso.
3. Sin embargo, para el demandante y el demandado, ser 'justo' no tiene las mismas connotaciones, ya que ellos no tienen que juzgar el caso. La palabra tampoco recoge que sean, antes de que empiece el juicio, rectos moralmente y que merezcan ganar el caso – aunque esto nos quede menos claro a nosotros por la connotación moral que la palabra 'justo' tiene en nuestra lengua. No; para que el demandante o el demandado fueran 'justos' en el sentido bíblico y *en el contexto jurídico* debían contar con el fallo favorable del tribunal.

¿Cómo ocurría esto en la práctica? Veamos primero el caso del demandante. Cuando el tribunal defendía al demandante, éste o ésta eran 'justos'; lo que no quería decir necesariamente que fueran buenos, o moralmente rectos y virtuosos. Simplemente quería decir que en dicho juicio en concreto el tribunal le había vindicado y aceptado la acusación que había presentado.

Ocurre lo mismo con el demandado. Si el tribunal defendía su causa, librándole de la acusación, el demandado era 'justo'. De nuevo, eso no quería decir que fuese bueno, moralmente recto y virtuoso; simplemente que era vindicado, o, en otras palabras, absuelto.

La palabra *dikaios*, 'justo o recto', tanto en el griego secular como en inglés, llevaba consigo unas connotaciones moralistas. Si tenemos esto en cuenta, no es difícil ver cómo podía referirse no sólo al estatus posterior a la decisión judicial, sino también al carácter y conducta anteriores tanto del demandante como del demandado. Pero la cuestión es que, en el lenguaje técnico judicial, 'justo' quiere decir, para ambas partes, el estatus que poseen una vez el tribunal ha fallado a su favor. Ni más, ni menos.

Por obvio que esto parezca, es extremadamente importante para entender a Pablo. Si utilizamos el lenguaje jurídico, no tiene ningún sentido decir que el juez imputa, imparte, lega, comunica o transfiere su justicia al demandante o bien al demandado. Porque la justicia no es un objeto, una sustancia o un gas que se puede pasar de un lado a otro de la sala. Que el juez sea justo no quiere decir que todo el tribunal esté de acuerdo con él. Que el demandante o el demandado sean justos no quiere decir que el juez haya juzgado el caso correctamente o de forma imparcial. Imaginar que el demandante de alguna manera recibe la justicia del juez es simplemente un error de categoría. Porque el lenguaje jurídico no funciona así.

Entonces, ¿qué ocurre cuando mezclamos el significado pactal de la justicia de Dios con el nivel metafórico del lenguaje jurídico? Está claro que Dios es el juez. Israel se presenta ante él para presentarle su caso contra los malvados paganos que le están oprimiendo. Israel quiere presentar su caso ante el tribunal, para que Dios le oiga y, en su justicia, le libere de sus enemigos. Desea ser justificado, absuelto, vindicado. Y, como el Dios que es el juez, es también el Dios que ha establecido el pacto con el pueblo de Israel, éste suplica: ¡sé fiel a tu pacto!¡vindícanos en tu justicia!

'Y no entres en juicio con tu siervo; Porque no se justificará delante de ti ningún ser humano'. El Salmo 143 presenta una declaración típica de la esperanza judía: es una esperanza en el pacto, explicada muchas veces con metáforas jurídicas. De hecho, es el salmo que Pablo cita en uno de los puntos cruciales de su argumentación (Romanos 3:20).

Cuando Dios actúe para vindicar a su pueblo, entonces su pueblo tendrá, metafóricamente hablando, el estatus de 'justo'. *Pero la justicia que el pueblo de Dios tendrá no será la justicia propia de Dios.* Lo que parece un sinsentido. La justicia de Dios es su fidelidad a su pacto, gracias al cual, y tal como Israel espera, vindicará a su pueblo, y le dará el estatus de 'justo', al igual que ocurre con el demandado que ha sido absuelto o vindicado. Pero la justicia de Dios continua siendo propiedad de Dios. El motivo que hay detrás de su actuación es la vindicación de su pueblo. Y no el estado que le concede a través de esta vindicación.

En el desarrollo de esta argumentación queda claro que debemos añadir a nuestro debate una dimensión más amplia. Si el pacto entre Dios e Israel es el contexto semántico en el que hablar de la justicia tiene sentido; y si el lenguaje jurídico es el contexto metafórico que da un matiz especial al lenguaje del pacto; entonces ambos contextos reclaman que haya un cumplimiento futuro. En todo momento a lo largo de nuestro debate tenemos que tener en cuenta la escatología (la ansiada esperanza que Israel tiene en que un día su Dios actuará, y lo hará de forma definitiva).

Pero, ¿cuál es esta esperanza? La justicia de Dios es lo que Israel siempre reclama cuando tiene problemas, con la esperanza de que Dios la vindicará en el futuro. Pero, ¿qué Israel es el que será vindicado? ¿Se trata de todos los judíos? ¿O sólo de algunos? ¿Podemos determinar ahora en el presente quienes serán vindicados cuando Dios actúe definitivamente en el cumplimiento de su justicia, de su pacto? Muchos judíos de los tiempos de Pablo decían que sí: 'La señal presente de nuestra vindicación futura consiste en nuestra lealtad presente a las obligaciones pactales que Dios ha establecido. Nuestros 'actos de justicia', 'cumplimiento de la ley', demuestran en el presente que, cuando Dios actúe, se verá que somos su pueblo'. Es de ahí de donde surge la teología de la 'justificación por obras', creencia contra la que Pablo luchó hasta el final de sus días. Pero por el momento, seguiremos con el tema de la justicia de Dios. ¿La usó Pablo con una coherencia clara?

Diferentes interpretaciones de un término clave

A pesar de que este término tiene un trasfondo bastante claro en el judaísmo, muchos, al leer a Pablo, han creído que quería decir algo diferente. Sí es cierto que el sintagma 'la justicia de Dios' deja el camino abierto para que surjan diferentes interpretaciones, del mismo modo que el sintagma 'el amor de Dios' puede referirse tanto al amor de Dios por nosotros, como a nuestro amor a Dios.

Pero el debate de 'la justicia de Dios' es más complejo que el que gira en torno a 'el amor de Dios'. Los estudiosos a lo largo de la historia han subrayado, al menos, cuatro acepciones diferentes.

Además también son bastante complejas las vueltas que se le dan a las diferentes interpretaciones. Pero si no nos esforzamos en entenderlas siempre estaremos perdidos cuando nos encontremos con las diferentes interpretaciones y traducciones de uno de los puntos más importantes y centrales del pensamiento paulino. De hecho, el problema se puede comparar con los sentimientos de alguien que lleva muchos años conduciendo y, de repente, se entera de cuál es el contenido del carburador. ¿Cómo puede una máquina tan pequeña hacer que un coche funcione? El sabio mecánico, ante esta pregunta, intentará simplemente demostrar lo que ocurre cuando el carburador funciona, y lo que ocurre cuando éste no funciona. Este es el tipo de ejercicio que vamos a hacer a continuación.

La distinción básica que vamos a hacer antes de empezar está entre aquellos que creen que 'la justicia de Dios' se refiere a la justicia propia de Dios, y aquellos que creen que se refiere a un estado de justicia que los humanos tienen ante Dios. En la *Tabla* que he confeccionado, este primer grupo equivale al apartado A, y el segundo, al apartado B. Las otras subdivisiones también son importantes. Empezaré explicando el apartado B, que ha contado con muchos seguidores, sobre todo en círculo protestantes y evangélicos.

Desde tiempos de Martín Lutero, muchos cristianos han conmemorado la expresión 'la justicia de Dios', ya que denotaba el estado que los humanos adquieren, a través de la fe, como resultado del evangelio. Pero de aquí vemos que surgen dos interpretaciones, reflejadas en varias traducciones y comentarios. En primer lugar (B1), se puede creer que esta 'justicia' es el estado que los cristianos adquieren, reciben de parte de Dios. Aquí vemos que el ablativo que se usa es un *ablativo de origen* ('la justicia *que viene de* Dios'). Luego, como se puede ver en B2, muchos han interpretado el sintagma en cuestión como un *genitivo de objeto*, lo que lleva a que la palabra 'justicia' se interprete en términos de una cualidad que *cuenta ante* Dios, o que *sirve con* Dios.

En ambos casos, hay otras subdivisiones muy importantes también. Si la justicia es algo que los humanos reciben 'de Dios', ¿se les 'imputa' (B1a) – es decir, se 'considera' que es de ellos, lo que casi sería una invención legal? ¿O se les 'imparte' (B1b), se les da como propiedad, o, dicho de otra manera, Dios sopla sobre su pueblo y le da esa 'justicia' que tanto desea ver? Este es un debate muy candente desde hace cientos de años, y es bastante obvio que depende de los dos significados, muy diferentes, de 'justicia': el primero la ve como un *estado*, y el segundo, como una *cualidad*.

Si la justicia es algo que 'cuenta delante de' Dios, o 'sirve con' Dios, aún surge otra pregunta. ¿Es B2a una cualidad que tienen sólo algunos humanos, por decisión de la naturaleza? Por ejemplo, ¿consiste en que algunos humanos creen en Dios, y luego Dios, seleccionando, se dice a sí mismo '¡Esa es la clase de 'justicia' que estoy buscando!'? ¿Es así como funciona? ¿Es eso lo que pasó en el caso de Abraham? ¿O es Dios quien da a los humanos la cualidad que luego puede aprobar (B2b)? Esta justicia, ¿es pues una cualidad natural, o es un don especial de Dios?

Muchos lectores pensarán que todas estas vueltas y posibilidades son ilógicas y complejas. ¿Cómo puede ser que la teología seria caiga en digresiones tan intrincadas? De nuevo, recordemos la ilustración del coche y del carburador. Yo me he encontrado con todas estas interpretaciones, y también con combinaciones de varias de ellas, tanto en trabajos serios como informales sobre Pablo, especialmente de la carta a los Romanos. Estas interpretaciones determinan la manera en la que leemos los textos más representativos del pensamiento del apóstol.

Si nos fijamos ahora en el apartado A, tenemos a los que piensan (A1) que la 'justicia' es una *cualidad* moral de Dios. El genitivo 'de Dios' es simplemente un genitivo posesivo; simplemente, una cualidad que Dios posee. En segundo lugar (A2), otros creen que 'justicia' denota' la *actividad* salvadora de Dios. Aquí, el genitivo 'de Dios' se convierte en un genitivo de sujeto, ya que denota el sujeto del verbo elidido.

Y estas dos categorías se vuelven a subdividir. Si la justicia es una cualidad moral de Dios, ¿cómo es esta cualidad? Veamos que Lutero creció creyendo (A1a) que la justicia de Dios era su 'justicia distributiva', es decir, la actividad moral de Dios que consiste en castigar la maldad y recompensar la virtud. Si leyéramos a Pablo en latín, como hizo Lutero, esta es la interpretación que probablemente sacaríamos al leer la palabra *iustitia*. La segunda opción (A1), que es la que yo suscribo, es ver esta cualidad en cuestión como la fidelidad de Dios a sus promesas, a su pacto. Pero antes de centrarnos en esta idea, hemos de seguir comentando la Tabla.

Del mismo modo que las anteriores interpretaciones, la idea de la justicia de Dios como la actividad salvadora de Dios se subdivide en dos apartados. El segundo (A2b), propuesto por el influyente erudito alemán Ernst Käsemann, ve el sintagma como un término técnico que quiere decir 'el poder de Dios que crea salvación', sin hacer ningún tipo de referencia al pacto, a Israel, a Abraham o a las promesas bíblicas. Käsemann deliberadamente evita cualquier tipo de relación con el pacto, ya que quiere enfatizar que el poder 'creador de salvación' está dirigido, y de hecho, conquista, a todo el mundo, y no sólo a Israel. Pero el primer apartado (A2a), que se parece bastante a A1b, cree que el sintagma denota precisamente las acciones que plasman la fidelidad de Dios con su pacto. Como hemos visto, cuando el Dios de Israel cumple el pacto, éste estaba diseñado desde el principio para ser el medio a través del cual Él resolverá los problemas del mundo, de todo el cosmos.

¿Cómo podemos tomar una decisión ante todas estas interpretaciones? A pesar de la gran aceptación con la que cuenta el apartado B, la enorme cantidad de evidencias judías, incluidos muchos pasajes de las escrituras a los que Pablo alude o cita, nos inducen a decantarnos por las interpretaciones del apartado A. 'La justicia de Dios' se refiere a la justicia propia de Dios. De hecho, el contexto judío crea una presunción tan fuerte en favor de esta interpretación, que sólo podría ser tirada por tierra si el mismo Pablo la rebatiera; y, como voy a demostrar, no es éste el caso.

¿Cómo elegir entre los diferentes subapartados de A? Podemos olvidarnos de la anticuada idea de la *iustitia distributiva* (A1a) por irrelevancia del latín. Podemos deshacernos de la nueva sugerencia de Käsemann (A2b) porque se puede probar su imposibilidad (los textos que cita en favor del sentido técnico y especializado por el que aboga no dicen lo que él les hace decir). Así que sólo nos quedan dos opciones bastante parecidas (A1b y A2a), que tienen que ver con la fidelidad de Dios con su pacto, tanto en términos de cualidad de Dios como de poder activo que se proyecta, como expresión de esa fidelidad, para cumplir las promesas del pacto: acabar con el mal, salvar a su pueblo, y hacerlo de forma totalmente imparcial. Yo creo que la distinción gramatical que hemos hecho entre el genitivo posesivo y el de sujeto no hace justicia a lo que Pablo está intentando explicar, así que deberíamos borrar esa línea divisoria que hemos trazado entre los dos significados. Como para Pablo Dios es creador, siempre activo en el mundo, deberíamos anticipar que descubriremos que sus atributos y sus acciones van de la mano de una forma indivisible.

'La justicia de Dios' en las epístolas paulinas
Filipenses y 2ª Corintios

Romanos es la epístola en la que 'la justicia de Dios' es uno de los temas principales. Pero antes de tratar esta carta, miraremos otros dos pasajes que, aunque no son tan imprescindibles, resultan interesantes. En Filipenses 3:9, un pasaje que se suele citar con frecuencia cuando se trata este tema, Pablo declara que su deseo es ganar a Cristo,

Y ser hallado en Él, no teniendo mi propia justicia derivada de la ley, sino la que es por la fe en Cristo [o: 'por la fidelidad de Cristo'], la justicia que procede de Dios sobre la base de la fe.

Es de vital importancia ver que el sintagma clave no es *dikaiosune theou*, 'la justicia de Dios' (que pertenece a Dios), sino *dikaiosune ek theou*, una justicia *que procede de* Dios. Muchos eruditos han utilizado este pasaje como el ejemplo representativo del uso del sintagma *dikaiosune theou*; pero esto es incorrecto. Si volvemos a la metáfora del tribunal judío, aquí estamos ante la 'justicia', el estado que la parte vindicada posee como resultado de la decisión del tribunal. Se trata de 'un estado justo *dado por Dios*'; lo que no es lo mismo, como ya vimos, que la justicia propia de Dios.

En 2ª Corintios 5:20–21, un famoso texto y pasaje favorito de Martín Lutero, Pablo redondea su argumentación sobre su llamado apostólico:

Por tanto, somos embajadores de Cristo, como si Dios rogara por medio de nosotros; en nombre de Cristo os rogamos: ¡reconciliaos con Dios! Al que no conoció pecado, le hizo pecado por nosotros, para que fuéramos hechos dikaiosune theou *en Él.*

La parte crítica la he dejado en griego. Esta vez es, indudablemente, 'la justicia de Dios'; muchas generaciones de lectores han interpretado el sentido que encontramos en la parte inferior de la Tabla, especialmente en B1a. Sin embargo, ya he subrayado anteriormente que Pablo no está hablando de la justificación, sino sobre su ministerio apostólico; también, que ya lo ha descrito en el capítulo 3 como el ministerio del nuevo pacto; que de hecho, el tema a tratar aquí es que los apóstoles son embajadores de Cristo, y que Dios los usa para transmitir su llamamiento; y que por ello, el ministerio apostólico, con el sufrimiento, el temor y el fracaso aparente que conlleva, es *una encarnación de la fidelidad de Dios con el pacto*. Lo que Pablo intenta decir es que tanto él como los otros apóstoles, en su temor y sufrimiento, en su testimonio fiel, no están simplemente predicando sobre la fidelidad de Dios; de hecho, personifican, son ejemplos de esa fidelidad. La muerte del Mesías ya se ha encargado del fracaso aparente de los apóstoles; ahora, en él, *son* 'la justicia de Dios', la personificación viva del mensaje que proclaman.

Esta interpretación de 2ª Corintios 5:21 une el versículo al contexto en el que se encuentra, proceso que no hace más que demostrar la veracidad de dicha lectura. Sin embargo, si se insiste en una lectura que corresponde a la parte inferior de la Tabla –sobre todo al apartado B1a, donde vemos el concepto de 'justicia imputada'– se llegará a la conclusión, como han hecho muchos comentaristas, de que no tiene nada que ver con el resto del capítulo ni con el contexto en el que se encuentra, y sólo es una pequeña digresión aislada de Pablo. Yo creo que para ver qué teoría tiene más razón, hay que tener en cuenta el sentido y la función que tiene el sintagma en cuestión dentro del contexto y de la epístola en la que se encuentra.

¿Y qué ocurre en Romanos? Se trata de la epístola paulina donde *dikaiosune theou* encuentra su máxima expresión. Vamos a considerar tres pasajes que forman parte de las fases más importantes en el desarrollo del debate general sobre el tema que estamos tratando.

Romanos 3

Vamos a dejar por un momento la frase introductoria de Romanos 1:7 ('en el evangelio la justicia de Dios se revela'). Precisamente, como se trata de una introducción, es demasiado críptico y debe ser interpretado a la luz de lo que viene a continuación. El capítulo 3 es la primera sección donde el tema ya aparece de forma visible y central.

Al principio del capítulo, Pablo se enfrenta a la pregunta que cierra el capítulo 2. Dios (como acaba de explicar) ha renovado su pacto, y lo ha hecho con una comunidad en la que los judíos y los gentiles están en la misma posición, y en la que la etiqueta de la circuncisión ya es irrelevante. ¿Quiere decir esto que Dios ha olvidado las promesas de su pacto con los judíos? En este contexto, el versículo 5 se refiere claramente a la justicia propia de Dios:

Y si nuestra injusticia hace resaltar la justicia de Dios, ¿qué diremos? ¿Acaso es injusto el Dios que expresa su ira?

El significado de 'justicia' está estrechamente relacionado con la idea de la fidelidad o infidelidad de Dios que aparece en los versículos anteriores. Estos versículos tienen que ver con la vocación de

Israel, los propósitos que Dios tiene para Israel, y con la incapacidad de Israel de cumplir con estos propósitos. A esto lo podemos llamar 'teología del pacto'; en este contexto, la 'justicia de Dios' se refiere a la 'fidelidad de Dios con su pacto'.

Pablo sigue tratando este tema en la segunda mitad del capítulo, en el que plasma tan sólo en unos poco versículos, los puntos principales de su mensaje.

Pero ahora, aparte de la ley, la justicia de Dios (righteousness) ha sido manifestada, atestiguada por la ley y los profetas; es decir, la justicia de Dios por medio de la fe en Jesucristo, para todos los que creen; porque no hay distinción; por cuanto todos pecaron y no alcanzan la gloria de Dios, siendo justificados (justified) gratuitamente por su gracia por medio de la redención que es en Cristo Jesús, a quien Dios exhibió públicamente como propiciación por su sangre a través de la fe, a fin de demostrar su justicia, porque en su tolerancia Dios pasó por alto los pecados cometidos anteriormente, para demostrar en este tiempo su justicia, a fin de que Él sea justo (righteous) y sea el que justifica (the justifier) al que tiene fe en Jesús. (Romanos 3:21–26)

Recordemos que *justify* (justificar), *justifier* (el que justifica) y *justification* (justificación) vienen de la misma raíz griega que también da lugar a la traducción de *righteous* (justo) y *righteousness* (justicia). ¿Cómo se puede entender?

Cuando se llega al versículo 20 del capítulo 3, Pablo ya ha demostrado que el mundo gentil está alejado del Dios que lo ha creado, y que en consecuencia, está bajo juicio; pero también demuestra que los judíos, a pesar de haber recibido el pacto a través del cual Dios iba a redimir al mundo, no han cumplido con la labor que se les había encomendado. Así que toda la humanidad se sienta – metafóricamente hablando– en el banquillo de los acusados en el tribunal de Dios. Si volvemos a la imagen del tribunal, ya no se trata de Israel que viene ante Dios como demandante, acusando a los paganos. Tanto los gentiles como los judíos son demandados culpables. Si tenemos en mente el pacto, que es lo que se esconde detrás de esta metáfora jurídica, el plan de Dios consistía en ser fiel a ese pacto, y vindicar a Israel y también salvar al mundo entero, *a través* de la fidelidad de Israel; pero Israel, como pueblo, fue infiel y falto de fe. ¿Qué tiene que hacer Dios?

Pablo responde que el Mesías, el Rey Jesús, ha sido el único israelita fiel. Bajo la densa teología del pasaje que acabamos de citar se esconde la escena central del evangelio de Pablo: la muerte y la resurrección de Jesús, como el medio a través del cual se cumplirían los propósitos que Dios había establecido que Israel cumpliera, es decir, acabar de una vez por todas con el pecado de este mundo. Dios ha acabado con el pecado en la cruz de Jesús; ha vindicado a Jesús resucitándolo de entre los muertos. 'La fidelidad de Jesús' (a la que más adelante, en Romanos 5, Pablo la llamará también 'la obediencia de Jesús') *es el medio a través del cual se manifiesta la justicia de Dios*. Dios es justo, como el Dios del pacto que hizo unas promesas y las cumplió. Volviendo a la metáfora jurídica, ha sido fiel a su palabra, ha sido imparcial (pensemos que, acto seguido, Pablo habla de la forma equitativa en la que Dios trata a los gentiles y a los judíos), y ha acabado con el pecado. En consecuencia, ha vindicado a los desvalidos: 'el que justifica al que tiene fe en Jesús'. Este tema, el de la justicia propia de Dios, entendido bajo la fidelidad de Dios con su pacto, y visto en términos de la metáfora del tribunal, es la clave de este pasaje de vital importancia.

Usando la repetición, Pablo enfatiza lo siguiente: el evangelio de Jesús manifiesta o revela la justicia de Dios, porque Dios es justo, y, además, Dios es el que declara justo al que cree. Una vez más debemos insistir en que existe un estatus de 'justo', que los humanos tienen gracias al misericordioso veredicto divino en Jesús. Pablo ya queda satisfecho con esta explicación. No obstante, Pablo no usa el sintagma 'la justicia de Dios' para explicarlo. La justicia de Dios se refiere a la justicia propia de Dios. En Romanos 3, explica cómo Dios ha sido justo en los sentidos explicados anteriormente. Se ha mantenido fiel a su pacto, cuyo objetivo siempre había sido acabar con el pecado; ha guardado sus promesas; en la cruz, ha acabado con el pecado; lo ha hecho de forma imparcial, salvando de igual manera tanto a los judíos como a los gentiles; y ahora, como juez justo, ayuda y salva a los desvalidos que se refugian en su misericordia. Todas estas ideas son reflejo del sintagma *dikaiousune theou*; pero si les atribuimos cualquier otro significado que no sea algún tipo de combinación entre A1b y A2a (como muchas traducciones se atreven a hacer), nos encontramos con un texto liado y sin un sentido claro. Sin embargo, si optamos por ver que en todo el pasaje se está usando los sentidos de A1b y A2a, todo aparece mucho más claro.

Si la extensión del libro lo permitiera, podríamos continuar viendo cómo Pablo amplía esta perspectiva y cómo revela en el capítulo 4 que lo que Dios ha hecho en Cristo era, y siempre había sido, la intención que había detrás de las promesas hechas a Abraham en Génesis 15, el capítulo del gran pacto en el que Dios le prometió una familia de la fe de todas las naciones. Romanos 3:21–4:25 desarrolla más y celebra la justicia propia de Dios, la fidelidad de Dios con su pacto, manifestada, revelada en los maravillosos acontecimientos apocalípticos de la muerte y la resurrección de Jesucristo.

Romanos 9–10

Así que lo anterior establece una buena base para poder realizar una clara lectura de Romanos 9–10, el otro pasaje indispensable para tratar el significado de *dikaiosune theou*. De nuevo, y aunque sea un poco confuso para nosotros, recordemos que la palabra 'justicia' a veces denota ese estado del que ahora disfruta el pueblo de Dios; por tanto ya no estamos hablando de la justicia propia de Dios. Los versículos a destacar son 10:2–4:

Porque yo testifico a su favor que tienen celo de Dios, pero no conforme a un pleno conocimiento. Pues desconociendo la justicia de Dios y procurando establecer la suya propia, no se sometieron a la justicia de Dios. Porque Cristo es el fin de la ley para justicia a todo aquel que cree.

De hecho, este pasaje resume lo desarrollado en 9:6–29, donde, aunque no aparece el sintagma 'la justicia de Dios', toda la discusión gira en torno a la cuestión de si Dios realmente ha sido justo, si ha guardado sus promesas con el pacto, y si lo ha hecho, cómo lo ha hecho. No debemos caer en el error de que la idea sólo aparece cuando encontramos el sintagma en cuestión; de hecho, todo el contexto no trata otra cosa que la justicia de Dios. Según Pablo, Israel desconoce o ignora lo que Dios ha estado haciendo en la historia de su pueblo con justicia y fidelidad. Israel, en su esfuerzo por intentar conseguir ese estado de justicia, mantener el pacto, que sólo beneficiará a los judíos, se ha olvidado de someterse a la justicia de Dios. El pacto siempre apuntaba a una familia con miembros de todas las naciones; Israel, apoyándose en su estado de 'pueblo elegido', ha traicionado el propósito original del pacto. Usando una ilustración, es como si el cartero pensara que todas las cartas que lleva en la bolsa son para él.

Cuando Pablo dice que Israel 'no se sometió a la justicia de Dios', está claramente haciendo referencia a Romanos 3:21–26, el pasaje que analizamos unas páginas atrás. Vimos que Pablo declaraba que 'la justicia de Dios' se había manifestado en el evangelio de Jesucristo, el evangelio que proclama que Dios ha establecido un sólo camino de salvación para todos, tanto para judíos como para gentiles. Cuando los judíos de la época de Pablo rechazaban a Jesús (tal y como había hecho Pablo), y cuando continuaban rechazando el mensaje de Pablo sobre Jesús, el apóstol analiza cuál es la razón de fondo: ellos comprenden, como él mismo tuvo que comprender y reconocer un día, que 'aceptar' significaría abandonar la idea de la 'exclusividad', de que el pacto sólo les favorece a ellos. Así que en este texto, Romanos 9–10, el tema avanza hasta llevar al clímax, que está en una declaración muy significativa extraída de Jeremías 31:33 e Isaías 27:9 – Y este es mi pacto con ellos, cuando yo quite sus pecados (Romanos 11:27). Como ya he explicado con más detalle anteriormente, Pablo se aferra firmemente a la esperanza de que la renovación del pacto que ha tenido lugar en Jesús el Mesías será efectiva no sólo para los gentiles sino también para los judíos que crean, tal y como él hizo, que Jesús es el Mesías judío.

Romanos 1:17

Llegados a este punto, volvemos a Romanos 1:16–17, con la esperanza de que ahora podremos comprenderlo mejor.

Porque no me avergüenzo del evangelio, pues es el poder de Dios para la salvación de todo el que cree; del judío primeramente y también del griego. Porque en el evangelio la justicia de Dios se revela por fe y para fe; como está escrito: 'más el justo por la fe vivirá'.

Esta compacta declaración encierra la idea que Pablo irá desarrollando a lo largo de la mayor parte de esta epístola, así que debemos comprenderla a la luz de la lectura que hacemos de los pasajes que siguen.

Pablo explica cuál es la razón que le empuja a predicar el evangelio, la proclamación real del Rey Jesús como Señor del mundo, por todo el mundo, y en Roma en particular. Dice que el evangelio manifiesta y nos revela la justicia propia de Dios, su fidelidad con su pacto, que opera a través de la fidelidad de Jesucristo para beneficio de todos los que a su vez son fieles también. Dicho de otra manera, cuando Pablo predica que Jesucristo es Señor, el Señor del mundo entero, él mismo forma parte del acto de revelación ante el mundo de la gran noticia de que el Dios del mundo ha sido fiel a su palabra, ha acabado definitivamente con el mal que ha invadido su creación, y ahora está restaurando la justicia, la paz y la verdad.

Este es el punto principal que Pablo quiere que la iglesia en Roma entienda, y no sólo la iglesia en Roma, sino todo el mundo. Lo que ocurrió en aquellos acontecimientos relacionados con Jesús no fue una casualidad, y resultado casual de las circunstancias, sino que fue el cumplimiento del plan y el propósito de Dios. Si la iglesia en Roma entendía eso, ya estaba en posición de apoyar la urgente obra misionera que debe tener lugar ahora mismo, y de vivir como pueblo de Dios, dejando a un lado las diferencias culturales para poder adorar y servir a Dios como hermanos y hermanas. Todo esto ya apunta a la rica doctrina de la justificación y la comunidad. Los conceptos 'pacto' y 'apocalíptico' van de la mano en este tema que venimos desarrollando: el mensaje sobre el Rey Jesús revela al Dios verdadero en toda su gloria como el Dios fiel a su pacto, el Dios que por fin ha acabado con el pecado. Sin importar cuán grandes son todas las potestades del mundo, y sobre todo las de Roma, el Dios verdadero se ha revelado como único Señor del mundo entero. Y Pablo no se avergüenza de proclamarlo.

Conclusión: el Dios de Israel y del mundo entero

Ya hemos visto que Pablo reinterpreta el significado de la palabra 'Dios' a la luz de Jesús y el Espíritu. Hay un gran tema que no he mencionado de forma explícita, y que utilizaré ahora en la conclusión, para acabar de subrayar, de nuevo, toda esta reinterpretación de Pablo.

Pablo, en uno de sus discursos en Hechos, habla de 'el evangelio de la gracia de Dios' (Hechos 20:24). Después de todo, este es el gran tema de esta magnífica epístola. Muchas veces se piensa en la carta a los Romanos como en una exposición de una teología judicial, o del juicio. Pero eso es un error. La metáfora del tribunal es vital en algunas de las fases de la argumentación. Pero no se trata del tema principal, ya que el tema principal de Romanos es la teología del amor.

Una y otra vez hemos visto que la redefinición de Pablo y su renovada comprensión del único Dios verdadero le vino especialmente a través de entender que ese Dios se revelaba de forma suprema en Jesús, en la cruz. Si, pensando en la 'justicia', nos quedamos con la idea de la metáfora jurídica, como muchos han hecho en el pasado, nos queda en mente la idea de una transacción legal, de un puro negocio, un acto de un Dios lógico, calculador y exacto. Pero, ¿nos apetecería adorar a un Dios así? Más si entendemos 'la justicia de Dios' como yo he intentado explicar, a la luz de la fidelidad de Dios con su pacto, entonces nos encontramos con una palabra que resume toda la argumentación desarrollada en Romanos, y que para Pablo describe perfectamente al Dios que él conoce en Jesús y por el Espíritu. En Romanos 5 y 8, uniendo los diferentes hilos de su argumentación, dice que la cruz de Jesús revela de forma suprema el *amor* de Dios (5:6–11; 8:31–39). Si se entiende *dikaiosune theou* de la forma que acabo de proponer, no se verá la justicia y el amor como conceptos enfrentados. La justicia de Dios es su amor en acción, cargando sobre sí mismo lo que hace sufrir a este mundo, para acabar con el mal que hay en él. El amor de Dios es la fuerza motriz de su justicia, para que nunca se convierta en una cosa arbitraria y ciega, un frío sistema dirigido por Dios, o que dirige a Dios. Dado que el evangelio revela este amor pactal, esta fidelidad pactal, del Dios vivo, Pablo sabe que pase lo que pase el futuro es algo seguro. Puede proclamar el evangelio delante de las potestades del mundo, y estas le pueden tratar de la peor manera posible. La muerte y la resurrección de Jesús han revelado el amor fiel de Dios, y nada le puede separar de él:

Porque estoy convencido de que ni la muerte, ni la vida, ni ángeles, ni principados, ni lo presente, ni lo por venir, ni los poderes, ni lo alto, ni lo profundo, ni ninguna otra cosa creada nos podrá separar del amor de Dios que es en Cristo Jesús Señor nuestro. (Romanos 8:38–39)

Si se entiende bien el lenguaje de la teología, éste hace renacer el lenguaje del amor. Para Pablo no hay ningún problema si se quiere separar la mente del corazón, o los hemisferios derecho e izquierdo del cerebro. Él está asido a la verdad de que el único Dios verdadero ahora se ha dado a conocer en Jesús y el Espíritu. Y habiéndose asido a esa verdad, él también sabe que está asido, sostenido y salvado gracias al amor fiel del Dios fiel.

Pero si el Dios verdadero se ha revelado en Jesús y el Espíritu, eso quiere decir que el conocimiento que Pablo tendrá de este Dios nunca será algo privado. De hecho, se trata de un conocimiento que, por su propia naturaleza, es compartido con una comunidad, y abre las puertas a una nueva vocación. La manera en la que concebía esa comunidad, su origen, su naturaleza, su unidad, y la manera en la que concebía esa vocación, esa misión, giran en torno a la cuestión de la justificación.

Justificación e Iglesia
¿Qué es 'justificación'?

Muchos, incluso algunos de los que se consideran cristianos 'paulinos', dirían de forma improvisada que el centro de la enseñanza paulina es la 'justificación por fe'. Y lo que entienden por esa afirmación es más o menos lo siguiente. La gente siempre intenta solucionar sus problemas según sus propios valores morales. Intenta salvarse a sí misma por sus propios esfuerzos; intenta ser lo suficientemente buena para Dios, o para entrar en el cielo. Todo esto no funciona; sólo podemos ser salvos gracias a la inmensa e inmerecida gracia de Dios, la cual actúa en nosotros no gracias a nuestras buenas obras, sino a la fe. Esta definición de la justificación le debe mucho tanto a la controversia entre Pelagio y San Agustín a principios del siglo V, como a la de Erasmo y Lutero a principios del XVI.

En esta sección voy a proponer que esta perspectiva popular de la 'justificación por fe', aunque no es del todo incorrecta, no hace justicia a la riqueza y a la precisión de la doctrina de Pablo, y, de hecho, la distorsiona en algunos puntos. Luego sugeriré una forma más apropiada de conectar el 'evangelio' de Pablo, con el significado paulino pleno de la 'justificación'. Dicho de una manera muy poco elaborada, si se empieza con la perspectiva popular de la 'justificación', se corre el peligro de no entender el mensaje principal del evangelio paulino; mientras que si se empieza teniendo en mente y comprendiendo el evangelio de Pablo, se entenderá la justificación y toda la gloria que la envuelve. Para tratar estos temas hemos de recordar una vez más algún aspecto del estudio paulino reciente.

Las preguntas tradicionales de la teología paulina, tal y como vimos, han sido desbancadas o han debido ser reformuladas, a causa de lo que se ha dado en llamar 'la revolución de Sanders'. Desde que Ed Sanders publicara en 1977 su obra *Paul and Palestinian Judaism* [Pablo y el judaísmo palestino], el estudio de la teología paulina ha dado un giro increíble. Todo lo que sabíamos sobre Pablo, o lo que pensábamos que sabíamos ha tenido que ser reexaminado. Básicamente, Sanders decía que las interpretaciones cristianas de Pablo, y sobre todo las protestantes, eran erróneas, porque le atribuían al judaísmo del primer siglo opiniones teológicas que pertenecían, no a dicho judaísmo, sino al catolicismo medieval. Seguía diciendo que ahora que el judaísmo ya había sido descrito de una forma correcta, estábamos obligados a repensar la crítica que Pablo hace del judaísmo, y toda la teología positiva que se desprende de dicha crítica.

Algunos sectores han aceptado la teoría de Sanders de forma automática, especialmente aquellos que le veían como un aliado en la empresa ilustrada de acabar con las raíces históricas del cristianismo ortodoxo. Del mismo modo, hemos sido testigos de un rechazo automático de Sanders, practicado por aquellos que estaban desesperados por mantener la ortodoxia que conocían y amaban, y por defenderla de la crítica y los ataques. La mayoría de los que pertenecemos al ámbito de estudio del Nuevo Testamento hemos tomado el camino de la investigación de los textos meticulosamente para ver si lo que dice Sanders es verdad, y si fuera verdad, ver en qué medida lo es – creo que es el camino más sabio.

Una de las muchas cosas extrañas de la presentación que Sanders hace de Pablo es que continúa aceptando lo que la tradición siempre ha mantenido sobre la interpretación que Pablo hacía de la 'justificación'. Dado que Sanders reinterpretó tantos aspectos del pensamiento paulino, se podría pensar lógicamente que hizo lo mismo con la justificación; pero no fue así. Se contenta con una versión modificada de la tesis que Wrede y Schweitzer hicieron famosa a principios del siglo XX: que la justificación no es el tema principal del pensamiento paulino, sino que está relegada a ser un tema secundario, esencialmente *ad hoc* y polémico; a esta posición secundaria Schweitzer la llamó 'el misticismo de Cristo' y Sanders, 'participación'. Pero continúa asumiendo que cuando Pablo habla de la justificación y de los temas afines, se está refiriendo a lo que la tradición suponía que era su pensamiento – y en esta tradición se incluye la luterana, la cual Sanders criticó fuertemente.

Yo creo que esto no es verdad. En cuanto al lugar que la justificación ocupa en el pensamiento paulino, ya he comentado que no puede ser considerado como el tema central, ya que ese lugar lo ocupa la persona de Jesús y la proclamación de su reinado soberano. Pero esto no quiere decir que la justificación se relegue a un segundo plano, y mucho menos que se convierta en un tema irrelevante. Pero que quede claro que tampoco estoy de acuerdo con Wrede y con Schweitzer. Yo creo que cuando entendamos exactamente lo que Pablo quería decir por 'justificación', veremos que está relacionado tanto de forma original como integral con lo que quería decir por 'evangelio'. No lo podemos separar sin cargarnos el verdadero mensaje de Pablo. Pero hay que tener en cuenta que esta aseveración que acabo de hacer no responde a la pregunta de '¿qué es la justificación?'. No obstante, allana el camino para que podamos hacer nuestra investigación.

Vimos que al 'evangelio' le atribuimos ahora significados que no coinciden precisamente con lo que Pablo tenía en mente. Pues ocurre lo mismo con el término 'justificación'. Los debates sobre este término en la mayor parte de la historia de la iglesia, o al menos desde San Agustín, han empezado mal, es decir, han partido de una interpretación errónea del pensamiento paulino, y así han continuado por el camino equivocado. Es interesante ver que Alister McGrath, en su monumental historia de la doctrina, nos cuenta lo siguiente. Dice que 'la doctrina de la justificación',

ha desarrollado un significado o definición bastante apartado de los orígenes bíblicos, y trata de los medios a través de los cuales la relación entre Dios y el hombre puede ser restablecida. La iglesia ha elegido subsumir su discusión sobre la reconciliación del hombre con Dios bajo los auspicios de la justificación, dándole así al concepto un énfasis que el mismo Nuevo Testamento no le da. La 'doctrina de la justificación' en la teología dogmática ofrece hoy un significado bastante alejado de sus orígenes paulinos…

Hasta aquí, puedo decir que estoy bastante de acuerdo; de hecho, desarrollaré más esta idea, desde un punto de vista paulino, cosa que McGrath no hace. Pero veamos lo que sigue diciendo:

Incluso si se pudiera probar que [la justificación] tiene una función mínima en la soteriología paulina, o que sus orígenes están en una polémica antijudaizante bastante inapropiada para las circunstancias teológicas de nuestros días, esto no lograría minimizar su importancia.

McGrath, claramente quiere esquivar los posibles ataques a su proyecto de los molestos especialistas paulinos, quejándose de que toda su argumentación está basada en un error. Como historiador que es, es perfectamente válido que hiciera lo que hizo. No importa lo que Pablo quiso decir; si la iglesia ha usado una palabra o sus traducciones equivalentes para referirse a otra realidad durante casi dos mil años, no es su culpa. Pero aún seguimos teniendo un problema. En el debate que la iglesia ha sostenido sobre lo que llamamos 'justificación' (término que según McGrath puede estar alejado de lo que Pablo dijo) se cita e invoca constantemente al apóstol. Se han descuartizado sus epístolas para encontrar aseveraciones, e incluso pruebas, para usarlas en la defensa de un tema que él probablemente había entendido de otra manera. Si es verdad que para Pablo el término 'justificación' significaba algo sustancialmente diferente a lo que el debate posterior ha interpretado, citarle es un grave error. Si queremos entender lo que Pablo decía, o quizá hacer una crítica paulina de algunos intentos actuales de hacer teología bíblica, creo que es vital y urgente que nos preguntemos si no se ha abusado de esos textos. Yo creo que la respuesta es un SÍ como una catedral.

Según McGrath, la 'doctrina de la justificación' de la iglesia versa sobre 'cómo puede el individuo apropiarse de la acción salvadora de Dios, que es para la humanidad y en Cristo'. En otras palabras, trata de 'lo que el hombre tiene que hacer si quiere tener una relación con Dios a través de Cristo'; además, también cubre el tema de cuáles son 'las presuposiciones y las consecuencias' de ese acontecimiento. Desde tiempos de San Agustín, esta doctrina se ha preocupado de protegerse de unas u otras versiones de herejía pelagiana. Esta herejía ha tomado diversas formas a lo largo de la historia, y a veces el ojo avisado la ha detectado hasta en estudiosos que creían ser precisamente opositores acérrimos a dichas herejías. Si alguna vez te encuentras con alguien que cree firmemente que es capaz de cumplir el programa de Pelagio, te apremio a que con amor, pero con firmeza, le exhortes y corrijas. Es imposible para cualquier ser humano presentarse perfecto para estar en la presencia o para la salvación de Dios. De hecho, yo no conozco a ningún teólogo serio protestante, católico u ortodoxo que piense lo contrario; una de las mejores exposiciones de la doctrina de la justificación agustiniana, luterana o calvinista que he oído fue la de un jesuita, el padre Edward Yarnold, en un encuentro ecuménico. Si Pelagio aún vive hoy, es tan sólo en el moralismo secular popular, el cual es cada vez más difícil de encontrar en el mundo occidental.

Pero al acercarnos a Pablo con estas preguntas —las preguntas sobre cómo pueden los seres humanos entrar en esta relación viva y salvadora con el Dios vivo y salvador— éste no responde: 'la justificación'. Cuando Pablo describe cómo podemos, una vez confrontados con el acto de Dios en Cristo, apropiarnos de ese acto, lo hace con una secuencia bien clara, que aparece repetida en varios lugares. El mensaje sobre Jesús, su cruz y su resurrección —'el evangelio', según lo que vimos en secciones anteriores— es proclamado a todos los seres humanos; por estos medios, Dios actúa a través de su Espíritu en los corazones de los seres humanos; en consecuencia, estos creen el mensaje; se unen a la comunidad de cristianos mediante el bautismo, y empiezan a formar parte de esa vida en común, y de un mismo estilo de vida. Así es como los seres humanos entran en una relación con el Dios vivo.

Si piensas que esto es la justificación por fe, mi respuesta es que debemos tener en cuenta el hecho de que cuando Pablo está desarrollando esta secuencia de acontecimientos, como hace por ejemplo en 1ª Tesalonicenses, no menciona la justificación. ¿Y por qué? Pues, simplemente porque no está hablando de la justificación. Si me dijeras que toda la epístola de Romanos es una descripción de cómo llegar a ser cristiano, y que la justificación es el punto central, mi respuesta sería que esa interpretación de Romanos ha dañado violenta y sistemáticamente el texto en cuestión durante cientos de años, y que ya va siendo hora de que dejemos que el texto hable por sí solo. Claro que Pablo trata el tema que la iglesia llama 'justificación', pero no lo hace usando 'lenguaje de la justificación'. Y esto nos pone en alerta ante la verdad negativa de la cuestión presentada por McGrath. Pablo podría o no estar de acuerdo con lo que San Agustín, Lutero u otros han dicho sobre cómo conocer a Dios de forma personal a través de Cristo; pero *para explicar este acontecimiento o proceso no utiliza el 'lenguaje de la justificación'.* Lo que hace es hablar de la proclamación del evangelio de Jesús, la obra del espíritu, y la entrada en la vida de comunidad del pueblo de Dios.

Entonces, ¿qué quiere decir Pablo cuando usa el 'lenguaje de la justificación', y cómo lo relaciona con el evangelio? Mi posición ante el 'lenguaje de la justificación' en Pablo es una posición triple, que se corresponde bastante con el esquema triple que propuse para entender la 'justicia de Dios'.

En primer lugar, se trata de lenguaje del *pacto* – no en el sentido en el que se usaba este concepto en los debates de los siglos XVI y XVII, sino en el sentido judío del siglo I. Cuando Pablo habla de la justificación, lo hace desde el contexto de pensamiento del judaísmo del Segundo Templo, que se aferraba a las promesas del pacto en medio de unas circunstancias políticas cada vez más difíciles.

En segundo lugar, se trata de un lenguaje *jurídico*, utilizado como recurso retórico –metáfora– para explicar el contexto en torno al pacto. Veamos dos apuntes. Primero, esta metáfora es necesaria para entender en qué consistía el pacto. El pacto fue concebido para acabar con el problema de la humanidad, para acabar con el pecado y para restaurar la justicia de Dios y poner orden en el cosmos. Segundo, no aparece nunca separada del concepto del pacto. No podemos pretender que sea un concepto absoluto sin dejar de hacer justicia al significado fundamental del pacto, y a sí mismo.

En tercer lugar, para Pablo, la justificación no puede entenderse fuera de la *escatología*. Lo que quiere decir que no se puede convertir en un sistema atemporal y abstracto, en un método de salvación que se aplica de forma aleatoria. Forma parte de la cosmovisión paulina en la que el creador del mundo ha actuado, de forma única y definitiva, en Jesucristo, para rescatar al cosmos en su totalidad, y ahora, por su Espíritu, está poniendo todas las cosas bajo los pies de ese Jesús.

Pero, ¿cómo ocurre esto en la práctica? Para contestar esta pregunta hemos de dar un paso atrás, y echar un vistazo al mundo judío de Pablo.

La justificación en el contexto judío de Pablo

Ya hemos hablado de la cosmovisión y los planes de Saulo de Tarso. Era, según él mismo, un fariseo celoso, con una mentalidad muy cercana a la de los revolucionarios radicales. Como tal, Saulo no estaba interesado en un sistema atemporal de salvación, ya fuera 'salvación por obras' o de cualquier otro tipo. Quería que Dios redimiera a Israel. Además, tomaba aleatoriamente textos de la Biblia hebrea que prometían que el Dios de Israel iba a hacer exactamente eso. A la gente como Saulo no les preocupaba en demasía el estado de sus almas después de la muerte; era un tema importante, pero sin duda Dios ya habría planeado algo. Lo que les preocupaba, y con mucha urgencia, era la salvación que, según creían, el único Dios verdadero había prometido a su pueblo Israel.

Llegados a este punto, tenemos que subrayar una característica de esta esperanza. *El propósito del creador con el pacto nunca fue únicamente tener a Israel como pueblo elegido, independientemente de lo que le ocurriera al resto del mundo.* El pacto nació para acabar con el pecado, y traer la salvación, de todo el mundo. Por eso he dicho antes que es muy apropiado explicar este acontecimiento en términos del ámbito que busca acabar con el mal, es decir, el ámbito jurídico. Como vimos, Dios mismo era el juez; los hacedores del mal (los gentiles, y los judíos renegados) serían finalmente juzgados y castigados; el pueblo fiel de Dios (Israel, o al menos los verdaderos israelitas) serían vindicados. Su redención, que se concretaría en la liberación política, la restauración del Templo y, al final, en la resurrección, sería el gran enfrentamiento judicial, la gran victoria ante el gran juez.

Esta 'justificación' también sería *escatológica*: constituiría el cumplimiento final de la tan ansiada esperanza judía. Pero es importante recordar que este acontecimiento podía *anticiparse* a la luz de si se daban o no unas circunstancias concretas, así que algunos judíos y/o grupos de judíos se veían a sí mismos como el verdadero Israel antes del día en que todo el resto de gente también les vería así. Los que guardaban correctamente las ancestrales escrituras del pacto, la Torá, podían estar seguros en el presente de que formaban parte del pueblo que sería vindicado en el futuro. Esta idea se ve de forma muy clara en Qumrán, sobre todo en el último rollo que se ha publicado, el 4QMMT. En este documento, la 'justificación por obras' no tiene nada que ver con el intento de judíos aislados de llegar a la perfección moral por sus propios medios, un poco al estilo de los protopelagianos, y tiene mucho que ver con la definición del Israel genuino antes del día del enfrentamiento escatológico final. La justificación en este ámbito no es una cuestión de *cómo entrar en la comunidad del verdadero pueblo de Israel*, sino de *cómo saber quién pertenece a dicha comunidad*, sobre todo en el período anterior al acontecimiento escatológico, momento en el que se dará a conocer públicamente.

Obviamente, he acortado en gran manera la discusión alrededor de este tema tan conflictivo. Pero ya debería haber quedado claro que ciertos aspectos del debate postagustiniano sobre lo que ahora entendemos por 'justificación' no tienen nada que ver con el contexto en el que Pablo escribió. La 'justificación' en el primer siglo no tenía que ver con 'cómo establecer una relación con Dios'. Tenía que ver con la definición escatológica, tanto futura como presente, que Dios hacía del que era miembro de su pueblo. Usando palabras de Sanders, no tenía que ver tanto con 'entrar', o con 'mantenerse', sino con 'cómo saber quién estaba dentro'. Dicho en un lenguaje teológico cristiano estándar, no tenía tanto que ver con soteriología, sino con eclesiología; no tanto con salvación, sino con la iglesia.

Podemos ver que este breve estudio sobre el significado judío de la 'justificación' enfatiza dos ideas. En primer lugar, en el ámbito jurídico, la 'justicia' que uno posee cuando el tribunal falla en su favor no es una cualidad moral con la que el acusado llega al tribunal; es el estado jurídico en el que se encuentra cuando sale del tribunal. En segundo lugar, vimos que en este estado jurídico o legal, la 'justicia' de la persona que ha ganado el caso, no se puede confundir con la 'justicia' del juez. Irónicamente, estas implicaciones han sido ignoradas bastante a menudo por los mismos teólogos que han intentado insistir en la naturaleza forense o jurídica de la doctrina.

El contexto del primer siglo también indica que el debate de los eruditos sobre la justificación desde Wrede y Schweitzer hasta nuestros días tampoco ha acertado mucho más que los debates anteriores. La dicotomía de Schweitzer de la metáfora jurídica y del 'misticismo de Cristo', la dicotomía similar de Sanders de las categorías 'jurídicas' y 'participacionistas', y muchas otras ideas similares, no han sabido ver cuál es el verdadero tema central. En cuanto a Sanders, aún resulta más irónico, puesto que en el judaísmo se defiende acérrimamente el concepto que precisamente se le escapa al estudiar a Pablo: el pacto. Una vez se entiende cómo funciona la teología judía del pacto del primer siglo, es fácil ver que el lenguaje jurídico, el lenguaje de 'participación', y muchos otros elementos, encajan a la perfección, sin que haya lugar a la confusión ni a la dislocación, y sin perder sus características. Pero para seguir hablando del tema tenemos que centrarnos en Pablo mismo. ¿Qué quiere decir Pablo con 'justificación'? ¿Y cómo se relaciona con lo que quería decir con 'el evangelio'?

La justificación en la teología cristiana de Pablo

Con todo el material que hay sobre lo que Pablo quería decir con 'justificación' podría escribir un libro entero. Pero ahora sólo me dedicaré a destacar algunas características, suscitar algunas preguntas clave, y a hacer unas cuantas propuestas. Seguiré el proceso metodológicamente justificable de analizar las epístolas en el que yo creo que es su orden cronológico, y luego intentaré relacionar las ideas relevantes.

Gálatas

A pesar de lo que muestra la tradición clásica, el problema que Pablo trata en esta epístola no es la cuestión de cómo convertirse al cristianismo, o cómo establecer una relación con Dios. (De hecho, no estoy seguro de saber cómo expresaría Pablo en griego el concepto que hoy tenemos de 'la relación con Dios', pero este no es el tema de esta sección). El problema que trata es: ¿los paganos que se han convertido deben circuncidarse o no? Es obvio que esta pregunta tiene que ver con las preguntas que San Agustín y Pelagio, o incluso Lutero y Erasmo intentaron contestar. Para cualquier persona, pero en especial para las del primer siglo, tiene mucho que ver con la cuestión de cómo *definir el pueblo de Dios*: ¿ser del pueblo judío es un requisito? La circuncisión no es una cuestión 'moral'; no tiene que ver con el esfuerzo moral, o con ganarse la salvación a través de las obras. Tampoco podemos considerarlo tan sólo como un ritual religioso, y decir luego que todos los rituales religiosos no son más que 'buenas obras' al estilo criptopelagiano, y así como quien no quiere la cosa adjudicarle a Pelagio un papel influyente en Galacia. No podemos jugar así con el pensamiento judío y el pensamiento cristiano del primer siglo, porque la cuestión no era así de sencilla.

Entonces, ¿cómo se desarrolla el tema de Gálatas, especialmente en los capítulos cruciales, del 2 al 4? El problema que se trata en la iglesia de Antioquía, a la que Pablo hace referencia en el capítulo 2, no es la cuestión de cómo establecer una relación con Dios, sino con quién se podía comer. ¿Quién es miembro del pueblo de Dios? ¿Los paganos convertidos son miembros con todos los derechos? Contestaremos a esta pregunta, que para Pablo es el paradigma de los problemas con los que se estaban enfrentando los gálatas mismos, subrayando algunas consideraciones importantes.

En primer lugar, nos encontramos ante un contexto 'del pacto'. Gálatas 3 es una larga exposición de la familia de Abraham, que se centra inicialmente en el capítulo del pacto, Génesis 15, y luego recorre una serie de pasajes sobre el pacto, sobre todo el de Deuteronomio 27. Al hablar de Abraham, Pablo no está tan sólo ofreciendo unas pruebas aplastantes. Además, lo que hace es volver al *quid* de la cuestión, que no es cómo llega a la fe un individuo, Abraham en el pasado y los gálatas en el presente, sino quién pertenece a la familia de Abraham. Lo vemos claramente en 3:29, donde la conclusión no es 'si eres descendencia de Abraham, entonces eres de Cristo', sino a la inversa. Dios estableció la descendencia de Abraham. Pablo lo reafirma. Pero ahora nos preocupa quién es parte de esa descendencia. Pablo dice que todos los que son de Cristo, lo son independientemente de su procedencia racial.

Además, la manera de escribir de Pablo destruye el clásico tipo de análisis de los eruditos del siglo XX. Si analizas Romanos, con un ojo tapado, llegarás a decir, usando el lenguaje de Sanders, que los capítulos 1–4 son 'jurídicos' y 5–8 'participacionistas'. En consecuencia, la primera parte trata sobre la 'justificación', y la segunda, sobre 'estar en Cristo'. Pero en Gálatas estas dos categorías aparecen mezcladas, sobre todo en el último párrafo del capítulo 3.

De manera que la ley ha venido a ser nuestro ayo, para conducirnos a Cristo, a fin de que seamos justificados por fe. Pero ahora que ha venido la fe, ya no estamos bajo ayo, pues todos sois hijos de Dios mediante la fe en Cristo Jesús. Porque todos los que fuisteis bautizados en Cristo, de Cristo os habéis revestido. No hay judío ni griego; no hay esclavo ni libre; no hay hombre ni mujer; porque todos sois uno en Cristo Jesús. Y si sois de Cristo, entonces sois descendencia de Abraham, herederos según la promesa.

En especial, la polémica contra la Torá en Gálatas no funciona si interpretamos que se trata de una polémica contra el moralismo del esfuerzo humano o contra la trampa más sutil del 'legalismo', como algunos han sugerido. Los pasajes sobre la ley sólo tienen sentido —y me refiero a 'sentido' en su contexto, que es lo que cuenta en el último análisis— si los tomamos como referencias a la ley judía, la Torá, vista como el estandarte nacional de la raza judía.

Pablo no ve la Torá como algo malo. De hecho, la ve como una fase vital del plan secreto de Dios. Esa fase o era ya ha sido operativa, y ya se ha completado. Ha llegado el momento de empezar una nueva era: lo que no quiere decir que Pablo (igual que Marción, hereje del siglo II) haya pasado a creer que el judaísmo y la ley sean malos, o la creación de un dios menos importante; lo que Pablo cree es que en Cristo y por el Espíritu el Dios único extiende la salvación a todo el mundo, independientemente de la raza. Este era el mensaje que necesitaban tanto Antioquía como Galacia.

Así que debería quedar claro lo que Pablo quiere decir con 'justificación' en este contexto. No se trata de 'cómo convertirse al cristianismo', sino de 'cómo saber quién forma parte de la familia del pacto'. Pablo dice que cuando dos personas comparten la fe cristiana, también pueden compartir la mesa, independientemente de la procedencia racial. Y todo esto está basado en la teología de la cruz. 'Con Cristo he sido crucificado, y ya no soy yo el que vive, sino que Cristo vive en mí' (2:20). La cruz ha borrado la distinción de privilegios que Saulo de Tarso creía que tenía; la nueva vida que tiene como Pablo el apóstol es una vida que está definida, no por su existencia anterior, sino únicamente por el Mesías crucificado y resucitado.

De hecho, en toda la epístola vemos que la cruz es el elemento redentor de la historia. Es el objetivo del extraño pacto de Israel. Y es el mecanismo de Dios para sanar al mundo. Mediante la cruz, 'el mundo ha sido crucificado para mí, y yo para el mundo' para que ahora 'ni la circuncisión es nada, ni la incircuncisión, sino la nueva creación' (6:14–15). Esto es 'lenguaje del pacto'. La justificación, en Gálatas, es la doctrina que insiste en que todos los que creen en Cristo se sientan a la misma mesa, sean de la procedencia que sean, ya que juntos esperan la nueva creación final.

Las epístolas a los corintios

Antes de analizar Filipenses y Romanos, me gustaría detenerme en un matiz que encontramos en Corintios. Ya analizamos 2ª Corintios 5:21; ahora vamos a detenernos en 1ª Corintios 1:30. En este versículo Pablo declara que 'por obra de Dios estáis en Cristo, el cual se hizo para nosotros sabiduría de Dios, y justificación, y santificación, y redención'. Es difícil sacar un dogma preciso sobre la justificación de un resumen tan esquemático. Es el único pasaje que conozco en el que algo llamado 'la justicia imputada de Cristo', expresión que aparece más en el pietismo y la teología de después de la Reforma que en el Nuevo Testamento, podría encontrar cierta base. Pero si usamos este texto para hablar de la justicia imputada, tendremos que hablar también de la sabiduría imputada de Cristo; la santificación imputada de Cristo; y la redención imputada de Cristo. Pero aunque todos estos conceptos sean verdad en un sentido general, no tiene ningún sentido relacionarlos con los sentidos tan especializados y técnicos que la historia de la teología ha aplicado frecuentemente a esta expresión de 'la justicia de Dios'. A lo que Pablo quiere apuntar es a que todas las cosas de las que los seres humanos se enorgullecen no son nada comparadas con el evangelio de la cruz de Cristo. Todo lo que tenemos de valor viene de Dios y es hallado en Cristo.

Filipenses

Los versículos que más nos interesan son 3:2–11, aunque la justificación sólo se mencione en uno de ellos.

2 Cuidaos de los perros, cuidaos de los malos obreros, cuidaos de la falsa circuncisión; 3 porque nosotros somos la verdadera circuncisión, que adoramos en el Espíritu de Dios y nos gloriamos en Cristo Jesús, no poniendo la confianza en la carne, 4 aunque yo mismo podría confiar en la carne. Si algún otro cree tener motivo para confiar en la carne, yo mucho más: 5 circuncidado al octavo día, del linaje de Israel, de la tribu de Benjamín, hebreo de hebreos; en cuanto a la ley, fariseo; 6 en cuanto al celo, perseguidor de la iglesia; en cuanto a la justicia de la ley, hallado irreprensible. 7 Pero todo lo que para mí era ganancia lo he estimado como pérdida por amor de Cristo. 8 Y aún más, yo estimo como pérdida todas las cosas en vista del incomparable valor de conocer a Cristo Jesús, mi Señor, por quien lo he perdido todo, y lo considero como basura a fin de ganar a Cristo, 9 y ser hallado en Él, no teniendo mi propia justicia derivada de la ley, sino la que es por la fe en Cristo, la justicia que procede de Dios sobre la base de la fe, 10 y conocerle a Él, el poder de su resurrección y la participación en sus padecimientos, llegando a ser como Él en su muerte, 11 a fin de llegar a la resurrección de los muertos.

Como contexto de esta epístola tenemos a Pablo dirigiéndose a la congregación en Filipos, colonia pagana de Roma. Mi análisis de este pasaje es el siguiente. Pablo les dice a los filipenses que es probable que, de la misma manera que él ha estado dispuesto a abandonar todos sus privilegios para ganar a Cristo, ellos también tengan que hacer lo mismo con sus privilegios. Y dice que deben imitarle, basando su argumento en el poema sobre Jesucristo que aparece en 2:5–11. En este pasaje, tal y como vimos, Pablo dice que Cristo, siendo en forma de Dios, no estimó el ser igual a Dios como cosa a qué aferrarse, sino que se despojó a sí mismo; por lo que Dios lo exaltó hasta lo sumo. En este marco, Pablo habla de forma franca en Filipenses 3 sobre la membresía del pacto, no sobre un sistema de salvación aislado, ni sobre el debate San Agustín-Pelagio bajo otro nombre. Lo que está diciendo es: yo, teniendo la membresía del pacto según la carne, no estimé esa membresía como cosa a qué aferrarme; me despojé a mí mismo, compartiendo la muerte del Mesías; por lo que Dios me ha dado la membresía que realmente vale, en la que yo también compartiré la gloria de Cristo.

¿Cómo se materializa todo esto? En primer lugar, Pablo enumera los privilegios que le correspondían por ser judío, y luego expone las características de su nueva posición. El punto central de ésta última es sin duda alguna Cristo, y no la justificación, como bien indica el número de veces que se menciona a ambos: Cristo, más de media docena; la 'justificación', sólo una vez.

El versículo relevante para nosotros es 3:9 ('y ser hallado en él…por la fe en Cristo'). Éste nos muestra claramente cómo funciona el 'lenguaje de la justificación'.

En primer lugar, se trata de un 'lenguaje de *membresía*'. Cuando Pablo dice que él no tiene una justicia 'propia', basada en la Torá, el contexto de los versículos anteriores, donde describe su estado anterior, debe referirse a una justicia, un estado derivado del pacto, que le pertenecía por ser judío, y por llevar la marca del pacto, la circuncisión, y, además, por ser un fariseo celoso y así, ser parte del círculo privilegiado. Entonces, lo que ha rechazado (primera mitad del versículo 9) no es una justicia moralista o de esfuerzo humano, sino el estado de membresía que tienen los judíos ortodoxos mediante el pacto.

En segundo lugar, el estado derivado del pacto del que ahora disfruta Pablo es un regalo de Dios: es una *dikaiosune ek theou*, una 'justicia procedente de Dios'. Como ya hemos visto, no debemos confundir este término con la justicia de Dios, que sería *dikaiosune theou* (la preposición 'de' indica procedencia, y no pertenencia). La justicia propia de Dios tiene que ver con la *fidelidad* que él tiene al pacto, y no con el estado que le concede a su pueblo. Aquí, Pablo se refiere al estado de *membresía* del pacto; es un regalo de Dios, no algo que se adquiera por esfuerzo humano; y es un estado que se concede por la fe. El lugar que ocupa la fe ha sido un debate polémico entre los dogmáticos posteriores a la Reforma. ¿Es la fe algo que 'yo tengo que hacer' para ganar el favor de Dios? Y si no es así, ¿cuál es su función? Una vez liberamos el 'lenguaje paulino de la justificación' del peso de tener que describir 'cómo convertirse al cristianismo', desaparece el problema. No hay peligro de imaginar que la fe cristiana es después de todo una 'obra' sustituta, ni mucho menos que es sustituta de la justicia moral. 'Fe' es la etiqueta que llevan los miembros del pacto, y no algo que alguien 'hace' como si fuera un test de entrada.

Pensemos qué forma toma esto en la práctica. Como ya he dicho antes, la concepción de Pablo de cómo recibir la salvación empieza con la predicación del evangelio, continúa con la obra del Espíritu en los corazones de los oyentes, y finaliza con el nacimiento de la fe, y entrada en la familia a través del bautismo. 'Nadie puede decir "Jesús es el Señor", excepto por el Espíritu Santo' (2 Co. 12:3). Pero una vez hecha esa confesión, Dios declara que esa persona, (quizá ella misma se sorprendería) que ha creído el evangelio, es separada como miembro de la verdadera familia del pacto. La justificación no es cómo *convertirse* al cristianismo. Es la declaración de que alguien *se ha convertido* al cristianismo. Y el contexto total de esta doctrina, aquí en Filipenses 3, es el de la esperanza – no de una salvación final en el que la persona es abstraída del mundo presente, sino de los cielos nuevos y la tierra nueva que veremos cuando el Señor venga del reino celestial para transformar el terrenal (3:20–21). La justificación debe situarse dentro del marco del pacto, manteniendo todos sus matices de 'metáfora forense', 'participación', etc. A los filipenses les recuerda que ahora tienen con el Cristo la misma obligación que sus contemporáneos con el César: el Señor (kyrios) que se convertirá en Salvador (soter) – y así les será concedida la membresía del pacto, regalo para poder pertenecer al pueblo de Dios. En comparación con este regalo, la membresía en el pacto judío o incluso en la ciudadanía romana son solamente una señal o anuncio de lo que sería este regalo, y, en sentido negativo, una parodia dañina.

Romanos

De nuevo, vamos a tener que ser más breves de lo que nos hubiera gustado.

Empezando por el principio, recordemos que vimos uno de los puntos clave. Cuando Pablo menciona 'el evangelio', no se refiere a la 'justificación por fe'; se refiere al mensaje, al anuncio real de Jesucristo como Señor. Como ya dijimos, Romanos 1:3–4 es un resumen del *efecto* que produce el evangelio, y no del *contenido* de este evangelio.

Porque no me avergüenzo del evangelio, pues es el poder de Dios para la salvación de todo el que cree; del judío primeramente, y también del griego. Porque en el evangelio la justicia de Dios se revela por fe y para fe; como está escrito: más el justo por la fe vivirá.

Eso no quiere decir que "el evangelio revela que la justificación por fe es la descripción de la salvación, a diferencia del moralismo de esfuerzo humano judío". Cuando lo desarrollamos de forma detallada, a la luz del resto del contenido de la epístola, quiere decir lo siguiente:

El evangelio –la proclamación del señorío de Jesús el Mesías– revela la justicia de Dios, la fidelidad que tiene con su pacto, su triunfo sobre el pecado del mundo a través del cumplimiento de su pacto en este Señor Jesucristo. Y todo esto lo ha hecho de una manera justa, es decir, de forma imparcial. Ha acabado con la muerte, ha rescatado a los desvalidos. Así que ha cumplido sus promesas.

Démonos cuenta de que, cuando Pablo describe a Dios como el juez justo del tribunal, no nos hallamos ante una metáfora cualquiera. Expresa el propósito central del pacto, que es poner fin al pecado para salvar al mundo. Este propósito ha sido cumplido en Jesucristo el Señor.

¿Pero cómo? A medida que la carta avanza, nos encontramos con un problema. En muchas tradiciones, la carta a los Romanos se ha considerado como un libro sobre "cómo funciona la conversión al cristianismo". Pero entonces, ¿cómo se entiende el capítulo 2? Esto deja a muchos comentaristas y eruditos desconcertados.

Sobre todo, resulta extraño que la primera mención de la justificación en Romanos es una mención de la justificación por *obras* – que va acompañada de la aprobación de Pablo (2:13: 'porque no son los oidores de la ley los justos ante Dios, sino los que cumplen la ley, esos serán justificados.'). Creo que debemos entender esto teniendo en cuenta que Pablo está hablando de la justificación *final*. La escatología, la esperanza de Israel, domina aquí el horizonte más que nunca. La cuestión es: ¿quiénes serán vindicados, resucitados, declarados parte del pueblo del pacto, en el día final? La respuesta de Pablo, con la que muchos judíos no cristianos están de acuerdo, deja claro que los que serán vindicados en el día final son aquellos en los corazones y vidas de los cuales Dios habrá escrito su ley, la Torá. Ya veremos que más adelante Pablo deja claro que la Torá no puede ejecutar este proceso por sí sola; Dios ha hecho por Cristo y en su Espíritu lo que la Torá quería hacer pero era incapaz de hacer. Así que continuamos haciéndonos la misma pregunta: ¿quiénes formarán parte de ese pueblo?

En 2:17–24 Pablo declara que la respuesta no es la raza judía. El reclamo de pertenecer al pueblo de Israel, el pueblo escogido por Dios, ya no sirve debido al exilio continuo bajo el que vive Israel. La existencia del pecado en medio del pueblo de Israel supone que no puede ejercer de pueblo escogido. Pero como dice Pablo en 2:25–29, ¿qué pasa con los verdaderos judíos, en los que el nuevo pacto ha sido inaugurado? ¿Qué pasa con aquellos en los que las promesas del nuevo pacto de Jeremías y Ezequiel se están cumpliendo? Aunque no sean de raza judía, o aunque no estén circuncidados, Dios les verá como parte de su verdadero pueblo. En esto consiste la doctrina de la justificación, o al menos su primera fase: llegará un tiempo, el gran día, en el que Dios vindicará a su pueblo. ¿Pero cómo podemos saber de forma más precisa quién forma parte de ese pueblo?

Dicho de otra manera, ¿cómo va Dios a mostrarse fiel con el pacto que ha hecho, si el pueblo del pacto, a través del cual iba a redimir al mundo, ha sido infiel? Esto es lo que Pablo trata en 3:1–9. La clave la tenemos en la forma verbal 'han sido confiados' (vrs. 2): 'En primer lugar, a ellos les han sido *confiados* los oráculos de Dios'. Dios le confió a Israel el mensaje que tenía para el mundo; pero si el mensajero ha sido infiel, ¿diremos que el que envía es infiel? ¡Claro que no! Lo que hace falta es un mensajero fiel, un verdadero israelita, que complete y cumpla el pacto: acabar con el pecado del mundo, pecado por el que no sólo los gentiles (como creían los judíos) sino también los judíos (cómo deja claro la Torá) están sentados en el banquillo de los acusados, sin abogado, ante el creador (3:19 ss). Parece ser que los judíos lo tienen crudo si esperan una escena de un juicio donde ellos estarán sentados a un lado, y los gentiles a otro. Y esto prepara el camino para Romanos 3:21–31, donde se revela la solución que Dios tiene para el problema. Dios ha revelado su justicia, su fidelidad con su pacto, a través de la fidelidad del verdadero judío, el Mesías, Jesús de Nazaret.

La teología cristiana de Pablo empezó cuando se dio cuenta de lo siguiente: que aquello que pensaba que Dios iba a hacer mediante Israel al final de todas las cosas, ya lo había hecho mediante Jesús en medio de todas las cosas. En y mediante Jesús se cumplía la esperanza de Israel. Jesús había sido resucitado de entre los muertos, después de haber sufrido y muerto en manos de los paganos. Todo esto es el tema central del párrafo 3:21–31.

21 Pero ahora, aparte de la ley, la justicia de Dios ha sido manifestada, atestiguada por la ley y los profetas; 22 es decir, la justicia de Dios por medio de la fe en Jesucristo, para todos los que creen; porque no hay distinción; 23 por cuanto todos pecaron y no alcanzan la gloria de Dios, 24 siendo justificados gratuitamente por su gracia por medio de la redención que es en Cristo Jesús, 25 a quien Dios exhibió públicamente como propiciación por su sangre a través de la fe, a fin de demostrar su justicia, porque en su tolerancia Dios pasó por alto los pecados cometidos anteriormente, para demostrar en este tiempo su justicia, a fin de que Él sea justo y sea el que justifica al que tiene fe en Jesús.

27 ¿Dónde está, pues, la jactancia? Queda excluida. ¿Por cuál ley? ¿La de las obras? No, sino por la ley de la fe. 28 Porque concluimos que el hombre es justificado por la fe aparte de las obras de la ley. 29 ¿O es Dios el Dios de los judíos solamente? ¿No es también el Dios de los gentiles? Sí, también de los gentiles, 30 porque en verdad Dios es uno, el cual justificará en virtud de la fe a los circuncisos y por medio de la fe a los incircuncisos. 31 ¿Anulamos entonces la ley por medio de la fe? ¡De ningún modo! Al contrario, confirmamos la ley.

Se tiende a interpretar este párrafo de dos maneras diferentes: o bien se ve simplemente como una extensión de la metáfora judicial de la justificación, dejando un poco de lado la sección sobre los gentiles y los judíos, o bien como si lo único que importara fuera la inclusión de los gentiles en el pueblo de Dios. Sea como sea, se suele desestimar el gran apunte sobre el pacto que hay en los versículos 24–26 y que ya vimos, quizá porque se cree que es un fragmento prepaulino que fue incluido de forma desordenada.

Sin embargo, el acercamiento que propongo ofrece un contexto en el que podemos evitar estas falsas distinciones. El tema principal de este pasaje es el pacto, la membresía que ahora se ofrece tanto a judíos como a gentiles; *consecuentemente*, el tema principal es la manera en que Dios acaba con el pecado en la cruz y en la resurrección de Jesús, porque este es el fin con el que había sido establecido el pacto. Así que la imagen del juicio es puesta en su lugar, como metáfora de cómo se cumplen los propósitos de Dios en su pacto. Una vez que entendemos completamente la naturaleza de la teología paulina del pacto, los temores que algunos han expresado de que hacer una lectura de Pablo dándole importancia al pacto relegaría la teología del pecado y de la cruz, desaparecen completamente. El propósito del pacto, que era acabar con el pecado del mundo, se ha cumplido en la cruz de Jesucristo el Señor.

'¿Dónde está, pues, la jactancia?', pregunta Pablo en 3:27. '¡Queda excluida!'. Esta jactancia que queda excluida no se refiere a la jactancia de un moralista sincero; se refiere a la jactancia racial de los judíos, lo que vemos en 2:17–24. Si no fuese así, el versículo 29 del capítulo 3 ('¿O es Dios el Dios de los judíos solamente? ¿No es también el Dios de los gentiles?') sería un *non sequitur*. Pablo en este pasaje no tiene en mente hacer un rechazo de un protopelagianismo, ya que este pensamiento no estaba influyendo a sus contemporáneos. Lo que sí hace, al igual que en Gálatas y Filipenses, es declarar que el privilegio racial judío no es ninguna garantía para ser miembro del pacto.

En un contexto así, 'justificación', como hemos visto en 3:24–26, quiere decir que aquellos que creen en Jesucristo son declarados miembros de la verdadera familia del pacto; lo que obviamente conlleva que sus pecados les son perdonados, dado que ese era el propósito del pacto. Se les da el estatus de 'justos', tomando de nuevo la metáfora jurídica. Y en términos de lo que se esconde detrás de este pacto, quiere decir que son declarados, en el presente, lo que serán en el futuro, es decir, el verdadero pueblo de Dios. La justificación presente declara, por la fe, lo que la justificación futura proclamará de forma pública (según 2:14–16 y 8:9–11). Y haciendo esta declaración (3:26) Dios tiene razón, ya que él ha sido fiel a su pacto; ha acabado con el pecado, y ha sostenido al desvalido; y en el Cristo crucificado lo ha hecho de una manera imparcial. El evangelio –no la 'justificación por fe', sino el mensaje sobre Jesús– revela así la justicia de Dios, es decir, la fidelidad de Dios guardando y cumpliendo su pacto.

Y llegamos al capítulo 4 de Romanos. Este capítulo, en el que Pablo presenta la fe de Abraham, no es, como se ha sugerido muchas veces, una aislada 'prueba de las escrituras' de una doctrina abstracta. Se trata de una exposición de la teología del pacto bíblica que ahora ha sido anulada por el evangelio. Génesis 15 es la espina dorsal de este capítulo – es decir, pasaje en el que Dios estableció el pacto con Abraham. Cuando Pablo dice que la fe de Abraham 'se le cuenta por justicia' (4:5), se refiere a que la fe en Jesucristo –o, en el caso de Abraham, fe en que Dios le daría descendencia a pesar de su avanzada edad– es la etiqueta o el distintivo de los miembros del pacto. Debido al pecado universal, esto quiere decir (una vez más) que este tipo de fe es la etiqueta de la familia que ha sido perdonada de sus pecados. El énfasis del capítulo es que la membresía del pacto no está determinada ni por la circuncisión (4:9–12), ni por la procedencia racial, sino por la fe. Es por ello por lo que la familia de Abraham puede ser, y ya lo es en Cristo, una familia multiétnica. Además, cabe decir que la naturaleza de la fe cambia según *lo que* creemos. Si crees en un dios distante y sin poder, la fe que tienes será improductiva y estéril. Si crees en el Dios que resucita a los muertos, tu fe será vida y transmisora de vida. La fe de Abraham creció (4:18–21) porque creyó en su Dios, el Dios que resucita a los muertos. Esta fe no es algo que Abraham 'hizo' para ganarse el derecho de pertenecer al pueblo de Dios. Era el distintivo que demostraba que era miembro –de hecho, es el miembro fundador– de ese pueblo.

En base a esto, Pablo argumenta en Romanos 5–8 que todos los que creen este evangelio son el verdadero pueblo de Dios, y que por tanto, tienen la seguridad de la salvación futura, que consistirá en la resurrección como uno de los aspectos de la renovación de toda la creación de Dios. En 5:12–21 Pablo da un paso atrás para ver todo el cuadro que ha ido elaborando, y dice que de hecho, el propósito de Dios era acabar con el pecado de Adán. Y que eso es lo que ha hecho a través de Jesucristo. La Torá sólo podía ofrecer esclavitud, ya que lo que hacía era acentuar el problema de los judíos, esto es, que estaban 'en Adán'. El pueblo escogido era tan humano, y tan pecador, como el resto de criaturas. Pero ahora (8:1–4) Dios ha hecho lo que la Torá pretendía. Le ha dado vida al mundo, una vida cuyo efecto final será liberar al cosmos entero, no sólo a los humanos, de los efectos del pecado y de la muerte (8:18–27). Este resultado del evangelio, y de la justificación, se celebra en 8:31–39, cuando Pablo vuelve a la justificación final y escatológica, que consiste en la resurrección de todo el pueblo de Cristo, su vindicación que vendrá después de las aflicciones presentes.

Finalmente, el otro pasaje de Romanos que trata la justificación es un claro ejemplo del caso que estoy presentando, que hará que me perdonéis por estar extendiéndome tanto. Romanos 9:30–10:21 enumera los resultados de lo que Dios ha hecho en la historia de Israel. Dios llamó a Israel para que fuera el medio por el cual salvaría al mundo. Su intención siempre fue que esta vocación acabara recayendo en el Mesías, para que con su muerte, encontraran la salvación tanto judíos como gentiles. Pero si Israel continuaba aferrándose a la idea de que era el único pueblo que se iba a salvar, lo único que conseguiría era una garantía de muerte.

Así (continuando con la secuencia de 9:30), mientras los gentiles están descubriendo que son miembros del pacto mediante la fe, Israel, aferrándose a la Torá que otorgaba la membresía del pacto, no conseguía cumplir la Torá. Israel creía que la membresía del pacto la conseguía haciendo las obras detalladas en la Torá, es decir, guardando las cosas que hacían que la membresía se mantuviera confinada para los judíos; y, como resultado, no se sometió a los propósitos que Dios tenía con el pacto, su justicia (10:3s.); porque Cristo es el fin u objetivo de la ley; para que todos los que crean reciban la membresía. Cristo ha cumplido los propósitos del pacto, llevándolos al clímax ordenado por Dios, que siempre había sido acabar con el pecado y así dar paso a la renovación de todo el cosmos. Ahora que el propósito ya se ha cumplido, lo que queda es la misión (10:9s.). Por lo que la carta a los Romanos continúa de la siguiente manera: no como una declaración aislada sobre el proceso de la conversión, sobre cómo entrar en relación con Dios como individuos, sino como una exposición de los propósitos del pacto del Dios creador. La epístola enfatiza sobre todo la misión y la unidad de la iglesia, como características primordiales que los romanos debían entender si querían ser un punto estratégico para la extensión de la misión de Pablo hacia Occidente.

Conclusión

Resumamos la doctrina paulina de la justificación. Lo haremos cuidadosamente, paso a paso, según las tres categorías clave que ya se han mencionado, esto es, el pacto, la metáfora del tribunal, y la escatología.

1. Pacto. La justificación es la declaración del pacto, que será emitido en el día final, en el que el verdadero pueblo de Dios será vindicado y aquellos que insistieron en adorar a dioses falsos verán que se equivocaron.
2. Juicio. La justificación funciona como un veredicto en un juicio: absolviendo a alguien, se le confiere el estatus de 'justo'. Esta es la dimensión forense de la futura vindicación *del pacto*.
3. Escatología. Esta declaración, este veredicto, tendrá lugar al final de la historia. Sin embargo, por medio de Jesús, Dios ya ha hecho en medio de la historia lo que se esperaba que hiciera –y que de hecho, aún tiene que hacer– en el futuro; para que la declaración, el veredicto, pueda emitirse ya en el presente, como anticipación. Los acontecimientos del día final han sido *anticipados* con la muerte de Jesús en la cruz, como el Mesías representante de Israel, y con su resurrección. (Este es el punto de partida teológico de Pablo). Cuando alguien cree en el evangelio sobre Jesús, ya sabemos ahora en el presente qué veredicto se le administrará en el día final.
4. Por consiguiente –y esta es la fuerza vital sobre todo del argumento expuesto en Gálatas, aunque también tiene un papel importante en las epístolas a los Filipenses y a los Romanos– todo el que cree el evangelio de Jesucristo ya ha sido declarado miembro de la verdadera familia de Abraham, y le son perdonados los pecados.

Son declarados miembros por la fe – especialmente, por la fe en el mensaje del 'evangelio' de la soberanía de Jesucristo. Esto es de hecho lo que significa 'evangelio', 'justificación aparte de las obras de la ley'. El distintivo de membresía por el cual algunos judíos habían intentado declararse miembros en el presente, antes de escuchar el veredicto escatológico, se basaba en las obras de la ley – las obras que les hacían resaltar como los que 'guardaban el pacto', como el verdadero Israel. Las 'obras de la ley' –el sabbath, las leyes sobre la comida, la circuncisión– les permitían alcanzar algo que los eruditos han llamado 'la escatología inaugurada', la anticipación en el presente de lo que está por venir en el futuro. El veredicto del futuro (Dios vindicando al verdadero Israel …) ya se había anticipado en el presente, en Jesucristo.

Pablo, como es habitual en él, mantiene la *forma* de la doctrina judía, llenándola de un nuevo *contenido*. Para él, la membresía del pacto venía definida por el evangelio mismo, es decir, por Jesucristo. El distintivo de membresía, aquello por lo que uno puede decir *en el presente* quién pertenece al pueblo del pacto *escatológico*, es la fe, la confesión de que Jesús es Señor y la creencia de que Dios le resucitó de entre los muertos (Romanos 10:9). Para Pablo, la 'fe' no es una obra sustituta en un sentido moralista. No es algo que uno hace para conseguir la admisión en el pueblo del pacto. Es el distintivo que proclama que uno ya es miembro. Del mismo modo, para Pablo la 'fe' no es una conciencia religiosa general, o una oposición romántica general al moralismo y una preferencia por una religión de carácter interior, de sentimiento. Sino que es algo muy concreto y preciso. Es fe en el mensaje del evangelio, la proclamación del Dios verdadero definido en y por Jesucristo.

El desarrollo de este tema desemboca en dos conclusiones.

En primer lugar, que la reforma de Sanders no fue lo suficientemente lejos; porque cuando ésta llega hasta donde tiene que llegar, nos damos cuenta de que promueve y resulta en una interpretación totalmente ortodoxa de Pablo, en vez de socavarla. Debemos dejar a un lado las falsas antítesis de Wrede, Schweitzer, Bultmann, Davies, Käsemann, Sanders y tantos otros, las cuales han diseccionado el pensamiento paulino en la búsqueda de la coherencia. Lo que le da sentido a los elementos tan dispares de su pensamiento es la interpretación del pacto que he sugerido, y es también esta interpretación la que hace que todos los aspectos, sobre todo la cristología de la cruz, aparezcan de una forma más clara que antes.

En segundo lugar, quiero enfatizar de nuevo que cuando Pablo habla de 'el evangelio' no se refiere a la doctrina de la justificación por fe. Es una parte del evangelio; cuando se proclama el evangelio, la gente viene a la fe y así son vistos por Dios como miembros de su pueblo. Pero 'el evangelio' no es una explicación de cómo se convierte la gente. Es, como vimos, la proclamación del señorío de Jesucristo. Si pudiéramos dejar esto bien claro en los debates que surgen en la actualidad, muchas otras falsas antítesis, sobre todo las relacionadas con la misión de la iglesia, se desmoronarían ante nuestra mirada. Seamos claros. 'El evangelio' es la proclamación del señorío de Cristo, que actúa con poder para traer a la gente a la familia de Abraham, ahora redefinida en torno a Jesucristo y que se caracteriza sólo por la fe en él. 'Justificación' es la doctrina que insiste en que todos los que tienen esta fe pertenecen como miembros con todos los derechos a esta familia. Y sólo a través de la fe.

Este pequeño esbozo de los varios aspectos de la teología y el evangelio de Pablo apunta de forma directa hacia la siguiente pregunta: ¿cuál es el efecto que ejerce este evangelio, y esta doctrina, en la vida real de las personas? En las secciones próxima trataremos este tema, primero analizando los tiempos de Pablo, y luego, analizando la actualidad.

La humanidad renovada de Dios

Hasta aquí he estado hablando de Pablo, su obra y su pensamiento a la luz de su trasfondo judío, es decir, viendo cómo reinterpretó la teología de Saulo de Tarso de forma radical, aunque no la abandonó totalmente, para sustituirla por una teología y agenda cristiana. Siguió siendo 'celoso', pero el nuevo celo era 'según conocimiento', el conocimiento del único Dios verdadero que había descubierto a través del Jesús crucificado y resucitado. Siguió manteniendo una relación polémica con los paganos, con la diferencia de que ahora tenía buenas noticias para ellos. Siguió siendo crítico con sus compatriotas los judíos, pero ahora era por un motivo diferente. También tenía buenas noticias para ellos, noticias sobre cómo el Dios que adoraban había revelado el sorprendente plan secreto que ya tenía preparado desde la eternidad.

También hemos visto que Pablo declaraba sin tapujos que el paganismo estaba en el error, mientras que él predicaba la verdad sobre el Dios verdadero, el mundo, y la realidad humana; y que el paganismo era tan sólo una parodia de esta realidad. Al mismo tiempo, su crítica del judaísmo no consistía en decir que el judaísmo era malo, sino que, aparte de la obra de su Mesías, no había cumplido con el propósito para el que había sido creado. Vemos que desarrolló lo que era la teología y misión verdaderamente judías, que eran precisamente los medios que Dios había dispuesto para llevar la verdad al mundo pagano, y llevarles la vida, esa vida que tanto ansiaban, pero no lograban conseguir. El celo de Saulo de Tarso se transformó así en el celo del apóstol Pablo; y, como esta transformación implicaba el reconocimiento de que el Dios de Israel ahora se había revelado en y como el Jesús de Nazaret crucificado y resucitado, el Mesías de Israel, el carácter del celo de Pablo había dado un giro radical. Ya no era violento, ni buscaba ganar batallas para Dios mediante la fuerza bruta. No perdió su fuerza; pero aquella energía se caracterizaba ahora por lo que Pablo pensaba que era el mensaje del Dios que había aprendido a adorar de una nueva forma, que llamaba *agape*, amor.

Esta manera de interpretar la transición experimentada por Pablo ofrece varias nuevas posibilidades de comprender y aplicar lo que dijo. En esta sección quiero centrarme en una enseñanza paulina en particular: la humanidad renovada de Dios. Porque lo que Pablo dijo sobre la renovación de la humanidad en Cristo pertenece al cuadro que acabamos de describir. Por un lado, creía que la humanidad renovada en Cristo venía a ser el producto genuino, explícitamente contrastado con la humanidad fracturada y degradada que caracterizaba al paganismo. Por otro lado, creía que la humanidad renovada en Cristo era el cumplimiento de la vocación de Israel, la cual el Israel infiel había sido incapaz de llevar a cabo. Todo el celo de Pablo estaba ahora dirigido a promover esta humanidad genuina como la respuesta de Dios al paganismo, y a apremiar a los judíos a que se dieran cuenta de que tenían ante sí el verdadero cumplimiento de su propia historia y tradición.

Dicho de otra manera, Pablo presentaba *cómo vivir bien nuestra humanidad*, y él creía que esta era la manera genuina de vivirla. En su enseñanza ética, en su desarrollo de comunidad, y sobre todo en su teología y práctica de la nueva vida a través de la muerte y la resurrección de Cristo, Pablo de forma celosa presentó, ejemplificó e inculcó a los convertidos un estilo de vida que él entendía que era la manera verdadera de vivir la humanidad. Y creía que éste era el estilo de vida al que el judaísmo había sido llamado, y que nunca habría logrado conseguir sin la ayuda del Mesías. Intentaré pues demostrar que la visión de Pablo de la renovación de la humanidad en Cristo no es simplemente una ética unidimensional. No se trata simplemente de 'ser salvo' y luego 'aprender cómo comportarse'. Veremos que se trata de una visión compleja, cuyos elementos se hallan entrelazados para suplir unas necesidades concretas; una visión predicada con toda la energía que, según él, su Dios le ha dado.

El elemento principal de la humanidad renovada: la adoración

La primera categoría se elige a sí misma. En el centro de la visión de Pablo de la genuina humanidad encontramos la verdadera adoración al único Dios verdadero. Frente a la adoración pagana a los ídolos, y frente a la obligación judía de ofrecer la adoración verdadera al Dios verdadero, Pablo presenta la adoración al Dios que se ha revelado en Jesús el Mesías, y en el espíritu de Jesús, el Espíritu Santo.

Esto lo encontramos al principio de una de sus primeras epístolas. En 1ª Tesalonicenses 1:9 describe lo que ocurre cuando predicó el evangelio por primera vez en Tesalónica. 'Os convertisteis de los ídolos a Dios para adorar al Dios vivo y verdadero, y esperar de los cielos a su Hijo, al cual resucitó de entre los muertos, es decir, a Jesús, quien nos libra de la ira venidera'. Esto no es únicamente sólo una introducción a la carta; también nos informa de lo que Pablo esperaba cuando predicaba el evangelio a los paganos. Según él, la característica principal del paganismo era la idolatría. Y él anhelaba que esa idolatría fuera sustituida por la adoración al Dios verdadero.

Para seguir viendo un poco este contraste, vamos a volver a dos pasajes que ya examinamos en un contexto diferente. Primero vamos a mirar Gálatas 4:1–11. Este pasaje es parte de su argumentación para decir que los cristianos de Galacia, después de haber creído en Cristo y de ser llenos del Espíritu, no necesitan convertirse a los ritos judíos. En este contexto, y como parte de su argumentación, explica su concepción básica de Dios: el que envió al Hijo, y el que envía al Espíritu del Hijo. Entonces pregunta: 'Pero ahora que conocéis a Dios, o más bien, que sois conocidos por Dios, ¿cómo es que os volvéis otra vez a los ídolos paganos?'.

Aquí vemos la doble vertiente del llamado de Pablo a la verdadera adoración. Presupone que esta verdadera adoración, adoración al Dios conocido como el Padre del Hijo y el que envía al Espíritu, es la verdad, la realidad de la cual el paganismo es tan sólo una parodia. Pero, para sorpresa nuestra, y quizá sorpresa desagradable, descubrimos que desde esta perspectiva el judaísmo que no acepta a Jesús está *igual de apartado de la verdad que el paganismo*. Obedecer la Torá de la manera en que los adversarios de Pablo proponen no es mejor que cualquier forma de idolatría pagana. Someterse a la circuncisión es, en efecto, sucumbir ante los principados y potestades. Es volver al régimen de la sangre, a las tradiciones tribales. Es volver al paganismo y renunciar a la conversión.

La explicación a este giro polémico que encontramos en la argumentación de Pablo la veremos de forma clara más adelante. Pero primero, observemos el mismo fenómeno en nuestro segundo pasaje: 1ª Corintios 8:1–6. Aquí, una vez más, Pablo expone el error en el que se encuentra el paganismo, frente a la verdad del mensaje que él predica. Nosotros, dice, somos adoradores del único Dios verdadero. Esa es nuestra posición cuando tenemos que contestar a preguntas sobre cómo vivir en medio de una sociedad pagana o laica (la cuestión que en este texto se debatía era comer o no carne que había sido sacrificada a los ídolos). Y, para establecer el fundamento de la argumentación que va a desarrollar, cita la confesión de fe judía, el elemento base de la oración y adoración judías, esto es, la Shema: Escucha Israel, el Señor es nuestro Dios, el Señor uno es. Pero, como ya vimos, Pablo *reescribe* la *Shema*, introduciendo a Jesús: para nosotros sólo hay un Dios —el Padre, de quien proceden todas las cosas y nosotros somos para Él— y un Señor, Jesucristo, por quien son todas las cosas, y por medio del cual existimos nosotros. Pablo coloca al Mesías judío como elemento clave de la confesión de fe judía. Así que Pablo establece que en principio el judaísmo tiene razón, ya que adora al Dios verdadero, a diferencia del error en el que cae la idolatría pagana. Pero cuando examinamos esa adoración judía del Dios único que Pablo propone, nos damos cuenta de que contiene algo que el judaísmo no quiere aceptar, y es que no quiere ver a ese Dios a la luz de la persona de Jesús. Pero para Pablo, el único Dios verdadero se ha dado a conocer como el Padre de Jesús el Mesías.

Ahora que hemos visto este punto concreto, podremos reconocer la misma teología cuando Pablo lo use para desarrollar una argumentación más extensa. De hecho, la cuestión en el largo párrafo que comienza en Romanos 1:18 es que los gentiles son idólatras, y que por ello están autodestruyendo su humanidad. Pablo está diciendo que la idolatría es gravemente nociva para la salud de nuestra humanidad. El mundo pagano conoce a Dios, porque puede ver en su creación su eterno poder y deidad; pero rechaza rendirle honor como Dios o adorarle, y opta por adorar imágenes de pájaros, animales y reptiles. Consecuentemente (como los humanos se acaban pareciendo a lo que adoran: esta es una ley espiritual básica), poco a poco dejan de gozar de una humanidad plena y verdadera, que es reflejo de la imagen de Dios. Y en cambio, reflejan todos los signos de una humanidad que vive en el límite:

Estando llenos de toda injusticia, maldad, avaricia y malicia; colmados de envidia, homicidios, pleitos, engaños y malignidad; son chismosos, detractores, aborrecedores de Dios, insolentes, soberbios, jactanciosos, inventores de lo malo, desobedientes a los padres, sin entendimiento, indignos de confianza, sin amor, despiadados. (Romanos 1:29–31)

Para hacer esta crítica, Pablo está siguiendo la línea de la típica crítica que los judíos utilizaban para atacar el paganismo. He aquí la típica respuesta judía: bueno, nosotros somos el pueblo de Dios, que conoce a Dios, que le adora en verdad, que ha sido puesto como la luz de las naciones. Pero Pablo se les adelanta en 2:17–24: no podéis usar ese argumento, esa jactancia, porque Israel aún se encuentra en el exilio, aún está bajo la maldición que demuestra que sufre el mismo problema profundo que el resto de la humanidad. Vemos que Israel no ha hecho que los gentiles adoraran a Dios, y que los profetas siempre le han acusado de que 'el nombre de Dios es blasfemado entre los gentiles por causa de vosotros' (2:24, que cita Isaías 52:5).

¿Cuál es pues la solución? Dios ha llamado a una nueva comunidad (2:25–29), en la que la circuncisión y la incircuncisión ya nos son relevantes, y en la que lo que importa es ser... ¡judío! Pablo ni siquiera usa la expresión 'judío verdadero'; lo que dice en el versículo 29 es directo y terminante, y no deberíamos suavizarlo. La única persona que merece ser llamada 'judía' es aquella que es judía así: 'interiormente, en el corazón, por el Espíritu, no por la letra; la alabanza de tal adorador no procede de los hombres, sino de Dios.' Este es el pueblo que adora a Dios en verdad. Este pueblo representa la verdadera humanidad, el pueblo que Israel tenía que haber sido. Pablo va a proclamar a este Dios único de forma celosa, y a animar a la gente a que le adore, sabiendo que así está por un lado enfrentándose al paganismo y, por otro, cumpliendo el destino de Israel.

Pero la epístola a los Romanos no deja el tema aquí. Podríamos hablar, especialmente, de Romanos 4, de cómo la forma en que presenta a Abraham y su fe invierte explícitamente la humanidad adámica y la idolatría que aparece en Romanos 1. En 1:20–23, Pablo describe que la humanidad entera sabe de Dios, pero rechaza adorarle:

Porque desde la creación del mundo, sus atributos invisibles, su eterno poder y divinidad, se han visto con toda claridad, siendo entendidos por medio de lo creado, de manera que no tienen excusa. Pues aunque conocían a Dios, no le honraron como a Dios ni le dieron gracias, sino que se hicieron vanos en sus razonamientos y su necio corazón fue entenebrecido. Profesando ser sabios, se volvieron necios, y cambiaron la gloria de Dios incorruptible por una imagen en forma de hombre corruptible, de aves, de cuadrúpedos y de reptiles.

Como contraste, en Romanos 4:19–21 Pablo describe cómo Abraham

sin debilitarse en la fe contempló su propio cuerpo, que ya estaba como muerto puesto que tenía como cien años, y la esterilidad de la matriz de Sara; sin embargo, respecto a la promesa de Dios, Abraham no titubeó con incredulidad, sino que se fortaleció en fe, dando gloria a Dios, y estando plenamente convencido de que lo que Dios había prometido, poderoso era también para cumplirlo.

La humanidad adámica, pagana, veía el poder y la deidad de Dios y, en vez de adorarle a él, adoraban a los elementos de la naturaleza. Abraham veía la realidad de la naturaleza —concretamente, su cuerpo y el de Sara, avanzados en edad— y no dejó que eso frenara su fe. Lo que hizo fue darle la gloria a Dios y confiar que él cumpliría sus promesas. Por eso los comentaristas dicen que el tema de Romanos 4 es la fe de Abraham; pero normalmente se les olvida subrayar que en el centro de esa fe está la adoración al único Dios verdadero. Y según Pablo, esto no es simplemente un ataque a la idolatría pagana, sino que es una característica distintiva de todos aquellos que creen que Dios resucitó a Jesús de entre los muertos. En otras palabras, este tipo de adoración, aunque es también la verdadera adoración judía, es lo que diferencia a la comunidad cristiana del judaísmo incrédulo. Y llegamos al final de esta argumentación cuando, después de una alabanza a Dios al puro estilo judío, al Dios cuyos caminos son insondables e inescrutables, Pablo respira profundamente y llama a los lectores a adorar a ese Dios y a la transformación humana que ello supone. Volveremos a este tema. Ser alcanzado por el evangelio tal y como Pablo lo ha explicado quiere decir, dicho de otro modo, adorar al Dios verdadero, y *convertirnos en seres humanos más completos* para así reflejar a ese Dios. La humanidad genuina como resultado de la adoración verdadera: esta es la visión de Pablo.

El objetivo de la humanidad renovada: la resurrección

Si el camino que lleva a la verdadera humanidad es la verdadera adoración, el fin u objetivo de la humanidad renovada de Dios es la resurrección. Desarrollar este tema con todo lo que supone es demasiado complejo, así que en este libro sólo me voy a limitar a hacer un esbozo. Los textos clave, para los que quieran profundizar más en el tema, son 1ª Corintios 15, Romanos 8, Colosenses 3, 2ª Corintios 4 y 5, y los últimos versículos de Filipenses 3.

El punto que quiero que quede bien claro se puede explicar de la siguiente manera. Cuando Pablo está explicando la esperanza de la resurrección que el pueblo de Dios tiene en Cristo, está de nuevo ofreciendo una realidad de la cual el paganismo es tan sólo una parodia; y, de nuevo, está anunciando una realidad hacia la que el judaísmo había apuntado. El paganismo no era muy claro sobre lo que podíamos esperar después de la muerte. Había diferentes teorías y especulaciones, caracterizadas por el sueño de la inmortalidad, y la esperanza de uno u otro tipo de vida después de la muerte. Una manera de entender lo que Pablo está haciendo, sobre todo en las epístolas a los Corintios, es darnos cuenta de que toma el paganismo, para luego intentar vencerlo en su propio terreno. La esperanza de la resurrección —no seremos hallados desnudos, como él dice, sino que seremos hallados vestidos— es la realidad de la vida futura; el paganismo no ofrece más que una mera parodia. La resurrección no es simplemente resucitación; es transformación, un cambio de la existencia física presente a una nueva existencia, de la cual el cuerpo resucitado de Jesús es el único prototipo, pero que podemos explicar con una simple analogía de la transformación que experimenta una semilla, al convertirse en planta. Este es el plan del creador para el futuro de los seres humanos que ha creado.

En su doctrina de la resurrección, Pablo evita dos peligros opuestos entre sí: la divinización del orden creado, y el rechazo dualista del orden creado. El estoicismo, básicamente panteísta, veía el mundo material como divino. Pero en ese caso, nunca podría haber ningún cambio en el mundo; lo único que haría la historia sería repetirse, consumiéndose al final de esta era y volviendo a empezar de una manera idéntica. La doctrina de Pablo de la resurrección, firmemente construida sobre la visión judía de Dios, del mundo y de la historia, ofrecía una evaluación positiva del orden creado —ya que el creador lo iba a reafirmar transformándolo en una realidad de la que por el momento sólo era una semilla— sin sugerir ni por un momento que el mundo material era divino en sí mismo. 'Dios le da un cuerpo'; aquí, en 1ª Corintios 15:38, encontramos la respuesta a la perspectiva pagana sobre la vida después de la muerte.

Pero una vez más, la exposición de Pablo de la resurrección ofrece una clara alternativa a la creencia judía de aquellos tiempos, al menos tal y como la entendemos nosotros ahora (porque seguro que había más complejidad y diversidad de la que nos imaginamos). Para Saulo de Tarso el fariseo shammaíta, la resurrección estaba relacionada con la esperanza nacional de Israel. Israel iba a ser resucitada, mientras que los gentiles recibirían el castigo. Además, esta esperanza a veces se explicaba en términos de resucitación: Dios iba a restaurar a Israel a este mundo presente. Para demostrar que esto no era cierto, Pablo escribe en 1ª Corintios 15 una especie de apocalipsis cristianizado: los gentiles ya no son el enemigo, sino que los verdaderos enemigos son el pecado y la muerte, y Dios los iba a destruir en el gran acto final.

También, debido a la muerte y resurrección de Jesús, Pablo cree que la respuesta de los cristianos a la pregunta '¿En qué tiempos estamos?' es radicalmente diferente a la respuesta judía. Como fariseo, él habría contestado: estamos viviendo en los últimos días, antes de que Dios actúe en la historia para derrotar a los paganos y libertar a Israel. Pero como cristiano, contestaría: estamos viviendo en los primeros días después de que Dios ha actuado en la historia para vencer al pecado y a la muerte, y liberar a todo el cosmos. Y añadiría: también habrá los últimos días antes de que Dios actúe para completar lo que comenzó en Cristo. Pero la primera declaración es la más importante; y es esta la que supone no sólo una crítica al paganismo, en cuanto a lo que le ocurrirá a la humanidad después de la muerte, sino una crítica al judaísmo incrédulo. Para Pablo, el objetivo de la humanidad renovada es que los humanos renovados por Dios serán resucitados de la misma manera que Jesucristo; y este objetivo constituye la realidad, frente a la parodia que el paganismo hace de esta realidad; y es una realidad que el judaísmo ha intentado conseguir, pero aún no lo ha logrado.

Llegados a este punto debemos hacer una anotación. Normalmente se asume que el horizonte de Pablo estaba dominado por la esperanza de que el universo espaciotemporal iba a finalizar de un momento a otro. El pasaje apocalíptico de 1ª Tesalonicenses, y la advertencia de que el tiempo 'ha sido acortado' de 1ª Corintios 7:29–31, han sido utilizados para sugerir que Pablo creía algo que, como ya he dejado claro tantas veces, no creían ni la mayoría de los judíos del primer siglo, ni Jesús y los primeros cristianos. Los expertos del Nuevo Testamento del siglo XX, sobre todo los que han lanzado invectivas contra el 'literalismo' de tipo fundamentalista, han insistido siempre en una lectura literal del lenguaje judío –que el sol y la luna se oscurecerían, etc.– lenguaje que, según el contexto bíblico, sabemos que se escribió para ser entendido como una poderosa metáfora.

Sin duda alguna Pablo creía que un día habría grandes acontecimientos cataclísmicos. Se tomó su trabajo con urgencia, porque sabía que había cosas que tenían que hacerse antes de que esos acontecimientos tuvieran lugar. También creía que algún día en el futuro el Dios que había creado el cosmos 'liberaría a esta creación de la esclavitud de la corrupción' (Roma-nos 8:21). Al final, Dios sería 'todo en todos', después de haber puesto a todos sus enemigos debajo de sus pies (1ª Corintios 15:23–28). Pero no deberíamos confundir todas estas ideas generales con la crisis inmediata que Pablo sabía que iba a caer sobre el mundo. Los judíos de aquellos días, como siempre, interpretaban los acontecimientos políticos en términos de 'el Día del Señor'. Si no, ¿por qué les había dicho a los tesalonicenses que no se preocuparan si recibían una carta de su parte diciendo que el Día del Señor ya había llegado (2ª Tesalonicenses 2:2)? Si 'el Día del Señor' suponía el final del universo espaciotemporal, uno podría pensar que los tesalonicenses no necesitaban una carta que les informara de dicho acontecimiento. Ya llevamos demasiado tiempo interpretando lo que Pablo dice a través del filtro escatológico. Va siendo hora de que veamos a Pablo tal y como él lo hacía: como alguien que ya vivía en el principio de la nueva era de Dios, la era que había comenzado la mañana del Domingo de Resurrección.

La transformación de la humanidad renovada: la santidad

Pero, ¿qué ocurre entre el comienzo y el final de esta humanidad renovada? Es decir, ¿qué ocurre entre el momento en que los paganos, y también los judíos, se vuelven a adorar al Dios verdadero revelado en Jesucristo, y el momento en que serán transformados a la vida de la resurrección? Pablo responde que la transformación empieza aquí y ahora. El clásico texto es Romanos 12:1–2:

Por consiguiente, hermanos, os ruego por las misericordias de Dios que presentéis vuestros cuerpos como sacrificio vivo y santo, aceptable a Dios, que es vuestro culto racional. Y no os adaptéis a este mundo, sino transformaos mediante la renovación de vuestra mente, para que verifiquéis cuál es la voluntad de Dios: lo que es bueno, aceptable y perfecto.

Aquí vemos que la adoración y la santidad van cogidas de la mano. De nuevo, Pablo vuelve a invertir explícitamente algo que ya ha dicho anteriormente, en Romanos 1:18–32. El cuerpo y la mente están relacionados de una manera total; y esto no lo negará, sino que lo que está ofreciendo ahora es una humanidad *reintegrada*, que es totalmente diferente a la desintegración, rasgo principal de la humanidad adámica, la humanidad pagana, en Romanos 1.

En esta ocasión es bastante fácil ver cómo la visión de Pablo es la alternativa explícita al paganismo. 'No os adaptéis a este mundo, sino transformaos'; dicho de otra manera, no dejéis que el mundo pagano influencie o dé forma a vuestra cosmovisión, vuestra praxis, vuestro universo simbólico, vuestro pensamiento, vuestro mundo narrativo. El paganismo destruye la humanidad; en cambio, Pablo ofrece el cumplimiento de la visión judía de la humanidad, una humanidad caracterizada por la sabiduría y la santidad.

La santidad es un tema complejo y difícil. En este apartado, sólo quiero subrayar que Pablo ve la santidad no como un extra opcional, no como algo a lo que algunos cristianos han sido llamados mientras a otros se les permite quedarse en un estado de semipaganismo, sino como algo que es una característica indispensable de todos los que son renovados en Cristo. Al mismo tiempo, Pablo es realista. No parte –como han dicho algunos comentaristas– de que los cristianos son, en virtud del bautismo, de tener el Espíritu, o lo que sea, capaces de vivir una vida siempre cien por cien santa.

Reconoce los problemas que nacen de esta tensión y se enfrenta a ellos. De eso es de lo que se trata la 1ª epístola a los Corintios. Para él, la vida de la humanidad renovada tiene lugar en la tensión del 'ya' y el 'todavía no', siempre adorando al Dios verdadero y así renovándose día a día en la imagen del creador (Colosenses 3:10), y al mismo tiempo, siempre con la mirada puesta en lo que ha de venir. 'Yo mismo no considero haberlo ya alcanzado; pero una cosa hago: olvidando lo que queda atrás y extendiéndome a lo que está delante, prosigo hacia la meta para obtener el premio del supremo llamamiento de Dios en Cristo Jesús' (Filipenses 3:13).

En concreto, Pablo no piensa que la santidad se consigue cumpliendo la Torá judía de la manera celosa en que los fariseos lo habían hecho, y pretendían que los demás también lo hicieran. Su exposición sobre la santidad cristiana lleva incorporada una fuerte crítica de la Torá: ésta es totalmente incapaz de ayudar a vivir la vida santa que describe. Los pasajes principales relacionados con este tema son Romanos 7 y Gálatas 5, textos que han levantado mucha controversia en el debate exegético.

Tanto en Romanos 7 como en Gálatas 5, Pablo dice que Israel está en la carne, en Adán, de tal forma que cuando Israel se acerca a la Torá, lo único que ésta hace es condenarle. Empecemos viendo Romanos 7; Pablo usa el método autobiográfico, hablando en primera persona del singular, sobre todo para que no pareciera que estaba criticando a sus compatriotas judíos manteniéndose en la distancia. Está describiendo una situación que conoce porque él mismo, y ahora lo ve desde su perspectiva cristiana, también había creído lo mismo cuando era un fariseo celoso. Dice que es normal que Israel se acerque y quiera cumplir la Torá, porque ésta es santa, justa y buena. Ésta apunta al objetivo de la verdadera humanidad. Pero debido a que Israel aún está en Adán, la ley santa, justa y buena le condena. No puede hacer otra cosa. 'Lo que era para vida, a mí me resultó para muerte'. Sólo cuando la condición de la humanidad adámica de Israel ha sido vencida en Cristo —que tiene lugar, según Pablo, en la muerte y la resurrección de Jesús, y en la identificación cristiana con esos acontecimientos en el bautismo— puede 'la ley del Espíritu de vida en Cristo Jesús libertarte de la ley del pecado y de la muerte' (Romanos 8:2).

En Gálatas 5, Pablo se enfrenta al hecho de que los gálatas viven para cumplir la Torá, sobre todo porque se quieren alejar lo máximo posible de sus antiguas costumbres paganas. Ya han experimentado la idolatría pagana y la inmoralidad, por lo que ahora están decididos a seguir el camino de la verdadera humanidad, santidad y alabanza. Los 'agitadores' (los que se infiltraron en la comunidad de los gálatas después de que Pablo les dejara) les dijeron que podían alcanzar el fin que buscaban cumpliendo la Torá. Pero Pablo dice que eso es imposible: así, lo único que conseguirán es enfatizar aquello que les esclaviza a la vieja humanidad, a la carne. El hecho de que el signo máximo del cumplimiento de la Torá es la circuncisión aún pone el tema más de relieve. Si intentas cumplir la Torá, no conseguirás ser mejor que cuando llevabas un estilo de vida pagano, ni siquiera conseguirás mejorar tu estilo de vida cristiano; pero lo que sí harás es ponerte al mismo nivel que los paganos, enfatizando más la carne, la cual te hace esclavo de la vieja humanidad. Como resultado, volverás a estar en el estilo de vida autodestructivo de la existencia humana. Si lo que buscas es la autenticidad, debes andar en el Espíritu, cuyo fruto es amor, gozo y paz.

En todos los escritos de Pablo, vemos que para vivir en santidad genuina se ha de morir y resucitar con Cristo. Donde mejor se explica este tema tan recurrente es en 2ª Corintios, donde Pablo, escribiendo en medio del dolor y del sufrimiento, lucha con una comunidad que no ha entendido la importancia de la vida propia del evangelio, y que por ello les ha rechazado a él y a su enseñanza y métodos. No quieren a un líder que está en la cárcel; quieren a alguien con poder y prestigio, a alguien a quien puedan admirar. En una carta llena de una espléndida retórica y de revelación personal, Pablo demuestra, tanto por lo que dice como por cómo lo dice que la cruz y la resurrección de Jesús el Mesías son en verdad el centro y la fuerza motriz de la vida de la humanidad renovada.

En todo nos recomendamos a nosotros mismos como ministros de Dios, en mucha perseverancia, en aflicciones, en privaciones, en angustias, en azotes, en cárceles, en tumultos, en trabajos, en desvelos, en ayunos, en pureza, en conocimiento, en paciencia, en bondad, en el Espíritu Santo, en amor sincero, en la palabra de verdad, en el poder de Dios; por armas de justicia para la derecha y para la izquierda; en honra y en deshonra, en mala fama y en buena fama; como impostores, pero veraces; como desconocidos, pero bien conocidos; como moribundos, y he aquí, vivimos; como castigados, pero no condenados a muerte; como entristecidos, mas siempre gozosos; como pobres, pero enriqueciendo a muchos; como no teniendo nada, aunque poseyéndolo todo. (2ª Corintios 6:4–10)

Para Pablo, la muerte y la resurrección de Jesús el Mesías no son simplemente acontecimientos del pasado. Son el fundamento de su existencia cotidiana, y de la existencia cotidiana de la iglesia. 'Participando de los padecimientos de Cristo, para participar también de su gloria'; ahí tenemos lo que Pablo quiere decir por santidad. La humanidad genuina cuesta cara.

Esto nos lleva a la quinta categoría de la humanidad renovada.

La coherencia de la humanidad renovada: el amor

Ya hemos visto que Pablo analiza el mundo pagano bajo la realidad de que la verdadera humanidad está fracturada. Esto se puede ver en los seres humanos, e incluso de forma individual, como ya vimos en Romanos 1. Pero la forma más devastadora de esta humanidad fracturada es cuando un grupo de seres humanos se pone por encima de otro. Para Pablo, esto no es tan sólo una consecuencia del orgullo y del temor humano. Es el resultado de la actuación de los principados y las potestades, las cuales están intentando destruir el mundo; es el resultado de los *stoicheia*, los 'elementos' o 'rudimentos', las deidades locales o tribales que, según se creía, gobernaban las naciones. Y, según Pablo, todas éstas han sido derrotadas en Cristo. Es por ello por lo que no hay ni judío ni griego, ni esclavo ni libre, ni hombre ni mujer, sino que todos son uno en Cristo Jesús (Gálatas 3:28). Una vez esto último queda claro, la característica principal de la humanidad renovada es el amor.

Algunas consideraciones sobre el amor. Pablo no está diciendo que todos los cristianos debemos tener sentimientos tiernos y románticos hacia los demás cristianos. Esa interpretación existencialista y romántica del *agape* no consigue abarcar toda la amplitud del concepto. La cuestión es que la iglesia, los que adoran a Dios en Cristo Jesús, deberían ser una familia en la que todos los miembros fueran aceptados de forma igual, independientemente de su trasfondo social, cultural o moral. La propia existencia de una comunidad de tales características demuestra a los principados y potestades, a las fuerzas escondidas pero poderosas del prejuicio y la sospecha, que el tiempo se ha acabado, que el Dios vivo ya tiene la victoria, que ha ofrecido al mundo la mejor manera de disfrutar de la humanidad, una manera en la que ya no existen las distinciones tradicionales entre los seres humanos. Por ello encontramos esta declaración climática en Efesios: el propósito del evangelio es que 'por medio de la iglesia la infinita sabiduría de Dios sea dada a conocer a los principados y potestades en los lugares celestiales' (Efesios 3:10). La propia existencia de una comunidad de amor, amor que ahora está donde antes había sospecha y desconfianza mutua, es la prueba clave que hace patente la actuación del Espíritu de Dios (Colosenses 1:8).

Claramente, la existencia y el florecimiento de dicha comunidad es lo que va a revelar al mundo pagano que el evangelio de Jesucristo es lo que dice ser. Por eso, cuando Pablo escribe 1ª Corintios, va construyendo su argumentación paso a paso, mostrando punto por punto en qué cosas ésta comunidad es radicalmente diferente de su comunidad vecina pagana, hasta que al final llega al capítulo 13, donde nos presenta el verdadero poema de alabanza al amor, al *agape*, y así nos damos cuenta de que éste ha sido el tema entre líneas a lo largo de toda la epístola:

El amor es paciente, es bondadoso;

El amor no tiene envidia;

El amor no es jactancioso, no es arrogante;

No se porta indecorosamente;

No busca lo suyo, no se irrita, no toma en cuenta el mal recibido;
No se regocija de la injusticia,
Sino que se alegra con la verdad;
Todo lo sufre,
Todo lo cree,
Todo lo espera,
Todo lo soporta...
Y ahora permanecen la fe, la esperanza y el amor, estos tres; pero el mayor de ellos es el amor.

Todos los temas que Pablo ha mencionado hasta el capítulo 13 eran, de hecho, un llamamiento al *agape*. Ese es el estilo de vida que revela lo que verdaderamente es la humanidad renovada. El paganismo siempre lo intenta imitar, pero lo único que consigue es caer en el culto a la personalidad, la lucha entre grupos (es muy fácil 'amar' a los que pertenecen a nuestro grupo; de hecho, por eso tenemos grupos), el erotismo descarado, que intenta parodiar la vida del *agape* al mismo tiempo que destruye, distorsiona y estropea progresivamente a los seres humanos que viven así.

Sin embargo, una vez más este *agape* sirve también de crítica interna del judaísmo farisaico en el que Pablo había crecido. Obviamente, su llamamiento a una familia unida de judíos y gentiles en Cristo va en contra de cualquier intento de hacer del cristianismo una rama del judaísmo. Aquí encontramos algunos de sus aspectos más polémicos; y es por eso por lo que es tan punzante con este tema. Pablo ve claramente que si la iglesia se divide en dos grupos, los cristianos judíos y los cristianos gentiles (y quizá algunos cristianos gentiles se unirían a los cristianos judíos si se circuncidasen), significa que los principados y las potestades aún están gobernando el mundo; que no han sido derrotadas por la muerte de Cristo en la cruz, que no existe la humanidad renovada, y que él les ha estado engañando.

Para exponer toda esta idea, vuelve, una vez más, a decir que él tiene la razón. En Romanos 4, y también en Gálatas 3 y 4, arguye que esta familia de la fe formada tanto por judíos como por gentiles es lo que el Dios único y verdadero siempre había tenido en mente, desde el momento en que llamó a Abraham. En eso consistía la promesa que le hizo a Abraham. El cumplimiento del propósito de Dios para Israel es precisamente (por paradójico que le pudiera parecer a algunos) ir más allá de las fronteras de Israel a través de esa nueva humanidad renovada de todas las naciones, tribus y lenguas. Pero la paradoja es sólo aparente. Tal como lo explica Pablo una y otra vez, el llamado de Israel, el propósito de la elección siempre fue la salvación del mundo entero. Por ello la cruz fue el momento climático del propósito del pacto de Dios. Y por ello, en la creación de la familia renovada en la cual se superan todas las distinciones tradicionales, Pablo ve que la parodia que el paganismo hace de la comunidad no puede mirarse en el espejo de la realidad, y que la distorsión que el judaísmo hace de esa comunidad no se aguanta en pie después de la crítica que recibe desde su propia tradición. Pablo lucha fuertemente con el hecho de que las comunidades que ha fundado tienen mucha dificultad en vivir la vocación que él les ha predicado. Pero en ningún momento debemos dudar de que esta es su visión.

El celo de la humanidad renovada: la misión

Ya vimos en una sección anterior que para Pablo, el señorío de Jesucristo se oponía al señorío del César. Deberíamos estudiar la teología de poder que emana de la cruz y la resurrección, que subvierte y reta el concepto de poder tal y como se conocía en el paganismo, especialmente en el imperio pagano. Lo que vamos a hacer en este apartado es llamar la atención del lector para que vea que, a través de la adoración del único Dios verdadero, Pablo cree que la autoridad de la humanidad renovada (paradójicamente) se impone en el mundo. La misión de la iglesia es la realidad, y el imperio pagano sólo una parodia de ésta.

Todo esto tiene que ver con la Teología de Pablo sobre la imagen de Dios restaurada en los que le adoran en verdad. Según él, los cristianos están siendo 'renovados hacia un nuevo conocimiento, conforme a la imagen de aquel que lo creó' (Colosenses 3:10). Son elegidos para ser 'hechos conforme a la imagen de su Hijo, para que Él sea el primogénito entre muchos hermanos' (Romanos 8:29). Pero, ¿qué es un ser humano renovado según la imagen de Dios?

La doctrina de la imagen de Dios en su creación humana no consiste tan sólo en la creencia de que la función de los seres humanos era reflejar a Dios hacia Dios; sino reflejar a Dios proyectando ese reflejo al mundo. Así, en Romanos 8, vemos claramente cuál será el final de este proceso: cuando el pueblo de Dios sea renovado por completo, en la resurrección, entonces toda la creación será liberada de la esclavitud, a la libertad de la gloria de los hijos de Dios. Mientras tanto, la misión de la iglesia es anunciar el reino de Dios en todo el mundo. Y Pablo continua (según Hechos 17:7) diciendo que hay 'otro rey, Jesús'. Y espera que sus seguidores hagan lo mismo.

Está claro que Jesús es un rey muy diferente al César. Pero eso aún le da a Pablo mayor credibilidad. No está simplemente anunciando un nuevo reinado del mismo tipo, otro régimen de opresión. Pero tampoco sirve pensar que las diferencias entre Cristo y el César eran que uno era 'espiritual' y el otro 'temporal', y colocarlos así en compartimentos estanco, como si no hubiera ningún tipo de relación entre ambos. Lo más importante que se desprende de 'confesar a Jesucristo como Señor' es que al nombre de Jesús se doblará toda rodilla. El César tiene una función (Romanos 13), pero una función limitada. Se le tiene que obedecer porque es el creador quien le ha dado autoridad, ya que quiere que sus criaturas vivan en orden, seguridad y estabilidad, y no en el caos y la anarquía. Pero tan pronto como el César actuaba como si fuera un dios –como acababan haciendo casi todos los Césares en tiempos de Pablo– Pablo era el primero en llamar a las cosas por su nombre. Si la iglesia cristiana primitiva veía la muerte de Herodes Agripa como el juicio divino sobre un monarca que se las daba de dios (Hechos 12:20–23), no cabe duda alguna de lo que Pablo habría dicho de la adoración al emperador romano. Sólo había un Dios; y este Dios había exaltado a su Hijo, Jesús, como el verdadero Señor del mundo; su imperio era la realidad, y el del César, tan sólo una parodia.

La misión de Pablo no debería entenderse tan sólo en términos de evangelización individualista, el rescate de almas una a una para un cielo futuro. Anunciando el evangelio de Jesucristo como Señor desafiaba a sus oyentes a que se sometieran en fe obediente al señorío de Jesucristo. A aquellos que ya creían les daba la seguridad de que, como miembros de la familia de Dios, iban a ser vindicados, resucitados de entre los muertos para formar parte de la gloria de la nueva creación que aún había de venir. Pero Pablo no veía su misión simplemente en esos términos. Él habla del evangelio 'que fue proclamado a toda la creación debajo del cielo' (Colosenses 1:23); él sabe que lo que está haciendo es tan sólo parte de un movimiento cósmico, que empieza con la resurrección de Jesús y acaba con la renovación de todas las cosas. Como ya vimos, él es el heraldo del rey; y el rey es Rey de reyes y Señor de señores. La esperanza judía, que el rey de Israel sería rey de todo el mundo, se había hecho realidad en Jesús el Mesías.

Conclusión

En este libro estoy intentando demostrar cómo el celo de Saulo de Tarso fue transformado en el celo del apóstol Pablo. He argumentado que la forma base de ese celo se mantuvo: consistía en un enérgico enfrentamiento con el paganismo, y también una fuerte crítica del judaísmo que se estaba apartando. Sin embargo, esa forma fue llenada de un nuevo contenido, porque Pablo remodeló todas sus ideas en torno a la muerte y la resurrección de Jesús, y al regalo del Espíritu Santo. Y lo que he intentado demostrar en esta sección, de forma breve, es que Pablo presentaba a sus oyentes, a los conversos, a las iglesias, la realidad de la humanidad renovada, que demostraba en todos los niveles ser la realidad de la cual el paganismo sólo conseguía hacer una parodia, y ser el cumplimiento de las aspiraciones de Israel, evidenciando así que el judaísmo incrédulo era, paradójicamente, el que se estaba apartando, y cediendo ante el paganismo. Esta visión de la humanidad renovada nos da mucho que pensar, no sólo a un nivel académico, para comprender lo que Pablo realmente dijo, sino también al nivel de la vida de misión de la iglesia. Y este es el tema que vamos a tratar en la próxima sección.

El evangelio de Pablo en sus días y en nuestros días

Lo que ya hemos visto sobre lo que realmente dijo Pablo debería ser suficiente para que adquiramos una nueva manera de pensar sobre lo que su mensaje significa hoy, en la actualidad. Pero no quiero seguir sin detenerme en algunas áreas que creo que requieren una atención especial. En este libro me he centrado especialmente en dos conceptos: 'el evangelio' y 'la justificación'.

Para Pablo, 'el evangelio' crea la iglesia; 'la justificación' la define. El simple anuncio del evangelio ya tiene poder para salvar vidas, y para destronar a los ídolos a los que estaban sujetas. 'El evangelio' no es un sistema de pensamiento, ni una lista de técnicas para que la gente se convierta; es la proclamación personal de la persona de Jesús. Por eso crea la iglesia, la gente que cree que Jesús es Señor y que Dios le resucitó de entre los muertos. 'La justificación' es pues la doctrina que declara que todo aquel que crea ese evangelio, donde sea y cuando sea, forma parte de la verdadera familia de Dios, independientemente de su procedencia geográfica o racial, o cualquier otro rasgo que le diferencia de los demás. Es el evangelio mismo el que crea la iglesia; la justificación le recuerda constantemente a la iglesia que es el pueblo creado por el evangelio y nada más, y que debe vivir en base a ese evangelio.

La mentalidad de Pablo

Primero, quiero empezar aclarando que el esquema que he ofrecido da sentido a lo que, organizado de otra forma, podría parecer una confusa antinomia o incluso una contradicción en los puntos clave del pensamiento de Pablo. Ya vimos la línea de pensamiento desde Schweitzer a Sanders, que enfrenta la terminología 'jurídica' contra lo que Schweitzer llama 'mítico' y Sanders, categorías 'participacionistas'. Una vez entendemos la naturaleza pactal del pensamiento paulino, y la forma en que el pacto siempre ha llevado implícito ese sentido de 'el gran tribunal de Dios', esta antinomia se nos revela como lo que ciertamente es: poner en boca de Pablo una distinción cuyo origen se debe a una filosofía y teología posterior, y que tiene poco que ver con el verdadero Pablo. Para él, 'estar en Cristo' –la idea 'participacionista' principal– quiere decir 'pertenecer al pueblo de Dios tal y como se ha redefinido en torno al Mesías. Dicho de otra manera, hablar con un lenguaje del *pacto*, un lenguaje muy concreto. Sin embargo, de igual modo el lenguaje de la 'justicia' –de la fidelidad que Dios tiene con su pacto por un lado, y del estatus de la membresía del pacto que se le da al pueblo de Dios por otro, y la manera en que estos dos son vistos a través de las lentes de la metáfora jurídica– es un lenguaje completamente del pacto. Y me atrevo a decir que esto es de radical importancia para aquellos que, como parte de su predicación sobre Pablo en nuestros días, tienen dificultades con comentarios y libros sobre Pablo en los que se confrontan, de forma errónea, estas categorías.

Ocurre lo mismo con un tema que no he mencionado en este libro, pero que es un tema bastante candente hoy en día entre algunos expertos paulinos, sobre todo norteamericanos, y que vemos que se recoge en diversos comentarios y monografías. Como reacción contra algunas versiones de la interpretación 'pactal' de Pablo, algunos expertos (como J.L. Martyn) han enfatizado la naturaleza 'apocalíptica' de su pensamiento. Creen que las categorías pactales suponen un firme desarrollo desde Abraham hasta Cristo y más allá de Cristo, estableciendo una continuidad entre el Antiguo Testamento y el Nuevo Testamento, entre la promesa y el cumplimiento. Sin embargo, lo que encontramos en Pablo, es la noción (supuestamente) apocalíptica de una ruptura radical, el golpe brutal de la crucifixión golpeando todas las expectativas previas. 2ª Corintios 5:17 le puede valer de slogan: 'Las cosas viejas pasaron; he aquí son hechas nuevas'.

El problema está en que este pasaje es fundamental y explícitamente pactal. Forma parte de la gran argumentación (2ª Corintios 3–6) sobre cómo entender el ministerio pactal del apóstol. Yo creo que eso es sintomático de la falsa antítesis que Martyn y otros han establecido. Cuando entendemos las categorías pactales de Pablo, vemos que la cruz y la resurrección son elementos centrales. El plan de salvación (que es pactal) siempre fue cruciforme. El pacto fue establecido para acabar con el mal y la muerte; nunca fue concebido para ser una historia de la salvación progresiva y suave, a la que se invitaba a todo el mundo.

Del mismo modo, malinterpretamos totalmente el término 'apocalíptico' si creemos que denota una manera de pensar del primer siglo que creía que la historia y las tradiciones de Israel ya se habían acabado y había surgido un nuevo mundo de la nada. 'Apocalíptico', tal y como explico en el libro *The New Testament and the People of God* [El Nuevo Testamento y el pueblo de Dios], es un concepto totalmente relacionado con el pacto: como Israel confía en las promesas de Dios, en el pacto de Dios, por eso mismo cree que hará unos cielos nuevos y una tierra nueva, y que resucitará a su pueblo. Así, es posible coger un término como 'el pacto' y encontrarlo a lo largo de todo el pensamiento de Pablo, tanto que la antítesis entre el Antiguo y el Nuevo Testamento se difumina hasta desaparecer. Pero lo que quiero decir con la teología paulina del pacto, y lo que creo que Pablo creía, incluye la idea de un plan secreto que iba a ser desvelado de una forma dramática, espectacular e inesperada. Dice Pablo que el evangelio revela (*apokaluptetai*) la fidelidad de Dios con su pacto. Una vez más, queda claro que deberíamos tener cuidado con las falsas antítesis.

La razón por la cual incluyo estas reflexiones sobre el esquema y la forma de la teología paulina al principio de un capítulo sobre el evangelio de Pablo en sus días y en los nuestros es porque siempre corremos el riesgo, cuando nos encontramos con un pensador como Pablo, de concluir con demasiada rapidez que podemos meterle en moldes y en casillas que de hecho no son más que invenciones posteriores. Es muy fácil caer en maneras tradicionales de explicar la teología paulina que no hacen más que distorsionar su mensaje. A veces, a pesar de las distorsiones, se mantiene mucho del mensaje original. Pero lo mejor es ver cuál es el tema principal de Pablo, y arriesgarnos a intentar pensar en formas en las que lo que el apóstol dice tenga un mensaje relevante para el presente y para el futuro. Y eso es lo que propongo que hagamos a continuación. Trataremos tres áreas, para las que ya hemos sentado las bases: el evangelio, 'la justificación', y la redefinición de 'Dios'.

Anunciando al Rey
Proclamación de Jesucristo como Señor

Creo que la iglesia debe reincorporar a sus predicaciones el evangelio de Pablo. Como ya he dicho, el evangelio no es una lista de técnicas de cómo hacer que la gente se convierta. Tampoco es una serie de reflexiones teológicas sistemáticas, por importante que esto sea. El evangelio es anunciar que Jesús es Señor – Señor del mundo, Señor del cosmos, Señor de la tierra, de la capa de ozono, de las ballenas y de las cascadas, de los árboles y de las tortugas. Al comprender esto destruimos la demoledora dicotomía que ha existido en las mentes de las personas entre 'predicar el evangelio' por un lado y lo que se solía llamar 'acción social' por otro. Predicar el evangelio quiere decir anunciar a Jesús como Señor del mundo; y, a menos que queramos contradecirnos con cada pequeña cosa que hagamos, no podemos anunciar ese mensaje si no nos comprometemos a que ese señorío sea evidente en todas las áreas de nuestras vidas. Hace algunos años se oía una consigna que se hizo muy famosa: 'Si Jesús no es Señor de todo, entonces no es Señor'. Normalmente se aplicaba al compromiso y a la piedad personal. Y yo creo que también funciona con el señorío cósmico de Jesús.

Esto quiere decir, y Pablo también lo veía así, que no hay ninguna área de la vida, incluyendo todos los aspectos de la vida humana, que se salve de la crítica a la luz de la soberanía del Jesús crucificado y resucitado; no hay ninguna área que esté exenta del llamado a la lealtad. Quizá una razón por la cual algunos no han querido ver el carácter mesiánico de Jesús como punto central del evangelio de Pablo haya sido el reconocimiento tácito de que es mucho más fácil convertir el cristianismo en lo que la Ilustración quería convertirlo –un sistema privado de piedad que no se extrapola a la vida o esfera pública– si el señorío de Jesús es visto como una ideología desafortunada y demasiado judía, que a Pablo y a la iglesia primitiva enseguida, y afortunadamente, se le quedó pequeña. Yo creo que el cuadro que Lucas esboza en Hechos es válido en este sentido. Y nos hago esta pregunta: ¿qué tendrían que hacer los predicadores del evangelio hoy si la gente dijera de nosotros lo que decían de Pablo, que estaba anunciando, teniendo en cuenta el estatus del César, que no había otro Rey sino Jesús?

Primero, tendríamos que hacer lo que hizo Pablo, es decir, enfrentarnos a las potestades de este mundo diciéndoles que se les estaba acabando el tiempo, y que ellos también le debían lealtad a Jesús. Y ya no se trataba simplemente de decirle personalmente a los políticos que tenían que reconocer a Jesús como al Señor de sus vidas, aunque esto era importante. Sino que se trataba además de decirles, en el nombre de Jesús, que había una manera diferente de vivir la vida, caracterizada por el amor entregado, la justicia, la honestidad, y la trasgresión de los obstáculos tradicionales que reforzaban las divisiones entre los seres humanos. Y, obviamente, de nada sirve anunciar todo esto si la iglesia no está viviendo este mensaje. Porque este mensaje es más poderoso cuando los dogmas se llevan a la práctica. Y no se trata de 'meternos en política para hacer religión'. Se trata de poner el mundo entero bajo los pies de Cristo. El mensaje del evangelio no nos deja otra alternativa.

Podemos mencionar algún otro ejemplo más concreto. Sabido es que los grandes profetas de la postmodernidad fueron Marx, Freud y Nietzsche. ¿Qué dice el evangelio paulino acerca de sus grandes temas: dinero, sexo y poder?

En primer lugar, si Jesús es el Señor de todo el mundo, el gran dios Mamón no puede serlo. Si predicamos el evangelio paulino, tendremos que encontrar maneras de desafiar el poder que Mamón tiene sobre nuestra sociedad, y de recordarles a los que hacen las funciones de 'sumo sacerdotes' de este dios, y a aquellos que nos animan a adorarle, que hay otro rey, Jesús. T.S. Elliot preguntó, hace ya cincuenta y cinco años, si nuestra sociedad moderna occidental estaba fundamentada en otra cosa que no fuera el principio del interés compuesto; y yo creo que esta pregunta tiene aún más significado hacérsela en la actualidad. Vivimos en una sociedad en que la deuda, que antes era vista como algo vergonzoso, está llena de glamour, y la publicidad nos dice que si tenemos una Mastercard 'Tienes el mundo en tus manos', o que tener Visa 'hará que el mundo gire en torno a ti'. Estas dos afirmaciones apuntan hacia Mamón, y eso, a nivel teórico, hace que desviemos nuestra mirada de Jesús; a nivel práctico, es obvio que son puras mentiras y, sin embargo, millones de personas se las creen, y viven por ellas. A nivel global, el problema de la deuda está bien presente, y es muy serio, porque lleva a la miseria a millones, mientras genera millones para unos pocos. Algunos líderes de iglesias están apoyando el proyecto de declarar un año de Jubileo con motivo del Milenio, que sería un año en el que se anularían todas las deudas importantes. Es obvio que dar este paso tiene enormes problemas, pero como el mayor de ellos es el interés egoísta de los que están en el poder, no veo por qué las iglesias no podrían unirse, ya que estamos predicando el evangelio del Jesús crucificado y resucitado, para llamar al ídolo Mamón por su nombre, y, en su lugar, celebrar el amor de Dios en Cristo.

Del mismo modo, si Jesús es el Señor del mundo, Afrodita, la diosa del amor erótico, no puede serlo. Pablo se enfrentó a esta diosa en las calles de todas las ciudades paganas que visitó, y habría hecho igual si tuviera la oportunidad de visitar el mundo occidental de hoy. En el nombre de Jesús, debemos desafiar el poder de Afrodita, que tiene millones de adeptos, a los que les ofrece felicidad, dándoles tan sólo confusión y miseria.

Pero es cierto que el problema está en que la iglesia a menudo ha intentado hablar sobre sexualidad eligiendo uno o dos caminos erróneos. Un tipo de dualismo antiguo supone que la sexualidad no es uno de los grandes regalos que Dios ha dado a la humanidad, y que debe ser ignorado, negado y reprimido. A veces se acusa a Pablo de sostener esta perspectiva, lo que es una grave calumnia. Hoy en día, la mayoría de los cristianos que usan su sentido común e inteligencia son conscientes de este dualismo, y del daño que éste causa. Desgraciadamente, la fuerte consciencia de esta dualidad ha llevado a muchos a claudicar ante Afrodita, concluyendo que si no, estarían reprimiendo un instinto que les ha sido dado por Dios. Y el temor a este dualismo lleva a un semipaganismo o un criptopaganismo en el que toda demanda de Afrodita debe ser obedecida, y defendida como si fuera un derecho humano básico. Este argumento sólo puede sostenerse en un mundo donde 'el evangelio' se ha reducido a una invitación a una experiencia religiosa personal, y no al llamado de seguir al Mesías crucificado y resucitado. El evangelio de Pablo renuncia tanto al dualismo como al paganismo. Llama a la gente a que sea leal al rey verdadero, y a que redescubra, a través del a veces doloroso proceso de muerte y nuevo nacimiento, lo que es el amor genuino y desinteresado.

Después de considerar el dinero y el sexo, detengámonos en el tema del poder. Una vez entendemos la naturaleza del evangelio de Pablo, como ya dije en la sección anterior, nos damos cuenta de que su material sobre los 'principados y las potestades' no es una extraña especulación, sino que se trata de algo real. Vivimos en un mundo en el que, aunque llevamos veinte siglos de historia del cristianismo, cuando decimos 'poderes' la mayoría de la gente piensa que hablamos de 'fuerzas mayores'. La democracia occidental ofreció, al menos durante dos siglos, lo que parecía una situación estable entre las temidas alternativas del totalitarismo y la anarquía. El que continúe así, dependerá de la capacidad de las iglesias para proclamar que si Jesús es el Señor del mundo, entonces existe un tipo diferente de poder, un poder más poderoso, valga la redundancia, un poder que se perfecciona en la debilidad.

Claro está, que si a uno le sugieren que intente vivir, en todas las áreas de su vida, un estilo de vida que parece contrario al sentido común, la primera reacción será la mofa. Pero a lo mejor uno se mofa simplemente porque se asusta. Pero también podría ser porque, como las iglesias y la gente en general no se han tomado el evangelio de Pablo de una forma seria, se nos ha pasado por alto la breve definición que Pablo hace de la función del magistrado, del poder judicial, dentro del propósito general de Dios para este período de la historia. Romanos 13 no es un capítulo para los grandes gobiernos que abusan del poder. Al contrario, coloca a las autoridades de este mundo en su sitio, recordándoles que han de dar cuentas al que es el Señor del mundo. En un mundo donde aún hay tanta maldad, hay una necesidad imperiosa de un poder judicial. Pero este poder rinde cuentas ante un poder aún mayor. Si rinde cuentas al Dios revelado en Jesús, esto quiere decir que tendrá que ejercer su poder de una manera concreta, y los objetivos de ese ejercicio de poder serán muy concretos también.

Yo creo que todo esto ya está más o menos implícito en el reconocimiento de que Jesús es el Señor del mundo. Si lo que Pablo dice de Jesús es cierto, aquellos que quieren ser cristianos paulinos a finales del siglo XX no tienen elección: deben enfrentarse a estos temas, y hacerlo con toda urgencia.

Voy a repetir algo que ya he dicho anteriormente, porque creo que tiene que ver mucho con la relevancia contemporánea del evangelio de Pablo. El evangelio lleva a la lealtad, y no a una 'experiencia' *per se*. Cuando anunciamos el señorío de Jesús, de una forma fiel, debemos dejar claro que, según este evangelio, el único Dios verdadero, en Jesús, ha acabado con el pecado, la muerte, la culpa y la vergüenza, y llama a hombres y a mujeres de todo el mundo a que abandonen los ídolos que les esclavizan, y a que descubran una nueva vida, y una nueva manera de vivir, en Él. Pero el evangelio no es tan sólo el ofrecimiento de una nueva manera de ser religioso; o de una cierta manera de alcanzar la autorrealización, o un cierto estilo de experiencia religiosa. No se trata de una oferta de esas que 'la tomas o la dejas', porque eso supondría que la gente puede probar 'el evangelio' para ver si les conviene o no. El evangelio es un anuncio real. Ningún heraldo de la antigüedad hubiera dicho: 'Tiberio César es ahora emperador: ¡acéptalo si te conviene!' El evangelio sí ofrece un nuevo estilo de vida, que será, en última instancia, la manera de alcanzar la autorrealización. Pero antes de eso, ofrece la cruz: la cruz de Jesús, y la cruz que el Señor resucitado ofrece a sus seguidores. Así, el evangelio consiste en el anuncio de Jesús, y no en una nueva experiencia. Las nuevas experiencias que se vivan como resultado de entregarse a Jesús no son más que eso, un puñado de nuevas experiencias. La única experiencia que Jesús nos asegura que vamos a tener es la de tomar o cargar con la cruz.

'El evangelio' nos lleva a 'la justificación'. ¿Qué aportación alentadora puede darnos hoy esta doctrina central?

La justificación en el pasado y en la actualidad
La justificación y la comunidad

El evangelio crea una comunidad, y no un puñado de individuos cristianos. Si tomamos el sentido tradicional de la justificación y, como se hacía antes, lo colocamos como centro de nuestra teología, siempre estaremos en peligro de sostener una especie de individualismo. Ese no era un problema muy grande en época de San Agustín, o de Lutero, ya que en aquellos días la sociedad estaba más unida que ahora. Pero tanto en el modernismo ilustrado, como en el postmodernismo contemporáneo, el individualismo ha hecho furor, con esos símbolos actuales del *stereo* personal y la extendidísima privatización. Desafortunadamente, algunas infelices presentaciones de 'el evangelio' también han caído en este individualismo, partiendo de la suposición que somos justificados y salvos primero como individuos. El evangelio de Pablo no decía eso; ni tampoco su corolario, la doctrina de la justificación. Sí que es verdad que el llamado está dirigido a *todos los seres humanos*, todos con sus características únicas, para que respondan de manera personal al evangelio. Nadie puede negarlo. Sin embargo, no existe el concepto de 'cristiano individual'. El evangelio de Pablo creó una comunidad; su doctrina de la justificación sostiene esta afirmación. Así que nuestra doctrina de la justificación debería hacer lo mismo.

La labor ecuménica

La doctrina de Pablo de la justificación por fe lleva a las iglesias, y a su estado fragmentado, a realizar una labor ecuménica. No tiene sentido decir que esa doctrina que declara que todo el que cree en Jesús se sienta a la misma mesa (Gálatas 2) se use para decir que algunos, que definen la doctrina de la justificación de forma diferente, no se pueden sentar a la misma mesa. En otras palabras, la doctrina de la justificación no es simplemente una doctrina sobre la que católicos y protestantes deberían llegar a estar de acuerdo, como resultado de una ardua labor ecuménica. Es, en sí, una doctrina ecuménica, la doctrina que reprende la manera cerrada en que se agrupan nuestras iglesias, y que declara que todo aquel que cree en Jesús pertenece a la misma familia. Es obvio que seguirá habiendo dificultades. Y debemos continuar con los debates doctrinales. Pero hasta que los cristianos no comprendan el mensaje de Gálatas 2 (por no mencionar Romanos 14–15, Efesios 1–3 y varios otros pasajes), estarán bien lejos de una aplicación genuina de la teología paulina. La doctrina de la justificación es, de hecho, una gran doctrina *ecuménica*.

Después de todo, Gálatas 2 nos ofrece la primera gran exposición paulina de la justificación. En esa sección, el *quid* de la cuestión era: ¿con quiénes pueden comer los cristianos? Para Pablo, la pregunta consistía en si a los cristianos judíos se les permitía comer con los cristianos gentiles. Muchos cristianos, tanto de la tradición de la Reforma como de la Contrarreforma, se han hecho a sí mismos y a la iglesia mucho daño tratando la doctrina de 'la justificación' como el punto clave de sus discusiones, y suponiendo que describía el sistema por el cual los humanos alcanzan la salvación. Así que han hecho de esta doctrina justo lo contrario de lo que ésta pretendía ser. La justificación declara que todo aquel que cree en Jesucristo se sienta a la misma mesa, independientemente de las diferencias raciales o culturales (y, reconozcámoslo, muchas de las diferencias denominacionales, y también, de las diferencias dentro de una misma denominación, se deben a razones culturales más que doctrinales). Así, como lo que importa es creer en Jesús, un acuerdo detallado sobre la justificación no es lo que debería determinar la comunión de la eucaristía. Si los cristianos entendiéramos esto, estaríamos, no sólo creyendo el evangelio, sino poniéndolo en práctica; y esa es la mejor manera de proclamarlo.

Justificados sin saberlo

De lo anteriormente dicho se deriva un punto vital y liberador, que descubrí en los escritos del anglicano Richard Hooker, a quien siempre estaré muy agradecido. *No somos justificados por fe por creer en la justificación por fe*. Somos justificados por fe por creer en Jesús. Así que es obvio que mucha gente ha sido justificada por fe, aunque no sepa que ha sido justificada por fe. Los cristianos de Galacia habían sido justificados por fe, aunque no se habían dado cuenta y por eso creían que tenían que circuncidarse. Como dice Hooker, mucha gente de antes de la Reforma fue justificada por fe, porque creyeron en Jesús, aunque como no conocían o no creían en el concepto de la justificación por fe, no tenían seguridad, y buscaban llenar ese vacío de otras formas. Hoy en día, puede que muchos cristianos no tengan claro muchas sutilezas doctrinales; sin embargo, y aunque de forma inarticulada, confían en Jesús. Pero, según la enseñanza de Pablo, han sido justificados por fe. Y son miembros de la familia. Así que deben ser tratados como tales. Con todo esto no quiero decir, claro está, que la justificación es una doctrina sin importancia. De hecho, una iglesia que no la ha entendido y no la predica va por mal camino. Pero sí quiero dejar claro que la doctrina de la justificación no se da importancia a sí misma, sino todo lo contrario, se la da a Jesús. Lo que cuenta es creer en Jesús – creer que Jesús es Señor, y que Dios le resucitó de entre los muertos.

La justificación y la santidad

Si entendemos el evangelio y la doctrina de la justificación de la forma en la que acabo de exponer estos conceptos, no hay peligro, ni en la teoría ni en la práctica, de que surja un conflicto entre 'la justificación por fe' y el deber cristiano de la santidad. Durante siglos, para muchos devotos cristianos, conscientes del eterno peligro del pelagianismo, de la confianza en la moralidad personal, les ha sido difícil articular cómo y por qué deberíamos ser morales, y santos en nuestros pensamientos, palabras y hechos. A veces, debido a ese deseo de no cumplir con las demandas morales, incluso cayeron en el pelagianismo. Otras veces, y sobre todo en el presente, una comprensión 'a medias' de la doctrina de la justificación por fe ha sido utilizada para reforzar un antimoralismo que, aunque aparece en medio de nuestras iglesias, tiene sus raíces en la cultura secular, sobre todo en el postmodernismo.

Pero eso es una parodia. La doctrina de Pablo de la justificación depende enteramente del evangelio, que como ya hemos visto, consiste en la proclamación de Jesús como Señor. La lealtad a este Jesús debe ser total. Una de las frases clave de Pablo es 'la obediencia a la fe'. La obediencia y la fe no son antitéticas. De hecho, son casi lo mismo. Muchas veces, la palabra 'fe' se puede traducir también por 'fidelidad'. Esto no infravalora el evangelio o la justificación, dándole más importancia a las 'obras'. Ni mucho menos. Eso sólo ocurriría en el caso de que no se hubiera comprendido el realineamiento que vengo describiendo. La fe, incluso en este sentido activo, no es una calificación del ser humano, que sirve para entrar o permanecer en la familia de Dios. Es un distintivo de miembro que Dios da, nada más, ni nada menos. La santidad es la condición humana apropiada para aquellos que, sólo por gracia, son miembros creyentes de la familia de Dios.

La justificación y las potestades

Uno de los enfoques polémicos principales de la doctrina de la justificación va en una dirección bastante diferente a la que llevan aquellos que han defendido a ultranza esta doctrina. La doctrina paulina de la justificación por fe choca con cualquier intento de establecer que la membresía del pueblo de Dios se puede conseguir por algo que no sea la fe en Jesucristo; especialmente, tira por tierra el que la salvación venga dada por la procedencia racial, social, o por el género. Cualquier intento de definir la membresía de la iglesia que añada algo a la lealtad a Jesucristo, es una creencia idólatra. Esta fue la lucha de Pablo en Antioquía y en Galacia, y también en otros lugares. Yo creo que Efesios 3:10 resume muy bien el concepto de la justificación; y no lo hace en términos de lo que la iglesia tiene que *decir*, sino en términos de lo que tiene que *hacer* y *ser*. Pablo apremia a que, por medio de la iglesia, la infinita sabiduría de Dios ha de ser dada a conocer a los principados y potestades en los lugares celestiales. Mediante la vivencia de la iglesia como la comunidad creyente, en la que los obstáculos de razas, clase, género, etc., no tienen ninguna relevancia para la membresía y la permanencia, se les dice claramente a los principados y potestades que se les ha acabado el tiempo, y que hay una nueva forma de vivir como ser humano. Creo que esta es una de las principales ideas contemporáneas sobre la justificación por fe. Idea que nos lleva a una cuestión más general: la relevancia contemporánea del tema más importante sobre el que Pablo escribió.

La redefinición de Dios y de su justicia

¿Qué importancia tiene hoy en día la redefinición que Pablo hizo del concepto de 'Dios'?

Obviamente, en esta sección no voy a poder tratar (ni tampoco en este libro) el debate actual de la teología trinitaria, aunque me alegro de ver que en los últimos años este tema ha hecho valiosas aportaciones, teniendo en cuenta que es un tema que muchas teologías de los años 60 ridiculizaban. Pero quiero insistir que deberíamos mirar el significado de la palabra 'Dios' como uno de los temas centrales del pensamiento y de la predicación cristiana en la actualidad.

Comenté anteriormente que uno de los grandes cambios que ha experimentado el mundo occidental en la última década es que la gente se ha empezado a dar cuenta de que la palabra Dios no es unívoca, cosa que en días de Pablo era evidente. Cuando la gente dice que no cree en Dios, tiene sentido preguntarle cuál es el Dios en quien no cree; y cuando dice que cree en Dios, deberíamos hacerles la misma pregunta, de forma respetuosa pero firme.

Algunos periodistas se sorprendieron cuando, no hace mucho, un estudio reveló que la gran mayoría de gente en el Reino Unido dice que cree en Dios, pero que a la vez, no asiste a la iglesia. Pero no deberían sorprenderse. El 'Dios' en el que la mayoría de la gente cree es seguramente el dios deísta, el equivalente al dios o a los dioses epicúreos de los días de Pablo. Estos seres eran distantes, remotos, y despreocupados. Disfrutaban de un estado de felicidad perfecta, sin duda; pero nunca se ensuciaban las manos para actuar o tomar parte en el mundo en el que vivimos los humanos. No es sorprendente que la gente que cree en la existencia de ese tipo de dioses no vaya a la iglesia más que de vez en cuando. No vale levantarse temprano un domingo por un dios así. La proclamación paulina del evangelio les llevó a los sorprendidos paganos las noticias de que había un Dios único que se preocupaba por nosotros y nos amaba, y que había actuado y estaba actuando en la historia y en los seres humanos para renovar el mundo entero. Nuestra proclamación del evangelio de Jesús debe incluir, como tema principal, el mensaje equivalente: la noticia de que hay un Dios único que hemos ignorado y apartado en lo que llamamos nuestra cultura 'cristiana', y que este Dios se da a conocer en y a través de Jesús de Nazaret, y por el Espíritu de Jesús.

Y este Dios no se parece nada al dios de la imaginación deísta popular, y por eso a la gente le choca tanto. Nos dicen: ¿qué quieres decir con que Dios nos ama apasionada y compasivamente? ¿Qué quieres decir con que Dios vino en persona a rescatar a la raza humana? Es indecente; es ilógico; es poco coherente. Pues sí, tienen razón – tienen razón si parten de presuposiciones sobre Dios del siglo XVIII. Al predicar, o evangelizar, debemos dejar de dar por sentado que la gente entiende lo que queremos decir por 'Dios'. Debemos explicar de nuevo al mundo que la verdad que se esconde detrás de esta palabra se debe definir ahora a través de la reinterpretación de Jesús.

Eso supone que también debemos enfrentarnos a los falsos dioses que han surgido en estos últimos años. La teología, al igual que la naturaleza, aborrece el vacío. El deísmo, tal y como muestra la historia, desemboca en el ateísmo; primero convertimos a Dios en un arrendador, luego en un arrendador ausente, para acabar quedándonos con la palabra 'ausente'. Pero esta no es una situación estable; y enseguida encontramos viejas divinidades que tomarán su lugar. Tenemos un ejemplo claro en los movimientos de la Nueva Era, algunos de los cuales son explícitamente neopaganos. De la misma manera en que el monoteísmo judío se enfrentó al dualismo, al paganismo, al epicureísmo y al estoicismo, la versión cristiana del monoteísmo judío debería enfrentarse, tal y como lo hizo la predicación de Pablo, a todas las teologías alternativas.

Creo que la Nueva Era se ha abierto camino en la iglesia cuando ésta ha dejado paso al dualismo, caracterizado por la creencia en un dios distante y una actitud negativa hacia la creación (incluido el cuerpo humano). La Nueva Era ofrece un giro repentino y emocionante: la creación, uno mismo incluido, es divina. Y el evangelio de Pablo ofrece la realidad de la que deriva esa parodia. La creación no es Dios, pero Dios ha hecho que la creación refleje Su belleza y, de forma última, comparta la libertad y la gloria de sus hijos. Los seres humanos no son divinos, pero han sido creados para reflejar la imagen de Dios, y para ser llenos de Su Espíritu.

Tratar estos temas no consiste en encontrar las respuestas correctas. Las teologías determinan la manera en la que la gente vive, la manera en la que organizan el mundo, la manera en la que se relacionan. Sólo en una cultura predominantemente deísta podría la palabra 'teología' convertirse en una palabra despectiva que describiría una teoría irrelevante. Si estamos diciendo, juntamente con el evangelio de Pablo, que sólo existe un Dios verdadero, que se ha dado a conocer en Jesús y en su Espíritu, debemos estar preparados para demostrar la forma en que el lenguaje de la teología tiene que ver de forma íntima con la vida, la cultura, el amor, el arte, la política, e incluso con la religión. Esto también sería retar al mundo académico de una nueva manera, demostrando que el estudio de la teología está unido al resto de las disciplinas. (Antes de eso, obviamente, tendríamos que persuadir a los patrocinadores de que vale la pena invertir tiempo en ese tipo de temas, tiempo que se tendría que restar de la actividad de rellenar impresos y de realizar estudios estadísticos. Para ello, uno necesitaría no sólo la paciencia de Job, sino también el coraje para enfrentarse a los principados y potestades con el mensaje de una alternativa de vida que debe tomarse en serio).

Especialmente, la redefinición paulina de Dios incluía, como ya vimos, la redefinición de la rectitud de Dios. Aunque no lo analizamos de una manera muy profunda, el tema en cuestión, tal y como se expone en Romanos, alcanza un clímax especial en el capítulo 8, en el que Pablo explica y celebra la esperanza de que un día el cosmos entero tendrá su propio gran éxodo, su liberación de la esclavitud y de la corrupción. He aquí el punto clave: el pacto entre Dios e Israel siempre había estado diseñado para ser el medio a través del cual Dios salvará el mundo. Y no un medio a través del cual Dios tendría un grupito privado de gente a la que salvaría, mientras el resto de la humanidad iría al infierno. Así, si Dios ha sido fiel a su pacto con la muerte y la resurrección de Jesucristo y la obra del Espíritu, no tiene sentido pensar que Dios 'se ha molestado' en hacer algo así para tener otro grupo privado de gente al que salvará, mientras que el resto del mundo se pierde. Es pues bastante significativo que, los pasajes relevantes para este tema, la mitad de Romanos 8 y la mitad de 1ª Corintios 15, han sido consignados a un tipo de limbo teológico y exegético, y muchas veces la exégesis protestante no ha sabido qué hacer con estos textos.

Propongo que deberíamos estar preparados para revisar la cuestión de la justicia –la justicia de Dios para el mundo, en el futuro próximo, y anticipada en el presente– como parte del tema que titulamos 'La justicia de Dios'. La palabra *dikaiosune*, como ya vimos, puede traducirse tanto por *righteousness* como por *justice* (justicia o actos de justicia, y justicia o rectitud, respectivamente). Si es verdad que Dios quiere renovar todo el cosmos por medio de Cristo y por su Espíritu –y si eso no es verdad, entonces no sé a qué se dedica Pablo en Romanos 8 y en 1ª Corintios 15– entonces, de la misma manera que la santidad de la vida cristiana en el presente es una adecuada, aunque parcial, anticipación del designio futuro de Dios, también son adecuadas anticipaciones del designio futuro de Dios en el presente los actos de justicia, misericordia y paz, aunque sean, inevitablemente, parciales. No podemos decir que no sirvan para nada; porque son signos de esperanza para un mundo que gime, y anhela la prometida liberación.

Cuando analizamos en profundidad la justicia de Dios, ésta revela el amor de Dios – el amor del creador por el cosmos que ha creado, y su determinación para renovarlo mediante la victoria de Cristo sobre las potestades que lo deforman y distorsionan. Dios quiere inundar su creación con su amor, hasta que la tierra se llene de la gloria de Dios como las aguas cubren el mar. Si el evangelio revela la justicia de Dios, y si a la iglesia se le ha encomendado y se la ha autorizado para anunciar ese evangelio, no puede contentarse –tanto por razones teológicas como por razones exegéticas– con una visión que no incluya todo lo mencionado, con una visión incompleta. Y por tanto no puede contentarse mientras la injusticia, la opresión y la violencia acechen el mundo de Dios. Después de todo, los cristianos están llamados a someter una pequeña parte de esa creación –sus propios cuerpos– bajo la obediencia de ese amor sanador de Dios en Cristo. Los cristianos debemos vivir el presente a la luz de lo que Dios va a hacer con nosotros en el futuro. De hecho, en esto consiste la santidad. Entonces, ¿por qué no aplicamos el mismo principio a toda la creación?

Conclusión

La teología paulina, tal y como podemos descubrir gracias a los métodos de exégesis histórica y de análisis teológico, aún es un vehículo vital para la predicación y la vida de la iglesia. Lo que he intentado no ha sido explicar lo que Pablo le diría a la postmodernidad; sin embargo, creo que Pablo también nos ayudaría a enfrentarnos a ese reto con una madura integridad cristiana muy diferente a los temblorosos murmullos que algunos dejan escapar. La visión que Pablo tenía de la verdad, de la realidad, de la persona, del control que el creador tiene sobre la historia y el cosmos, del pacto de Dios y de su familia – pueden ser la respuesta al intento de la postmodernidad de deconstruir la verdad y la realidad, de desestabilizar y descentrar a la persona, y de destruir todas las metanarraciones. En otras palabras, creo que el evangelio de Pablo, y la doctrina de la justificación que se desprende de ese evangelio, tienen el poder de hacer por el mundo y la iglesia de hoy lo que hicieron en tiempos de Pablo.

Obviamente, eso requiere personas que estén dispuestas a arriesgarse a imitar a Pablo: a ser tontos sabios, débiles fuertes, y unos fracasados, tal y como se entiende en términos humanos. Si los cristianos van a predicar el evangelio, no pueden esperar estar exentos de vivir el evangelio. Esta es la parte del evangelio que tenemos que redescubrir: la verdad del evangelio no se trata tan sólo de un conjunto de ideas, sino de un símbolo, una historia y una praxis. Tal y como Pablo lo pone, el reino de Dios no es un asunto de 'hablar', sino que es puro poder. Así que, ahora que hemos vuelto a intentar ver qué es lo que Pablo dijo realmente, es importante que nos recordemos a nosotros mismos que este tipo de ejercicio es tan sólo algo que nos lleva a lo que de verdad es importante. El evangelio de Dios, tanto hoy, como mañana, como en tiempos de Pablo, no es algo dado para analizarlo, entenderlo, guardarlo en nuestro conocimiento, y punto. Se debe convertir en algo que nos corra por las venas, siguiendo el ejemplo de Jesús. Lo que fue desvelado en Jesucristo ante un mundo desprevenido, debe ser desvelado una y otra vez, cuando los que creen en Jesucristo viven en el Espíritu y, tanto con hechos como con palabras, anuncian el evangelio al mundo.

Pablo, Jesús y los orígenes cristianos

Ahora ya estamos en posición de dar una respuesta a la cuestión que hay detrás del estudio detallado de Pablo. ¿Es Pablo 'el verdadero fundador del cristianismo'? Dicho de otra manera, ¿inventó el cristianismo tal y como lo conocemos, transformando las creencias y la vocación de Jesús de Nazaret en un sistema y en un movimiento que le resultaría desconocido al mismo Jesús? ¿Le debemos a él los dos mil años de historia del cristianismo, con todas sus sorpresas y paradojas, y sus aciertos y equivocaciones?

Entre los libros que se han escrito sobre este tema, hay uno que se publicó hace poco que lanza esta misma pregunta al público, y esta sección consistirá en un debate con las ideas que éste expone. A.N. Wilson, un novelista y biógrafo prolífico, es el autor de *Paul: The Mind of the Apostle*. Es un libro docto, ingenioso e interesante, donde se recoge el colorido de los viajes y los lugares que Pablo visitó, y que está lleno de fascinantes especulaciones sobre la forma de ser. Es obvio que a Wilson le fascina Pablo, como es normal; pero dice que sus escritos son, en última instancia, 'incomprensibles', ya que las epístolas 'están escritas desde el punto de vista de alguien cuya vida está atormentada por la incoherencia y la contradicción, por dos fuerzas que tiran en direcciones opuestas' (56s.). La mente de Pablo 'es intranquila, casi como la de Nietzsche' (112s.); aunque tiene una 'visión increíblemente tortuosa de la condición humana' (122), se creía en una 'posición extrema de aislamiento metafísico' (124).

Wilson sugiere que para Pablo, 'Cristo' tiene poco o nada que ver con el Jesús histórico. 'La historicidad de Jesús perdió toda su importancia en el momento en el que Pablo experimentó su apocalipsis' (73). La palabra 'Cristo' se convirtió en el símbolo de un ideal, una interioridad religiosa, 'la más elevada aspiración de la que el corazón humano es capaz' (221). Para Pablo, Cristo 'no era tanto un hombre [que los cristianos de Jerusalén] recordaban (aunque obviamente sí lo era) sino una presencia del amor divino en los corazones de los creyentes' (207). Y para Wilson, eso no es un problema, ya que aunque la teología de Pablo no tuviera mucho que ver con el hombre de Nazaret, al menos transformó lo que de otra forma hubiera sido un mensaje político concreto para ese tiempo y lugar, en una religión del corazón que sirve para gente de todos los lugares y todos los tiempos (233). 'Los dichos de Jesús pueden sorprendernos, pero no representan un marco oral cohesionado sobre el cual podemos basar nuestras vidas. Sin embargo, la religión de Pablo, por confusa, salvaje y extática que parezca... contiene todos los componentes de una religión de alcance universal' (239). Y eso, según parece, fue el principio de lo que hoy conocemos como cristianismo. Para los seguidores gentiles de Pablo, 'la palabra Cristo era sinónimo de un Dios interior conocido, un Salvador escondido, un sacramento bendito llamado Jesús, y no el Ungido para ser el Libertador judío de Israel' (132). A pesar de todo eso, Wilson conserva algo de continuidad con Jesús, pero a un nivel de abstracción muy alto. 'Mientras que los petrinos, los palestinos, seguían aferrados al recuerdo de Jesús, Pablo supo aplicar, a modo de credo universal, la mentalidad divina, que era quizá la misma que la de Jesús: la confianza de que cada individuo puede ir a Dios como a un Padre y encontrar en Él una respuesta de amor (239).

Entonces, ¿de dónde sacó Pablo esa nueva forma de religión? Wilson no hace ninguna referencia al Saulo que era fariseo shammaíta, como hemos hecho al analizar la vida de Pablo antes de su conversión. Él presenta a un Saulo que creció en el contexto de la religión pagana de Tarso, que conocía sobre todo los rituales mitráicos y el culto a Heracles. Luego, cuando fue a Jerusalén, entró al servicio de los sacerdotes, y trabajaba de ayudante en el templo. Siendo que tenía ese puesto, seguro que él mismo vio y escuchó a Jesús, y quizá incluso fue testigo de su crucifixión. A lo mejor hasta ayudó a arrestar a Jesús. Era un colaborador de Roma.

Es muy probable que al escribir sus reflexiones, la mente y la imaginación de Pablo se expresaran con categorías sacadas del culto pagano. Los devotos de Mitra, bañados en la sangre del toro que se sacrificaba, pensaban que 'cuando la sangre les rociaba, les confería una fuerza divina; y se les transmitían unos secretos, que habían estado enterrados en las profundidades de la tierra durante mucho tiempo, y ahora les eran manifestados'. Así cuando, en los años que siguieron, 'la crucifixión se convirtió en el tema religioso central –de forma casi obsesiva– de Pablo', 'la mitificó, e intentó darle un significado' (60). Pablo unió la creencia en Mitra y la del Jesús crucificado, y se identificó con este último: 'En la mente del judío romano, el fariseo atormentado, el ayudante de templo y el fabricante de tiendas para las legiones, fue Pablo mismo el que fue clavado en aquella cruz, el que murió, el que sufrió, el que resucitó' (60; cf. 71, 77s., 122). El culto a Mitra fue la base sobre la que Pablo se inventó la eucaristía cristiana, y Wilson se las arregla tanto para despreciar este sacramento como innovación, no relacionada con Cristo, como para admirarlo como fenómeno cultural de una fuerte influencia (165–68). Del mismo modo, Pablo tomó prestada la idea del semidiós Heracles como modelo para crear la imagen del Jesús crucificado y resucitado (71, 258).

La experiencia religiosa de Pablo era 'comparable a la obsesión que convirtió la posesión de los iniciados en un misterio' (76). La imagen de 'ver a través de un espejo oscuro', procedente del poema paulino más conocido (1ª Corintios 13), habría conseguido que los paganos convertidos se sintieran como en casa (173s.). En otras palabras, Pablo convirtió el hecho de la crucifixión de Jesús en la base de una nueva religión mistérica. Mitificó a Jesús: 'fue capaz de sacar las implicaciones mitológicas de una religión antigua… y de construir a partir de ésta un mito con un eco que va más allá de los confines del judaísmo palestino' (72).

Una vez Pablo se convirtió en predicador y misionero, su horizonte, según Wilson, era esa construcción mitológica y la necesidad apremiante de hacer que la gente la propagara. Al mismo tiempo, había otra necesidad apremiante: hacerlo antes de que llegara el final del mundo, el cual era inminente, según los cristianos del primer siglo (93, 108, 141, etc.). Esta inminencia del final 'era la creencia fundamental de Pablo' (177). Wilson ve a un Pablo que constantemente dice que el final, la parusía, la segunda venida de Jesús, puede ocurrir en cualquier momento, y por eso va a Jerusalén, para ver si puede forzar a Dios a que ocurra ya de una vez por todas. Las profecías mesiánicas se van a cumplir a través del esfuerzo de Pablo (206). Para Pablo, 'la resurrección' no es, ante todo, algo que le ocurrió a Jesús en un pasado cercano, sino algo que pronto le va a ocurrir a él y a los demás, una esperanza ardiente que adorna todo lo que hace. Pero cuando Pablo llega a Jerusalén, y es arrestado después de un alboroto callejero, empieza a sospechar que estaba equivocado sobre el apocalipsis (212): la venida no había tenido lugar como debería haber ocurrido (207, 218). (Encontramos aquí cierta incoherencia, ya que Wilson también piensa que (193) cuando escribió a los romanos, es decir, antes de su último viaje a Jerusalén, Pablo cree que el final tendrá lugar como consecuencia de su viaje a España.) Así que va a Roma con un mensaje aún más confuso, y más agonizante, de lo que lo era antes. Pero, aunque no sabemos exactamente lo que allí le aconteció, su legado quedó asegurado. Él, y no Jesús, fue –si es que alguien lo fue– 'el fundador del cristianismo' (258).

Problemas de esa descripción de Pablo

La descripción que Wilson hace de Pablo es atractiva, comprensible por un lado, extremadamente pintoresca, e intrigante. Consigue que el lector quiera hacer más preguntas, releer los escritos de Pablo, y reflexionar sobre lo que dijo, y por qué lo dijo. El lector oye en Pablo una voz que no debería ser acallada – con un tono de amor, de fe personal, de una devoción que nace del corazón y llama (a pesar de los muchos ruidos que hay) a otros corazones. Hasta aquí, deberíamos estar agradecidos por esta descripción. Sus reconstrucciones históricas hacen revivir al apóstol en tres dimensiones – aun cuando parece estar confundido por el detalle, y cree que el abastecimiento de agua de Jerusalén venía de Jericó (43). Conoce algo de lo que los expertos paulinos han dicho – aunque queda en evidencia, por ejemplo, al intentar combinar la posición de E.P. Sanders, según el cual el judaísmo no era una religión legalista basada en la salvación por obras, con la posición que

Sanders tanto ha criticado, de que la polémica de Pablo contra el judaísmo consistía en una oposición a la 'religión' como tal (195, 209).

Pero estos son comentarios comparativos sin importancia. Debemos centrarnos en temas más importantes. Hay varios puntos cruciales de la descripción que Wilson hace de Pablo que deben cuestionarse de forma seria.

El trasfondo de Saulo

Empezaremos diciendo que, históricamente, es imposible que Saulo de Tarso fuera un colaborador de Roma, un ayudante del sumo sacerdote. Wilson se basa en Hechos 9:1–2, 14, 21, 26:10–12, que dicen que a Saulo le fue dada la autoridad de los sumos sacerdotes para la persecución en Damasco. Pero esto es no entender la situación política del momento y sus diferentes componentes. Los fariseos shammaítas, como ya hemos visto, eran los radicales, los que se oponían totalmente a la colaboración, y los que apoyaban los movimientos revolucionarios. Eso es precisamente lo que se entendía por 'celo', algo de lo que no carecía Saulo de Tarso.

Pero un fariseo, fuera del grupo que fuera, no tenía autoridad oficial para actuar como Pablo hizo. Los fariseos eran un grupo de presión, y no el grupo que gobernaba el judaísmo. Incluso si un fariseo era miembro del Sanedrín, la autoridad que poseía era gracias a que era miembro, y no por ser fariseo. Así que cuando Saulo de Tarso, frustrado y ofendido por la rápida extensión de aquella nueva superstición que alejaba a la gente del estudio de la Torá y de la defensa del Templo, quiso actuar con violencia contra tanta maldad, no había manera de hacer tal cosa en la legalidad – a no ser que se dirigiera a los odiados colaboracionistas, los sumos sacerdotes, y obtuviera una documentación especial que le autorizara. A los sumos sacerdotes les preocupaban los nuevos movimientos que surgían en Jerusalén, ya que eran una amenaza a la ley y el orden, un elemento subversivo que podía hacer que las tropas romanas acabaran patrullando las calles de Jerusalén. Pero no tenemos ninguna razón para suponer que les preocupaba lo que ocurría en Damasco. Ni tampoco le preocupaba a Saulo, el celoso fariseo de ultraderecha. El autor de Gálatas 1 y de Filipenses 3 habría proferido una sonada carcajada ante la idea de haber sido un colaborador, pagado por los sumos sacerdotes.

Judaísmo y Helenismo

Detrás de la reconstrucción de Wilson, a pesar de su afirmación aislada (72), descubrimos el fallo más grande de la antigua escuela de la historia de las religiones. Él siempre parte de que el judaísmo era una religión local, casi tribal, mientras que las diferentes formas de helenismo eran sistemas o filosofías universales. Pablo tradujo el mensaje de Jesús del judaísmo al helenismo, para que todos pudieran unirse. De ahí la vieja burla (que Wilson repite) de que nadie entendió realmente a Pablo excepto el herético Marción del siglo II, e incluso él le malinterpretó. (Recordemos que Marción reinventó el cristianismo como una religión no judía, y hasta antijudía). Ésta es una peligrosa verdad a medias. Wilson sugiere constantemente que Pablo abandonó el judaísmo, a los cristianos judíos, y Jerusalén. Incluso llega a decir que Pablo 'le dio la espalda al judaísmo palestino' (136), justo cuando, según la historia de Wilson, Pablo estaba comenzando la ardua y compleja tarea de llevar una ofrenda de las iglesias gentiles, precisamente para los cristianos judíos que vivían en Palestina.

Como ya vimos anteriormente, Pablo entendió algo que era y es fundamental para el judaísmo, pero que a los historiadores de la religión –e, irónicamente, a los expertos en tradición helenística– siempre les ha resultado difícil de entender: que si el Dios único del judaísmo también era el creador de todo el mundo, y si el llamamiento de Israel a ser su pueblo fue la forma que eligió para acabar con los problemas del mundo, *entonces al mundo no le hacía falta un mensaje no judío*. El mundo ya tenía lo que necesitaba. El mundo necesitaba el mensaje *judío* – que el único Dios verdadero había vencido a los ídolos que el mundo había adorado, y así había abierto las puertas de la prisión que encerraba a toda la raza humana.

Todo esto quiere decir que, de un golpe, tiramos por tierra las teorías de Wilson sobre Mitra y Heracles. Sí que es verdad que Pablo sabía mucho sobre el paganismo; en 1ª Corintios 8 dice que 'hay muchos dioses y muchos señores', y en Hechos 17 Lucas dice que el espíritu de Pablo se enardecía, como buen exshammaíta, al contemplar la ciudad de Atenas llena de ídolos. Como vimos, ha habido varios intentos en diferentes épocas de demostrar que la religión y la teología de Pablo derivan del mundo de las filosofías y las religiones mistéricas paganas. Pero todos esos intentos han fracasado, como bien reconocen hoy en día casi todos los expertos paulinos. O sea que la cuestión, metafóricamente hablando, no es que Wilson está intentando echar el cerrojo una vez ya tiene al caballo salvaje dentro de la cuadra. Sino que está intentando atravesar el campo de batalla montado en un caballo de juguete.

Cruz y resurrección

Estas extrañas e improbables conclusiones sobre las fuentes de las ideas de Pablo sobre la importancia de Jesús han llenado el vacío creado por el fracaso de Wilson para comprender el significado que la muerte y la resurrección de Jesús tienen para Pablo. Como vimos, no se trataba de una especulación mística extraña, sino del cumplimiento escatológico. El propósito que el Dios verdadero tenía para Israel se había cumplido, precisamente, con esos acontecimientos. Y esta es la única cuestión que falta en la reconstrucción de Wilson, y así desvía la trayectoria de todo el proyecto. Es como si alguien intentara dibujar un mapa de Europa y no incluyera Francia. El resto de países no tendrían ni el contorno ni las fronteras adecuadas, y reconstruir la historia de Europa sólo se podría hacer mediante teorías y la elaboración de reconstrucciones poco probables.

Para Pablo, la resurrección de Jesús fue el gran acontecimiento escatológico. Wilson se las arregla para escribir todo un libro sobre Pablo ¡sin mencionar este hecho tan importante!; incluso llega a afirmar que Pablo no cree en la resurrección física de Jesús (136). Para Wilson, la resurrección en el pensamiento paulino es una idea, una creencia, una esperanza futura, y no un acontecimiento que ocurrió en el siglo I. El Pablo que él concebía nunca hubiera escrito, 'si Cristo no ha resucitado, vana es entonces nuestra predicación, y vana también vuestra fe…y si Cristo no ha resucitado, vuestra fe es falsa; todavía estáis en vuestros pecados' (1ª Corintios 15:14, 17). Ese Pablo nunca habría hecho una lista tan cuidadosa de los acontecimientos escatológicos, empezando con la resurrección y el señorío de Jesús el Mesías como algo que ya había ocurrido, a no ser que hubiera ocurrido de verdad (1ª Corintios 15:20–28). Pablo no estaba viviendo en los últimos días, un tiempo de desesperación antes de que las profecías mesiánicas se cumplieran. Estaba viviendo en los primeros días, el tiempo inmediatamente después de que estas profecías se cumplieran. Pablo escribió que 'En Dios todas las promesas son "sí"' (2ª Corintios 1:20); parece ser que, como fariseo, él no tenía esta creencia, pero ante la evidencia de la resurrección no tuvo más remedio que concluir que 'la justicia de Dios', el gran plan general del pacto que iba desde Abraham hasta la redención final, había sido desvelada en los acontecimientos mesiánicos de la vida, la muerte y la resurrección de Jesús.

Y Pablo no dijo que la resurrección no fue un acontecimiento físico, para decir que fue un misterio al estilo helenístico. La interpretó según la perspectiva judía. Descubrió que, precisamente porque Israel era el representante que el creador había escogido para acabar con los problemas del mundo, lo que el creador había hecho en y a través de Jesús, lo había hecho por el mundo entero. En lugar de las derivaciones dudosas de Wilson, volvemos a encontrar la noción de 'relación polémica'. Pablo 'pone todo pensamiento en cautiverio a la obediencia de Cristo' (2ª Corintios 10:5). Si aplicamos aquí la perspectiva helenística, las piezas no encajan. Pero aplicando la perspectiva judía, incluso con las analogías helenísticas, todo encaja a la perfección.

Ocurre lo mismo con lo que Pablo descubrió sobre la crucifixión de Jesús. Establecer paralelismos parciales e inapropiados entre lo que Pablo dice sobre los hechos y el significado de la muerte de Jesús, y los rituales de las religiones mistéricas es un intento de darle la vuelta a la tortilla, cosa que ahora está prohibida por la mayoría de los expertos (por ejemplo, *Baptism and Resurrection* de A.J.M. Wedderburn,). Pero eso no es nada en comparación con lo que a Wilson se le escapa. Al comentar Gálatas 3:13–14, describe la afirmación que Pablo hace sobre que 'Cristo se hizo maldición por nosotros' como 'uno de sus usos de imaginería más difíciles de comprender', y sugiere que la crucifixión era una maldición no a causa de la ley judía, sino de la ley romana. Fijémonos que Pablo cita el pasaje de la ley judía (Deuteronomio 21:23) en la que la maldición se anuncia de manera explícita - ¡y Wilson menciona la cita de Pablo! Y aun así, concluye que 'el "escándalo" de la cruz… es un escándalo romano'(58).

Esto deja ver que hay un malentendido, profundamente arraigado, tanto sobre el contexto judío como sobre la interpretación que Pablo hace. Existen textos judíos que hablan con horror de crucifixiones anteriores, precisamente a raíz de la maldición de Deuteronomio. Pero para Pablo el problema en Gálatas 3, que no es inexplicable, por mucho que Wilson se empeñe en decir lo contrario (yo creo que Wilson no ha leído muchos comentarios de Gálatas), es: ¿qué sentido tienen las promesas a Abraham, las promesas de que Dios le daría una familia de todas las naciones, si esa familia está bajo la maldición de la ley? Ésta es una pregunta judía, sin duda, y lo que Pablo hace es darle una respuesta enteramente judía – pero, de nuevo, se trata de una respuesta que trata *sobre* la iniciativa de Dios acercándose al mundo y, además, está *dirigida* al mundo entero, concretamente a los expaganos de Galacia.

La respuesta depende, como vengo demostrando de forma detallada, de la creencia fundacional de Pablo de que Jesús, lejos de ser irrelevante para la teología, es el Mesías judío, aquel en cuya vida, muerte y resurrección se resume y se cumple el destino de Israel. Ha llevado a cabo el destino de Israel, incluidas las promesas a Abraham, descendiendo al valle de la muerte, al lugar de maldición, en favor del pueblo de Israel y así del mundo entero. Las analogías más cercanas en la literatura no cristiana no se encuentran en la cultura romana o griega, sino en la literatura judía sobre mártires. Se puede consultar, por ejemplo, 2º Macabeos 7:36–38, o 4º Macabeos 6:27–29, 17:20–22.

Como ya hemos visto, Pablo tiene una teología de la cruz muy trabajada, que está integrada completamente con los otros elementos del su 'evangelio'. (Por cierto, que cualquier léxico da evidencia de que Pablo no acuñó la palabra 'evangelio', como Wilson sugiere (150), del mismo modo que tampoco inventó la palabra *agape* para referirse al 'amor' (84)). La cruz fue el momento en que el único Dios verdadero derrotó a los principados y potestades, cumpliéndose así la profecía judía; así que fue el momento en el que el pecado y la muerte fueron derrotados. 'El Mesías murió por nuestros pecados según las escrituras'. Concretamente, fue el momento en el que el pecado tanto de los judíos como de los gentiles fue destruido tal y como se merecía, gracias a la persona del único fiel de Israel, el Mesías en quien se resume y se cumple (Romanos 3:21–26) la vocación y el destino de Israel (ser el medio para la salvación del mundo). Fue el momento en el que la condenación de Dios cayó sobre el pecado (Romanos 8:3). Es francamente imposible que el proceso que Wilson propone hubiera generado, y mucho menos sostenido, estas conclusiones relacionadas. Es muy fácil, tanto histórica, como exegética y teológicamente, suponer que Pablo el judío pensaba con una mentalidad judía, a la luz de las escrituras judías por un lado y la resurrección de Jesús por otro, basándose en que Jesús era en verdad el Mesías judío, en quien se habían cumplido todas las promesas. Más fácil aún es reconocer que en seguida se dio cuenta de que esta conclusión no sólo era cierta, sino que era relevante para todo el mundo, sobre todo para el mundo pagano, que no conocía, ni tan siquiera imaginaba, el mensaje esencial judío del amor profundo y apasionado del Dios creador dirigido a la creación entera.

Quizá la característica más contradictoria de toda esta descripción es que, aunque Wilson intenta demostrar que Pablo era muy helenista, también intenta conservar algo que era una idea judía, y no tanto griega: la escatología. Ya he comentado que esta escatología no se refería 'al final del mundo' en el sentido normalmente aceptado; sin embargo, no tiene ningún sentido en un mundo de un nuevo tipo de religión mistérica helenista. En cuanto a este tema, creo que el mejor comentario sigue siendo el de Albert Schweitzer, en un libro que Wilson debería haber considerado:

Como todas las concepciones y pensamientos de Pablo están arraigados en la escatología, los que se esfuerzan en explicar su manera de pensar partiendo del helenismo, son como un hombre que tiene que transportar agua un largo trecho usando un cubo agujereado, para regar un huerto que está a la orilla de un río.

Para Pablo, la cruz y la resurrección fueron los acontecimientos escatológicos por excelencia. Sabía que Dios, un día, completaría la obra que había comenzado en el cosmos (Romanos 8; 1ª Corintios 15), en él, y en todos los creyentes (Filipenses 1:6). También sabía que estaban ocurriendo cosas en la escena histórica que serían parte, junto con la resurrección de Jesús, de la llegada escatológica de la Era por venir (2ª Tesalonicenses 2). Y sobre todo también sabía que esa Era ya había empezado, cuando Jesús de Nazaret derrotó a la muerte. He aquí lo más importante. Pero las implicaciones demandaban energía y aplicación, e incluso sufrimiento y persecución. Pero todo esto, acompañado de un tono de gozo: ahora, nada podía separar a los que estaban en Cristo del amor, todopoderoso, total, y conquistador del Dios creador y fiel a su pacto.

Jesús y Dios

Esto nos lleva, obviamente, a la cristología. El punto central de la descripción que Pablo hace de Jesús es, la redefinición que hace del monoteísmo, introduciendo a Jesús. Wilson (igual que muchos expertos) cree que todo intento de unir a Jesús y a Dios es alejarse del monoteísmo judío y claudicar ante el paganismo. Es interesante ver cómo lucha con Filipenses 2:5–11 (113–15), porque simplemente apunta a lo temprana que es esa cristología – es decir, mucho antes del cuarto evangelio, y probablemente anterior a Pablo mismo. Pero no ve que lo que Pablo hace en ese texto es, justamente, situar a Jesús dentro de una firme declaración escritural del monoteísmo judío. A cambio, sugiere que los que leían ese pasaje pensarían en una figura como Dioniso, 'que caminaba por la tierra ocultando su propia divinidad', y supone que esa figura 'sustituye la memoria tradicional del predicador galileo'(114).

Wilson no parece muy satisfecho con esa explicación, en parte debido a que el poema es muy antiguo. Pero no tiene ninguna alternativa que ofrecer. Constantemente sugiere que toda atribución divina a Jesús pertenece a una trayectoria que se aparta del judaísmo y se acerca al paganismo; pero, tal y como vimos, la verdad es muy diferente. Fue precisamente cuando Pablo se enfrentaba firmemente al paganismo —contra las sectas paganas en 1ª Corintios 8, contra el imperio pagano en Filipenses 2, y contra los principados y potestades paganas en Colosenses 1– que sitúa a Jesús dentro de las declaraciones del monoteísmo judío. Lo que no ocurre de forma casual. Seguro que Pablo sabía lo que estaba haciendo. Estaba haciendo algo arriesgado. Seguro que sabía que algunos de sus oyentes le iban a malinterpretar, o que pensarían, tal como sucedió en Atenas, que estaba difundiendo noticias sobre una o dos deidades (Jesús y Artemisa (Hechos 17:18): *anastasis* era la palabra griega para 'resurrección', y el pasaje da pie a pensar en la intrigante posibilidad de que algunos atenienses pensaran que Pablo estaba hablando sobre dos divinidades diferentes, un dios y una diosa). Pablo habría dicho que no le importaba correr ese riesgo. La resurrección de Jesús, entendida a la luz de las escrituras judías y no de una experiencia mística nebulosa, no le dejaba otra posibilidad. Jesús el Mesías judío era la realidad, y los ídolos paganos, tan sólo una mala parodia de esa realidad. Jesús el Mesías judío, a través del cual el Dios de Israel se había dado a conocer de forma personal, cara a cara – este Jesús era la realidad a la que habían estado apuntando las expectativas, el sufrimiento, la profecía, la tradición y la historia de Israel.

Una imagen distorsionante

A pesar del gran conocimiento de Wilson y de su perspicacia de reconstrucción, su descripción de Pablo no consigue plasmar algunos de los rasgos cruciales. En cuanto a la historia, ofrece una hipótesis sobre el trasfondo de Pablo, su conversión y el desarrollo de su pensamiento religioso, que es poco convincente e ignora las otras explicaciones existentes, que además son mucho más lógicas. En cuanto a la teología, propone una reconstrucción del pensamiento de Pablo que no recoge los puntos más importantes (el cumplimiento de las promesas en la vida de Jesús, especialmente en su muerte y resurrección, y la revelación del Dios de Israel, y su 'justicia', en Jesús) y llena esas lagunas con teorías sobre imaginaciones y fantasías especulativas. En cuanto a la exégesis, ofrece algunas reflexiones interesantes sobre algunas de las epístolas, sobre todo Filipenses, carta por la que evidentemente tiene un gran aprecio (217–21). Pero a la hora de hacer la prueba con Romanos, Wilson ni siquiera se atreve a adentrarse en los misterios de esta carta, a pesar de que la admira (192–98). Pero esto no debería sorprendernos, ya que en sus construcciones histórica y teológica evita explícitamente buscar la llave en el lugar donde ésta se halla: en la lucha que Pablo sostiene con las promesas del pacto del Dios de Israel, las cuales se habían cumplido en la muerte y la resurrección del Mesías judío.

Historia, teología, exégesis; ¿qué diremos de la aplicación? Nunca queda totalmente claro si a Wilson le gusta Pablo o no, si nos lo está recomendando o nos está advirtiendo de que tengamos cuidado con él. ¿Está de acuerdo con Pablo (con muchas reservas) o está en desacuerdo con él (con muchas concesiones)? ¿Está culpando a Pablo de distorsionar el mensaje de Jesús, o lo está elogiando por hacer que este mensaje llegue a todo el mundo? ¿Está acusando a Pablo de haber convertido el cristianismo en una 'religión', o le está elogiando por confrontar la 'religión' judía con la 'religión' cristiana? ¿Está maldiciendo a Pablo escondiéndose detrás de una tenue alabanza, o le está alabando, escondido tras una tenue maldición? Después de todo, ¿es Pablo contradictorio? Parece que Wilson valora el cristianismo como un maravilloso producto cultural que moldea al mundo, pero lo rechaza como propuesta práctica, al menos en la forma en que se presenta en la actualidad. Demuestra un desprecio especial hacia el anglicanismo al que renunció hace ya algunos años, que habría sido para Pablo 'el absurdo último – más ridículo que cualquier otra de las formas de 'cristianismo' y que lo único que le aporta es desesperación' (195s.)

Al mismo tiempo, aún nos queda una pregunta. Wilson analiza a Pablo partiendo de que es contradictorio, sin ninguna retórica ni palabras rimbombantes, ignorando totalmente el propósito de Filipenses 3:4–6. Sin embargo, vemos que a pesar de todo, mantiene la idea de que en Pablo puede haber algo de gran valor, de una valía fundamental. Parece escuchar, una y otra vez, una nota, un claro llamado, que ninguno de los escandalosos ruidos ha conseguido apagar. Es la nota del amor: el amor de Dios, ofrecido de forma gratuita a todo el mundo en Jesucristo, que llega hasta lo último de la tierra, y que puede ser aceptado por todos los seres humanos independientemente de su trasfondo, y que puede transformar las vidas en algo más rico y más profundo. Ya vimos que, en esta cuestión, está dispuesto a dejar que Jesús y Pablo transmitan un sólo mensaje (239).

Wilson tiene razón al percatarse de esa nota. Tiene razón al darse cuenta (221) de que aquí Pablo es más que un filósofo – aunque quizá se equivoca al limitar ese 'más que' al decir que Pablo es 'el primer poeta romántico de la historia'. Aun así, si la poesía romántica es para Wilson una puerta al amor del Dios creador, nosotros también podemos hacer esa afirmación. De la misma manera que en su libro sobre Jesús, Wilson reconoce algunos elementos cruciales de la verdad, aunque basado en una serie de malinterpretaciones, aquí también ha visto algunos destellos que, si los siguiera de forma cuidadosa, le ayudarían a salir de la niebla de su especulación a una descripción de Pablo más completa, ajustada y satisfactoria. Y entonces, ¿quién sabe qué más podría ocurrir?

Todo esto nos lleva a la pregunta principal, pregunta a la que el libro de Wilson no hace ninguna aportación importante. ¿Cuál es la relación entre Pablo, Jesús, y los orígenes del cristianismo?

De Jesús a Pablo – y más allá de ellos

No todo depende, claro está, de las opiniones que tengamos sobre Pablo y sobre Jesús. He escrito ampliamente sobre este tema; recientemente en *Jesus and the Victory of God*. Debería estar claro dónde debe empezar el debate.

Si situamos tanto a Jesús como a Pablo en el judaísmo del siglo primero, en los turbulentos movimientos políticos y religiosos y las diferentes expectativas sobre el tiempo (y si no lo hacemos así, eso quiere decir que tenemos muy poco conocimiento de estos dos personajes) entonces tenemos que enfrentarnos con el hecho de que ninguno de ellos estaba enseñando un sistema atemporal de religión o ética, o un mensaje atemporal sobre cómo se salvan los seres humanos. Los dos se creían actores dentro de la puesta en escena del Dios de Israel, que servía para el cumplimiento de sus propósitos. En otras palabras, ambos respiraban el aire de la escatología judía.

Así que no servirá alinear los 'conceptos clave de Jesús' con los 'conceptos clave de Pablo' para contrastarlos. Tampoco valdrá que destaquemos que Jesús hablaba sobre el arrepentimiento y la venida del reino, y que Pablo en cambio hablaba de la justificación por fe. Porque esto dejaría a un lado la clara evidencia de que, cuando se les sitúa en su contexto, Jesús y Pablo tienen muchísimo en común. Jesús creía que estaba llamado a desempeñar un papel concreto en el drama escatológico; Pablo también. La pregunta que debemos hacer aquí es: ¿cuáles eran estos papeles, y cómo se relacionan?

No es la primera vez que vemos que Jesús se creía llamado a ser aquél a través del cual los extraños propósitos de Dios para Israel alcanzarían su clímax. Anunció a Israel que el reino que tanto habían estado esperando había llegado. Lo celebraba con todo aquel que se le unía, compartiendo la mesa con ellos y asegurándoles que sus pecados habían sido perdonados. Pero el reino no iba a ser como los contemporáneos de Jesús se habían imaginado. Sobre todo, no iba a suscribir las ideologías que se decantaban por el 'celo', por forzar a Israel a un pietismo duro y exclusivista, a una religión ciega basada en la Torá, la Tierra y el Templo que llevaría a Israel a una guerra de liberación contra Roma. Jesús ya advirtió que optar por esta vía resultaría en un gran desastre; y que ese desastre, si era Israel el que lo traía sobre sí mismo, debería ser visto como la ira del Dios de Israel cayendo sobre su pueblo. Tales acciones mostrarían que los autores habían cambiado su papel de ser la luz del mundo, por el de jueces del mundo. Pero aquellos que juzgaban al mundo serían juzgados también. Aquellos que tomaron la espada morirían a espada. Aquellos que convirtieron el Templo en una guarida de ladrones serían culpados de la destrucción del Templo.

Pero Jesús no fue simplemente un espectador, que comentaba los acontecimientos desde fuera de la acción. Él estaba en medio del escenario, no sólo metafóricamente, sino de forma literal, cuando entró a Jerusalén y en su actuación en el Templo. Su actuación dramática simbolizó su creencia de que había sido llamado a ser el Mesías, a través del cual se realizaría el destino de Israel. (Quizá debemos recordar que en los cien años siguientes surgieron al menos una docena de hombres que decían ser el Mesías). Jesús tenía autoridad sobre el Templo. La casa de Dios podía ser destruida, pero él sería vindicado. Sin embargo, como él bien sabía, por esta acción simbólica estaba diciendo que su destino era el que había predicho para el Templo mismo. Iba a sufrir de la misma manera que tantos otros mártires judíos habían sufrido, ser entregado a los paganos para que le matasen. No obstante, consciente de cuál era su vocación, representó otro gran símbolo: el nuevo éxodo, la gran liberación, codificado en la última cena pascual con sus discípulos. Él mismo sería el cataclismo inminente, abriendo el camino, por el cual el mal invasor sería derrotado, Israel sería liberado, y el propósito salvífico del Dios de Israel llegaría a su cumplimiento.

Pero a medida que cumplía con esta misión, Jesús era consciente de que tenía una vocación aún más profunda que la de Mesías. La gran esperanza de Israel consistía en que YHWH, su Dios, volvería en persona, viniendo a Sión como juez y redentor. En el último gran viaje de Jesús a Jerusalén, simbolizó de forma dramática esta venida, tanto en la escena del Templo como en la del aposento alto. Parece como si quisiera representar o realizar lo que, en las escrituras de Israel, YHWH mismo había dicho que iba a hacer en persona. Era la declaración más extraordinaria que se había oído jamás; pero por extraordinaria que fuera, esa declaración sólo tenía sentido dentro del contexto del mundo judío del primer siglo donde se ubican las acciones y pensamientos de Jesús. Se enfrentó a la muerte creyendo que la esperanza y el temor de Israel y del mundo se reunirían de una vez por todas. Ese sería el gran acontecimiento, la culminación de la historia de Israel, la redención, el nuevo éxodo. Así era como iba a venir el reino.

Igual que cualquier otro mártir de la época, Jesús creía firmemente que si moría en obediencia a la voluntad de Dios, sería vindicado mediante la resurrección de entre los muertos. A diferencia de otros mártires, parece ser que creía que, como lo que estaba haciendo era especial, climático, el momento clave de la salvación de Israel, su resurrección no tardaría en tener lugar. Resucitaría 'al tercer día'. Como todas las otras cosas que Jesús creía, esto tenía sentido dentro de la cosmovisión de un judío del primer siglo que era consciente de que él era el medio a través del cual Dios iba al fin a hacer por su pueblo lo que siempre había prometido.

Queda claro pues que si Pablo no hubiera hecho más que copiar línea por línea las enseñanzas de Jesús –si hubiera repetido las parábolas, si hubiera intentado hacer de nuevo lo que Jesús hizo al anunciar e inaugurar el reino– no habría estado representando a Jesús, como es propio de un seguidor leal. De hecho, le habría estado negando. Alguien que copia exactamente lo que un aspirante a Mesías hace, está intentando ser él mismo un Mesías; lo que supone la negación del Mesías anterior. Cuando vemos la secuencia entera dentro del contexto de la escatología judía, estamos forzados a darnos cuenta de que para Pablo, ser un 'siervo leal de Jesucristo', como él se llama a sí mismo, no lleva a que el discípulo repita el anuncio único del reino a sus compatriotas judíos. No estamos buscando un paralelismo entre dos mensajes abstractos, sino la *continuidad correspondiente* entre dos personas que vivieron, de manera consciente, en dos momentos diferentes del calendario escatológico.

Jesús creía que su vocación era llevar a la historia de Israel a su clímax. Pablo creía que Jesús había alcanzado dicho objetivo. Pablo creía, como consecuencia de la creencia anterior y como parte de su propia vocación especial, que ahora él estaba llamado a anunciar al mundo que la historia de Israel había llegado a su clímax de aquella manera. Así, *cuando Pablo anunciaba 'el evangelio' al mundo gentil, daba por supuesto de forma deliberada y consciente el triunfo de Jesús*. Estaba construyendo sobre el fundamento, y no poniendo otro fundamento (1ª Corintios 3:11). No estaba 'fundando otra religión'. No estaba inventando un nuevo sistema ético. Tampoco estaba perpetrando un sistema atemporal de salvación, una nueva religión mistérica divorciada del Jesús de Nazaret real y humano. Estaba llamando al mundo a que fuera leal a su Señor legítimo, el Mesías judío ahora exaltado tal como tenía que ocurrir. Una nueva religión mistérica, centrada en un 'señor' místico, no habría sido una amenaza para el mundo grecorromano. Pero 'otro rey', el Jesús humano cuyas pretensiones chocaban directamente con las del César, sí que suponía un peligro.

Esto nos recuerda que la proclamación, no era ni para Jesús ni para Pablo sólo un asunto de 'religión'. El compartimento en el que la postilustración había encasillado a la 'religión', ya fuera creado por los que decían que la religión era irrelevante para la vida real o por los que querían protegerla de los estragos de la misma, no tiene nada que ver con la cosmovisión de un judío del siglo primero que creía que el Dios de Israel, el creador, que hacía uso de su poder y reinaba. Jesús no estaba anunciando una 'nueva religión'; Pablo tampoco. Ni el judaísmo, el cual, según Jesús y Pablo, tampoco era solamente una cuestión de 'religión'. Obviamente, (y subrayo este énfasis, por aquellos que quisieran interpretar lo contrario) es obvio y está bien claro que la proclamación de Jesús, y el anuncio del evangelio de Pablo, estaba dirigida a los seres humanos con un reto y un llamado, una advertencia y una invitación, que alcanzaba las profundidades de la experiencia humana, la parte más oculta del corazón, despertando lo que otros mensajes no podían alcanzar. Lo consiguieron, no porque predicaban una 'religión' divorciada del resto de la vida, sino porque Israel, el mensaje de Jesús, la predicación de Pablo, decían que se debía enseñar, invitar, llamar y permitir a la raza humana descubrir la verdadera forma de vivir, la forma de reflejar la imagen de Dios en todos los aspectos de la vida y con todos los tejidos de nuestro ser. Si a eso se le quiere llamar 'religión', muy bien. Pero Jesús y Pablo lo llamaron Vida, vivir como seres humanos, ser los hijos de Dios.

Dicho todo esto, debería ser fácil analizar las acciones y el mensaje de Jesús, y la agenda de las epístolas de Pablo, y establecer lo que tienen en común –no haciendo una correspondencia exacta– sino encontrando la coherencia, una correlación apropiada, una integración que dé cabida a las perspectivas radicalmente diferentes que ambos aportan. Jesús estaba llevando la historia de Israel a su clímax; Pablo estaba viviendo a la luz de ese clímax. Jesús se concentró en la tarea clave; Pablo celebró el triunfo de esa tarea y descubrió los frutos de ese triunfo de muchas maneras y en muchos contextos. Jesús creía que le había tocado la arriesgada labor de actuar y hablar de manera que se entendiese que él era la encarnación del juicio y la salvación de YHWH mismo; Pablo decía que Jesús era la encarnación del Dios único del monoteísmo judío.

Sin duda alguna existen decenas de detalles que podríamos analizar de forma cuidadosa si quisiéramos tratar todos los particulares de la relación entre Jesús y Pablo. Pero no es necesario que lo hagamos en este libro, ya que David Wenham lo hace muy bien en su reciente libro *Paul: Follower of Jesus or Founder of Christianity*. A pesar de la impresión popular, en las epístolas de Pablo hay mucho eco de las enseñanzas de Jesús, aunque, de nuevo, Pablo no se limita meramente a repetir la tradición, sino a reinterpretar fielmente el rico material que le ha llegado, usándolo de una manera fresca para adaptarlo a su diferente contexto. Lo importante, más que poner a Jesús y a Pablo uno a cada lado de una balanza teológica y conseguir que ésta esté en equilibrio, es llegar a entender la verdad que ambos entendieron: que en sus tiempos, y a través de ellos –uno como rey, y el otro como heraldo– el Dios vivo y verdadero había actuado de forma climática y definitiva para liberar a Israel y al mundo, y para establecer su reino de amor, reino a través del cual el mundo saldría del largo invierno del pecado y de la muerte y al fin saborearía los frutos de la Era por venir.

Pablo creía que estaba viviendo en los primeros días de la primavera. El hielo y la nieve aún se estaban derritiendo. Si miramos el mundo casi dos mil años después, podríamos decir que, como mucho, estamos en marzo (tomando los parámetros del hemisferio norte). En algún lugar se ve brillar el sol, y en otros los brotes y las flores demuestran que el invierno ha acabado. Pero hay lugares en los que aún está todo helado. Y otros en los que brotaron algunas flores, pero la nieve las cubrió por completo. Parece que esta Era por venir no se conforma a un calendario como el de las estaciones naturales. Después de todo, la creación será liberada de su calendario de vida y muerte, y de su esclavitud a la corrupción. Pero, tal y como Pablo dice en el mismo pasaje donde recoge esta esperanza que acabo de mencionar, eso ocurrirá por medio del testimonio, la santidad, el sufrimiento, la oración y, finalmente, la resurrección de aquellos en cuyos corazones Dios ya ha puesto 'las primicias del Espíritu' (Romanos 8:18–27). Así que, como dice en otro gran pasaje de esperanza, 'estad firmes, constantes, abundando siempre en la obra del Señor, sabiendo que vuestro trabajo en el Señor no es en vano' (1ª Corintios 15:58). Estas son la actitud y la actividad adecuadas de los que, ya sea en medio de llanto o de gozo, viven en el período entre el triunfo del Calvario y el Domingo de Resurrección, y el día en el que el Señor será todo en todos.

El Espíritu Santo y Pablo
¿UNA "TEOLOGÍA" DEL ESPÍRITU? EL ESPÍRITU EN LA TEOLOGÍA PAULINA

Tengo un recuerdo especial de mi profesor de Teología, de postgrado, afirmando con insistencia: "todos tenemos alguna forma de teología [es decir, una rudimentaria concepción de Dios y del mundo, que nos sirve de fundamento para vivir]; por tanto, el asunto no es si la tenemos o no, sino si la que tenemos es o no correcta".

Reconozco, pues, abiertamente, que éste es principalmente un libro acerca de la teología de Pablo, es decir, de la manera en la que Pablo entendía a Dios y su forma de proceder y, asimismo, acerca del papel que desempeña el Espíritu dentro de esta teología. No hay duda de que, para algunos, escribir un libro de "teología" acerca del Espíritu hace un flaco favor a la comprensión de las cuestiones relativas al Espíritu; y en muchos sentidos comparto su opinión. Pero no tenemos una palabra mejor y, en último término, la salud de la Iglesia contemporánea demanda que su teología y su experiencia del Espíritu se correspondan de un modo mucho más estrecho de lo que lo han hecho durante una gran parte del pasado.

Normalmente, la Teología pretende llegar a una comprensión de las cosas divinas mediante el estudio y la reflexión, y procura sistematizar en un todo coherente las diferentes verdades que creemos acerca de Dios y su manera de proceder. Sin embargo, a Pablo no le encontramos reflexionando acerca del Espíritu Santo más de lo que le encontramos reflexionando respecto al sentido de la Santa Cena o las relaciones internas de la Trinidad; son cosas que el apóstol presupone y que va mencionando aquí y allá. Como sucede a menudo con estas cuestiones fundamentales, rara vez las consideramos de manera reflexiva. Son, sencillamente, parte de la vida de cada día y nuestros comentarios acerca de tales cosas suelen ser muy naturales y realistas, sin argumentos o explicaciones.

Sin embargo, Pablo está constantemente haciendo teología. A diferencia de la teología reflexiva y académica del erudito, la suya es una "teología desde la labor", es el tipo de teología que se lleva a cabo en el mercado, donde las creencias y la experiencia de Dios se encuentran directamente con los sistemas de pensamiento, las religiones y la vida cotidiana de las gentes inmersas en la cultura grecorromana de la segunda mitad del siglo I. La teología que Pablo hace desde su labor es aún más compleja, si cabe, puesto que se desarrolla en un medio diverso desde un punto de vista racial y sociológico. En parte, por tanto, las cuestiones que Pablo plantea tienen que ver con lo que el Dios de los judíos (el único Dios) estaba haciendo en la Historia por medio de Cristo y del Espíritu, lo cual para Pablo tenía lugar dentro de un contexto principalmente gentil.

A esta clase de escenario, Pablo llegó predicando, experimentando, reflexionando y planteando verdades antiguas y nuevas, mientras luchaba por entender lo que significaba el hecho de que judíos y gentiles formaban parte del único pueblo de Dios. Durante este proceso, el apóstol estuvo siempre "haciendo" teología, esforzándose por entender el modo en que el Evangelio operaba y prevalecía en este nuevo contexto tan radicalmente distinto del mucho más aislado mundo judío en el que las Buenas Nuevas habían hecho su aparición.

En esta nueva lectura de Pablo nos interesa lo que el apóstol dice acerca del Espíritu, puesto que sus palabras son nuestra principal ventana a esta concepción. Sin embargo, hemos de intentar algo más que reunir todos estos pasajes y examinarlos en referencia con una serie de presupuestos doctrinales, puesto que en el caso del Espíritu estamos tratando con la cuestión esencial de la experiencia cristiana. Al fin y al cabo, la única teología que merece la pena es aquella susceptible de traducirse en vida; y, en último término, la idea que Pablo tiene del Espíritu es un asunto de fe expresado en vida. Fue mediante la experiencia del Espíritu como los primeros creyentes recibieron la Salvación que Jesucristo había logrado, y llegaron a entender que estaban viviendo en el comienzo del periodo del fin. Para ellos, el Espíritu era, por un lado, la evidencia de que el extraordinario futuro que Dios tenía para su pueblo había llegado hasta ellos en tiempo presente y, por otro lado, la garantía de que Dios concluiría lo que había comenzado en Cristo (es decir, el marco escatológico de Pablo). De este modo, el Espíritu se convierte en algo fundamental para la totalidad de su experiencia y para la comprensión de su vida presente en Cristo.

Mi deseo es que comprendamos bien tanto las realidades experimentadas por las iglesias del Nuevo Testamento, como el entendimiento que Pablo tenía de ellas, y que podamos hacerlo de un modo ecuánime e íntegro.

CONTINUIDAD Y DISCONTINUIDAD CON EL PASADO

Una de las principales cuestiones que se plantean en la teología paulina es la de la continuidad y discontinuidad entre el antiguo pacto y el nuevo, es decir, entre la palabra de Dios dada a Israel, comunicada por medio de profetas y poetas, y la palabra de Dios para su pueblo a través de Cristo Jesús, y comunicada por apóstoles y maestros. Leemos las cartas de Pablo como parte del Nuevo Testamento, el registro del nuevo pacto de Dios con su pueblo llevado a cabo por medio de Cristo y el Espíritu. Pero, de hecho, Pablo no sabía que estaba contribuyendo a la formación de tal "nuevo testamento". Para él, el "nuevo pacto" no tenía nada que ver con un registro escrito, sino con una realidad histórica, expresada de una manera nueva en la Santa Cena y experimentada en la cotidianidad mediante la presencia del Espíritu. Por tanto, la pregunta es ¿cómo se relaciona lo nuevo con lo antiguo? ¿Sustituye el nuevo pacto al antiguo como un tratado absolutamente distinto? ¿O acaso el nuevo es cumplimiento del antiguo y, de este modo, lleva consigo mucho de lo anterior? Para entender correctamente a Pablo hemos de advertir que su perspectiva es una extensión de la tradición religiosa en la que creció, en especial la comprensión de sus raíces veterotestamentarias, y al tiempo modifica.

En primer lugar, hemos de reconocer su sentido de continuidad con respecto a su propia herencia. Pablo se ve a sí mismo y a las iglesias por él establecidas, en línea directa con el pueblo de Dios en el Antiguo Testamento; y a pesar de sus profundas convicciones respecto a las radicales implicaciones de la venida de Cristo y el Espíritu, el apóstol revalida con regularidad dicha continuidad. Aplica los acontecimientos del Éxodo a una Iglesia principalmente gentil: "todos nuestros padres … en Moisés fueron bautizados en la nube y en el mar" (1 Cor 10:1–2). Cuando trata con los gentiles gálatas que estaban en peligro de ceder a la circuncisión, Pablo no solo apela a Abraham y a las promesas del antiguo pacto, sino que les pregunta con franqueza: "Díganme, los que desean estar bajo la ley, ¿no oyen la ley?" y a continuación expone el "verdadero significado" de Sara y Agar, Isaac e Ismael en vista de Cristo y el Espíritu (Gál 4:21–31). El apóstol nunca habla de un "nuevo Israel" o de un "nuevo pueblo de Dios", sino del "Israel de Dios" (Gál 6:16), un Israel en continuidad con el pasado, pero formado ahora indistintamente por judíos y gentiles como un único pueblo de Dios.

Sin embargo, para Pablo es igualmente claro que existe una discontinuidad. El pueblo de Dios ha sido ahora formado de un modo nuevo. Cristo es la "meta de la ley" (Rom 10:4), y el Espíritu, "el Espíritu Santo de la promesa" (Gál 3:14; Ef 1:13). La muerte y resurrección de Cristo han llevado a su fin la observancia de la Torá (vivir sobre la base de la ley veterotestamentaria, Rom 7:4–6; 8:2–3); ser guiado por el Espíritu ha sustituido a la observancia de los preceptos como forma de cumplir la Torá (Gál 5:18); de hecho, las justas demandas de la ley se cumplen ahora en aquellos que andan en/por el Espíritu (Rom 8:4).

El Espíritu Santo era una parte esencial del futuro prometidode Israel. Para Pablo, el don del "Espíritu Santo de la promesa" (Ef 1:13) es la segura evidencia de que el futuro se había ya puesto en marcha. Entender cómo ha cumplido el Espíritu esta promesa, y el modo en que esto influyó en la percepción que la Iglesia Primitiva tenía de sí misma, es una parte de esta invitación a leer a Pablo de un modo nuevo.

Puesto que el Espíritu desempeña este papel integral en el cumplimiento del nuevo pacto, sería apropiado incluir una sección en este libro acerca de los antecedentes paulinos, es decir, respecto al papel del Espíritu en el Antiguo Testamento y en el judaísmo del periodo intertestamentario. Sin embargo, en lugar de esto, he decidido ir mostrando a lo largo de este libro cuáles podrían ser sus expectativas y cómo entiende Pablo que el Espíritu las cumple.

UN CENTRO TEOLÓGICO ESCURRIDIZO

Es necesaria una última palabra introductoria relativa al largo debate dentro del mundo académico con respecto a lo que constituye el "meollo" de la teología de Pablo. La perspectiva tradicional promovida por los reformadores y perpetuada por muchas generaciones de protestantes es que la clave del pensamiento paulino es "la justificación por la fe". Esta posición subraya el histórico acto salvífico de Cristo a nuestro favor y nuestra percepción de él por la fe. Lo inadecuado de esta perspectiva es que se centra en una de las metáforas de la Salvación, la "justificación", y excluye las otras. La debilidad de este enfoque es que no arroja la red lo suficientemente lejos como para captar todas las inquietudes teológicas de Pablo.

En respuesta, otros consideran que el centro que buscamos está en la experiencia mística de Pablo que se articula con la expresión "en Cristo". Esta postura trasladó el enfoque de la obra histórica de Cristo y su apropiación por parte del creyente, a la constante experiencia de Cristo (especialmente en el caso de Pablo). Aunque de algún modo esta idea sirvió para corregir el punto de vista tradicional, algunos eruditos paulinos contemporáneos han reconocido que ambos acercamientos son, en cierto modo, limitados. No obstante, el resultado frecuente ha sido un énfasis en la diversidad y "carácter contingente" de las cartas de Pablo hasta tal punto que muchos estudiosos, representativos del postmodernismo contemporáneo, han perdido toda esperanza de hallar un verdadero centro de la teología paulina, o incluso de encontrar alguna coherencia en ella.

Por lo que a mí respecta, tengo dos convicciones. En primer lugar, creo que en la concepción paulina de Cristo y el Espíritu existe un núcleo estable, y que una gran parte del mismo, presupone Pablo, se basa en su sentido de continuidad con el antiguo. Por otra parte, todo este núcleo se encuentra en lo que él llama simplemente "el Evangelio". Para el apóstol, el Evangelio tenía un núcleo de contenido fundamental: un contenido que era común a todos los primeros cristianos (ver p. ej., 1 Cor 15:1–3, 11). Las aparentes variaciones en la teología de Pablo, tal como yo las entiendo, tienen que ver con las implicaciones de este contenido común para la misión a los gentiles, a lo cual dedicó las dos últimas décadas de su vida.

En segundo lugar, y en consonancia con el talante de nuestro tiempo, estoy convencido de que el centro teológico del pensamiento de Pablo es tan difícil de sintetizar porque comprende demasiados aspectos como para poder formularse en una sola frase. Parece mucho más fácil aislar los elementos esenciales que fundamentan la teología paulina y que constituyen el núcleo alrededor del cual se aglutinan los demás temas:
- La Iglesia como comunidad escatológica (es decir, una comunidad que vive en el principio del "tiempo del fin"), formada por el pueblo de Dios del Nuevo Pacto.
- El marco escatológico de la existencia y pensamiento de este nuevo pueblo.
- La formación del nuevo pueblo de Dios por la nueva salvación escatológica que se lleva a cabo por medio de la muerte y resurrección de Cristo.
- La concepción que tiene este pueblo de Jesús como Mesías, Señor e Hijo de Dios.

Dicho de otro modo:
- El fundamento: un Dios misericordioso y generoso, lleno de amor hacia nosotros.
- El marco: el cumplimiento de las promesas de Dios como algo ya iniciado, pero aún no consumado.
- El enfoque: Jesús, el Hijo de Dios, quien como siervo sufriente de Dios ganó la salvación escatológica para la Humanidad, a través de su muerte y resurrección, y que ahora es el Señor exaltado y el Rey cuya venida esperamos.
- El fruto: la Iglesia como comunidad escatológica que, formada como pueblo por la muerte de Cristo y el don del Espíritu y que es, de este modo, restaurada según la imagen de Dios, se convierte en el nuevo pueblo del Pacto de Dios.

Si estos puntos representan un enunciado correcto de la perspectiva de Pablo (y del resto del Nuevo Testamento), podemos además derivar lo siguiente: por un lado, parece imposible entender a Pablo sin reconocer la Escatología como el marco esencial de todo su pensamiento teológico; por otra parte, dentro de este marco de referencia, la preocupación esencial es el asunto de la Salvación en Cristo. Dicha salvación es "escatológica" en el sentido de que aquella salvación final que aún aguarda al creyente, es ya una realidad presente por medio de Cristo y del Espíritu. Es "en Cristo", en el sentido de que aquello que se originó en Dios fue llevado a cabo en la Historia por medio de la muerte y resurrección de Cristo, y se recibe a través de la obra del Espíritu Santo, quien es también la clave de la vida cristiana durante este periodo intermedio hasta la consumación final que tendrá lugar con la parusía (venida) de Cristo.

No hace falta mucha reflexión para reconocer que, aparte del enfoque en Jesucristo como Mesías, Señor y Salvador, el Espíritu es un ingrediente esencial en cada uno de estos aspectos del centro teológico de Pablo. De ahí mi convicción de que el Espíritu está muy cerca del centro del pensamiento paulino, siendo una parte del núcleo fundamental de su concepción del Evangelio. La experiencia del Espíritu es clave para su marco escatológico caracterizado por el "ya, pero todavía no"; el Espíritu es el agente esencial para que los creyentes experimenten y expresen la Salvación que Dios ha llevado a cabo en Cristo; el Espíritu constituye a la Iglesia como nuevo pueblo (escatológico) de Dios y transforma a sus miembros según la imagen de Cristo mediante el fruto que produce en sus vidas; es también el Espíritu quien les capacita en la adoración para animarse y edificarse unos a otros. Es justo decir que "sin el piñón de soporte del Espíritu, toda la teología de Pablo se desplomaría por completo".

Por último, quiero observar que el propósito de todo esto no es meramente informativo. No sería honesto si no admitiera que mi intención es persuadir. Sin embargo, en este caso, la persuasión no tiene que ver con tener o no razón. Mi verdadera preocupación, tanto para mí mismo como para la Iglesia de nuestro tiempo, es que, en este asunto, todos volvamos a nuestras raíces bíblicas y, de este modo podamos desempeñar nuestro papel en el milenio que está ya a la vuelta de la esquina.

Dios Visita Nuevamente A Su Pueblo: El Espíritu Como La Renovada Presencia De Dios

Para Pablo, el derramamiento del Espíritu significaba que Dios había cumplido su promesa de morar una vez más entre su pueblo.

El término "presencia" es delicioso porque denota uno de nuestros dones más valiosos. No hay nada que pueda sustituir a la presencia personal; ni los regalos, ni las llamadas telefónicas, ni las fotografías o las notas personales: nada. Pregúntale a alguien que haya perdido al compañero de toda la vida qué es lo que más echa de menos. La respuesta es invariablemente: su "presencia". Cuando estamos enfermos, casi más que las palabras de ánimo necesitamos que nuestros seres queridos estén con nosotros. ¿Qué es lo que hace de la vida compartida (juegos, paseos, conciertos, salidas, y otras mil cosas) tan agradable? La presencia personal.

Dios nos ha hecho así, a su propia imagen, porque Él es un ser relacional y personal. El gran problema que surge de la caída es que hemos perdido, no solo nuestra visión de Dios (percibimos su verdadero carácter de un modo distorsionado), sino también nuestra relación con Él y, por ello, su presencia permanente. Para Pablo, la venida de Cristo y del Espíritu, cambiaron esto para siempre.

En el centro de la cosmovisión paulina está su idea del derramamiento del Espíritu como la venida del "Espíritu Santo dela promesa" (Ef 1:13; Gál 3:14). Aunque esta promesa constituía especialmente la renovación de la palabra profética, para Pablo significaba también la llegada del nuevo pacto, anticipada por la circuncisión del corazón prometida en Deuteronomio 30:6 y profetizada de manera explícita en Jeremías 31:31–34: "haré con la casa de Israel y con la casa de Judá un nuevo pacto … Pondré mi ley dentro de ellos, y sobre sus corazones la escribiré". Al poco tiempo, esta profecía fue recogida por Ezequiel, quien la vinculó explícitamente con el Espíritu a quien Dios iba a poner "dentro de ustedes" (36:26–27; 37:14). Por encima de cualquier otra cosa, como cumplimiento del nuevo pacto, el Espíritu marcó el regreso de la perdida presencia de Dios con su pueblo.

Aquí encontramos, pues, una de las áreas en que el Espíritu representa tanto la continuidad como la discontinuidad entre el antiguo pacto y el nuevo. La continuidad hay que encontrarla en la prometida renovación de la presencia de Dios con su pueblo; la discontinuidad está en la forma radicalmente nueva en que Dios vuelve a visitarles: morando en ellos de un modo tanto individual como colectivo, por medio de su Espíritu.

LA PRESENCIA DE DIOS EN EL ANTIGUO TESTAMENTO

El tema de la presencia de Dios es crucial tanto en el Antiguo como en el Nuevo Testamento. De hecho, esta cuestión sirve como "sujetalibros" de la Biblia. Comienza en Génesis 3 con la presencia del Creador de los Cielos y la Tierra en el huerto de Edén, con aquellos que había creado a su propia imagen, y concluye con las maravillosas imágenes de los nuevos Cielos y la nueva Tierra con su nuevo Edén en Apocalipsis 21:1–22:5, donde Juan dice explícitamente: "Y no vi en ella templo alguno, porque su templo es el Señor, el Dios Todopoderoso, y el Cordero". El pueblo de Israel se veía a sí mismo como el pueblo de la Presencia, aquel que el Dios eterno había escogido para morar en la Tierra.

El Tabernáculo y el Templo

El modo principal en que se experimenta la presencia de Dios en el Antiguo Testamento es el Tabernáculo y el Templo. Estas expresiones de la Presencia divina, que culminan con el descenso de la gloria de Dios sobre el tabernáculo, constituyen la clave estructural del libro del Éxodo. En el incidente de la zarza ardiente (Ex 3) el Dios vivo se aparece primero a Moisés en Sinaí, y a continuación le instruye para que conduzca al pueblo hasta allí, para adorarle. Cuando Israel llega al santo monte en el capítulo 19, arriba al lugar de la "morada" de Dios, un lugar inaccesible, que les está prohibido aun tocar so pena de muerte, solo a Moisés se le permite acceder a la presencia de Dios.

Pero Dios se propone trasladarse a vivir entre su pueblo por medio del tabernáculo. De modo que, tras la entrega del Libro del Pacto (Ex 20–24), Moisés recibe las instrucciones para la construcción del tabernáculo (capítulos 25–31). Pero entre la recepción de las instrucciones y la construcción (capítulos 35–39) tiene lugar el desastroso episodio del desierto (capítulo 32), seguido por el anuncio de Dios a Moisés: "mi presencia no irá contigo"; irían acompañados de un ángel (capítulo 33). Moisés reconoce lo inadecuado de esta solución e intercede: "Entonces le dijo Moisés: Si tu presencia no va con nosotros, no nos hagas partir de aquí. ¿Pues en qué se conocerá que he hallado gracia ante tus ojos, yo y tu pueblo? ¿No es acaso en que tú vayas con nosotros, para que nosotros, yo y tu pueblo, nos distingamos de todos los demás pueblos que están sobre la faz de la tierra?" (33:15–16).

A esto le sigue una revelación del carácter de Dios ("Compasivo y Clemente, Lento para la ira y Abundante en misericordia y fidelidad") y la construcción del tabernáculo, todo lo cual concluye con el descenso de la gloria de Dios, que "llenó el tabernáculo" (40:35). Ahora están preparados para dirigirse "al lugar que el Señor vuestro Dios escoja para morada de su nombre" (Dt 12:11 y *pássim*), guiados por la presencia de Dios, simbolizada mediante la columna de nube y la de fuego.

La promesa de Deuteronomio se cumplió finalmente en la construcción del templo de Salomón, donde la misma gloria que aparece en Éxodo 40 descendió y "llenó su templo" (1 Rey 8:11). Por ello, en los textos veterotestamentarios se alude con frecuencia a Jerusalén y al Templo como "el lugar que el Señor ha escogido para morada de su nombre"; y el templo se convirtió en el punto focal de la existencia de Israel en la tierra prometida.

Por tanto, es la Presencia de Dios entre ellos los que distingue a los israelitas como pueblo de Dios, más que la Ley u otros distintivos de identidad como la circuncisión, las leyes sobre comidas o la observancia del sábado. Todos entendían perfectamente que el Dios que creó los Cielos y la Tierra no podía ser contenido en ninguna estructura arquitectónica terrenal. (p. ej., Is 66:1–2), no obstante, puesto que Dios había decidido que su presencia se concentrara en aquel lugar, el Tabernáculo primero y el Templo después, se convirtieron en los símbolos principales de la presencia de Dios entre su pueblo.

Así, aunque el templo fue también el lugar donde se efectuaban los sacrificios, los creyentes del Antiguo Testamento lo veían principalmente como un lugar de oración que daba testimonio de que la presencia de Dios estaba con ellos. Esto se pone de relieve una y otra vez en el himnario de Israel, el Salterio. Tomemos por ejemplo el gran himno de entronización que tenemos en el Salmo 68 y que representa la promesa de Dios en Sión como la esperanza de su pueblo y la envidia de sus vecinos:

Monte de Dios es el monte de Basán;
monte de muchos picos es el monte de Basán.
¿Por qué miráis con envidia, oh montes de muchos picos,
al monte que Dios ha deseado para morada suya?
Ciertamente el Señor habitará allí para siempre.
(Salmos 68:15–16)

Acerca de la "entronización", el salmista canta:
Los carros de Dios son miríadas, millares y millares;
el Señor está entre ellos en santidad, como en el Sinaí.
Tú has ascendido a lo alto, has llevado en cautividad a tus cautivos;
has recibido dones entre los hombres,
y aun entre los rebeldes,
para que el Señor Dios habite entre ellos. (vv. 17–18)

Otros autores del Salterio retoman repetidamente este mismo tema en sus reflexiones acerca de la gloria de estar en la presencia de Dios:

¡Cuán preciosas son tus moradas, oh Señor de los ejércitos!
Anhela mi alma, y aun desea con ansias los atrios del Señor; mi corazón y mi carne cantan con gozo al Dios vivo. (Sal 84:1–2)
Así te contemplaba en el santuario,
para ver tu Poder y tu Gloria. (Sal 63:2)

Pero el fracaso de Israel condujo a la pérdida de la presencia de Dios. Esto es lo que hace que la caída de Jerusalén y el exilio sean acontecimientos tan llenos de patetismo. El Templo de Jerusalén, que Dios había escogido para morada de su nombre, fue destruido y con la caída del Templo y la ciudad muchos fueron llevados cautivos; y no solo esto, sino que tanto los exiliados como los que consiguieron quedarse en el territorio de Israel dejaron de ser un pueblo que se distinguía por la presencia de Dios. Lo conmovedor de todo esto encuentra su última expresión simbólica en Ezequiel 10 donde, igual que sucede con el arca del pacto en 1 Samuel 4, "la gloria del Señor" abandona el templo de Jerusalén.

La promesa de la presencia renovada

Sin embargo, no todo estaba perdido. El regreso de la presencia de Dios llega a ser el núcleo de la esperanza profética. Por medio de Ezequiel, por ejemplo, Dios promete, "Mi morada estará también junto a ellos, y yo seré su Dios y ellos serán mi pueblo" (37:27). Y Malaquías profetiza: "Y vendrá de repente a su templo el Señor a quien ustedes buscan" (3:1). Esta esperanza pervive dentro del judaísmo intertestamentario entre los escritores de la literatura apocalíptica; en el Testamento de Dan, por ejemplo, su autor nos dice: "Y Jerusalén ya no habrá de padecer desolación […] porque el Señor estará en ella".

En consonancia con la temprana historia de Israel, el tema de la renovada presencia está directamente vinculado a la esperanza de un templo restaurado. Este tema halla su expresión metafórica más intensa en la sublime visión de Ezequiel (Capítulos 40–48), sin embargo, el momento más memorable está en el oráculo de Isaías 2:2–3 (que se repite en Miqueas 4:1–2) donde la inclusión de los gentiles es también un tema esencial (cf. Zac 14:16–19):

Y sucederá en los últimos días
que el monte de la casa del Señor será establecido
como cabeza de los montes;
se elevará sobre las colinas, y afluirán a él los pueblos.
Vendrán muchas naciones y dirán:
Venid y subamos al monte del Señor,
a la casa del Dios de Jacob,
para que Él nos instruya en sus caminos,
y nosotros andemos en sus sendas.
Porque de Sión saldrá la ley, y de Jerusalén
la palabra del Señor. (Miqueas 4:1–2).

El segundo templo, no obstante, no estuvo a la altura de estas expectativas. Por ello, este edificio suscitó distintas reacciones entre el pueblo. Recordando el templo de Salomón, Hageo se queja: "¿Quién ha quedado entre ustedes que haya visto este templo en su gloria primera? ¿Y cómo lo ven ahora? Tal como está, ¿no es como nada a sus ojos?" (2:3). En muchos círculos, por tanto, el pueblo de Dios seguía alimentando la esperanza de la reconstrucción de un templo majestuoso.

La presencia equivale al Espíritu

Para Pablo, el asunto más crucial en relación con este tema está en el hecho de que en Isaías 63:9–14 se establece una equivalencia entre la divina presencia que encontramos en la narrativa del Éxodo y "el Santo Espíritu del Señor". Al recordar el pasado de Israel, el profeta dice:

En todas sus angustias Él fue su Salvador,
no fue ángel o mensajero, sino su presencia la que los salvó.
En su Amor y en su Compasión los redimió;
los levantó y los sostuvo todos los días de antaño.
Más ellos se rebelaron y contristaron su Santo Espíritu;
por lo cual Él se convirtió en su enemigo y peleó contra ellos.
Entonces su pueblo se acordó de los días antiguos,
de Moisés y su pueblo.
¿Dónde está el que los sacó del mar con los pastores de su rebaño?
¿Dónde está el que puso su Santo Espíritu en medio de ellos,
el que hizo que su glorioso brazo fuera a la diestra de Moisés,
el que dividió las aguas delante de ellos para hacerse un nombre eterno,
el que los condujo por los abismos?
Como un caballo en el desierto, no tropezaron;
como ha ganado que desciende al valle,
el Espíritu de Yahveh les dio descanso.
Así guiaste a tu pueblo,
para hacerte un nombre glorioso.

Pablo está especialmente familiarizado con esta conexión, como lo confirma su deliberado eco del lenguaje del versículo 10 en Efesios 4:30: "Y no entristezcan al Espíritu Santo de Dios, por el cual fueron sellados para el día de la redención".

EL ESPÍRITU COMO LA PRESENCIA RENOVADA EN PABLO

Cuando (especialmente) después de estos antecedentes veterostestamentarios vamos a los escritos de Pablo, queda claro que él entiende la venida del Espíritu como el cumplimiento de tres expectativas relacionadas: (1) la relación entre el Espíritu y el Nuevo Pacto; (2) el lenguaje de la imaginería del Templo y (3) la asociación del Espíritu con esta imaginería. Como cumplimiento del tema del Nuevo Pacto, y del templo renovado el Espíritu se convierte en el modo en que Dios se hace ahora presente en el planeta Tierra.

En este sentido, la imaginería del Templo es especialmente significativa, puesto que éste siempre se entendió como el lugar de la morada de Dios, el lugar de su gloria. Para Pablo, el Espíritu representa el modo en que Dios mora en su santo templo. Es significativo que esta morada se haga patente en la comunidad reunida, como cabría esperar dado el trasfondo veterotestamentario de este uso y, especialmente, en el corazón del creyente.

El papel del Espíritu en el Nuevo Pacto

En consonancia con el resto de la Iglesia primitiva, Pablo entiende la muerte de Cristo como el sacrificio que instituye el nuevo pacto de Dios con su pueblo (ver 1 Cor 11:25). El apóstol ve también el Espíritu como el modo en que dicho pacto se hace realidad en y entre ellos. Como resultado de su experiencia del Espíritu y la de otros, Pablo entiende este papel especialmente en términos de Ezequiel 36:26–27 y 37:14. El apóstol combina los temas de estos dos pasajes de tal manera que, en la venida del Espíritu a la vida del creyente y a la comunidad de fe, Dios dio cumplimiento a tres dimensiones de la promesa:

1. Dios daría a su pueblo un "nuevo corazón" el "corazón de carne" de que habla Jeremías y que había de sustituir al corazón de piedra (Jer 31:31–33) lo cual sería posible porque les daría también un "nuevo espíritu" (Ez 36:26). En Pablo, este tema encuentra expresión en 2 Corintios 3:1–6 donde se ve a los corintios como receptores del nuevo pacto en el sentido de que en ellos, el "Espíritu del Dios vivo" había escrito "en tablas de corazones humanos" (v. 3). El propio Pablo es ministro de este nuevo pacto, que no tiene que ver ya con "letra", sino con el Espíritu que imparte vida (vv. 5–6). Esta misma concepción es la que subyace tras el similar lenguaje de Romanos 2:29, que recuerda a Deuteronomio 30:6 en términos de cumplimiento.

2. Este "nuevo espíritu" no es otro que el Espíritu de Dios, quien capacitará al pueblo de Dios para que siga sus decretos (Ez 36:27). Como se hace evidente en Romanos 8:3–4 y Gálatas 5:16–25, el cumplimiento de estos aspectos por parte del Espíritu es la respuesta de Pablo a la pregunta de qué le sucede a la justicia, si uno suspende la observancia de la Torá (la ley del Antiguo Testamento).

3. El Espíritu de Dios significa la presencia del propio Dios, puesto que "Pondré mi Espíritu en ustedes, y vivirán" (Ez 37:14). De nuevo, Pablo recoge este tema en 2 Corintios 3:5–6. En tanto que Espíritu del Dios vivo, el Espíritu Santo suministra al pueblo de Dios la única realidad esencial acerca de Dios. "El Espíritu dice Pablo en el contexto del nuevo pacto da vida".

De manera similar, el lenguaje de 1 Tesalonicenses 4:8 es explícitamente el de Ezequiel 37–38. Cualquier rechazo de la santidad por parte de los tesalonicenses implica un rechazo del Dios "que les da su Espíritu Santo". Si rechazan el llamamiento de Pablo a una vida santa están, de hecho, rechazando la presencia misma del Dios Santo por su Espíritu. Podemos concluir que, para Pablo, Cristo ha hecho efectivo el nuevo pacto para el pueblo de Dios por medio de su muerte y resurrección; sin embargo, el Espíritu es la clave del nuevo pacto como realidad que se cumple en la vida del creyente.

El Espíritu que habita

Relacionados estrechamente con el tema de la presencia divina y los pasajes del nuevo pacto en el Antiguo Testamento, están los muchos textos en los escritos de Pablo que hablan del Espíritu que mora en el pueblo de Dios. Este tema aparece, en primer lugar, en los textos que sitúan al Espíritu dentro del creyente. Se habla del Espíritu que está en "ustedes/nosotros" (1 Tes 4:8; 1 Cor 6:19; 14:24–25; Ef 5:18 [en la imaginería de la plenitud]). La ubicación de "en ustedes/nosotros" es el "corazón" (2 Cor 1:22; 3:3; Gál 4:6; Rom 2:29; 5:5). Esto se convierte a su vez en el lenguaje de "habitar en" (1 Cor 3:16; 2 Cor 6:16; Rom 8:9–11; Ef 2:22).

Dos de estos pasajes (1 Cor 14:24–25 y 2 Cor 6:16) son especialmente instructivos ya que Pablo cita textos del Antiguo Testamento que aluden a que Dios mora en medio de su pueblo, lo cual Pablo atribuye ahora a la presencia del Espíritu. Cuando los paganos se vuelven al Dios vivo porque sus corazones han sido expuestos por medio del Espíritu profético, Pablo habla de ello con el lenguaje de Isaías 45:14: "Ciertamente Dios está contigo".

De manera similar, en la imaginería del Templo de 2 Corintios 6:16, que presupone la presencia del Espíritu en la vida de la comunidad (1 Cor 3:16), Pablo entiende que Dios está presente entre su pueblo. Al explicar esta cuestión utiliza el lenguaje de la promesa del nuevo pacto de Ezequiel 37:27: "Mi morada estará también junto a ellos, y yo seré su Dios y ellos serán mi pueblo". Este último pasaje apunta a la expresión última de la terminología del Espíritu que mora en su pueblo: la imaginería del Templo.

La Iglesia como Templo de Dios

Para designar al Espíritu como la presencia renovada de Dios entre su pueblo, Pablo recurre a la imaginería del Templo. Esta clase de imaginería aparece cuatro veces en los escritos de Pablo: tres veces en relación con sus precedentes veterotestamentarios (1 Cor 3:16, 17; 2 Cor 6:16; Ef 2:22), donde Dios mora entre su pueblo en el tabernáculo y el templo, y una vez en relación con la promesa del nuevo pacto (1 Cor 6:19–20), donde el templo es ahora el cuerpo del creyente, habitado por el Espíritu Santo "que está en ustedes, el cual tienen de Dios".

En primer lugar, pues, Pablo vincula específicamente al Espíritu con la imaginería del templo en el contexto de la presencia del Espíritu entre el pueblo de Dios. Así es como el Dios vivo está ahora presente con su pueblo; esto se expresa de manera especialmente clara en Efesios 2:22: la Iglesia está siendo erigida para ser un templo santo en el Señor, en la que los creyentes son "juntamente edificados para morada de Dios en el Espíritu".

Ahí radica la importancia de 1 Corintios 3:16–17. La fórmula introductoria de Pablo "¿no saben ustedes que …", seguida por "son ustedes el templo de Dios [en Corinto]", unido al argumento del contexto, pone claramente de relieve que lo que Pablo tiene en mente es la rica historia del Espíritu como cumplimiento del tema del templo/presencia de Dios. En el contexto, el apóstol está discutiendo con aquellos que van camino de destruir la iglesia de Corinto con sus disputas sobre los distintos dirigentes en el nombre de la sabiduría (meramente humana). En respuesta, Pablo pasa de sus palabras acerca de la necedad que supone hacer "señores" de quienes no son sino siervos humanos, a sus advertencias en los vv. 10–15 a quienes están llevando a la iglesia por esa desastrosa dirección. Por último, el apóstol se dirige a la iglesia para señalar su identidad: son el templo de Dios en Corinto.

La utilización de la imaginería del templo por parte de Pablo comienza en el versículo 9 ("ustedes [la iglesia de Corinto] son edificio de Dios"). Su fundamento (el Cristo crucificado) había sido puesto por el apóstol, pero en aquel momento, se estaba alzando la superestructura con materiales que eran incompatibles con el fundamento (madera, heno y hojarasca, aludiendo a su fascinación con la sabiduría y la retórica). Han de edificar con materiales duraderos (oro, plata, piedras preciosas, es decir, el Evangelio del crucificado), una imaginería procedente del templo de Salomón (1 Crón 29:2; 2 Crón 3:6). A continuación, en el versículo 16 Pablo formula una pregunta retórica "¿no saben ustedes que clase de edificio son? ¡El templo de Dios en Corinto!" Como comunidad, formaban el templo del Dios vivo, la alternativa de Dios a los incontables templos paganos de Corinto; y lo que les convertía en alternativa era la presencia del Espíritu entre ellos.

Pero los corintios iban camino de destruir el templo de Dios, porque sus disputas y su fascinación por la sabiduría significaban el destierro del Espíritu, el único que podía iluminarles y unirles. Esto explica la seriedad de la advertencia que pronuncia el apóstol: los responsables de la destrucción de la Iglesia serán destruidos por Dios, y ello precisamente porque el templo, el lugar de su presencia, es santo; y "ustedes, la iglesia en Corinto, son ese templo". La asamblea de la Iglesia es el lugar de la presencia de Dios por el Espíritu. Esto es lo que distingue al nuevo pueblo de Dios de "todos los demás pueblos que están sobre la faz de la tierra" (Ex 33:16).

¡No hay palabra más importante en todo el Nuevo Testamento respecto a la naturaleza de la Iglesia que ésta! La iglesia local es el templo de Dios en la comunidad en que está situada; y lo es solo por la presencia del Espíritu, mediante el cual Dios ha visitado de nuevo a su pueblo. No es de extrañar, por tanto, que Pablo vea la expulsión del incestuoso de la comunión colectiva (ni siquiera han de comer con él) como algo que finalmente llevará a su Salvación (1 Cor 5:1–13). Al parecer, la exclusión de alguien del lugar de la presencia de Dios le conducirá a un arrepentimiento que hará posible su Salvación, trayéndole de nuevo al pueblo de la presencia.

Este acento en la Iglesia como templo de Dios y, por tanto, su alternativa a los templos paganos de Corinto está también detrás de la idéntica imaginería de 2 Corintios 6:16–7:1. Quienes están en la iglesia han de abandonar la idolatría de Corinto (repitiendo la prohibición de 1 Cor 8–10) y purificarse de toda mancha, puesto que son el Templo de Dios, el lugar donde habita el Dios eterno en Corinto.

Cuando en Efesios 4:30 Pablo insta a sus lectores a no entristecer "al Espíritu Santo de Dios", se está sirviendo del lenguaje de Isaías 63:10, que es el lugar del Antiguo Testamento en que, sin lugar a dudas, el concepto de la divina presencia con Israel en el tabernáculo y el templo, se equipara específicamente con "el Espíritu Santo de Yahveh". Esta identificación es el fundamento para la advertencia de Pablo. Quien acompañó al pueblo de Dios en el desierto no fue un ángel o enviado, sino la misma presencia divina en la forma del Espíritu de Dios. Por medio del Espíritu Santo, la presencia de Dios ha regresado ahora a su pueblo a fin de habitar en ellos de un modo tanto individual como colectivo, y puedan así andar en sus caminos. Pablo insta, por tanto, a los efesios para que no repitan el fallo de Israel. Han de guardarse de entristecer al Dios que está presente entre ellos por su Espíritu Santo, evitando los distintos pecados de discordia que destruyen la "unidad del Espíritu" (4:3).

El creyente individual como Templo de Dios

En 1 Corintios 6:19–20, Pablo lleva a cabo una notable transferencia de esta imaginería de la Iglesia al creyente individual. Dios, pues, no solo habita en medio de su pueblo por el Espíritu, sino que ha establecido igualmente su residencia en las vidas de los creyentes de manera individual por medio del mismo Espíritu dador de vida.

No debemos dejar de observar la importancia de esta transferencia de imágenes. En el contexto se están tratando asuntos relativos a la inmoralidad sexual. Pablo está preocupado por la "santificación" del creyente. Reflejando una concepción de aquel tiempo que establecía una aguda distinción entre la realidad física y material, y el reino de lo invisible e inmaterial (helenismo dualista), algunos cristianos sugerían que el espíritu humano no se afecta por lo que le sucede al propio cuerpo; de ahí que entendieran como lícitas las relaciones sexuales con prostitutas. Pero Pablo no aceptaba tales ideas ni conclusiones. El Dios que nos creó a su imagen, creó tanto el cuerpo como el espíritu y de este modo declaró como bueno el orden material.

En esta última etapa de su discusión con ellos, Pablo apela a la presencia del Espíritu en sus vidas, en el contexto de la obra de Salvación de Cristo. Al "comprarles" para la gloria de Dios, Cristo compró también sus cuerpos, como lo evidencia el Espíritu Santo cuyo templo son ellos porque ahora Dios no mora en santuarios hechos por manos de hombres, sino en los que Él mismo crea. Por tanto, sus cuerpos no son de su propiedad para que puedan hacer lo que les parezca. Pertenecen a Dios, quien les compró mediante el sacrificio de Cristo y ahora habita en ellos por su Espíritu.

En este texto, como en 2 Corintios 2:14–4:6, está el secreto de la piedad personal de Pablo y de su comprensión del Espíritu en su vida. En ambos casos, los textos señalan finalmente hacia fuera; es decir, la meta de esta dimensión de la vida en el Espíritu no es meramente la contemplación, sino la vida ética que produce el Espíritu. Sin embargo, no puede pasarse por alto la dimensión personal. De hecho, en el nuevo pacto, la primera ubicación de la presencia de Dios es en el interior del creyente, de manera individual, santificando su existencia presente y poniendo en ella el sello de su eternidad.

Sin embargo, como sucede a menudo con la imaginería de Pablo, su flexibilidad permite que ésta adquiera un giro distinto en otros contextos. Una aspecto importante a tener en cuenta para avanzar en una concepción correcta de 2 Corintios 2:14–4:6 es el de la imaginería combinada del tabernáculo/templo y la presencia. Comienza en 2:17 con la defensa que Pablo hace de la validez de su ministerio (y que contrasta con los mercachifles de otro evangelio) mediante el argumento de que sus afirmaciones son las de alguien que vive "en la presencia de Dios".

Este tema se retoma en 3:7 y se va desarrollando hasta su conclusión mediante el contraste de su ministerio con el de Moisés. Este tratamiento evoluciona hasta convertirse, finalmente, en una clase de Midrash (una explicación tradicional judía de un pasaje bíblico) acerca de cómo Moisés hubo de ponerse un velo al descender de la presencia de Dios, mientras que no lo llevaba cuando entró en el tabernáculo de la presencia de Dios. Los creyentes son aquellos que ahora se vuelven al Señor, a quien aquí se equipara con el Espíritu del Señor, la clave de la presencia de Dios en esta era. Igual que Moisés, pero ahora por medio del Espíritu, tampoco nosotros llevamos velo cuando entramos al santuario para contemplar la gloria del Señor.

Lo que hace que su argumento sea tan acertado es el juego entre el velo y el Espíritu; el Espíritu de la Presencia ha quitado ahora el velo, lo cual alude muy probablemente al velo que impedía el acceso a la presencia de Dios en el templo. El resultado de la venida del Espíritu es que el velo desaparece, tanto de nuestros rostros como de la presencia, de modo que podemos contemplar la gloria del Señor en el rostro del hijo de Dios, nuestro Señor Jesucristo.

Aquí Pablo entra en el lugar santo. Por medio de la presencia del Espíritu nos situamos ahora detrás del velo, en la presencia misma de Dios, no solo contemplando la gloria de Dios en Cristo, sino también siendo transformados en la semejanza del Señor de un grado de gloria a otro. Aquí, el clamor Abba, se convierte en alabanza y adoración. También aquí, los hijos de Dios son transformados y, abandonando la semejanza de su antiguo "padre", el dios de este mundo, que sigue cegando el corazón de los que no creen (4:4), van siendo hechos semejantes a Dios (3:18). Nosotros llevamos ahora su imagen en nuestra presente existencia en el "ya, pero todavía no". Esta no es la única función que Pablo atribuye al Espíritu en este mundo, pero es especialmente importante, y erramos en gran manera si no prestamos atención a este aspecto del ministerio del Espíritu.

En resumen, para Pablo, el Espíritu no es una mera fuerza, influencia o poder impersonal, sino nada menos que el cumplimiento de la promesa de que Dios mismo se haría de nuevo presente entre su pueblo. Las implicaciones de este hecho son considerables, no solo en términos de la concepción paulina de Dios y del Espíritu, sino también por lo que respecta al sentido de ser pueblo de Dios de un modo individual y colectivo. El Espíritu es la presencia de Dios en nuestras vidas personales y en nuestras comunidades; Él nos guía por caminos de justicia por amor de su nombre, lleva a cabo su obra en todos, se entristece cuando su pueblo no refleja su carácter y, por ello, no revela su gloria, y está presente en nuestra adoración cuando cantamos "alabanza, gloria y honra y poder" a Dios y al Cordero.

Como pueblo de Dios, viviendo en un periodo tan avanzado como el nuestro, solo podremos captar estas realidades tal como Pablo las entiende por medio de la experiencia. Quizá un buen punto de partida para nosotros sea minimizar la importancia de las imágenes impersonales (viento, fuego etc.), a pesar de su riqueza para describir ciertos aspectos del ministerio del Espíritu, y dar una nueva forma a nuestro pensamiento, según los términos de Pablo, allí donde entendemos y experimentamos al Espíritu como la presencia personal del Dios eterno. Este es el propósito de las próximas secciones.

EL SANTO ¿QUIÉN? EL ESPÍRITU COMO PERSONA

Como cumplimiento de la renovada presencia de Dios con su pueblo, Pablo entendía al Espíritu en términos personales.

En cierta ocasión, un estudiante le dijo a un colega: "entiendo perfectamente a Dios Padre; y a Dios Hijo le concibo bastante bien; pero el perfil del Espíritu Santo lo percibo de un modo borroso, gris y lejano". ¡Cuántos creyentes se sentirían identificados con esta descripción! La mayoría de los cristianos tienen pocos problemas en su relación con el Padre y con el Hijo, por las imágenes personales relacionadas con la realidad de la Encarnación, aunque saben que Dios es Espíritu (Juan 4:24). Sin embargo, cuando se trata del Espíritu las cosas son de otro modo, y ello se debe principalmente a que en el pensamiento cristiano, el Espíritu carece en gran medida de personalidad.

Experimenté una vívida ilustración de esta cuestión durante la clase de escuela dominical de un domingo de Pentecostés. Una buena amiga estaba intentando representar la realidad del "Espíritu" soplando con fuerza sobre un pedacito de papel que se alejaba volando por la sala. El Espíritu es así, les estaba diciendo a los niños; es como el "viento", muy real por lo que a sus efectos se refiere, aunque el viento en sí es invisible. A lo cual, un niño de seis años soltó, "vale, ¡pero yo quiero que el viento sea in-invisible!"

"¡Exacto!" Susurré a mi esposa Maudine. "¡Qué momento tan profundo!". ¡Cuán a menudo todos nos sentimos así acerca de Dios como Espíritu, como Espíritu Santo. Queremos que el viento sea in-invisible. Y puesto que no lo es, puesto que vemos sus efectos, pero no tenemos imágenes personales tendemos a pensar en el Espíritu en términos impersonales y nos referimos a Él con pronombres neutros. Observemos nuestras imágenes: paloma, viento, fuego, agua, aceite. No es de extrañar que muchos vean al Espíritu como un perfil borroso, gris y lejano, y que les sea tan difícil entenderle y relacionarse con Él. Parafraseando un poco este credo podríamos decir, "Creemos en Dios Padre, Todopoderoso, Creador del Cielo y de la Tierra; y creemos en Jesucristo, su Hijo; pero no estamos tan seguros respecto al Espíritu Santo".

Nuestra concepción de Dios está marcada para siempre por el hecho de que, en Cristo, se ha "hecho carne" en cierto momento de la historia humana. Aunque Dios parece distante, trascendente "de eternidad a eternidad", no estamos a oscuras respecto a Dios y su carácter. Haciéndonos eco de las palabras de Pablo podemos decir que la gloria de Dios se ha hecho imagen en Cristo, el hombre que lleva la imagen divina; y que al contemplar su "rostro" vemos la gloria del Dios eterno (2 Cor 3:18; 4:4, 6).

El propósito de esa sección es que reconozcamos que lo mismo se aplica al Espíritu, no solo de un modo teórico, sino real, experimental. No en vano se le llama el Espíritu de Jesucristo. Cristo ha puesto rostro humano al Espíritu también. Para Pablo, no es solo que todo haya cambiado por la venida de Cristo, sino que lo mismo sucede con la del Espíritu. Al tratar con el Espíritu, estamos tratando, ni más ni menos que con la presencia personal de Dios.

EL ESPÍRITU SANTO COMO PERSONA

Aunque Pablo no trata directamente la cuestión de la personalidad del Espíritu Santo, varios datos coincidentes nos dan la certeza de que el apóstol entendía al Espíritu Santo en términos personales; relacionado íntimamente con el Padre y con el Hijo y, sin embargo, distinto de ellos.

En primer lugar, hemos de reconocer que las menciones más frecuentes al Espíritu Santo, aluden a Él en términos de acción (es decir, el Espíritu es el agente de la actividad de Dios). También es cierto que este lenguaje no implica necesariamente personalidad. No obstante, una lectura aún superficial de los pasajes en los que Pablo se refiere al Espíritu (o Espíritu Santo) muestra cuán a menudo la acción encuentra una expresión personal. Por ejemplo, la conversión de los tesalonicenses se produce por la obra santificadora del Espíritu (2 Tes 2:13; cf. 1 Cor 6:11; Rom 15:16), y lo mismo sucede también con el gozo que la acompaña (1 Tes 1:6 cf. Rom 15:13). La Revelación procede del Espíritu (1 Cor 2:10; Ef 3:5); y la predicación de Pablo va acompañada del poder del Espíritu (1 Tes 1:5). Las alocuciones proféticas y en lenguas son el resultado directo de hablar por el Espíritu (1 Cor 12:3; 14:2, 16). Los romanos han de hacer morir toda práctica pecaminosa por medio del Espíritu (Rom 8:13). Pablo expresa su deseo de que los efesios sean fortalecidos por el Espíritu de Dios (Ef 3:16). Los creyentes sirven por el Espíritu (Fil 3:3), aman por el Espíritu (Col 1:8), son sellados por el Espíritu (Ef 1:13), y andan y viven por el Espíritu (Gál 5:16, 25). Por último, los creyentes son salvos "por el lavamiento por el Espíritu Santo a quien Dios derramó sobre ellos" (Tito 3:5).

Por un lado, un pasaje como este último puede sugerir acción en términos muy impersonales. El concepto de derramamiento no trae a nuestra mente la idea de personalidad, ni tampoco lo hace la imaginería del "lavamiento" por el Espíritu. Por otra parte, si los analizamos con cuidado, la mayoría de estos pasajes implican o presuponen la personalidad del Espíritu Santo, y que la terminología del derramamiento es simplemente imaginería. Esto se hace especialmente evidente en pasajes como 1 Corintios 6:11 en los que Dios "lava, santifica y justifica" mediante la doble acción del "nombre [autoridad] del Señor Jesucristo" y "el Espíritu de nuestro Dios".

El argumento es que, lo que Pablo dice del Espíritu en términos de acción, es análogo a lo que afirma en muchísimos textos acerca de Cristo. La implicación es evidente: es difícil que la acción del Espíritu sea menos personal que la de Cristo. Es, además, sorprendente observar la gran escasez de imágenes impersonales que utiliza Pablo en sus cartas. En contraste con Lucas, rara vez habla el apóstol de ser lleno del Espíritu; su lenguaje principal alude a Dios que "pone su espíritu dentro de ustedes", o de "recibir" o "tener" el Espíritu. Ninguna de estas imágenes implica personalidad, pero tampoco sugieren lo impersonal, como tantas otras imágenes (viento, fuego, etc.).

El hecho de que Pablo entiende al Espíritu como una persona se confirma, en segundo lugar, por el hecho de que el Espíritu es sujeto de una gran cantidad de verbos que demandan un agente personal. El Espíritu escudriña todas las cosas (1 Cor 2:10), conoce la mente del Señor (1 Cor 2:11), enseña el contenido del Evangelio a los creyentes (1 Cor 2:13), mora entre los creyentes o dentro de ellos (1 Cor 3:16; Rom 8:11; 2 Tim 1:14), hace todas estas cosas (1 Cor 12:11), da vida a los que creen (2 Cor 3:6), clama en nuestros corazones (Gál 4:6), nos guía en los caminos del Señor (Gál 5:18; Rom 8:14), da testimonio a nuestro espíritu (Ro 8:16), tiene deseos que se oponen a la carne (Gál 5:17), nos ayuda en nuestra debilidad (Ro 8:26), intercede por nosotros (Rom 8:26–27), hace que todas las cosas cooperen para nuestro bien (Rom 8:28), fortalece a los creyentes (Ef 3:16), y se entristece con nuestro pecado (Ef 4:30). Por otra parte, el fruto de la morada del Espíritu son los atributos personales de Dios (Gál 5:22–23).

Algunos de estos versículos parecen zanjar contundentemente la cuestión del Espíritu Santo como persona, como por ejemplo Romanos 8:16. El Espíritu que nos imparte la "adopción como hijos" y lo atestigua induciendo en nosotros el clamor que nos lleva a dirigirnos a Dios como "abba" se convierte, a su vez, y por esta misma razón, en el segundo testigo (necesario), junto con nuestro propio espíritu, de la realidad de nuestra filiación divina. Igualmente, en Romanos 8:26–27, no solo el Espíritu intercede por nosotros, (lo cual implica que nos conoce), sino que podemos estar seguros de la efectividad de su intercesión porque "Dios conoce la mente del Espíritu", quien, a su vez, ora "según [la voluntad de] Dios". Al margen de lo que pueda decirse, éste es el lenguaje de la personalidad, no el de una influencia o poder impersonal. Es posible que el término *pneuma* se relacione inherentemente con la imaginería del "viento", pero Pablo nunca lo utiliza de este modo.

Por último, el Espíritu es, en ocasiones, sujeto de un verbo o de una actividad implícita que en otros lugares se atribuye al Padre o al Hijo. Por ejemplo, en algunos pasajes de 1 Corintios 12, y dentro del mismo contexto, Pablo dice de Dios (el Padre) que Él "produce" todas estas actividades en todos (*panta en pasin*, v. 6), mientras que en una frase similar del versículo 11 el Espíritu es el sujeto de un verbo idéntico con un objeto similar (*panta tauta*, "todas estas cosas", aludiendo ahora a las muchas manifestaciones del Espíritu que se enumeran en los versículos 8–10). De igual modo, en Romanos 8:11 el Padre "da vida", mientras que en 2 Corintios 3:6 el agente es el Espíritu; y en

Romanos 8:34 Cristo "intercede" por nosotros, mientras que algunos versículos atrás (8:26) esto se dice del Espíritu. De manera similar, pero ahora con el Espíritu como objeto de la acción del verbo, en Gálatas 4:5–6, Pablo afirma en frases consecutivas que "Dios envió a su Hijo" y que "Dios envió el Espíritu de su Hijo" (cf. 1 Cor 6:11).

EL ESPÍRITU Y LA NATURALEZA DE DIOS

De las más de 140 ocasiones en que Pablo utiliza en sus epístolas el término *pneuma* (espíritu), diecisiete de ellas lo hace sirviéndose de la expresión Espíritu Santo; en otras dieciséis ocasiones alude a él como "el Espíritu de Dios/su Espíritu", y tres veces como "el Espíritu de Cristo". Es pertinente hacer algunas observaciones acerca de estos usos.

El Espíritu Santo

Esta designación completa solo aparece dos veces en todo el Antiguo Testamento (Sal 51:11; Is 63:10), no obstante, fue adoptada por los cristianos como expresión por excelencia para aludir al Espíritu de Dios. A todos los efectos prácticos se convirtió en el nombre "cristiano" del Espíritu. Pablo utiliza este nombre completo más o menos en la misma proporción que el nombre completo de Cristo, a saber, "Señor Jesucristo", en el que nombre y título se fusionan en una sola realidad. En sí mismo, este uso, especialmente en 2 Corintios 13:14, indica además que la presuposición paulina respecto al Espíritu es que se trata de alguien "distinto de" y "uno con".

El Espíritu como Espíritu de Dios

A pesar de que esta concepción del Espíritu se ha acuñado para siempre mediante la venida de Cristo, Pablo piensa, no obstante, en el Espíritu, principalmente en términos de la relación del Espíritu con Dios (el Padre). No es solo que hable más a menudo del "Espíritu de Dios" que del "Espíritu de Cristo", sino que Dios es invariablemente el sujeto del verbo cuando Pablo habla de la recepción del Espíritu por parte de alguien. Por ejemplo, "Dios envió el Espíritu de su Hijo a nuestros corazones" (Gál 4:6), y Dios nos "da" su Espíritu (1 Tes 4:8, 2 Cor 1:22; 5:5; Ef 1:17). Sin duda, esta concepción está determinada por las raíces veterotestamentarias de Pablo, donde Dios "llena con" (Ex 31:3) o "derrama" su Espíritu (Joel 2:28), y donde el Espíritu de Dios desciende sobre las personas, capacitándolas para toda clase de actividades extraordinarias (o carismáticas [ver p. ej., Núm 24:2; Jue 3:10]).

Dos pasajes en particular nos ayudan a entender la concepción paulina de esta relación esencial y fundamental entre Dios (Padre) y el Espíritu. En 1 Corintios 2:10–12, el apóstol utiliza la analogía de la conciencia interior humana (solo el propio "espíritu" conoce la propia mente) para señalar que solo el Espíritu conoce la mente de Dios. En este contexto, Pablo utiliza la analogía en cuestión para explicar que el Espíritu que los cristianos han recibido es la fuente de la noción cristiana de la Cruz como sabiduría de Dios. No obstante, la analogía en sí establece la relación más íntima posible entre Dios y el Espíritu. Solo el Espíritu "todo lo escudriña, aun las profundidades de Dios"; y dada esta relación única con Dios, solo el Espíritu conoce y revela la sabiduría de Dios que, de otro modo, estaría velada (1 Cor 2:7).

En Romanos 8:26–27 esta misma idea se expresa en sentido contrario: Dios conoce la mente del Espíritu. Entre otras cosas, Pablo pretende explicar que, ante nuestras debilidades e incapacidad de hablar por nosotros mismos, el Espíritu puede interceder por nosotros de un modo adecuado. La efectividad de la intercesión del Espíritu está precisamente en el hecho de que Dios, que escudriña los corazones, "conoce" igualmente "la mente del Espíritu" que está intercediendo por nosotros.

En todo esto existe cierto misterio ya que, en último término, estamos tratando con los secretos de la deidad. Es indudable que Pablo establece una distinción entre el Espíritu y Dios y que, al tiempo, en su concepción, el Espíritu es tanto la expresión interior de la personalidad invisible de Dios, como la manifestación de su personalidad en el mundo. Ciertamente, el Espíritu es Dios en acción; no obstante, no es una mera expresión de su personalidad, ni tampoco puede decirse de Él todo lo que puede decirse acerca de Dios.

El Espíritu "de Dios/de Cristo"

Teniendo en cuenta los textos precedentes, lo sorprendente es que Pablo se refiera también al Espíritu como "Espíritu de Cristo". El simple hecho de que el apóstol utilice esta expresión dice mucho más acerca de su idea de Cristo que de su noción del Espíritu (aunque también tiene su importancia en este último sentido). El hecho de que Pablo, impregnado como está de la concepción veterotestamentaria del Espíritu de Dios, y por su experiencia cristiana, aluda con tanta facilidad a Él como el Espíritu de Cristo, es evidencia de su elevada Cristología (su concepción de Cristo como Dios).

Un análisis cuidadoso de todos los textos en los que Pablo identifica al Espíritu como "Espíritu de Dios" o "Espíritu de Cristo", sugiere que se sirvió habitualmente de los calificativos "de Dios/de Cristo" cuando pretendía subrayar la actividad de Dios o de Cristo efectuada en el creyente por el Espíritu. En este sentido, la Iglesia es el Templo de Dios porque el Espíritu de Dios mora en ella (1 Cor 3:16); o Dios da su Espíritu Santo a aquellos que llama a ser santos (1 Tes 4:8).

Esto es también así en los tres textos en los que al Espíritu se le llama Espíritu de Cristo, el acento está en la obra de Cristo. En Gálatas 4:6, lo que se subraya es la "adopción" del creyente que se hace patente por su recepción del "Espíritu de su Hijo", y que le lleva a utilizar el lenguaje del Hijo para dirigirse a Dios. En Romanos 8:9, Pablo parece estar vinculando deliberadamente la obra de Cristo que expone en el capítulo 6 con la del Espíritu en el capítulo 8, de ahí que la prueba de que uno pertenece verdaderamente al pueblo de Dios es que el Espíritu de Cristo habita en Él. Y en Filipenses 1:19, Pablo desea un fresco suministro del Espíritu de Cristo Jesús para que, en sus pruebas, Cristo sea magnificado, por vida o por muerte.

Todo esto sugiere que Pablo utiliza estas expresiones ("de Dios" o "de Cristo") para indicar una relación o una identificación. Es decir, el Espíritu al que se refiere Pablo, es el Espíritu que ha de ser entendido en términos de su relación con Dios o con Cristo. En cada caso, "Dios" y "Cristo" dan identidad al Espíritu en términos de la relación a la que Pablo se refiere.

Por último, en Romanos 8:9–11, Pablo une de un modo absoluto y concreto al "Espíritu de Dios" con el "Espíritu de Cristo". Alude al Espíritu Santo que en otros lugares es el Espíritu de Dios. En este texto se establece con certeza y de manera especial la unidad entre Padre, Hijo y Espíritu. Solo queda explorar brevemente la relación entre Cristo y el Espíritu.

El Espíritu como Espíritu de Cristo

Como antes hemos observado, en la teología cristiana en general, y en particular en la paulina, la venida de Cristo ha marcado para siempre nuestra concepción de Dios. De aquí en adelante, al trascendente Dios del Universo se le conoce como el "Padre de nuestro Señor Jesucristo" (2 Cor 1:3; Ef 1:3; 1 Ped 1:3), quien "envió a su Hijo" al mundo para redimirnos (Gál 4:4–5). De igual modo, la venida de Cristo ha marcado para siempre nuestra concepción del Espíritu. El Espíritu de Dios es también el Espíritu de Cristo (Gál 4:6; Rom 8:9; Fil 1:19), quien lleva a cabo la obra de Cristo tras su resurrección y subsiguiente toma de posesión de su lugar de autoridad a la diestra de Dios. Haber recibido el Espíritu de Dios (1 Cor 2:12) es lo mismo que tener la mente de Cristo (v. 16).

Así, para Pablo, Cristo da una definición más completa del Espíritu: los integrantes del pueblo del Espíritu son hijos de Dios y coherederos con Cristo (Ro 8:14–17); conocen a un tiempo, el poder de su resurrección y la participación en sus padecimientos (Fil 3:10). Al mismo tiempo, Cristo es el criterio absoluto para determinar aquellas operaciones que son verdaderamente del Espíritu (p. ej., 1 Cor 12:3). Por ello, es justo afirmar con algunos que la doctrina paulina del Espíritu es "cristocéntrica", en el sentido de que la persona de Cristo y su obra ayudan a definir la persona del Espíritu y su labor en la vida cristiana.

Pero algunos han llevado un poco más adelante la naturaleza de esta relación y, al hacerlo, han entendido mal la perspectiva de Pablo. Basándose principalmente en tres textos (1 Cor 6:17; 15:45; 2

Cor 3:17–18), se entiende que Pablo alude de tal modo al Señor resucitado que le identifica con el Espíritu. El texto principal es 2 Corintios 3:17–18, donde la expresión de Pablo ("el Señor es el Espíritu"), parece indicar algún tipo de identificación. En el contexto, sin embargo, Pablo está utilizando una forma bien conocida de interpretación judía en la que el intérprete toma una palabra de una cita bíblica y le da su verdadero sentido en un "nuevo contexto". Así, la expresión "el Señor es el Espíritu" interpreta al Señor que acaba de mencionarse en el v. 16 y que es una alusión a Éxodo 34:34. El Señor al que nos dirigimos, dice Pablo, tiene que ver con el Espíritu. Es decir, ahora hay que entender la expresión "el Señor" en términos de la actividad del Espíritu entre nosotros, a saber, el Espíritu del nuevo pacto, que trae libertad y transforma al pueblo de Dios conforme a la "gloria del Señor". De manera similar, en el caso de 1 Corintios 6:17 y 15:45, el lenguaje ha sido dictado por sus contextos, en el que los contrastes planteados por el argumento demandan este uso. Ninguno de estos pasajes identifica al Espíritu con el Señor resucitado.

El hecho de que, en el pensamiento de Pablo, el Cristo resucitado y el Espíritu sean claramente distintos el uno del otro, queda demostrado por dos tipos de prueba. Aparte de los textos que se exponen en la sección siguiente y que suponen la Trinidad, existen otros versículos que indican que las actividades del Cristo resucitado y del Espíritu son cosas distintas. Esto se aplica a pasajes tan diversos como Romanos 9:1, donde las fórmulas "en Cristo" y "por el Espíritu" funcionan de un modo muy distinto—pero característico—en una misma frase, y Romanos 15:30 ("por medio de nuestro Señor Jesucristo y por medio del amor del Espíritu"), donde la repetida preposición griega *dia* ("por medio de") indica la doble base de la apelación de Pablo. En primer lugar, es "por medio de nuestro Señor Jesucristo", lo cual significa "sobre la base de lo que el Señor Jesucristo ha hecho por nosotros, según se explica en la carta"; por otra parte es "mediante el amor del Espíritu", en el sentido de "sobre la base del amor por todos los santos, incluido yo mismo, que produce el Espíritu".

Es posible que el texto más significativo al respecto, pensando solo en pasajes donde Cristo y el Espíritu aparecen cerca el uno del otro, sea Romanos 8:26–27 (el Espíritu intercede por nosotros) y 8:34 (Cristo intercede por nosotros). A primera vista podría utilizarse esta semejanza para apoyar una identificación de las funciones de ambos; sin embargo, lo que aquí tenemos es precisamente la más clara expresión de una distinción. El Espíritu desempeña su papel en la Tierra, morando en el creyente para ayudarle en la debilidad inherente a su presente existencia en el "ya pero todavía no", intercediendo de este modo por él. El Cristo resucitado está en el Cielo, "a la diestra de Dios, intercediendo por nosotros". Este texto en particular, en el que Pablo no está explicando, sino afirmando algo sobre la base de una realidad que se presupone, niega completamente la idea de que, en la mente de Pablo, el Espíritu ha de identificarse con el Cristo resucitado, en esencia o en función.

Sin embargo, aunque Pablo no identifica al Espíritu con Cristo, sí es cierto que asume la misma clase de estrecha relación entre ambos que existe entre el Espíritu y Dios. Por ello, en ocasiones menciona alternativamente a uno y a otro con suma facilidad, especialmente cuando utiliza el lenguaje de morar (p. ej., Ro 8:9–10, donde se habla de tener "el Espíritu de Cristo" y de estar "Cristo [...] en ustedes"; cf. Ef 3:16–17). De igual modo, cuando en Gálatas 2:20, Pablo afirma que Cristo vive en él, lo que quiere decir con toda probabilidad es "Cristo vive en mí por su Espíritu", aludiendo a la constante obra de Cristo, en su vida llevada a cabo por el Espíritu que mora en él.

Esta fluida utilización del lenguaje se debe, muy probablemente, a que el interés de Pablo cuando habla de Cristo y del Espíritu no es tanto demostrar su naturaleza divina, sino expresar su papel en la Salvación y en la experiencia cristiana. Cuando analizamos este interés de Pablo encontramos a la Trinidad en sus escritos. En resumen, en el pensamiento y experiencia de Pablo, el Espíritu Santo no es una cierta clase de fuerza impersonal neutra, que procede de Dios, sino un ser plenamente personal; de hecho, en el lenguaje de un tiempo posterior es "verdadero Dios".

Las implicaciones de esto para la Iglesia contemporánea son enormes. Aunque es verdad que en nuestras confesiones trinitarias reconocemos intelectualmente esta realidad, en la práctica, muchos cristianos tienden a creer en el "contorno borroso, gris y lejano" de que hablaba hace años mi joven amigo estudiante. El resultado de ello es que las implicaciones de la renovada presencia de Dios por su Espíritu que hemos considerado en la sección anterior apenas si consiguen inspirar a los creyentes en una u otra dirección. Sin duda, la realidad de que Dios está presente en (individualmente) y entre nosotros (colectivamente), debería ser una razón para el ánimo en medio de las exigencias y debilidades de la vida, así como una fuente de vitalidad cuando nuestros hombros decaen y nuestras manos desfallecen.

La venida del Espíritu Santo para morar en y entre nosotros significa que el Dios vivo, en la persona del Espíritu, está ciertamente con nosotros. Y, como explicaremos más adelante, está con nosotros como una presencia capacitadora. Aquí tenemos, pues, uno de los cambios que ha de tener lugar en nuestro pensamiento y nuestra experiencia para que estos sean bíblicos y, por tanto, más efectivos en nuestro mundo postmoderno. No podemos limitarnos meramente a citar el credo, sino que hemos de creer y experimentar la presencia de Dios en la persona del Espíritu.

DIOS EN TRES PERSONAS: EL ESPÍRITU SANTO Y LA TRINIDAD
Junto con su experiencia de Cristo, la vivencia del Espíritu como la renovada presencia de Dios sirvió para expandir la concepción del Dios Trino que tenían los primeros cristianos y Pablo

Rose era una cristiana nominal que prácticamente abandonó la fe cuando se hizo adulta. Un día, dos personas llamaron a su puerta para hablarle de un nuevo tipo de "cristianismo", que de hecho no tenía nada de nuevo. Los Testigos de Jehová que la visitaron eran arrianos convencidos y no solo negaban la deidad de Jesucristo, sino que, además, no tenían ninguna experiencia del Espíritu como presencia personal de Dios. Le ofrecieron a Rosa una fe simplista en la que el misterio de la Trinidad había desaparecido; y en su vacío espiritual, se tragó con avidez el anzuelo. Durante una larga tarde de conversación con Rosa y dos dirigentes de su Salón del Reino, mi hijo Mark y yo hicimos un minucioso recorrido por todos los textos cristológicos unos textos que conocían bien, pero que no entendían sino de un modo superficial, memorizado sin embargo, no llegábamos a nada. Hacia el final de aquella tarde, Mark les preguntó acerca de su experiencia con el Espíritu Santo. Se quedaron totalmente en blanco. Para ellos el "espíritu santo" no era una persona, sino solo una "influencia" de Dios a favor de nosotros. Cuando comenzamos a describir nuestra vida en el Espíritu, se hizo muy evidente que se sentían muy incómodos y la conversación se dio por finalizada con rapidez. No solo habíamos iniciado un tema para el que su manual no daba ninguna respuesta, sino que se daban cuenta de que carecían del ingrediente esencial para poder ser creyentes en Cristo, a saber, el derramamiento del Espíritu en sus vidas que les permitía dirigirse a Jehová como "Abba padre".

Mediante aquella experiencia me convencí de que, la razón por la que Rose, y otros muchos como ella, caen en la trampa de este arrianismo contemporáneo es, aunque solo en parte, porque la Trinidad es un misterio (muchas personas prefieren reducir a Dios a un tamaño que sus mentes puedan comprender y, por tanto, controlar); también es porque se han desilusionado de la Iglesia, que trata continuamente al Espíritu como un asunto de doctrina y credo, pero no como una realidad vital y experimental en la vida del creyente.

De hecho, a los Testigos de Jehová les secundan en este asunto un buen número de eruditos del Nuevo Testamento. Algunos de ellos niegan completamente que Pablo fuera trinitario; otros, aún entre los que son verdaderamente ortodoxos, son reacios a utilizar el lenguaje de la "Trinidad" para explicar la enseñanza del Nuevo Testamento. Es en parte un problema de definiciones. El término "Trinidad" fue acuñado por pensadores de un periodo posterior que lo utilizaron para expresar la fe de la Iglesia en un solo Dios que era, al tiempo, la unidad de tres personas divinas. Es por ello bastante común afirmar que si el Nuevo Testamento refleja un "trinitarianismo" lo hace de un modo embrionario, de modo que no era, sin duda, la doctrina tal como se formuló en un periodo posterior como el de Calcedonia. Pero esto es tan obvio que uno se pregunta por qué se ha repetido con tanta frecuencia. El problema de este tipo de recelo es que su frecuente repetición acaba teniendo sus consecuencias, a saber, que en la práctica conducen a menudo a una negación.

Es, pues, lícito preguntarse si nuestras dificultades con la Trinidad no surgen en parte de nuestra propia experiencia de la Iglesia y del Espíritu, en la que éste no se entiende como una persona sino como una influencia o poder. Al fin y al cabo, hay un solo paso entre una experiencia del Espíritu como un "contorno borroso, gris y lejano" y un "binitarianismo" práctico. Como antes hemos observado, el credo que practican muchos cristianos es: "Creo en Dios Padre; y creo en Jesucristo, su Hijo; pero respecto al Espíritu Santo tengo bastantes dudas". El Espíritu se ha convertido, por así decirlo, en el espectro de Dios, una influencia invisible y nada vibrante, que difícilmente puede describirse como "verdadero Dios del Dios verdadero".

El tema de esta sección es que, en el núcleo de su experiencia y teología, Pablo era trinitario, y que esta concepción trinitaria hace que nuestra relación con Dios sea distinta.

PABLO Y LA TRINIDAD

No cabe duda de que la experiencia que tenía Pablo del Espíritu como la presencia personal de Dios nos lleva inevitablemente a aguas teológicas profundas. Lo que está en juego es la propia existencia de la deidad en su ser esencial como un Dios trino: ¿Cómo puede Dios conocerse como Padre, Hijo y Espíritu, un solo ser y, al tiempo, siendo cada persona distinta la una de la otra? Tendemos a pensar que no se es un verdadero trinitario si no se tiene una buena formulación que responda a esta cuestión.

Sin embargo, plantear de este modo el asunto es anticiparnos a Pablo, o peor aún, definir la Trinidad según los criterios de periodos posteriores. Lo que hace que esto nos incumba es que Pablo, el más estricto de los monoteístas, que nunca dudó de que "el Señor tu Dios, el Señor uno es", escribió cartas a sus iglesias que están llenas de presuposiciones y afirmaciones que revelan que el apóstol experimentó a Dios, y luego expresó esta experiencia de un modo esencialmente trinitario.

El hecho de que el apóstol no conteste a planteamientos teológicos que este trinitarianismo plantearía a un judío monoteísta como él, solo significa, una vez más, que las cartas de Pablo eran documentos de carácter más práctico que teológico. Pablo no escribía para desarrollar tratados de teología propia, sino más bien para edificar a las iglesias y resolver los problemas prosaicos de la vida cotidiana que planteaba ser pueblo de Dios en medio de un contexto pagano. Estaba demasiado ocupado en su tarea de pastor y misionero como para permitirse el lujo de una teología puramente reflexiva. De modo que Pablo afirma, reivindica y presupone la Trinidad de muchas maneras; y estas afirmaciones en el sentido de que el Dios que se conoce y experimenta como Padre, Hijo y Espíritu, siendo cada uno distinto del otro, es, sin embargo, un solo Dios, son precisamente la razón por la que la Iglesia de periodos posteriores asumió la tarea de entender el "cómo" de este asunto.

Estas afirmaciones surgen, en primer lugar, de su experiencia del Cristo resucitado como "Señor", del lenguaje del Antiguo Testamento para Dios acerca de quien habló como preexistente Hijo de Dios (p. ej., 2 Cor 8:9, Gál 4:6–7) y a quien atribuía toda actividad imaginable que el judaísmo de Pablo reservaba solo para Dios. En contraste con el politeísmo pagano, Pablo afirma: "para nosotros hay un solo Dios, el Padre, de quien proceden todas las cosas y nosotros somos para Él; y un Señor, Jesucristo" (1 Cor 8:6); no obstante, al final de los tiempos, cuando se produzca la victoria final sobre la muerte por medio de nuestra resurrección, el Hijo entregará al Padre todas las cosas, para que "Dios sea todo en todos" (1 Cor 15:28).

Teniendo en cuenta estas afirmaciones y reivindicaciones, no hay dudas de que la Iglesia primitiva se habría expresado de manera "binitaria" de no haberlo hecho en términos trinitarios. Sin embargo, se pone claramente de relieve que se trata de Trinidad y no de "binidad", en el encuentro personal que la Iglesia experimenta con Dios por medio del Espíritu tal como se ha expuesto en las secciones anteriores.

De lo que se trata, por tanto—y lo que queremos considerar—, es de lo que Pablo creía acerca del Espíritu, puesto que la Trinidad expresa la convicción cristiana acerca de Dios, no solo en el sentido de que es un ser en tres personas, sino de que es un Dios en tres personas, y ello incluye a Dios Espíritu Santo. La pregunta es, ¿tenía Pablo una fe trinitaria aunque no utilizaba la terminología de un periodo posterior para describir a Dios? Un análisis de los datos sugiere que éste es el caso.

EL ESPÍRITU Y LA TRINIDAD

En el centro de la teología de Pablo está su Evangelio, y su Evangelio tiene que ver esencialmente con la Salvación: la Salvación por parte de Dios de un pueblo para su nombre, mediante la obra redentora de Cristo y su aplicación por el Espíritu. Lo único que explica la transformación del lenguaje teológico de Pablo y de su concepción de la deidad es su encuentro con Dios en la Salvación, como Padre, Hijo y Espíritu Santo. En vista de esta realidad y del gran número de textos que la sustentan con lenguaje trinitario, estos mismos textos sirven adecuadamente como punto de partida para cualquier estudio de la Trinidad en Pablo.

Las pruebas nos las ofrecen dos series de textos: varios de ellos explícitamente trinitarios (2 Cor 13:14; 1 Cor 12:4–6; Ef 4:4–6) y muchos pasajes en los que Pablo encapsula la "Salvación en Cristo" en términos trinitarios, en ocasiones en formato de credo, pero siempre en formas no reflexivas y presuposicionales.

Los Textos Trinitarios

La importante bendición de 2 Corintios 13:14 nos ofrece toda clase de claves teológicas para entender la concepción paulina de la Salvación y de la persona de Dios. El hecho de que esta bendición fuera redactada específicamente para la ocasión y que no fuera una fórmula general, la hace aún más importante como testigo de la concepción de Pablo. Así, lo que nos dice aquí en oración tiene un carácter claramente "presuposicional" (no es algo que defiende con argumentos, sino una realidad experimental de la vida cristiana).

En primer lugar, este texto resume los elementos esenciales de la pasión de Pablo: el Evangelio con su enfoque sobre la Salvación en Cristo que, por la fe, está al alcance por igual de judíos y gentiles. En pasajes como Romanos 5:1–11; 8:31–39 y Efesios 1:3–14 Pablo afirma con verdadera pasión y claridad su convicción de que el amor de Dios es el fundamento de la Salvación. La Gracia de nuestro Señor Jesucristo es la que dio expresión concreta a este amor; por medio de los sufrimientos y muerte de Cristo a favor de sus amados, Dios adquirió la Salvación en un momento específico de la historia humana.

La comunión en el Espíritu Santo hace que este amor y Gracia sean continuamente reales en la vida personal del creyente y en la comunidad de fe. La *koinonia* ("comunión/participación") del Espíritu Santo (¡obsérvese la mención del nombre completo!) es el modo en que el Dios vivo, no solo introduce a su pueblo a una íntima y permanente relación consigo como el Dios de toda Gracia, sino que les lleva también a participar en todos los beneficios de dicha Gracia y Salvación (morando en ellos en el presente y garantizando su futura gloria escatológica).

En segundo lugar, este texto nos sirve también de entrada a la comprensión que Pablo tiene de Dios; una concepción que se vio dramáticamente afectada por las realidades de la muerte y resurrección de Cristo y el don del Espíritu. Es cierto que Pablo no afirma aquí la deidad de Cristo y del Espíritu. Lo que hace es equiparar la actividad de las tres personas divinas (por utilizar un lenguaje contemporáneo) en concierto y en una oración, en la que la cláusula acerca de Dios Padre está en segundo lugar. Esto sugiere que Pablo era trinitario en cualquier sentido serio en que se utilice este término: que el Dios único es Padre, Hijo y Espíritu, y que cuando tratamos con Cristo y con el Espíritu estamos tratando con Dios exactamente igual que cuando tratamos con el Padre. Así, esta bendición, aunque establece una distinción esencial entre Dios, Cristo y el Espíritu, expresa también de manera resumida lo que encontramos a lo largo de sus cartas, a saber, que la "Salvación en Cristo" es la obra en conjunto de Dios, Cristo y el Espíritu.

Estas mismas implicaciones trinitarias aparecen en 1 Corintios 12:4–6 y Efesios 4:4–6. En el primer pasaje Pablo insta a los corintios a ensanchar su perspectiva y a reconocer la rica diversidad de las manifestaciones del Espíritu entre ellos (en contraste con su singular interés en hablar en lenguas). El apóstol comienza en los vv. 4–6 observando que esta diversidad refleja la naturaleza de Dios y es, por tanto, la verdadera evidencia de su obra entre ellos. De este modo, la idea de la Trinidad tiene un carácter presuposicional en todo el argumento, y es especialmente revelador precisamente por ser tan espontáneo, es decir, expresado de un modo tan libre e inconsciente.

En Efesios 4:4–6 encontramos la misma combinación que en 2 Corintios 13:14: una formulación en formato de credo que se expresa en términos de las distinguibles actividades del Dios trino. La base para la unidad cristiana es la realidad de un solo Dios. El "un cuerpo" es obra del "un Espíritu" (cf. 1 Cor 12:13), por medio del cual también nosotros vivimos nuestra presente existencia escatológica en "una esperanza", puesto que el Espíritu es "la garantía de nuestra herencia" (Ef 1:13–14). Todo esto ha sido hecho posible por nuestro "un Señor" en quien todos tenemos "una [misma] fe" de la cual todos hemos dado testimonio en "un bautismo". La fuente de todas estas realidades es el propio Dios, quien está "sobre todos, por todos y en todos".

Si esta última frase del pasaje subraya de nuevo la unidad de Dios, como responsable final de todas las cosas pasadas, presentes y futuras, y subsume la obra del Hijo y del Espíritu bajo la de Dios, entonces, al mismo tiempo, todo el pasaje expresa en forma de credo la afirmación de que a Dios se le experimenta como realidad trina. Precisamente sobre la base de tal experiencia y terminología, la Iglesia posterior mantuvo su integridad bíblica, expresando todo esto en un lenguaje explícitamente trinitario. Las formulaciones de Pablo, que incluyen la obra del Espíritu, forman parte de este fundamento.

Salvación en Cristo como Obra del Espíritu

Que la obra de la Trinidad es esencial a la concepción paulina del Evangelio, se pone de relieve también en los muchos textos que formulan la Salvación en términos trinitarios menos explícitos, pero igualmente presuposicionales. Esto se aplica especialmente a pasajes como Romanos 5:1–8; 2 Corintios 3:1–4:6; Gálatas 4:4–6; o Efesios 1:3–14 (cf, tit 3:4–7).

Como ejemplo, podemos tomar Romanos 5:1–8. Como en todas partes, el Espíritu desempeña un papel esencial en la experiencia que Pablo y sus iglesias tenían de la Gracia soteriológica de Dios. Para Pablo, "el amor de Dios" no es una mera abstracción, sino la realidad más esencial de su carácter y el predicado absoluto de nuestra existencia; es un amor que ha sido demostrado históricamente en su expresión más generosa y amplia mediante la muerte de Cristo por sus enemigos (vv. 6–8, convirtiéndose así en la base para la "paz con Dios" y el "acceso" a su generosa presencia). Pero este amor no es tampoco un mero acontecimiento objetivo e histórico. Por la presencia del Espíritu, el amor de Dios, consumado en Cristo, deviene una realidad experimental en el corazón del creyente. Esto es lo que el Espíritu ha "derramado en nuestros corazones" tan abundantemente.

Si en este punto crucial nuestros corazones no son vencidos por el amor de Dios, todo lo demás está perdido y nosotros nos quedamos sin paz, postrados ante Dios suplicando misericordia, viviendo con muy poca esperanza verdadera, y experimentando los sufrimientos presentes más como un motivo de queja y abatimiento que como razón para "gloriarnos". Lo que hace que todo esto sea diferente, no es solo el hecho en sí del amor de Dios—aunque esto sería sin duda suficiente en muchos sentidos—sino que este amor se ha hecho efectivo en la experiencia del creyente. El amor que Dios tiene para nosotros ha sido abundantemente "derramado" como una realidad generosa y experimental por la presencia del Espíritu Santo, a quien Dios ha derramado abundantemente en nuestros corazones.

Pero, al margen de estos textos de Pablo tan solemnes y conocidos, esta concepción trinitaria de la Salvación se hace también evidente en muchos otros textos que describen la Salvación como la triple obra del Dios trino, tal como se condensa en 2 Corintios 13:14:

- 1 Corintios 1:4–7, donde la Gracia de Dios ha sido dada en Cristo Jesús, quien, a su vez, ha enriquecido a la Iglesia con toda clase de dones por el Espíritu.
- 1 Corintios 2:4–5, donde la proclamación de Cristo crucificado por parte de Pablo (v. 2) va acompañada del poder del Espíritu para que la fe de los corintios esté depositada en Dios.
- 1 Corintios 6:11, donde Dios es el sujeto elíptico de los verbos en voz pasiva (fueron ustedes lavados, santificados, justificados) cuyas acciones se realizan en el nombre de Cristo y por el Espíritu.
- 1 Corintios 6:19–20, donde el creyente ha sido comprado (por Cristo; cf. 7:22–23) para convertirse en un templo para morada de Dios en el Espíritu.
- 2 Corintios 1:21–22, donde Dios es el que ha "confirmado" a los creyentes en una Salvación consumada en Cristo, el sí de Dios (vv. 19–20), demostrada por la venida del Espíritu como "garantía" (paga y señal).
- Gálatas 3:1–5, donde el Cristo crucificado (v. 1, que recoge las palabras de 2:16–21) es transmitido a los creyentes por el Espíritu, a quien Dios sigue "suministrando" (v. 5).
- Romanos 8:3–4, donde se dice que Dios mandó a su Hijo para que hiciera lo que la ley era incapaz de hacer en términos de asegurar la Salvación, y el Espíritu hace lo que la ley no puede llevar a cabo en términos de hacer realidad una conducta justa en la vida del creyente ("andar", vivir en los caminos de Dios).
- Romanos 8:15–17, donde el Espíritu dado por Dios sirve de prueba de la "adopción" como hijos y, por tanto, coherederos con Cristo que lo hizo todo posible.
- Colosenses 3:16, donde en la adoración se invierte el orden del proceso: a medida que la palabra de Cristo mora "en abundancia en ustedes", los colosenses adorarán al Dios de quien procede la Salvación a través de cánticos inspirados por el Espíritu.
- Efesios 1:17, donde el Dios de nuestro Señor Jesucristo da el Espíritu de sabiduría y revelación para que ellos puedan entender la completa medida de la obra de Cristo a su favor.
- Efesios 2:18, donde "por medio [de la muerte] de Cristo" (vv. 14–16) tanto judíos como gentiles tienen acceso a Dios por un Espíritu, a quien ambos han recibido.
- Efesios 2:20–22, donde Cristo es la "piedra angular" del nuevo templo, el lugar de su morada por su Espíritu, el lugar de la morada de Dios por su Espíritu.
- Filipenses 3:3, donde los creyentes sirven (a Dios) mediante el Espíritu de Dios y, por ello, se glorían en la obra efectiva de Cristo Jesús.

Todo esto significa que la Salvación en Cristo no es tan solo una verdad teológica que se basa en una acción previa de Dios y en la obra histórica de Cristo. La Salvación es una realidad experimental, que lo es por la persona del Espíritu que viene a nuestras vidas. Para Pablo, no se puede ser cristiano sin la efectiva obra de la Trinidad. Ahora, añadiremos algunas palabras de conclusión acerca de la Trinidad y sus implicaciones para nuestra vida presente en Cristo.

CONCLUSIONES E IMPLICACIONES

Todo esto se resume en dos cuestiones. En primer lugar, y volviendo por un momento la sección anterior, Pablo no reconocería el lenguaje o las afirmaciones teológicas de aquellos que consideran que él identificaba al Espíritu con el Cristo resucitado. Por todas partes encontramos sus presuposiciones en el sentido de que el Dios único trae ahora Salvación a su pueblo por medio de la obra conjunta de las tres personas divinas: Padre, Hijo y Espíritu. En algunos puntos en que se solapan la obra de dos de ellas o de todas, el lenguaje de Pablo tiende a ser flexible (precisamente porque, para él, la Salvación es la actividad del Dios único).

En segundo lugar, puede concederse que las suposiciones y descripciones trinitarias de Pablo, que forman la base de las fórmulas posteriores, nunca fueron en la dirección de llamar "Dios" al Espíritu; puede también aceptarse que el apóstol no debatió las implicaciones filosóficas y teológicas de tales suposiciones y descripciones. Sin embargo, tampoco hay pruebas de que le faltara claridad con respecto a las distinciones entre las tres personas divinas, que llevaron a cabo una salvación tan grande, y sus papeles específicos.

Además, el hecho de que solo el Espíritu conoce la mente de Dios, "lo profundo de Dios", como lo expresa Pablo, y de que Dios conoce la mente del Espíritu, son indicativo, no solo de un trinitarianismo funcional, sino de algo muy cercano a un trinitarianismo ontológico (relativo al ser de Dios). Lo mismo sucede también con la clara evidencia de la unidad del Espíritu con Cristo al recibir un fresco suministro del Espíritu, lo que Pablo recibe es el Espíritu de Jesucristo. Persisten, sin embargo, las claras distinciones entre Cristo y el Espíritu.

Pero, ¿qué significa para nosotros esta clase de trinitarianismo? Varias cosas. En primer lugar, que el Espíritu ha de ser reincorporado a la Trinidad, de la que nunca ha sido excluido por lo que a credos y liturgias se refiere, pero que sí lo ha sido de nuestra experiencia de la Iglesia. Para Pablo, ser cristiano significa tomar al Espíritu con total seriedad, como el instrumento por el que el Dios eterno está siempre presente con su pueblo.

En segundo lugar, Dios como Trinidad, incluyendo al Espíritu Santo, es el terreno común, tanto de nuestra unidad como de nuestra diversidad dentro de la comunidad de la fe. Baste aquí decir que la Trinidad es el terreno para la tan necesaria unidad de la Iglesia. Dios Padre, Hijo y Espíritu Santo es un solo Dios; y todos nosotros somos su pueblo. El agente efectivo de nuestra unidad, según Pablo en Efesios 2 y 3 (cf. 1 Cor 12:13), no es otro que el Espíritu Santo.

Sin embargo, de acuerdo con 1 Corintios 12:4–6, la Trinidad es también el terreno para afirmar la evidente diversidad que existe dentro de su unidad. Cuanto más verdaderamente trinitarios seamos en nuestro pensamiento y experiencia, más vigorosamente afirmaremos nuestra diversidad y perseveraremos en buscar la unidad.

Por último, aunque Pablo no insiste en este asunto, la naturaleza trina de la deidad deja claro que Dios es un ser relacional. Esta realidad, en especial la relación entre el Padre y el Hijo, es una de las peculiares aportaciones de Juan al Nuevo Testamento. Aunque Pablo no insiste en esta realidad de un modo tan explícito como lo hace Juan, la repentina mención de la relación entre el Espíritu y el Padre que encontramos en 1 Corintios 2:10–11 y Romanos 8:26–27 nos lleva al mismo punto. El Espíritu que nos revela "lo profundo de Dios" (es decir, la Cruz como sabiduría de Dios), lo hace porque solo Él conoce la mente de Dios; y el Espíritu es nuestro intercesor, el que ora a través de nosotros según la voluntad de Dios, precisamente porque tanto el Espíritu como el Padre conocen cada uno la mente del otro.

Esto no solo nos da confianza en nuestras oraciones, sino que debe de recordarnos constantemente que Dios vive en una eterna relación consigo mismo como Dios trino. Las implicaciones relacionales que esto tiene para nosotros, tanto por lo que respecta a nuestro trato con Dios como del uno hacia el otro, deberían ser una parte esencial de nuestro paradigma de vida en el Espíritu mientras vivimos la vida del futuro en nuestro mundo postmoderno.[1]

---

[1] Fee, G. D. (2007). *Pablo, el Espíritu y el Pueblo de Dios* (pp. 1–49). Miami, FL: Editorial Vida.

Contribuciones literarias de Pablo

Pablo como un escritor de cartas

Usando el estilo de una carta Pablo fue el autor de 13 de los 27 libros neotestamentarios. Las cartas de Pablo, como otras epístolas dentro y fuera del NT, tienen dirección, saludo, cuerpo y conclusión. La dirección y el saludo comúnmente eran bastante breves, siguiendo la fórmula "A a B, saludos". La dirección contenía no solo el nombre de Pablo, quien la enviaba, sino también el de los receptores. La fórmula para la dirección y el saludo aparece en la carta enviada por el concilio apostólico a las primeras iglesias en Hechos 15:23 y también en Santiago 1:1. Algunas cartas del NT no tienen dirección ni saludo en su comienzo (Heb., 1 Jn.), pero la mayoría de las cartas neotestamentarias amplían considerablemente la dirección y el saludo; los casos en Romanos 1:1–7 y 1 Corintios 1:1–3 reflejan este comienzo extendido.

Los cuerpos de las cartas de Pablo varían de acuerdo con su propósito al escribirlas. La mayoría de las cartas paulinas son considerablemente más largas que los modelos seculares de la época. El escritor romano Cicerón fue el autor de 776 cartas que varían en extensión desde 22 a 2.530 palabras. Las cartas de Pablo varían entre 335 palabras en Filemón hasta 7.114 en Romanos. La extensión promedio de sus cartas es de alrededor de 1.300 palabras.[1] Las cartas antiguas terminaban con saludos, y muchas epístolas del NT reflejan esa característica. Hay muchas cartas neotestamentarias que tienen una doxología o bendición. El capítulo final de Romanos es mayormente saludos con una doxología como conclusión.

Aunque las cartas de Pablo son similares a las cartas seculares de la época, el Apóstol agregó algunas características que reflejan su propia creatividad. Hay veces en que la sección de apertura de sus cartas contiene el propósito de las mismas (Gál. 1:1–5; Tito 1:1–4). La referencia al escritor y a los destinatarios contiene saludos específicamente cristianos y otros elementos que no se encuentran en las cartas seculares (véase 1 Tim. 1:1, 2). Pablo incluyó frecuentemente una expresión de acción de gracias relacionada con los destinatarios (véase 1 Cor. 1:4–9).

Durante la época de Pablo el costo de los materiales para escritura y el nivel bajo de alfabetismo llevó al uso de escribas entrenados para la escritura de cartas; se les llamaba *amanuenses*. Tercio se identificó como el amanuense que escribió Romanos (16:22). Después que el amanuense terminaba con la escritura de una carta, el autor a menudo agregaba un saludo final de su propia mano (véase Gál. 6:11 y 2 Tes. 3:17).

¿Cuánta libertad tenía un amanuense en su escritura? Esta pregunta es muy debatida y difícil de responder. Razonablemente se puede responder que el amanuense tenía la libertad para hacer sus propias contribuciones basado en su habilidad y en la naturaleza de la relación que tenía con el autor. Podemos asumir que Pablo seguramente revisaba la escritura de cada una de sus cartas para que representaran con certeza su pensamiento. Los que escribieron para Pablo eran amigos personales cercanos más que escribas profesionales. Pablo podría haber dado cierta libertad para la elección de las palabras a uno de sus asociados. Esa libertad podría explicar algunas de las diferencias en el griego que se usa en las Pastorales y aquel de las otras cartas paulinas[2].

---

[1] Carson, Moo y Morris, *An Introduction to the New Testament*, p. 232.

[2] Para un estudio breve de la teoría de la escritura de cartas antiguas, véase Abraham J. Malherbe, *Ancient Epistolary Theorists* (Atlanta: Scholars Press, 1988). Para una comparación entre las cartas seculares y las del NT, véase David Aune, *The New Testament in Its Literary Environment* (Philadelphia: Westminster Press, 1987), pp. 116–225.

Las palabras se transcribían en papiros, que medían alrededor de 24 por 28 cm. Según el contenido de las cartas, en cada hoja podían entrar unas 150 a 200 palabras. Puesto que todas las cartas paulinas son más extensas que una página, era necesario juntar las páginas en los bordes para formar un rollo, que variaba en el número de páginas. El instrumento para escribir probablemente era un "lápiz" de caña. El amanuense usaba una clase primitiva de tinta a base de carbón, fabricada con hollín, goma y agua[3]. La costumbre de Pablo era pedir a un amigo confiable que llevara la carta a su destino (véase Ef. 6:21; Col. 4:7 para el nombre de Tíquico como el portador de las cartas a los Efesios y Colosenses). La falta de un servicio postal público hacía necesario que Pablo usara ese sistema de entrega.

Varias generaciones atrás el académico neotestamentario alemán Adolf Deissmann sugirió una distinción entre "epístolas" y "cartas". Consideraba que las "epístolas" eran piezas de literatura compuestas cuidadosamente; las "cartas" eran comunicaciones privadas, escritas para propósitos y grupos específicos[4]. La mayoría de los académicos de la actualidad no siguen las distinciones rígidas que sugiriera Deissmann, pero reconocen que algunas cartas son más literarias y otras más personales. Romanos se ubicaría entre los escritos paulinos más literarios; Filemón revela una naturaleza circunstancial y personal.

Las fuentes del pensamiento paulino

Pablo afirmó que su evangelio le había llegado como una revelación de Jesucristo (Gál. 1:12). Cualquier análisis del pensamiento de Pablo que ignore esa declaración no hace justicia a su teología. Él aclaró que el evento revelador específico al que se refería era su encuentro con Cristo en el camino a Damasco y en Arabia (Gál. 1:16, 17)[5]. Indicó también su dependencia de otros cristianos para ciertas características de su enseñanza. Expresó con claridad su deuda con otros creyentes en 1 Corintios 15:1–3.

Cualquier contradicción aparente entre la naturaleza reveladora del evangelio y su dependencia sobre la tradición se puede aclarar distinguiendo entre la forma y el contenido del evangelio de Pablo. El contenido, recibido por revelación directa, afirma que Jesús era el Hijo de Dios y que murió para redimir a los pecadores de la maldición de la ley (Gál. 3:13). La forma del evangelio de Pablo refleja conocimiento del fundamento histórico de los hechos en cuanto al mismo, e involucra el uso de ciertas frases y declaraciones para comunicar la verdad.

Los académicos han sugerido que algunas de las formas que Pablo usó para expresar su mensaje pueden haber incluido himnos (Fil. 2:6–11; Col. 1:15–17 y 2 Tim. 2:11–13) y declaraciones de fe (1 Cor. 15:1–7 y Rom. 10:9, 10) de la iglesia primitiva. Aunque es razonable sugerir que Pablo usó himnos primitivos y declaraciones de fe, es difícil identificar esos pasajes con certeza[6].

---

[3] Para información sobre el proceso de preparación y de los materiales que se utilizaban en la hechura de los libros antiguos, véase Bruce M. Metzger, *Manuscripts of the Greek Bible* (New York: Oxford University Press, 1981), pp. 14–19.

[4] Adolf Deissmann, "Prolegomena to the Biblical Letters and Epistles", *Bible Studies* (Edinburgh: T & T Clark, 1901), pp. 1–59.

[5] Una defensa contemporánea del origen divino del evangelio de Pablo aparece en Seyoon Kim, *The Origin of Paul's Gospel*, 2a. ed. (Tubingen: J. C. B. Mohr, 1984).

[6] Una buena exposición de las fuentes posibles de Pablo se encuentra en Ralph P. Martin, *New Testament Foundations* (Grand Rapids: Eerdmans, 1978), 2:248–75.

No es probable que Pablo tuviera contacto con el Jesús terrenal. Sin embargo, sería erróneo usar la afirmación de Pablo en 2 Corintios 5:16 para sugerir que no recibió información de la enseñanza terrenal de Jesús. Allí Pablo afirmó que no consideraba más a Cristo desde un enfoque terrenal "carnal". Aunque es probable que no se había encontrado personalmente con Jesús, estaba claramente influenciado por sus enseñanzas. La instrucción ética de Romanos 12 tiene secciones similares con el Sermón del monte. La enseñanza escatológica en 1 Tesalonicenses 4–5 y 2 Tesalonicenses 2 nos recuerda la enseñanza de Jesús en el discurso de los Olivos (Mar. 13).

Cuando Pablo interpreta, cita y alude en sus escritos al AT, lo considera a la luz de la nueva revelación de Dios en Cristo. El mundo griego en el cual fue criado Pablo contribuyó a sus escritos con entendimiento filosófico (véase la afirmación en Hech. 17:28) y distintivos lingüísticos. El propio fundamento judío de Pablo influenciaba su enfoque y perspectiva. Pero ni el pensamiento griego ni el hebreo podían ofrecer la base completa para la enseñanza paulina. Pablo vistió algunas de sus afirmaciones en palabras tomadas de sus trasfondos griego y hebreo, pero su conversión a Cristo le hizo enfocar todo su pensamiento a la luz de su nueva fe[7].

El orden de los escritos de Pablo

El NT generalmente ordena las cartas de Pablo según su longitud, no su cronología. Romanos, por ser la más larga, es la primera. Filemón, la más breve, es la última.

Las primeras nueve cartas paulinas están dirigidas a iglesias (Romanos, 1 y 2 Corintios, Gálatas, Efesios, Filipenses, Colosenses, 1 y 2 Tesalonicenses). Las últimas cuatro cartas están dirigidas a tres personas (1 y 2 Timoteo, Tito y Filemón).

La colección de las cartas de Pablo

Pablo escribió sus cartas en un período de aproximadamente 15 años a gente separada por cientos de kilómetros. ¿Cómo se juntaron esas cartas en un solo grupo? ¿Cuándo se completó la colección? ¿Quién era responsable de la misma? Los académicos difieren bastante en sus respuestas a estas preguntas, pero se han propuesto dos teorías básicas para responderlas.

1. Algunos sugieren que las cartas paulinas se juntaron repentinamente después de un período de negligencia luego de su escritura inicial. Muchos creen que la publicación del canon del hereje Marción (*c.* 144 d. de J.C.) estimuló la colección de las cartas paulinas. Marción omitió las Pastorales; su *corpus* paulino contenía solo diez cartas. El Canon Muratorio, fechado hacia finales del siglo II, es considerado por algunos como una respuesta "ortodoxa" al canon más bien herético de Marción. E. J. Goodspeed sostuvo que la publicación de Hechos (que él fechaba alrededor del año 90) impulsó a Onésimo, el esclavo que había huido, a coleccionar los escritos de Pablo y producir Efesios como una carta circular para todo el grupo[8]. Los puntos de vista de Goodspeed están sujetos a preguntas y desacuerdos en varios temas. Muchos no aceptan la fecha del año 90 para Hechos. Otros señalan la evidencia neotestamentaria para una circulación y uso amplios de los escritos de Pablo. Por ello, es dudosa la existencia de un período de olvido de las cartas. La referencia en Colosenses 4:16 a

---

[7] W. D. Davies ha sugerido que el contacto de Pablo con el judaísmo rabínico y el fariseísmo influyó en su teología. Véase *Paul and Rabbinic Judaism*, 4a. ed. (Philadelphia: Fortress Press, 1980). Para una declaración clásica de un enfoque opuesto, véase J. G. Machen, *The Origin of Paul's Religion* (New York: Macmillan Co., 1928). Machen investiga la posible influencia de los trasfondos judío y griego de Pablo, pero afirma el origen sobrenatural del mensaje paulino.

[8] E. J. Goodspeed, *An Introduction to the New Testament* (Chicago: University of Chicago Press, 1937), pp. 210–21. Para más explicación sobre este tema, véase bajo "Lectores de Efesios" en el capítulo 17.

la lectura de las cartas de Pablo y a la escritura de cartas atribuidas falsamente al Apóstol (2 Tes. 2:2) sugiere que los escritos paulinos tenían una circulación temprana muy extendida.

2. Una segunda teoría para la colección de las cartas de Pablo postula un desarrollo gradual del canon paulino[9]. Si, como parece probable, las cartas de Pablo comenzaron a circular ampliamente poco después de ser escritas, es razonable anticipar una colección gradual de esos escritos. Es especulativo saber quién comenzó la colección y qué la precipitó. Guthrie sugiere que Timoteo puede haber juntado los escritos paulinos después de la muerte del Apóstol[10]. Aunque la sugerencia de Guthrie sostiene una colección repentina más que gradual, es posible que Timoteo hiciera pública una colección de los escritos paulinos que previamente habían sido aceptados como escritos por Pablo. La colección de los escritos paulinos probablemente no fue un proceso editorial complejo sino una experiencia simple, juntando y copiando gradualmente las cartas aceptadas como de Pablo.

La práctica de la autoría seudónima

La paternidad literaria seudónima ocurre cuando un escritor usa deliberadamente, en un documento literario, otro nombre que no es el propio[11]. Muchos académicos neotestamentarios de la actualidad defienden la autoría seudónima de escritos tales como Colosenses, Efesios, las Pastorales, Santiago y 1 y 2 Pedro. Ellos afirman que la seudonimia sugiere que los escritores usaron la práctica para ganar aceptación para sus propios enfoques atribuyéndolos a autores respetados del pasado. Hay quienes sugieren también que el discípulo de un líder destacado puede usar la seudonimia para honrar al líder después de su muerte, al escribir un documento en el estilo del que ha fallecido. Otros sugieren que los escritores usaban la seudonimia para encubrir las opiniones impopulares que pudieran poner en peligro al autor.

Al discutir la seudonimia debemos reconocer la práctica de la anonimia. Los Evangelios, Hechos, Hebreos y las epístolas juaninas son anónimas, pues dichos escritos no tienen un nombre personal de autor dentro del libro. El tema de la autoría seudónima surge solo cuando un autor usa deliberadamente el nombre de otra persona como el autor de un escrito particular.

Los defensores de la seudonimia justifican esta práctica en el NT indicando que el método tenía un uso muy extendido en escritos fuera de la Biblia. Hay otros que presentan objeciones éticas, psicológicas, históricas y teológicas contra la aceptación de esta práctica en el NT.

Nuestra investigación de esta práctica comenzará con los escritos judíos y se extenderá a través del período neotestamentario. Analizaremos también los enfoques contemporáneos sobre este tema y luego intentaremos una conclusión a nuestro análisis.

Seudonimia en los escritos judíos. Los judíos usaron la seudonimia más frecuentemente en escritos apocalípticos que en epístolas. A los escritos apocalípticos se les agregaban nombres como los de Enoc, Baruc o Esdras, quizá para animar la aceptación de esos documentos. En la era precristiana aparecen solo dos ejemplos de seudonimia epistolar entre los judíos. La *Epístola de Jeremías* usó el nombre del profeta para denunciar la idolatría y se agregaba al contenido del libro canónico. La *Carta de Aristeas* contenía una defensa de los judíos escrita para un ambiente gentil. El autor escribió a su

---

[9] Carson, Moo y Morris, *An Introduction to the New Testament*, p. 235.

[10] Donald Guthrie, *New Testament Introduction*, 2a. ed. (London: Tyndale House Publishers, 1963), pp. 998-1000.

[11] Para una elaboración más completa de este tema, véase mi artículo "Pseudonymity and the New Testament", en *New Testament Criticism and Interpretation*, eds. David Alan Black y David S. Dockery (Grand Rapids: Zondervan Books, 1991), pp. 535-59.

hermano Filócrates acerca de la traducción judía del AT hebreo al griego (Septuaginta, abreviado LXX). Los lectores de la carta relacionarían al escritor con la traducción de la LXX durante la época de Ptolomeo II Filadelfo, de Egipto (285–247 a. de J.C.). Los académicos, en general, dan al escrito una fecha posterior, comúnmente entre los años 250 a. de J.C. y 100 d. de J.C.[12].

Evidencia interna para la seudonimia en el Nuevo Testamento. La evidencia escasa en favor de la práctica de la seudonimia en el NT pone en duda la idea de que los autores y lectores neotestamentarios aceptaban la práctica.

En 2 Tesalonicenses 2:2 Pablo advirtió en contra de la aceptación de una "carta como si fuera nuestra". En 3:17 afirmó que un saludo de su propia mano era una señal de la autenticidad de la epístola. Su razón principal para advertir en contra de la aceptación de cartas seudónimas tenía que ver con el contenido herético. Si Pablo atacaba el uso de la seudonimia para impedir la difusión de la herejía, es probable que no aceptaría su uso para ayudar en la expansión del evangelio.

En 1 Timoteo 4:1, 2 Pablo advirtió en contra de aceptar las enseñanzas de quienes "con hipocresía hablarán mentira" y los "espíritus engañosos". Esas palabras también parecen aplicarse a la prohibición de las falsificaciones literarias que difundían esas enseñanzas.

Hay muchos escritos neotestamentarios que tienen apelaciones en favor de la verdad que sería difícil de armonizar con el trabajo de un autor seudónimo.

- En Efesios 4:25 Pablo indicó a sus lectores: "… Habiendo dejado la mentira, hablad la verdad …".
- En Efesios 4:15 enseñó que había que seguir "la verdad …".
- En Colosenses 3:9 advirtió: "No mintáis los unos a los otros".

Con advertencias como estas es bastante improbable que un escritor del NT habría usado un método literario engañoso.

La seudonimia y los escritores antenicenos. Los escritores cristianos de la era posterior a los apóstoles, ¿estaban interesados en que el nombre de un autor correcto apareciera en sus escritos? Aparentemente consideraban importante la cuestión de la paternidad literaria; usaban varias pruebas para demostrar que sus escritos llevaban el nombre del autor correcto.

No se considera a Eusebio como uno de los Padres antenicenos, pero relata hechos que vienen de ese período. En su explicación de la paternidad literaria del *Pastor* de Hermas señaló que la aceptación del libro estaba unida con la certeza en cuanto a la autoría. Algunos identifican a Hermas con el discípulo del mismo nombre en Romanos 16:14, mientras otros no aceptan esa identificación. Eusebio indicó que la incertidumbre acerca de la paternidad literaria hacía que el libro fuera omitido "entre los libros reconocidos"[13]. Una paternidad seudónima de este documento que fuera conocida ciertamente habría llevado a su exclusión de la lista de escritos aceptados.

Eusebio cuenta la historia de Serapio y el Evangelio de Pedro. A fines del siglo II Serapio, obispo de Antioquía, escribió a la iglesia en Rhose, Cicilia, en cuanto al uso que hacían del apócrifo Evangelio de Pedro. Serapio inicialmente había permitido que la iglesia usara ese libro, pero posteriormente descubrió que contenía herejía. Prohibió su uso con este comentario: "Porque nosotros, hermanos, admitimos a Pedro y a los restantes apóstoles, como al mismo Cristo. Pero, como conocedores peritos, repudiamos aquellas cosas que falsamente llevan escrito por delante el nombre de aquellos …"[14].

---

[12] James H. Charlesworth, ed., *The Old Testament Pseudepigraphy* (Garden City: N.Y.: Doubleday, 1985), 2:8.

[13] Eusebio, *Historia de la iglesia*, 3.3. (Grand Rapids, Michigan: Editorial Portavoz).

[14] Ibíd., 6.12.

Tertuliano insistió en que los apóstoles debían servir como la fuente de las enseñanzas ortodoxas del cristianismo. Dijo: "Resta, pues, que demostremos que nuestra doctrina, de la cual hemos dado la regla, tiene su origen en la tradición de los apóstoles, y si todas las otras *doctrinas* no proceden *ipso facto* de la falsedad"[15]. Tertuliano examinaba la paternidad literaria de un libro antes de aceptarlo como auténtico.

Tertuliano examinaba también el contenido de un escrito antes de admitir su utilidad entre los cristianos. Examinó el escrito apócrifo llamado *Los Hechos de Pablo*, señalando que lo rechazaba por su autoría y su contenido. El autor de la obra, un presbítero de Asia que se presentaba como un amigo de Pablo, elaboró algunos de los relatos que había recibido del Apóstol. Al advertir la falsedad de la autoría y de mucho del contenido del libro, la iglesia quitó al presbítero de su puesto. Tertuliano indicó que el documento circulaba erróneamente "bajo el nombre de Pablo"[16]. También cuestionó el libro porque incluía el registro de una mujer enseñando y bautizando. Puesto que la autenticidad de la autoría y del contenido de este documento era cuestionable, Tertuliano no lo aceptaba como Escritura.

En su explicación sobre la corporeidad de Dios, Orígenes se refirió a *La doctrina de Pedro*. Rechazó el uso de este documento porque creía que el libro "no había sido compuesto por Pedro o por ninguna persona inspirada por el Espíritu de Dios"[17].

La *Constitución de los santos apóstoles* era a veces aceptada como obra de Clemente, el obispo de Roma. Los académicos la consideraban como un documento del siglo III con agregados posteriores. El escrito contiene instrucciones sobre diversos asuntos morales y directivas para los líderes de la iglesia. Algunas secciones ofrecen estímulo para los que enfrentan el martirio. Hay una sección que incluye una advertencia contra los escritos seudónimos: "Porque no deben prestar atención a los nombres de los apóstoles sino a las cosas, y sus opiniones establecidas. Porque sabemos que Simón y Cleobio, y sus seguidores, han compilado libros venenosos bajo el nombre de Cristo y de sus discípulos, y los llevan consigo a fin de engañar a ustedes que aman a Cristo y a sus siervos"[18].

Estas palabras revelan la actitud de un desconocido escritor cristiano temprano; él no aceptaba como genuino un escrito que viniera de un autor seudónimo. Este enfoque parece representar la posición de la ortodoxia cristiana.

La evidencia de los Padres indica que había dos factores importantes al evaluar los documentos de la iglesia: contenido ortodoxo y autoría genuina. De ese modo, un libro con enseñanza herética o autoría seudónima era rechazado. Estos dos criterios se usaban juntos para evaluar un documento. F. F. Bruce estudió el criterio para la canonicidad y sugirió que "es dudoso si un libro habría encontrado un lugar en el canon si se conocía que era seudónimo … Cualquiera que se supiera que hubiera compuesto una obra en el nombre de un apóstol se habría encontrado con … desaprobación"[19].

Seudonimia y erudición moderna. Aunque líderes cristianos como Lutero y Calvino comentaron sobre la posibilidad de escritos seudónimos en el NT, la discusión seria sobre el tema se hizo más común en los años 1800. La afirmación que sigue de F. C. Baur indica que él defendía una autoría

---

[15] Tertuliano, *Prescripción contra los herejes*, 21.

[16] Tertuliano, *Sobre el bautismo*, 17.

[17] Orígenes, *De Principiis*, prefacio 8.

[18] *Constitución de los santos apóstoles*, 6.16.

[19] F. F. Bruce, *The Canon of Scripture* (Downers Grove, Ill.: InterVarsity Press, 1988), p. 261.

seudónima para las Pastorales: "Lo que da a estas epístolas su reclamo del nombre del Apóstol es simplemente la circunstancia de que profesan ser paulinas y hacen que Pablo hable como su autor"[20]. Baur sostenía que la realidad de la seudonimia en las Pastorales debía preparar a los estudiantes para anticipar lo mismo en otros escritos neotestamentarios. En realidad, él rechazó la autoría apostólica en la mayoría de las cartas paulinas.

Martin Dibelius, un influyente académico alemán que vivió hasta principios del siglo XX, creía que la seudonimia estaba claramente presente en el NT. En relación con la paternidad literaria de 2 Pedro, escribió: "Es obvio que en este caso tenemos el comienzo de la seudonimia en el sentido literario"[21]. Su investigación de las Pastorales le llevó a concluir que un "paulinista usa aquí conceptos que son extraños a las cartas paulinas que han llegado hasta nosotros"[22].

Las preguntas relacionadas con la autoría apostólica de los libros del NT no estaban limitadas a los académicos europeos. James Moffatt, nacido en Gran Bretaña pero por mucho tiempo un profesor de NT en los EE. UU. de A., explicó la presencia de escritos seudónimos refiriéndose a los antecedentes judíos y griegos. Tomó la posición de que los autores cristianos que practicaban la seudonimia estaban adoptando una práctica ampliamente aceptada en el mundo antiguo, y que el motivo principal que los llevaba a la seudonimia era la modestia. Esta impedía que el discípulo de un maestro destacado presentara sus propias ideas, bajo su propio nombre, acerca de las enseñanzas de su maestro[23]. Puso énfasis en que los historiadores clásicos no sentían culpa cuando componían escritos que eran ciertos al "espíritu general de la situación"[24] y reflejaban la imaginación creativa del autor para sus detalles. Moffatt insistió en que esta práctica en la escritura de literatura antigua, llevó a la producción de discursos en el NT que eran más o menos composiciones libres, reflejando el juicio del escritor en cada situación particular. En resumen, Moffatt afirmaba que los escritores cristianos pueden haber adoptado la práctica literaria de la seudonimia, similar a la de los autores no cristianos.

El académico británico R. D. Shaw presenta una voz de oposición a la autoría seudónima en el NT. En su tratamiento de las Pastorales incluyó una sección titulada "Seudonimia e interpolación"; rechazó el concepto de escritos seudónimos basado en la inconsistencia ética de la práctica. Shaw creía que un escritor que hacía un esfuerzo determinado para engañar a sus lectores en cuanto a su identidad violaba un principio moral básico, y que "el reclamo de un lugar en el canon debe estar de acuerdo con el mismo"[25].

---

[20] F. C. Baur, *Paul: The Apostle of Jesus Christ*, trad. A. Menzies (London: Williams and Norgate, 1875), 2:109.

[21] Martin Dibelius, *A Fresh Approach to the New Testament and Early Christian Literature* (New York: Charles Scribner's Sons, 1936), p. 207.

[22] Ibíd., p. 232.

[23] James Moffatt, *Introduction to the Literature of the New Testament* (New York: Charles Scribner's Sons, 1911), p. 41.

[24] Ibíd., p. 42.

[25] La visita de Pablo a Arabia probablemente ocurrió durante el intermedio entre Hechos 9:22 y 23. Los "muchos días" del v. 23 darían la oportunidad para un período de tiempo lejos de Damasco, después de lo cual Pablo pudo haber regresado a esa ciudad. Pablo no viajó a Jerusalén hasta tres años después de su conversión (Gál. 1:18). No sabemos cuánto tiempo, de este período de tres años, los pasó en Arabia.

En un tiempo más reciente, Kurt Aland afirmó que los escritos seudónimos son el desarrollo natural de la idea de que el Espíritu Santo es el autor de las Escrituras. La creencia de Aland es que si el Espíritu Santo es el autor de un escrito, la identidad del escritor humano hace poca diferencia. De acuerdo con este enfoque un escritor humano designaría a un autor seudónimo sin crear un conflicto. Si llevamos el criterio de Aland a su conclusión lógica, la seudonimia se convierte en una práctica natural y la presencia del nombre del autor verdadero es excepcional[26]. Para Aland, es impropio acusar de deshonestidad o acciones no éticas a un escritor que usa la seudonimia.

David Meade realizó recientemente el intento más agresivo, en el idioma inglés, para defender la práctica de la seudonimia en el NT. Afirma que la atribución literaria a un autor "debe ser considerada más como un reclamo de tradición autoritativa … y menos como un reclamo de autoría real"[27]. Meade no ve en la práctica una culpabilidad moral, pues cree que el autor real considera que sus creencias son fieles a las enseñanzas del autor indicado y las continúa. No usa la paternidad literaria apostólica como la base para identificar la autoridad canónica. Ubica la autoridad en la comunidad religiosa que interpreta la tradición y se nutre de ella.

Michael Green presenta objeciones éticas e históricas para admitir la presencia de escritos seudónimos en el NT. Habla en una manera conciliadora a los que pueden estar en desacuerdo con él:

> Si… se puede probar en forma conclusiva que 2 Pedro es aquello que de otra manera no es un ejemplo, una epístola seudoepígrafa que es perfectamente ortodoxa, yo creo que deberíamos aceptar el hecho de que Dios emplea el género literario de la seudoepigrafía para la comunicación de su revelación[28].

Donald Guthrie es el escritor reciente y más prolífico que se opone a la aceptación de la presencia de material seudónimo en el NT. Él investiga la actitud de la iglesia primitiva en cuanto a la aceptación de escritos seudónimos y concluye que "donde se reconocía la utilización de la seudonimia no solamente era no tolerada, sino que era enfáticamente condenada"[29]. También se opone a la práctica de la seudonimia sobre bases éticas, indicando el "engaño" involucrado en esa clase de literatura que es "difícil reconciliar con la alta calidad espiritual de los escritos neotestamentarios involucrados"[30]. Guthrie, por razones históricas y éticas, rechaza la idea de que haya escritos seudónimos incluidos en el NT.

Los que encuentran escritos seudónimos en el NT defienden sus puntos de vista sugiriendo que la práctica era común en el mundo antiguo. También dicen que la iglesia aceptaba al Espíritu Santo como el verdadero autor de las Escrituras; por ello no encuentran ofensivo el uso del nombre de algún otro que no sea el autor real como el escritor.

Los que se oponen a la idea de que aparezcan escritos seudónimos en el NT sugieren que la práctica es objetable para la iglesia cristiana desde el punto de vista ético. También afirman que

---

[26] Véase la discusión de Dodd y su énfasis sobre el *kerigma* en el capítulo 6, bajo "Evaluación de la crítica de las formas".

[27] Josefo, *Antigüedades* 19.8.2.

[28] Michael Green, *The Second Epistle of Peter and the Epistle of Jude*, TNTC, ed. R. V. G. Tasker (Grand Rapids: William B. Eerdmans Publishing Co., 1968), p. 33.

[29] Donald Guthrie, *New Testament Introduction*, 2a. Ed. (London: Tyndale House Publishers, 1963), p. 290.

[30] Ibíd., p. 291.

históricamente la iglesia rehusó permitir los escritos seudónimos en el canon cuando los mismos eran detectados.

Conclusión. Algunos escritos neotestamentarios son anónimos, pero no son seudónimos. La ausencia del nombre de un autor en los cuatro Evangelios y Hebreos indica que son anónimos. Se encuentra la seudonimia cuando se usa en forma deliberada el nombre de alguna otra persona en vez del autor genuino del libro. ¿Hay evidencias de que la iglesia permitía esta práctica?

La evidencia a disposición indica que históricamente la iglesia se opuso a la aceptación de escritos seudónimos en el NT. Los que sugieren que la práctica era tan común en el período neotestamentario y que se la consideraba inocua, deben explicar por qué los escritores cristianos primitivos rechazaban los documentos que llevaban como autores nombres espurios. La oposición de la iglesia a la aceptación de los escritos seudónimos hace que sea difícil estar de acuerdo que debamos aceptar como ejemplos de seudonimia en el NT escritos tales como las Pastorales, 2 Pedro y quizá otros libros.

Los estudiosos que apoyan la seudonimia no ignoran el dilema ético que involucra su aceptación. Es difícil aceptar la existencia de una iglesia que insta a sus miembros a practicar la verdad y, al mismo tiempo, condona el engaño obvio que incluyen los escritos seudónimos. Una iglesia que afirma que sus miembros han "dejado la mentira" (Ef. 4:25), no parecería ser capaz de aceptar escritos seudónimos como candidatos genuinos para material canónico.

La personalidad de Pablo

La personalidad de Pablo era tan variada y destellante como un diamante multifacético[31]. Podía ser tan inflexible como el acero en asuntos de importancia doctrinal; pero en temas debatibles era tan flexible como la goma. Sus relaciones con las iglesias alternaban entre un amor que apoyaba y un reproche fuerte pero misericordioso.

El amor de Pablo por sus convertidos brilla notablemente en cada una de sus cartas. Compara su ternura con la de una madre que cuida de sus hijos (1 Tes. 2:7) y su firmeza con la de un padre (1 Tes. 2:11). Desde la cárcel escribió una nota de gratitud para los filipenses (Fil. 4:10–20). Mostró compasión y amor aun hacia los creyentes mundanos en Corinto (2 Cor. 7:8–12).

La voluntad de Pablo podía permanecer firme bajo presión. No se desanimaba fácilmente, ni las tribulaciones lo llenaban de autocompasión. El carácter semejante al de Cristo que adornaba su vida no era sólo el producto de una fuerza de voluntad firme; surgía de la obra del Espíritu Santo en él (1 Cor. 15:10; Gál. 5:22–24).

Pablo tenía también una capacidad física fuera de lo común. Fue apedreado en Listra (Asia Menor) y arrastrado fuera de la ciudad, donde sus atacantes lo dejaron, dándole por muerto. Sin embargo, al día siguiente se fue a Derbe junto con Bernabé (Hech. 14:19, 20). En 2 Corintios 11:23–29 hace una lista de muestras increíbles de tribulaciones que había sufrido personalmente. Su capacidad para resistir esta variedad de experiencias difíciles testifica en cuanto a su elasticidad y persistencia.

Pablo también tenía una fortaleza espiritual fuera de lo común. Había aprendido a estar contento en los extremos de pobreza o de abundancia (Fil. 4:12, 13). Podía actuar con tacto en varias situaciones delicadas, como cuando explicaba el tema de las ofrendas con los cristianos corintios (2 Cor. 8–9). Su flexibilidad no indicaba debilidad; intentaba entender los puntos de vista y las necesidades de otros creyentes. Pablo mantenía sus principios en las relaciones personales sin mostrar actitudes engañosas (2 Cor. 4:2).

---

[31] Tomado de Thomas D. Lea y Tom Hudson, *Step by Step Through the New Testament* (Nashville: Baptist Sunday School Board, 1992), pp. 138–39.

Pablo dirigía sus ataques más violentos contra aquellos que trataban de desviar a los nuevos convertidos. Disparó un reproche vehemente contra los legalistas judíos que trataban de engañar a los creyentes, instándolos a seguir todos los aspectos de la ley como un medio de salvación (Gál. 1:9). Habló en forma firme y enérgica contra aquellos que trataban deliberadamente de desviar a los nuevos cristianos de su compromiso con Cristo (Gál. 5:12; Fil. 3:2, 3).

La vida de Pablo

Pablo no nos dejó desprovistos de información en cuanto a su trasfondo. En sus discursos en Hechos 22:1–21 y 26:2–23 hay datos acerca de su lugar de nacimiento, hogar, educación y experiencias precristianas. También describió su fundamento religioso en una breve declaración en Filipenses 3:4–8.

Nacimiento y primeros años

Pablo nació en Tarso, una ciudad próspera y un centro educativo en la provincia de Cilicia. Heredó de su familia la ciudadanía romana (Hech. 22:28). Puede ser que su padre o su abuelo hayan realizado algún servicio específico para los romanos. Pablo usó su ciudadanía romana para evitar el encarcelamiento (Hech. 16:37–39), el castigo (Hech. 22:23–29), y reclamó el derecho de presentar su caso en el tribunal del emperador en Roma (Hech. 25:10–12). En algún momento Pablo aprendió el oficio de fabricar tiendas (Hech. 18:3), pero es incierto si fue en Tarso o en Jerusalén. Usó su habilidad en el oficio para evitar ser carga a las iglesias (1 Tes. 2:9).

Entrenamiento rabínico

Pablo recibió entrenamiento rabínico en Jerusalén, pero no se sabe a qué edad comenzó el mismo. La frase "en esta ciudad", en Hechos 22:3, puede referirse a Tarso o a Jerusalén. Podría haber sido expuesto a las ideas helenistas mientras estaba en Tarso o en Jerusalén. Esta última, a pesar de su intenso fervor judaico, no estaba libre de la influencia helenista. Pablo, sin embargo, insistía en que era un "hebreo de hebreos" (Fil. 3:5); esta frase sugiere que cultural y lingüísticamente él y sus padres eran judíos en sus expresiones religiosa y social. Probablemente aprendió en su hogar el arameo y las costumbres judías tradicionales.

El entrenamiento rabínico en Jerusalén le llegó a través de Gamaliel (Hech. 22:3), que era un fariseo de la escuela de Hillel. Este y sus seguidores mostraban apertura y generosidad, cualidades que se demuestran en el consejo conciliador de Gamaliel en Hechos 5:34–39. Pablo se convirtió en un fariseo muy riguroso (Fil. 3:5); su persecución a los cristianos le llevó a desviarse de la posición moderada de su maestro (Hech. 26:9–11). Su persecución a los cristianos era un esfuerzo por destruir la iglesia (1 Cor. 15:9).

Conversión

La conversión de Pablo ocurrió cerca de la ciudad de Damasco, en Siria. El relato de la misma se repite tres veces en Hechos (9:1–9; 22:4–16; 26:9–17). Los relatos incluyen varios detalles acerca de la conversión de Pablo:

- Pablo era un activo perseguidor de los cristianos que no había pensado en convertirse al cristianismo (Hech. 9:5).
- Cristo inició el cambio en Pablo por la revelación que le hizo.
- Poco después de recibir la revelación de Cristo, Pablo fue bautizado en Damasco, probablemente por un judío devoto llamado Ananías (Hech. 22:16).
- Pablo recibió un llamado inmediato a llevar el evangelio a los gentiles (Gál. 1:15, 16).

Actividad misionera

Pablo comenzó a predicar que Jesús era "el Hijo de Dios" (Hech. 9:20); fue a Arabia por un período que no excedió los tres años (Gál. 1:17, 18). Posteriormente fue a Jerusalén, donde permaneció por quince días (Hech. 9:22–26; Gál. 1:18). De allí fue a Tarso, donde se quedó por un período indefinido (Hech. 9:30). A pedido de Bernabé, Pablo se le unió en el desarrollo de la obra principalmente entre gentiles, en la iglesia en Antioquía de Siria (Hech. 11:22–26). Mientras estaban allí, Pablo y Bernabé llevaron una ofrenda de la iglesia de Antioquía para aliviar la pobreza entre los creyentes en Jerusalén (Hech. 11:28–30).

Durante su estadía en Antioquía Pablo y Bernabé fueron llamados por el Espíritu Santo a emprender el primer viaje misionero. Tomando a Juan Marcos con ellos, salieron de Antioquía y visitaron Salamna y Pafos en la isla de Chipre. Pablo y Bernabé visitaron Antioquía de Pisidia, Iconio, Listra y Derbe en el continente (Asia Menor). En cada ciudad entraban primero en la sinagoga para predicar el evangelio. Cuando eran rechazados por los judíos se iban a los gentiles. Con frecuencia una rebelión por parte de los judíos echaba a la pareja de misioneros de una ciudad, después que gran número de gentiles se habían convertido. Pablo y Bernabé establecieron iglesias principalmente gentiles en Chipre y en Asia Menor. Pablo se desilusionó mucho porque Juan Marcos los dejó en Perge (Hech. 13:13) durante esta importante experiencia misionera.

Después de completar este viaje Pablo y Bernabé fueron a Jerusalén, a pedido de la iglesia en Antioquía, a fin de ayudar a solucionar la cuestión de la relación de los gentiles a la observancia de la ley mosaica (Hech. 15). Los argumentos presentados por Pedro y Jacobo, y los informes de Pablo y Bernabé, llevaron a que la iglesia decidiera que observar la ley no era un requisito para la salvación. El concilio pidió una sensibilidad mínima de parte de los gentiles hacia los escrúpulos religiosos de los judíos (Hech. 15:19–21, 28, 29). La decisión promovía la unidad entre las iglesias en Judea y las iglesias mayormente gentiles de Siria y Asia Menor.

Pablo y Bernabé no pudieron ponerse de acuerdo en incluir a Juan Marcos en un segundo viaje misionero (Hech. 15:36–41). Pablo llevó consigo a Silas y Bernabé salió con Marcos en un viaje diferente. En el segundo viaje Pablo visitó las iglesias en Asia Menor (Antioquía, Listra, Iconio, Derbe). También entró en territorio nuevo al cruzar el mar Egeo, yendo a Macedonia y Grecia. Pablo visitó Filipos, Tesalónica, Berea, Atenas y Corinto. Se quedó en Corinto por 18 meses (Hech. 18:11) antes de salir para regresar finalmente a Antioquía (Hech. 18:22).

En un tercer viaje misionero Pablo pasó por el mismo territorio en Asia Menor que había visitado previamente, y se quedó tres años en Éfeso (Hech. 20:31). Posteriormente visitó Macedonia y Grecia antes de regresar a Jerusalén con ofrendas para ayudar a los pobres (Rom. 15:26, 27). Su arresto y encarcelamiento finalizaron sus viajes por varios años.

Arresto y encarcelamiento

Los judíos de Jerusalén insistieron en que se arrestara a Pablo bajo la sospecha de que había profanado el templo al permitir que un gentil entrara allí (Hech. 21:27–32). Los romanos encarcelaron a Pablo, y fue forzado a defender su inocencia delante del Sanedrín en Jerusalén (Hech. 23:1–10), del gobernador romano Félix (Hech. 24:10–21) y de su sucesor Festo (Hech. 25:8–12). Cuando Pablo se dio cuenta de que no podía esperar justicia de Festo, insistió en su derecho como ciudadano romano de que su caso fuera decidido en Roma (Hech. 25:12). Festo pidió al rey judío Agripa II que evaluara la defensa de Pablo (Hech. 26:2–29); luego envió a Pablo a Roma para la continuación de su juicio.

El viaje a Roma fue una experiencia horripilante. Un viento violento del nordeste (Hech. 27:14) arrastró al barco por el Mediterráneo durante dos semanas (Hech. 27:27). El barco se destruyó cuando golpeó la costa de la isla de Malta. Después de quedarse allí durante el invierno (Hech. 28:11), Pablo y sus amigos viajaron hasta Roma, donde fue entregado a los representantes judiciales y militares (Hech. 28:16). El encarcelamiento en Roma duró dos años (Hech. 28:30, 31). La tradición de la iglesia primitiva sugiere que Pablo fue liberado después de ese período, pero el NT permanece en silencio en cuanto a este asunto[32]. La tradición de una liberación permite la posibilidad de un ministerio paulino posterior en Grecia y Asia Menor, tiempo durante el cual Pablo escribió las Pastorales.

Cronología de la vida de Pablo

La ausencia de declaraciones cronológicas claras en Hechos y en los escritos paulinos hace que sea difícil establecer con certeza las fechas para los eventos en la vida de Pablo. Pablo usó afirmaciones cronológicas como "tres años" (Gál. 1:18) y "catorce años" (Gál. 2:1), pero dichas indicaciones son raras. En Hechos, Lucas usa indicaciones cronológicas generales tales como "un año y seis meses" (Hech. 18:11). Estos indicadores son mencionados de vez en cuando y no ofrecen una base para construir una cronología exacta para la vida y ministerio de Pablo. Sin embargo, fuentes históricas fuera del NT nos ofrecen datos suficientes como para intentar establecer una cronología de la vida de Pablo.

Datos cronológicos

La Inscripción de Galión (véase capítulo 13, n. 4) ofrece un fundamento importante para establecer una cronología paulina. Esta inscripción provee información sugiriendo que Pablo se presentó delante de Galión en Corinto (Hech. 18:12–17) en el año 51 o 52.

El edicto de Claudio (Hech. 18:2) es mencionado por el historiador romano Suetonio[33], pero no da una fecha para el mismo. Los académicos fechan ese edicto en los años 49 o 50.

La fecha para el martirio de Pablo ciertamente es durante el reinado de Nerón. La evidencia de 1 Clemente 5–6 sugiere que Pedro y Pablo sufrieron bajo Nerón al mismo tiempo en que otras multitudes eran torturadas. Los académicos comúnmente fechan este evento en el año 64. Guthrie prefiere una fecha más temprana para el martirio de Pablo[34]. Eusebio, sin embargo, ubica el martirio

---

[32] En *1 Clemente* 5, Clemente escribió en cuanto a las actividades de Pablo: "Pablo obtuvo también la recompensa de la paciencia, después de ser llevado siete veces a cautividad, compelido a huir y ser apedreado. Después de predicar tanto en el oriente como en el occidente ganó la reputación ilustre debido a su fe, habiendo enseñado justicia a todo el mundo, y llegó al límite extremo al occidente y sufrió el martirio bajo los prefectos". Algunos sugieren que el "límite" al cual fue incluía a España (Rom. 15:28). Eusebio, el historiador de la iglesia, sugiere también un tiempo de libertad de Pablo después de un encarcelamiento inicial, y el martirio después de un segundo encarcelamiento (*Historia de la iglesia*, 2.22 (Gran Rapids, Michigan: Editorial Portavoz).

4 El historiador romano Suetonio describió la acción de Claudio en *Las vidas de los Césares* 5.25.4. Dijo: "Dado que los judíos constantemente provocaban disturbios a instigación de Chrestus, él los expulsó de Roma". Suetonio parece creer que Chrestus mismo inició la revuelta. El nombre "Chrestus" podía fácilmente confundirse con el nombre Cristo en griego, "Christus". Es posible que Suetonio confundió la predicación acerca de Cristo con una revuelta conducida por Chrestus; lo que realmente estaría describiendo era una revuelta de parte de los judíos incrédulos por la predicación del evangelio acerca de Cristo. Barrett tiene una traducción y discusión de esta sección en *The New Testament Background: Selected Documents*, ed. rev., pp. 13, 14. Para una opinión contraria, véase Bruce W. Winter, ed., *The Book of Acts in Its First-Century Setting*, vol. 2, *Graeco-Roman Setting*, ed. rev. por David W. J. Gill y Conrad Gempf (Grand Rapids: William B. Eerdmans Publishing Co., 1994), pp. 469–71.

[33] Suetonio, *Las vidas de los Césares*, 5.25.

[34] Guthrie, *New Testament Introduction*, p. 1004.

de Pablo en Roma después de un segundo encarcelamiento[35]. El hecho de aceptar una fecha posterior permite más tiempo para encontrar a Pablo ocupado en otras actividades después de su encarcelamiento en Roma (quizá un ministerio en Éfeso y Grecia, y la escritura de las Pastorales.

Pablo estuvo en una cárcel en Cesarea por dos años (Hech. 24:27) y fue enviado a Roma poco después de que Festo reemplazara al gobernador romano Félix. Muchos académicos, usando evidencia de Josefo y Tácito, sugieren que Festo llegó a Cesarea en el año 59 o 60, aunque algunos aceptan la fecha del año 58.

Cronología sugerida

Inscripción de Galión y el segundo viaje. La evidencia más importante para establecer la cronología de la vida de Pablo es la Inscripción de Galión, que nos permite dar una fecha estimada para su presentación delante de Galión durante su segundo viaje misionero (Hech. 18:12–17). Esa audiencia posiblemente ocurrió en Corinto durante el verano del año 51, cuando Galión asumió el proconsulado de Acaya. Si Pablo permaneció 18 meses en Corinto (Hech. 18:11), las fechas probables para su segundo viaje misionero son entre los años 50 y 52.

Concilio apostólico y el primer viaje. El concilio apostólico ocurrió probablemente en el año 49, poco antes del comienzo del segundo viaje misionero. El primer viaje misionero precedió al concilio y probablemente se desarrolló entre los años 47 y 48.

Conversión de Pablo y ministerio inicial. La información en Gálatas 1:13–2:10 nos permite llegar a fechas probables para las actividades iniciales en el ministerio de Pablo. En Gálatas 2:1 Pablo menciona una visita a Jerusalén 14 años después de su conversión[36]. Los académicos difieren sobre si esta visita es la misma que la mencionada en Hechos 11:28–30, conocida como la de la ofrenda para la hambruna, o la de Pablo y Bernabé en Hechos 15:4 para el concilio en Jerusalén. Puesto que la descripción de la visita en Gálatas 2:1–10 parece más probable relacionarla con el concilio en Jerusalén, asumo que la visita mencionada en Gálatas 2:1 es la del concilio apostólico en el año 49. Se puede entonces fechar la conversión de Pablo en el año 35, aunque es posible que haya sido tan temprano como el año 32, si restamos los tres años mencionados en Gálatas 1:18. La información a través de Josefo nos permite fechar la visita en ocasión de la ofrenda para la hambruna en los años 45 o 46[37].

Tercer viaje misionero. Podemos identificar fechas probables para períodos posteriores del ministerio de Pablo al examinar el material en Hechos y en sus escritos. Comenzó su tercer viaje misionero en Hechos 18:23, y durante este período permaneció en Éfeso por unos tres años (véase Hech. 19:8, 10; 20:31). Después de salir de Éfeso viajó por Macedonia y Acaya. La única indicación de tiempo es un período de tres meses que estuvo en Acaya (Hech. 20:3). El tercer viaje probablemente ocurrió entre los años 53 y 57.

---

[35] Eusebio, *Historia de la iglesia*, 2.22. (Grand Rapids, Michigan: Editorial Portavoz). Véase también la explicación adicional en Eusebio en cuanto a la muerte de Pablo en 2.25. La evidencia en aquella sección, en favor de un martirio en el año 68, es menos convincente.

[36] Se debate si los 14 años deben contarse desde su conversión o desde la primera visita de Pablo a Jerusalén que se menciona en Gálatas 1:18. Si se cuenta desde la primera visita a Jerusalén, entonces la visita mencionada en Gálatas 2:1 ocurrió 17 años después de la conversión del Apóstol. Dado que su conversión es el evento significativo que Pablo está considerando en esta sección, es probable que los 14 años se fechan desde la conversión y no desde la primera visita a Jerusalén.

[37] Josefo, *Antigüedades*, 20.2.5.

Arresto, encarcelamiento y ministerio posterior. Pablo regresó a Palestina probablemente en la primavera del año 57. Sabemos que fue en algún momento de la primavera porque Pablo quería llegar a Jerusalén a tiempo para la fiesta de Pentecostés (Hech. 20:16). Los dos años de encarcelamiento en Cesarea (Hech. 24:27) sucedieron entre los años 57 y 59; Pablo pasó el año 60 en su viaje hacia Roma (Hech. 27:1–28:16). Sus dos años de detención en Roma ocurrieron entre los años 61 y 63 (Hech. 28:30, 31). Probablemente es mejor considerar el encarcelamiento en Roma como una detención, porque gozó de bastantes libertades durante esa etapa, las cuales no eran evidentes durante su encarcelamiento previo en Cesarea. Siguiendo esta detención no tenemos evidencia bíblica para determinar más fechas; la tradición cristiana permite la posibilidad de una liberación de la cárcel y un ministerio extendido en el este. Pablo puede haber escrito las epístolas pastorales entre los años 64 a 67, sufriendo el martirio en el año 67 o 68.

Dada la información disponible, sugerimos ahora la siguiente cronología para la vida de Pablo:

EVENTO	AÑO
Conversión de Pablo	35 (32)[a]
Visita a Jerusalén por causa de la hambruna	45 o 46
Primer viaje misionero	47–48
Concilio apostólico	49
Segundo viaje misionero	50–52
Tercer viaje misionero	53–57
Encarcelamiento en Cesarea	57–59
Viaje a Roma	60
Cautividad en Roma	61–63
Liberación de la cautividad y ministerio en el este	64–67
Martirio	67 o 68

---

[a] La fecha del año 32 para la conversión de Pablo llega a ser una posibilidad si la cifra de 14 años en Gálatas 2:1 se determina a partir de la visita a Jerusalén tres años después de la conversión de Pablo (véase Gál. 1:18). Para una información más completa de todos los asuntos cronológicos analizados en esta sección, véase Guthrie, *New Testament Introduction* (ed. 1990), pp. 1001–1010.

Para más información sobre la cronología de la vida de Pablo véase "Los viajes misioneros de Pablo armonizados con las epístolas paulinas", en el capítulo 13.

Nueva propuesta para una cronología paulina

John Knox sugirió un nuevo acercamiento a la cronología paulina, apoyándose principalmente en la evidencia de las epístolas de Pablo. Knox no ignoró por completo ni rechazó la evidencia de Hechos, pero duda de su certeza, prefiriendo entonces las declaraciones en las cartas paulinas cuando encuentra un conflicto con Hechos. Knox sugiere la siguiente cronología para la vida de Pablo[38].

EVENTO	AÑO
Conversión y llamado al apostolado	34
Primera visita a Jerusalén (Gál. 1:18)	37
Llegada a Macedonia	40
Llegada a Corinto	43
Llegada a Éfeso	46
Segunda visita a Jerusalén (concilio de Jerusalén después de 17 años)	51
Visita final a Corinto (final de la ofrenda)	54
Visita final a Jerusalén y arresto (Hech. 21:17, 30–33)	54 o 55

En la revisión de su primera obra, Knox alteró su propuesta original. Ahora sugiere que la segunda visita a Jerusalén, la referida al concilio, ocurrió 17 años después de la primera visita. También cree que el intervalo entre la segunda y la tercera visitas a Jerusalén debe ser de por lo menos tres años y posiblemente cuatro.

Hay por lo menos dos diferencias entre mi cronología y la de Knox. Primera, Knox ubica el concilio apostólico de Hechos 15 después del segundo viaje misionero, insistiendo en que los datos de las cartas paulinas apoyan ese cambio. Segunda, Knox difiere en la cantidad de visitas que Pablo realizó a Jerusalén.

Knox acepta un esquema de tres visitas a Jerusalén. Las cartas de Pablo mencionan tres visitas que pueden ser comparadas con aquellas mencionadas en Hechos: tres años después de su conversión (Gál. 1:18; Hech. 9:26–31); el concilio apostólico (Gál. 2:1; Hech. 15:3–5); y aquella para entregar la ofrenda de Corinto al terminar el tercer viaje misionero (Rom. 15:25–28; Hech. 21:17–

---

[38] John Knox, *Chapters in the Life of Paul*, ed. rev. (Macon, Ga.: Mercer University Press, 1987), p. 68. F. F. Bruce insiste en que "podemos continuar tomando con seriedad la cronología de Hechos" en "Chronological Questions in the Acts of the Apostles, en *A Mind for What Matters* (Grand Rapids: Eerdmans, 1990), p. 149.

19). Hechos menciona dos visitas más: la de la ofrenda para la hambruna (Hech. 11:28–30) y aquella entre el tercer y el cuarto viaje misioneros en 18:22.

Aunque los escritos de Pablo brindan el material principal para un estudio de su vida, eso debe ser suplementado con el material en Hechos. Lucas era un compañero de Pablo, y ya hemos examinado razones por las que podemos considerar que sus relatos son seguros[39]. Parece ser totalmente injustificado el reducir los relatos de Hechos a un nivel de sospecha histórica.

La propuesta de Knox ubica el segundo viaje misionero antes del concilio en Jerusalén. Dicha ubicación no tiene en cuenta el relato que se hace del evento en Hechos 15. Knox sugirió que Lucas puede haber ubicado el concilio antes del segundo viaje misionero para solucionar la cuestión de la relación de los gentiles con la ley antes de la misión hacia ellos. Si esto explicara la ubicación del concilio en la cronología de Hechos, ¿por qué Lucas no lo puso antes del primer viaje misionero que también incluía una misión a los gentiles?

Teología de Pablo

Todo el sistema teológico de Pablo es cristocéntrico[40]. Podemos resumir con certeza el pensamiento de Pablo con la frase "en Cristo", que es frecuente en sus escritos. El fundamento para la teología de Pablo no era la ética, antropología, soteriología, eclesiología o escatología. Subyacente en todos estos temas importantes estaba el enfoque paulino de que la salvación estaba "en Cristo" y que la iglesia es el cuerpo de Cristo, y existe porque los creyentes están primero "en Cristo".

El pensamiento de Pablo se puede describir como histórico, funcional y dinámico.[41] Su pensamiento era histórico porque estaba enraizado en los eventos históricos de la encarnación, vida, muerte y resurrección de Jesús (Gál. 4:4). La teología de Pablo es funcional principalmente porque enfatizó los aspectos funcionales de la obra de Cristo y asumió sus categorías ontológicas. Normalmente Pablo entraba en la descripción del ser o esencia de Cristo sólo cuando enfrentaba un desafío herético a su predicación. Su descripción de la persona de Cristo en Colosenses 1:15–19 y 2:9, 10 era principalmente una respuesta a una depreciación de la persona de Cristo. La teología de Pablo también llevaba a un encuentro dinámico y redentor con Cristo. No hacía hincapié en la teología por su propio valor sino para enfatizar la urgencia de un encuentro vital con Cristo (véase Col. 3:1–5).

El pecado humano

La discusión por parte de Pablo de la pecaminosidad humana enfatizaba dos aspectos:
1. Pablo hacía hincapié en una relación entre la depravación humana y el pecado de Adán (Rom. 5:12–21). Por medio del acto de desobediencia de Adán, el pecado y la muerte afectaron a todos los seres humanos.
2. Pablo enfatizaba la responsabilidad humana en elegir que esa depravación se exprese.

---

[39] Véase la explicación sobre la "Seguridad histórica de Hechos" en el cap. 12.

[40] Entre los estudios útiles de la teología paulina están Donald Guthrie, *New Testament Theology* (Downers Grove, Ill.: InterVarsity Press, 1981), que trata la teología por temas, dividido de acuerdo con las secciones del NT; y Leon Morris, *New Testament Theology* (Grand Rapids: Zondervan Books, 1986), pp. 19-90.

[41] R. N. Longenecker, "Pauline Theology", en *Zondervan Pictorial Encyclopedia of the Bible* (Grand Rapids: Zondervan Books, 1975). El resumen que sigue acerca de la teología de Pablo refleja en lo fundamental las ideas de Longenecker.

En Romanos 1:18–3:8 insistió en que los gentiles rechazaban a Dios y hacían de sus propias decisiones lo absoluto. Señaló que los judíos, quienes convertían a la ley en lo absoluto, también estaban alejados de Dios. El resultado era que, tanto judíos como gentiles, estaban separados de Dios y sin esperanza. Debido al pecado de Adán y por decisión personal, los seres humanos recibieron y demostraron una separación de Dios que brindaba una ocasión para que Dios demostrara su gracia en la persona y obra de Jesucristo.

La ley

Pablo consideraba la ley en sí misma como santa, justa y buena (Rom. 7:12). Reflejaba el patrón de justicia de un Dios santo y estaba escrita en la conciencia humana (Rom. 1:19, 20). La dádiva de la ley en el código mosaico clarificaba, ampliaba y aplicaba la voluntad de Dios para la nueva situación de la nación de Israel.

Sin rechazar este aspecto de la ley, Pablo encontró otro uso para el código mosaico. Dios había prometido antes a Abraham que todas las naciones del mundo serían benditas en él (Gén. 12:3). La dádiva de la ley 430 años después de este pacto no anuló la promesa dada a Abraham (Gál. 3:17). Dios agregó este pacto por las transgresiones humanas y no para negociar nuevamente la promesa que había dado antes (Gál. 3:18, 19). La venida del Mesías terminaba la función del pacto mosaico (Gál. 3:19). El pacto mismo preparó a los individuos para ejercer la fe en Jesucristo (Gál. 3:24) y clarificó la excesiva pecaminosidad del pecado (Rom. 7:13). Declarado en una forma más positiva, la ley guardaba a la gente bajo protección hasta que viniera Cristo (Gál. 3:22–25). Algunos judíos en el tiempo de Pablo tendían a considerar que la posesión de la ley y la obediencia a ella era como una tarjeta de presentación meritoria delante de Dios (Rom. 2:17–25). Pablo señaló que la ley solo revelaba la pecaminosidad humana y preparaba a la persona para abrirse en un acto de fe a Cristo.

E. P. Sanders, en una obra importante, rechazó la idea de que los judíos creían que guardar la ley merecía la salvación[42]. Hizo hincapié en el concepto judío de que Dios eligió a su pueblo y les dio la ley. Insistió en que la obediencia de los judíos a la ley estaba motivada más por el deseo de continuar gozando de los beneficios del pacto que por el de entrar bajo el pacto. La obra de Sanders nos advierte en contra de tener un concepto demasiado negativo de la ley, pero falla en ofrecer una explicación satisfactoria para la práctica del legalismo que impregnaba el sistema judío.

La persona y obra de Cristo

La explicación de Pablo en cuanto a la persona de Cristo era primordialmente funcional. La personalidad de Cristo estaba relacionada íntimamente con lo que Jesús hizo. Esto llega a ser claro en Romanos 10:9, 10 cuando la afirmación de que Cristo es el Señor se relaciona con su resurrección. Pablo consideraba que Jesús era divino y el objeto propio para la fe de los creyentes (Rom. 10:11).

El énfasis principal en el mensaje de Pablo es que la obra de Jesucristo constituye el punto central del plan divino de redención. Cristo vino bajo la ley para poner la maldición de la ley sobre sí mismo (Gál. 3:13). Llegó a ser pecado por nosotros de modo que pudiéramos llegar a ser justicia de Dios en él (2 Cor. 5:21). Cristo no solo destruye la maldición de la ley, sino que cumple las demandas legales de la misma. El resultado de su vida y obra es que los creyentes, a la vista de Dios, son santos, sin mancha e irreprensibles (Col. 1:22). El efecto de responder a la obra de gracia de Dios en Cristo es que los creyentes reciben la justicia de Cristo y experimentan paz con Dios (Rom. 5:1).

La iglesia

El concepto paulino de estar "en Cristo" tiene también importancia corporativa. Incluye la participación en una comunidad en la cual los miembros están unidos estrechamente con Jesucristo

---

[42] E. P. Sanders, *Paul and Palestinian Judaism* (Philadelphia: Fortress Press, 1977).

y vitalmente relacionados el uno con el otro. Para describir a la iglesia Pablo usó la expresión "cuerpo" de Cristo (Ef. 1:23; Col. 1:18, 24). Continuando con la analogía, describió a Cristo como la "cabeza" de la iglesia (Ef. 1:22, 23) y una fuente de fortaleza para los creyentes en forma individual (Ef. 4:15, 16). El hecho de que todos los creyentes están "en Cristo" establece una relación vital entre el Señor y los creyentes de manera individual, y entre todos los miembros del cuerpo. Estar en Cristo es afirmarlo como el único Señor sobre la iglesia (Ef. 4:5).

La unión estrecha entre todos los creyentes es un estímulo para que no se dañen unos a otros por el pecado personal (1 Cor. 8:12) y muestren interés por las necesidades de los demás (1 Cor. 12:25, 26). La unidad también se demuestra reconociendo y aceptando las habilidades y dones de otros creyentes (Rom. 12:5–8; 1 Cor. 12:12–31). El reconocimiento de los dones de otros creyentes lleva al desarrollo de la dependencia mutua.

Ética paulina

Pablo llama a todos los creyentes a expresar su nueva vida en Cristo. Su posición en él los capacita para vivirla (Gál. 5:22, 23). El amor de Cristo los motiva a expresar esta nueva vida (2 Cor. 5:14), y la ley de Cristo señala el camino para la demostración de la misma (Rom. 8:3, 4). Los creyentes enfrentan el desafío para la expresión de la vida celestial aunque todavía viven sobre el planeta tierra (Ef. 2:6). Vivimos hoy sobre la tierra conscientes de la depravación que subyace en nuestra naturaleza, y desafiados por las perspectivas de victorias y conquistas "en Cristo".

Aquel que está "en Cristo" tiene un nuevo estilo de vida. Los creyentes evitan los vicios antiguos (Gál. 5:19–21; Ef. 4:17–21) y exhiben cualidades dignas de seguidores de Cristo (Gál. 5:22, 23; Col. 3:12–14). Los creyentes demuestran una nueva vida en el hogar (Ef. 5:21–6:9) y reflejan interés por el impacto de su conducta sobre otros creyentes (1 Cor. 8:9–12). Reflejan humildad unos a otros, siendo Cristo mismo su principal ejemplo (Fil. 2:1–11).

Escatología paulina

A lo largo del ministerio de Pablo la fuerza que impulsaba las esperanzas futuras del Apóstol era su expectación del regreso de Cristo, la *parousia* (1 Tes. 4:13–18). Este regreso trae la resurrección del cuerpo del creyente (1 Cor. 15:12–58) y una unión permanente con Cristo (1 Tes. 4:17). También trae juicio, pero para el creyente el resultado ya está decidido (Rom. 8:1). Este juicio significa para el creyente purificación (1 Cor. 3:13–15) y alguna clase de recompensa (2 Cor. 5:10). Para el incrédulo la *parousia* trae ira y condenación (1 Tes. 1:10; 2 Tes. 2:10–12). En el regreso de Cristo toda autoridad y poder estarán sujetos primero al Señor y luego entregados al Padre (1 Cor. 15:24, 27).

Hay quienes han sugerido que Pablo cambió sus enfoques escatológicos durante su ministerio. Sugieren que sus puntos de vista se desarrollaron desde un énfasis en una *parousia* futura a una comprensión más existencial de la venida, una que hacía hincapié en el cumplimiento para el presente y en la experiencia de inmortalidad. Los escritos de Pablo, sin embargo, desde los tempranos hasta los últimos, incluyen ambos elementos y hacen que uno dude en aceptar cambios importantes en sus puntos de vista. En sus escritos tempranos Pablo utilizó imágenes similares a las del pensamiento apocalíptico de los judíos (2 Tes. 2:1–12), pero puso énfasis también en que Cristo vive en el presente en el creyente (Gál. 2:20). En sus cartas a los romanos y corintios, escritas después de varios años de ministerio, puso énfasis en el cumplimiento pleno de los eventos en el regreso de Cristo (1 Cor. 15:12–58); también hizo hincapié en su esperanza de inmortalidad a pesar de la muerte física (2 Cor. 5:1–10). Esta variedad en los énfasis refleja probablemente las circunstancias cambiantes a las cuales se dirigió y no es una indicación de cambios importantes en su escatología.

La obra de Cristo está "terminada" (véase Juan 19:30), pero también está aún siendo aplicada a la vida del creyente. Los cristianos que viven hoy experimentan poder, gozo y renovación espiritual en Cristo, y también tendrán comunión con Cristo después de la muerte (1 Tes. 5:10). La experiencia completa de una relación con Cristo y el cumplimiento del propósito divino esperan hasta su segunda venida. Por este evento, Pablo y todos los creyentes pueden unirse en la oración: "Señor nuestro, ¡ven!" (1 Cor. 16:22, DHH).[2]

Parte II

La coherencia y centro de la teología de pablo

Dentro del campo de la teología del Nuevo Testamento, tal vez el subtema más acaloradamente disputado es la teología paulina. En parte esta controversia es porque Pablo da más información en cuanto a sus perdurables convicciones teológicas que cualquier otro autor del Nuevo Testamento. Es cierto que Lucas escribió más del Nuevo Testamento que Pablo, pero sólo Pablo entre los autores del Nuevo Testamento provee una serie de cartas escritas en un período prolongado, permitiéndonos ver a cuáles convicciones teológicas él apela repetidamente en diversos escenarios y con el correr del tiempo. Esto nos permite construir lo que un erudito paulino ha llamado un cuadro «estereoscópico» de su teología.[1] Lo vemos desde más de un ángulo y podemos describirlo en más de una sola dimensión. Este campo amplio y maduro de estudio naturalmente produce una cantidad igualmente amplia de comidilla para disputas interpretativas. Como resultado, han surgido un número de proposiciones en cuanto a la coherencia de la teología de Pablo y a qué concepto, si alguno, está en su «centro».

La significación y coherencia de la teología de pablo

Podemos dividir las principales propuestas académicas en cuanto a la coherencia de la teología de Pablo en tres categorías: (1) afirmaciones de que la teología que emerge de las cartas de Pablo es coherente, estable y significativa, (2) afirmaciones de que la teología de Pablo cambió de maneras significativas conforme él encontraba varios problemas en sus iglesias, y (3) afirmaciones que la teología de Pablo es básicamente inconsistente.

La teología de Pablo como coherente y significativa

Tradicionalmente los cristianos han considerado a Pablo el príncipe de los teólogos. Desde el tiempo del propio ministerio de Pablo algunos han disputado esta afirmación, pero la iglesia ortodoxa desde una fecha temprana lo consideró ser el santo y bendecido apóstol Pablo que, aunque ocasionalmente difícil de entender (2 P 3:16), no obstante escribió cartas de sublimidad insuperable. En tiempos más recientes algunos han continuado adoptando una variación de este punto de vista, usualmente proveyendo alguna justificación histórica para su evaluación de Pablo—él es el primer teólogo cristiano y el más influyente—pero siempre incluyendo un ápice de admiración.

James D. G. Dunn provee un buen ejemplo de esta noción de Pablo que tan a menudo se sostiene en tiempos modernos. Hablando históricamente, aduce Dunn, Pablo es el primero y el más grande de los teólogos cristianos. Esto es verdad no porque él sea el primer cristiano que se dedicó a

---

[2] Lea, T. D. (2004). *El Nuevo Testamento: su trasfondo y su mensaje* (pp. 305–330). El Paso, TX: Editorial Mundo Hispano.

[1] James D. G. Dunn, *The Theology of Paul the Apostle* (Eerdmans, Grand Rapids, 1998), 13.

la reflexión teológica, sino porque fue el primero que dedicó una porción considerable de su vida a este tipo de reflexión, a enseñar sus convicciones teológicas a otros, y a ponerlas por escrito. Él es el teólogo más grande no porque sea necesariamente el mejor de tales teólogos de todos los tiempos, sino debido a su influencia ampliamente extendida, particularmente después de la canonización de sus cartas en el siglo segundo. Dunn explica la teología de Pablo por temas, siguiendo hasta donde sea posible el bosquejo de Romanos, a fin de no imponer sobre Pablo un sistema teológico foráneo, y el estudio de Dunn revela a un pastor teólogo coherente, reflexivo, aunque constantemente atareado.[2]

Dunn cree, además, que Pablo tiene algo para ofrecer a la iglesia de hoy. Aunque Dunn escribe con sensibilidad a las circunstancias históricas en las que Pablo escribió sus cartas, no sigue la senda de William Wrede de encerrar su consagración a la iglesia a fin de producir un retrato puramente histórico de la teología de Pablo:

> La prueba de una buena teología de Pablo será el grado al cual permite al lector y a la iglesia no sólo entrar en el mundo del pensamiento de Pablo sino también participar teológicamente con las afirmaciones que él hace y los asuntos que considera.[3]

Otros que abogan este enfoque incluyen, de una generación anterior, Herman Ridderbos y, más recientemente, C. K. Barrett y Thomas R. Schreiner. El tratamiento de Ridderbos de la teología de Pablo difiere del de Dunn en muchos puntos significativos: la importancia del individuo en la teología de Pablo, el origen post-paulino de Efesios y las Pastorales, y la interpretación de la antítesis de Pablo entre las obras y la fe, para dar sólo una muestra representativa.[4] Dunn y Ridderbos, sin embargo, sostienen en común la convicción de que la teología de Pablo es básicamente auto consistente, se puede describir sistemáticamente, y tiene profundas implicaciones para la iglesia.

Dunn y Ridderbos utilizan el bosquejo de Romanos, la carta más reflexiva y menos situacional de Pablo, como la estructura organizacional para su teología. Dunn lo hace explícitamente, defendiendo su selección de estructura organizacional en ensayos preliminares y en el prólogo de su estudio completo.[5] Ridderbos no hace ninguna apelación explícita a Romanos como el medio de organizar su estudio de la teología de Pablo; pero rehúsa atarse a los temas clásicos del «orden de salvación» (*ordo salutis*) reformado, y el núcleo de su estudio, según resulta, encaja en el bosquejo de Romanos. Él pasa de una consideración del pecado (cf. Ro 1:18–3:20) a la justicia de Dios (cf. 3:21–5:21), a la nueva vida en Cristo (cf. 6:1–8:39) y a la iglesia (cf. 12:1–15:13).

---

[2] Ibid., 1–26.

[3] Ibid., 8–9. Para el punto de vista de Wrede ver «The Task and Methods of "New Testament Theology"» en *The Nature of New Testament Theology: The Contribution of William Wrede and Adolf Schlatter*, ed. Robert Morgan (SBT 2.25; SCM, Londres, 1973), 68–116, aquí en 70: «Todo el que desea intervenir científicamente en la teología del Nuevo Testamento ... debe ser guiado por una pura preocupación desinteresada por conocimiento».

[4] Herman Ridderbos, *Paul: An Outline of His Theology* (Eerdmans, Grand Rapids, 1975; ed. orig. alemana 1966).

[5] James D. G. Dunn, «Prolegomena to a Theology of Paul», *NTS* 40 (1994): 407–32; idem, «In Quest of Paul's Theology: Retrospect and Prospect», en *Pauline Theology. Volume IV: Looking Back, Pressing On*, ed. E. Elizabeth Johnson y David M. Hay (SBLSymS 4; Scholars Press, Atlanta, 1997), 95–115, aquí en 1056; idem, *Theology of Paul*, 2–26.

C. K. Barrett, en un volumen sobre la naturaleza y contenido del pensamiento de Pablo, ve a Pablo desde una perspectiva similar.[6] Barrett también toma un camino diferente del de Dunn en intersecciones exegéticas principales, tales como la comprensión de Pablo de la ley y la relación de la ley con el evangelio y su lugar en la ética cristiana. No obstante, para Barrett, tanto como para Dunn, Pablo no es meramente uno de muchos pensadores cristianos destacados, sino «*el* pensador cristiano destacado».[7] Aunque los resultados de la reflexión teológica de Pablo están contenidos sólo en cartas ocasionales, Pablo fue un teólogo sistemático; así que el tratamiento temático de su pensamiento es un suplemento esencial al tratamiento ocasional de su pensamiento en estudios individuales de cada carta.[8]

Como Dunn y Ridderbos, Barrett parece apoyarse fuertemente en el bosquejo de Romanos para el arreglo de los varios temas teológicos que halla importantes en Pablo. Su consideración va del «el reinado del mal» (cf. Ro 1:18–32) a «Ley y pacto» (cf. 2:1–3:20), a «Gracia y justicia» y «Cristo crucificado» (cf. 3:21–8:39), a «La iglesia» (cf. 12:1–15:13), y «El Espíritu Santo y la ética». Sólo en las últimas dos secciones Barrett se desvía del bosquejo de Romanos, dejando fuera una consideración de Israel en la teología de Pablo (9:1–11:36) y cubriendo al Espíritu Santo y la ética al último, en tanto que Pablo une estos dos asuntos más prominentemente en la sección de la mitad de la carta (5:1–21; 8:1–39).[9]

Thomas R. Schreiner, como Dunn, Ridderbos y Barrett, cree que Pablo fue un pensador coherente y teológicamente consistente.[10] Concuerda con Dunn y Barrett en que cualquier intento de sistematizar el pensamiento de Pablo enfrenta el obstáculo de la naturaleza ocasional de la carta de Pablo. Pablo no fue ni un teólogo sistemático que escribió cartas con la intención de que otras generaciones analizaran la teología que expresaba en ellas, y ni siquiera fue un pastor dedicado al liderazgo de ciertas iglesias. Schreiner cree que Pablo fue fundamentalmente un misionero que entendió en términos teológicos su misión misma y el sufrimiento que ella requería. Llamó a personas en varios lugares a responder al evangelio en fe, y esperaba por este medio dirigir a todos a dar gloria a Dios por medio de su Hijo Jesucristo. Aunque sus cartas fueron documentos ocasionales con el propósito de instar a los que los leían a perseverar en su dedicación al evangelio, el cuidado con que las compuso y la eficacia de los trabajos misioneros de Pablo revela la consistencia y profundidad de su pensamiento.

Como Dunn, Ridderbos y Barrett, Schreiner escribió su teología de Pablo después de concluir un comentario principal sobre Romanos.[11] Aunque la organización de su teología no sigue el

---

[6] C. K. Barrett, *Paul: An Introduction to His Thought* (Westminster John Knox, Louisville, 1994).

[7] Ibid., ix: «Si hay alguna duda del lugar de Pablo en una serie de Pensadores Cristianos Destacados es si se le debe o no describir como *el* pensador cristiano destacado». Barren se refiere a la serie «Outstanding Christian Thinkers» en la que apareció la edición británica de su libro (Geoffrey Chapman, Londres, 1994).

[8] Ibid., 56.

[9] Ibid., 55–141.

[10] Thomas R. Schreiner, *Paul: Apostle of God's Glory in Christ: A Pauline Theology* (Inter Varsity Press, Downers Grove, Ill., 2001).

[11] La teología de Dunn apareció diez años después de la publicación de su comentario sobre Romanos. Para Ridderbos la brecha fue de siete años y para Schreiner tres años. El tratamiento de Barrett del pensamiento de Pablo apareció tres años después de la revisión de su muy anterior comentario sobre Romanos. Ver

bosquejo de Romanos, tal vez no es insignificante que aboga que la gloria que todos deben dar a Cristo es el tema principal de Romanos y el fundamento de la teología de Pablo en general.[12]

En síntesis, para esos intérpretes, la teología de Pablo es a la vez profunda y bien ordenada. Romanos, como la carta más reflexiva y menos situacional de Pablo, provee acceso a la manera en que Pablo ordena los principales elementos de su pensamiento.[13]

La teología de Pablo como una obra en progreso

La segunda posición de la situación de Pablo como teólogo es que fue primordialmente un apóstol intentando resolver las implicaciones de su evangelio en las comunidades que su predicación había establecido. Si sus cartas indican el carácter de su pensamiento teológico, entonces su actividad apostólica a menudo era una exageración, equivocación o desarrollo teológico, pero también en una medida de noción teológica profunda. Hans Hübner, por ejemplo, concuerda con Dunn y Barrett en que Pablo se halla entre los más grandes de los primeros pensadores cristianos, pero coloca énfasis especial en cómo Pablo desarrolló su teología en debate con las comunidades cristianas que había establecido. Debido a que Pablo pensaba teológicamente junto con estas comunidades, su teología estaba en proceso; atravesando cambio y desarrollo. Al mismo tiempo contenía elementos profundos, tales como la justificación por fe sola aparte de las obras de la ley, que estuvieron presentes desde el principio pero recibieron reafirmación y refinamiento con el tiempo.[14]

También podemos colocar el tratamiento influyente de J. Christiaan Beker en esta categoría, aunque Beker no cree que la teología de Pablo «se desarrolló» hacia alguna meta.[15] Para Beker el logro teológico de Pablo reside precisamente en la manera en que la tensión entre la coherencia y la contingencia fue un rasgo constante en su pensamiento. Beker propone que el pensamiento de Pablo no se puede separar de las circunstancias en que él lo expresó, bien sea con el propósito de

---

James D. G. Dunn, *Romans 1–8* (WBC 38A; Word, Dallas, 1988); idem, *Romans 9–16* (WBC 38B; Word, Dallas, 1988); Herman Ridderbos, *Aan de Romeinen* (Commentaar op het Nieuwe Testament; Kok, Kampen, 1959); Thomas R. Schreiner, *Romans* (BECNT; Baker, Grand Rapids, 1998); y C. K. Barrett, *The Epistle to the Romans* (BNTC; Londres: A. & Black, 1957; ed. rev., Hendrickson, Peabody, Mass., 1991).

[12] Ver Schreiner, *Romans*, 23; idem, *Paul*, 15–35.

[13] Después de un período en el que muchos intérpretes pensaban que era necesario negar que Romanos contiene una presentación sistemática de la doctrina cristiana, la importancia del lugar de las cartas para describir por lo menos la teología de Pablo en términos sistemáticos parece estar surgiendo de nuevo. Además de la obra de Dunn, Ridderbos, Barrett y Schreiner, ver también Joseph Plevnik, «The Understanding of God at the Basis of Pauline Theology», *CBQ* 65 (2003): 554–67, aquí en 564–67.

[14] Hans Hübner, *Biblische Theologie des Neuen Testaments*, 3 vols. (Vandenhoeck & Ruprecht, Göttingen, 1990–95), 2:26–29. Ver también idem, *Law in Paul's Thought* (T. & T. Clark, Edinburgh, 1984).

[15] La posición de Beker aparece en varias publicaciones diferentes, siendo la más conocida *Paul the Apostle: The Triumph of God in Life and Thought* (Fortress, Philadelphia, 1980). A raíz de la respuesta escolástica a este libro Beker aclaró su posición en otros ensayos. Ver, por ejemplo, el prefacio de la edición en rústica de 1984 de *Paul the Apostle* y su «Recasting Pauline Theology: The Coherence-Contingency Scheme as Interpretive Model», en *Pauline Theology, Volume I: Thessalonians, Philippians, Galatiam, Philemon*, ed. Jouette M. Bassler (Fortress, Minneapolis, 1991), 15–24. Para la resistencia de Beker a la noción de «desarrollo» en la teología de Pablo, ver *Paul the Apostle*, 39 y 94, y «Recasting Pauline Theology», 21–22.

ubicar su «centro» o con el propósito de imponerle una estructura terminada y sistemática.[16] Su teología se puede entender sólo como su esfuerzo «de hacer del evangelio una palabra en el blanco para las necesidades particulares de sus iglesias sin hacer acomodos en su contenido básico ni reducirlo a una conceptualidad petrificada».[17]

Beker nunca resuelve la «coherencia» del pensamiento de Pablo (que define como «el triunfo inminente apocalíptico de Dios») como la aplicación de una serie de proposiciones a situaciones en particular.[18] Debe más bien, piensa él, resolverse con el consejo y consentimiento de otros creyentes en el cuerpo de Cristo y bajo la dirección del Espíritu:

> Por tanto, la hermenéutica [de Pablo] de coherencia y contingencia no es una actividad abstracta o individualista del apóstol, ni tampoco una actividad de rabinos estudiados en una escuela rabínica, sino una actividad pragmática de cultivar consenso en el cuerpo de Cristo, en donde las estrategias relevantes y auténticas del «evangelio» se diseñan para problemas en particular.[19]

Después de la muerte de Pablo, la iglesia no entendió esta delicada interacción entre la coherencia y la contingencia en las cartas de Pablo, y transformó a Pablo en un «dogmático». Este proceso empezó por lo menos tan pronto como la composición de cartas pastorales en el nombre de Pablo, y continuó hasta el surgimiento del método histórico crítico en el siglo dieciocho, cuando los intérpretes de Pablo empezaron a apreciar de nuevo la naturaleza históricamente contingente de las cartas de Pablo.[20]

Los que colocan el análisis de la teología de Pablo dentro de un relato general de su vida y ministerio, tales como Jürgen Becker y Jerome Murphy-O'Connor, a veces toman un enfoque similar. A diferencia de Beker, sin embargo, estos dos estudiosos no tienen reservas para hablar de «desarrollo» en la teología de Pablo. Jürgen Beker ve la teología de Pablo emergiendo a través del curso de su tumultuosa carrera apostólica, a veces de semillas plantadas en su conversión pero siempre en el yunque de las controversias que encontró.[21] Mediante su asociación con la iglesia en Antioquía Pablo desarrolló un concepto del evangelio como buenas nuevas para los gentiles, de que ellos podían ser rescatados de la ira de Dios por fe en Cristo. Dios escogió hacer eficaz esta proclamación, y así los gentiles empezaron a unirse a la comunidad de Antioquía sólo en base a la elección soberana de Dios y sin avenirse a las costumbres particularmente judías que se hallan en la ley mosaica. Esta teología de elección yace debajo de la correspondencia de Pablo a los Tesalonicenses.

Más adelante Pablo se separó de la iglesia de Antioquía cuando ella se dividió bajo presión del liderazgo de la iglesia de Jerusalén (Gá 2:11–14). La iglesia de Antioquía había decidido que sus

---

[16] Beker, *Paul the Apostle*, 15.

[17] Ibid., 12.

[18] Beker, «Recasting Pauline Theology», 18–20.

[19] Ibid., 21.

[20] Beker, *Paul the Apostle*, ed. 1984, xviii; idem, *Heirs of Paul: Their Legacy in the New Testament and the Church Today* (Eerdmans, Grand Rapids, 1991), 27–34.

[21] Jürgen Becker, *Paul: Apostle to the Gentiles* (Westminster John Knox, Louisville, 1993).

miembros gentiles deben guardar por lo menos una parte de la ley a fin de asegurar la pureza levítica, y por consiguiente el distintivo étnico, de los miembros judíos de la iglesia (cf. Hch 15:19–20). Pablo entonces marchó por cuenta propia, y en los años que siguieron fundó iglesias en Corinto y Éfeso. En sus cartas a la iglesia de Corinto desde Éfeso, desarrolló una teología de la cruz como respuesta a la disposición de los corintios de colocar la interpretación del evangelio en manos de los poderosos económica, social y «espiritualmente». Como la cruz muestra, dice Pablo, Dios obra por medio de la debilidad; por medio de los que no tienen nada que ofrecerle y que dependen sólo de su gracia.

Finalmente, mediante su confrontación epistolar con la gente de Galacia y Filipos, que insistían en que los creyentes gentiles se conformaran a la ley judía, Pablo sacó a la luz y desarrolló un concepto que había estado presente en su pensamiento desde el momento de su conversión: Jesucristo llevó la ley mosaica a un fin para que la fe en Jesucristo sea lo único necesario para la salvación. El concepto de Pablo de la justificación por fe sola se desarrolló de tres fuentes: su conversión (en la que la fe en Cristo reemplazó la lealtad a la Tora), su teología de la elección (en la cual la salvación es asunto de la decisión soberana de Dios), y su teología de la cruz (en la cual podemos ofrecer a Dios sólo lo que él ya nos ha dado).

De modo similar, Jerome Murphy-O'Connor trata de mostrar cómo la teología de Pablo se desarrolló conforme él respondía a problemas a menudo inesperados que fue encontrando en varias iglesias, tanto las que él había fundado (en Galacia, Macedonia, Acaya y Asia) como otras establecidas por otros medios (en Antioquía, Colosas y Roma).[22] En su interacción con la iglesia de Tesalónica, Pablo aprendió que una iglesia misión requería continua atención y que no podía simplemente predicar el evangelio, irse a otro lugar, y dar por sentado que todo marcharía bien en la iglesia previa. Es más, cuando los tesalonicenses malentendieron la enseñanza escatológica de Pablo en 1 Tesalonicenses como queriendo decir que la segunda venida de Cristo ya había ocurrido en secreto, Pablo aprendió la importancia de articular su significado cuidadosamente para evitar tales malos entendidos.[23]

Después de la derrota de Pablo en su encuentro con Pedro en Antioquía respecto a la separación de los creyentes gentiles y judíos en grupos étnicos distintos (Gá 2:11–14), Pablo reconoció que darle a la ley mosaica incluso el lugar más pequeño dentro de una iglesia local era peligroso. Con el tiempo su influencia se ampliaría hasta que lo cubriría todo. Este incidente obligó a Pablo a ver con claridad «la incompatibilidad fundamental de la ley y Cristo».[24]

Como otro ejemplo, al tratar con los corintios, el coautor Sóstenes probablemente le llevó a adoptar un método desdichadamente sarcástico con la parte de la iglesia que se vio atrapada en una súper espiritualidad (ver, por ej., 1 Co 3:3–4). Esto sólo alienó más a los «espirituales» y los abrió a una alianza de otra manera improbable con los judaizantes. Para cuando Pablo escribió 2 Corintios 1–9, estos judaizantes habían llegado a Corinto desde Antioquía para imponer la separación de los cristianos observantes y los no observantes. Pablo usó esta oportunidad para desarrollar una teología poderosa del sufrimiento. En lugar de ver el sufrimiento como simplemente una parte integral de la condición humana (el punto de vista típico grecorromano), Pablo ahora entendió que Dios podía usar el sufrimiento como un canal de su gracia. Llegó a esta noción al quedarse en la obra de la

---

[22] Jerome Murphy-O'Connor, *Paul: A Critical Life* (Oxford Univ. Press, Nueva York, 1996).

[23] Murphy-O'Connor divide 1 Tesalonicenses en dos cartas separadas y piensa que las afirmaciones problemáticas respecto a la venida de Cristo (por ej., 1 Ts 1:9b–10; y 5:2, 9–10) aparecen en la segunda carta de Pablo.

[24] Murphy-O'Connor, *Paul*, 153.

gracia de Dios mediante el sufrimiento de Cristo y creyendo que ésta era una noción útil para todos los creyentes.

Para resumir, los que abogan este segundo enfoque a la teología de Pablo intentan entenderla bien sea como el proceso de la interacción del apóstol con sus iglesias, o como un cuerpo de pensamiento que cambió y maduró bajo la presión de sus experiencias. Ven sus cartas como evidencia de un apóstol activo, que responde a algunos problemas desde la noción básica de su conversión, pescado con la guardia baja por otros problemas y reaccionando a ellos de maneras menos sensatas e incluso innobles, pero a la larga pudiendo articular algunas nociones teológicas duraderas de valor para la iglesia. En las palabras de Paul Meyer, para Pablo «la teología es algo que uno "hace" o produce antes que "tiene"».[25] O, como muchos que adoptan este enfoque prefieren decirlo, Pablo no escribió teología; él «teologizó».[26]

La teología de Pablo como racionalización de convicciones básicas

El tercer enfoque lo dominan los que no están impresionados por la calidad del pensamiento teológico de Pablo. Para estos estudiosos Pablo en realidad no es un teólogo sino un apóstol, motivado a hacer argumentaciones teológicas a menudo inconsistentes en respaldo de unas pocas convicciones básicas, convicciones que eran en sí mismas frecuentemente incompatibles unas con otras. Sus afirmaciones teológicas son a menudo «racionalizaciones artificiosas» de convicciones más fundamentales que Pablo sostenía en base a su experiencia.[27] E. P. Sanders es tal vez el proponente más influyente de esta posición.[28] Sanders argumenta que el pensamiento teológico de Pablo estaba dominado por convicciones sostenidas dogmáticamente de que Cristo era el Señor y Salvador de todo el mundo y que Dios había llamado a Pablo a predicar esto a los gentiles. Estas convicciones se originaron en la experiencia personal de Pablo con Cristo. También tenía otras convicciones derivadas de su herencia judía, sin embargo, éstas a veces estaban en conflicto con sus creencias más recientes.

---

[25] Paul Meyer, «Pauline Theology: A Proposal for a Pause in Its Pursuit», en *Pauline Theology, Volume IV: Looking Back, Pressing On*, ed. E. Elizabeth Johnson y David M. Hay (SBLSymS 4; Scholars Press, Atlanta, 1997), 140-60, aquí en 152. En el mismo volumen ver también los ensayos de Víctor Paul Furnish y Paul J. Achtemeier.

[26] Ver, por ej., el capítulo «The Theologizer» en Roetzel, *Paul: The Man and the Myth* (Fortress, Minneapolis, 1999), 93-134. La palabra aparece repetidas veces en *Pauline Theology*, 4 vols., ed. E. Elizabeth Johnson, David M. Hay, et al. (Minneapolis y Adanta: Fortress y Scholars Press, 1991-97), y en Dunn, *Theology of Paul* como una manera de captar la naturaleza históricamente contingente de la reflexión teológica de Pablo.

[27] Ver Heikki Räisänen, *Paul and the Law* (WUNT 29; J. C. B. Mohr [Paul Siebeck], Tübingen, 1983), 268-69, que habla de «las racionalizaciones que Pablo en respaldo a su intuición» que vinieron a ser vistas por el protestantismo como «su logro real invaluable».

[28] Sanders resume su entendimiento del pensamiento de Pablo en su breve volumen *Paul* (Oxford Univ. Press, Oxford, 1991). Esta obra se basa en la detallada exégesis de sus otros dos altamente influyentes estudios de Pablo: *Paul and Palestinian Judaism: A comparison of Patterns of Religion* (Fortress, Philadelphia, 1983), y *Paul, the Law, and the Jewish People* (Fortress, Philadelphia, 1983). La posición de que Pablo era un pensador inconsistente no es nueva. Para un breve vistazo sumario histórico de este enfo que a Pablo, ver T. E. van Spanje, *Inconsistency in Paul? A Critique of the Wordk of Keikki Räisänen* (WUNT 2.110; J. C. B. Morh [Paul Siebeck], Tübingen, 1999), 1-2.

Por ejemplo, la creencia de Pablo de que Cristo es el Salvador de todo el mundo lo llevó a una multitud de dificultades sobre la naturaleza del pecado humano y el propósito de la ley mosaica. La convicción previa de Pablo en cuanto a Cristo lo impulsó a la conclusión de que todo el mundo estaba bajo el poder del pecado, pero esta conclusión estaba en conflicto con su convicción judía de que el pecado no era un poder independiente de Dios que podía, como Dios, mantener a la gente bajo su poder. Los instintos judíos de Pablo le decían que la gente era responsable por sus propios pecados. Por eso, en Romanos, la convicción básica de Pablo de que Cristo es el Salvador de todo el mundo lo lleva a argumentar en forma rebatible simplemente que todos están empantanados en transgresión contra Dios (Ro 1–2 y 5). Sin embargo el que Pablo mismo sabe que esto no es verdad se deja entrever ocasionalmente en su argumentación (2:13–14; 5:13–14).[29]

De nuevo, si Cristo es el Salvador de todo el mundo y no meramente de Israel, Pablo concluye, los gentiles no necesitan conformarse a la ley mosaica a fin de pertenecer al pueblo de Dios. Pero Dios dio la ley, y si él la dio debe haberlo hecho por una razón. Las razones variadas e incompatibles que Pablo da (Dios dio la ley para condenar a los pecadores o para aumentar el pecado; el pecado usó la ley para aumentar el pecado; la gente tiene una ley dentro de ellos que les hace desobedecer la ley de Dios) demuestran que no había pensado el asunto sistemáticamente. La incompatibilidad lógica de estos argumentos demuestra que la preocupación primaria de Pablo no era proveer una teología de la ley sino mantener su posición sostenida instintivamente de que la salvación universal está disponible para todos por fe en Cristo.[30]

Sanders tiene una cierta admiración por la capacidad de Pablo para presentar preguntas teológicas provocativas, y por consiguiente está dispuesto a llamarlo «un pensador religioso serio y persuasivo», pero Pablo no había resuelto sistemáticamente sus posiciones teológicas.[31] Lejos de ser un teólogo filosófico,

> Era… un apóstol y teólogo *ad hoc*, proclamador, un carismático que veía visiones y hablaba en lenguas; y un genio religioso. No lo pongamos por entero en la camisa de fuerza del arreglo lógico.[32]

---

[29] Sanders, *Paul*, 34–39.

[30] Ibid., 91–98.

[31] Ibid., 128.

[32] Ibid., 127. Cf. el enfoque similar de John Ashton, *The Religion of Paul the Apostle* (Yale Univ. Press, New Haven, Conn., 2000), por ej., 121, 124, 126, 238–44, que intenta entender a Pablo en lo que llama términos «religiosos» antes que «teológicos». Lo que los estudios posteriores a la Reforma han tendido a identificar como teología de Pablo, Ashton cree, resulta de la imposición sobre las cartas de Pablo de un bosquejo dogmático preconcebido. La religión de Pablo no surgió de reflexión teológica sino de experiencias místicas, experiencias que se parecen a los que los antropólogos llaman shamanismo y que puede haber tenido sus raíces en el misticismo merkabá judío. No es enteramente claro, sin embargo, por qué Ashton hace una distinción tan hermética entre la experiencia religiosa y la reflexión teológica, como si Pablo tuviera que ser bien sea místico o pensador. Tampoco es claro que el shamanismo es una categoría mística particularmente útil para el análisis de la religión de Pablo. El shamán ejerce poder espiritual mediante la posesión única de un espíritu, pero Pablo creía que el Espíritu y su poder estaban disponibles para todos los creyentes (por ej., Gá 3:5; Ro 8:9). Parece más probable que Pablo a veces proveyó a sus congregaciones análisis teológico bien pensado de experiencia religiosa, tanto la suya como la de ellos.

Los resultados de este enfoque al pensamiento teológico de Pablo son tan negativos que otros proponentes comprensiblemente titubean para escribir libros comprensivos sobre el tema. La mayoría, por consiguiente, se ha confinado a examinar un solo tema dentro de las cartas de Pablo. Heikki Räisänen halla los argumentos de Pablo sobre la ley mosaica como un torbellino de incompatibilidades. Junto con Sanders, cree que esas incongruencias muestran que Pablo pensaba hacia atrás de posiciones sostenidas instintivamente a una serie de argumentos incompatibles de que estas posiciones deben ser verdad.

Para Räisänen dos convicciones creaban tropiezos especiales para los intentos de Pablo de explicar el impacto de la venida de Cristo sobre la ley mosaica: su creencia de que Cristo era el Salvador exclusivo del mundo y su creencia de que las costumbres legales tales como observancias dietéticas y la circuncisión no eran exigencia para los gentiles. Cuando estas convicciones llegaban a estar en conflicto con la incredulidad judía y los agitadores judaizantes en sus iglesias, Pablo respondió rebuscando razones para justificar sus posiciones sostenidas instintivamente. La naturaleza especiosa de la argumentación de Pablo sobre la ley judía y su afirmación incorrecta de que los judíos creían que la salvación venía mediante la ley debe hacer que haga una pausa cualquiera que piensa que Pablo era «el "teólogo cristiano por excelencia"».[33] Pablo hace algunas afirmaciones penetrantes y que provocan al pensamiento, pero era

> primero y primordialmente un misionero, un hombre de religión práctica que desarrolla una línea de pensamiento para hacer un punto práctico, para influir la conducta de sus lectores; al siguiente momento es muy capaz que presente una afirmación que lógicamente contradice a la previa al tratar de hacer un punto diferente o, más bien, luchar con un problema diferente.[34]

De manera similar, Terence L. Donaldson ha argumentado que las afirmaciones a veces confusas de Pablo en cuanto a la inclusión de los gentiles dentro del pueblo de Dios se derivan de la convergencia de dos convicciones no enteramente compatibles.[35] Pablo heredó del judaísmo la convicción de que los gentiles deben convertirse en prosélitos judíos a fin de ser salvados de la ira de Dios en el día final, pero después de su conversión la definición de un prosélito cambió para él. Ahora un prosélito no era un gentil que llegaba a ser leal a la ley mosaica sino un gentil que tenía fe en Jesucristo.[36]

No obstante, e inconsistentemente, las cartas de Pablo contienen afirmaciones que muestran que no dejó por completo una distinción fundamental, basada en guardar la ley mosaica, entre judíos y gentiles dentro de la iglesia (Ro 9:24, 27–29; 11:1–10; 11:25–32; 15:8–9).[37] Esta situación es evidencia de que el apóstol no había resuelto completamente el impacto de su conversión sobre sus

---

[33] Räisänen, *Paul and the Law*, 266–69.

[34] Ibid., 267.

[35] Terence L. Donaldson, *Paul and the Gentiles: Remapping the Apostles Convictional World* (Fortress, Minneapolis, 1997).

[36] Ibid., 210–11.

[37] Ibid., 236–47.

convicciones judías previas y que su argumento por una posición se debe separar por la razón para sostenerla.[38]

Para resumir, este tercer grupo de intérpretes permanece sin convencerse de que Pablo es un teólogo para nada. Por cierto ejerció enorme influencia religiosa en su propio tiempo y después, pero su poder persuasivo no surgió de la coherencia lógica de su pensamiento. Caracterizarlo como pensador, especialmente pensador sistemático, es malentenderlo.

Pablo como teólogo coherente pero apasionado

¿Cuán probable es que la teología de Pablo se desarrolló y cambió en el curso de su carrera de escritor de cartas o que no había resuelto cuidadosamente su teología del todo? Parece improbable que ambos de estos enfoques sean correctos.

Primero, es improbable que la teología de Pablo se desarrollara y cambiara de maneras amplias durante el período cubierto por sus cartas. Pablo había sido cristiano entre trece y dieciséis años para cuando escribió la primera de sus cartas existentes. Al fin de este período ya había ganado tal estatura como misionero a los gentiles que los apóstoles pilares de Jerusalén reconocieron su obra como igual en importancia a la propia (Gá 2:9) y él fue capaz de corregir públicamente la conducta de Pedro en Antioquía (2:11–14). Es más, Pablo corrigió a Pedro respecto a «la verdad del evangelio», implicando que ya en esta confrontación en Antioquía sus convicciones teológicas básicas estaban firmemente en su lugar (2:14).

Esto en sí mismo no quiere decir que la teología de Pablo había alcanzado madurez en todo aspecto para cuando escribió sus cartas. Pablo ciertamente aplicó sus convicciones teológicas básicas de maneras nuevas a problemas nuevos, especialmente en las cartas escritas durante y después de su encarcelamiento en Roma. La estructura básica de su teología, sin embargo, parece haber estado firme para cuando empezó a escribir las cartas que tenemos.[39]

Segundo, también es improbable que las afirmaciones de Pablo sobre varios temas teológicos críticos sean contradictorias. Parece improbable que este entendimiento de Pablo sea correcto desde el principio simplemente debido a la profunda influencia *intelectual* de las cartas de Pablo a través de los siglos. Agustín de Hipona, Tomás de Aquino, Martín Lutero y Karl Barth, todos han hallado en las cartas de Pablo una fuente primaria para sus propios sistemas teológicos intelectualmente rigurosos.[40] Parece improbable que el pensamiento de alguien a quien estos pensadores coherentes consideran seminal para el desarrollo de sus ideas sea él mismo inconsistente en aspectos principales.

---

[38] Ibid., 293–307; cf. 29–49. Cf. C. J. A. Hickling, «Centre and Periphery in the Thought of Paul» en *Studia Biblica* 1978, vol. 3, ed. E. A. Livingstone (JSNTSup 3; Sheffield Academic Press, Sheffield, 1980), 199–214, quien cree que el centro del pensamiento de Pablo reside en el punto en que la vieja edad cambia a la nueva edad. Las inconsistencias en el pensamiento de Pablo a menudo son el resultado de los intentos de Pablo de afirmar tanto lo nuevo de la acción de Dios en Cristo y la soberanía de Dios sobre todo lo que ha pasado antes de ese momento.

[39] Martin Hengel y Anna Maria Schwemer, *Paul between Damascus and Antioch: The Unknown Years* (Westminster John Knox, Louisville, 1997), 11–15. Cf. Beker, *Paul the Apostle*, 32–33, e I. H. Marshall, «Pauline Theology in the Thessalonian Correspondence» en *Paul and Paulinism: Essays in Honour of C. K. Barrett*, ed. M. D. Hooker y S. G. Wilson (SPCK, Londres, 1982), 173–83, aquí en 181.

[40] Ver el breve estudio de la influencia intelectual de Pablo en F. F. Bruce, *Paul: Apostle of the Heart Set Free* (Eerdmans, Grand Rapids, 1977), 463–74.

Además de esta consideración, la afirmación de que los comentarios teológicos de Pablo son sólo racionalizaciones de convicciones sostenidas instintivamente no hace justicia a la especificidad histórica en la que Pablo escribió sus cartas.[41] Por ejemplo, Räisänen cree que Pablo se contradice sobre el tema de si el rechazo judío del evangelio estorba o promueve la proclamación del evangelio a los gentiles. En 1 Tesalonicenses 2:14–16 dice que el rechazo judío del evangelio estorba a los gentiles para que crean el evangelio, pero luego, en Romanos 11:11–32 afirma que el rechazo judío del evangelio facilita que los gentiles lo acepten.[42]

Una atención estrecha a la situación que Pablo considera en cada instancia, sin embargo, revela que no hay contradicción. En el pasaje de 1 Tesalonicenses los judíos se oponen violentamente a Pablo y físicamente le impiden que predique el evangelio a los gentiles. Comprensiblemente, Pablo llama a esto «estorbo» a la proclamación del evangelio. En el pasaje de Romanos, sin embargo, los judíos no creen en el evangelio, fracaso que significa que el evangelio puede ir de inmediato a los gentiles. Las situaciones son tan diferentes como manzanas y naranjas: estorbar físicamente la proclamación del evangelio no es lo mismo que rehusar creer en el evangelio, ni tampoco es un resultado necesario de ese rechazo. En 1 Tesalonicenses 2:14–16 y Romanos 11:11–32, por consiguiente, Pablo responde de dos maneras diferentes a dos situaciones diferentes y sus dos respuestas no son incompatibles. Como T. E. van Spanje lo dice, no consideramos a un médico como teniendo una estrategia médica contradictoria simplemente porque en el mismo día prescribe medicinas con efectos opuestos. Todo depende de la condición del paciente que recibe la medicina.[43]

Como con el asunto del desarrollo y cambio en las convicciones teológicas básicas de Pablo, la cuestión de las contradicciones en la teología de Pablo se puede responder sólo después de mirar cómo Pablo trata el mismo asunto en diferentes lugares. La carga de la prueba, sin embargo, reside en los que ven contradicción en la teología de Pablo, y los esfuerzos para demostrar convicciones teológicas contradictorias no han sido convincentes.

Esto quiere decir que de las tres maneras de enfocar la teología de Pablo que se han examinado aquí, el primer enfoque es el mejor. Pablo fue un pensador teológico coherente y significativo, como lo han reconocido la mayoría de sus lectores en tiempos antiguos y modernos.

Con todo, el segundo y tercer enfoque tienen un punto que hay que oír, particularmente en la forma que Beker lo presenta.[44] Las cartas de Pablo fueron muy diferentes a las de su contemporáneo Séneca, Séneca fue un noble romano con el lujo de disponer de tiempo para reflexionar sobre los problemas de la vida desde los recursos provistos por la filosofía estoica y para anotar esas reflexiones en cartas a su pupilo Lucilo, que tenía los mismos privilegios sociales. El llamamiento de Pablo a ser apóstol a los gentiles hizo imposible para él la composición de tales cartas. Más bien, escribió sus cartas a iglesias específicas con el propósito de tratar de problemas pastorales específicos, y lo hizo en medio de una turbulenta carrera misionera. Fueron un medio de extender su presencia y multiplicar la eficacia de su don apostólico; un medio de estar en dos lugares al mismo tiempo. Mediante una carta a Roma, por ejemplo, podía a la vez de ejercer su autoridad apostólica para ayudar a sanar a una iglesia plagada por divisiones al mismo tiempo que preparaba a Corinto

---

[41] Ver especialmente van Spanje, *Inconsistency in Paul?* 139–248.

[42] Heikki Räisänen, «Römer 9–11: Analyse eines geistigen Ringens» en *ANRW* 2.25.4, 2891–939, aquí en 2925. Spanje resume el enfoque de Räisänen a estos dos pasajes en *Inconsistency in Paul?* 100.

[43] Spanje, *Inconsistency in Paul?* 157, 173–75.

[44] Ver especialmente Beker, *Paul the Apostle*, 11–19, y su *Heirs of Paul*, 19–34.

para recoger su ofrenda para los santos azotados por la hambruna en Jerusalén. Las cartas de Pablo se parecen a las de su espíritu gemelo Ignacio; como Ignacio, Pablo escribió sobre la marcha y en el servicio de una entrega comparado con la cual la muerte palidecía en significación.

Las cartas de Pablo, por consiguiente, no se brindan fácilmente para el análisis teórico. Las obligaciones de su llamamiento querían decir que aunque trató con ideas complejas cuya exposición completa exigía tratamiento sutil y sensible, Pablo no tenía tiempo para darles tal tratamiento. A menudo hizo énfasis en un aspecto de un tema complejo con propósitos pastorales en una situación, sólo para enfocar un aspecto diferente del mismo tema en una carta diferente.

A veces parece que una perspectiva diferente sobre el mismo tema aparece en la misma carta. Esto no presentaba un gran problema para los destinatarios originales como lo presenta para nosotros. Ellos no tenían todo el corpus paulino ante ellos, y si hallaron algo difícil en su propia carta o grupo de cartas, pudieron a veces escribirle a Pablo una respuesta (como lo hicieron los corintios), pedir la ayuda de un colaborador de Pablo que estaba con ellos (tal como Timoteo), o pedir al portador de la carta (tal como Tíquico) que lo explique.[45] Los que no tienen esta ventaja y que sin embargo, junto como los cristianos desde por lo menos el segundo siglo, consideran el corpus paulino de cartas como palabra de Dios, tienen que usar una estrategia diferente.

El Centro De La Teología De Pablo

Ubicar un «centro» al pensamiento de Pablo es una de las estrategias más comunes entre los intérpretes de Pablo para hallar sentido en su teología. Estos intérpretes esperan hallar un concepto básico o conjunto de convicciones que puedan dar algún orden a la inherentemente desordenada correspondencia del apóstol con sus diversas afirmaciones teológicas, demandas y argumentos.

Algunos estudiosos no se contentan con la imagen de la teología de Pablo como un centro de mandato de convicciones del cual él despacha respuestas a varios problemas pastorales.[46] Dunn, por ejemplo, comenta que la imagen de un «centro» es demasiado «fijo e inflexible» para hacer justicia a la naturaleza fluida y dinámica de la teología de Pablo. Él prefiere la imagen de «diálogo» para describir la manera en que funciona la teología de Pablo.[47] Por tanto, Pablo entabló diálogo consigo mismo sobre sus convicciones judías inherentes, su experiencia con Cristo en el camino a Damasco, y el impacto de su evangelio en sus iglesias. Sus cartas revelan el tira y afloja de este diálogo.[48]

«Coherencia» es la palabra precisa, dice Beker, y no «núcleo», «centro», o *Mitte* porque estas imágenes no captan la naturaleza maleable de la teología de Pablo al responder a los problemas pastorales que sus iglesias enfrentaban. Paul Meyer también cree que la imagen no funciona puesto que la teología de Pablo nunca es un producto terminado en sus cartas sino siempre en proceso.

---

[45] Ver, respectivamente, 1 Co 7:1 (cf. 5:9); 4:17; Col 4:7-9 (cf. Ef 6:21-22).

[46] Beker usa y luego critica esta imagen en *Paul the Apostle*, 18.

[47] Cf. Leonhard Goppelt, *Theology of the New Testament*, 2 vols. (Eerdmans, Grand Rapids, 1981-82), 2:62-63, que también habla de la teología de Pablo como un «diálogo» y que, como Dunn, recomienda arreglar la teología de Pablo según el patrón de la carta a los Romanos.

[48] Dunn, *Theology of Paul*, 20, 713; idem, «In Quest of Paul's Theology», 101-2.

Aun cuando Pablo habla de «la verdad del evangelio», dice Meyer, habla de algo que «está en riesgo y tiene que sobrevivir … o debe alcanzarse» (Gá 2:5, 14).[49]

El motivo detrás de estas reservas parece ser el deseo de evitar imponer sobre las cartas de Pablo un sistema teológico inflexible que distorsiona el énfasis teológico real del apóstol o congela su actividad teológica apasionada convirtiéndola en dogma escolástico.[50] Es cierto que los intentos de analizar la teología de Pablo bajo el *loci* tradicional de la teología sistemática a menudo ha sido culpable de una distorsión o la otra, y a veces culpable de ambas al mismo tiempo.[51] Enfocar solo un tema puede querer decir excluir otros temas importantes, y la reconfiguración de las expresiones teológicas de Pablo en categorías sistemáticas a menudo ha drenado de ellas la energía. Como William Wrede dijo: «Este procedimiento … embute el material en un molde que no encaja en la realidad histórica y le roba sus colores vivos».[52]

Hallar un principio organizador para la teología de Pablo, sin embargo, no necesariamente incluye estos errores y puede proveer la clave heurística necesaria para entender lo que Pablo quiere decir cuando habla en maneras al parecer divergentes sobre el mismo tema. Incluso los estudiosos que no están contentos con hablar de un «centro» o «núcleo» para el pensamiento de Pablo a menudo se hallan a la larga hablando de un principio básico alrededor del cual está organizada la teología de Pablo.[53] Dunn, por ejemplo, habla de Cristo como el «fulcro» sobre el cual cuelga la teología de Pablo.[54] Beker describe «el centro coherente» del pensamiento de Pablo como el triunfo apocalíptico de Dios por la muerte y resurrección de Cristo.[55] Meyer describe la convicción que «controla y moldea el argumento de Pablo» como la autenticación de «la verdad del evangelio» y el apostolado de Pablo por la resurrección del Jesús crucificado.[56]

---

[49] Meyer, «Pauline Theology», 149. Cf. Roetzel, *Paul*, 93–94, que cree que la teología de Pablo estaba emergienco conforme escribía sus cartas.

[50] Beker, *Heirs of Paul*, 28.

[51] Ver, por ej., el arreglo de la teología de Pablo en Friedrich Schmid, *Biblical Theology of the New Testament* (T. & T. Clark, Edinburgh, 1882), 430–513. Schmid ubica el centro de la teología de Pablo en el concepto de «justicia» y luego analiza el «sistema de enseñanza» de Pablo bajo una serie de subtítulos arreglados lógicamente que cubren muchos de los temas tradicionales de la teología sistemática.

[52] Wrede, «Task and Methods», 76.

[53] Esta es la principal queja en cuanto a la propuesta de Beker en Paul J. Achtemeier, «Finding the Way to Paul's Theology: A Response to J. Christiaan Beker and J. Paul Sampley» en *Pauline Theology, Volume I: Thessalonians, Philippians, Galatians, Philemon*, ed. Jouette M. Bassler (Fortress, Minneapolis, 1991), 25–36, aquí en 29.

[54] Dunn, *Theology of Paul*, 722–23. Cf. uso de Beker de la imagen de «fulcro» en *Paul*, 1984 ed., xiv.

[55] Beker, *Heirs of Paul*, 24–26.

[56] Meyer, «Achtemeier, «Pauline Theology», 157. Cf. Finding the Way to Paul's Theology», 31 y 35, e idem, «The Continuing Quest for Coherence in St. Paul: An Experiment in Thought», en *Theology and Ethics in Paul and His Interpreters: Essays in Honor of Victor Paul Furnish*, ed. Eugene H. Lovering y Jerry L. Sumney (Abingdon, Nashville, 1996), 132–45.

El problema, entonces, reside no en articular un centro sino en el mal uso de esta estrategia interpretativa. Los que organizan la teología de Pablo alrededor de una sola convicción central o conjunto de convicciones deben asegurarse de que su «centro» surge de las mismas cartas de Pablo y que no están imponiéndolo en Pablo desde afuera. También deben tener cuidado para no permitir que el centro, aunque es importante, llegué a ser el solo enfoque de su presentación de la teología de Pablo.

Pero, ¿cuál es el centro de la teología de Pablo? ¿Es la gracia de Cristo (Tomás de Aquino)?[57] ¿La justificación sólo por la fe aparte del esfuerzo humano (Martín Lutero y muchos protestantes desde entonces)?[58] ¿Cristo y lo que él ha hecho por nosotros (muchos intérpretes católico romanos)?[59] ¿La historia redentora (Herman Ridderbos)?[60] ¿Reconciliación (R. P. Martin)?[61] ¿La resurrección de Cristo (Paul J. Achtemeier)?[62] ¿El triunfo apocalíptico de Dios en la muerte y resurrección de Cristo (J. Christiaan Beker)?[63] ¿La gloria de Dios en Cristo (Thomas R. Schreiner)?[64] ¿La contribución del Padre, Hijo y Espíritu a la salvación (Joseph Plevnik)?[65] ¿Alguna otra cosa?

La variedad confusa de propuestas probablemente resulta de dos causas. Primero, los intérpretes de Pablo que hablan de un «centro» para su teología tienen diferentes compresiones de cuán amplio o estrecho debe ser el «centro» escogido. ¿Debe el «centro» ser algún principio teológico del cual se deriva todo lo demás; una especie de primera causa teológica? O, ¿debemos entender el centro más estrechamente para hacerlo más útil para distinguir la teología de Pablo de otras teologías cristianas? Segundo, las presuposiciones teológicas de los intérpretes parecen meter la mano en muchas evaluaciones del «centro» de Pablo. Los luteranos tienden a ver la «justificación por la fe» como el

---

[57] Ver el prólogo de sus *Super epistolas S. Pauli lectura*. Dependo de Romano Penna, *Paul the Apostle*, 2 vols. (Collegeville: Liturgical, 1996), 1:10, para esta referencia.

[58] Ver, por ej., Gunther Bornkamm, *Paul* (Harper & Row, Nueva York, 1971), 135.

[59] Ver los estudios en Joseph Plevnik, «The Center of Pauline Theology», *CBQ* 51 (1989): 461–78, aquí en 462–63, y Veronica Koperski, *What Are They Saying about Paul and the Law?* (Paulist, Nueva York, 2001), 94, 99–103.

[60] Ridderbos, *Paul*, 39.

[61] Ralph P. Martin, *Reconciliation: A Study of Paul's Theology* (New Foundations Theological Library; John Knox, Atlanta, 1981); idem, «Center of Paul's Theology», en *Dictionary of Paul and His Letters*, ed. Gerald F. Hawthorne, Ralph P. Martin, y Daniel G. Reid (InterVarsity Press, Downers Grove, Ill., 1993), 92–95, aquí en 94.

[62] Achtemeier, «Finding the Way to Paul's Theology», 35; idem, «Continuing Quest for Coherence», 138–45. Cf. Francis Watson, «The Triune Divine Identity: Reflections on Pauline God-Language, in Disagreement with J. D. G. Dunn», *JSNT* 80 (2000): 99–124.

[63] Beker, *Paul the Apostle*, 355–60; idem, *Heirs of Paul*, 25.

[64] Schreiner, *Paul*, 20–22. Schreiner cree que la metáfora de una casa en la que Dios en Cristo forma el cimiento comunica la forma de la teología de Pablo mejor que la noción de un «centro».

[65] Plevnik, «Understanding of God», 554–67. Plevnik, ibid., 561, prefiere hablar de la «base» o «cimiento» de la teología de Pablo (cf. 1 Co 3:10–11), antes que de su «centro». Cf. Schreiner, *Paul*, 21–22.

centro, los católicos romanos tienden a hablar de algo como «soteriología cristocéntrica», y los teólogos reformados parecen favorecer «la historia redentora».

Es posible, sin embargo, vencer estos dos problemas. Primero, para que la articulación de un «centro» sea útil para organizar las afirmaciones teológicas ocasionales y no sistemáticas de Pablo, parece necesario enfocar un tema teológico que sea amplio lo suficiente como para dar cuenta de otros temas importantes, y sin embargo no tan amplio como para que se vuelva inútil para articular la naturaleza distintiva de la teología de Pablo. Si esto es correcto, «la justificación por la fe», aunque es un subtema importante de la teología de Pablo, puede ser demasiado específica para hacer justicia a otros elementos. En contraste, «soteriología cristocéntrica» puede ser demasiado amplio como para indicar las preocupaciones distintivas de Pablo puesto que mucho del Nuevo Testamento podría encajar bajo este encabezamiento.[66]

Segundo, aunque las presuposiciones son inevitables, es posible resistir la tentación de vindicarlas mediante variantes no convincentes del texto. Una manera de evitar la incursión inapropiada de presuposiciones en la búsqueda de un centro para la teología de Pablo es insistir que nuestro «centro» debe ser algo que Pablo explícitamente dice que es importante para él. Puesto que Pablo es un teólogo coherente y tenemos de él un corpus grande de cartas teológicamente orientadas, parece razonable esperar que él nos provea de un «centro» para su teología que será útil para llenar las brechas entre sus expresiones teológicas divergentes.

La gracia de Dios hacia sus criaturas débiles y pecadoras llena ambos criterios. Aunque es una preocupación importante dentro de los textos no paulinos del Nuevo Testamento por igual, la extensión a la cual Pablo habla de la naturaleza de la gracia del carácter de Dios es distintiva. Cimenta su enfoque a problemas tan ampliamente diferentes como la imposición de la ley judía sobre los creyentes gentiles en Galacia (Gá 1:6; 5:6), un elitismo divisivo en Corinto que surge de la cultura grecorromana indígena de la iglesia (1 Co 1:26–31), el retraso de la ofrenda de Corinto a la recolección de Pablo para los pobres de Jerusalén (2 Co 8:1, 6–7), y, a fin de la vida de Pablo, la necesidad de Timoteo de estímulo para no avergonzarse del evangelio (2 Ti 1:8–9).[67] Es, además, un concepto que Pablo mismo identifica como central para su comprensión del evangelio. Poner a un lado la gracia de Dios, dice, es implicar que Cristo murió en vano (Gá 3:21).

El Arreglo De Una Teología Paulina

¿Cómo es posible captar la naturaleza coherente de la teología de Pablo y, al mismo tiempo, reconocer la expresión contingente y epistolar de esa teología? La mayoría de los estudios de la teología de Pablo, como ya hemos visto, o bien han arreglado el pensamiento de Pablo conforme al loci de la teología sistemática clásica, o ha usado Romanos como una «plantilla», bien sea implícita o explícitamente.[68] Estos arreglos, particularmente cuando se ha usado el bosquejo de Romanos para organizar la teología de Pablo, son legítimos y también necesarios. Demuestra la coherencia del

---

[66] Ver los comentarios de Martin, «Centet», 93, sobre la amplitud del centro sugerido de Plevnik.

[67] La respuesta de la gracia de Dios al problema del pecado humano incluso está en el trasfondo de 1 Tesalonicenses, como Stephen Westerholm lo ha mostrado en *Perspectives Old and New on Paul: The «Lutheran» Paul and His Critics* (Eerdmans, Grand Rapids, 2004), 353–61.

[68] Schreiner, *Paul*, es una excepción. Aunque el tema de Romanos y el cimiento de la teología de Pablo son idénticos para Schreiner, él no usa el orden del argumento de Pablo en Romanos como el medio para organizar su estudio de la teología de Pablo.

pensamiento de Pablo y proveen un sumario conveniente de sus pensamientos sobre temas individuales. Son, por consiguiente, útiles en el estudio del pensamiento de Pablo de la misma manera que una concordancia es útil para el estudio exegético. Al mirar a su teología de esta manera podemos fácilmente comparar lo que el apóstol dice sobre un tema en diferentes lugares para ver si hay, acaso, alguna convicción subyacente que suple el origen para sus afirmaciones sobre ese tema. Esto es una ganancia significativa para comprender a Pablo.

Con todo, algo se pierde en esta clase de presentación. Como hemos visto, las presentaciones sistemáticas de las convicciones de Pablo a menudo no comunican la pasión con que Pablo articuló sus convicciones. Si nos limitamos a leer los tratamientos de D. E. H. Whiteley o Herman Ridderbos, comprenderíamos la coherencia del pensamiento de Pablo, pero nos perderíamos el «afecto religioso» que acompañó sus expresiones de ese pensamiento, o como Pablo lo diría, la «compulsión» detrás de su búsqueda de su llamamiento para ser un apóstol a los gentiles (cf. 1 Co 9:16).[69] Sin embargo, la pasión que motivó a Pablo a resolver su teología en sus cartas es en sí misma un elemento importante para comprender su teología.

Algo importante se puede ganar, por consiguiente, al estudiar la teología de cada carta paulina en su escenario histórico y entonces proveer un breve análisis del corpus entero. En este formato, cada carta en sí misma pone la agenda para el debate teológico, y así la naturaleza pastoral de la teología de Pablo y la energía con que él procuró su articulación tiene una mejor posibilidad de sobrevivir al análisis teológico. Al fin del proceso podemos resumir los pensamientos de Pablo sobre los asuntos que surgieron en el curso de su ministerio, y los asuntos respecto a los cuales era particularmente apasionado empezarán a ser claros. Esa claridad, a su vez, proveerá un punto de entrada para hablar de la centralidad de la gracia de Dios en la teología de Pablo.

El Desarrollo de la Teología Paulina a Través de sus Epístolas

PRIMERA A LOS TESALONICENSES: CÓMO MANTENER LA FE, EL AMOR Y LA ESPERANZA EN MEDIO DEL SUFRIMIENTO

Cuando Pablo escribió a los Tesalonicenses estos estaban sufriendo por su dedicación al evangelio. Habían, dice Pablo, llegado a ser imitadores de Jesús (1 Ts 1:6), de las iglesias de Judea (2:14), y del mismo Pablo, cuando recibieron la palabra de Dios en medio de «mucho sufrimiento» (1:6). Su adversidad continuó, además, después de su encuentro inicial con el evangelio, y Pablo se preocupó tanto en cuanto a cómo les estaba yendo en medio de estas dificultades que decidió desprenderse de la compañía de Timoteo y enviar a su amado colaborador a Tesalónica para saber cómo estaba la fe de ellos (3:1–5). El regreso de Timoteo con las buenas noticias de que los tesalonicenses todavía guardaban cariñosos recuerdos de Pablo y anhelaban verle alegró al apóstol (3:6), pero él escribió como si la marejada de sufrimiento todavía estuviera rugiendo alrededor de ellos:

> Así que les enviamos a Timoteo,... con el fin de afianzarlos y animarlos en la fe para que nadie fuera perturbado por estos sufrimientos. Ustedes mismos saben que se nos destinó

---

[69] D. E. H. Whiteley, *The Theology of St. Paul* (Basil Blackwell, Oxford, 1964). Dunn, *Theology of Paul*, 2–26, y Schreiner, *Paul*, 37–40, están conscientes de este problema y en sus estudios compensan por él mejor que la mayoría de tratamientos sistemáticos de la teología de Pablo.

para esto, pues cuando estábamos con ustedes les advertimos que íbamos a padecer sufrimientos. Y así sucedió (3:2–4).

¿Por qué la aceptación del evangelio de parte de ellos había producido tanta adversidad en su vida? La descripción de Lucas de cómo el evangelio llegó por primera vez a Tesalónica, y varios indicios de la misma carta de Pablo suplen una respuesta razonablemente completa.[1] Lucas dice que después de que Pablo y Silas llegaron a Tesalónica Pablo, como de costumbre, buscó la sinagoga local.[2] Intentó mostrarles a los reunidos allí que las Escrituras mostraban a un Mesías venidero que sufriría y resucitaría de los muertos, y que el Jesús que era el enfoque de su predicación era este Mesías. Algunos judíos creyeron en el evangelio, pero Lucas implica que la mayoría de los que creyeron procedían de un grupo de gentiles que simpatizaban con el judaísmo y que asistían a la sinagoga. Incluidos entre los nuevos convertidos había «un buen número de mujeres prominentes»; posiblemente mujeres que desempeñaban un papel importante en los asuntos cívicos o religiosos de la ciudad (Hch 17:1–4).[3]

Algunos de los judíos que habían rechazado el mensaje de Pablo al parecer veían esta respuesta al evangelio como una amenaza a su propia influencia con los poderosos de la sociedad de Tesalónica.[4] Por consiguiente dieron pasos para desacreditar a Pablo. Fueron al mercado, ubicaron a algunos individuos de pésimo carácter entre los desempleados ociosos que había allí, y atizaron un motín.[5] Como no pudieron hallar a Pablo y a Silas, la chusma se conformó con un hombre llamado Jasón, que tal vez había dado alojamiento a los cristianos, así como a algunos otros cristianos en su casa. Arrastrándolos ante los magistrados de la ciudad, presentaron dos acusaciones contra el grupo que representaban: que eran una parte de un movimiento mundial para trastornar la paz y seguridad de Roma, y que al hablar de Jesús como rey en lugar del césar estaban violando los decretos del césar.

---

[1] Aquí y en otras partes en la consideración de la geografía, cronología y escenario social de las cartas paulinas he usado Hechos como una fuente importante de información. Este no es el lugar para debatir la legitimidad de este método, que ha sido controvertido y sigue siéndolo. Tal vez es suficiente en este contexto decir que el autor de Lucas-Hechos, en donde podemos verificarlo, vive a la altura de las afirmaciones que hace para su obra en Lucas 1:1–4. Él usó Q y Marcos conservadoramente en su Evangelio, y, aunque al parecer no conocía las cartas de Pablo, su relato de Pablo en ellos contiene muchas correspondencias detalladas con las cartas de Pablo. Parece, además, haber sido ocasionalmente compañero de Pablo (Hch 16:10–17; 20:5–21:18; y 27:1–28:16). Sobre todo este asunto, ver F. F. Bruce, «Is the Paul of Acts the Real Paul?» *BJRL* 58 (1975–76): 282–305.

[2] Como Hch 17:14 y 1 Ts 1:1 lo insinúan, Timoteo también estaba con Pablo y Silas durante esta fase de sus viajes.

[3] Sobre la prominencia de las mujeres en la sociedad macedónica, ver Ben Witherington III, *Friendship and Finances in Philippi: The Letter of Paul to the Philippians* (TNTC; Trinity Press International, Valley Forge, Pa., 1994), 107–8.

[4] Rainer Riesner, *Paul's Early Period: Chronology, Mission Strategy, Theology* (Eerdmans, Grand Rapids, 1998), 352.

[5] Sobre la relación entre el alboroto y las condiciones económicas de Tesalónica a principios del siglo primero, ver Robert Maxwell Evans, *Eschatology and Ethics: A Study of Thessalonica and Paul's Letters to the Thessalonians* (tesis doctoral: University of Basel, 1967), 29, 43, y 53.

Estas eran acusaciones serias, y aunque la indulgencia con que los magistrados trataron el asunto muestra que dudaban de su validez, los magistrados sí se preocuparon por Pablo y Silas lo suficiente como para obligar a Jasón y a sus amigos a que depositen fianza antes de soltarlos (Hch 17:5–9).[6] Tal vez incluso recibieron palabra de que la predicación de Pablo incluía predicciones apocalípticas en cuanto al fin del mundo en los mismos momentos en que la gente hablaba de «paz y seguridad» (1 Ts 5:3). Si fue así, estas noticias sólo habrían confirmado sus temores de que este grupo intentaba amenazar la muy celebrada *pax et securitas* que supuestamente César Augusto había dejado como legado al mundo.[7] Es más, si algunos de los cristianos tesalonicenses estaban participando en conducta alborotadora —y este es el significado más probable de 5:14— la actitud de los magistrados hacia ellos puede haberse vuelto considerablemente más severa después de la partida de Pablo.[8]

Los convertidos gentiles de Pablo en Tesalónica también habrían enfrentado problemas relativos a su negativa a participar en los cultos tradicionales de la ciudad ahora que se habían convertido en cristianos. A ojos de Pablo los cristianos tesalonicenses eran continuación del antiguo Israel, y esto quería decir, sobre todo, que adorarían al Dios de Abraham, Isaac, y Jacob, y sólo a él. Este era un elemento tan esencial en la proclamación de Pablo del evangelio que pudo decir que la conversión de los creyentes Tesalonicenses fue convertirse «a Dios dejando los ídolos para servir al Dios vivo y verdadero» (1:9). Los gentiles temerosos de Dios que asistían a la sinagoga en el día de reposo pueden haber continuado participando en los cultos tradicionales de Tesalónica, pero los que se convirtieron al cristianismo no podían hacerlo.[9] A raíz de su conversión de repente se negaban a participar en la devoción cúltica acumulada sobre la diosa Roma, el divinizado Julio César y el hijo adoptivo de César, Augusto, en su ciudad. Le habían dado las espaldas a los cultos misteriosos de Serapis, Dionisio y Caribo, todos bien integrados en el mundo social de Tesalónica.[10] Esto no sólo

---

[6] Sobre la naturaleza de las acusaciones y lo convincente de la narrativa de Lucas en este punto, ver Riesner, *Paul's Early Period*, 356–58.

[7] W. H. C. Frend, *Martyrdom and Persecution in the Early Church: A Study of the Conflict from the Maccabees to Donatus* (Baker, Grand Rapids, 1981; ed. orig. 1965), 96; Karl P. Donfried, «The Cults of Thessalonica and the Thessalonian Correspondence», *NTS* 31 (1985): 336–56, aquí en 350; y Holland L. Hendrix, «Thessalonica», *ABD*, 6:523–27, aquí en 524.

[8] Sobre el significado de *ataktos* en 1 Ts 5:14, ver Ceslas Spicq, *TLNT*, 1:223–26. Pablo puede haber tenido la intención de que su amonestación a vivir con tranquilidad (4:11–12; cf. 5:15) corrija la mala conducta de los creyentes tesalonicenses hacia los de afuera. Ver John M. G. Barclay, «Conflict in Thessalonica», *CBQ* 55 (1993): 512–530, aquí en 520–21.

[9] Sobre la continuación de la participación de los temerosos de Dios en los cultos paganos, ver Paula Fredriksen, «Judaism, the Circumcision of Gentiles, and Apocalyptic Hope: Another Look at Galatians 1 and 2», *JTS* 42 (1991): 532–64, aquí en 541–43. El punto es importante porque algunos estudiosos, sin suficiente fundamento, han aducido que el cuadro en Hechos de un grupo de convertidos formado principalmente por gentiles devotos que asistían a la sinagoga está en conflicto con la afirmación de Pablo de que sus convertidos de Tesalónica se convirtieron al cristianismo de la adoración de ídolos. Ver, por ej., Ernest Best, *A Commentary on the First and Second Epistles to the Thessalonians* (HNTC; Harper & Row, Nueva York, 1972), 5–6.

[10] Mucho de la evidencia de los movimientos religiosos en Tesalónica proviene de los siglos segundo y tercero d.C. La mayoría de estudiosos opina, sin embargo, que esta evidencia refleja condiciones presentes

los había puesto bajo sospecha de las autoridades civiles, que probablemente veían la prosperidad de estos cultos como esenciales para la estabilidad social, sino también bajo la burla de familia y amigos que habían entendido que el abandono de las prácticas religiosas tradicionales era una traición a la sangre y a la patria.[11]

Una comunidad creyente en aguas tan peligrosas necesitaba la ayuda pastoral de Pablo. Pablo, sin embargo, estaba ausente. Cuando la chusma tesalonicense llegó a la casa de Jasón, no pudieron hallar a Pablo en ninguna parte (Hch 17:5–6), y después de que los magistrados hubieron multado a Jasón y a sus amigos cristianos, Pablo se fue, al amparo de la noche, a Berea (Hch 17:10). Pablo dijo que estaba «separado» de Tesalónica (1 Ts 2:17) y a menudo quiso regresar, pero Satanás lo estorbó y no pudo visitarlos de nuevo (2:18). Incapaz de ir en persona, finalmente envió a Timoteo para fortalecer a los tesalonicenses y alentarlos en su fe (3:2). Cuando Pablo escribió 1 Tesalonicenses, probablemente desde Corinto (Hch 17:10, 16; 18:1), Timoteo acababa de regresar de Tesalónica, y sus noticias en cuanto a la iglesia naciente fueron buenas: la fe de ellos en Dios, el amor de unos a otros, y el afecto hacia Pablo, estaban intactos. Pablo pudo lanzar un suspiro de alivio; su esperanza y gozo, la corona de la cual se jactaría en presencia de Dios en la venida de Jesús (2:19), estaba segura. El inmenso sentido de alivio de Pablo igualaba un abrumador sentido de gratitud a Dios por la firmeza de los tesalonicenses en la fe (1:2–5; 2:13–16; 3:9).

Sin embargo, algo faltaba. Pablo todavía oraba fervientemente poder visitar a los tesalonicenses, no solamente debido al cariño de ellos (2:17–20), sino también para suplir lo que «faltaba» en la fe de ellos (3:10). ¿Cuáles eran estos elementos faltantes? Al principio de la carta Pablo agradece a Dios por la fe, amor, y esperanza de los tesalonicenses (1:3), y sin embargo son precisamente estos tres elementos que Pablo promueve en los tesalonicenses en toda la carta. Pablo les dice a los tesalonicenses que él les había enviado a Timoteo «a indagar acerca de su fe» (3:5), y aunque Timoteo había vuelto con un estimulante informe (3:6), una nota de preocupación persiste incluso cuando Pablo relata el viaje de Timoteo. «Cuando estábamos», les recuerda, «con ustedes les advertimos que íbamos a padecer sufrimientos» (3:4).

De la misma manera, las noticias de Timoteo incluyeron un informe alentador en cuanto al «amor» tesalonicense (3:6), por lo que Pablo dice que los tesalonicenses no necesitan que les escriba en cuanto al amor por sus hermanos y hermanas, puesto que Dios les había enseñado cómo hacer esto (4:9). No obstante, también les insta a «amarse aún más» (4:10).

Pablo menciona sólo la «fe» y el «amor» de los tesalonicenses en la misma frase de «las buenas noticias» que le había traído recientemente Timoteo, y esto tal vez quiera decir que Pablo estaba considerablemente más preocupado por la situación de la «esperanza» de los tesalonicenses. Esto se hace incluso más probable cuando consideramos la manera en que Pablo introduce en su carta el tema de la «esperanza». En contraste a su afirmación de que los tesalonicenses no necesitaban

---

en el tiempo de la misión de Pablo. Ver Charles Edson, «Cults of Thessalonica (Macedonia III)», *HTR* 41 (1948): 153–204; Evans, *Eschatohgy and Ethics*, 63–87; Donfried, «The Cults of Thessalonica», 337–46; Robert Jewett, *The Thessalonian Correspondence: Pauline Rhetoric and Millenarian Piety* (FF; Fortress, Philadelphia, 1986), 126–32; Hendrix, «Thessalonica», 524–25; y Jerome Murphy-O'Connor, *Paul: A Critica Life* (Oxford Univ. Press, Nueva York, 1996), 116.

[11] Sobre la probabilidad de que los creyentes tesalonicenses sufrieron persecución por su abandono de las religiones grecorromanas tradicionales, ver Barclay, «Conflict in Thessalonica», 513–16. Para una descripción fascinante y bien informada de cómo tal vez se veía esa persecución en las vidas de una familia cristiana macedónica del sector de servicio, ver Peter Oakes, *Philippians: From People to Letter* (SNTSMS 110; Cambridge Univ. Press, Cambridge, 2001), 89–91.

instrucción sobre el amor fraternal (4:9; cf. 4:1), Pablo empieza a hablar de la esperanza del creyente con el comentario: «Hermanos, no queremos que ignoren lo que va a pasar con los que ya han muerto ...» (4:13).[12]

Así que Pablo escribe una carta que lleva el sello de gratitud y de preocupación. La gratitud es inequívoca en el desusadamente largo informe de oración de agradecimiento de esta carta. Este rasgo de las cartas de Pablo normalmente consume un párrafo o dos, pero en 1 Tesalonicenses se extiende más de la mitad de la carta.[13] Pablo probablemente quería que esta prolongada descripción de su agradecimiento funcione como un elogio a los Tesalonicenses; espera que oír de «toda la alegría que nos han proporcionado delante de él» los alentará (3:9).

Al mismo tiempo, debido a que se preocupa por los efectos del sufrimiento de los tesalonicenses y su propia ausencia sobre la firmeza de la dedicación de los tesalonicenses al evangelio, Pablo estructura el informe de oración de acción de gracias para animar a los tesalonicenses a permanecer fieles. En verdad, esto parece ser el propósito primario de la carta. En la sección de acción de gracias Pablo habla de cómo, cuando estaba entre ellos, los animó como un padre alienta a sus hijos. También describe cómo envió a Timoteo para animarlos y cómo el informe de Timoteo lo animó a él. En los capítulos 4 y 5 Pablo habla cinco veces de su propio ánimo a los tesalonicenses o del ánimo de unos a otros. Esto representa la más alta concentración del vocabulario técnico para estímulo o exhortación en las cartas de Pablo.[14]

El esfuerzo de Pablo para animar a los tesalonicenses a ser fieles frente a la adversidad toma cuatro formas. Primero, recalca la membresía de ellos en una nueva sociedad. Segundo, les asegura la autenticidad de la fe de ellos. Tercero, los anima a retener su santidad. Cuarto, les insta a apreciar las implicaciones de la esperanza cristiana.

El privilegio de la posición social de los tesalonicenses

Cuando los tesalonicenses abandonaron sus ídolos para adorar al Dios vivo y verdadero (1:9), salieron a las márgenes de su sociedad y de los límites de sus familias. Rehusaban participar en los cultos oficiales de su ciudad—la adoración a los emperadores Julio y Claudio, y los Cabiros—y a realizar los actos acostumbrados de su familia de devoción a varias deidades. Todo esto los habría hecho extraños a la familia y amigos anteriores.[15] Este elemento de su sufrimiento puede explicar la

---

[12] Karl P. Donfried, «The Theology of 1 Thessalonians», en *The Theology of the Shorter Pauline Letters*, ed. Karl P. Donfried y I. Howard Marshall (New Testament Theology; Cambridge Univ. Press, Cambridge, 1993), 20–21.

[13] El informe de la oración de acción de gracias se extiende desde 1:2 a 3:13. Esto es claro por la inclusión de expresiones de gracias en 1:2–5; 2:13–16; y 3:9, y de la petición orientada al futuro al final de la sección (3:10–13), rasgo típico de las acciones de gracias paulinas (cf. Ro 1:8–10; Fil 1:3–7; Flm 4–6). Ver Peter Thomas O'Brien, *Introductory Thanksgivings in the Letters of Paul* (NovTestSupp 49; Brill, Leiden, 1977), 143–46.

[14] *Parakaleo* («estimular, exhortar») aparece ocho veces, *erotao* («pedir») dos veces, *noutzeteo* («amonestar»), y *paramitzeomai*» («consolar») dos veces. La exhortación era un componente de consolación en mucha de la literatura grecorromana orientada filosóficamente. Sobre esto ver Abraham J. Malherbe, «Exhortation in First Thessalonians», *NovT* 25 (1983): 238–56, aquí en 254–56.

[15] Cf. Wayne A. Meeks, *The Moral World of the First Christians* (LEC; Westminster, Philadelphia, 1986), 125–26, y sobre la importancia de la religión en las familias grecorromanas, ver John M. G. Barclay, «The Family

prominencia nada usual en esta carta del vocabulario de la familia, del amor de elección de Dios, y de la situación del creyente como miembro del pueblo escatológico restaurado de Dios.

Primera a los Tesalonicenses contiene la más alta concentración de referencias metafóricas a otros creyentes como «hermanos» (*adelfoi*) en las cartas de Pablo.[16] Si las raíces del uso figurado de Pablo de este término está en la Biblia (en donde se refiere a una alianza estrecha del pueblo de Dios) o en la costumbre grecorromana de referirse a un grupo religioso en lenguaje fraternal, la frecuencia con que aparece en 1 Tesalonicenses muestra que no está meramente siguiendo convencionalismos.[17] Se propone recalcar el afecto familiar de cristianos unos a otros.

Esta comprensión del vocabulario recibe confirmación por el uso que Pablo hace de las metáforas de familia y términos de afecto en otras partes de la carta. Compara su presencia durante su estadía entre los tesalonicenses con la de un niño de pecho, una madre que cuida tiernamente a sus propios hijos, o el padre que exhorta, consuela y ruega a sus hijos (2:7, 11–12).[18] Les recuerda a los tesalonicenses que «por el cariño que les tenemos, nos deleitamos en compartir con ustedes no sólo el evangelio de Dios sino también nuestra vida. ¡Tanto llegamos a quererlos!» (2:8). Describe su partida de Tesalónica como «estar separados de ustedes por algún tiempo, en lo físico pero no en lo espiritual» y les dice a los tesalonicenses que «con ferviente anhelo hicimos todo lo humanamente posible por ir a verlos» (2:17). Ellos son su esperanza, gozo (dos veces), corona de jactancia y gloria (2:19–20). Su preocupación por ellos durante su separación alcanza tal intensidad que «ya no pudimos soportarlo más» (3:1, 5), y las noticias de su bienestar espiritual hace que la vida brote de nuevo en el apóstol (3:8). Todo esto parece estar diciendo que aunque la sociedad de ellos y sus familias pueden haberlos rechazado, ellos con todo han entrado a una nueva sociedad en donde los vínculos son más fuertes que nunca.[19]

Pablo también salpica su carta con descripciones de la comunidad tesalonicense que hace eco de las descripciones bíblicas del afecto de Dios por su pueblo de Israel.[20] Como el antiguo Israel ellos

---

as the Bearer of Religion in Judaism and Early Chrisrianity» en *Constructing Early Christian Families: Family as Social Reality and Metaphor*, ed. Halvor Moxnes (Routledge, Londres, 1997), 66–80, aquí en 67–68.

[16] La única carta que usa el término más a menudo es 1 Corintios y, como Abraham J. Malherbe, *Paul and the Thessalonians: The Philosophic Tradition of Pastoral Care* (Fortress, Philadelphia, 1987), 48, señala, es tres veces más larga que 1 Tesalonicenses.

[17] Para las raíces bíblicas probables del uso del término en el cristianismo inicial, ver, por ej., la cita de Dt 18:15 y 18 en Hch 3:22 y la consideración de Hans von Soden, «adelfoõ (ktl)», *TDNT*, 1: 144–46. Para el uso del término en papiros del siglo segundo a.C. para referirse a miembros de asociaciones religiosas, ver MM, 9.

[18] A pesar de la enorme popularidad de leer «gentil» *(epioi)* por «infantes» *(nepioi)* en 2:7, la lectura preferible es «infantes». Ver Jeffrey A. D. Weima, «"But We Became Infants among You": The Case of NHPIOI en 1 Thess 2.7», *NTS* 46 (2000): 547–64 y los comentarios de John L. White, *The Apostle of God: Paul and the Promise of Abraham* (Hendrickson, Peabody, Mass., 1999), 19–21.

[19] Cf. Malherbe, *Thessalonians*, 36–52. Murphy-O'Connor, *Paul*, 119–20, comenta sensiblemente que Pablo, habiendo experimentado la conversión en su propia persona, habría entendido la necesidad de los tesalonicenses de sentirse incluidos en una nueva familia.

[20] Sobre la prominencia de la noción de elección en 1 Tesalonicenses, ver I. H. Marshall, «Election and Calling to Salvation in 1 and 2 Thessalonians», en *The Thessalonian Correspondence*, ed. Raymond F. Collins

son «da asamblea del Señor» (1 Ts 1:1; cf. Dt 23:1–8, LXX). Dios los ama y los ha escogido, tal como amó y escogió a Israel (Dt 7:6–8; 14:2). Él ha llamado y escogido a los creyentes tesalonicenses para que sean su pueblo (1 Ts 2:12; 4:7; 5:24), así como amó y escogió a Israel (Is 41:8–9; 42:6; 48:12). Pablo probablemente usa este lenguaje intencionalmente a fin de decir que los tesalonicenses pueden ser proscritos de la sociedad de «gentiles que no conocen a Dios», pero que se han unido a la más grande compañía del pueblo de Dios especialmente escogido, amado y llamado, cuya historia se relata en la Biblia y que siguen «al Dios vivo y verdadero».[21] Los tesalonicenses, por consiguiente, no son simplemente parte de una nueva familia y sociedad, sino que pertenecen al pueblo de Dios especialmente escogido.

La autenticidad de la fe de los tesalonicenses

Pablo también anima a los tesalonicenses en medio de su sufrimiento por la fe recordándoles la autenticidad de su fe. Frecuentemente en la carta implica que los tesalonicenses ya saben lo que él les está diciendo (1:5; 2:2, 5, 11; 3:3–4; 4:2; 5:1–2) o que ellos ya están poniendo en práctica sus amonestaciones (4:1, 9–10). Esto tiene el efecto no sólo de elogiar a los Tesalonicenses y por consiguiente fomentar una atmósfera de amistad en la que es más probable que las exhortaciones hallen un oído receptivo, sino también de asegurarles que su respuesta al evangelio era genuina; de recordarles que al presente están demostrando el conocimiento y la práctica que son características de la fe cristiana auténtica.

Este tema también surge de dos otras maneras: está presente cuando Pablo menciona su gratitud a Dios por la autenticidad de la dedicación de los tesalonicenses al evangelio, y está presente en la defensa de Pablo de su propia sinceridad como portador del evangelio a los tesalonicenses. Ambos elementos figuran prominentemente en la sección de acción de gracias de la carta (1:2–3:13), el segundo elemento se combina casi imperceptiblemente con el primero al principio de la sección sólo para apropiarse de la sección después de pocas frases. En 1:4 Pablo dice que agradece a Dios por los tesalonicenses porque sabe que Dios los ha escogido. En 1:5 afirma la razón para su certeza de que ellos pertenecen al pueblo de Dios. Está seguro de que Dios los ha elegido porque él y sus colaboradores proclamaron el evangelio entre los tesalonicenses de manera que mostraba, más allá de toda disputa, que Dios estaba detrás de su mensaje: ellos predicaron no meramente con palabras sino con poder, en el Espíritu Santo y con plena convicción.

Pablo toma el tema de su propia autenticidad como mensajero del evangelio de nuevo en 2:1–12 y 2:17–3:13, pero por el momento aleja su enfoque de su propia legitimidad y la de sus colaboradores al efecto de la obra de Dios en los tesalonicenses. Desde el principio la fe de los tesalonicenses en el evangelio había estado unida a la fidelidad al evangelio frente a la aflicción. En 1:6 Pablo dice que por la disposición de ellos para sufrir por sus convicciones, ellos habían tomado su lugar en una línea distinguida de creyentes auténticos: Pablo, sus colaboradores, y el mismo Jesús,

---

(BETL 87; Leuven Univ. Press, Leuven, 1990), 259-76; Donfried, «Theology of 1 Thessalonians», 28-30; y White, *Apostle of God*, 22.

LXX Septuagint

[21] ¿Habrían entendido tales sutilezas los gentiles de Tesalónica que anteriormente adoraban ídolos? La proclamación original de Pablo del evangelio a ellos probablemente habría incluido instrucción sobre el papel de los gentiles creyentes en la restauración escatológica de Israel Ver N. T. Wright, *What Saint Paul Really Said. Was Paul of Tarsus the Real Founder of Christianity?* (Eerdmans, Grand Rapids, 1997), 80-83.

todos los cuales sufrieron por su fidelidad a Dios. Es más, como ellos, los tesalonicenses han provisto un ejemplo para que otros sigan (1:7). Ya creyentes no sólo de Macedonia y Acaya, sino en todas partes, habían oído de la conversión de las tesalonicenses (1:9–10) y su continua fidelidad (1:8).

Pablo vuelve a este tema en su segundo informe de oración de acción de gracias en 2:13–16. Aquí también describe la evidencia de que Dios está obrando entre los creyentes tesalonicenses como su aceptación inicial de la autenticidad del mensaje de Pablo (2:13) y su imitación del sufrimiento fiel de otros creyentes, lo muestran. Explícitamente compara la fidelidad de los tesalonicenses en medio de la persecución a la fidelidad de los cristianos judíos de Judea a pesar de la persecución de los judíos no creyentes (2:14). Además, su comentario parentético de que los judíos también mataron al Señor Jesús (2:15a), expulsaron a Pablo de Judea (2:15b), y habían continuado sus esfuerzos de frustrar su proclamación del evangelio los gentiles (2:16a) sirve como un recordatorio implícito de que la fidelidad de los tesalonicenses en medio del sufrimiento es una característica de otros creyentes y por consiguiente una señal de la autenticidad de su fe.

Pablo no sólo quiere asegurarles a los tesalonicenses que la conducta de él demuestra la autenticidad de su fe, sino también que su conducta cuando estuvo entre ellos estaba por encima de todo reproche, y por consiguiente merece la confianza que los tesalonicenses pusieron en ella. Pablo toca este punto en 1:5 y 1:9, pero vuelve a lo mismo con intensidad en 2:1–12 y en 2:17–3:13. Los motivos de Pablo para presentar esta defensa de su conducta han creado una pequeña tempestad de polvo de controversia escolástica. ¿Habían surgido dentro de la iglesia críticos de Pablo para acusarle de motivos ulteriores?[22] ¿Estaban los perseguidores no creyentes de la iglesia de Tesalónica acusando a Pablo de insinceridad?[23] ¿Estaba Pablo solamente observando un convencionalismo filosófico al distinguirse de los filósofos fraudulentos y, en el proceso, proveyéndoles a los tesalonicenses de un ejemplo para seguir?[24]

Con la escasa información que tenemos disponible en la carta de Pablo es imposible decidir exactamente qué motivó la defensa de Pablo, pero él necesitaba sólo un poco de empatía con la situación de los tesalonicenses para saber que las condiciones eran ideales para el crecimiento de las dudas en cuanto a su propia integridad y la autenticidad de su mensaje.[25] Ellos se hallaban bajo presión pública para retractarse de sus convicciones, y Pablo estaba ausente en un tiempo cuando ellos desesperadamente necesitaban su supervisión pastoral.

Más significativo de todo, oradores y predicadores eran vista común en centros urbanos principales como Tesalónica, y muchos de ellos eran fraudes. Bajo el emperador Claudio, la retórica sofista surgía a alturas renovadas, y la «entrada» (*eisodos*) de oradores profesionales a una ciudad tan importante como Tesalónica habría sido ocurrencia común y ampliamente publicitada. Estos

---

[22] Donfried, «Cults of Thessalonica», 350–51. Cf. Jewett, *Thessalonian Correspondence*, 169, y Walter Schmithals, *Paul and the Gnostics* (Abingdon, Nashville, 1972), 135–76.

[23] Jeffrey A. D. Weima, «An Apology for the Apologetic Function of 1 Thessalonians 2.1–12», *JSNT* 68 (1997): 73–99.

[24] Ver Abraham J. Malherbe, «"Gentle as a Nurse": The Cynic Background to 1 Thess ii», *NovT* 12 (1970): 203–17; *Paul and the Thessalonians*, 74–75. Cf. Barclay, «Conflict in Thessalonica», 520–24, que piensa que Pablo quere moderar los excesos socialmente perturbadores de los creyentes tesalonicenses recordándoles que su franqueza estuvo mezclada con ternura.

[25] El informe de Timoteo de los «recuerdos gratos» de Pablo y su deseo de verlo (3:6) deja escaso espacio para la oposición a Pablo entre los creyentes tesalonicenses.

oradores se ganaban la vida atrayendo grupos de discípulos que pagaban y que querían imitar su habilidad para hablar en público y que valoraban su consejo sobre cómo ascender por la escalera de la vida cívica. La «entrada» de un sofista prominente a una ciudad tan grande como Tesalónica y la ocasión de su primer discurso sería una ocasión pública ampliamente publicitada. La recepción de este discurso inicial a menudo decidía el éxito o fracaso de orador en ese lugar.[26]

Los filósofos cínicos itinerantes, vociferando su crítica contra la humanidad, también deben haber sido algo común en los mercados y calles de Tesalónica.[27] Ostensiblemente, de todas maneras, los filósofos cínicos predicaban no por ganancia monetaria ni para oír que su público aplaudiera su capacidad retórica sino para convencer a los que estaban dispuestos a escuchar respecto a lo ruin de una vida irreflexiva y la necesidad de llegar a ser independientes de los cuidados del mundo.[28] Algunos enseñaban su filosofía austera bajo los techos de mecenas ricos que les proveían alojamiento, comida y posición social. Otros, casi indistinguibles de los sofistas, rentaban salones de conferencias y presentaban su mensaje ante personas cuya presencia voluntaria significaba que el filósofo tenía un público amistoso.[29] Pero muchos predicaban su evaluación negativa de la suerte de la humanidad con «franqueza» (*parresia*) a las masas que diariamente pasaban por los mercados y ocasionalmente atiborraban la ciudad para algún festival público. El riguroso mensaje de estos cínicos a menudo era retribuido con sorna abierta de parte de sus oyentes.[30]

Los predicadores sofistas y cínicos dedicaban mucho tiempo a presentaciones en público, y unos y otros tenían una manera singular de vestirse y hablar. Inevitablemente, el mensaje externo de su discurso a veces no reflejaba su conducta privada en sus vidas. A veces a los sofistas se les acusaba de hipocresía; de pregonar virtudes sólo para ganar la aprobación pública y ganar un salario antes que de un deseo de vivir según lo que enseñaba.[31] A veces a los cínicos también se les acusaba de predicar a otros la vida rigurosa de un filósofo y hacer un espectáculo de ella en público, pero en lo privado vivían con igual indulgencia como cualquier otro.[32] Debido a su vida itinerante, a los sofistas

---

[26] Bruce W Winter, «The Entries and Ethics of Orators and Paul (1 Thessalonians 2:1–12)», *TynBul* 44 (1993):55–74. Sobre los sofistas en general, ver G. W. Bowersock, *Greek Sophists in the Roman Empire* (Oxford Univ. Press, Oxford, 1969), y sobre los sofistas de Corinto en el primer siglo, ver Bruce W. Winter, *Philo and Paul among the Sophists* (SNTSMS 96; Cambridge Univ. Press, Cambridge, 1997), 116–44.

[27] «Toda ciudad estaba llena con tales astros recién llegados», Luciano, *Fug.* 16; «Sería más fácil que un hombre se caiga en un bote sin golpear un tablón que tu ojo deje de ver a un filósofo dondequiera que mire», Luciano, *Bis Acc.* 6. Ver Malherbe, «"Gentle as a Nurse"», 206, n. 5, y *Paul and the Thessalonians*, 19.

[28] Ver, por ej., Edward O'Neil, ed., *Teles (The Cynic Teacher)* (SBLTT 11; Greco-Roman Religion Series 3; Scholars Press, Missoula, Mont., 1977).

[29] Ver el sumario de la descripción que da Dio Crisóstomo de los filósofos cínicos en Malherbe, «"Gentle as a Nurse"» 204–14.

[30] Como en, por ej., Lucian, *Vito Auct.* 10.

[31] Ver Winter, «Entries and Ethics», 63.

[32] Ver Luciano, *Peregr.* 19 y *Fug.* 19.

y a los cínicos a veces se les acusaba de quedarse en un lugar sólo mientras duraba su aprobación pública, pero a la primera señal de tener que soportar alguna adversidad, huían a pastos más verdes.[33]

Además, la aparición y temas distintivos de la predicación de los cínicos fácilmente se brindaban a la manipulación y producían un número de fraudes. El diálogo de Luciano *The Runaways* [Los descarriados] enfoca la tendencia de los obreros comunes a dejar sus bancos de trabajo para perseguir el lujo de la vida de un filósofo falsificado. Según Luciano, que probablemente está exagerando, cualquiera podía lograr seguidores poniéndose la falda corta, cartera y bordón del filósofo cínico y vomitando un torrente del lenguaje ultrajante sobre la humanidad en general. Tener un grupo de discípulos era entonces un paso corto a una vida de lujo privado: una búsqueda plena del oro, una mesa llena de manjares, y una vida sexual promiscua.[34]

En este contexto social no debe ser sorpresa que Pablo quiera asegurar a los tesalonicenses perseguidos en cuanto a lo genuino de su fe al hacer distinción entre su propia predicación y ministerio y la insinceridad que tan a menudo marcaba los que se dedicaban al discurso público en su cultura. Pablo había, después de todo, predicado un mensaje riguroso del futuro derramamiento de la ira de Dios sobre la humanidad no creyente en la *parousia* de Jesús (1:10), y había dejado Tesalónica de prisa en medio de intensa oposición (Hch 17:10; 1 Ts 3:6), pero Pablo quiere asegurarles, contra cualquier duda que pudiera surgir, de la sinceridad de su predicación y la integridad de su ministerio.

En 1:5, 1:9–10, 2:1–12 y 2:17–3:13, por consiguiente, Pablo les recuerda a los tesalonicenses que en su «entrada» (*eisodos*) a la ciudad de ellos, su predicación no fue un espectáculo de palabras vacías, sino que surgió de la profunda convicción y obra del Espíritu Santo (1:5; 2:1).[35] De este modo, ella produjo la conversión de los tesalonicenses de la adoración de ídolos a la adoración del Dios viviente, asegurándoles su rescate de la ira de Dios (1:9–10). El motivo de su predicación no fue la avaricia, inmoralidad (*akatzartia*), o la aprobación pública sino el deseo de darles a los tesalonicenses el evangelio de Dios y también su propia vida (2:3–8, 10). La sinceridad de sus esfuerzos se veía claramente en su disposición a soportar la oposición mientras estuvo entre ellos y de trabajar duro y tendido mientras estuvo con ellos a fin de no ser una carga económica para nadie (2:2, 6–10). Su predicación se caracterizó por la franqueza (*eparresiasamtza … lalesai*, 2:2) pero nunca se rebajó al ultraje. Más bien, fue como un niño de pecho en medio de ellos, como la madre que cuida cariñosamente a sus hijos, o como el padre anima y exhorta a los suyos (2:7, 11–12).

En 2:17 Pablo pasa del pasado al presente y al futuro, asegurándoles a los tesalonicenses su angustia al estar «separado» de ellos (2:17–20) y su anhelo de verlos de nuevo (3:10–11), anhelo parcialmente satisfecho por la misión de Timoteo y su informe subsiguiente (3:1–9). Si surgían temores de que Pablo predicara el evangelio, como los pseudos cínicos que menciona Luciano, para «trasquilar a las ovejas», o si alguien pensaba comparar la venida de Pablo a Tesalónica con la entrada de un sofista insincero a su ciudad, debían reflexionar en la conducta del apóstol mientras estuvo con ellos, en la reciente visita a Timoteo y en la ferviente oración de Pablo de que Dios prosperara su camino para ir a verlos de nuevo.[36]

---

[33] Sobre los sofistas, ver Winter, «Entries and Ethics», 72; sobre los cínicos, ver Malherbe, «"Gentle as a Nurse"», 208–14.

[34] Luciano, *Fug.* 12–21.

[35] Ver Winter, «Entries and Ethics», 55–74.

[36] Para la referencia de Luciano a los cínicos que «trasquilan las ovejas», ver *Fug.* 14.

En resumen, la prolongada oración de acción de gracias de Pablo, con sus digresiones sobre la naturaleza de su ministerio entre los tesalonicenses y su deseo de verlos, tiene probablemente la intención de fortalecer la confianza de los tesalonicenses, en medio de su sufrimiento, de que la fe de ellos es genuina. Él quiere asegurarles que mediante su predicación, y la predicación de parte de sus colaboradores, ellos han experimentado la obra transformadora del Espíritu Santo. Lo genuino de la conversión de ellos lo demuestran los fuegos de la aflicción. Ellos están siguiendo el ejemplo de Jesús, la iglesia judía, Pablo y los colaboradores de Pablo.

La autenticidad del mensaje que Pablo predicó y que los tesalonicenses creyeron, además, se revelaba en las diferencias entre Pablo y los sofistas insinceros por un lado, y los cínicos fraudulentos por el otro. Pablo modera su franqueza con la ternura, rehusó ser una carga financiera para ningún anfitrión tesalonicense, y aunque fue obligado a dejarlos en medio de su adversidad, anhela verlos de nuevo. Ellos pueden tranquilizarse porque la palabra que Pablo les predicó, y que ellos recibieron, no era palabra humana sino verdaderamente palabra de Dios (2:13).

El Carácter Del Amor De Los Tesalonicenses

En 4:9–10 Pablo elogia a los tesalonicenses por el amor que se han demostrado unos a otros. El deseo de mostrar amor no es algo que Pablo podía enseñarles, porque, en cumplimiento de Jeremías 31:31–34, ellos son el pueblo de Dios restaurado escatológicamente en cuyos corazones Dios mismo ha escrito su ley. Por eso Pablo dice: «En cuanto al amor fraternal, no necesitan que les escribamos, porque Dios mismo les ha enseñado a amarse unos a otros» (1 Ts 4:9). La obra transformadora de Dios sólo había empezado, sin embargo, y ellos todavía necesitaban el estímulo de Pablo para mostrar su amor «más y más» (4:10). En 4:1–12, por consiguiente, Pablo les recuerda a los tesalonicenses la enseñanza ética tradicional que él y sus colaboradores les entregaron. Dos temas son particularmente apremiantes: las relaciones sexuales y el trabajo diario.

Primero, Pablo recalca en esta carta la necesidad de una conducta sexual apropiada (4:1–8). El mundo en que vivían los creyentes de Tesalónica estaba repleto de actividad e imágenes sexualmente sugestivas. La adoración de Dionisio era especialmente popular, y el falo era uno de sus símbolos primordiales. Los devotos del dios llevaban en sus cabezas imágenes del falo en canastas en los festivales, y muchos decoraban las lápidas de sus seres queridos con símbolos fálicos. Este símbolo probablemente significaba la vida y expresaba la esperanza de que los que morían disfrutarían en el más allá la felicidad que el culto misterioso de Dionisio prometía a sus seguidores. Pero Dionisio también era el dios del vino, la fertilidad y la masculinidad cruda y animal. Como los frescos en la Villa de Misterios en Pompeya demuestran, el falo sugería a los seguidores del dios muchos más que la vida después de la muerte.[37]

El culto de Cabiro también era popular en Tesalónica, y aunque hay disponibles pocos detalles de sus prácticas y creencias, también recalcaba el falo y prometía fertilidad.[38] Además, los filósofos cínicos a veces demostraban su independencia de los convencionalismos sociales dedicándose a la

---

[37] Ver Donfried, «Cults of Thessalonica», 337–38, y Marvin W. Meyer, «Mystery Religions», *ABD*, 4:941–45, aquí en 942–43. Para una descripción del friso pompeyo y una revisión de la controversia en cuanto a su interpretación, ver Mary Beard, John North, y Simón Price, *Religions of Roma*, 2 vols. (Cambridge Univ. Press, Cambridge, 1998), 1:161–63.

[38] Donfried, «Cults of Thessalonica», 338–39.

actividad sexual en público y, como ya hemos visto, los falsos filósofos satirizados por Luciano eran conocidos por su promiscuidad sexual en privado.[39]

¿Por qué los tesalonicenses simplemente no debían participar en las costumbres sexuales de su cultura? Como ya hemos visto, Pablo considera que los creyentes tesalonicenses son parte del pueblo de Dios escatológicamente restaurado, y puesto que Dios ordena en la ley mosaica que su pueblo se distinga de las naciones que los rodean por el carácter de sus relaciones sexuales, Pablo cree que los tesalonicenses deben mostrarse separados del mundo que los rodea también en su conducta sexual. Su «santificación», dice Pablo, incluye evitar la inmoralidad sexual (4:3). Quiere decir lograr controlar los impulsos sexuales. Debían aprender «a controlar su propio cuerpo de una manera santa y honrosa, sin dejarse llevar por los malos deseos como hacen los paganos, que no conocen a Dios» (4:4–5).[40] Haciendo eco de los pasajes de Levítico sobre la conducta sexual (Lv 18:1–30; cf. Ez 22:9b–11) y de Ezequiel que describen un tiempo cuando Dios limpiará las impurezas de su pueblo (Ez 11:19; 36:27; 37:14), Pablo dice que Dios no llamó a los creyentes tesalonicenses a la «impureza» sino a «una vida santa» y que el que rechaza esto rechaza a Dios, «quien les da a ustedes su Espíritu Santo» (4:7–8).

Aunque la mayoría de los cristianos tesalonicenses no eran judíos (1:9–10), Pablo cree que son parte del pueblo de Dios escatológicamente restaurado. Se han convertido de los ídolos para servir a Dios y para esperar la venida de su Hijo, y esto es suficiente a ojos de Pablo para colocarlos dentro del círculo del pueblo de Dios. Una vez allí, sin embargo, él espera que ellos demuestren por la manera en que viven que son diferentes de «los paganos, que no conocen a Dios». En la cultura de Tesalónica esto quiere decir que deben destacarse de su sociedad en su enfoque al sexo y controlar sus impulsos sexuales según los delineamientos que Pablo ya les había comunicado (4:2, 6).

Segundo, Pablo amonesta a los tesalonicenses a que aspiren a «vivir en paz», a trabajar con sus manos, a ocuparse de sus propios asuntos, y a no depender de nadie más (4:11–12). Es difícil saber exactamente cuál problema se hallaba detrás de estas amonestaciones, pero la ausencia de una expresión tal como «como en efecto ustedes están viviendo» probablemente quiere decir que Pablo está respondiendo a un problema real en la comunidad y no simplemente subrayando un principio importante (cf. 4:1, 9–10). Si entrelazamos estas amonestaciones con el mandamiento posterior de Pablo de «que amonesten a los holgazanes [*ataktous*]» (5:14), entonces es claro que algo había ocurrido en la iglesia de Tesalónica que había añadido leña innecesaria a las llamas de persecución que ya ardían.

Puesto que los dos problemas de conducta problemática y nociones escatológicas erróneas dominan 2 Tesalonicenses, la conducta problemática dentro de la iglesia probablemente tiene que ver de alguna manera con el fervor escatológico de los tesalonicenses.[41] Tal vez, como un estudioso

---

[39] Ver Luciano, *Pug.* 17, y Ronald F. Hock, «Cynics», *ABD*, 1:1221–26, aquí en 1223.

[40] El término comúnmente traducido «esposa» o «cuerpo» en 4:4 en realidad es «vaso» (skeuos). Probablemente se refiere al órgano sexual masculino. Ver Aeliano, *NA* 17.11; 1 S 21:4–6; 4Q416, frag. 1, col. 4; y la consideración en J. Whitton, «A Neglected Meaning for *skeuos* in 1 Thessalonians 4.4», *NTS* 28 (1982): 142–43; Donfried, «Cults of Thessalonica», 342; Torleif Elgvin, «"To Master His Own Vessel": 1 Thess 4.4 in Light of New Qumran Evidence», *NTS* 43 (1997): 604–19; y Jay E. Smith, «Another Look at 4Q416 2 ii.21: A Critical Parallel to First Thessalonians 4:4», *CBQ* 63 (2001): 499–504.

[41] Ver Hans Hübner, *Biblische Theologie des Neuen Testaments* (Göttingen: Vandenhoeck and Ruprecht, 1993), 2:48–50; Frank Thielman, *Paul and the Law: A Contextual Approach* (InterVarsity Press, Downers Grove, Ill., 1994), 75–77; y Jeffrey A. D. Weima, «"How You Must Walk to Please God": Holiness and

sugiere, algunos de los tesalonicenses dejaron sus oficios para predicar un mensaje riguroso de la ira inminente de Dios sobre su sociedad idólatra.[42] Peroratas ruidosas, ásperas y directas junto con una tendencia a esquilmar a la sociedad que tan rápidamente criticaban también caracterizaba a los filósofos cínicos y los hacía blanco del ridículo.[43]

Si los tesalonicenses habían caído en esta trampa, Pablo se preocupa de que no empeoren su sufrimiento y le den al evangelio una mala reputación. Les aconseja «a trabajar con sus propias manos» y que «no tengan que depender de nadie» (4:11–12), y probablemente quiere que este consejo haga eco de su apología de su ministerio mientras estuvo entre ellos. Su ministerio proveyó un ejemplo para ellos: aunque tenía el derecho de serles una carga económica, puesto que Dios mismo le había asignado su obra apostólica, él no usó de este derecho, sino que «trabajó de día y de noche» mientras les predicaba el evangelio (2:6b, 9).

En resumen, los tesalonicenses deben destacarse de su sociedad en su conducta sexual y en el amor que se profesan. La base de ambas características éticas es su situación como parte del pueblo de Dios escatológicamente restaurado que predijeron los profetas. No deben, sin embargo, vivir de una manera que acarree sobre ellos censura innecesaria de parte de la sociedad. Deben conducirse con decoro hacia los de afuera al mismo tiempo que los consideran como estando fuera de quienes Dios los ha separado, porque él ha escogido a los creyentes tesalonicenses para que sean parte de su pueblo. Deben, en otras palabras, andar sobre una línea a veces fina entre la santidad y la excentricidad.

Las Implicaciones De La Esperanza Escatológica De Los Tesalonicenses

Tanto en su enseñanza inicial de Pablo (1:9–10) como en su enseñanza continua (5:1–3) en Tesalónica, Pablo había hecho énfasis en la venida de Dios por su agente Jesús para juzgar a los malos y salvaría a su pueblo. Cuando él y sus colaboradores llegaron a Tesalónica, Pablo predicó que Dios derramaría en la venida de Jesús su ira sobre los gentiles idólatras e inmorales (1:9; 4:6), pero los gentiles que se hallen sirviendo al Dios vivo y verdadero y esperando la venida de su Hijo Jesús escaparán de la ira de Dios (1:10; 5:9).[44] Durante su corta estadía en la ciudad Pablo animó a los que respondieron a su mensaje «a llevar una vida digna de Dios, que los llama a su reino y a su gloria» (2:12). Incluso al escribir 1 Tesalonicenses varios meses más tarde, él continúa orando que ellos sean intachables y santos «para que, cuando nuestro Señor Jesús venga con todos sus santos, la santidad de ustedes sea intachable delante de nuestro Dios y Padre» (3:13; 5:23). Pablo tenía una inversión significativa en los tesalonicenses, y en vista a la certeza de la venida de Jesús se afana por ellos para que la consagración de ellos al evangelio persista hasta el fin:

Discipleship in 1 Thessalonians», en *Patterns of Discipleship in the New Testament*, ed. Richard N. Longenecker (Eerdmans, Grand Rapids, 1996), 98–119, aquí en 99–103.

[42] Barclay, «Conflict in Thessalonica», 520–25.

[43] Ibid., 523.

[44] Cf. Ro 1:18–32. Pablo probablemente heredó del judaísmo la creencia de que, sin su arrepentimiento, los gentiles idólatras e inmorales caerían bajo la ira condenadora de Dios. Ver Terence L. Donaldson, *Paul and the Gentiles: Remapping the Apostles Convictional World* (Fortress, Minneapolis, 1997), 295–96.

En resumidas cuentas, ¿cuál es nuestra esperanza, alegría o motivo de orgullo delante de nuestro Señor Jesús para cuando él venga? ¿Quién más sino ustedes? Sí, ustedes son nuestro orgullo y alegría (2:19–20).

Pablo había enseñado a los tesalonicenses que el día del Señor vendría inesperadamente «como ladrón en la noche» o «como le llegan a la mujer encinta los dolores de parto» (5:2–3); y que ellos debían, por consiguiente, vivir sus vidas «en la presencia de nuestro Dios», como si los días finales estuvieran a punto de llegar.[45] La noción de que ellos pudieran estar vivos en la venida del Señor había hecho que los tesalonicenses, sin embargo, pasen de una posibilidad a una certeza, y luego al desencanto. Algunos miembros de la comunidad creyente habían muerto. ¿Se habían perdido la participación en el reino venidero? Timoteo al parecer le había traído esta pregunta a Pablo.[46] La «fe» y el «amor» de los tesalonicenses estaban en el sendero debido, le había informado, pero la compresión de ellos de la «esperanza» cristiana se había desviado (3:6; 4:13).[47]

Pablo intenta responder a su pregunta en 4:13–18, y luego, en 5:1–11, les insta a continuar esperando la venida de Jesús. El punto principal de ambas secciones es animar a los tesalonicenses (4:18; 5:11). Quiere asegurarles que toda la comunidad, incluyendo los que han muerto, debe estar preparada para el día del Señor cuando este llegue, y que cuando ese día llegue Dios triunfará sobre sus perseguidores.

En 4:13–18 Pablo les asegura a los tesalonicenses que los de ellos que han muerto desde que creyeron en el evangelio no serán dejados fuera de los eventos que rodean la venida del Señor simplemente porque han muerto. La convicción cristiana de que Jesús murió y resucitó y «lo dicho por el Señor» demuestran que los creyentes muertos no están en desventaja cuando el Señor venga.[48] La resurrección de Jesús quiere decir que los creyentes también serán resucitados de los muertos en la venida de Jesús, y que Jesús llevará a los resucitados a la presencia del Señor (4:14, 16; cf. 2 Co 4:14).[49] El triunfo de Jesús sobre la muerte da tal certeza a la resurrección de los creyentes que Pablo puede hablar de la muerte como «dormir» y puede decir que los tesalonicenses no deben afligirse por los muertos como los que no tienen esperanza (1 Ts 4:13). Pablo se da cuenta de la palabra del Señor, todavía más, de que los muertos resucitados y los que estén vivos en el momento de la venida

---

[45] Ver 2:19; 3:13. Cf. 1:3 y 3:9. ¿Estaba el mismo Pablo sorprendido por la demora de la parusía? La ecuanimidad con que él maneja el problema de la muerte de los creyentes tesalonicenses antes de la venida del Señor muestra que no lo estaba. Ver Ben Witherington III, *Jesus, Paul and the End of the World: A Comparative Study in New Testament Eschatology* (InterVarsity Press, Downers Grove, Ill., 1992), 25. Cf. Dunn, *Theology of Paul*, 310-13.

[46] Pablo introduce cada uno de los tres temas en 4:9, 13; y 5:1 con la frase *peri de* («ahora, respecto a»). Esta es una manera convencional de introducir un tema de interés común al autor de la carta como a su destinatario (cf. 1 Co 7:1, 25; 8:1; 12:1; 16:1, 12). Ver Margaret M. Mitchell, «Concerning PERI DE in 1 Corinthians», *Nov T* 31 (1989): 229-56. En 1 Ts 4:9-12, 13-18, y 5:1-11 Pablo puede haber estado trayendo a colación cada tema, o tal vez respondiendo a preocupaciones que los tesalonicenses le informaron por medio de Timoteo.

[47] Donfried, «The Theology of 1 Thessalonians», 20-21.

[48] Sobre la estructura de 4:13-18, ver Joseph Plevnik, *Paul and the Parousia: An Exegetical and Theological Investigation* (Hendrickson, Peabody, Mass., 1997), 68.

[49] Ibid., 74.

del Señor se reunirán con el Señor en el aire (4:17). Dios llevará a los justos —tanto los muertos como a los vivos en la venida de Jesús— corporalmente al cielo como Enoc, Elías y el mismo Jesús.[50]

Esta información sola responde a la pregunta de los Tesalonicenses en cuanto a sus hermanos creyentes muertos, pero Pablo da otros detalles de la venida del Señor que recalcan la victoria de Jesús sobre las fuerzas que se oponen a su pueblo (4:16). La «voz de mando» (*keleusma*) que acompaña el descenso del Señor del cielo es una reminiscencia de la «reprensión» (*gaar*) de los enemigos de su pueblo cuando él llega para ayudarlos en el Antiguo Testamento.[51] La «voz de arcángel» que se oye en el descenso del Señor, similarmente rememora las descripciones del Antiguo Testamento de Dios, acompañado por sus ángeles, luchando a favor de su pueblo (por ej., Zac 14:1–5).[52] El toque de la trompeta de Dios también es recordatorio de la referencia del Antiguo Testamento a la trompeta que llama al pueblo de Dios a la batalla contra sus enemigos, una trompeta que en el día del Señor, el mismo Señor tocará (por ej., Zac 9:14).[53] Al usar estas imágenes, Pablo probablemente espera animar a los tesalonicenses a soportar la persecución recalcando que el día del Señor será un tiempo de castigo para sus perseguidores y rescate de los creyentes tesalonicenses.

En 5:1–11 Pablo pasa a la pregunta de cuándo volverá el Señor. Aunque el problema preciso que impulsó a Pablo a atender esta pregunta no es claro, el propósito de su respuesta es alentar a los cristianos tesalonicenses (5:1).[54] Al principio, él recalca la naturaleza inesperada del día de la venida (5:1–3); luego, cambiando ligeramente de énfasis, les asegura que, como «hijos de la luz» e «hijos del día», están preparados para su llegada (5:4–5). Luego comenta cómo deben conducirse al esperar el día del Señor (5:6–8). Finalmente, liga 5:1–8 con 4:13–18 al asegurar a los tesalonicenses que debido a la muerte de Jesús, los que durmieron (los fallecidos) y los que están despiertos (los vivos) experimentarán ese día no como un tiempo de ira sino de salvación (5:9–11).[55]

Aquí también los comentarios de Pablo sobre el día del Señor como un tiempo de destrucción repentina vendrían como palabras de estímulo para los tesalonicenses perseguidos. Estos comentarios son un recordatorio de la enseñanza de Jesús, ampliamente conocida en la iglesia inicial, de que el día del Señor vendría repentinamente y significaría destrucción para los que, ajenos a la sentencia de ruina que cuelga sobre ellos, tratar con desdén al llamado de Dios a arrepentirse.[56] Este

---

[50] Sobre el uso de Pablo aquí de la imagen de presuposición del Antiguo Testamento, ver Charles Wanamaket, *Commentary on 1 and 2 Thessalonians* (NIGNT; Eerdmans, Grand Rapids, 1990), 175-76; Plevnik, *Paul and the Parousia*, 60-63.

[51] Ver Sal 18:15 [2 S 22:16]; 68:30; 104:7; 106:9; Is 17:13; 66:15, y Plevnik, *Paul and the Parousia*, 46-47.

[52] Este texto estaba probablemente en los pensamientos de Pablo al escribir esta carta. Ver 1 Ts 3:13.

[53] Ver la consideración en Plevnik, *Paul and the Parousia*, 58.

[54] Traugott Holtz, *Der este Brief an die Thessalonicher* (EKK 13; Benziger, Zurich, 1990), 210-11, cree que el mismo Pablo trajo a colación el asunto y no por iniciativa de los tesalonicenses. Acerca de la probabilidad de que la frase «Ahora bien ... acerca» en 5:1 sólo señale la introducción de un nuevo tema y no una respuesta a una pregunta de los tesalonicenses, ver Margaret M. Mitchell, «Concerning PERI DE», 229-56.

[55] Esta comprensión del pasaje sigue de cerca a Plevnik, *Paul and the Parousia*, 99-116.

[56] Sobre la naturaleza inesperada de la venida del Día, ver Mt 25:13; 24:42-44; Mr 13:33; Lc 12:39-40; 2 P 3:10; Ap 3:3; 16:15; y *Did*. 16:1. Sobre la sorpresa con que la destrucción le cae encima al malo ver Mt 24:37-39; Lc 17:27-30; 21:34-36.

motivo es común en los profetas y a menudo se usa para advertir al pueblo de Dios, que está dispuesto para la destrucción tal como los que dicen «paz, paz » (Jer 6:14–15).[57] Aquí, sin embargo, Pablo quiere animar a los tesalonicenses (1 Ts 5:11), y por consiguiente su propósito no es advertirles sino recordarles que el día final significará destrucción para sus perseguidores «sino a recibir la salvación por medio de nuestro Señor Jesucristo» (5:9) para los mismos creyentes tesalonicenses.

En 4:13–5:11, entonces, Pablo trata de corregir un malentendido en cuanto a la venida del Señor y subrayar la enseñanza que ya les ha dado en cuanto al día del Señor a fin de restaurar la confianza de los tesalonicenses en la esperanza cristiana. Su preocupación primaria aquí, como en otras secciones de la carta, ha sido animar a los tesalonicenses en medio de su sufrimiento (4:18; 5:11). Jesús vendrá, les ha dicho, y cuando él venga de Dios invertirá la injusticia que los tesalonicenses están experimentando. Resucitará a la vida a los cristianos muertos; los cristianos vivos se les unirán; y Dios llevará a ambos grupos a la presencia del Señor. Los que no hayan prestado atención al evangelio (tales como los perseguidores tesalonicenses), sin embargo, encontrarán la ira inesperada y destructora de Dios conforme el Señor mismo sale al campo de batalla contra los enemigos de su pueblo.

La Supervivencia De La Fe, El Amor y La Esperanza En Tesalónica

Dos veces en esta carta (1:3 y 5:8) Pablo combina los conceptos de fe, amor y esperanza como un sumario de la existencia cristiana. Elogia a los Tesalonicenses en 1:3 por la «obra realizada por su fe», por el «trabajo motivado por su amor», y por «la constancia sostenida por su esperanza en nuestro Señor Jesucristo». En 5:8 les insta a vestirse con esas cualidades como el guerrero se viste con su armadura. El ostracismo social que los creyentes tesalonicenses han experimentado debido a su consagración al evangelio, junto con la forzosa ausencia de Pablo, le lleva a preocuparse por la supervivencia de «la fe, el amor y la esperanza» en Tesalónica. Esta ansiedad motivó el viaje de Timoteo a Tesalónica, y el informe de Timoteo en cuanto a la condición de la «fe, amor y esperanza» en Tesalónica impulsó a Pablo a escribir esta carta.

En ella, les recuerda su propia autenticidad como predicador del evangelio y la autenticidad de la fe de ellos. La labor y el sufrimiento que acompañaban a su predicación y a su fe los autentica a ambos.

Les insta a distinguirse del mundo gentil no creyente que les rodea por la cualidad de sus vidas. Sus relaciones no deben caracterizarse por el sexo explotador sino por una calidad de amor que significa la obra escatológica de Dios en sus corazones y ellos deben vivir vidas productivas.

Pablo corrige la ansiedad equivocada de ellos en cuanto a los creyentes que han muerto antes de la venida de Jesús. No es probable, dice, que el Dios que resucitó a Jesús de los muertos permita que la muerte física separe a su pueblo de la comunión eterna consigo mismo.

En toda la carta, conforme Pablo recalca cada uno de estos puntos, les recuerda a los tesalonicenses su posición social a los ojos de unos y otros y de Dios. Son hermanos y hermanas que están en continuidad con el pueblo de Dios según las Escrituras describen a este pueblo. Es más, viven en la edad en la que Dios está empezando a cumplir sus promesas de restaurar la suerte de su pueblo. El mundo que los rodea tal vez los relegue a las márgenes de su sociedad, pero Dios los ha escogido para que pertenezcan a su sociedad, y, en contraste con la *polis* de Tesalónica, esta sociedad es eterna.

---

[57] Cf. Ez 13:10; 38:14–16, y la consideración en Plevnik, *Paul and the Parousia*, 101–6.

SEGUNDA A LOS TESALONICENSES: PERSEVERANCIA A PESAR DE LA PERSECUCIÓN Y FALSAS ENSEÑANZAS

Desarrollos inquietantes en tesalónica

Algún tiempo después de que Pablo envió su primera carta a los tesalonicenses, recibió un informe oral sobre las condiciones allí (2 Ts 3:11), y las noticias no eran buenas.[1] La situación se había deteriorado en tres frentes. La persecución de los que ignoraban a Dios y la desobediencia al evangelio todavía estaban en plena marcha (3:4, 6–7). Un supuesto pronunciado espiritual, o proclamación, o «carta» que se le atribuía a Pablo había circulado diciendo que el día del Señor ya había llegado, y esto había hecho tambalear a la comunidad creyente (2:2). Como si eso no fuera suficiente, algunos no habían prestado atención a las repetidas amonestaciones de Pablo de ganarse el respeto de los de afuera viviendo una vida en paz y trabajando diligentemente con sus propias manos (3:6–16; cf. 1 Ts 4:10–12; 5:14).

Puesto que cada uno de estos problemas corresponde a un asunto principal en la primera carta de Pablo, parece razonable dar por sentado que sólo había pasado un corto período de tiempo, tal vez unos pocos meses, desde la composición de aquella carta. Otra carta fue necesaria porque no sólo la persecución continuaba sino que las dificultades internas aumentaban. Pablo debe haber sentido que para que esta congregación naciente sobreviviera era necesario ayudarles a navegar más allá de los escollos de la continuada oposición de afuera y los arrecifes de desviación de su enseñanza original.

A la luz de esta situación, no es sorpresa que la preocupación primaria de Pablo en 2 Tesalonicenses, tal como en 1 Tesalonicenses, es la perseverancia de los Tesalonicenses en la fe. El tema es prominente en las tres principales secciones de la carta: cuando Pablo elogia a los Tesalonicenses por su perseverancia en la aflicción (1:3–12) y cuando los amonesta a aferrarse a la enseñanza doctrinal (2:1–17) y ética (3:1–16) que originalmente les dio.[2]

Perseverancia En Medio De Persecución Continuada (1:3–12)

Pablo dedica la primera sección principal de esta carta (1:3–12) a animar a los tesalonicenses a que permanezcan fieles en medio de su sufrimiento. Lo hace mediante una acción de gracias que se convierte, a su conclusión, en intercesión por los tesalonicenses. Pablo empieza su acción de gracias con una referencia al gozo que el progreso y perseverancia de los tesalonicenses en la fe le habían

---

[1] Varios estudiosos creen que el tono menos alegre de 2 Tesalonicenses y su similitud estructural a 1 Tesalonicenses, entre otras peculiaridades, quiere decir que 2 Tesalonicenses es una obra seudónima. Esta opinión de la carta, sin embargo, tiene problemas para ubicar un escenario histórico convincente en una era pospaulina para el problema de la ferviente expectativa escatológica que la carta considera. También es difícil explicar 3:17, que, si fue escrito después del tiempo de Pablo, implicaría que toda carta paulina sin su firma, y eso incluye la mayoría de las cartas en el corpus paulino, fue falsificada. Para una revisión del debate y argumentos cuidadosamente razonados para la probable genuinidad de la carta, ver, por ej., Robert Jewett, *The Thessalonian Correspondence: Pauline Rhetoric and Millenarian Piety* (FF; Fortress, Philadelphia, 1986), 3–18, y Abraham J. Malherbe, *The Letters to the Thessalonians* (AB 32B; Doubleday, Nueva York, 2000), 364–70.

[2] Cf. M.J.J. Menken, «The Strucrure of 2 Thessalonians», en *The Thessalonian Correspondence*, ed. Raymond F. Collins (BETL 87; Leuven Univ. Press, Leuven, 1990), 374–82.

dado (1:3–4; cf. 1 Ts 1:8–10). Su preocupación central, sin embargo, es describir la perspectiva de Dios sobre el sufrimiento fiel (2 Ts 1:5–10), y su informe de oración intercesora al final de esta sección (1:11–12) brota de esta preocupación.

La descripción que da Pablo de la perspectiva de Dios en cuanto a la perseverancia de los tesalonicenses empieza con una declaración de tesis cuyas consecuencias Pablo luego explica. A los ojos de Dios, dice Pablo, el sufrimiento de los creyentes de Tesalónica es «evidencia del justo juicio de Dios» (1:5, aut.), y como resultado de eso, Dios los considerará dignos de su reino. Pero, ¿qué significa esa afirmación? ¿Cómo puede el sufrimiento de los tesalonicenses de alguna manera ser juicio de Dios? Es improbable que Pablo crea que el sufrimiento de ellos de alguna manera expía su pecado y por consiguiente los hace dignos del reino de Dios.[3] El que se les diga que estaban sufriendo lo que sus pecados merecían sería de escaso consuelo para los tesalonicenses perseguidos y, en cualquier caso, sería contradicción a la noción de que la muerte de Jesús «por nosotros» (1 Ts 5:10) ya ha expiado los pecados de los creyentes.

Otra interpretación es más satisfactoria. Aunque Pablo no creía que el día del Señor ya había venido (2:1–2), sí piensa, junto con muchos otros escritores apocalípticos de su tiempo, que el sufrimiento del pueblo de Dios era parte del escenario escatológico que vendría a su climax en el día final.[4] Él ya les había hablado a los tesalonicenses de estos sufrimientos designados cuando estuvo primero con ellos, y en su primera carta les recordó que no debían sorprenderse por ellos (1 Ts 3:3–4); todo eso era parte de los eventos que conducían a la conclusión de la edad. El justo juicio de Dios, entonces, ya estaba teniendo lugar en el presente y llegaría a su climax en un futuro día del juicio.[5] El sufrimiento por el evangelio durante este período es evidencia de que el justo juicio de Dios ya está en efecto, discriminando entre los que al final serán condenados y los que, habiendo pasado con seguridad por estas aguas turbulentas, serán «dignos del reino de Dios».[6]

Pablo luego explica las implicaciones de esta afirmación. En el justo juicio de Dios, dice, Dios «pagará con sufrimiento a quienes los hacen sufrir a ustedes» (1:6–7). El «sufrimiento» o «tribulación» (RV-60) con que Dios pagará a los perseguidores tesalonicenses será un justo castigo («ekdikesin, 1:8; *diken*, 1:9) y consistirá en su «destrucción eterna» y expulsión de la presencia de Dios y de su poder glorioso (1:9). El «alivio» que los creyentes afligidos recibirán consistirá, correspondientemente, en la participación con el pueblo de Dios en gloriarse y maravillarse en el

---

aut. traducción del autor

[3] Jouette M. Bassler, «The Enigmatic Sign: 2 Thessalonians 1:5», CBQ 46 (1984): 496–510; Maarten J.J. Menken, *2 Thessalonians* (New Testament Readings; Roufledge, Londres y Nueva York, 1994), 85–86. Ellos creen que 2 Ts 1:4–5 es paralelo de la teología expresada en textos tales como *Gen. R* 13.1; S. *Salom.* 13:9–10; 2 Mac. 6:12–16; y 2 *Baruc* 13:3–10.

[4] Ver, por ej., Dn 12:1–3; *Jub.* 23:11–31; 2 *Bar.* 25–28; 70:10; 2 Esdr. 4:51–5:13; 13:30–32; 14:13–18; 1QH 11:6–18; Mt 24:9–14; Mr 13:9–13; Lc 12:11–12; 21:12–19.

[5] Este mismo patrón escatológico reaparece en Romanos, en donde Pablo habla tanto del derramamiento de la ira escatológica de Dios sobre los malos e impíos en el presente (Ro 1:18) y en el futuro «día de la ira, cuando Dios revelará su justo juicio» (2:5).

[6] Cf. Fil 1:28; 1 P 4:17; el importante excurso de Edward Gordon Selwyn, *The First Epistle of St. Peter* (Macmillan, Londres, 1946), 299–303; y los comentarios de I. Howard Marshall, *1 and 2 Thessalonians* (NCB; Eerdmans, Grand Rapids, 1983), 173.

Señor (1:10). Todo esto sucederá «en aquel día» (1:10); el día del Señor, cuando Jesús vuelva (cf. 2:1–2).

¿Por qué Pablo piensa que esto es «justo»? Nunca lo explica, pero parece dar por sentado que Dios es justo para castigar a los que lo han rechazado, han desobedecido el evangelio, y han perseguido a los creyentes, y que él es justo para recompensar a los creyentes con un lugar en el reino de Dios por sus luchas a manos de tales opresores. Al adoptar esta posición Pablo está en continuidad con una larga tradición de pensamiento bíblico que muestra a Dios como el que, en las palabras de María, «desbarató las intrigas de los soberbios», que «De sus tronos derrocó a los poderosos, mientras que ha exaltado a los humildes», y que «A los hambrientos los colmó de bienes, y a los ricos los despidió con las manos vacías» (Lc 1:51b–53; cf. 16:25).[7]

Pablo también está en continuidad con una forma en particular de este pensamiento que se desarrolló en círculos apocalípticos cristianos al principio. Estos círculos enfocaban el día escatológico de la ira del Señor como un tiempo cuando Dios revelaría su señorío sobre el universo y pondría en efecto la ley inexorable de la venganza; los que le rechazaron serán rechazados (Mt 10:32–33; Mr 8:38; Lc 9:36; 2 Ti 2:12), y los que le hicieron daño a su pueblo sufrirán daño (1 Co 3:17). En este sentido, cada uno recibirá en ese día el pago conforme a lo que haya hecho (Mt 16:27; Ro 2:5–16).[8]

Hasta este punto Pablo ha dado por sentado que la perseverancia de los Tesalonicenses continuará. Tiene confianza en que el Señor los fortalecerá y los protegerá del maligno (3:3). Con todo, rehúsa apoyarse en esta confianza, y así concluye la primera sección principal de su carta con una oración intercesora para que los tesalonicenses continúen perseverando en la fe (1:11–12). Tal vez anticipándose a su preocupación en el resto de la carta, sin embargo, el énfasis cambia sutilmente de las presiones externas de la persecución a los asuntos internos de la «disposición» (*eudokia*) y «obra» (*ergon*). La oración en sí misma es una petición auténtica para que Dios tome la iniciativa en hacer a los tesalonicenses dignos de su llamamiento; que cumpla en ellos «toda disposición al bien y toda obra que realicen por la fe» por su poder y conforme a su gracia. También es un esfuerzo por hacer a los tesalonicenses saber que a pesar de su crecimiento abundante en la fe, su amor mutuo que se multiplica, y su perseverancia digna de elogio, su progreso en la fe no está completo.

Perseverancia En Medio De La Enseñanza Falsa (2:1–3:16)

En la segunda y tercera secciones principales de la carta, Pablo pasa a los problemas internos de la comunidad tesalonicense. Primero, la enseñanza falsa en cuanto al tiempo de «la venida de nuestro Señor Jesucristo» había inquietado a los creyentes tesalonicenses, y Pablo necesita corregir estas aprehensiones erradas (2:1–12). Segundo, algunos dentro de la iglesia de Tesalónica habían continuamente descuidando su trabajo diario y, viviendo a costa de la comunidad, se habían hecho «entremetidos» (3:6–16). Es la falta de disposición «a trabajar para ganarse la vida» (3:12) probablemente había resultado de falsas convicciones escatológicas que Pablo ataca en el capítulo 2 y que puede ser el problema al que se refiere cuando habla de los que habían perdido la cabeza y se habían alarmado por el pensamiento de que el día del Señor ya había llegado (ver 2:2).

Aunque estos dos problemas son la preocupación primaria de Pablo en esta parte de la carta, sin embargo no pierde de vista el tema que domina a 1:3–12, es decir, la necesidad de animar a los tesalonicenses a permanecer fieles a pesar de su sufrimiento. Conforme Pablo corrige la falsa

---

[7] Cf., por ej., 1 S 2:2–10; Job 5:8–16; Sal 113:7–9; 147:6; Pr 3:34.; Sir. 10:14; Lc 16:25.

[8] Sobre esto ver Ernst Käsemann, *New Testament Questions of Today* (Fortress, Philadelphia, 1969), 66-81.

enseñanza sobre la venida del Señor, usa su reafirmación del escenario apocalíptico correcto como vehículo para estimular a la atribulada iglesia. Como en la literatura apocalíptica en general, Pablo vuelve a citar el progreso específico de acontecimientos hacia el fin del mundo como una manera de decir que aun cuando los justos sufren, Dios con todo está en control y, a su debido tiempo, vindicará a su pueblo escogido.

Esto le lleva, en 2:13–14, a agradecer a Dios porque en contraste a los que se han «negado a amar la verdad y así ser salvos» (2:10), Dios ha escogido y llamado a los tesalonicenses para que sean su pueblo. De modo similar, conforme Pablo hace la transición de la falsa enseñanza escatológica a la conducta incorrecta de algunos de los tesalonicenses, los anima de nuevo recordándoles que «nuestro Señor Jesucristo» y «Dios nuestro Padre» han actuado con gracia en el pasado (2:16) y serán fieles para «protegerlos y fortalecerlos» del maligno (3:3).

Por eso, aun cuando Pablo acomete los asuntos específicos de la enseñanza escatológica falsa y la conducta indebida, la preocupación que ha estado presente desde que se separó al principio de los tesalonicenses (1 Ts 2:17) seguía constante: los anima a permanecer fieles a su dedicación inicial al evangelio. Sólo de esta manera puede él lograr su meta suprema: «que el mensaJe del Señor se difunda rápidamente y se le reciba con honor» (3:1).

Enseñanza escatológica engañosa (2:1–17)

La primera preocupación de Pablo por los problemas internos de la comunidad es la posibilidad de que en alguna enseñanza falsa engañe a los tesalonicenses en cuanto a los acontecimientos que rodean al «día del Señor». Primero dice lo que sabe en cuanto al problema y luego lo corrige.

Lo que Pablo sabe del problema es confuso. No sabe su fuente, si fue algún pronunciamiento espiritual, palabra autoritativa o una carta que supuestamente es de él. Lo que sí sabe es que esta información errada tiene que ver con «la venida de nuestro Señor Jesucristo y a nuestra reunión con él» (2:1), y que eso ha llevado a algunos creyentes tesalonicenses a pensar que «¡Ya llegó el día del Señor!» (2:2). Estas afirmaciones hacen recordar la definición de Pablo en 1 Tesalonicenses de «la venida del Señor», en la cual, él dice, los cristianos serán «arrebatados … en las nubes para encontrarnos con el Señor en el aire» (1 Ts 4:15, 17), y del «día del Señor», que «vendrá como ladrón en la noche» cuando el mundo parecerá perfectamente normal a los que no son creyentes (5:2–3).

Parece probable, por consiguiente, que los comentarios de Pablo sobre la venida del Señor y el día final en 1 Tesalonicenses 4:13–5:11 sólo habían añadido leña a las expectativas escatológicas ya caldeadas de algunos creyentes tesalonicenses.[9] Usando elementos de la carta de Pablo, interpretados creativamente, podían dar autoridad a su posición, y proclamaban que el día final ya había llegado. Sus aflicciones, deben haber dicho, eran las convulsiones escatológicas finales de un mundo malo justo antes de la venida de Jesús. ¿Qué más podría haber Pablo querido decir cuando dijo que Dios los había destinado para tal sufrimiento (1 Ts 3:3) sino que sus problemas eran los reyes mesiánicos largamente esperados? Este malentendido había llevado a algunos a «perturbarse mentalmente» (*saleutzenai apo to nus*) y «alarmarse» (*tzroeistzai*, 2 Ts 2:2, aut.).

Pablo corrige esta noción recordándoles a los creyentes tesalonicenses las tradiciones que les había enseñado cuando estuvo con ellos (2:5–6, 15). Durante su ministerio original entre ellos Pablo

---

[9] Marshall, *1 and 2 Thessalonians*, 187; Jewett, *Thessalonian Correspondence*, 186–91; y Jerome Murphy-O'Connor, *Paul: A Critical Life* (Oxford Univ. Press, Nueva York, 1996), 112–13, todos creen que algunos tesalonicenses intepretaron mal 1 Tesalonicenses, pero argumentan su caso de alguna manera diferente entre sí y de la manera en que se la presenta aquí.

aut. traducción del autor

no sólo había predicado la necesidad de abandonar los ídolos y adorar a Dios, sino que también que los creyentes deben «esperar por su Hijo desde el cielo» (1 Ts 1:9–10).[10] A la luz de las amplias similitudes entre la enseñanza escatológica de Pablo en la correspondencia a los tesalonicenses y los discursos apocalípticos de los Evangelios Sinópticos, probablemente estaba familiarizado con alguna forma de la enseñanza de Jesús sobre la venida del fin, y ésta fue probablemente la tradición que les había entregado.[11]

Aquí recalca la parte de esa tradición que habla de señales que precederán a la venida de Jesús. Es cierto que el sufrimiento precederá al fin (Mt 24:9–14; Mr 13:9–13; Lc 21:12–19) y que la persecución de los tesalonicenses se relaciona de alguna manera a este sufrimiento escatológico: es un preludio de la relación de la justicia de Dios en ese día final (1:5–10) y es una parte del «misterio de la maldad» que «ya está ejerciendo su poder» (2:7a). Pero antes del retorno de Jesús deben tener lugar otros eventos esenciales. Dios retirará su mano de restricción de la maldad que ahora está obrando (2:7b), la rebelión final de los poderes del mal contra Dios tendrá lugar, y esta rebelión alcanzará su horrible climax en «el hombre malvado, el que está condenado a la perdición» (2:3, VP).[12]

A este hombre se le reconocerá por sus afirmaciones de ser más grande que cualquier divinidad u objeto de devoción; inclusive sentándose en el mismo templo de Dios (2 Ts 2:4; cf. Mt 24:15; Mr 13:14), acción que Pablo quiere decir probablemente en un sentido simbólico de la oposición de este hombre a Dios (cf. Is 14:13; Ez 28:2).[13] Satanás también le suplirá la capacidad de obrar falsas señales, prodigios y otros engaños (2 Ts 2:9–10).[14] Entonces, dice Pablo, vendrá Jesús (2:3) y matará

---

[10] Bruce, *1 & 2 Thessalonians* (WBC 45; Word, Waco, Tex., 1982), 169.

[11] Ver Lars Hartman, «The Eschatology of 2 Thessalonians as Included in a Communication», en *The Thessalonian Correspondence*, ed. Raymond F. Collins (BETL 87; Leuven Univ. Press, Leuven, 1990), 470–85, aquí en 480, y David Wenham, *Paul: Follower of Jesus or Founder of Christianity?* (Eerdmans, Grand Rapids, 1995), 305–28. Cf. también los ecos de esta tradición en *Didaqué* 16 y Justino Mártir, *Dial.* 82:1–2.

[12] La referencias de Pablo a «algo que detiene» (*to katecon* [neutro] y a «el que ... lo detiene» (*jo katecon* [masculino] en 2:6 y 2:6 respectivamente son notoriamente oscuras. Se las ha explicado como refiriéndose al imperio romano y al emperador; a la predicación del evangelio y Pablo; Dios, que «demora» la venida de Cristo; y un poder maligno y el que lo ejerce. Para estas y otras explicaciones menos convincentes, ver el estudio en Charles A. Wanamaker, *Commentary on 1 and 2 Thessalonians* (NIGTC; Eerdmans, Grand Rapids, 1990), 250–52. La objeción primaria al punto de vista que se adopta aquí es que concibe a Dios como siendo «quitado de en medio» para dar paso al «poder secreto de la maldad» (2:7). Si nos imaginamos a Dios obrando por medio de un agente angelical (como parece obrar por medio de Miguel en Dn 12:1), sin embargo, esta objeción pierde algo de su fuerza. Cf. Marshall, *1 and 2 Thessalonians*, 199–200: Hartman, «Eschatology», 481: Menken, *2 Thessalonians*, 108–13: y Malherbe, *Letters to the Thessalonians*, 433.

[13] El «templo» en 2:4 se ha explicado como el templo de Jerusalén, un templo celestial, la iglesia, y, como aquí, como un símbolo de Dios a quien se opone el hombre de maldad. Ver el estudio de posiciones en Charles Homer Giblin, *The Threat to Faith: An Exegetical and Theological Reexamination of 2 Thessalonians 2* (AnBib 31; Pontifical Biblical Institute, Roma, 1967), 76, y Marshall, *1 and 2 Thessalonians*, 190–92. Para la posición que se adopta aquí, ver George Eldon Ladd, *A Theology of the New Testament* (Eerdmans, Grand Rapids, 1974), 559, y cf. Malherbe, *Letters to the Thessalonians*, 421.

[14] Al hombre de maldad se la ha identificado con el «anticristo» (1 Jn 2:18, 22; 4:3: 2 Jn 7: cf. Mt 24:24: Mr 13:22; Ap 13:1–18; 19:20), con un futuro falso profeta. y con una figura mal definida que es una combinación

a este hombre simplemente con el aliento de su boca (2:8). El griego de Pablo en 2:6–7 es notoriamente difícil de entender, y la identificación del «hombre de maldad», «el templo» que ocupa, y «el que lo detiene» ha generado una pequeña biblioteca de debate.[15] Independientemente de la solución que escojamos a estos problemas, el punto básico de Pablo es claro: el día del Señor todavía no ha venido porque ninguno de estos acontecimientos, cualesquiera que sean, ha tenido lugar.[16]

Otro mensaje más útil pero no menos importante está detrás de este escenario apocalíptico. Es el mensaje de virtualmente todos los textos apocalípticos judíos y cristianos, que a pesar del presente sufrimiento del pueblo escogido de Dios, Dios no obstante tiene el control de todo detalle de sus vidas y un día pondrá fin a su sufrimiento.[17] Pablo quiere que sus lectores sepan que aunque no están al borde de la historia, en efecto viven en un período de tiempo cuando «el misterio de la maldad ya está ejerciendo su poder» y que únicamente la mano restrictiva de Dios, esperando como por el tiempo designado, impide que sus persecuciones y aflicciones escalen a la rebelión final (2:6–7).[18] Incluso lo que parece ser el triunfo del mal al presente, por consiguiente, no está fuera de control de Dios, y un día, en el momento preciso, Dios vindicará a su pueblo (2:8–12).

Esta comprensión del control soberano de Dios sobre la historia, incluso sobre el sufrimiento de su pueblo, lleva a Pablo en 2:13–14 a una segunda sección de acción de gracias. Él y sus colaboradores siempre deben dar gracias a Dios, dice, porque en contraste a los que no son creyentes que Pablo acaba de describir, Dios «escogió» a los creyentes tesalonicenses para que sean las «primicias para salvación» (2:13, aut.) y «los llamó» (2:14) para que participen en la gloria de

---

horrenda de características del Antiguo Testamento, especulación apocalíptica judía y mitología. Ver, respectivamente, Best, *Thessalonians*, 89; Giblin, *The Threat to Faith*, 59–76: y William Neil, *The Epistle [sic] of Paul to the Thessalonians* (MNTC: Hodder and Stoughton, Londres, 1950), 177.

[15] Un par de décadas antes de que Pablo escribiera 2 Tesalonicenses, Jesús había profetizado que antes de la venida del Hijo del hombre un período de rebelión culminaría en «"el horrible sacrilegio" donde no debe estar» (Mr 13:14; cf. Mt 24:15). Esta expresión viene de Dn 9:27; 11:31; 12:11, en donde probablemente funciona como una profecía de altar pagano que Antíoco IV Epífanes erigiría «encima del altar del holocausto» en un intento de amalgamar la adoración de Yavéh con la adoración de Zeus Olimpo (1 Mac. 1:54, 59; 2 Mac. 6:2). Jesús parece haber usado simbólicamente el lenguaje del asedio de Jerusalén antes de su destrucción por parte de los romanos en el 70 d.C. (cf. Lc 21:20, que, antes que «la abominación que causa desolación» habla de la «desolación» de Jerusalén). Este lenguaje tradicional, por consiguiente, ya ha tomado una calidad metafórica para el tiempo en que Pablo lo usa aquí. A la luz de esto, «el hombre de maldad» y «el templo» pueden referirse más a la intensificación de la rebelión contra Dios antes del fin y a la colusión de autoridades políticas o religiosas en esa intensificación, que a un hombre literal y a un templo literal. Cf. la comprensión de Ap 13 en el capítulo 32, más abajo.

[16] Para los problemas gramaticales en 2:6–7, ver M. Barnouin, «Les problemes de traduction concernant II Thess. 11.6–7», *NTS* 23 (1976–77): 482–98.

[17] Christopher Rowland, *The Open Heaven: A Study of Apocalyptic in Judaism and Early Christianity* (Crossroad, Nueva York, 1982), 135.

[18] Hartman, «Eschatology», 481, lo dice bien: «Las presentes tribulaciones de los destinatarios no son el fin, son escatológicas».

aut. traducción del autor

Jesús.[19] Ambas imágenes rememoran las descripciones bíblicas de la elección de Dios y su llamamiento del antiguo Israel para que sean su pueblo.

Cuando Pablo dice que Dios «escogió» a los creyentes tesalonicenses para que sean las «primicias para salvación», está haciendo eco de Deuteronomio 26. En ese pasaje Moisés primero describe el procedimiento que el pueblo de Dios debe seguir para traer una ofrenda de primicias de su cosecha al Señor (26:1–11), y después, unas pocas frases más adelante (26:18–19), le recuerda a Israel que ellos son apartados de toda las demás naciones porque Dios los «escogió» (*eilato*) para que sean «un pueblo especial».[20] En 2 Tesalonicenses 2:13 Pablo primero dice que, en contraste a los que no son creyentes que describió en 2:10–12, Dios «escogió» (*eilato*) a los tesalonicenses para que sean parte de su pueblo.[21] Luego completa el pensamiento cambiando la ofrenda de primicias a una metáfora para los creyentes tesalonicenses; ellos están entre los primeros de los que a la larga será una cosecha mucho mayor conforme un número cada vez creciente de gentiles y judíos creen en el evangelio.[22] El punto de Pablo es claro: no sólo que Dios tiene el sufrimiento de ellos bajo su control soberano, sino que los tesalonicenses son una parte primera y especial del diseño positivo de Dios para muchos que él salvará.

Además, Pablo habla como Dios «llamó» a los tesalonicenses a la membresía en su pueblo mediante la proclamación del evangelio (2:14). Cuando Pablo habla de que Dios llamó a los tesalonicenses, hace eco de Isaías 40–55, en donde el profeta se refiere a la elección original de Dios a su pueblo de entre todos los demás pueblos (Éx 19:5–6; Dt 7:6–8; 14:2) como una manera de consolar a Israel en el exilio. Isaías mira hacia atrás a ese momento importante como una manera de decirle al pueblo de Dios que Dios será fiel a su llamamiento original y restaurará la fortuna de su pueblo de nuevo. Un día su vocación de ser «un reino de sacerdotes» (Éx 19:5–6), mediante los propósitos de la gracia de Dios a las naciones que los rodean, serán restaurados:

> Yo, el Señor, te he llamado en justicia;
> te he tomado de la mano.
> Yo te formé, yo te constituí
> como pacto para el pueblo,

---

[19] El uso de Pablo de las frases no características y formales «siempre debemos dar gracias a Dios …, como es justo» en 1:3 y «siempre debemos dar gracias a Dios» en 2:13 probablemente refleja una manera acostumbrada de orar en el judaísmo y cristianismo inicial, particularmente cuando las oraciones brotan de un contexto de sufrimiento. Ver Roger D. Aus, «The Liturgical Background of the Necessity and Propriety of Giving Thanks according to 2 Thes 1:3», *JBL* 92 (1973): 432–38.

[20] Cf. Dt 7:6 y 14:2 (LXX).

[21] Este es el único uso de *eilato* en el Nuevo Testamento.

[22] Pablo frecuentemente usa la ofrenda de primicias como metáfora, en otras partes, y lo hace de varias maneras. Ver Ro 8:23; 11:16; 16:5; 1 Co 15:20, 23; 16:15 (cf. Stg 1:18 y Ap 14:4). La mayoría de comentaristas aceptan la lectura «desde el principio» (*ap arqués*) en lugar de «primicias» (*aparquen*) aquí. NA27 y Bruce, *1 & 2 Thessalonians*, 190, sin embargo, tienen razón al leer «primicias», aunque no por las razones textuales y críticas que dan. La evidencia de manuscritos y las probabilidades transcripcionales son inconclusivas, pero el eco inequívoco que Pablo hace de Dt 26 en su afirmación de que Dios ha escogido a los tesalonicenses hacen probable que también está haciendo eco de la descripción de la ofrenda de primicias en el mismo pasaje.

como luz para las naciones, para abrir los ojos de los ciegos,
para librar de la cárcel a los presos,
y del calabozo a los que habitan en tinieblas (Is 42:6–7).[23]

El uso de Pablo de este lenguaje en un contexto en el que él acaba de recalcar la elección de Dios de los tesalonicenses como las primicias de una cosecha mucho más amplia de salvación probablemente quiere decir que él entiende que los tesalonicenses mismos representan el principio del cumplimiento de estas promesas. En contraste a los que no son creyentes que los está persiguiendo, los tesalonicenses están en continuidad con el antiguo pueblo de Dios y son el medio por el cual la vocación del antiguo Israel se completa. Para Pablo esto es razón suficiente para dar gracias.

Puesto que la capacidad para permanecer fieles a su vocación hasta el día final reside no en los tesalonicenses mismos sino en Dios, Pablo cierra esta sección de su carta con una amonestación y una oración. Insta a los tesalonicenses a aferrarse a las tradiciones que él les ha enseñado, y a orar que el Dios que ha demostrado su amor y su gracia dando consuelo eterno a su pueblo en Jesús logre que los tesalonicenses «tanto en palabra como en obra hagan todo lo que sea bueno» (2:15–17).[24] La mención de «toda buena palabra» (RV-60) tal vez mira hacia atrás a la preocupación de Pablo respecto a la falsa enseñanza presente en la comunidad, así como la frase «todo lo que sea bueno» mira hacia adelante al asunto ético que Pablo atiende en el siguiente capítulo.

Conducta perjudicial (3:1–16)

El segundo problema interno que le preocupa a Pablo en esta carta es la conducta «perjudicial» o «desordenada» de algunos dentro de la congregación.[25] Algunos de los creyentes tesalonicenses habían dejado empleos productivos para convertirse en «entremetidos» que estaban perjudicando la vida de la iglesia.[26]

El trasfondo del problema

Al parecer este problema fue una plaga en la comunidad tesalonicense desde el principio, y Pablo intentó corregir la situación durante su ministerio en Tesalónica mediante instrucción explícita y ejemplo personal. Les ordenó que llevaran una vida sosegada, que se preocuparan por sus propios asuntos y que guardaran esta regla: «Si alguno no quiere trabajar, no debe comer» (1 Ts 4:11; 2 Ts 3:10, aut.). Es más, había dejado a un lado su derecho como apóstol de ganarse su sustento mediante

---

[23] Cf. Is 41:9; 48:12, 15; 51:2.

[24] Menken, *2 Thessalonians*, 123, observa que el tiempo pasado de los verbos en 2:16, «amó» (*agapesas*) y «dio» (*dous*), probablemente reflejan la convicción de que el amor de Dios llegó a un clímax en la muerte de Jesús en la cruz.

[25] Aunque *ataktos* a menudo se traduce «en ociosidad», es eslabón entre una negativa a trabajar y ser un entremetido muestra que el asunto es más complejo que simple holgazanería. No sólo que algunos rehusan trabajar para ganarse su sustento, sino que ocupan su tiempo con asuntos que no deben incumbirles Ver Earl J. Richard, *First and Second Thessalonians* (SP 11; Collegeville, Minn.: Michael Glazier, 1995), 389, y, sobre el significado de *ataktios*, ver Ceslas Spiq, «ataktew (ktl)», *TLNT*, 1:223–26, y BDAG, 148.

[26] R. Russell, «The Idle in 2 Thess 3.6–12: An Eschatological or a Social Problem?» *NTS* 34 (1988): 105–19, aduce que los ociosos de Tesalónica eran los desempleados urbanos, pero eso parece estar en conflicto con la implicación de Pablo de que el grupo problemático no «*quería [tzelei]* trabajar» (3:10).

aut. traducción del autor

la proclamación del evangelio y más bien se esforzaba día y noche en un taller para ganarse su sustento. Los que querían beneficiarse de su enseñanza tenían que visitarlo y trabajar junto a él allí, así como el filósofo cínico Crates había conversado sobre filosofía con el zapatero Filisco mientras Filisco cosía zapatos.[27] Esta actividad, piensa Pablo, lo convertía en modelo que los tesalonicenses podían seguir (2 Ts 3:9).

Los tesalonicenses, sin embargo, no habían captado el mensaje, y por eso en su primera carta les recordó su enseñanza previa sobre el tema (1 Ts 4:11) y les instruyó que «amonestarán a los perjudiciales» (5:14, aut.). Para cuando Pablo escribió 2 Tesalonicenses el problema no sólo permanecía firmemente atrincherado sino que la decisión de Pablo de dedicar un pasaje largo al problema en una carta corta probablemente quería decir que había empeorado.

La naturaleza del problema

¿Porque surge un problema así? El prolongado tratamiento de este asunto en 2 Tesalonicenses permite una respuesta a esta pregunta implicando que los problemas del tiempo de la parusía y la conducta perjudicial estaban conectados. Algunos elementos de los capítulos 2 y 3 señalan hacia esta conexión. Primero, la consideración de Pablo en el cuerpo de la carta sólo de la falsa enseñanza en cuanto al día del Señor y la conducta perjudicial hacen probable que estos temas estén conectados.[28]

Segundo, la estrategia de Pablo para tratar cada problema es similar: apela a su enseñanza previa sobre cada tema cuando todavía estaba con ellos (2 Ts 2:5; 3:10), a su conocimiento (2:6; 3:7), y a la tradición cristiana (2:15; 3:6).[29]

Tercero, en esta carta Pablo define la naturaleza desordenada de la actividad como el deseo de algunos no solamente de dejar de trabajar sino de convertirse en «entremetidos» (3:11). En otras partes en sus cartas Pablo conecta específicamente con la enseñanza falsa a los entremetidos que se aprovechan de la generosidad de la comunidad cristiana (1 Ti 5:11, 13; cf. Tit 1:10–11; 2 Jn 10–11). Parece probable, entonces, que aquí también el engaño en cuanto al tiempo de la parusía se esparcía por medio de los que preferían promover la falsa enseñanza en lugar de trabajar.[30] Es más, había en el mundo eclesiástico y cultural de los creyentes tesalonicenses estructuras que hacían posible tal arreglo. Patronos acomodados a menudo proveían para las necesidades básicas de una clientela numerosa de pobres, y los que meramente no querían trabajar porque querían dedicarse a una vida filosófica en lugar de trabajar con sus manos podían aprovecharse del sistema.[31] Las comunidades cristianas iniciales también frecuentemente contribuyeron para las necesidades físicas de sus

---

[27] La historia la dice el filósofo cínico Teles (fr. IVB), que prefiere buscar filosofía en escenarios serviles antes que en las cortes reales. Ver Ronald F. Hock, «Simon the Shoemaker as an Ideal Cynic», *Greek, Roman and Byzantine Studies* 17 (1976): 41–53, aquí en 47.

aut. traducción del autor

[28] Menken, *2 Thessalonians*, 137.

[29] Ibid.

[30] ¿Es posible que ellos apelaran al ejemplo de Jesús, aduciendo que él adoptó un ministerio itinerante a fin de predicar la inminencia del reino de Dios (Mr 1:5)?

[31] Sobre la relación entre patronos y clientes ver Bruce W. Winter, «"If a man does not wish to work..."», *TynBul* 40 (1989): 303–15, y Russell, «The Idle in 2 Thess 3.6–12», 10519. Sobre los filósofos cínicos que vivían de la generosidad de patronos ricos, ver Abraham J. Malherbe, «"Gentle as a Nurse": The Cynic Background to 1 Thess ii», *NovT* 12 (1970): 203–17, aquí en 205–6, y Hock, «Simon the Shoemaker», 41–53.

miembros pobres mediante un fondo común, y este sistema también se brindaba fácilmente al abuso de parte de los que no deseaban trabajar.[32]

Podemos imaginarnos, por consiguiente, que a poco de su conversión algunos de los tesalonicenses se entusiasmaron tanto con la posibilidad de que Jesús podía regresar en cualquier momento que dejaron sus trabajos y empezaron a proclamar públicamente la ruina apocalíptica.[33] La «franqueza» (*parresia*) con que predicaban su mensaje puede haber aumentado con la persecución que experimentaban, y pronto algunos concluyeron que estaban viviendo en el tiempo de los ayes mesiánicos, que, según Pablo, Jesús mismo había pronosticado. En tal clima, la primera carta de Pablo solamente atizó las llamas del fervor apocalíptico y a poco algunos estaban proclamando que «el día del Señor» ya había llegado. El fin del mundo estaba a sus puertas.

La respuesta de Pablo a problema

En 1 Tesalonicenses Pablo trató de sofocar las etapas iniciales de esta conducta haciendo referencia a la necesidad de conducirse «honradamente para con los de afuera» (1 Ts 4:12, RV-60), y simplemente les dijo a los tesalonicenses que «amonestaran a los que andan desordenadamente» (5:14, aut.). Aquí en 2 Tesalonicenses apela a la tradición cristiana y a su propio ejemplo, y les da entonces un consejo práctico sobre cómo amonestar a los que todavía rehúsan obedecer su enseñanza.

Tradición

Su apelación a la tradición usa vocabulario técnico para la entrega de un cuerpo de instrucción que uno previamente ha recibido de otros, y Pablo dice que los tesalonicenses lo recibieron de él cuando él estuvo con ellos (3:6, 10).[34] El contenido de la tradición es directo: «Si alguno no quiere trabajar, no debe comer» (3:10, aut.), o, para decirlo de otra manera, los que están siendo perjudiciales deben «trabajar sosegadamente y comer su propio pan» (3:12, aut.). Se desconoce los orígenes de esa tradición, pero ecos de la misma aparecen tanto en fuentes judías y cristianas de los primeros tiempos (por ej., Pr 10:4; *Did.* 12.3–4), y la afirmación de Pablo de dar este mandamiento «en el Señor Jesús» tal vez quiera decir que ese mandato había sido absorbido en el cuerpo de enseñanza ética que los que estaban «en Cristo» sostenían en común.[35] Pablo, por consiguiente, sabe una regla dentro del cuerpo de enseñanza ética cristiana comúnmente aceptada que encaja en la

---

[32] Ver 1 Co 16:1–2; Gá 2:10; Ro 15:25–27; cf. Hch 2:45; 4:35; 6:1–2 y los comentarios de Marshall, *1 and 2 Thessaloniam*, 219. Sobre el abuso del sistema, ver, por ej., *Did.* 12:3–4, y Luciano, *Peregr.* 13.

[33] Ver John M. G. Barclay, «Conflict in Thessalonica», *CBQ* 55 (1993): 512–30.

aut. traducción del autor

[34] La palabra que Pablo usa para «tradición» es *paradosis* (cf. 2 Ts 2:15). Se la usaba en el judaismo del tiempo de Pablo para referirse a la enseñanza tradicional, especilamente las regulaciones para la conducta de la vida de uno, que se transmitía de una generación a otra. Ver, por ej., Mt 15:2, 3, 6; Mr 7:3, 5, 8, 9, 13; Gá 1:14; Josephus, *A.J.* 10.51; 13.297, 408, y Birger Gerhardsson, *Memory and Manuscript: Oral Tradition and Written Transmission in Rabbinic Judaism and Early Christianity* (ASNU 22; Gleerup, Lund, 1961), 288–90, 293, y 304.

aut. traducción del autor

aut. traducción del autor

[35] Bruce, *1 & 2 Thessalonians*, 78, 207.

situación de los tesalonicenses, y llama a los tesalonicenses por lo menos una segunda vez a obedecerla.[36]

Ejemplo

Ellos debían saber cómo obedecer esta regla porque Pablo proveyó un ejemplo de su resultado práctico cuando ministró entre ellos. En 3:7–10 Pablo hace eco de esta descripción de su ministerio entre los tesalonicenses en su primera carta.[37] Allí su preocupación primaria había sido distinguirse de los sofistas y filósofos charlatanes, pero en 2 Tesalonicenses recuerda a la iglesia sus razones originales para dejar a un lado su derecho apostólico de ganarse la vida por la proclamación del evangelio: «Y lo hicimos así, … para darles buen ejemplo» (3:9).[38] Pablo, por consiguiente, no solamente les estaba dando instrucciones autoritativas pertinentes a su problema sino que se había negado su propio derecho para que la comunidad lo sustentara a fin de proveerles un patrón de conducta que ellos pudieran seguir.

Amonestación

En 1 Tesalonicenses Pablo dictó un mandamiento amplio para amonestar a los desordenados, pero no proveyó dirección específica sobre qué hacer, tal vez esperando que los tesalonicenses hallarían su propia manera conveniente de resolver el problema. El hecho de que ellos no hubieran progresado en este asunto, sin embargo, significó que en la segunda carta fue necesario un remedio más fuerte. Pablo empieza y termina sus comentarios sobre el problema con un mandato a la iglesia en general a que se mantenga lejos de cualquiera de sus miembros que ignora la enseñanza que les ha dado sobre el asunto sea previamente o en esta carta (3:6, 14). El propósito de esta medida no es tratar a la persona errada como enemiga sino amonestarla como hermano (3:5). Percibiendo que el abuso o malentendido de este consejo pudiera fácilmente llevar a la desunión en la iglesia, Pablo concluye esta sección de la carta con una oración de que «el Señor de paz» les dé la paz «siempre y en todas las circunstancias» (3:16).

En 2:1–17 y en 3:6–16, por consiguiente, la preocupación de Pablo por la firmeza de los tesalonicenses en su fe recién hallada sigue constante. Así como les recuerda la tradición que les enseñó sobre la venida del Señor como una manera de estimularlos a «permanecer firme» en la fe en 2:1–17, así les recuerda las tradiciones éticas que les dio cuando estuvo con ellos (3:6–16) como una manera de animarlos a «continuar haciendo las cosas que les mandamos» (ver 3:4). La meta de Pablo en ambas secciones, entonces, es asegurar que los tesalonicenses no caigan víctimas de una

---

[36] Si Pablo intentaba que 1 Ts 4:11 rememore una regla, este sería su tercer intento para corregir el problema refiriéndose a este mandamiento.

[37] La declaración «día y noche trabajamos … para no ser una carga a ninguno de ustedes» (3:8) repite 1 Ts 2:9 palabra por palabra. Algunos estudiosos han usado este tipo de acuerdo en detalles entre 1 y 2 Tesalonicenses para argumentar a favor del pseudonimato de 2 Tesalonicenses. Es probable, sin embargo, que Pablo seguía la costumbre de guardar copias de sus propias cartas. Ver E. Randolph Richards, «The Codex and the Early Collection of Paul's Letters», *BBR* 8 (1998): 151–66, aquí en 155–60.

[38] La conducta perjudicial y la negativa a trabajar para ganarse el pan fueron aparentemente un problema no sólo después de que Pablo salió de Tesalónica sino que ya lo era durante el ministerio inicial de Pablo entre los tesalonicenses. En 1 Ts 4:11 Pablo dice que cuando él estaba con ellos les «ordenó» (*parengeilamen*) que se preocupen de sus propios asuntos y trabajen con sus manos, y en 2 Ts 3:10 dice que cuando él estuvo con ellos «les ordenamos» (*parengelomen*) que los que no quieren trabajar tampoco deben comer.

interpretación equivocada del evangelio que él había predicado y que perseveraran en las tradiciones en cuanto a Jesús tal como Pablo les enseñó al principio.

Perseverancia En Obra Y Palabra

La perseverancia de los tesalonicenses en su dedicación al evangelio es la hebra común que une a 2 Tesalonicenses. Es el tema dominante de la acción de gracias e intercesión iniciales (1:3–12) y liga el cuerpo de la carta (2:1–3:16). Si los tesalonicenses van a ser la corona de victoria de Pablo cuando Jesús vuelva (1 Ts 3:19), parte de la ofrenda que él dará a Dios cuando quede terminada su tarea de evangelizar a los gentiles (Ro 15:16), ellos deben perseverar en la fe. Esto quiere decir que deben rehusar ceder a las presiones sociales de una sociedad que los rechaza, resistir la enseñanza falsa que ha surgido entre ellos, y evitar a los que, debido a que han abrazado la enseñanza falsa, se han entregado a una conducta social innecesariamente perjudicial. Como Pablo ora en 2:16–17, los tesalonicenses deben permanecer fuertes en «obra» y en «palabra», en el evangelio según Pablo se los enseñó y en la calidad de vida que debe caracterizar a los que lo creen.

GÁLATAS: LA GRACIA DE DIOS Y LA VERDAD DEL EVANGELIO

Problema En Galacia

Después de pasar un año y medio en Corinto, lugar desde donde escribió ambas cartas a los Tesalonicenses, Pablo cruzó el mar Egeo, tocando brevemente Éfeso, y luego por el mar Mediterráneo oriental, a Judea, y finalmente a la iglesia multiétnica de Antioquía de Siria (Hch 18:18–22). «Después de pasar algún tiempo» en Antioquía (18:23) partió por tierra hacia Éfeso, pasando por Galacia y Frigia en el camino. Pablo y Bernabé habían visitado esta región en un viaje anterior durante el cual predicaron el evangelio y establecieron iglesias bajo los auspicios de la iglesia de Antioquía de Siria (Hch 13:1–14:28). Pablo había visitado la región de nuevo brevemente con Silas y Timoteo (16:6), pero después hizo una visita sustancial a las iglesias jóvenes de esa región, yendo, según Lucas, de un lugar al siguiente «animando a todos los discípulos» (18:23).[1]

Durante este viaje probablemente se dio cuenta del problema sobre el que más tarde le volvería a escribir a estas iglesias en la parte sur de la provincia que los romanos llamaban Galacia.[2] Probablemente escribió esta carta una vez que llegó al destino de su viaje en Éfeso (19:1). Varios «agitadores» (*joi tarassontes;* Gá 1:7; cf. 5:10) habían llegado a la región enseñando una forma corrupta del evangelio; tan corrupta que Pablo no pudo usar el término «evangelio» para referirse a ella; «No es que haya otro evangelio», dice (1:7).

---

[1] BDAG, 381.

[2] Éstas eran las iglesias de Derbe, Listra, Iconio y Antioquía de Pisidia. Por lo general los estudiosos que aducen que Pablo escribió Gálatas después del concilio de Jerusalén de Hechos 15 también dan por sentado que escribió a las iglesias entre las tribus gálatas de la parte norte de la provincia romana de Galacia. Ver, por ej., J. B. Lightfoot, *Saint Paul's Epistle to the Galatians* (Macmillan, Londres, 1902), 1–56. Los que creen que Pablo escribió Gálatas antes del concilio de Jerusalén de Hechos 15 también piensan que escribió a las iglesias en la parte sur de la provincia romana de Galacia. Ver, por ej., F. F. Bruce, *Paul: Apostle of the Heart Set Free* (Eerdmans, Grand Rapids, 1977), 178–87. Sobre la compatibilidad de la hipótesis de Galacia del Sur con una fecha más tardía para la carta, que es la posición que tomó aquí, ver Moisés Silva, *Exploratiom in Exegetical Method: Galatians as a Test Case* (Baker, Grand Rapids, 1996), 129–32.

Las intenciones de los agitadores eran razonablemente claras: querían que los creyentes gentiles vivieran según la ley mosaica (Gá 4:21; 5:1) y especialmente que aceptaran la circuncisión (5:2–3; 6:12–13; cf. 2:3). Podemos inferir por la descripción que Pablo da de su discusión con Pedro en cuanto a la mesa de comunión en Antioquía (2:11–14) y por su mención de la recientemente hallada fascinación de los gálatas con el calendario judío (4:10) que, junto con la circuncisión, los agitadores recalcaban la observancia dietética y del día de reposo por igual.[3] La circuncisión, leyes en cuanto a comida y la observancia del día de reposo eran tres características que los observantes judíos y gentiles consideraban límites definidores del judaísmo.[4] Parece cierto, entonces, que los agitadores estaban tratando de persuadir a los creyentes gentiles en las iglesias gálatas de Pablo que añadieran a su fe en Cristo Jesús la aceptación del modo judío de vida.[5]

¿Por qué querían hacer esto? Aquí nuestro pie es menos seguro. Pablo provee un indicio de sus motivos en 6:12–13 en donde dice que al obligar a los gálatas a aceptar la circuncisión sus adversarios esperaban evitar la persecución (6:12) y a «jactarse en la carne [de los Gálatas]» (6:13). Cuando se convirtieron en cristianos, los cristianos gentiles Gálatas salieron de los límites de sus religiones tradicionales, incluyendo el culto imperial. Roma por mucho tiempo había tolerado la negativa de los judíos de participar en la adoración al emperador debido a la antigüedad de sus tradiciones y porque en efecto ofrecían sacrificios a nombre del emperador, si bien no *al* emperador, en su templo de Jerusalén. Los cristianos gentiles de Galacia, sin embargo, no ofrecían sacrificios ni al emperador ni en su nombre, y no participaban en ninguna de las religiones tradicionales de su región, incluido el judaísmo. La afirmación de Pablo de que sus adversarios querían evitar la persecución puede querer decir que querían que los cristianos gentiles gálatas adopten prácticas que les hagan parecer judíos a la sociedad que les rodeaba. Tal vez la sencillez y eficacia de esta solución al problema de la persecución lleva a sus adversarios a «jactarse» de su astucia.

También es difícil discernir cómo los agitadores habían razonado su caso con los mismos gálatas.[6] Tal vez habían apelado a la afirmación clara en Génesis 17:1–14 de que Abraham y su «simiente» deben ser circuncidados o enfrentar destrucción.[7] Tal vez trataron de usar Génesis 21 para respaldar una afirmación de que sólo los descendientes circuncidados de Abraham e Isaac eran

---

[3] James D. G. Dunn, *Jesus, Paul and the Law: Studies in Mark and Galatians* (Westminster John Knox, Louisville, 1990), 191; J. Louis Martyn, *Galatians* (AB 33A; Doubleday, Nueva York, 1998), 305.

[4] E. P. Sanders, *Paul, the Law, and the Jewish People* (Fortress, Philadelphia, 1983), 102; Dunn, *Jesus, Paul and the Law*, 191–94.

[5] Al relatar su desacuerdo con Pedro en Antioquía Pablo habla del intento de Pedro de obligar a los gentiles de Antioquía a «judaizar» (*ioudaizein*, 2:14). Josefo usa este término para la promesa del soldado romano Metilio de convertirse en judío a fin de salvar su vida después de que los soldados judíos lo capturaron durante la primera guerra judía contra Roma. «Él sólo salvó su vida por súplicas y promesas de hacerse judío *(ioudaizein)*, e incluso circuncidarse» (*B. J.* 2.454§10).

[6] No hay escasez de intentos de reconstruir sus enseñanzas como tal vez la hayan dado. Ver, por ej., M. -J. Lagrange, *Saint Paul, Epitre aux Galates* (*Ebib*; Paris: Lecoffre, 1950), xxx–xxxii; J. Christaan Beker, *Paul the Apostle: The Triumph of God in Life and Thought* (Fortress, Philadelphia, 1980), 43–44; y Martyn, *Galatians*, 303–6.

[7] Sanders, *Paul, the Law and the Jewish People*, 18; Beker, *Paul*, 48–49; John M. G. Barclay, *Obeying the Truth: Paul's Ethics in Galatians* (Fortress, Minneapolis, 1988), 52–56.

miembros del pueblo del pacto de Dios.[8] Tal vez también adujeron que representaban la posición de los apóstoles auténticos que aprendieron el evangelio del mismo Jesús. Pablo, tal vez dijeron ellos, estaba suavizando esta auténtica versión del evangelio al descartar los requisitos de la circuncisión, y lo hizo para hacer el evangelio más atractivo a los gentiles.[9]

Aunque los detalles de su razonamiento permanecen oscuros para nosotros, los argumentos de los agitadores deben haber sido convincentes en las iglesias gálatas de Pablo. Pablo describe a su público como «los que quieren estar bajo la ley» (4:21) y que «tratan de ser justificados por la ley» (5:4). El reemplazo de su acostumbrado informe de oración de acción de gracias con una expresión de alarma termina en una maldición (1:6–9) y las apelaciones urgentes que salpican su carta (1:6, 9; 3:1, 3; 4:12–20; 5:2–4, 7–10, 12) muestran lo grave que es la situación.[10] Estas iglesias parecen estar al borde de la apostasía.

Pablo cree que en esta batalla nada menos que «la verdad del evangelio» está en juego (2:5, 14). Sus adversarios no están predicando otra versión del único evangelio sino un mensaje enteramente diferente del que Pablo predicó y que los gálatas aceptaron (1:6–9). ¿Por qué la mezcla de la fe y de «las obras de la ley» en la enseñanza de los adversarios de Pablo es letal a la «verdad del evangelio»?

Pablo cree que si sólo los que unen las obras de la ley con la fe en Cristo serán absueltos en el tribunal de Dios en el día final, entonces «¡Cristo murió en vano!» (2:21).[11] Todo judíos debe saber, dice Pablo, que nadie puede ser justificado por las obras de la ley (2:16; 6:13) y que la ley pronuncia una maldición sobre todos los que la rompen (3:10). Cristo murió para remediar esa situación; su muerte nos redime de la maldición de la ley porque cuando él murió la maldición de la ley fue alejada de nosotros y dirigida hacia él (3:13; cf. 2 Co 5:21).[12] Sin embargo la insistencia de los agitadores en que guardar la ley es necesario para entrar en el pueblo de Dios ignora esto. Al eslabonar la observancia de la ley con la fe en Cristo para la salvación, los agitadores implicaban que la muerte de

---

[8] C. K. Barrett, *Essays on Paul* (Westminster, Philadelphia, 1982), 158; Martyn, *Galatians*, 304.

[9] Ver, por ej., Lagrange, *Galates*, xxxi; F. F. Bruce, *Commentary on Galatians* (NIGTC; Eerdmans, Grand Rapids, 1982), 26; Jerome Murphy-O'Connor, *Paul: A Critical Life* (Oxford, Nueva York, 1996), 195–96.

[10] Sobre el reemplazo de esta sección acostumbrada de acciones de gracias con una serie de maldiciones, ver Luke Timothy Johnson, *Letters to Paul's Delegates: 1 Timothy, 2 Timothy, Titus* (TNTC; Trinity Press International, Valley Forge, Pa., 1996), 114.

[11] La palabra de Pablo para la situación del absuelto es «justicia» *(dikaiosune)*. Él usa la forma verbal de esta palabra, «justifico» *(dikaioo)*, en 2:15 para referirse a la acción de Dios de absolver a los que tienen fe en Jesucristo. Aunque J. A. Ziesler, *The Meaning of Righteousness in Paul: A Linguistic and Theological Inquiry* (SNTSMS 20; Cambridge Univ. Press, Cambridge, 1972), 172–74, y Richard N. Longenecker, *Galatians* (WBC 41; Word, Dallas, 1990), 95, arguyen que «justicia» lleva connotaciones tanto éticas como forenses en 2:21, parece interpretar mejor el sustantivo aquí por el uso claramente forense del verbo en 2:16. Ver Ronald Y. K. Fung, *The Epistle to the Galatians* (NICNT; Eerdmans, Grand Rapids, 1988), 125–26, y la consideración del concepto de Pablo de justicia en general en Stephen Westerholm, *Perspectives Old and New on Paul: The «Lutheran» Paul and His Critics* (Eerdmans, Grand Rapids, 2004), 261–96. La justicia en consideración, es más, es un adelanto presente de un veredicto final. Sobre esto, comparar 2:16–17 y 3:6 con 5:5.

[12] Cristo (el Mesías) era el representante del pueblo pecador de Dios y por eso pudo absorber la maldición del pueblo. Sobre esto ver N. T. Wright, *The Climax of the Covenant: Christ and the Law in Pauline Theology* (T. & T. Clark, Edinburgh, 1991), 151–53.

Cristo no es adecuada para la tarea de revertir la maldición de la ley y que el esfuerzo humano por guardar la ley debe jugar algún papel después de todo.

Están negando, en otras palabras, que la iniciativa de establecer una relación correcta con sus criaturas descanse enteramente en Dios. Negar esto es descartar la gracia de Dios según se muestra en la muerte de Jesús, abandonar «a quien los llamó por la gracia de Cristo» (1:6), y «caer de la gracia» (5:4). La única alternativa para los que han descartado la gracia de Dios es seguir por el callejón sin salida de obediencia a la ley (5:3). En juego, por consiguiente, está nada menos que la convicción central de la teología de Pablo: Dios es un Dios de gracia que toma por entero la iniciativa en la salvación de la creación humana pecadora.

La Respuesta De Pablo Al Antievangélico De Los Agitadores

La respuesta de Pablo al «evangelio» de los agitadores enfoca primero la autenticidad de su evangelio, y luego tres dimensiones de su evangelio que lo hacen incompatible con la enseñanza de los agitadores.

La autenticidad del evangelio de Pablo

Dos «evangelios» están enzarzados en combate en Gálatas: el evangelio de los agitadores, que liga la fe a la conformidad a la ley mosaica como medio de justificación, y el evangelio de Pablo, que insiste que la justificación viene sólo por fe en Jesucristo. Juzgando por la cantidad de espacio que Pablo dedica en su carta a negar las ideas falsas en cuanto a sí mismo: que busca complacer a la gente, que todavía predica la circuncisión, que su evangelio tiene orígenes humanos, sus adversarios probablemente atacaron su evangelio atacando primero al mismo Pablo. El evangelio de Pablo, probablemente aducían ellos, era una forma truncada del evangelio auténtico. Aunque Pablo mismo había predicado en un tiempo el mensaje auténtico de la fe en Cristo y la aceptación de la circuncisión (5:11), se dio cuenta de que los gentiles se mostraban renuentes a aceptar el yugo de la ley, así que empezó a predicar un mensaje para complacer a la gente que dejaba fuera la demanda de seguir la ley (1:10).[13] Los agitadores probablemente también aducían que las autoridades de Jerusalén comisionaron a los predicadores del evangelio y pasaron revista a su mensaje (cf. 2:12), pero que Pablo era un renegado. Si los «pilares» de Jerusalén alguna vez le dieron permiso para predicar el evangelio, él había violado eso, y había hecho errar a aquellos a quienes había enseñado.[14]

Cualquiera que haya sido la forma precisa de su ataque sobre la autenticidad de su evangelio, Pablo dedica la primera sección principal de su carta a defenderlo. Pablo dedica la mayoría de su esfuerzo a mostrar que él no recibió de autoridades humanas el evangelio que predicaba ni su autoridad para predicarlo. Su mensaje vino «por revelación de Jesucristo» (1:12), y su autoridad, como la de los profetas bíblicos, vino del llamamiento de Dios (1:15).[15] Por muchos años su

---

[13] Ver, por ej., Lagrange, *Galates*, 31; Heinrich Schlier, *Der Brief an die Galater*, 11ª ed. (MeyerK 7; Vandenhoeck & Ruprecht, Göttingen, 1951), 15; Beker, *Paul*, 43-44; Bruce, *Galatians*, 26. Martyn, *Galatians*, 138, sugiere que los adversarios de Pablo pueden haber comparado a Pablo con la multitud de filósofos insinceros y sofistas que frecuentaban las áreas urbanas de su tiempo.

[14] Ver, por ej., Lagrange, *Galates*, xxx-xxxi; Beker, *Paul*, 43-44; y Bruce, *Galatians*, 26.

[15] Ver Is 6:1-13; 49:1-6; Jer 1:4-5; y los comentarios de Franz Mussner, *Der Galaterbrief* (HTKNT 9; Herder, Freiburg, 1974), 81-83; y Hans Hübner, *Biblische Theologie des Neuen Testaments*, 3 vols. (Vandenhoeck & Ruprecht, Göttingen, 1990-95), 2:61-62.

contacto con los dirigentes reconocidos de la iglesia de Jerusalén fue limitado—ellos por cierto no lo comisionaron a predicar—aunque cuando en una ocasión él en efecto les presentó su evangelio, ellos aprobaron su evangelio y su llamado a predicarlo a los gentiles (1:13–2:10).

Lejos de acomodar interesadamente su evangelio para que conviniera a su público, Pablo dos veces se opuso a esfuerzos de imponer sobre los gentiles la ley mosaica: una vez durante su conferencia con los dirigentes de Jerusalén cuando falsos hermanos insistieron en la circuncisión de colaborador griego de Pablo Tito (2:3–5) y una vez en Antioquía cuando Pablo fue el único judío cristiano que resistió los esfuerzos de «los de Jacobo» de imponer las restricciones dietéticas mosaicas sobre la iglesia (2:11–14). La autoridad de Pablo de predicar el evangelio vino de Jesucristo, y, como las cicatrices de su cuerpo lo demostraban (6:17; cf. 2 Co 11:24), nunca recortó su mensa Je para que se ajustara a los deseos de su público o de los supuestos representantes de Jerusalén.

Tres dimensiones esenciales del evangelio

En la segunda parte de la carta Pablo enfoca las tres dimensiones del evangelio que son incompatibles con el «evangelio diferente» de los agitadores: una dimensión cronológica, una dimensión antropológica, y una dimensión ética.

La dimensión cronológica del evangelio

Pablo cree que los gálatas y sus maestros han cometido una seria trastada en cuanto a llevar el tiempo. Al acudir a la ley mosaica los gálatas estaban haciendo retroceder el reloj del período en el que Dios había empezado a cumplir sus promesas en las Escrituras a un tiempo dominado por «elementos débiles y plagados de pobreza» (4:9, aut.). En un esfuerzo por contrarrestar este retroceso, uno de los propósitos más importantes de Pablo en la carta es afirmar, en contra de las enseñanzas de los agitadores, las dimensiones cronológicas críticas del evangelio que él predicó.

Él empieza con Abraham. Las Escrituras habían dicho que Dios bendeciría a todos los gentiles en Abraham, y Pablo, ligando esta promesa con otras similares, observa que todas esas promesas fueron hechas no sólo a Abraham sino también a su descendencia. Haciendo eco de Génesis 15:18 Pablo se refiere a las promesas de Dios de darle a Abraham muchos descendientes, colocarlos en su propia tierra, y bendecir en Abraham a las naciones, como el «pacto» de Dios con Abraham (4:24). Este pacto, recalca Pablo, es anterior a todos los otros pactos y es eterno; como un testamento humano, una vez que ha sido ratificado, nadie puede cambiarlo o añadirle nada (3:15). El pacto fue cumplido provisionalmente en el nacimiento, no de Ismael, hijo de Abraham con la esclava Agar, sino de Isaac, el hijo de Abraham con su esposa Sara (4:21–23). Este cumplimiento provisional, sin embargo, sólo prefiguraba el cumplimiento futuro y último de este pacto.

Pablo argumenta que más de cuatrocientos treinta años después de ese pacto con Abraham, Dios hizo otro pacto con su pueblo cuyas estipulaciones quedaron anotadas en la ley mosaica. Tres aspectos de este pacto mosaico posterior son importantes para Pablo.

Primero, la ley mosaica pronunciaba una maldición sobre todos los que violaban sus estipulaciones, y puesto que nadie era capaz de guardarlas, el pueblo de Dios recibió la maldición de la ley. Para demostrar esto Pablo cita Deuteronomio 21:23 (Gá 3:10), y con esta cita él echa mano a un tema deuteronómico prominente en las Escrituras.[16] De acuerdo a este tema el pacto mosaico

---

aut. traducción del autor

[16] Beker, *Paul*, 44–58, cree que la lógica de Pablo en Gá 3 es tortuosa. Esto, dice, se debe a que Pablo empieza con el pensamiento de que la fe en Cristo y la observancia de la ley mosaica son antitéticas y luego trata de torcer los argumentos de salvación histórica de sus adversarios para demostrar la antítesis. Cf. Sanders, *Paul, the Law, and the Jewish People*, 17–27. J. Louis Martyn, *Theological Issues in the Letters of Paul* (Abingdon, Nashville, 1997), 111–23, 169, 241 n. 14, de modo similar cree que los adversarios de Pablo usaron

incluía bendiciones para la obediencia (Dt 28:1–14; cf. Lv 26:3–13) y maldiciones por la desobediencia (Dt 28:15–68; cf. Lv 26:14–39), y la tendencia estudiada de Israel había sido a desobedecer. Por esto los babilonios capturaron Judá, destruyeron Jerusalén, y llevaron a mucho de su pueblo al exilio (Dt 28:49–52, 64–67; cf., por ej., Esd 9:6–15; Neh 9:6–37; Jer 9:12–16; Ez 16:1–52; Dn 9:4–19; Baruc 1:15–3:8). El punto de Pablo es que los judíos que sabían la historia de su pueblo según estaba anotada en la ley y los profetas debían saber que la desobediencia y la maldición justa de la ley dominaron la era de la ley mosaica. Cualquiera que prestaba atención a las condiciones de los judíos bajo el gobierno romano podía ver los efectos de esa maldición a su alrededor.[17]

Segundo, Dios dio la ley no para que los seres humanos pudieran guardar sus varias estipulaciones y ser justificados al guardarlas, sino para definir el pecado específicamente y poner todo bajo el poder del pecado.[18] Pablo habla de este período del dominio de la ley metafóricamente como una experiencia de esclavitud (Gá 2:4; 4:1–11; 4:21–5:1) y dice que el símbolo de este período es Ismael, el hijo de Abraham con su esclava antes que Isaac, «el de la libre [que] nació en cumplimiento de una promesa» (4:23). Aunque Pablo no lo dice específicamente, esta identificación de la vida bajo la ley mosaica con la esclavitud probablemente quiere decir que cuando el pacto mosaico estaba en efecto, la gente estaba bajo el dominio del pecado y la pena de muerte y el exilio que la ley exigía para los que desobedecían sus mandatos (cf. Dt 26:68; Esd 9:9; Neh 9:36).

Tercero, la ley mosaica fue temporal, con el propósito de estar en efecto sólo hasta que Dios cumpliera su promesa a Abraham. Este es el punto más importante que Pablo recalca en cuanto a la ley mosaica, y lo martilla frecuentemente. La ley estuvo en efecto, dice, «hasta que viniera la descendencia a la cual se hizo la promesa» (Gá 3:19), hasta que «lo prometido se les conceda a los que creen» (3:22), «hasta que la fe se revelara» (3:23), y hasta que «se cumplió el plazo» (4:4; cf. 4:2).

---

un esquema de salvación histórica que es incompatible con la disociación radical de Pablo del evangelio de la historia bíblica de la obra redentora de Dios. La historia de la salvación, según la predicen las secciones deuteronómicas de las Escrituras judías, le sirvieron hermosamente a Pablo, sin embargo, y si llenamos sus argumentos con esta sub estructura, Gálatas no pone a la ley y al evangelio en antítesis radical una con otro.

[17] Ver Frank Thielman, *From Plight to Solution: A Jewish Framework for Understanding Paul's View of the Law in Galatians and Romans* (NovTSup 61; Brill, Leiden, 1989), 28-45, el argumento del cual se extiende en idem, *Paul and the Law: A Contextual Approach* (InterVarsity Press, Downers Grove, Ill., 1994), 4868. Ver también Wright, *Climax*, 144-48.

[18] En Gálatas la ley es aliado de Dios, usada para sus propósitos, No es como Martyn, *Theological Issues*, 235-49, aduce, una entidad contraria al evangelio. Cf. Beker, *Paul*, 54; Hyam Maccoby, *Paul and Hellenism* (SCM/Trinity Press International, Londres/Philadelphia, 1991), 40-43; y Hübner, *Biblische Theologie*, 2:8283, 94. La intención de Pablo al decir que la ley «se promulgó por medio de ángeles, por conducto de un mediador» (3:19) no es disociar a Dios del otorgamiento de la ley, como Martyn, *Galatians*, 364-70, afirma. En verdad, algunos judíos del tiempo de Pablo creían que la presencia de ángeles en el otorgamiento de la ley aumentó la gloria de Dios (Dt 33:2, LXX; Hch 7:53; Heb 2:2). Sobre esto ver Peter Stuhlmacher, *Biblische Theologie des Neuen Testaments*, 2 vols. (Vandenhoeck & Ruprecht, Göttingen, 1997), 1:265. La mediación angélica y mosaica de la ley en 3:19 simplemente hace énfasis en el carácter provisional de la ley (cf. 2 Co 3:12-18).

El pacto mosaico, por consiguiente, no fue un pacto eterno sino un paso temporal hacia el acto climax de Dios de redención.[19]

Cuando la ley hubo cumplido plenamente sus propósitos, Dios envió a su Hijo Jesús para rescatar a su pueblo «de este mundo malvado» por su muerte en la cruz (1:4; cf. 4:2, 4–5). La muerte de Cristo pudo conseguir esto porque la maldición que la ley pronunciaba sobre el pueblo desobediente de Dios quedó enfocado en Cristo cuando él murió en la cruz (3:13).[20] Este acontecimiento divide las edades en dos. Antes de la cruz, el pueblo de Dios vivía en la edad dominada por la esclavitud bajo la ley mosaica. Después de la cruz, el pueblo de Dios vivía en la edad escatológica cuando la maldición de la ley fue quitada de ellos y ellos fueron redimidos de la esclavitud bajo la justa pena de la ley por el pecado (3:13; 4:5).[21] Todo el que oye el mensaje de Cristo crucificado y cree que su muerte resolvió el problema de la maldición de la ley recibe el Espíritu de Dios que los profetas prometieron y es incluido entre el pueblo de Dios escatológicamente restaurado (3:1–5, 12, 14).

El oír, la fe, y la obra del Espíritu habían tenido lugar entre los gentiles aparte de su aceptación de la ley mosaica (3:1–5), mostrando que la fe, y no la ley mosaica, es el principio organizador del pueblo de Dios. Que la fe en Dios es la base para una relación con él no debe causar sorpresa puesto que Abraham demuestra que Dios siempre obró de esta manera: «Le creyó a Dios, y esto se le tomó en cuenta como justicia» (3:6; cf. Gn 15:6). Que los gentiles entren al pueblo de Dios por la fe solamente es de esperarse puesto que las Escrituras anunciaron estas buenas noticias de antemano a Abraham cuando dicen: «Por medio de ti serán bendecidas todas las naciones [los gentiles]» (Gá 3:8. cf Gn 2:3; 18:18; 22:18; 26:4; 28:14). La fe de los gentiles en el evangelio, entonces, representa el cumplimiento último de las promesas de Dios a Abraham (Gá 3:6–9).

La manera en que las Escrituras describen las promesas a Abraham confirma más esto. Las Escrituras dicen que las promesas fueron hechas a Abraham «y a su descendencia» (3:16). Cristo es la «descendencia», y los que pertenecen a Cristo también son «la descendencia de Abraham y herederos según la promesa» (3:29). Puesto que las personas pertenecen a Cristo sólo por fe, cualquiera puede ser descendencia de Abraham: judío, griego, esclavo, libre, varón o mujer. La intervención de Cristo en el cumplimiento de la promesa de Dios a Abraham, por consiguiente, quiere decir la intervención de este grupo diverso de personas que pertenecen a Cristo por fe (3:26–29).

Al retroceder a la era de la ley mosaica, sin embargo, los gálatas y sus maestros habían empezado un esfuerzo inútil de nadar contra la corriente de la historia de la salvación. Habían negado lo obvio: que la inclusión de Dios de los gentiles en su pueblo por fe en Cristo es el cumplimiento de su

---

[19] El énfasis de Pablo en la naturaleza temporal de la ley excluye la interpretación de la carta que afirma que Pablo está simplemente resistiendo un mal entendido de la ley y que, una vez libre de ese mal entendido, Pablo considera que la ley está todavía en efecto. Ver, por ej., C. E. B. Cranfield, *The Epistle to the Romans*, 2 vols. (ICC; T. & T. Clark, Edinburgh, 1975-79), 2:857-60, que cree que en Gálatas Pablo está oponiéndose a un mal entendido legalista de la ley, y Dunn, *Jesus, Paul and the Law*, 250-51, que argumenta que Pablo está batallando contra el abuso de la ley con propósitos nacionalistas.

[20] Wright, *Climax*, 151-53.

[21] Beker, *Paul*, 58, tiene razón al decir que «el presente escatológico domina la carta». Esto no quiere decir, sin embargo, que «Pablo tuerce radicalmente la tradición teológica según conviene a sus propósitos y se acerca a la división marcionista entre la ley y el evangelio». La tensión entre el «ya» de la obra redentora de Cristo en la cruz y el «todavía no» de la vida en «el presente siglo malo» (1:4, RVR) es clara en las amonestaciones éticas de Pablo en 5:16-26.

promesa de bendecir a todos los gentiles por Abraham; y más bien habían afirmado que la herencia de Abraham puede tener lugar sólo mediante la ley, y de este modo por medio de los judíos y los prosélitos judíos (3:18). Al reintroducir la ley habían retrocedido en el tiempo al período de la maldición de la ley y habían decidido vivir bajo esa maldición antes que por el remedio provisto escatológicamente por Dios para el mismo (3:10–12). Había preferido la vida bajo un recordatorio infantil de la vida adulta (3:24), vida bajo tutores y guardianes a la vida del hijo crecido que ha entrado en su herencia (4:1–7), y la vida como una Jerusalén esclavizada y terrenal en lugar de la vida escatológica de la Jerusalén celestial (4:25–26). Para los gálatas tal vida no es mejor que la vida bajo las prácticas idólatras de sus religiones paganas anteriores (4:8–10). Retroceder a la ley mosaica es, en breve, abandonar a Dios (1:6) y romper con Cristo (5:4).

La dimensión antropológica del evangelio

Si pensáramos de Pablo sólo como argumentando en términos cronológicos que el período de la maldición de Dios sobre su pueblo había terminado, nos perderíamos un aspecto menos prominente, pero con todo importante, de su argumentación. Pablo no sólo cree que la nación de Israel había pecado contra Dios y necesitaba la restauración escatológica de Dios sino que los individuos, sean judíos o gentiles, son incapaces de guardar los mandamientos de Dios y por consiguiente están individual y existencialmente bajo la maldición de Dios. Cada persona está en necesidad de la muerte de Cristo por gracia a su favor. Desde una perspectiva antropológica, por consiguiente, Israel y los gentiles son un pueblo, porque «ninguna carne [*sarx*]», argumenta Pablo, puede ser justificada por las obras de la ley (2:15–16).[22]

Esta perspectiva antropológica no es noción teológica original de Pablo sino que era la perspectiva de las Escrituras judías y de algunos otros judíos del período del segundo templo. Cuando Pablo dice que «nadie es justificado por las obras que demanda la ley» (2:16), está haciendo eco, probablemente en forma consciente, del ruego del salmista a Dios: «No lleves a juicio a tu siervo, pues ante ti nadie puede alegar inocencia» (Sal 143:2).[23] De modo similar, en una confesión litúrgica incorporada en el libro de Baruc en algún momento entre el siglo tercero y primero a.C., el autor lamenta las transgresiones de su pueblo contra la ley mosaica y lamenta las maldiciones de la ley que estas transgresiones habían activado, pero también reconoce que la responsabilidad por el pecado de Israel no yace en algún sentido vago en la nación sino en cada israelita:

> Tampoco hemos hecho caso de lo que el Señor nuestro Dios nos ha dicho en todos los mensajes de los profetas que nos ha enviado. Cada uno ha seguido las malas inclinaciones de su corazón, hemos dado culto a dioses extraños y hemos hecho cosas que son malas a los ojos del Señor nuestro Dios.

---

[22] Pablo no está diciendo, por consiguiente, que aun si se pudiera guardar la ley, los que la guardan no serían justificados. Para esta posición ver las conferencias de Martín Lutero de 1519 y 1535 sobre Gálatas en *LW* 27:218–225 y 26:122–23 y las posiciones similares de Rudolf Bultmann, *Theology of the New Testament*, 2 vols. (Charles Scribner's Sons, Nueva York, 1951–55), 1:263–65, y Stuhlmacher, *Biblische Theologie*, 1:267, 278–79. Pablo más bien está afirmando simplemente que no es posible guardar la ley. Cf. Thomas R. Schreiner, *The Law and Its Fulfillment: A Pauline Theology of Law* (Baker, Grand Rapids, 1993), 41–71.

[23] Sobre la similitud teológica entre la afirmación de Pablo de que ninguna carne será justificada por las obras de la ley y el ruego del salmista en 143:2, ver Hübner, *Biblische Theologie*, 2:64–68. Hübner apropiadamente observa que Pablo, como ex fariseo, habría conocido los salmos de memoria y que esta alusión a este salmo aquí habría surgido de una familiaridad con el salmo entero como oración de corazón.

Al Señor nuestro Dios pertenece la justicia; a nosotros, en cambio, lo mismo que a nuestros padres, toca ahora la humillación. Todas las calamidades que el Señor había anunciado contra nosotros, nos han caído encima. No hicimos oración al Señor para pedirle que nos hiciera volver a él y que dejáramos las malas inclinaciones de nuestro corazón (Baruc 1:21–22; 2:6–8, VP).

Pablo también trae a colación a la mente de los gálatas y sus maestros no sólo que Israel no había guardado la ley y así está bajo la maldición de la ley como nación, sino que también ningún individuo ha guardado la ley, y por consiguiente nadie puede ser justificado por las obras que ella demanda. Esta es la implicación del discurso de Pablo a Pedro en Antioquía cuando Pedro se separó de la mesa de comunión con los gentiles en la iglesia en un esfuerzo por «obliga[r] a los gentiles a practicar el judaísmo» (Gá 2:14). Hacer esto, Pablo afirma, es implicar que la ley mosaica puede justificar a las personas ante Dios. Sin embargo todo judío debía saber lo que el Salmo 143:2 afirma: que nadie puede guardar la ley lo suficientemente bien como para ser justificado por ella (Gá 2:16).[24] En verdad es este conocimiento, dice Pablo, que ha conducido a «Nosotros [que] somos judíos de nacimiento y no "pecadores paganos"» a poner «nuestra fe en Cristo Jesús» (2:15–16).

Así como Pablo cree que el papel de la ley dentro de Israel puede definir el pecado específicamente como transgresión y así preparar para la venida de Jesucristo y para la justificación por la fe en él (3:19–4:7), así puede decir de sí mismo: «Yo, por mi parte, mediante la ley he muerto a la ley, a fin de vivir para Dios» (2:19). Para Pablo individualmente la ley apuntaba a su propio fin; hablaba de su incapacidad de ser justificado al guardar las estipulaciones de la ley y así le preparó el camino para que él «viva para Dios» por fe en Cristo, que fue crucificado no sólo para que la maldición de la ley pueda ser quitada del pueblo de Dios en general, sino de Pablo individual y específicamente. Así, Pablo dice, el Hijo de Dios «me amó y dio su vida por mí» (2:20).

Este conjunto de acontecimientos, por los que Dios por la muerte de su Hijo redimió a su pueblo no sólo colectiva sino individualmente de la esclavitud al pecado, Pablo llama «la gracia de Cristo» (1:6; 6:18) o «la gracia de Dios» (2:21; cf. 1:15). Reintroducir la ley mosaica en la vida de uno a quien Dios ha llamado por su gracia es descartar o caer de la gracia de Dios (2:21; 5:4). En 2:21 Pablo explica por qué es esto así. Si el individuo empieza guardando la ley mosaica como un medio de mantener una relación debida con Dios (2:18), ese individuo está implicando que se puede guardar la ley y que «Cristo murió en vano». Estaría, en otras palabras, rechazando la provisión de la gracia de Dios para su suerte de pecado y afirmando lo que todo judío debe saber que no es verdad: que se puede guardar plenamente la ley.

La dimensión ética del evangelio

Aunque no podemos saberlo con certeza, es probable que los agitadores en Galacia actuaran de la manera que Pedro había actuado en Antioquía: intentaban obligar a los creyentes gentiles de las iglesias de Pablo a aceptar la circuncisión amenazándolos con excluirlos de la comunión con ellos si no aceptaban la ley mosaica.[25] ¿Cómo podían las personas tratar de guardar los mandamientos dietéticos de Dios, pueden haber dicho, comer con gentiles incircuncisos que tal vez podían servir vino o carne impura o contaminada con la idolatría? Así como Pedro empezó a «retraerse y a

---

[24] *Pace Sanders, Paul the Law, and the Jewish People*, 23, 27 29, la presuposición de que la ley no se puede guardar por completo también está detrás de 5:3 y 6:13. En 5:3 Pablo advierte a los gálatas que los que esperan ser justificados por guardar la ley deben guardarla por entero, y en 6:13 observa que ni siquiera los agitadores eran capaces de guardar toda la ley.

[25] Cf. Barclay, *Obeying the Truth*, 59.

separarse de los gentiles» debido a tales preocupaciones (2:12), así los nuevos maestros de los gálatas, dice Pablo, querían excluirlos «para que … se entreguen a ellos» (4:17).[26]

También es probable que los cristianos gálatas fueran atraídos a la certeza ética que proveía la perspectiva de los agitadores. Cuando los gálatas abandonaron su idolatría y aceptaron el evangelio (4:8), también abandonaron sus formas tradicionales de vida. Su familia y amigos tal vez cortaron todo contacto con ellos.[27] La ley mosaica, sin embargo, proveía identificación inmediata con un venerable grupo social y dirección ética detallada.[28] Para un grupo que tal vez sentía que la predicación de Pablo del evangelio los dejaba marginados socialmente y sin un ancla ética, el mensaje de los agitadores de aceptación y certidumbre moral debe haber parecido particularmente atractivo.

Pablo cree, sin embargo, que la táctica de los agitadores de coacción social y los temores de los gálatas de que están sin un ancla ética son inconsistentes con «la verdad del evangelio». Dos recursos responden a esta preocupación en cuanto a la ética: la enseñanza ética específica que el evangelio mismo implica y la dirección del Espíritu Santo.

Primero, Pablo afirma que la nueva era del evangelio trae consigo una nueva ley que es incompatible con los esfuerzos de los agitadores de obligar a los gentiles a aceptar la circuncisión. Pablo se refiere a esta ley en 6:2, en donde les dice a los Gálatas: «Ayúdense unos a otros a llevar sus cargas, y así cumplirán la ley de Cristo». La «ley de Cristo» es probablemente el propio sumario de Jesús de los mandamientos de la ley mosaica respecto a las relaciones humanas. El que Jesús resumió estos mandamientos en términos de amar al prójimo era ampliamente conocido entre los cristianos iniciales en general (Mt 22:39; Mr 12:31; Lc 10:27; cf. Jn 13:34; 15:12, 17; 1 Jn 4:11), y la enseñanza de Jesús es probablemente la fuente de la propia afirmación de Pablo en Gálatas: «En efecto, toda la ley se resume en un solo mandamiento: "Ama a tu prójimo como a ti mismo"» (Gá 5:14; cf. Lv 19:18).[29]

Los esfuerzos por coaccionar a los cristianos gentiles a aceptar la ley mosaica al retirarles su compañerismo, sin embargo, violaba esta nueva ley. Este puede haber sido el sentido en el que Pablo consideró a Pedro un «transgresor» por tratar de «obligar [*anankazo*] a los gentiles a seguir costumbres judías» (Gá 2:14, aut.; cf. 2:18). El término «transgresor» (*parabates*) aparece sólo otras cuatro veces en el Nuevo Testamento, y en cada caso se refiere a la transgresión de una ley en particular (Ro 2:25, 27; Stg 2:9, 11). En Gálatas 2:18, por consiguiente, Pablo está diciendo que la transgresión no es cuestión de violar las estipulaciones dietéticas de la ley mosaica sino rehusar comer con los gentiles. Es, en otras palabras, una violación de la ley de Cristo: Amar al prójimo

---

[26] E. P. Sanders, «Jewish Association with Gentiles and Galatians 2:11–14», en *The Conversation Continues: Studies in Paul and John in Honor of J. Louis Martyn*, ed. Robert T. Fortna y Beverly R. Gaventa, (Abingdon, Nashville, 1990), 170–88, argumenta persuasivamente que el asunto en Antioquía no fue la violación de la regla estricta de que los judíos no debían asociarse con gentiles. Más bien el asunto fue que Pedro estaba fraternizando demasiado con los gentiles. El temor puede haber sido que tal «asociación íntima pudiera llevar a contacto con la idolatría o transgresión de alguna de las leyes bíblicas alimenticias» (186).

[27] Cf. Barclay, *Obeying the Truth*, 56–60.

[28] Ibid., 70–72.

[29] Ver David Wenham, *Paul: Follower of Jesus or Founder of Christianity* (Eerdmans, Grand Rapids, 1995), 255–56.

aut. traducción del autor

como a uno mismo. Como Pedro, los agitadores en Galacia estaban tratando de «obligar» (*anankazo*) a los cristianos gálatas gentiles a aceptar la circuncisión (Gá 6:12). Para lograr esto habían tratado de «excluirlos» de la comunión si no se avenían a la ley mosaica (4:17). Estos esfuerzos, sin embargo, eran inconsistentes con la ley mosaica según Jesús la enseñó y la hizo suya propia cuando la resumió bajo Levítico 19:18: «Amarás a tu prójimo como a ti mismo».[30]

Segundo, los gálatas no debían temer estar sin un ancla ética porque Dios había cumplido entre ellos su promesa de poner su Espíritu en su pueblo durante la edad escatológica de su restauración.[31] Él había hecho esto aparte de cualquier requisito de que ellos aceptaran el yugo de la ley mosaica. Más bien, el Espíritu vino a ellos cuando creyeron en el evangelio (Gá 3:1–5, 14), y el Espíritu lleva a los creyentes a andar en un sendero ético (5:16, 18, 25; 6:8), evitando actividades incompatibles con la vida del reino de Dios (5:19–21) y a dedicarse a una conducta que ninguna ley prohibiría (5:22–26).

Si los gálatas se preocupaban por el anclaje ético, por consiguiente, harían bien en rechazar la enseñanza y ejemplo de los agitadores (4:30), enfocar la ley de Cristo (5:14; 6:2), y mantenerse a paso con el Espíritu que estaba entre ellos desde antes de que los agitadores se interesaran en ellos (3:1–5).

Una nueva perspectiva interpretativa de gálatas

En las décadas finales del siglo veinte tuvo lugar un cambio dramático en la interpretación académica de la comprensión de Pablo de la justificación por fe sin las obras de la ley. La Carta de Pablo a los Gálatas ha sido el centro de este cambio.[32]

La exégesis tradicional de la carta la consideraba ser primordialmente una declaración de que solamente la dádiva de Dios de fe en Jesucristo, y no el logro humano, podía efectuar una posición correcta con Dios.[33] Más recientemente muchos intérpretes han dicho que si Pablo estaba batallando contra una teología judía de salvación por esfuerzo humano, él estaba dando puñetazos al aire. El judaísmo del segundo templo típicamente no afirmaba que la membresía en el pueblo de Dios venía por esfuerzo humano para hacer lo que la ley ordena sino por la dádiva gratuita de Dios a todos los

---

[30] Ver también Thielman, *Paul and the Law*, 141–42, e idem, *The Law and the New Testament: The Question of Continuity* (Crossroad, Nueva York, 1999), 19. Cf. Barclay, *Obeying the Truth*, 223, y Jan Lambrecht, «Transgressor by Nullifying God's Grace: A Study of Gal 2, 18–21», *Bib* 72 (1991): 230–36.

[31] Ver, por ej., Ez 11:19; 36:26–27; 37:14; 39:29. Cf. Barclay, *Obeying the Truth*, 84–85.

[32] Para estudios sobre el surgimiento y caída del consenso académico sobre este asunto, ver Thielman, *Paul and the Law*, 14–47; Colin G. Kruse, *Paul, the Law, and Justification* (Hendrickson, Peabody, Mass., 1996), 27–53; y esp. Westerholm, *Perspectives*, 2–258.

[33] Ver, por ej., los comentarios de Martín Lutero, *LW*, 26:124; Juan Calvino, *Commentaries on the Epistles of Paul to the Galatians and Ephesians* (Eerdmans, Grand Rapids, 1948; ed. orig. 1548), 69; y William Perkins, *A Commentary on Galatians* (Pilgrim, Nueva York, 1989; ed. orig. 1617), 102–3, sobre Gá 2:16, en donde «obras de la ley» quiere decir logro humano y los adversarios judíos cristianos de Pablo en Galacia son equivalentes a los papistas que creen que el esfuerzo humano se combina con la gracia de Dios para producir justificación. Ver también el estudio histórico en Wesrerholm, *Perspectives*, 3–97.

israelitas debido a su pacto con ellos.[34] Cuando Pablo contrasta las obras de la ley con la fe en Cristo, por consiguiente, tal vez representó mal la soteriología judía en un esfuerzo de ganar una discusión con sus adversarios, o estaba tratando de disociar del judaísmo a la iglesia, o tal vez que estaba acometiendo contra el uso judío de la ley como un límite nacional para distinguir a los judíos, como pueblo de Dios, de los gentiles.[35]

Esta reevaluación de Gálatas a menudo ha estado acompañada por una queja de que desde la Reforma protestante los estudiosos han tenido la tendencia de leer la Carta con los lentes matizados de luteranismo. Tradicionalmente, dice la argumentación, los estudiosos han convertido los comentarios de Pablo respecto a la aceptación de Dios de los gentiles en declaraciones en cuanto a cómo el individuo halla paz con Dios por fe antes que por esfuerzo humano.[36]

La teología de Gálatas, sin embargo, es rica lo suficiente como para acomodar el énfasis tradicional sobre la justificación del individuo pecador y el énfasis reciente en el carácter incluyente del evangelio. Las convicciones de Pablo en cuanto al pecado humano y la obra de Dios dentro de la historia para redimir del mismo a sus criaturas tienen implicaciones sociales e individuales.[37]

Para Pablo, el pecado es una plaga para todos los grupos sociales y domina a todo individuo dentro de esos grupos. Este es el énfasis de 2:15-21, que empieza con un énfasis en el pecado lo mismo de los gentiles que de los judíos y termina con la confesión personal de Pablo que por causa de la ley él murió a la ley para poder vivir para Dios. Él cree que Dios siempre ha ofrecido la fe como la solución a este dilema humano que nos afecta a todos, y que por eso Dios colocó a Abraham en una relación correcta con él debido a la fe del patriarca. La fe se proyecta hacia adelante a la fidelidad de Aquel en quien se pone, y Dios se mostró fiel a Abraham de una manera provisional por el nacimiento de Isaac. Se mostró fiel de una manera más completa en el nacimiento de Jesucristo, por medio de quien los creyentes gentiles entran en la familia de Abraham.

Entre Abraham y Cristo Dios dio la ley (por medio de ángeles mediadores) a fin de dejar en claro más allá de toda duda el problema humano del pecado. La ley fue una institución temporal, en efecto sólo hasta que Cristo viniera y tomara sobre sí mismo la maldición de la ley pronunciada con justicia sobre el pueblo de Dios por su pecado. Desde este acontecimiento central Dios ha quitado la maldición para todos los que tienen fe, ha dado el Espíritu escatológico que los profetas

---

[34] E. P. Sanders, *Paul and Palestinian Judaism: A Comparison of Patterns of Religion* (Fortress, Philadelphia, 1977), 1-428, e idem, *Judaism: Practice and Belief 63 BCE-66 CE* (SCM/Trinity Press International, Londres/Philadelphia, 1992), 47-303.

[35] Para la primera posición, ver Heikki Räisänen, *Paul and the Law* (WUNT 29; J. C. B. Mohr [Paul Siebeck], Tübingen, 1983), 187-88. Para el segundo enfoque, ver Francis Watson, *Paul, Judaism and the Gentiles: A Sociological Approach* (SNTSMS 56; Cambridge Univ. Press, Cambridge, 1986), 69, y cf. Sanders, *Paul and Palestinian Judaism*, 551-52. Para la tercera tesis, ver James D. G. Dunn, *The Epistle to the Galatians* (BNTC; Hendrickson, Peabody, Mass., 1993), 135-38, e, idem, *The Theology of Paul the Apostle* (Eerdmans, Grand Rapids, 1998), 334-89.

[36] Dunn, *Galatians*, 135; idem, *Jesus, Paul and the Law*, 185, 246; idem, *The Theology of Paul the Apostle* (Eerdmans, Grand Rapids, 1998), 334-89; Watson, *Paul, Judaism and the Gentiles*; Wright, *Climax*, 260-61; idem, *What Saint Paul Really Said: Was Paul of Tarsus the Real Founder of Christianity?* (Eerdmans, Grand Rapids, 1997), 120-21; Barclay, *Obeying the Truth*, 82; y Bruce W. Longenecker, *The Triumph of Abrahams God: The Transformation of Identity in Galatians* (Abingdon, Nashville, 1998), 16-17.

[37] Cf. Westerholm, *Perspectives*, 440-45.

prometieron y, conforme los gentiles responden al evangelio por fe, ha cumplido su promesa a Abraham de que todas las naciones de la tierra serán bendecidas por medio de él. Ahora el pueblo de Dios, judíos y gentiles, ya no vive por la ley de Moisés sino por la ley de Cristo, resumida en la enseñanza de Jesús de Levítico 19:18.

En la superficie el error de los agitadores y de los gálatas es doble. Está, primero, en su disposición a hacer retroceder el reloj al período cuando la promesa de Abraham todavía no se había cumplido y la maldición de la ley todavía estaba sobre el pueblo de Dios. Consiste, segundo, en no vivir según la ley de Cristo: Amar al prójimo como a uno mismo. Debajo de ambos problemas, sin embargo, yace un asunto más profundo: una comprensión inadecuada del pecado humano. Si tanto los judíos como los gentiles son pecadores que están bajo la maldición de la ley y ambos por igual son puestos en relación correcta con Dios por la fe en Cristo, entonces Dios ha rescatado a los creyentes, tanto judíos como gentiles, del presente siglo malo y los llama a vivir en armonía unos con otros.

En nada de esto Pablo afirma que todos los adherentes al judaísmo del segundo templo eran legalistas. Su argumento lo presenta contra los cristianos judíos cuya imposición de la ley judía sobre los gentiles implica, según Pablo, un etnocentrismo y un optimismo en la capacidad humana para guardar la ley que son incompatibles con las Escrituras y con el evangelio. La circunstancia particular peculiar de la imposición de la ley sobre los gentiles impulsa a Pablo a sacar esas conclusiones, no a hacer un análisis del judaísmo en general. Al coaccionar a los gentiles que crean en Cristo a aceptar la ley mosaica, los agitadores implicaban que el privilegio social humano y el esfuerzo humano tienen algo que contribuir a una posición correcta con Dios, y decir esto, según Pablo, es «desechar la gracia de Dios» (2:21; cf. 5:4).

La «nueva perspectiva sobre Pablo» y sobre Gálatas, por consiguiente, ha hecho énfasis provechosamente en las dimensiones colectivas y étnicas de la teología de Pablo en esta carta.[38] Nos ha recordado que el argumento de Pablo no se puede entender apropiadamente aparte de las presuposiciones bíblicas y judías de Pablo y de sus adversarios. Al mismo tiempo, sus proponentes también han descartado demasiado la interpretación tradicional de la carta.[39] Dependiente como lo es un propio entendimiento de la carta en las contingencias de la situación histórica, y preocupada como lo es la carta con las cuestiones de identidad social, Pablo no habría formulado su argumento como lo hallamos en Gálatas si él no hubiera creído que los individuos, cualquiera que sea su ubicación social, son pecadores y que ningún esfuerzo por guardar los requisitos de Dios puede ganar absolución en el tribunal de Dios en el día final. La absolución antes de ese último tribunal debe venir por fe y eso es dádiva de Dios.

La ley mosaica y el evangelio de la gracia de dios en Galacia

Pablo y los agitadores de Galacia tenían mucho en común. Ambos eran judíos, ambos creían que la ley mosaica es Escritura, ambos creían que la fe en Cristo es necesaria para la membresía en el pueblo de Dios, ambos creían que los gentiles pueden pertenecer al pueblo de Dios, y ambos creían que una vida ética es importante.

Para Pablo, sin embargo, una diferencia crítica lo separa de sus adversarios. En esta diferencia yace nada menos que la verdad del evangelio: aducir que los gentiles deben convertirse en judíos al

---

[38] Vea James D. G. Dunn, «The New Perspective on Paul», *BJRL* 65 (1983): 95-122, subsecuentemente incluído en idem, *Jesus, Paul and the Law*, 183-214.

[39] Este es la tesis del libro de Westerholm, *Perspectives Old and New on Paul*.

respaldar la ley mosaica además de tener fe en Cristo implica que el esfuerzo humano es, en parte, necesario para la membresía en el pueblo de Dios. Si esto es verdad, entonces Dios no hubiera empezado a cumplir las promesas de los profetas en cuanto a la restauración de su pueblo en la muerte de Jesús y la venida del Espíritu. La justa maldición de la ley sobre los transgresores todavía está en su lugar y la evidencia de la presencia del Espíritu en los gálatas debe ser algún error. La humanidad no es totalmente pecadora sino que posee la capacidad de hacer algún esfuerzo para agradar a Dios y ganarse su favor. Más importante de todo, Dios no es el Dios de gracia que las Escrituras muestran que es; más bien, es solamente un Dios que encuentra a la humanidad pecadora a medio camino hacia su redención.

Contra todo esto Pablo insiste que la presencia del Espíritu en Galacia muestra que las promesas de Dios por los profetas se están cumpliendo, y que los seres humanos son demasiado pecadores como para contribuir en algo para su redención. Creer esto, insiste Pablo, no es abandonar alguna motivación para la ética. Es afirmar que con el poder del Espíritu dado escatológicamente, los que ya están incluidos en el pueblo de Dios por su gracia pueden y deben amarse unos a otros. Esta ley del amor es precisamente lo que los adversarios de Pablo en Galacia están violando, no obstante, por sus esfuerzos excluir a los cristianos gálatas de la comunión a menos que adopten la ley mosaica.

En breve, la verdad del evangelio implica que Dios es enteramente un Dios de gracia. Adoptar la manera de vivir que la voluntad de Dios requiere entra en el cuadro no como un medio de unirse al pueblo de Dios sino como una respuesta a su gracia.

PRIMERA A LOS CORINTIOS: UN RUEGO POR PAZ, SANTIDAD Y FIDELIDAD

Confusión en Corinto

Cuando Pablo escribió las cartas a los Tesalonicenses había estado trabajando arduamente estableciendo la comunidad cristiana en Corinto. Según Hechos, también se ganaba su propio sustento trabajando con sus manos. Junto con Aquila y Priscila, dos compatriotas judíos que, como Pablo, eran cristianos y fabricantes de carpas (Hch 18:3; 1 Co 4:12; 9:12, 15, 18). Cada día de reposo Pablo dejaba su cuchillo, leznas, agujas e hilo detrás, y se iba a la sinagoga local para hablar del evangelio tanto con judíos como con simpatizantes gentiles que se reunían allí.[1]

Pronto Timoteo y Silas llegaron de Macedonia, al parecer con ofrendas monetarias para sostener el ministerio de Pablo, y esto permitió que Pablo se dedicara exclusivamente a sus esfuerzos en la sinagoga (Hch 18:5; cf. Fil 4:15).[2] Estos esfuerzos no tuvieron, en general, éxito. El público de Pablo a la larga se volvió hostil y, perdiendo paciencia con este foro para su mensaje, proclamó que «desde ahora» se iría «a los gentiles». Este cambio quería decir pasar a la casa de al lado que era de propiedad de un gentil que simpatizaba con el judaísmo. Como resultado de la predicación de Pablo aquí, «muchos de los corintios, oyendo, creían y eran bautizados». Irónicamente, este grupo incluyó al

---

[1] Sobre la naturaleza del oficio de Pablo de fabricar carpas, ver Ronald F. Hock, *The Social Context of Paul's Ministry: Tentmaking and Apostleship* (Fortress, Philadelphia, 1980); Jerome Murphy O'Connor, *St. Paul's Corinth: Texts and Archaeology* (GNS 6; Michael Glazier, Wilmington, Del., 1983), 167-70; e idem, *Paul: A Critical Life* (Oxford Univ. Press, Oxford, 1996), 86-89.

[2] Cf. también 2 Co 11:9; Fil 4:15; y BDAG, 971.

director de la sinagoga Crispo y a su casa (Hch 18:6–8), aunque no leemos de ninguna otra conversión de judíos.[3]

El relato de Lucas, aunque breve, demuestra dos aspectos de la iglesia de Corinto que reciben conformación en 1 Corintios y ayudan al esfuerzo de descubrir la teología de la carta. Primero, por lo menos para cuando Pablo escribió esta carta, parece que los gentiles eran la abrumadora mayoría. «Ustedes saben», dice Pablo en 1 Corintios 12:2, «que cuando ustedes eran gentiles, eran arrastrados por ídolos mudos» (aut.). Esta impresión queda confirmada cuando consideramos la naturaleza de los problemas que Pablo trata en la carta. El incesto (5:1–13), emplear prostitutas (6:20; cf. 2 Co 12:21), abstinencia sexual dentro del matrimonio (7:1–7), e idolatría (10:1–22) no eran vicios que practicaban los judíos. Es improbable, por consiguiente, que las varias facciones dentro de la congregación de Corinto se dividieran según líneas étnicas.[4]

Segundo, la congregación incluía a personas de varias clases sociales. Pablo, Aquila y Priscila eran obreros que trabajaban con las manos, o sea un grupo de baja posición social. «Todos los trabajadores que reciben paga por su esfuerzo y no por su habilidad tienen empleos serviles y denigrantes», decía Cicerón, «porque en su caso la misma paga es un contrato a servidumbre».[5] La posición social de otros dentro de la iglesia, sin embargo, puede haber sido mucho más alta. Crispo y Estéfanas eran propietarios (1 Co 1:16; 16:15) y por consiguiente probablemente tenían esclavos.[6] Crispo era el jefe de la sinagoga (Hch 18:8), y puesto que los principales de la sinagoga eran responsables por el mantenimiento del edificio de la sinagoga, por lo general eran acomodados.[7] Tito Justo tenía una casa que bien podía acomodar un público para Pablo y probablemente tenía una ubicación excelente cerca del mercado (Hch 18:7).[8] La casa de Gayo era lo suficientemente grande

---

[3] A Sóstenes, que parece ser sucesor de Crispo, lo golpeó una chusma desenfrenada en presencia del procónsul Galión (Hch 18:17). ¿Se convirtió él también a Cristo y más adelante se unió a Pablo para escribir 1 Corintios desde Éfeso (1 Co 1:1)? No lo sabemos, puesto que Hch 18:17 no da ninguna explicación para el incidente. El propósito de Lucas al relatar la golpiza es simplemente subrayar la indiferencia política de Galión al cristianismo puesto que lo consideraba un asunto judío.

aut. traducción del autor

[4] *Pace*, por ej., C. K. Barrett, *Essays on Paul* (Westminster, Philadelphia, 1982), 49–50, y Hans Hübner, *Biblische Theologie des Neuen Testaments*, 3 vols. (Vandenhoeck & Ruprecht, Göttingen, 1993), 2:165, que cree que «el partido de Cefas» en Corinto (1:12; 3:22; 9:5) estaba compuesto de cristianos judíos ofendidos por la comida de carne ofrecida a ídolos (8:1–12; 10:23–11:1).

[5] *Off*. 1.l50. La traducción es de Cicerón, *On Duties* (Cambridge Texts in the History of Political Thought; Cambridge Univ. Press, Cambridge, 1991), 58. Ver Murphy-O'Connor, *Paul*, 89. Actitudes similares de la clase más alta hacia la labor servil se hallan en obras de mitad y hacia fines del siglo segundo d.C. en Luciano (*Fug*. 13, 17) y Celso (Orígenes, *Cels*. 3.55).

[6] Gerd Theissen, *The Social Setting of Pauline Christianity: Essays on Corinth* (Fortress, Philadelphia, 1982), 83–87.

[7] Ibid., 74–75.

[8] Lucas nos dice que la casa de Tito Justo estaba junto a la sinagoga. Una inscripción de una sinagoga del primer siglo se ha hallado cerca del mercado de la ciudad. Sobre la ubicación de la sinagoga, ver Theissen, *Social Setting*, 90.

no solamente para alojar a Pablo como huésped durante una visita posterior a la ciudad sino también para servir como lugar de reunión para toda la iglesia de Corinto (Ro 16:23).

De modo que, aunque «no muchos» de los creyentes corintios «eran influyentes» o «de noble nacimiento» (1 Co 1:26), algunos claramente lo eran, y esto debe haber creado tensiones inmediatas dentro de la comunidad cristiana de Corinto.[9] ¿Acaso la crema y nata continuaba asistiendo a los banquetes a los que eran invitados, aunque esto pudiera significar participar en ceremonias idólatras y ofender a los pobres que no estaban acostumbrados a tales banquetes? ¿Acaso el menú y el arreglo de asientos para las varias clases sociales seguían las costumbres tradicionales cuando la iglesia se reunía para la Cena del Señor, o acaso el evangelio exigía arreglos diferentes? ¿Los educados dentro de la iglesia tendrían una respuesta diferente a tales enseñanzas cristianas como la resurrección corporal que la de los no educados?

Después de que Pablo dejó Corinto y a la larga se quedó en Éfeso, estos y otros asuntos condujeron a problemas.[10] Él tuvo que escribir una carta diciéndoles a los creyentes de Corinto que no se mezclaran con personas sexualmente inmorales (1 Co 5:9). Su intención era que esto se refiriera a los creyentes que continuamente vivían vidas sexualmente inmorales, pero los Corintios malentendieron esto y pensaron que estaba recomendando el paso impráctico de disociarse de toda persona sexualmente inmoral. Para hacer eso en Corinto tenían que salir de este mundo (1 Co 5:10). Pablo también envió a Timoteo a Corinto para recordarles a los corintios cómo los apóstoles «se comportaban en Cristo Jesús» (ver 4:17; cf. 16:10); que era la manera de vivir que él les había enseñado mientras estaba en Corinto pero que al parecer ellos habían olvidado.

Antes del regreso de Timoteo, Pablo recibió informes de varias fuentes sobre una serie de problemas en Corinto.[11] Algunos «de la familia de Cloé» habían llegado a Éfeso y le habían contado a Pablo que la iglesia de Corinto estaba dividida en facciones centradas en ciertos dirigentes que, en varias ocasiones, habían viajado a Corinto y trabajado entre los cristianos allí: Pablo, Apolos y Cefas (1:11–12).[12] Tal vez fue también de parte de la familia de Cloé que Pablo «oyó» de otros tres problemas inquietantes: un creyente Corinto que estaba teniendo relaciones sexuales con su

---

[9] Theissen, *Social Setting*, 70–73.

[10] Ver Bruce W. Winter, *After Paul Left Corinth: The Influence of Secular Ethics and Social Change* (Eerdmans, Grand Rapids, 2001), 25–28.

[11] Cuando Pablo escribió 1 Corintios tenía la intención de quedarse en Éfeso hasta Pentecostés (1 Co 16:8). Lucas, sin embargo, dice que salió antes de Pentecostés a fin de llegar a Jerusalén para el festival (Hch 20:16). Esto probablemente quiere decir que Pablo salió de Éfeso antes de lo que había planeado originalmente, pero no antes de sufrir el encarcelamiento del cual escribió Filipenses (ver cap. 13 más abajo) y que puede haber sido la culminación de los problemas que menciona en 1 Co 16:9).

[12] Sobre esto, ver Margaret M. Mitchell, *Paul and the Rhetoric of Reconciliation* (HUT 29; J. C. B. Mohr [Paul Siebeck], Tübingen, 1991), 81–86. Mitchell argumenta persuasivamente que en tanto que la desunión asolaba a la iglesia, la afirmación de Pablo de que los corintios están diciendo: «Yo soy de Pablo; y yo de Apolos;b y yo de Cefas; y yo de Cristo» (1:12) no describe eslogans que los corintios habían adoptado, sino la evaluación que hace Pablo de que ellos están actuando en forma infantil. «Yo soy de Cristo» es la idea que Pablo tiene de lo que los corintios debían estar diciendo. Cf. 2:32 donde Pablo parece que reemplaza este elemento de su caracterización con «y ustedes son de Cristo».

madrastra (5:1), dos creyentes que habían entablado pleito en una corte pagana (6:1) y algunos creyentes corintios que acudían a prostitutas (6:15–16).[13]

Como si esto no fuera suficiente, tres cristianos de Corinto: Estéfanas, Fortunato y Acaico, visitaron a Pablo y probablemente fueron los que llevaron la carta de la comunidad de Corinto preguntándole a Pablo su posición en cuanto al sexo dentro del matrimonio, el divorcio y el celibato (7:1).[14] También trajeron información más inquietante en cuanto a la condición de la congregación. La iglesia se había confundido y dividido por las cuestiones de la idolatría (8:1–11:1); el desorden y la división eran una plaga en su culto colectivo (11:1–14:40); y algunos creyentes de Corinto habían repudiado la creencia en la resurrección de los muertos (15:1–58). Para empeorar las cosas, si acaso eso fuera posible, parte de la comunidad cuestionaba la autoridad apostólica de Pablo (9:1–3; cf. 4:3–5). Todo esto daba amplia razón para una carta prolongada, y 1 Corintios es el resultado.

La carta de Pablo enfoca tres asuntos críticos: la paz dentro de la iglesia, la santidad en el mundo y la fidelidad al evangelio. Primero, y de lo más importante, era una resolución pacífica a la desunión dentro de la iglesia. La iglesia de Corinto se había dividido en facciones en cuanto a quién seguía al maestro más elocuente y qué derechos tenía el cristiano permitido ejercer, y mucho de la carta intenta persuadir a los corintios que debían unificarse.[15] Segundo, el asunto de la santidad, aunque no tan dominante como la unidad y claramente unido a ella, es también un tema por derecho propio. Como pueblo de Dios, estando en continuidad con el antiguo Israel según se lo describe en las Escrituras de Pablo, la iglesia de Corinto debe evitar nublar los límites entre sí misma y el mundo más amplio. Tercero, Pablo se da cuenta de que algunos dentro de la iglesia han negado la resurrección corporal de los creyentes. El vigor de su respuesta muestra cuan en serio toma Pablo el problema: sin la resurrección de los creyentes en la venida de Cristo, no hay expiación por el pecado ni ninguna esperanza para el cristiano.

Paz dentro de la iglesia

---

[13] Esta información puede haber venido de «los de Cloé», de «Estáfanas, Fortunato y Acaico» (16:17), o de alguna otra fuente no mencionada en la carta. El uso de Pablo del término «informado» (*akouetai*) en 5:1 implica que él había recibido por informe oral por lo menos la información en la que se basa 5:1–13. Cf. 11:18, en donde Pablo dice que «oye» (*akouo*) de las divisiones entre los corintios en cuanto a la Cena del Señor.

[14] Los estudiosos por lo general afirman que Pablo usa la frase *peri* en 1 Corintios (1 Co 7:1, 25; 8:1; 12:1; 16:1, 12) para indicar los lugares en la carta en donde está contestando una pregunta específica de los corintios. Margaret M. Mitchell, «Concerning PERI DE in 1 Corinthians», *NovT* 31 (1989): 229-56, ha mostrado ahora esto como descansando en un entendimiento falso de la función de *peri de* en la literatura epistolar antigua. La expresión simplemente se usaba para indicar la introducción de un tema bien conocido tanto para el autor como para los destinatarios.

[15] Ver esp. Mitchell, *Rhetoric of Reconciliation*, que afirma que la carta es un escrito de retórica deliberativa cuyo propósito es fomentar la unidad en una iglesia dividida y que Pablo frecuentemente usa la retórica común de la política para lograr este objetivo. Como considero en este capítulo, Pablo se preocupa por más que la unidad en 1 Corintios, e incluso su preocupación por la unidad tiene un impulso más teológico que político. Mitchell, sin embargo, ha identificado el principal propósito de la carta y mostrado persuasivamente que Pablo frecuentemente apeló a figuras de expresión comunes y expresiones políticas para persuadir a los corintios sobre la necesidad de unidad.

La principal preocupación de Pablo en 1 Corintios es fomentar la concordia en una iglesia dividida. El da indicios de la importancia del tema ya en el saludo de la carta en donde dirige sus comentarios no sólo a los Corintios sino «junto con todos los que en todas partes invocan el nombre de nuestro Señor Jesucristo, Señor de ellos y de nosotros» (1:2).[16] El tema sale a la luz abiertamente en 1:10, en donde Pablo empieza el cuerpo de su carta con una afirmación sencilla de su tesis:

> Les suplico, hermanos, en el nombre de nuestro Señor Jesucristo, que todos vivan en armonía y que no haya divisiones entre ustedes, sino que se mantengan unidos en un mismo pensar y en un mismo propósito (1:10).[17]

Esta afirmación lleva directamente a la descripción más vigorosa de Pablo del problema y su ruego por su remedio en 1:11–4:21. Los corintios se habían vuelto arrogantes en su apego a uno u otro de varios maestros que pasaron por su comunidad (1:11–16; cf. 3:21; 4:6), y el resultado había sido división (1:10), contienda (1:11; 3:3), y celos (3:3).

La atención de Pablo al problema no se limita, sin embargo, a estos capítulos. La desunión vuelve a aflorar 8:1–11:1, en donde implícitamente insta a los Corintios a no buscar sus «propios intereses sino los de los demás, para que sean salvos» (10:33); en 11:2–16, en donde algunos se habían vuelto contenciosos en cuanto al atuendo de las mujeres en el culto público; en 11:17–34, en donde las divisiones sociales se habían desbordado a la celebración de la Cena del Señor; y en 11:1–14:40, en donde algunos habían elevado el don espiritual de glosolalia por encima de los otros dones.

¿Por qué Pablo se preocupa tanto por la unidad de los Corintios? Dos razones principales surgen de la carta. Primero, Pablo espera que los corintios permanecerán «firmes hasta el fin, ... irreprochables en el día de nuestro Señor Jesucristo» (1:8), pero su orgullo, con sus efectos socialmente destructivos, amenazaban esta perspectiva. Su arrogante elevación de un maestro cristiano por sobre otro amenaza la destrucción de la comunidad misma, con terribles consecuencias en el día final para la comunidad como un todo, y para cualquier dirigente individual que pueda haber estimulado tal rivalidad (3:15–17). De modo similar, la actitud arrogante que algunos habían tomado hacia su imaginaria libertad de participar en los cultos paganos amenaza a estimular a los miembros «más débiles» de la comunidad a violar sus propias convicciones, a participar en la idolatría y de esa manera ser destruidos (8:10–12).

Segundo, la discordia de los corintios, porque se basa en el orgullo personal, es síntoma de un profundo malentendido del evangelio.[18] La esencia del evangelio es que Dios escogió libremente a su pueblo aparte de cualquier crecimiento propio y los colocó en comunión con Cristo Jesús, que llegó a ser para ellos «sabiduría de Dios; es decir, nuestra justicia, santidad y redención». Como resultado de esto toda jactancia, excepto jactarse en el Señor, está fuera de lugar (1:26–31). Cuando los corintios se jactaban en los varios dirigentes, enfrentando unas a otras sus capacidades retóricas

---

[16] Esta es la única de las cartas existentes de Pablo en que él califica una designación específica de esta manera. Johannes Weiss, *Der erste Korintherbrief*, 9ª ed. (MeyerK; Vandenhoeck & Ruprecht, Göttingen, 1910), 3–4, aunque la afirmación es tan extraña que él la atribuye a una glosa del redactor. Pero comparar la sintaxis similar de 2 Co 1:1 y Fil 1:1, y ver la consideración en Gordon D. Fee, *The First Epistle to the Corinthians* (NICNT; Eerdmans, Grand Rapids, 1987), 33, y Wolfgang Schrage, *Der erste Brief an die Korinther* (1Kor 1, 1–6, 11) (EKK7.1; Zurich y NeukirchenVluyn: Benziger and Neukirchener, 1991), 105.

[17] Sobre la naturaleza programática de esta oración ver Mitchell, *Rhetoric of Reconciliation*, 65–183.

[18] Cf. Sigurd Grindheim, «Wisdom for the Perfect: Paul's Challenge to the Corinthian Church (1 Corinthians 2:6–16)», *JBL* 121 (2002): 689–709.

(1:18–4:21), cuando se jactaban en la libertad de que su conocimiento les daba libertad para participar en inmoralidad sexual (5:1–8; 6:12–20) y en la idolatría (3:1–13; 10:22), cuando se dividían en grupos socioeconómicos en la Cena del Señor para que sea obvio entre ellos «los aprobados» (11:17–34), y cuando su adoración colectiva se había convertido en una cacofonía de los que hablaban en lenguas, cada uno meramente edificándose a sí mismo (12:1–14:40), entonces los corintios habían demostrado un malentendido fundamental de quiénes eran a la vista de Cristo, y de lo que Dios había hecho por ellos en Cristo Jesús.

En esta carta, por consiguiente, Pablo llama a los corintios de regreso a los elementos fundamentales del evangelio como un medio de instarlos a vivir en armonía unos con otros. Había mucho en juego. Si atendían de corazón su consejo pastoral, ellos seguirían «firmes hasta el fin, … irreprochables en el día de nuestro Señor Jesucristo» (1:8). De otra manera, en los fuegos purificadores del día final, el templo de Dios en Corinto se vendría abajo con estruendo sin que quede nada sino el cimiento del evangelio de Pablo y con los constructores posteriores, más insensatos, a duras penas escapando del candente colapso de su obra de mala calidad (3:10–17).

La sabiduría divisiva del mundo y la sabiduría unificadora de Dios (1:10–4:21).
Sabiduría y división en Corinto

En 1:10–4:21 Pablo responde a un informe «de la familia de Cloé» de que la iglesia estaba plagada de facciones. La gente dentro de la iglesia parecía haberse reunido alrededor del nombre de un dirigente en particular (1:13–17), sea Pablo, Apolos o Cefas, y se habían agrupado en grupos contenciosos (1:11–12; cf. 3:3–4, 21–22), cada grupo aduciendo que su membresía era mejor que los demás (4:6, 19).

En el centro de estas facciones estaban las jactancias corintias de «sabiduría» en sí mismos y en sus varios maestros. La clara referencia al papel que la «sabiduría» (*sofía*) jugaba en Corinto aparece en 3:18–21:

> Que nadie se engañe. Si alguno de ustedes se cree sabio según las normas de esta época, hágase ignorante para así llegar a ser sabio. Porque a los ojos de Dios la sabiduría de este mundo es locura. Como está escrito: «Él atrapa a los sabios en su propia astucia»; y también dice: «El Señor conoce los pensamientos de los sabios y sabe que son absurdos». Por lo tanto, ¡que nadie base su orgullo en el hombre!

Aquí Pablo implica que los corintios pensaban ser «sabios» porque seguían especialmente a maestros «sabios». La referencia a jactarse implica que mucho de las facciones de Corinto resultaron de la afirmación de que un maestro era más sabio que otro.[19] Pablo evidentemente se coloca en último lugar en esta competencia y concede que cuando llegó a Corinto no pareció ser «sabio» como ellos definían el término (2:1).[20]

---

[19] Pablo usa «sabiduría» (*sofía*) y su forma adjetival «sabio» (*sofos*) veintiséis veces en 1:10–4:21, mucho más de lo que usa estas palabras en cualquier otra parte de su correspondencia. Esto probablemente quiere decir que la palabra se la impusieron a la fuerza las afirmaciones de los corintios de poseer sabiduría y no fue decisión propia. Ver Barrett, *Essays on Paul*, 6; Birger Albert Pearson, *The Pneumatikos-Psychikos Terminology in 1 Corinthians: A Study in the Theology of the Corinthian Opponents of Paul and Its Relation to Gnosticism* (SBLDS 12; Scholars Press, Missoula, Mont., 1973), 27; y Fee, *First Epistle to the Corinthians*, 48.

[20] Tales afirmaciones como 4:1–5, 18–21, y 9:1–2 revelan que los corintios están en su gran parte unidos en su oposición a Pablo. Estéfanas, Fortunato y Acaico no se le oponen (16:15–18) como tampoco la facción «de Pablo»; pero una corriente subyacente para reestablecer su autoridad acompaña la argumentación de pablo

¿Cómo definían ellos a la «sabiduría»? Puesto que Pablo une a los griegos antes que a los judíos con la búsqueda de la sabiduría (1:22), y puesto que vincula la sabiduría «del mundo» y «carnal» de los corintios estrechamente con hablar (1:17, 20; 2:1, 4, 6–7, 13; 14:19–20), probablemente debemos ubicar el origen de su enfoque a la sabiduría en el movimiento sofista que floreció en Corinto en el primer siglo.[21] Tal como los sofistas que pasaban por Corinto competían intensamente entre sí y reunían a su alrededor discípulos que participaban de esta rivalidad, así los corintios cristianos se había apegado a su dirigente favorito, sea Pablo, Apolos o Cefas, y derivado comparaciones envidiosas entre ellos.[22]

Los seguidores de Apolos, por ejemplo, habían dicho que su maestro era «elocuente» (*logios*; Hch 18:24) y que los había llevado más allá de lo básico del evangelio a enseñanza más sofisticada (cf. 3:6).[23] A Pablo, en contraste, le faltaba «la sabiduría de la elocuencia» (*Sofía logou*; 1:17), su presencia era débil, su enfoque en la cruz difícilmente era tema apropiado para una declamación elocuente, y no había usado «palabras sabias y persuasivas» (2:2–4).

Gracia y escatología en la respuesta de Pablo

La respuesta de Pablo a esto se apoya en dos cimientos teológicos. Primero, llama a los corintios a retroceder en el tiempo a su propia entrada en el pueblo de Dios y a reflexionar en cómo su unidad como cristianos resultó de la naturaleza de la gracia del evangelio. Segundo, les insta a mirar hacia adelante al día final cuando Dios despojará toda pretensión humana y sólo lo que es espiritual permanecerá.

La naturaleza de gracia del evangelio

La naturaleza de gracia del evangelio se revela tanto en los corintios como en Pablo. Pablo llama a los corintios a considerar quiénes eran cuando Dios los llamó a pertenecer a su pueblo. No muchos eran sabios, ni poderosos ni de noble nacimiento. Eran más bien necios, débiles, de cuna innoble, y menospreciados; o sea, no eran nadie (1:26–28). Dios en su gracia invirtió en ellos lo que ellos no tenían en sí mismos: «Dios ha hecho nuestra sabiduría —es decir, nuestra justificación, santificación y redención» (1:30).[24]

Pablo también les recuerda a los corintios cómo oyeron el evangelio. No se originó en ellos sino en Dios, que le dio a Pablo y Apolos la tarea de plantar y cultivar la semilla del evangelio en Corinto. Pablo y Apolos, entonces, eran colaboradores de Dios y los corintios eran el campo de Dios; edificio de Dios (3:5–9). «¿Qué tienes», les pregunta Pablo «que no hayas recibido?» (4:7). Ellos eran la iglesia de Dios en Corinto porque Dios tomó la iniciativa mediante el trabajo de Pablo y Apolos de llamarlos a que pertenezcan a su pueblo. Su situación como cristianos, por consiguiente, se originó

---

en 1:10–4:21. Ver Nils Alstrup Dahl, *Studies in Paul: Theology for the Early Christian Mission* (Augsburg, Minneapolis, 1997), 47–49, y Fee, *First Epistle to the Corinthians*, 8–9, y *passim*.

[21] Ver esp. Bruce Winter, *Philo and Paul among the Sophists* (SNTSMS 96; Cambridge Univ. Press, Cambridge, 1997), 114–44, 170–76. Cf. Clemente de Alejandría, *Stromata* 1.3 y Johannes Munck, *Paul and the Salvation of Mankind* (John Knox, Atlanta, 1959), 152–54.

[22] Sobre la competencia entre los sofistas y la rivalidad entre sus seguidores, ver Winter, *Paul and Philo among the Sophists*, 170–76.

[23] Barrett, *Essays on Paul*, 11.

[24] Detrás de este pasaje está la teología que más adelante se expresará en Romanos como «la justicia de Dios». Sobre esto ver Hübner, *Biblische Theologie*, 2:118, 140.

en Dios, y el carácter de gracia de todo esto es inconsistente con su jactancia contenciosa en sus maestros cristianos favoritos (3:21; 4:7). Dios actuó a favor de los corintios por medio de sus servidores que se respaldan mutuamente, y «para que, como está escrito: «Si alguien ha de gloriarse, que se gloríe en el Señor» (1:31; Jer 9:24).[25]

La naturaleza de gracia del evangelio también se revela en Pablo: en el evangelio que predicó, en la manera que lo predicó, y en la ocasión de su obra entre los corintios. Primero, la naturaleza de gracia del evangelio se revela en la «locura» del contenido del evangelio. El elemento central del evangelio era la crucifixión de Jesús (1:23; 2:2), y sin embargo la crucifixión universalmente se consideraba con horror como la forma más denigrante de ejecución. Era «la peor de las muertes», la «infame estaca», el «madero criminal», y la «terrible cruz».[26] Desde la perspectiva de los que estaban pereciendo, por consiguiente «el mensaje de la cruz es una locura» (1:18). Sin embargo fue precisamente por la predicación de la cruz que Dios, en su propia sabiduría, «tuvo a bien salvar ... a los que creen» (1:21).

¿Por qué Pablo recalca la elección de Dios de un método «necio» para lograr sus propósitos salvadores? Al mostrar cómo los expertos en «la sabiduría del mundo» habían rechazado el evangelio debido a su locura u ofensa, Pablo recalca la imposibilidad de creer en el evangelio aparte de la iniciativa de Dios. Había sólo una razón por la que un grupo de personas se habían unido en Corinto alrededor de la convicción de que Cristo crucificado es la sabiduría y poder de Dios: Dios los había «llamado» a pertenecer a su pueblo (1:24).

Segundo, Pablo considera su fracaso de llegar a la altura de las normas de los corintios para un orador triunfador como el medio por el que Dios ha demostrado su poder. Pablo no poseía ni elocuencia ni sabiduría superior cuando predicó entre los corintios (2:11). No usó ingeniosos artificios retóricos (2:4). Más bien su predicación exhibió debilidad, temor y temblor (2:3; cf. 4:8–13). «El espíritu del mundo» (2:12) no la inspiró, ni tampoco su predicación siguió los cánones que la «sabiduría humana» había establecido (2:13). Más bien, el Espíritu de poder la acompañó (2:4), «el espíritu que procede de Dios» la inspiró (2:12), y el Espíritu enseñó a Pablo las palabras que debía usar (2:13). Como resultado, los corintios respondieron al mensaje de Pablo en fe (2:4).

¿Por qué Dios obró mediante la debilidad de la predicación de Pablo? «Para que la fe de ustedes», les dice Pablo a los Corintios, «no dependiera de la sabiduría humana sino del poder de Dios» (2:5). ¿Por qué Pablo habla palabras que el Espíritu de Dios suplió? «Para que entendamos», explica Pablo, «lo que por su gracia él nos ha concedido» (2:12). La insistencia de Dios en obrar mediante la debilidad enfocaba la atención en Dios mismo como la fuente de la fe de los corintios; la membresía de los corintios en el pueblo era un don de Dios a ellos, y no algo ganado mediante la deslumbrante presentación de oradores elocuentes o la capacidad de los corintios para catalogar a sus maestros conforme a los criterios de «sabiduría humana».

Tercero, la gracia de Dios era evidente en la ocasión del ministerio de Pablo entre los corintios. Pablo llegó a Corinto antes de Apolo y plantó la fe en los corintios, en tanto que Apolos vino más tarde y «regó» la semilla que Pablo había sembrado (3:6). Pablo había colocado el cimiento de la comunidad corintia, y otro estaba edificando encima (3:10b). Nada de esto sucedió, sin embargo, por designio humano, sino conforme a los propios dones de Dios: él dio a Pablo y Apolos sus tareas en

---

[25] Cf. Rudolf Bultmann, *Theology of the New Testament*, 2 vols. (Charles Scribner's Sons, Nueva York, 1951–55), 1:242.

[26] Martin Hengel, *Crucifixion in the Ancient World and the Folly of the Message of the Cross* (Fortress, Philadelphia, 1977), 4, 7.

Corinto (3:5), y Pablo puso el cimiento de la fe de los corintios «por la gracia» que Dios le había dado (3:10a).

De este modo, Pablo llama a los corintios a la unidad recordándoles que todo en cuanto a su incorporación en el pueblo de Dios apunta lejos de ellos mismos y de los maestros en los que ellos se enorgullecían y hacia Dios mismo. Nada en los corintios impulsó a Dios a llamarlos a que sean su pueblo. Nada superficialmente atractivo en el mensaje que Pablo predicó los impulsó a creer. Ninguna astucia retórica en la presentación de Pablo del evangelio los impulsó a abrazar el evangelio. Más bien, Pablo les dice, «[Dios] es la fuente de su vida en Cristo Jesús» (1:30, aut.). Esto quiere decir que deben dejar de jactarse en ellos mismos y, al unísono, jactarse en el Señor.

El «día» como momento de verdad

La respuesta de Pablo al orgullo divisivo de los corintios también enfoca en «el día» (3:13; cf. 4:3) cuando Dios revelará la valía real de la obra de cada persona. Viene el día, dice Pablo, cuando Dios revelará a Pablo y Apolos por su propia labor (3:8), y viene un «día» que sacará a la luz la valía de la obra de cada persona para el «edificio» o «templo de Dios» en Corinto (3:9, 16–17). Los que han edificado sabiamente con oro, plata o piedras costosas —materiales apropiados para construir el templo de Dios— verán la supervivencia de su obra y una recompensa de Dios en ese día (3:12–14; cf. 3:8, 4:5). Los que han construido con materiales frágiles: madera, heno o paja, a duras penas escaparán el colapso en llamas de sus esfuerzos (3:12, 15). A los que han trabajado para destruir el templo de Dios, Dios mismo los destruirá (3:16–17).

Pablo entonces se dirige a los de Corinto que se sientan a juzgarlo y les dice que el juicio que ellos hacen es irrelevante para él, y que incluso el propio juicio de Pablo en cuanto a sí mismo no tiene importancia real (4:1–5). Sólo Dios puede juzgar con verdad, porque sólo él puede iluminar las cosas ocultas de la oscuridad y revelar los motivos de los corazones humanos. Vendrá el tiempo cuando él hará esto, y así los corintios no deben juzgar a nadie en el presente, sino esperar el completamente justo juicio de Dios.

Para decirlo en breve, la naturaleza del día final implica que los corintios debían dejar sus comparaciones divisivas entre Pablo, Apolos y Cefas por tres razones. Primero, al hacer estos juicios están actuando prematuramente. Sin entender los motivos que impulsan al maestro a quien se están aferrando y a los otros a quienes menosprecian, no pueden juzgarlos justamente. Segundo, al actuar como jueces se están irrogando un papel que le pertenece a Dios, quien es el único que conoce los consejos del corazón humano. Tercero, las comparaciones envidiosas de los corintios están destruyendo el «templo» de Dios en Corinto, y los que destruyen el templo de Dios pueden sólo esperar para sí mismos la ira destructora de Dios en el día final.

Sumario

En 1:10–4:21 Pablo llama a los corintios a que dejen sus peleas respecto a cuál maestro cristiano es mejor, mirando hacia atrás para ver su propia incorporación al pueblo de Dios por la gracia de Dios y mirando hacia adelante al día final cuando Dios separará a los edificadores necios y sabios de su iglesia. Cuando miran hacia atrás a la gracia de Dios, los corintios deben ver un mensaje no convincente traído por un mensajero no convincente a un grupo de candidatos improbables para membresía en el pueblo de Dios. Deben entonces darse cuenta de que su membresía en el pueblo de Dios puede ser sólo el resultado del llamado poderoso de Dios a ellos y la elección que Dios hizo de ellos por su Espíritu. Cuando miran hacia adelante los corintios deben ver un día en el que Dios revelará los motivos del corazón de cada persona, que recompensará a los que han edificado su «templo» en Corinto, y destruirá a los que lo han derribado. Los juicios sobre estos asuntos antes de

---

aut. traducción del autor

ese día, particularmente cuando esos juicios destruyen la iglesia, por consiguiente, no son meramente inapropiados sino peligrosos escatológicamente.

Conocimiento destructor y amor que edifica (8:1–11:1)

En 8:1–11:1 Pablo pasa a la conexión entre comer carne y la idolatría, y aquí también la división era una plaga en la comunidad de Corinto. ¿Debía el creyente participar en los banquetes rituales que se realizaban en los templos paganos? ¿Debía el creyente comer carne cuyo origen era desconocido y que podría, por consiguiente, haber sido previamente ofrecida en sacrificios paganos?[27] Estos eran asuntos importantes en dondequiera que cristianos y judíos adoraban al Dios vivo y verdadero en medio de adoración pagana de «muchos dioses y muchos señores» (8:5). En donde florecía el cristianismo judío, las respuestas a estas preguntas eran claras: comer alimentos que habían sido sacrificados a los ídolos estaba prohibido.[28]

Pero el cristianismo judío no era fuerte en Corinto, y los cristianos corintios atesoraban su libertad (5:2, 6; 6:12-13). Algunos entre los corintios, por consiguiente, se enorgullecían de conocimiento de que «un ídolo no es absolutamente nada» (8:4) y concluían que tenían «derecho» (*exousia*; 8:9) para comer en el templo del ídolo (8:9) y para comer cualquier cosa que se vendiera en el mercado sin preguntar por su origen (10:23, 25). «Todo está permitido» (10:23; cf. 6:12) era la consigna de este grupo. No sólo que reclamaban el derecho de comer tales alimentos, sino que aducían que su conocimiento de que estos alimentos estaban permitidos para ellos los hacía superiores a otros que no tenían este conocimiento.[29] En una extraña inversión de la postura normal judía y cristiana sobre este asunto, al parecer afirmaban que comer tal comida, debido a que revelaba un conocimiento superior, de alguna manera los acercaba más a Dios; comer comida ofrecida a ídolos no era meramente un asunto neutral para ellos sino que decididamente era mejor que abstenerse (8:8).

Este «conocimiento», sin embargo, atropellaba las conciencias de algunos dentro de la iglesia de Corinto que no estaban seguros de que estaba bien. Este grupo «débil» estaba todavía tan acostumbrado a los ídolos que cuando comían comida en un ambiente en donde los ritos religiosos paganos eran parte de la comida, se sentían como si estuvieran participando en la idolatría. La actitud superior del grupo conocedor ponía una presión sutil sobre los que tenían conciencias débiles y los impulsaban a comer comidas que sus convicciones les decían que debían evitar (8:10). Como resultado, las conciencias de los débiles «se contamina» (8:7), y los débiles mismos estaban en peligro de sucumbir de nuevo a la idolatría, de apartarse de la iglesia, y así ser destruidos (8:11).[30]

---

[27] Para entender estos asuntos en 8:1–11:1, ver Fee, *First Epistle to the Corinthians*, 359-60.

[28] Ver Barrett, *Essays on Paul*, 56.

[29] Cf. James Moffatt, *The First Epistle of Paul to the Corinthians* (MNTC; Hodder and Stoughton, Londres, 1938), 111; C. K. Barrett, *A Commentary on the First Epistle to the Corinthians* (HNTC; Harper & Row, Nueva York, 1968); y Hans Lietzmann, *An die Korinther I/II*, 5ª ed. rev. Werner Georg Kümmel (HNT 9; J. C. B. Mohr [Paul Siebeck], Tübingen, 1969), 38.

[30] Como Theissen, *Social Setting*, 127-28, ha argumentado, los «débiles» y los conocedores probablemente pertenecían a diferentes clases socioeconómicas. Los conocedores eran probablemente pudientes y por consiguiente solían comer carne en una variedad de escenarios, en tanto que los «débiles», que probablemente eran pobres, tenían acceso regular a la carne sólo en ciertas ocasiones de cultos cuando se la repartía gratis a la población en general.

Pablo concuerda con la convicción fundamental del grupo conocedor: de que tienen razón al decir que el ídolo no es nada y que sólo hay un Dios (8:4–6); pero resiste su conclusión de que «todo» en el campo de la comida ofrecida a los ídolos «esté permitido» (10:23). Más adelante dirá que comer una comida en un templo pagano es idolatría (10:1–22). Aquí argumenta que el conocimiento debe someterse al amor, y que el amor edifica a la iglesia (8:1; 10:23) al desprendidamente dejar a un lado sus propios derechos de modo que otros puedan ser guiados a la salvación. Los conocedores de Corinto, sin embargo, habían descuidado el amor. Al insistir en su supuesto «derecho» (*exousia*, 8:9) a comer en los templos paganos e insistir además que al usar este «derecho» los hacía mejores que los que tenían conciencias débiles, ellos «estimulaban» al débil a participar en tales comidas en contra de sus convicciones. Por consiguiente guiaban al débil a descender por el sendero de la destrucción eterna (8:9–11).

Pablo entonces provee su propia conducta apostólica como ejemplo de cómo los creyentes deben dejar a un lado sus derechos a fin de conducir a otros a la salvación. Él tiene el «derecho» (*exousia*) de recibir sostenimiento de las comunidades en que ministra, incluyendo la comunidad de Corinto (9:3, 12), pero él ha dejado a un lado su derecho (9:12b, 15, 18) para evitar cualquier impedimento al evangelio. Él se ha hecho a sí mismo esclavo de todos, identificándose con judíos, griegos y débiles, convirtiéndose en «todo para todos, a fin de salvar a algunos por todos los medios posibles» (9:19–22).

¿Cómo, entonces, debe el creyente corintio conocedor actuar cuando enfrenta una invitación a participar en una comida en el templo o tiene una comida en la casa de un no creyente? En el caso de comer en un templo pagano, Pablo cree que la práctica es idólatra y por consiguiente es errada en cualquier caso (10:1–22), pero aquí arguye que incluso aquellos cuyo conocimiento (erróneamente) se los permite deben dejar a un lado la práctica puesto que las posibilidades son demasiado grandes para pecar contra los hermanos y hermanas más débiles al lastimar «su conciencia» y llevarlos a la destrucción eterna (8:11–12): «Por lo tanto, si mi comida ocasiona la caída de mi hermano», dice «no comeré carne jamás, para no hacerlo caer en pecado» (8:13).

La misma preocupación para la edificación de otro moldea el consejo de Pablo en cuanto a comer carne sacrificada, que se sirve en la casa privada de un no creyente. El creyente, dice Pablo, es libre de comer sin discriminación lo que se le sirva; con una excepción. Si un no creyente bien intencionado en la comida señala que algo de esa comida fue «dedicada a un dios» (*jierotziton*), el creyente no debe comer (10:28). Presumiblemente el no creyente ha hecho un esfuerzo consciente de evitar que el creyente viole sus costumbres religiosas, erróneamente dando por sentado que los cristianos, como los judíos, evitaban la carne de los sacrificios. Pablo dice que en tales situaciones el creyente debe honrar este esfuerzo de buena fe y no servirse de la comida, no porque sería una violación de la conciencia del creyente para comer, sino por causa del que le dio el recordatorio (10:28–30).[31]

Como en 8:1–13, el punto es que los cristianos deben ceder sus derechos para evitar hacer que otro tropiece—sea judío no creyente, griego no creyente, o hermano en Cristo—a fin de que pueda salvarse el mayor número posible. Esto, dice Pablo, es lo que él ha hecho, y los creyentes de Corinto deben seguir su ejemplo (10:33; cf. 9:22). Al hacerlo así, estarán también siguiendo el ejemplo de Cristo (11:1; cf. 11:17–34).

---

[31] Fee, *First Epistle to the Corinthians*, 483–85. El pasaje es extraordinariamente difícil. Para las varias opciones de interpetación, ver Anthony C. Thiselton, *The First Epistle to the Corinthians* (NIGTC; Eerdmans, Grand Rapids, 2000), 788–90. La reconstrucción que hace Fee de la situación halla buen sentido en las referencias de Pablo a la conciencia de otros (10:29) y su deseo de salvar a muchos (10:33).

Podemos concluir de todo esto que uno de los objetivos primarios del consejo de Pablo a los corintios sobre la comida ofrecida a los ídolos es animar a los que tienen «conocimiento» a procurar el bienestar eterno de sus hermanos y hermanas más débiles, y animar a todos a buscar la salvación de los que no son creyentes. Si los corintios procuran edificar su iglesia (8:1; 10:23) de esta manera, habrá tres consecuencias. Primero, los que ya están dentro del compañerismo de la iglesia permanecerán firmes en su fe en lugar de ser destruidos (8:11). Segundo, otros serán añadidos a su número (9:22; 10:33). Tercero, el templo de Dios que los creyentes corintios y sus dirigentes han construido sobrevivirá a los fuegos purificadores del día final (3:10–15; cf. 1:8–9).

Unidad y edificación en la adoración colectiva (11:2–14:40)

Cuando los corintios se reunían para el culto colectivo su historial en cuanto a negarse sus propios derechos por el bien de la comunidad y beneficio de los débiles no era mejor que cuando la cuestión eran los ritos paganos de adoración. Aquí también los creyentes corintios insistían en sus propios privilegios personales a detrimento de la unidad de la iglesia y su testimonio a los de afuera. Tres asuntos demostraron ser particularmente divisivos: los creyentes estaban orando y profetizando sin los atuendos acostumbrados (11:2–16), los ricos comían sus comidas bien aprovisionadas en la Cena del Señor pero permitían que los pobres pasen hambre (11:17–34), y los que tenían el don espiritual de hablar en lenguas elevaban su don a un nivel de importancia tan encumbrado que estaban descuidando otros dones y a los que los poseían (12:1–14:40).

Desunión por cubiertas para la cabeza (11:2–16)

El primer asunto, el atuendo apropiado para la adoración, es notoriamente oscuro. ¿Cuál es la costumbre precisa que Pablo quiere que las mujeres de Corinto observen al orar o profetizar? ¿Se refiere a un pedazo de tela con que debían cubrirse la cabeza, o al pelo, que deberían llevar sobre sus cabezas? ¿Por qué las mujeres de Corinto no observaban esta costumbre? ¿Estaban simplemente siguiendo la práctica de su cultura, una práctica que hería la sensibilidad judía de Pablo, o estaban siguiendo alguna norma cultural de la Corinto romana y produciendo con ello un escándalo innecesario? ¿Por qué Pablo creía que los hombres no debían cubrirse la cabeza? ¿Estaban violando ellos esta regla? Si no, ¿por qué Pablo insiste en que no deben cubrirse la cabeza?

Pocos estudiosos han contestado estas preguntas exactamente de la misma manera, pero varios elementos esenciales del problema son claros. Primero, Pablo concluye su consejo sobre el asunto con la declaración de que «Si alguien insiste en discutir este asunto, tenga en cuenta que nosotros no tenemos otra costumbre, ni tampoco las iglesias de Dios» (11:16), y esto probablemente quiere decir que el asunto ha sido fuente de tensión dentro de la iglesia.[32]

Segundo, aunque Pablo se dirige a los hombres y a las mujeres, la cantidad de atención adicional que dedica a las mujeres (11:6, 13–15) indica que la responsabilidad primordial del problema estaba en ellas. Es más, el problema mismo se centraba en la negativa de algunas mujeres de cubrirse la cabeza al orar o profetizar.[33]

Tercero, esta negativa a llevar una cubierta en la cabeza, debido a que era la manzana de la discordia, probablemente quiere decir descartar alguna forma de atuendo; tal vez la cubierta de la cabeza que parecía haber sido normal que las mujeres romanas casadas llevaran al estar en público.[34]

---

[32] Mitchell, *Rhetoric of Reconciliation*, 149–51.

[33] Ver Fee, *First Epistle to the Corinthians*, 505, aunque Fee tal vez esté demasiado confiado en que los comentarios de Pablo a los hombres consideran una situación hipotética.

[34] El problema no es, por consiguiente, cuestión de pelo, como algunos intérpretes piensan, sino de vestido. Sobre esto, ver, por ej., David W. J. Gill, «The Importance of Roman Portraiture for Head-Coverings in 1

Si es así, estas esposas pueden haber apelado a un razonamiento para sus acciones a la consigna cristiana de Corinto de que «todo es permitido» (6:12; 10:20), y de este modo pueden haber visto sus acciones, a pesar de la vergüenza que traía a sus esposos (11:5–6), como estando dentro de sus «derechos» recientemente hallados en Cristo.[35]

Pablo responde que estas mujeres casadas deben cubrirse la cabeza cuando oran o profetizan en el tiempo en que la iglesia está reunida para adoración. No hacer esto viola el principio integral en el matrimonio en la creación de la primera esposa de que la esposa debe honrar, y no avergonzar, a su esposo (11:7–10; cf. Gn 2:18–22).[36] Eso trastorna un sentido común de lo que es apropiado en la cultura en general y en la iglesia (1 Co 11:13–16). Por consiguiente produce discordia (11:16). Pablo rápidamente pasa a afirmar el principio que puede haber llevado a las mujeres a descartar el cubrirse la cabeza para empezar: los esposos y las esposas son interdependientes e iguales unos a otros porque Dios los creó a ambos (11:11–12); pero cree que esta manifestación particular de ese principio teológico está equivocada. Es un error por la vergüenza que acarrea a sus esposos y a la discordia que produce en la iglesia. Las esposas cristianas de Corinto deben renunciar a sus «derechos» y cubrirse la cabeza al hablar en culto colectivo por causa de sus esposos y la paz de la iglesia.

Divisiones socioeconómicas en la Cena del Señor (11:17–34)

Los detalles que rodean al segundo asunto: la humillación de los pobres en la Cena del Señor, son algo más claros. Pablo ha oído, tal vez de los de la familia de Cloé, que la Cena del Señor en Corinto se había convertido en ocasión de «divisiones» (*squismata*, cf. 1:10) y para mostrar quién dentro de la iglesia era «aprobado» (11:19, aut.). Esto sucedía porque la Cena del Señor se celebraba en conexión con una comida completa, y los pudientes se dedicaban a ingerir sus propias provisiones en tanto que «los que no tienen nada», los pobres, quedaban con hambre y humillados

---

Corinthians 11:2–16», *TynBul* 41 (1990): 245–60; Winter, *After Paul Left Corinth*, 123–30; Thiselton, *First Epistle to the Corinthians*, 801, 828–29; y David E. Garland, *1 Corinthians* (BECNT; Baker, Grand Rapids, 2003), 519–21.

[35] Aunque ella no es así de específica, algo como esta situación parece que da por sentado Judith Gundry-Volf, «Gender and Creation in 1 Corinthians 11:2–16: A Study in Paul's Theological Method», en *Evangelium, Schriftauslegung, Kirche: Festschrift. für Peter Stuhlmacher zum 65. Geburtstag*, ed. Jostein Adna, Scott J. Hafemann, y Otfried Hofius (Vandenhoeck & Ruprecht, Göttingen, 1997), 150–71, aquí en 164–71. Gundry-provechosamente recalca dos elementos adicionales de la situación (169): el escándalo cultural que la conducta de las mujeres habría producido y la necesidad que Pablo sentía de contenerlo a fin de mantener la aceptabilidad social de la iglesia de Corinto. A esto podríamos añadir la preocupación de Pablo en cuanto al atractivo del evangelio a los de afuera (cf. 10:25–11:1; 14:24–25).

[36] Pablo basa su afirmación de que la esposa debe honrar a su esposo en las afirmaciones de Génesis de que Dios hizo del hombre a la mujer (Gn 2:22–23; cf. 1 Co 11:8), y que ella es ayuda idónea para el hombre (Gn 2:18; 1 Co 11:9). Estas afirmaciones probablemente también informan su afirmación de que la cubierta de la cabeza de la esposa es una «señal de autoridad» (1 Co 11:10a), aunque no es enteramente claro si Pablo quiere decir que está bajo autoridad o que tiene autoridad. La mujer también debe llevar cubierta la cabeza «por causa de los ángeles» (11:10b), afirmación oscura que probablemente tiene que ver con la noción de que los ángeles estaban presentes en la comunidad que adora y que las mujeres deben evitar deshonrar no sólo a sus esposos sino también a estos ángeles al quitarse su cubrecabezas.

(11:21–22). Los miembros ricos de la iglesia de Corinto probablemente auspiciaban estos cultos de adoración colectivos y proveían la comida para todos los participantes; ellos mismos tendrían casas de suficiente tamaño como para acomodar grandes grupos de creyentes, y sólo ellos tendrían los medios para proveer pan y vino para la celebración de la Cena del Señor.[37] En armonía con la costumbre del día, también tal vez proveían un menú, más suculento, para sí mismos y sus iguales sociales como señal de su rango en la sociedad.[38]

Pablo estaba disgustado por esta práctica. Cualquier cosa que estuvieran comiendo, les dice, no es la Cena del Señor (11:20). Ellos pueden comer y beber en sus propias casas, pero el culto colectivo de la iglesia no es el lugar para humillar a los pobres (11:22, 34). Hacer esto, dice, es «menospreciar a la iglesia de Dios» (11:22).

¿Cómo respalda teológicamente Pablo su respuesta? Pablo les recuerda a los corintios el significado de la Cena del Señor, significado que debería ser evidente para todos por las palabras tradicionales de su institución que él les había entregado (11:28) y del pan sencillo, el cuerpo del Señor, que partían como parte de la Cena del Señor. Esta comida sagrada, dice Pablo, proclama la muerte de Jesús hasta que él venga, y Jesús murió «por» (*júper*) todos los corintios (11:24; cf. 15:3).

Es más, la Cena del Señor exige que se discierna el cuerpo de Cristo (11:29), y, como Pablo ya ha dicho (10:17), el pan que se utiliza en la Cena del Señor significa un cuerpo de creyentes. La Cena del Señor exige que los creyentes se reúnan en unidad bajo la muerte sacrificial de Jesús.[39] Usar este sacramento como ocasión para afirmar la superioridad social de unos sobre otros es por consiguiente completamente incongruente con esta exigencia. Es un serio malentendido del propósito de la Cena del Señor el que los que participan en ella, dice Pablo, se hayan alineado con los que matan a Jesús antes que con Jesús, los que son culpables del «cuerpo y la sangre del Señor» (11:27) y que están experimentando el castigo de Jesús en enfermedad y muerte (11:30).

Un énfasis divisivo sobre las lenguas (12:1–14:40)

En 12:1–14:40 Pablo pasa a la tercera práctica divisiva que plagaba la adoración colectiva de los corintios: elevar el don espiritual de hablar lenguas por sobre los demás dones. La esencia del problema es visible en la metáfora del cuerpo que Pablo usa en 12:12–27. El punto de la metáfora es que el cuerpo consiste no de una parte sino de muchas, que no es sólo ojo ni tampoco oreja ni tampoco ningún otro órgano es particular, sino una diversidad de partes que trabajan juntas. Algunos en Corinto, sin embargo, creían que todos debían tener el mismo don, como revelan las preguntas retóricas de Pablo: «¿Son todos apóstoles? ¿Son todos profetas? ¿Son todos maestros? ¿Hacen todos milagros? ¿Tienen todos dones para sanar enfermos? ¿Hablan todos en lenguas? ¿Acaso interpretan todos?» (12:29–30).

Cómo este enfoque ha afectado a los que no poseen el don también se hace claro en la metáfora del cuerpo. Algunos evidentemente habían hecho que «los miembros del cuerpo que parecen más débiles» (12:22) se sientan como si no fueran «miembros del cuerpo». El ala más «presentable» (*eusquemon*, 12:24) de la iglesia les había dicho que no eran necesarios (12:21). Que el don que

---

[37] En lo que sigue estoy en deuda con Theissen, *Social Setting*, 145–74. Cf. también Fee, *First Epistle to the Corinthians*, 540–41.

[38] Ver las iluminadoras citas de Theissen, *Social Setting*, 156–57, de Plinio, *Ep.* 2.6 y Marcial, *Epigrammata* 1.20; 3.60.

[39] Cf. Barrett, *First Epistle to the Corinthians*, 272–73. Sobre el carácter de la Cena del Señor como demanda tanto como don en la teología de Pablo, ver Ernst Käsemann, *Essays on New Testament Themes* (Fortress, Philadelphia, 1982), 108–35.

producía problemas es el hablar en lenguas es claro no sólo por el enfoque de Pablo en él en 14:1–40, sino por su posición enfática al final de la lista de dones en 12:8–10, 28, 29–30, y al principio de su famosa digresión sobre el amor (13:1).[40]

Contra todo esto Pablo aconseja tres cursos de acción. Primero, aconseja a los presentables corintios que traten a los hermanos y hermanas más débiles con honor especial. Esto asegurará que no haya divisiones, sino que cada miembro del cuerpo reciba igual cuidado (12:24–25).

Segundo, insta a los corintios a unir su celo por los dones espirituales con un deseo de seguir el camino más alto del amor (12:31b–14:1a). A diferencia de la profecía, lenguas y conocimiento, que eran tres dones especialmente atesorados en Corinto, el amor permanece para siempre (13:8, 13).[41] El efecto del amor, además, es una unidad que surge al poner los intereses de otros por encima de los propios intereses y derechos:

> El amor es paciente, es bondadoso. El amor no es envidioso ni jactancioso ni orgulloso. No se comporta con rudeza, no es egoísta, no se enoja fácilmente, no guarda rencor. El amor no se deleita en la maldad sino que se regocija con la verdad. Todo lo disculpa, todo lo cree, todo lo espera, todo lo soporta (13:4–7).

Tercero, Pablo instruye a los corintios a poner un valor más alto sobre el habla entendible en el culto colectivo que en hablar lenguas sin interpretación. El que habla en una lengua no interpretada, explica, se edifica sólo a sí mismo, pero el que habla una palabra inteligible de profecía, una lengua interpretada, o alguna expresión similar entendible, «edifica a la iglesia» (14:2–6). Esta edificación se extiende, además, más allá del creyente al «buscador» (*idiotes*) y al no creyente que puede estar presente cuando la iglesia adora. Cuando estos de afuera oyen palabras entendibles, pueden convenir con lo que se dice (14:16), entender que están bajo la justa sentencia de condenación divina, y convencerse de que Dios en realidad está entre los cristianos (14:22–25).

Sumario

En todo el pasaje de 11:2–14:40, por consiguiente, Pablo amonesta a los poderosos entre los corintios que procuren la unidad en el culto de la iglesia rehusando usar sus derechos de maneras que pongan a los cristianos débiles en desventaja. Las esposas no deben ejercer su supuesto derecho de destaparse la cabeza en el culto deshonrando así a sus esposos. Los ricos no deben humillar a los pobres con menús separados en la Cena del Señor. Los «presentables» que poseen el altamente preciado don de lenguas no deben edificarse a sí mismos con él descuidando a los demás en el culto. Más bien, los corintios deben restringir sus derechos de maneras que son consistentes con la muerte sacrificial de Jesús «por» otros (11:24), con la búsqueda del amor (12:31b–14:1), y con la edificación de la iglesia (14:3–5, 12, 26).

Amonestaciones de Pablo a la unidad en 1 Corintios: El terreno común

A pesar de las variadas circunstancias que dieron lugar a las amonestaciones de Pablo a la unidad en 1 Corintios y la correspondiente variedad de su consejo, dos preocupaciones se hallan detrás de la argumentación de Pablo. La primera es que el carácter de la división de ellos revela un malentendido fundamental de la gracia de Dios. En Corinto, los conocedores, ricos, autoritativos, y presentables estaban atareados demostrando que eran mejores que otros y dedicados a un descuido insensato de los más débiles. Este enfoque al cristianismo basado en autopromoción, sin embargo, es

---

[40] Ver Fee, *First Epistle to the Corinthians*, 571–72. Cf. Mitchell, *Rhetoric of Reconciliation*, 270.

[41] Para el énfasis de los corintios sobre la profecía y conocimiento, ver 11:4–5; 14:29–33; 8:1, 4, 10–11. Cf. Mitchell, *Rhetoric of Reconciliation*, 270.

incompatible con el carácter de Dios según se revela en el evangelio. El Dios que llamó a la chusma indigna de la iglesia de Corinto a ser su templo en Corinto, cuya gracia se mostró en Cristo crucificado, que comunicó estas buenas nuevas a los corintios por medio de un Pablo débil y tembloroso es un Dios que, en su fuerza, se agacha a los débiles y hace por ellos lo que ellos no pueden hacer por sí mismos.

Este es el peso no sólo del argumento de Pablo en contra de la sabiduría estilo corintio en 1:18–4:21, sino también de sus admoniciones en otras partes en la carta a los fuertes a que no descuiden las necesidades de los débiles. Por eso, en 8:1–11:1, cuando Pablo insta a los conocedores a no pisotear las sensibilidades del hermano o hermana débil por quien Cristo murió, está pidiéndoles que imiten la gracia de Dios. En 11:2–14:40, cuando pide a las esposas liberadas, a los ricos, y a los que tenían dones espirituales impresionantes que circunscriban sus derechos, está pidiéndoles que hagan por sus esposos, los pobres, y los miembros más débiles del cuerpo lo que Cristo en su gracia había hecho por ellos. La gracia de Dios, según Pablo la describe en la primera parte de la carta, entonces, exige que los fuertes traten a los débiles «como honra especial» (12:23).

La segunda razón por la que Pablo se preocupa por la desunión de la iglesia es que trastorna la «edificación» de la iglesia. La «edificación» se refiere no sólo a la armonía entre miembros establecidos del cuerpo de la iglesia (3:9–17), sino que tiene que ver con los que están en la periferia de la iglesia: los hermanos o hermanas más débiles que están en peligro de tropezar a la destrucción eterna (8:1, 11), y el buscador o no creyente que, si está presente en los cultos de la iglesia y es edificado por el habla entendible, puede creer en el evangelio (14:16–17, 20–25, 31). La «edificación» es importante porque la iglesia es el templo de Dios; el lugar de la presencia de Dios entre su pueblo.[42] Pablo quiere que el templo de Dios en Corinto sea una estructura integrada, adornada, como el templo de Salomón, con oro, plata y piedras preciosas, y fuerte lo suficiente como para sobrevivir los fuegos purificadores del día cuando «pondrá a prueba la calidad del trabajo de cada uno» de los edificadores (3:12–13; cf. 1 Cr 22:14–16; 29:2; 2 Cr 3:6).[43]

Santidad ante el mundo

Pablo, sin embargo, no quiere unidad a expensas de la santidad. Los corintios, cree él, son pueblo de Dios, descendientes escatológicos del antiguo Israel según se describen en las Escrituras judías. Aunque no son judíos, tampoco son gentiles. Como Israel en las Escrituras judías, son el pueblo «al que Dios ha llamado» y «la iglesia de Dios» (1:24; 10:32). Los antiguos israelitas que peregrinaron en el desierto son sus «padres», y el relato de esos peregrinajes en las Escrituras «quedó escrito para advertencia nuestra, pues a nosotros nos ha llegado el fin de los tiempos» (10:11; cf. 10:6). No son Israel según la carne, sino, por implicación, Israel según el Espíritu (10:18; cf. Fil 3:3). Si todo esto es cierto, entonces, como Israel de la antigüedad, los corintios deben prestar cuidadosa atención a los límites de la santidad que Dios ha prescrito para su pueblo de modo que ellos también puedan

---

[42] Pablo probablemente ve este «templo» cristiano como el cumplimiento de las promesas de los profetas de que en los días de la restauración de Israel Dios proveería un templo magnífico para su pueblo en donde él morará (Ez 43:2–7). Ver la consideración más abajo sobre 6:19 y Schrage, *Der erste Brief an die Korinther (1 Kor 1, 1–6, 11)*, 300; Frank Thielman, *Paul and the Law: A Contextual Approach* (Inter Varsity Press, Downers Grove, Ill., 1994), 91–94; y P. W. L. Walker, *Jesus and the Holy City: New Testament Perspectives on Jerusalem* (Eerdmans, Grand Rapids, 1996), 119–22.

[43] Ver Fee, *First Epistle to the Corinthians*, 140.

separarse de las naciones que los rodean. Son «la iglesia de Dios en Corinto», «santificados en Cristo Jesús», y «llamados a ser santos» (1:2).[44]

Para desencanto de Pablo, sin embargo, los corintios se habían confundido casi sin esperanza en cuanto a su santidad. Algunos, los que estaban participando en el incesto, litigio, prostitución e idolatría, habían diluido o ignorado los límites entre la iglesia y el mundo. Otros, los que rehusaban tener relaciones sexuales con sus cónyuges no creyentes, habían entendido mal los límites o los habían aplicado inflexiblemente. Un propósito primario de la carta, por consiguiente, es llamar a los corintios de regreso a un entendimiento apropiado de los límites que debe separarlos, como pueblo escatológico de Dios, del mundo en que viven. Incluso al instarlos a dar a los límites de su iglesia una forma bíblica, sin embargo, se hace claro que en la nueva era estos límites y las maneras en que se los impone han atravesado cambios sutiles.

La Pascua escatológica de Dios y la levadura de la inmoralidad (5:1–13)

Pablo ha oído el informe de que un joven de la comunidad de Corinto estaba viviendo en una relación sexual con la esposa de su padre. La manera en que expresa su desencanto por esa conducta, las razones que da para considerarla impropia, y el remedio que sugiere para esta sería ruptura de los límites de la santidad muestra la continuidad entre la santidad según Pablo la concibe y la santidad que describen sus Escrituras. Con todo, una diferencia sutil emerge entre la manera en que las Escrituras de Pablo tratan las violaciones de la santidad y la manera en que Pablo las trata.

La respuesta contundente de Pablo al informe que ha oído en cuanto al incesto en la iglesia de Corinto hace eco de Levítico 18:1–17. En ese pasaje Moisés transmite la instrucción específica de Dios a Israel de evitar el incesto como una manera de separarse de las prácticas de los cananeos. Se prohíbe el contacto sexual con una serie de parientes, incluyendo la esposa del padre de uno (Lv 18:8). Pablo está horrorizado de que un creyente de Corinto haya violado precisamente esta estipulación y que esté participando en esta clase de anti santidad; ha fracasado incluso en forma más miserable que el no creyente en cuanto a cumplir las normas de Dios para la conducta sexual (1 Co 5:1). La definición que en este pasaje Pablo da de la santificación y su respuesta emocional a la violación de los corintios de ella, por consiguiente, surge directamente de sus Escrituras.

El remedio que Pablo propone para la situación también está moldeado por sus Escrituras. Les instruye a los corintios que pongan en efecto una sentencia judicial que Pablo mismo ya ha dictado sobre el hombre: en una asamblea solemne les dice que «entreguen a este hombre a Satanás para destrucción de su naturaleza pecaminosa a fin de que su espíritu sea salvo en el día del Señor» (5:5). Deben, en otras palabras, ex comulgarlo. Así como los israelitas fieles pugnaron sus hogares de levadura durante la fiesta de los panes sin levadura, Pablo dice, así los cristianos deben conservar su festival Pascual en pureza y excluir de su medio a los que participan en «la malicia y perversidad» (5:6–8). Citando las instrucciones de Moisés dio en Deuteronomio para las violaciones flagrantes de la ley mosaica, Pablo concluye esta sección de su carta con la afirmación: «Expulsen al malvado de entre ustedes» (1 Co 5:13).[45] Esto es paralelo estrecho a las instrucciones de Levítico 18 para liberar a Israel de los que participan en relaciones sexuales prohibidas: «Cualquiera que practique alguna de estas abominaciones será eliminado de su pueblo» (Lv 18:29).

De nuevo, la deuda de Pablo a la ley mosaica en su entendimiento de la santidad cristiana es inequívoca en este pasaje. Los corintios al parecer son en cierto sentido israelitas, y por consiguiente

---

[44] Ver T. J. Deidun, *New Covenant Morality in Paul* (AnBib 89; Pontifical Biblical Institute, Roma, 1981), 12-18, 28-32; Thielman, *Paul and the Law*, 87-91.

[45] Cf. Dt 13:5; 17:7, 12; 19:19; 21:21; 22:21-22, 24; 24:7.

cuando se violan los mandamientos de la ley contra la inmoralidad sexual, como Israel, ellos deben purgar a su comunidad de la influencia corruptora del violador.

Sin embargo la diferencia entre Pablo y sus Escrituras en este punto es también clara. La ley mosaica pedía que los ofensores en tales instancias fueran «eliminados de su pueblo» —castigo permanente— y la pena de muerte casi siempre está acompañada del frecuente estribillo en Deuteronomio: «Así extirparás el mal que haya en medio de ti».[46] El propósito de la expulsión para Pablo, sin embargo, es que el «espíritu» del ofensor pueda ser «salvado en el día del Señor», referencia probable a su restauración a la larga a la comunidad y a la salvación en el día final.[47] En tanto que en la ley mosaica al ofensor se le expulsaba para el bien de la comunidad, el remedio de Pablo tiene en mente el bienestar espiritual de la comunidad y del individuo que ha violado su santidad.

Litigio civil y santidad cristiana (6:1–11)

Si los corintios estaban despreocupados por la flagrante inmoralidad en su medio, estaban tan preocupados por peleas triviales que se estaban llevando unos a otros a los tribunales (6:1–11). Su ineptitud o renuencia a captar los principios más básicos de la santidad cristiana habían dejado a Pablo echando chispas: «Si alguno de ustedes tiene un pleito con otro, ¿cómo se atreve a presentar demanda ante los inconversos, en vez de acudir a los creyentes?» (6:1).

Evidentemente algunos cristianos corintios con alta posición social habían continuado la práctica romana común de enzarzarse en litigio civil contra otros por asuntos relativamente insignificantes. El propósito de tales litigios era proteger o mejorar la posición social de uno.[48] Tales casos típicamente se ventilaban ante un juez que tenía sus propias deudas de favores que pagar, tenía su propia reputación para mejorar, o creía que la buena reputación de las clases superiores necesitaba protección.[49] La caracterización de Pablo de tales jueces como «injustos» (*adikes*, 6:1) sólo indica lo que cualquiera con experiencia en el litigio civil en la sociedad de Roma sabía que era verdad.[50]

---

[46] En Dt 19:16–21 al falso testigo se le debe castigar de la misma manera en que él intentaba que se castigue a su víctima, «vida por vida, ojo por ojo, diente por diente, mano por mano, y pie por pie», y esta es la manera en que Israel debe «extirpar el mal» (19:19) que haya en medio de ellos.

[47] Como muestra 5:11, la instrucción de Pablo de entregar al hombre a Satanás no se refiere a la muerte del hombre sino a su excomunión. Ver James T. South, «A Critique of the "Curse/Death" Interpretation of 1 Corinthians 5.1–8», *NTS* 39 (1993): 539–61, aquí en 554–55.

[48] Ver el contundente caso de Bruce Winter, «Civil Litigation in Secular Corinth and the Church: The Forensic Background to 1 Corinthians 6.1–8», *NTS* 37 (1991): 559–72, confirmado y mejorado por Andrew D. Clarke, *Secular and Christian Leadership in Corinth: A Socio-Historical and Exegetical Study of 1 Corinthians 1–6* (AGJU 18; Brill, Leiden, 1993), 59–71. Como tanto Winter y Clarke recalcan, la referencia de Pablo a procesos legales entre cristianos corintios como «casos insignificantes» (6:2) implica que no son casos criminales sino casos civiles.

[49] Winter, «Civil Litigation», 562–64; Clarke, *Secular and Christian Leadership*, 62–63, 65.

[50] Los jueces no son injustos, entonces, simplemente porque sean «no creyentes» (6:6) sino porque no administraron justicia equitativamente. Ver Wintet, «Civil Litigation», 562–64, y Alan C. Mitchell, «Rich and Poor in the Courts of Corinth: Litigiousness and Status in 1 Corinthians 6.1–11», *NTS* 39 (1993): 562–86, aquí en 580–81, que ofrece evidencia convincente de que la justicia igual era tan rara en Corinto romana como en cualquier otra parte. Para la respuesta de Winter al argumento de Mitchell de que en 6:1–8 los

Los litigantes en estos casos a menudo no estaban más interesados en la justicia que en el juez. La preocupación principal lo mismo del fiscal que del defensor no era establecer la verdad de las circunstancias que produjeron la acción legal sino dañar la reputación de sus adversarios con sus discursos ante el juez para que estos promovieran y protegieran su reputación. Una enemistad largamente sostenida entre litigantes era el producto colateral prolífico de esta práctica.[51] Pablo está horrorizado de que los cristianos intervengan en estos ejercicios brutales de desplante político. Sus comentarios en 6:8 probablemente se refieren no sólo a las injurias que conducían a pleitos legales para empezar, sino también a las tácticas necesarias para ganar un caso en la corte: «Ustedes mismos hacen injusticia [*adikete*] y defraudan, ¡y hacen esto a los hermanos!» (aut.).[52]

Para remediar este problema Pablo propone, primero, que la iglesia de Corinto nombre un árbitro para que sus propios miembros resuelvan las peleas de los acomodados (6:1–6), y segundo, que los litigantes entiendan que sus acciones son incompatibles con su participación en el reino de Dios (6:7–11). El enfoque de ambas secciones está en la iglesia de Corinto como el pueblo de Dios constituido escatológicamente que, debido a esta situación, debe ser santo.

En la primera sección (6:1–6) Pablo le recuerda a la iglesia una convicción expresada comúnmente en la literatura judía apocalíptica: el remanente fiel del pueblo de Dios participará con Dios en el castigo de los malos. «Dios no va a destruir a su pueblo a manos de las naciones», dicen el *Comentario sobre Habacuc* del Qumrán, «sino mediante sus escogidos Dios juzgará a toda las naciones» (5:4).[53] Si los creyentes van a desempeñar un papel tan esencial en el juicio final, Pablo argumenta, entonces incluso los menospreciados por la iglesia están más calificados para arbitrar las peleas mundanas de los ricos que magistrados injustos y no creyentes (6:4–5).[54]

En la segunda sección (6:7–11) Pablo se dirige a los litigantes que, aunque cristianos, no son más justos que los jueces ante quienes presentan sus casos. Un litigante práctica injusticia (*adikeo*) y fraude y así produce la oportunidad para el litigio. Entonces la parte lesionada, al buscar vindicación en un sistema legal corrupto práctica injusticia (*adikeo*) y fraude en desquite (6:7–8).[55] Pero los que practican injusticia (*adikoi*) en sus varias formas, dice Pablo, no heredarán el reino de Dios (6:9–10). Tal mandato es incompatible con la situación de la iglesia de Corinto como individuos que han sido «lavados, … santificados, … justificados en el nombre del Señor Jesucristo y por el Espíritu de nuestro Dios» (6:11; cf. 1:2).

---

ricos estaban llevando a los tribunales a los pobres, ver la revisión del artículo original de Winter en *Understanding Paul's Ethics: Twentieth-Century Approaches*, ed. Brian S. Rosner (Eerdmans, Grand Rapids, 1995), 101–3.

[51] Winter, «Civil Litigation», 566–68; Clarke, *Secular and Christian Leadership*, 66–68.

aut. traducción del autor

[52] Cf. Clarke, *Secular and Christian Leadership*, 68.

[53] Cf. Ro 2:27; 3:6; Wis. 3:8; Dn 7:22 (LXX); *1 Enoc* 1:9; 38:5; 48:9; 95:3; 98:12; Jub. 1:23–25; Mt 19:28; Lc 22:30; Ap 3:21. Ver la consideración en Weiss, *Der erste Korintherbrief*, 14748; Fee, *First Epistle to the Corinthians*, 233 n. 18; y Schrage, *Der erste Brief and die Korinther* (1 Kor 1, 1–6, 11), 410 n. 47.

[54] Sobre la traducción de *katzizete* en 6:4 como imperative («nombrar») antes que como indicativo («¿no nombran ustedes?»), ver Clarke, *Secular and Christian Leadership*, 70, y Brent Kinman, «"Appoint the Despised as Judges!" (1 Corinthians 6:4)», *TymB* 48 (1997): 345-54.

[55] Cf. Mitchell, «Rich and Poor in the Courts of Corinth», 567.

La santidad de la iglesia de Corinto, entonces, debe prevenir la maldad que impulsa a la parte lesionada a acudir a la corte, y una vez que ha habido una injuria debe prevenir a la parte lesionada participar en un sistema legal corrupto y que corrompe. Como pueblo santo de Dios, la iglesia de Corinto participará en el juicio del mundo y los ángeles cuando Dios establezca completamente su reino. Por consiguiente, los creyentes de Corinto deben practicar una conducta compatible con la vida en el reino de Dios. Esto quiere decir que cuando ocurren los problemas, la iglesia debe resolverlos dentro de sus propios límites antes que componer el mal llevando los problemas ante magistrados injustos y no creyentes.

El templo escatológico de Dios y los problemas de la prostitución (6:12–20)

La inmoralidad sexual no es más compatible con la vida en el reino que el litigio civil entre cristianos (6:9), y sin embargo algunos corintios, citando la consigna: «Todo me está permitido» (6:12), estaban acostándose con prostitutas (6:13b, 15–16, 18). Puesto que Pablo nunca menciona el adulterio en 6:12–20 y distingue entre «los fornicarios» y «los adúlteros» en la lista de vicios que precede inmediatamente (6:9–10), probablemente tiene en mente las hazañas sexuales de hombres jóvenes y solteros.[56]

Estos jóvenes probablemente apelaban al convencionalismo romano común de que «todo estaba permitido» a la juventud de clase social alta durante período de sus vidas entre la edad adulta joven y la plena madurez. La sabiduría convencional de la crema y nata social de la sociedad romana esperaba que tales jóvenes asistan a banquetes para ciudadanos romanos de ciudades como Corinto, y estos banquetes típicamente combinaban la indulgencia desenfrenada en la comida con la borrachera y, después de la cena, acostarse con prostitutas.[57] No sólo que esto estaba «permitido» por la costumbre de su cultura, sino que era justificable a la luz de la noción popular de que el cuerpo era la casa del alma inmortal y que la gente por consiguiente debía cuidar el alma de maneras que la naturaleza los impulsara a cuidarla; antojo de comida, licores y sexo era simplemente las señales de la naturaleza para lo que el cuerpo debía recibir.[58]

Los jóvenes más acomodados de la iglesia de Corinto, por consiguiente, probablemente estaban diciendo: «Todo me está permitido [*exestin*]» (6:12). Entonces justificaban su alegato con un argumento de la naturaleza: «Los alimentos son para el estómago y el estómago para los alimentos»; así es, y Dios los destruirá a ambos» (6:13).[59]

La respuesta de Pablo a este enfoque ético toma tres formas. Primero, argumenta que acostarse con prostitutas no tiene ninguna ventaja personal (6:12a).[60] La inmoralidad sexual, como afirma

---

[56] Winter, *After Paul Left Corinth*, 86–93.

[57] Ibid. Winter usa y suplementa el estudio de Alan Booth, «The Age for Reclining and Its Attendant Perils» en *Dining in a Classical Context*, ed. William J. Slater (Ann Arbor: Univ. of Michigan, 1991), 105-20.

[58] Winter, *After Paul Left Corinth*, 77–80. Winter ofrece como evidencia de esta «ética elitista» los argumentos de Filón contra la justificación sofista de la indulgencia en *Det*. 33-35.

[59] Para esta manera de sortear la posición corintia y la respuesta de Pablo a ella en 6:12-13, ver Barrett, *First Epistle to the Corinthians*, 146-47, y Fee, *First Epistle to the Corinthians*, 253-54. Cf. F. F. Bruce, *I & II Corinthians* (NCB; Eerdmans, Grand Rapids, 1971), 63.

[60] Sobre la estrategia común en el discurso político y filosófico antiguo al apelar a la ventaja personal, ver Mitchell, *Rhetoric of Reconciliation*, 25-39.

Proverbios 6:26, 32 y Sirac 19:2–3, es singularmente destructiva para la propia persona de uno (1 Co 6:18).[61]

Segundo, Pablo afirma que, contrario al concepto de los corintios del cuerpo como una casa temporal del alma eterna, el cuerpo es, como enseña la tradición judía, eterno en sí mismo (6:14).[62] La forma en que se trata al cuerpo, por consiguiente, no tiene meramente consecuencias temporales sino eternas.

Tercero, Pablo argumenta que este cuerpo eterno le pertenece al Señor. Es «para el Señor» (6:13b), parte de Cristo (6:15), y está unido al Señor (6:17). Dios ha comprado a los creyentes con precio, como el comprador en el mercado de esclavos compraría a un esclavo, y por consiguiente los creyentes deben usar sus cuerpos para glorificar a su nuevo Amo (6:20). La ilustración del esclavo probablemente también explica la afirmación de Pablo al principio de la sección de que el creyente no debe «dejar que nada lo domine» (6:12b). En otras palabras, como esclavo que ha sido comprado por un nuevo amo, Pablo no se dejará esclavizar por el libertinaje sexual.

¿Que realidad dentro del creyente representa toda esta ilustración del dueño? Pablo da un indicio cuando dice que «el que se une al Señor se hace uno con él en espíritu» (6:17). Esto probablemente quiere decir que el espíritu humano del creyente está unido con el Espíritu de Dios, y así el creyente se vuelve el lugar de morada de la presencia de Dios.[63] Pablo dice esto explícitamente unas pocas sentencias más adelante cuando dice: «¿Acaso no saben que su cuerpo es templo del Espíritu Santo, quien está en ustedes y al que han recibido de parte de Dios?» (6:19).

La implicación de esta afirmación es que los creyentes, puesto que son el lugar de morada del Espíritu de Dios dado escatológicamente, son el cumplimiento de la promesa de Ezequiel de la restauración del templo de Dios en gran escala en la edad escatológica. Así como la presencia gloriosa de Dios volverá al templo en ocasión de la restauración escatológica de Israel, así el Espíritu de Dios moraba en los cuerpos de los creyentes corintios. Para Ezequiel, tanto como para Pablo, esto quiere decir que el lugar de morada de Dios debe estar libre de prostitución:

> Mientras el hombre estaba de pie a mi lado, oí que alguien me hablaba desde el templo. Me decía: «Hijo de hombre, éste es el lugar de mi trono, el lugar donde pongo la planta de mis pies; aquí habitaré entre los israelitas para siempre. El pueblo de Israel y sus reyes no volverán a profanar mi santo nombre con sus infidelidades *[porneia]*, ni con sus tumbas reales y sus cultos idolátricos.... Que alejen ahora de mí sus infidelidades *[porneia]* y sus tumbas reales, y yo habitaré en medio de ellos para siempre.
>
> «Ésta es la ley del templo: todo el terreno que lo rodea sobre la cumbre del monte será un Lugar Santísimo. Tal es la ley del templo» (Ez 43:6–7, 9, 12).

---

[61] Cf. Pr 5:9–11, 22; 7:22–23. Sir. 19:2–3 habla de la destrucción personal que viene «al hombre que se une *(kolomenos)* con una prostituta». Sobre esto, ver Bruce N. Fisk, «PORNEUEIN as Body Violation: The Unique Nature of Sexual Sin in 1 Corinthians 6.18», NTS 42 (1996): 540–58, aquí en 546 y 555. Ade más mucho de la evidencia para la indulgencia secual juvenil en Booth, «Age for Reclining», viene de moralistas que se oponen a estas prácticas como destructivas.

[62] Ver, por ej., 1 S 26:19; Dn 12:2; 1 Enoc 22:13; 25:6; 102:4–103:4; 2 Mac. 7:9, 11; 12:42–45; 14:46, y la consideración más abajo del argumento de Pablo en 1 Co 15:33–34, 49, 58 de que una resurrección corporal futura requiere que se evite la inmoralidad.

[63] Cf. Fee, *First Epistle to the Corinthians*, 260.

Aunque Ezequiel probablemente usa «infidelidades» o «prostitución» aquí figuradamente como idolatría (cf. Jer 3:2, 9; 13:27; Os 6:10), sabía bien que la idolatría a menudo iba mano a mano con la prostitución literal (Ez 16 y 23; cf. 1 R 21:1–18; 23:6–7).[64] Puesto que en Corinto la idolatría también estaba ligada a la prostitución literal y probablemente era una característica de los banquetes que Pablo tiene en mente en este pasaje (1 Co 8:10; 10:7–8; cf. Éx 32:5–6; Nm 25:1–2), es fácil ver cómo podía entender literalmente las referencias a la prostitución en Ez 43:7 y 9.[65]

Para Pablo, entonces, los cuerpos de los creyentes de Corinto pertenecen al Señor por la morada del Espíritu escatológico de Dios y son templos en los cuales mora la gloria de Dios. Debido a esto, la juventud cristiana de Corinto debe mantenerse lejos de los banquetes en donde enredos con prostitutas después de cenar eran la norma. Tal conducta no sólo es destructiva personalmente y se basa en afirmaciones falsas en cuanto a la naturaleza temporal del cuerpo, sino que también viola la santidad del templo escatológico de Dios.

La idolatría e inmoralidad en el Israel escatológico (10:1–22)

Estos banquetes también probablemente proveen el trasfondo para las amonestaciones de Pablo contra la idolatría en 10:1–22.[66] Pablo afirma aquí que la juventud dentro de la iglesia de Corinto, y los creyentes corintios en general, debían mantenerse lejos de estos banquetes no sólo debido a la inmoralidad sexual que ellos promovían sino también debido al «dios» pagano que los presidían, y los que asistían estaban, por tanto, inevitablemente implicados en la idolatría.[67]

En 10:1–22 las instrucciones de Pablo a los creyentes corintios que participaban en estos banquetes surge de nuevo de sus convicciones de que la iglesia de Corinto está en continuidad con el antiguo pueblo de Dios, Israel, y como el pueblo de Dios en las Escrituras judías ellos deben distinguirse de las naciones que los rodean mediante la obediencia a los mandamientos de Dios. Pablo se refiere a la generación del desierto de israelitas como «nuestros padres», dando por sentado que son los patriarcas no sencillamente de los judíos sino también de la iglesia de Corinto (10:1). Implica, al referirse casualmente a «Israel según la carne» (10:18, aut.), que los corintios son el Israel espiritual (cf. Ro 2:29; 9:6; Fil 3:3). La mesa en la cual los corintios elevan la Cena del Señor es análoga al altar: «la mesa del Señor», del templo de Israel (1 Co 10:21; cf. Mal 1:7, 12), y la narración

---

[64] Sobre el uso de prostitución como ilustración de la infidelidad a Yavéh en Ez 43:7 y 9, ver Walther Zimmerli, *Ezekiel*, 2 vols. (Hermeneia; Fortress, Philadelphia, 1983), 2:418, y Daniel I. Block, *The Book of Ezekiel: Chapters 25–48* (NICOT; Eerdmans, Grand Rapids, 1998), 582.

[65] El banqueteo de los ciudadanos romanos en conexión con los juegos ítsmicos de Corinto era inevitablemente tanto ocasiones cúlticas y ocasiones para actividad sexual, aunque no similares a la prostitución cúltica del antiguo Israel, las dos no están necesariamente relacionadas. Sobre la costumbre romana ver Winter, *After Paul Left Corinth*, 93–96.

[66] Ibid.

[67] Sobre la conexión entre las fiestas y la idolatría en la cultura grecorromana, ver, por ej., Arthur Darby Nock, *Early Gentile Christianity and Its Hellenistic Background* (Harper, Nueva York, 1964), 73; Theissen, *Social Setting*, 127–28; y Bruce Winter, *Seek the Welfare of the City: Christians as Benefactors and Citizens* (Eerdmans, Grand Rapids, 1994), 168–74. Un templo con tres comedores y sofás para reclinarse se ha excavado en el sitio de Corinto romana y puede datar del tiempo de Pablo. Ver Murphy-O'Connor, *St. Paul's Corinth*, 161–67.

de las transgresiones de Israel en el desierto pertenecen a los corintios: «Todo eso les sucedió para servir de ejemplo, y quedó escrito para advertencia nuestra, pues a nosotros nos ha llegado el fin de los tiempos» (10:11; cf. 10:6).

La correspondencia entre el debacle de Israel en el desierto y las condiciones de la iglesia en Corinto es estrecha, y Pablo quiere que los corintios se beneficien de la advertencia implícita en la historia de sus antepasados. En dos ocasiones famosas el pueblo antiguo de Dios entremezcló el banqueteo con la idolatría y la inmoralidad sexual durante el período de su peregrinaje por el desierto. Después de que Moisés había estado en la montaña por cuarenta días y cuarenta noches conversando con Dios (Éx 24:18), el pueblo se impacientó e instó a Aarón: «—Tienes que hacernos dioses que marchen al frente de nosotros» (32:1). Aarón hizo un becerro de oro y le anunció al pueblo: «Israel, ¡aquí tienes a tu dios que te sacó de Egipto!» (32:4). El pueblo entonces «se sentó a comer y a beber, y se entregó al desenfreno» (32:6). El verbo que se traduce «se entregó al desenfreno» tiene connotaciones sexuales en los textos hebreos y griegos de Éxodo 32:6.[68]

Más adelante en su avance por el desierto, los hombres israelitas participaron en inmoralidad sexual con moabitas. Las mujeres los invitaron a ofrecer sacrificios a sus dioses, y, como resultado, «los israelitas comían delante de esos dioses y se inclinaban a adorarlos» (Nm 25:1–2). Dios se enojó con su pueblo debido a este pecado y los castigó con una plaga que mató a 24.000 (25:9).

Pablo rememora ambas historias en 1 Corintios 10:7–8, y recalca el castigo severo asociado con la segunda historia como una manera de instar a los corintios a evitar la combinación desastrosa del banqueteo, la idolatría y la inmoralidad sexual. Los creyentes corintios, implica, son el pueblo de Dios constituido escatológicamente. Pueden esperar un castigo no menos riguroso que el de sus antepasados si rompen los límites de la santidad que Dios ha mandado para su pueblo y se dedican a las prácticas paganas de los pueblos que los rodean.

Al mismo tiempo que Pablo sigue la ley mosaica al prohibir la idolatría, sin embargo, permite el consumo de «todo lo que se venda en el mercado de carne». Esto implica no sólo que las ceremonias idólatras en las que se ha usado la carne no la han contaminado sino que las restricciones alimenticias de la ley mosaica ya no se aplican al pueblo de Dios (10:25). Así como los medios de imponer la santidad sobre el pueblo de Dios han cambiado ligeramente (5:1–13), así algunos de los límites definidores del pueblo de Dios también han cambiado en sí mismos.[69]

Santidad salutífera (7:12–16)

La santidad de la que Pablo está pensando no sólo implica la exclusión de cierta gente y actividades, sino también el efecto incluyente de los miembros no creyentes de la familia de los creyentes. Este elemento inesperado de la enseñanza de Pablo sobre la santidad se hace claro en 7:12–16, pasaje en el que Pablo aconseja en contra de la ruptura de matrimonios entre creyentes y no creyentes. El problema específico que motiva el consejo de Pablo es un misterio, pero probablemente algunos corintios habían llevado demasiado lejos la amonestación de Pablo en una carta previa de no asociarse con gente inmoral (5:9). La intención de Pablo en la carta era en

---

[68] El término es *paizo* en griego, y normalmente quiere decir «jugar, divertirse» (BDAG, 750), pero en el texto griego de Gn 26:8 se refiere a «juego sexual», y en Gn 39:14 y 17 una palabra similar (*empaizo*) tiene el mismo significado. La palabra hebrea en todas las cuatro instancias es *sajaq*. Ver Nahum M. Sarna, *Exodus* (JPSTC; Jewish Publication Society, Philadelphia, 1991), 204.

[69] Ver también 7:19, en donde Pablo hace la asombrosa declaración: «Para nada cuenta estar o no estar circuncidado; lo que importa es cumplir los mandatos de Dios». La circuncisión es un mandamiento de la ley mosaica, pero, para Pablo, ya no es un mandamiento de Dios.

referencia a creyentes inmorales (5:11), pero los corintios habían tomado como queriendo significar cualquier persona inmoral (5:10), y puesto que el lecho matrimonial es la más íntima de todas las asociaciones, pueden haber razonado, de seguro debían divorciarse de sus cónyuges no creyentes.[70]

Contra esta idea Pablo explica el principio opuesto: en el caso de las familias, la santidad no se compromete por asociación con los que no son creyentes sino que irradia hacia afuera para abarcarlos:

> Porque el esposo no creyente ha sido santificado por la unión con su esposa, y la esposa no creyente ha sido santificada por la unión con su esposo creyente. Si así no fuera, sus hijos serían impuros, mientras que, de hecho, son santos (7:14).

El creyente en un matrimonio mixto, por consiguiente, debe, si es posible, conservar intacto el matrimonio, porque la santidad del creyente hace santos tanto al cónyuge que no es creyente como a cualquier hijo de la familia.

¿Qué quiere decir Pablo con esto? El uso de Pablo de una idea similar al hablar de Israel no creyente en Romanos 11:16 señala la explicación correcta.[71] En este versículo Pablo afirma que la santidad de los patriarcas de Israel hizo santo a Israel no creyente: «Si se consagra la parte de la masa que se ofrece como primicias, también se consagra toda la masa; si la raíz es santa, también lo son las ramas».[72] Israel es santo debido a que su descendencia de los patriarcas les ha dado prioridad en la proclamación del evangelio (1:16), acceso a los oráculos de Dios (3:2), y una serie de otros privilegios (9:4–5), incluyendo la salvación de muchos israelitas en el día final (11:26). De la misma manera, 1 Corintios 7:14 probablemente quiere decir que mediante su contacto diario con los miembros creyentes de la familia, al participar en ellos en la conversación y observar sus vidas, es más probable que los que no son creyentes sean salvados. Esto ayuda a explicar las dos preguntas retóricas de Pablo al final de su argumento: «Esposa: ¿acaso no podrás salvar a tu esposo? O esposo, ¿acaso no podrás salvar a tu esposa?» (7:16, aut.).[73]

De nuevo, esta comprensión de santidad va más allá del concepto de las Escrituras de Pablo, y lo hace de dos maneras. Primero, en la ley mosaica, sólo la impureza, y no la santidad, se transmite de persona a persona, pero Pablo, por lo menos en el caso del matrimonio, cree que la santidad es comunicable.[74] Segundo, cuando Esdras se vio con el problema del matrimonio entre miembros del

---

[70] Este es el escenario promovido cautelosamente por Fee, *First Epistle to the Corinthians*, 300. Cf. Wolfgang Schrage, *Der erste Brief an die Korinther* (1Kor 6, 12–11, 16) (EKK 7.2; Benziger y Neukirchener, Zurich y Neukirchen-Vluyn, 1995), 103–4.

[71] G. R. Beasley-Murray, *Baptism in the New Testament* (Eerdmans, Grand Rapids, 1962), 192–97; Fee, *First Epistle to the Corinthians*, 300–301.

[72] Para esta comprensión de Ro 11:16, ver, por ej., Douglas Moo, *The Epistle to the Romans* (Eerdmans, Grand Rapids, 1996), 698–99.

aut. traducción del autor

[73] Para esta comprensión de la difícil frase griega (*ti ... oidas ... ei*), ver Barrett, *First Epistle to the Corinthians*, 167; cf. Fee, *First Epistle to the Corinthians*, 301, 305–6.

[74] Brian S. Rosner, *Paul Scripture and Ethics: A Study of 1 Corinthians 5–7* (AGJU 22; Brill, Leiden, 1994), 170, observa que la santidad a veces es comunicada de objetos inanimados, tales como el altar, a los que la tocan. pero esta comprensión común de textos tales como Éx 29:37; 30:29; Lv 6:18, 27; y Nm 16:38 probablemente

pueblo de Dios y los de afuera, propuso que los matrimonios se disuelvan (Esd 10:10–11), temiendo la convivencia de israelitas con gentiles que participaban en «prácticas abominables» (Esd 9:14; cf. Neh 13:26). Pablo, sin embargo, insiste que en el caso de los cristianos de Corinto la influencia fluye en sentido opuesto: por la asociación con sus cónyuges creyentes, es más probable que los que no son creyentes oigan y abracen el evangelio.[75]

La importancia esencial de la santidad corintia

La retórica de Pablo revela cuán preocupado estaba por la conducta no santa de los corintios:

- «Es ya del dominio público que hay entre ustedes un caso de inmoralidad sexual.... » (5:1).
- «Si alguno de ustedes tiene un pleito con otro, ¿cómo se atreve a presentar demanda ante los inconversos, en vez de acudir a los creyentes?» (6:1).
- «Huyan de la inmoralidad sexual» (6:18).
- «Huyan de la idolatría» (10:14).

El origen de la preocupación de Pablo reside en su convicción de que los corintios pertenecen al pueblo de Dios restaurado escatológicamente. El pueblo de Dios había violado el pacto que Dios hizo con ellos en el Sinaí y había activado las maldiciones de ese pacto.[76] La ley misma y los profetas, sin embargo, miraban hacia adelante a un tiempo cuando Dios establecería un nuevo pacto con su pueblo y enviaría su Espíritu para que more en ellos, haciéndolos santos de nuevo.[77] Pablo creía que la muerte de Jesús estableció el nuevo pacto (1 Co 11:25) y que el tiempo de la restauración escatológica del pueblo de Dios había llegado. Como lugar de morada de la presencia de Dios, por consiguiente, los corintios, colectiva e individualmente, necesitaban ser santos (3:16; 6:19).

El carácter de esta santidad es a la vez igual e indiferente del carácter de santidad en las Escrituras de Pablo. Por un lado, el incesto, varias formas de inmoralidad sexual, y la idolatría, violan los límites de la santidad para Pablo, tal como en sus Escrituras (5:1–13; 6:9–20). No obstante, la comunidad no excluye permanentemente a los que violan los límites de su santidad sino que los disciplina con la esperanza de que puedan volver (5:5). De modo similar, el contacto con los miembros no creyentes de una familia no cuestiona la santidad del creyente sino que extiende la santidad al no creyente (7:14). Pablo deja a un lado las leyes dietéticas sin comentarios (10:25; cf. 7:19).

Una nueva ley, entonces, parece haber definido los límites de santidad para Pablo. La ley de Moisés ya no gobierna su conducta sino algo que llama «da ley de Dios» (9:20) o «da ley de Cristo»

---

se apoya en un mal entendido del término hebreo *yiqdas*. El término podría significar «se convertirá en santo» (en virtud al contacto con un objeto sagrado) o «debe ser santo« (a fin de tocar un objeto sagrado). La misma ambigüedad afecta el término de la LXX *jagiastzesetai* (*jegiastzesan* en Nm 16:38). La negativa sacerdotal al contagio de la santidad den Hag 2:12–13, sin embargo, inclina la balanza a favor de la segunda traducción. Ver Baruch A. Levine, *Leviticus* (JPSTC; Jewish Publication Society, Philadelphia, 1989), 36–37, y Sarna, *Exodus*, 259 n. 27.

[75] Cf. Thomas R. Schreiner, *Paul: Apostle of Gods Glory in Christ* (InterVarsity, Downers Grove, Ill., 2001), 428–29.

[76] Ver, por ej., Dt 28:1–29:1; Jer 9:12–16, 25; 11:6–13; 16:10–13; 22:8–9; 40:2–3; y 44:2–6, 23.

[77] Para el tema del nuevo pacto, ver Jer 23:7–8; 24:7; 31:31–34; 32:40; 50:5. Para la venida del Espíritu al pueblo de Dios en el tiempo de la restauración escatológica de Israel, ver, por ej., Ez 11:19; 36:26–27; y 37:1–14.

(9:21).⁷⁸ Si 1 Corintios nos permite resumir las diferencias entre las dos leyes en un solo principio, es este: La ley de Cristo cambia la ley mosaica en dirección de una mayor inclusión. Los judíos y los gentiles veían las leyes alimenticias judías como prácticas distintivas para los judíos.⁷⁹ Su remoción abre la puerta del pueblo de Dios a muchos grupos étnicos. De modo similar, la excomunión tiene el propósito de restaurar a la plena comunión a los creyentes errados, y a quedarse casados con un cónyuge incrédulo con la esperanza de atraerlo a la compañía del pueblo de Dios. El principio de santidad sigue en efecto bajo el nuevo pacto, pero el límite demarcador ha cambiado para incluir a gentiles y a judíos.

Fidelidad Al Evangelio

En una sección comparativamente breve cerca de la conclusión de la carta, Pablo repentinamente pasa a un nuevo tema: la resurrección corporal de los creyentes de entre los muertos.⁸⁰ Los corintios están negando esta enseñanza cristiana (15:12), son incapaces de entender su significación (15:12–19) o conceptualizando cómo funciona (15:35).

Pablo, sin embargo, no está dispuesto a ignorar el asunto. Como lo muestra la intensidad de su retórica, considera la creencia en la resurrección corporal de los creyentes un concepto cardinal en la fe cristiana. Cuestiona si los que dudan esta enseñanza en realidad han creído el evangelio para empezar (15:2), cataloga las enseñanzas con las que está conectado como de «primera importancia» (15:3), insta a los corintios a volver a sus cabales sobre este asunto (15:24), y llama «necio» (*afron*, 15:36) a un imaginario interlocutor que haya una resurrección corporal difícil de concebir. A pesar de su brevedad, por consiguiente, los comentarios de Pablo sobre este asunto final son para él de importancia teológica esencial. A fin de entender el problema y la respuesta de Pablo al mismo, debemos entender algo de la relación entre el cuerpo y el alma en la antropología grecorromana.

El cuerpo y el alma en la antropología grecorromana

En la sociedad grecorromana la creencia era común de que la muerte libraba al alma de los grillos del cuerpo.⁸¹ Cicerón, escribiendo en el latín occidental del primer siglo a.C., ridiculiza la

---

⁷⁸ Ver Thielman, *Paul and the Law*, 100–118; idem, «Law and Liberty in the Ethics of Paul», *Ex Auditu* 11 (1995): 63–75; e idem, *The Law and the New Testament: The Question of Continuity* (Crossroad, Nueva York, 1999), 40–41. Cf. Peter Stuhlmacher, *Biblische Theologie des Neuen Testaments*, 2 vols. (Vandenhoeck & Ruprecht, Göttingen, 1997), 1:256–57, 266–68. Stuhlmacher argumenta que partes de las Escrituras hebreas mismas predicen una nueva revelación de la ley, una «torá de Dios» escatológica que reemplaza la Torá del Sinaí. La expresión de Pablo la «Torá de Cristo» (Gá 6:2) se refiere al cumplimiento escatológico que Jesús había dado a la Tora del Sinaí. También se refiere a la introducción de Jesús a la edad del Espíritu, en la que la ley puede ser guardada.

⁷⁹ Esto también fue cierto de la circuncisión, la cual Pablo excluye como límite demarcador en 7:19.

⁸⁰ Sobre la súbita introducción de este tema, ver Lietzmann, *An die Korinther I/II*, 76, aunque, como Fee, *First Epistle to the Corinthians*, 713–14, muestra, el capítulo se conecta más estrechamente con la sección precedente de lo que Lietzmann concede.

⁸¹ La noción es muy antigua. Platón, a fines del siglo quinto o principios del cuarto a.C. se refiere al temor común de que el alma, separada del cuerpo, va a Plutón y el mundo subterráneo al morir (*Crat.* 403b). Platón mismo creía que el cuerpo aprisionaba al alma, pero que la filosofía podía destetar al alma de las

creencia de la elaborada mitología griega del mundo oculto: descenso a la muerte a una cavidad en la tierra en donde las almas deben cruzar el lago Aqueronte, esquivar el feroz perro Cerbero de tres cabezas, y comparecer ante los jueces Minos y Radamanto (*Tusc.* 1.5.10; cf. Virgilio, *Eneida*, 6). Luego considera otras opciones más sensibles:

> Algunos consideran la muerte como la separación del alma y el cuerpo; otros piensan que no hay tal separación, sino que alma y cuerpo perecen juntos y el alma es aniquilada con el cuerpo. De los que piensan que hay una separación del alma, algunos sostienen que es al momento dispersada en el espacio, y otros que sobrevive un largo tiempo, y otros que sobreviven para siempre.[82]

Común a todas estas creencias, incluso en las «fábulas» griegas, es que la muerte quiere decir el despojarse del cuerpo, que se disuelve y es olvidado. La noción de que el cuerpo pueda vivir de nuevo no es una opción que valga la pena considerar.

Luciano, escribiendo el griego oriental como dos siglos más tarde, revela mucho de la misma configuración de creencias básicas. Él se burla de las prácticas funerales de las masas, que muestran que creen en la mitología complicada hallada en Homero y Hesíodo. Ponen una moneda en la boca del muerto como peaje para el trasbordador que cruza el lago Aqueronte, los visten para que no atraigan la atención de Cerbero, y derraman vino sobre sus tumbas para alimentarlos (*Luct.*, 10–12, 19). Explica que las masas creen que la muerte separa a la humanidad en tres grupos conforme a sus obras buenas y malas. Los virtuosos van a los hermosos Campos Elíseos, los malos a los tormentos eternos, y el grupo de la mitad, «y son muchos, andan errantes por la pradera sin sus cuerpos, en forma de sombras que se esfuman como humo en los dedos» (1–9). Luciano no quería saber nada de esto. La muerte para él lleva a la inconciencia y es la liberación envidiable del dolor y de la indignidad de la existencia física de esta vida (16–19).

Historias de revivificaciones de los muertos al parecer circulaban de tiempo en tiempo y creaban todo un revuelo. En el diálogo de Luciano *El amante de las mentiras* un grupo de amigos conversa sobre los últimos chismes en cuanto a tales relatos. En cierto punto, Antígono supera la afirmación de Cleodemo de que recientemente había hecho una gira por el Hades, con el siguiente cuento:

> Conozco a un hombre que resucitó más de veinte días después de su entierro, al que atendí antes de su muerte y después de que volvió a la vida. ¿Cómo fue … que en veinte días el cuerpo ni se pudrió ni se agotó por inanición? (26).

Gente más altamente educada, sin embargo, desdeñaba tales cuentos de revivificación. Luciano los consideraba superstición popular; simplemente cuentos de fantasmas que los entendidos sabían mejor que creerlos.[83]

---

preocupaciones del cuerpo. De esta manera, a la muerte, el alma podía unirse a Dios en el mundo invisible (*Phaedo* 80d–83c).

[82] Cicerón, *Tusc.* 1.9.18. Cicerón mismo parece haber sostenido que las almas de los muertos nobles ascendían a la Vía Láctea, en donde tomarían sus lugares entre otras como ellas. Entendía la muerte como un escape «de la esclavitud del cuerpo como de una prisión» (*Resp.* 6.14, 16).

[83] Ver Dale Martin, *The Corinthian Body* (Yale Univ. Press, New Haven, Conn., 1995), 112–14. Contra el énfasis de Martin de las similitudes entre estas creencias y la creencia judía y cristiana, hay que decir que ninguna de estos relatos contiene nada como la idea de que los cuerpos muertos de un grupo entero serán resucitados para vivir de nuevo para siempre. Más bien hay relatos de e resurrecciones aisladas de personas

Muchos griegos y romanos, al verse frente a la idea judía y cristiana de la resurrección del cuerpo, por consiguiente, miraban con simpatía a Celso, némesis del cristianismo a mediados del siglo segundo:

> [Los cristianos suponen que] los que ... han muerto hace tiempo ... se levantarán de la tierra poseyendo los mismos cuerpos como antes. Esto es simplemente esperanza de gusanos. Porque, ¿qué clase de alma humana tendrá algún deseo adicional para un cuerpo que se ha podrido? El hecho de que esta doctrina no la sostienen algunos de ustedes [judíos] y algunos cristianos muestra su total repulsión, y es a la vez nauseante e imposible. Porque, ¿qué clase de cuerpo, después de que se ha podrido por completo, volvería a su naturaleza original y la misma condición que tenía antes de haberse disuelto?[84]

El error corintio y la respuesta de Pablo

Como los judíos y cristianos heterodoxos que Celso conocía, algunos cristianos de Corinto en el primer siglo no podían tragarse la idea de que después de la muerte, sus cadáveres volverían a respirar y a andar. «No hay resurrección de los muertos», afirmaban (15:12). No estaba negando la resurrección corporal de Jesús, puesto que Pablo da por sentado que él y ellos sostienen en común la resurrección de Jesús (15:1).[85] Tampoco están negando, como Luciano, una vida consciente en el más allá, puesto que algunos están siendo bautizados como sustitutos de los muertos (15:28).[86] Como con Celso, no entienden cómo los cadáveres ya podridos en la tumba pueden volver a vivir. «¿Cómo van a resucitar los muertos?» preguntan. «¿Qué clase de cuerpo van a tener?» (15:35).

Pablo se preocupa por este apartarse de la enseñanza cristiana porque ve un enlace inquebrantable entre la resurrección futura de los creyentes y la resurrección pasada de Cristo por un lado, y de la resurrección de creyentes y su esperanza por inmortalidad por otro lado. Pablo cree que los corintios no han pensado completamente las implicaciones teológicas de su negativa de la resurrección corporal de los creyentes en estos dos respectos, y el propósito de 15:1–58 es convencerlos de la seriedad de su error.

Un aspecto de su argumentación examina las implicaciones para la creencia en la resurrección de Cristo del hecho de que negaban el que uno puede resucitar. Primero Pablo les recuerda a los corintios que él y ellos tenían en común con otros cristianos la creencia de que Jesús resucitó de la tumba al tercer día y fue visto por cientos de testigos, incluyendo el mismo Pablo (15:1–8). Este elemento del evangelio es «de primera importancia» (15:3).[87] Pablo lo predica, los corintios lo creen, y, en tanto y en cuanto ellos son cristianos, continúan firmes en esto (15:1–2, 11).

---

que presumiblemente lo harían de nuevo. Sobre la singularidad de la comprensión cristiana temprana de la resurrección dentro de la panoplia de nociones grecorromadas, ver N. T. Wright, *The Resurrection of the Son of God* (Fortress, Minneapolis, Minn., 2003), 32–94.

[84] Orígenes, *Cels.* 5.14.

[85] Contra Lietzmann, *An die Korinther 1/11*, 76. Correctamente Fee, *First Epistle to the Corinthians*, 713.

[86] Sobre la significación de 15:29 para la comprensión de la inmortalidad por parte de los corintios, ver Fee, *First Epistle to the Corinthians*, 744, 767.

[87] Sobre el significado de *en protois* no como meramente «al principio» sino «de primera importancia», ver, por ej., Weiss, *Der erste Korintherbrief*, 347 n. 2, y Lietzmann, *An die Korinther 1/11*, 76–77.

Luego Pablo postula un enlace irrompible entre la resurrección de Cristo de los muertos y la resurrección futura de los creyentes de los muertos. La resurrección de Cristo no es un incidente aislado como en las historias de revivificación humana o muerte y renacimiento divinos que circulaban en la sociedad griega y romana.[88] Es la primera parte de un escenario escatológico por el que Dios triunfará finalmente sobre la muerte, y que incluye, como elemento esencial, la resurrección corporal de los creyentes (15:20–28, 42–57). Sin la resurrección de creyentes, todo el plan se derrumba y la resurrección de Cristo se vuelve innecesaria. Sin la resurrección de Cristo, sin embargo, el evangelio se vuelve una mentira. «Aún más, resultaríamos falsos testigos de Dios», dice Pablo, «por haber testificado que Dios resucitó a Cristo».

Las consecuencias de esto son horrendas: si el evangelio no es verdad, entonces la muerte de Cristo no ha sido «por nuestros pecados», como proclama el evangelio (15:3).[89] Los corintios consecuentemente todavía están viviendo en sus pecados, y la lóbrega perspectiva de la justa pena de pecado pende sobre ellos: la muerte física es (para ellos) no el sueño sino la destrucción eterna (15:17–18).

Un segundo aspecto de la argumentación de Pablo enfoca las consecuencias futuras de la insistencia de los corintios de que los creyentes no serán resucitados de los muertos. Pablo se niega a permitir que lo que los corintios parecen dar por sentado: que la inmortalidad del alma sin cuerpo puede ser sustituida por la noción de una resurrección corporal. Sin una resurrección corporal, Pablo insiste que no habrá inmortalidad para nada (15:18–19). La muerte no será derrotada (15:26, 54–55), y esta vida será la suma total de la existencia cristiana (15:19). La inscripción comúnmente usada en las tumbas romanas tendría razón: *non fui, fui, non sum, non curo*: «No era, no fui, no soy, no me importa».[90]

Si eso fuera cierto, la labor apostólica de Pablo, sea en Corinto (15:10) o en Éfeso (15:30–32), hubiera sido un desperdicio de tiempo, y los cristianos serían los más dignos de lástima de toda la gente (15:19). La muerte habría que lamentarla de la manera en que Luciano muestra la aflicción típica del padre por la muerte prematura de un hijo: «Nunca más volverás a recorrer las calles por la noche, o a enamorarte, hijo mío, o a beber abundantemente en las fiestas de vino con tus amigos jóvenes» (*Luct.* 13). Por implicación, la vida habría que llenarla con esas cosas de que la muerte nos priva: deberíamos «comer y beber, que mañana moriremos» (15:32).

En contraste, si Cristo ha resucitado de los muertos, entonces ha empezado la inversión de la oleada de muerte que ha barrido a la humanidad desde Adán. Su resurrección es la primera resurrección de muchas otras que tendrán lugar cuando Cristo vuelva y Dios sujete a todos sus enemigos, incluyendo a la muerte, a sí mismo (15:20–28). Estas resurrecciones, además, no son meramente la reanimación de cadáveres sino la resurrección de los muertos a una existencia inmortal (15:54). La inmortalidad de esta nueva existencia exige una nueva clase de cuerpo, e incluso los que estén vivos en la venida del Señor serán cambiados para que ellos también puedan vivir eternamente

---

[88] Ver la lista de Celso, en Orígenes, *Cels.* 2.55; la lista en Rudolf Bultmann, *History of the Synoptic Tradition* (Harper & Row, Nueva York, 1963), 233–34; y la consideración detallada de Wright, *Resurrection*, 32–84, que destaca que el término «resurrección» a menudo se usa demasiado liberalmente en tales relatos.

[89] Cf. Fee, *First Epistle to the Corinthians*, 743–44.

[90] El dicho era tan comúnmente conocido que simplemente se lo abreviaba NFFNSNC. Ver Mary Beard, John North, y Simon Price, *Religions of Roma*, 2 vols. (Cambridge Univ. Press, Cambridge, 1998), 2:236.

en el reino de Dios. Estos nuevos cuerpos serán imperecederos, gloriosos, poderosos, espirituales y celestiales (15:40, 42–43, 47–49, 52).[91]

Si ésta es la esperanza cristiana, entonces ¿cómo deben vivir los corintios? Los corintios que han tenido relaciones con prostitutas (6:12–20) y se sentían en libertad de asistir a banquetes paganos idólatras (8:10; 10:1–22) deben darse cuenta de la verdad del aforismo (de *Tais* de Menander), «Las malas compañías corrompen las buenas costumbres».[92] Deben volver a su cordura y dejar de pecar (15:33–34). Pablo amonesta a los corintios: «Y así como hemos llevado la imagen de aquel hombre terrenal, llevaremos también la imagen del celestial» (15:49).[93] De modo similar, a la luz de todo lo que ha dicho en cuanto a la resurrección de Jesús y de los creyentes en este capítulo, Pablo concluye con esta exhortación:

> Por lo tanto, mis queridos hermanos, manténganse firmes e inconmovibles, progresando siempre en la obra del Señor, conscientes de que su trabajo en el Señor no es en vano (15:58).

Sin la resurrección, el trabajo de los corintios en el Señor, y también el trabajo apostólico de Pablo, habría sido en vano. La resurrección de Cristo, sin embargo, apunta a la resurrección inevitable de los creyentes con el resultado de que para Pablo (15:10) y para los corintios (15:58), una vida de esfuerzo en el servicio del Señor, a pesar de sus adversidades, es una vida bien invertida.

Unidad, santidad y fidelidad y 1 corintios

La tarea más importante de Pablo al escribir 1 Corintios es unir a los cristianos corintios diversos y contenciosos. Esto puede tener lugar sólo si ellos entienden la naturaleza de la gracia de su llamamiento cristiano y el lugar importante que ocupan en el plan de Dios para restaurar la fortuna de su pueblo. Dios los ha incorporado a su pueblo por iniciativa propia de su gracia, y por consiguiente ellos deben actuar con gracia unos con otros; deben remplazar su orgullo con amor, los fuertes deben proteger a los débiles, y toda la iglesia debe trabajar unida para formar un edificio integrado. Esto es necesario porque su «edificio» es el templo de Dios restaurado escatológicamente, el lugar de morada de la presencia de Dios prometida por los profetas.

Como templo restaurado, es importante que los corintios no sólo estén unificados sino también sean santificados. Una unidad que ignora los límites de conducta para el pueblo de Dios es unidad inútil, y por consiguiente Pablo dedica mucho de su carta a la santidad de la iglesia. Ella no debe tolerar la inmoralidad sexual, ni hacer acomodos con la corrupción judicial, ni racionalizar prácticas idólatras. Hacer esto es nublar la distinción entre la iglesia y el mundo y significa repetir los fracasos del pueblo de Dios durante el período del éxodo.

---

[91] Cf. Ro 8:23; 2 Co 5:1, 4; Fil 3:21, y ver los comentarios de Joseph Plevnik, *Paul and the Parousia: An Exegetical and Theological Investigation* (Hendrickson, Peabody, Mass., 1997), 147-53.

[92] Sobre el enlace entre 6:12-20, 10:1-22, y 15:33, ver Winter, *After Paul Left Corinth*, 76-109. Winter observa que la frase de Pablo de *Tais* de Menander, en su contexto original se refereía a la seducción de prostitutas (ibid., 99-100).

[93] Muchas traducciones, comentaristas y ediciones del texto griego dicen algo como «así *nosotros llevaremos* (*foresomen*) la imagen del hombre celestial», pero los testigos textuales del subjuntivo hortatorio «llevemos» (*foresomen*); cf. NVI nota) son muy superiores a los que lo leen en forma futura. Ver Fee, *First Epistle to the Corinthians*, 794-95, y las ediciones de Tischendorf, von Soden, y Vogels.

La unidad de la iglesia también será insulsa si los corintios traicionan el evangelio que Pablo predicó y sobre el cual los corintios afirman haber tomado posición. Sin embargo, esto es precisamente la consecuencia, Pablo aduce, de la afirmación de algunos corintios de que no había resurrección de los muertos. Negar la resurrección corporal de los creyentes, dice, es hacer de todo el evangelio una mentira, y si el evangelio es una mentira, entonces los corintios no tienen remedio para sus pecados pasados ni ningún incentivo para abstenerse de pecados futuros. Sin la resurrección, la muerte ha triunfado, y no hay necesidad para los rigores de la vida del apóstol o santidad en la iglesia. Esas son las más lamentables formas de existencia.

Aunque estos tres temas dominan secciones discretas de la carta, también se conectan de maneras significativas. Los temas de la unidad y la santidad se conectan uno a otro por un eslabón directo y un interés que corre en ambas como una hebra.

Primero, Pablo cree que la destrucción de la unidad de la iglesia es una violación directa de la santidad de la iglesia. Dividir a la iglesia por maestros especiales (3:3–4) y clasificaciones sociales (11:19) es destruir al templo de Dios y violar su santidad, «porque el templo de Dios es sagrado, y ustedes son ese templo» (3:17).

Segundo, en la trama de las secciones de la carta dedicadas a estos dos asuntos está entretejida una preocupación común a ambos asuntos: prevenir a los creyentes al borde de la fe para que no crucen a sus márgenes y arrastren a los que están en las márgenes de la fe dentro de la iglesia. Pablo quiere que los entendidos protejan la fe frágil de los débiles para que éstos no sean destruidos (8:11) y que eviten alienar al no creyente que está tratando de mostrar buena voluntad a los creyentes (10:28). Quiere que los que tienen dones especiales hagan que los cultos de la iglesia sean entendibles para el buscador y el que no es creyente con la esperanza de que estos también adoren a Dios (14:16, 22–25). De modo similar, modifica la ley mosaica para evitar la exclusión permanente de la comunidad de los sexualmente inmorales (5:5), y hace de la santidad una fuerza para la inclusión de los cónyuges e hijos no creyentes antes que una razón para excluirlos (7:14, 16).

La preocupación de Pablo por la unidad y santidad de la iglesia también emerge en la sección de la carta dedicada a la fidelidad al evangelio. Allí Pablo especifica que el evangelio al que los corintios deben ser fieles no es de cosecha propia sino propiedad común de la iglesia. Él les trasmitió lo que también había recibido (15:3), y no sólo Pablo sino también los otros apóstoles que trabajaron entre los corintios predicaron este evangelio. Este es el evangelio que los corintios creyeron (15:11).[94] El énfasis aquí es más en la unidad de los corintios con otros creyentes en todas partes que en la unidad específicamente de la iglesia corintia, pero el efecto todavía es recalcar la adherencia de los corintios a una fe común que comparten todos los cristianos.

Pablo también conecta la enseñanza cristiana sobre la resurrección corporal con la cuestión de la santidad de los corintios. Sin la resurrección corporal de creyentes en el futuro, los creyentes no tienen esperanza de inmortalidad, y por consiguiente ningún incentivo teológico para evitar «las malas compañías» (15:33) y «estar firmes» (15:58). Si no hay resurrección de los muertos, su trabajo (15:58), y el trabajo de Pablo (15:10, 30–32), es todo en vano.

La unidad de la iglesia, su santidad ante el mundo, y su fidelidad al evangelio no son, por consiguiente, meramente tres temas teológicos que Pablo considera en secciones separadas de la carta. Son facetas de un solo prisma estrechamente conectados, y cada una es una parte necesaria del todo.

---

[94] Fee, *First Epistle to the Corinthians*, 714, 736.

FILIPENSES: LA IMPORTANCIA DEL PROGRESO DEL EVANGELIO

El porqué de filipenses

Los casi tres años de Pablo en Éfeso terminaron con un período de turbulencia. «Porque se me ha presentado una gran oportunidad para un trabajo eficaz», les dice a los Corintios, «a pesar de que hay muchos en mi contra» (1 Co 16:9; cf. 15:32). Reflexionando sobre esta fase difícil de su trabajo algunos meses después de haber salido de la ciudad, Pablo les escribió que habían estado

> tan agobiados bajo tanta presión, que hasta perdimos la esperanza de salir con vida: nos sentíamos como sentenciados a muerte. Pero eso sucedió para que no confiáramos en nosotros mismos sino en Dios, que resucita a los muertos (2 Co 1:8b–9).

Aunque el punto no está libre de controversia, estas adversidades probablemente incluyeron un período de encarcelamiento, y puede haber sido durante este encarcelamiento que la iglesia de Pablo en Filipos se preocupó tanto por él que comisionó a uno de ellos, Epafrodito, para que le llevara a Pablo una ofrenda monetaria (4:18) y que se quedara con él para atender a sus necesidades (2:25).[1]

Probablemente en camino a visitar a Pablo, Epafrodito se enfermó pero siguió adelante para cumplir su misión, «arriesgando la vida», como Pablo les dice, «para suplir el servicio que ustedes no podían prestarme» (2:30).[2] De alguna manera, la noticia de la condición de Epafrodito había llegado a Filipos y él se había preocupado por la preocupación de ellos por él. Él anhelaba volver (2:26), así que Pablo decidió enviarle de regreso (2:25), y esto proveyó la oportunidad de enviar con él una carta. Nuestra carta canónica de Filipenses es el resultado.[3]

---

[1] La tradición, remontándose por lo menos al prólogo marcionista del siglo segundo a Filipenses, pone a Pablo en su encarcelamiento en Roma durante la composición de Filipenses. El historial del encarcelamiento en Roma de Pablo en Hch 28:16–31, la mención de «la guardia del palacio» en Fil 1:13, y el saludo de «los de la casa del emperador» en Fil 4:22 probablemente fue suficiente para llevar a los lectores antiguos de la carta a dar por sentado un encarcelamiento en Roma. El término «pretorio», sin embargo, puede tener una amplia variedad de significados, incluyendo la sede de un gobernador de alguna provincia (Mt 27:27; Mr 15:16; Jn 18:28, 33; 19:9; Hch 23:35; Cicerón, *Ver*. 4.65; 5.106), y «los de la casa del emperador» era un grupo grande de esclavos imperiales y ex esclavos esparcidos ampliamente por todo el imperio. La afinidad de Fil 3:1–21 con Gálatas (Fil 3:1–11) y 1 Corintios (Fil 3:12–21), todavía más, hace más probable un origen efesio para la carta. Sobre el significado de «pretorio», ver P. G. W. Glare, ed. *Oxford Latin Dictionary* (Oxford Univ. Press, Oxford, 1982), 1448. Sobre «los de la casa del emperador», ver P. R. C. Weaver, *Familia Caesaris: A Social Study of the Emperor's Freedmen and Slaves* (Cambridge Univ. Press, Cambridge, 1972), 1–8; sobre toda esta cuestión, ver Frank Thielman, «Ephesus and the Literary Setting of Philippians» en *New Testament Greek and Exegesis*, ed. Amy M. Donaldson y Timothy B. Sailors (Eerdmans, Grand Rapids, 2003), 205–23.

[2] Paul A. Holloway, «Disce Gaudere»: *Paul's Consolation of the Church at Philippi*, dis. Univ. of Chicago (1998), 26. Ver ahora idem, *Consolation in Philippians: Philosophical Sources and Rhetorical Strategy* (SNTSMS 112; Cambridge Univ. Press, Cambridge, 2001).

[3] Muchos estudiosos aducen que *nuestro* Filipenses canónico es una carta compuesta, compilada de dos, o más comúnmente, de tres cartas separadas. Para un estudio de los varios esquemas para dividir la carta en porciones junto con argumentos persuasivos para su unidad, ver David E. Garland, «The Composition and Unity of Philippians: Some Neglected Literary Factors», *NovT* 27 (1985):141–73; Holloway, 307 «Disce

La preocupación de Pablo por el progreso del evangelio entre los filipenses domina la carta. La importancia de este tema es evidente de 1:9–11, en donde él sigue su procedimiento acostumbrado de revelar las preocupaciones primordiales de su carta en su informe de oración intercesora:

> Esto es lo que pido en oración: que el amor de ustedes abunde cada vez más en conocimiento y en buen juicio, para que disciernan lo que es mejor, y sean puros e irreprochables para el día de Cristo, llenos del fruto de justicia que se produce por medio de Jesucristo, para gloria y alabanza de Dios.

Pablo quiere que los Filipenses enfoquen en lo que importa, y lo que importa, como Pablo dice en 1:12 y 25, es que el evangelio progrese tanto en las circunstancias de él como en las de ellos, cualesquiera que fueran.[4] Al concentrarse en el progreso del evangelio los filipenses llegarán al día final puros, intachables y llenos de justicia. El trabajo de Pablo entre ellos no habrá sido en vano (2:16), y, en el día de Cristo, ellos recibirán su corona de victoria (4:1).

Tres impedimentos al progreso del evangelio entre los filipenses se ciernen particularmente ominosos. Primero, los filipenses están soportando adversidad por causa del evangelio: están sufriendo persecución política y sienten ansiedad por otros que están sufriendo por la misma razón, particularmente Pablo y Epafrodito. Segundo, la desunión dentro de la iglesia amenaza deslustrar el testimonio de la iglesia. Tercero, con el sudor todavía en su frente por luchar con los gálatas y los corintios sobre varias desviaciones del evangelio, Pablo quiere advertir a los filipenses en cuanto a la clase de errores que estorban el progreso del evangelio en estas otras iglesias.

Pablo considera estos problemas de varias maneras, pero dos estrategias para amonestar a los filipenses son consistentes en toda la carta: él les recuerda el objetivo escatológico del progreso de ellos en la fe, y les provee ejemplos para que sigan al superar los obstáculos que se levantan entre ellos y esta meta final.

El progreso del evangelio en medio de la adversidad

Los filipenses están atravesando adversidad en dos formas. Primero, están siendo perseguidos por su fe.[5] Su iglesia nació en medio de la persecución, conforme revela el relato de Lucas de la flagelación y

---

Caudere», 5–35; y, cautelosamente, Markus Bockmuehl, *The Epistle to the Philippians* (BNTC; Hendrickson, Peabody, Mass., 1998), 20–25.

[4] Para la significación del informe de oración intercesora para determinar la preocupación primaria de Pablo en la carta, y para el apoyo probable de Pablo en convencionalismos filosóficos estoicos sobre la importancia de hacer una distinción entre «las cosas que importan» *(ta diaferonta)* y las «cosas que no imponan» *(ta adiafora)* ver Holloway, «Disce Gaudere», 27, 52–56, y 104–12. Holloway argumenta persuasivamente que la carta de Pablo a los Filipenses es un intento de «consolarlos» en el sentido técnico y filosófico en que se usaba este término en la literatura antigua griega y latina. Consolación, en este sentido, era «combatir la aflicción mediante argumentación racional» (61).

[5] Ver esp. Peter Oakes, *Philippians: From People to Letter* (SNTSMS 110; Cambridge Univ. Press, Cambridge, 2001), 59–63, 77–96. Oakes arguye que los cristianos filipenses eran en su mayoría no romanos en una ciudad en que los romanos tenían privilegios especiales. Pocos, si acaso alguno, dentro de la iglesia habría pertenecido a la clase social alta, y la mayoría habrían sido parte del sector de servicio (panaderos, etc.), esclavos, agricultores y pobres. Estos grupos habían sufrido económica y físicamente por rehusar participar en los ritos religiosos que estaban en conflicto con sus convicciones cristianas.

encarcelamiento de Pablo y Silas (Hch 16:16–40; cf. 1 Ts 2:2), y la persecución continúa. Están experimentando, Pablo les dice, «la misma lucha que antes me vieron sostener, y que ahora saben que sigo sosteniendo» (Fil 1:30). La amonestación de Pablo a luchar «sin temor alguno a sus adversarios» (1:28a) indica su preocupación de que esta oposición puede ser un estorbo al progreso del evangelio en medio de ellos; de que ellos alejen sus ojos de lo que realmente importa (1:10a) y enfoquen sus circunstancias difíciles con consecuencias desastrosas para el día final (1:7–11).

Segundo, los filipenses sienten ansiedad por el sufrimiento de Pablo y Epafrodito. Su ansiedad en cuanto a la «aflicción» (*tzlipsis*, 4:14) motivó sus esfuerzos para atender a sus necesidades físicas al enviar a Epafrodito con una ofrenda monetaria (2:25; 4:18).[6] Epafrodito está preocupado porque ellos habían oído que él se había enfermado en su misión a Pablo (2:26). Esto indica por lo menos que Epafrodito los conoce lo suficientemente bien como para pensar que ellos sentían ansiedad al oír este informe, y posiblemente que ha recibido noticias de la ansiedad que ellos sienten.[7] En cualquier caso, su sufrimiento y el sufrimiento de otros por causa del evangelio los ha dejado con ansiedad.

Frente a esta adversidad, Pablo les anima a hallar alegría en lo que importa: el progreso del evangelio. Como un estímulo para esto describe a otros que se han concentrado en lo que importa a pesar de la adversidad y pueden servir como ejemplo para los filipenses sobre cómo ellos pueden hacer lo mismo. También les recuerda a los filipenses el objetivo escatológico de su fe. Finalmente, provee un ejemplo práctico sobre cómo cambiar sus pensamientos de circunstancias que provocan ansiedad a las cosas buenas.

Como seguir el ejemplo de otros

Entre 3:17 Pablo les dice a los filipenses: «sigan todos mi ejemplo, y fíjense en los que se comportan conforme al modelo que les hemos dado», y, en 4:9: «Pongan en práctica lo que de mí han aprendido, recibido y oído, y lo que han visto en mí». Una gran parte de la carta provee ejemplos de los que, a pesar de estar sufriendo, se han concentrado en lo que importa y han hallado gozo en el progreso del evangelio.

Temprano en la carta Pablo empieza a ofrecer su propio enfoque al sufrimiento como un ejemplo para que los filipenses sigan. Las cartas personales a amigos y familia en la antigüedad a menudo incluían, después del saludo y deseos de bienestar, una sección que daba noticias del que escribía.[8] Pablo sigue este convencionalismo en 1:12–26 al hablar de sus propias circunstancias, pero

---

[6] Holloway, «Disce Gaudere», 48–50.

[7] Cf. la carta del segundo siglo a.C. del soldado Teonas (POxy XII 1481) en la que Teonas agradece a su madre Tezea por un regalo y dice que él estaba muy afligido porque ella había oído que estaba enfermo. En realidad él no estaba seriamente enfermo, explica, y ella no debería haberse preocupado. Para el texto, ver John L. White, *Light from Ancient Letters* (FF; Fortress, Philadelphia, 1986), 158.

[8] Ejemplos de este arreglo aparecen en la sección de White sobre «Letters to and from Soldiers» en *Light from Ancient Letters*, 157–66. Teonas, por ejemplo, empieza el cuerpo de su carta a su madre con esta afirmación: «Quiero que sepas que la razón por la que no te había enviado una carta por tanto tiempo fue porque estoy en un campamento y no por haber estado enfermo» (158). Cf. Loveday Alexander, «Hellenistic Letter-Forms and the Structure of Philippians», *JSNT* 37 (1989): 87–101, aquí en 92 y 94–95.

modifica la costumbre para hablar menos de los detalles de su encarcelamiento y más en cuanto a cómo el evangelio había progresado debido al mismo.[9]

Pablo hace esto especialmente aquí porque quiere que los filipenses vean que incluso en circunstancias difíciles el creyente debe regocijarse si el evangelio está avanzando. Él está en la cárcel debido a la proclamación del evangelio (1:13), y algunos «hermanos en el Señor» han aumentado su aflicción debido a la proclamación insincera del evangelio (1:15a, 17). Estas dificultades, sin embargo, han servido para el avance del evangelio. Debido a estas dificultades, muchos del pretorio y más allá (1:13) han oído el evangelio y otros creyentes, tanto simpatizantes de Pablo como opuestos a él, han predicado evangelio con mayor intrepidez. La respuesta de Pablo a la predicación insincera del evangelio de parte de sus adversarios cristianos es también la respuesta que él quiere que los filipenses den a las adversidades que están enfrentando:

> ¿Qué importa? Al fin y al cabo, y sea como sea, con motivos falsos o con sinceridad, se predica a Cristo. Por eso me alegro (1:18a).

Pablo entonces pasa al futuro y dice que aunque él viva o muera en su encarcelamiento (1:20), él está confiado en que será salvado en el sentido escatológico y teológico (1:19).[10] Las oraciones de los filipenses y la ayuda del Espíritu de Jesús le harán atravesar seguro la odisea de su encarcelamiento con su fe intacta, y sea que la muerte o la vida estén por delante, él estará con Cristo (1:20–21; cf. 3:10–14), sea lo que sea que le guarde su futuro (1:18b).

Pablo también provee un ejemplo para que los filipenses sigan al final de la carta cuando les agradece por su ofrenda. Esta parte de la carta tradicionalmente ha presentado dos problemas para los intérpretes: ¿por qué Pablo espera tanto para agradecer a los filipenses por la ofrenda que le habían enviado, y, una vez que aplica su mano a la tarea, por qué es tan reservado en su aprecio)?[11]

---

[9] Karl Barth, *The Epistle to the Philippians* (John Knox, Richmond, Va., 1962), 26, observa, «A la cuestión de cómo van las cosas *con él*, el apóstol *debe* reaccionar con información sobre cómo van las cosas con el evangelio».

[10] La referencia de Pablo a su «salvación» *(soteria)* aquí a veces se toma en el sentido teológicamente menos potente de su «liberación» de la prisión. Ver, por ej., las traducciones [en inglés] de Moffatt, RSV, GNB, NIV, REB, NRSV, y, entre los comentaristas, Gerald F. Hawthorne, *Philippians* (WBC 43; Word, Waco, Tex., 1983), 39-40. Pero Pablo normalmente usa esta palabra para la salvación escatológica (ver, por ej., sus únicas menciones en Filipenses: 1:28 y 2:12), y 1:20 dice que el resultado de su encarcelamiento puede ser la vida o la muerte. Ver J. B. Lightfoot, *Saint Paul's Epistle to the Philippians*, 4ª ed. (Macmillan, Londres, 1896), 91; Marvin R. Vincent, *The Epistles to the Philippians and Philemon* (ICC; T. & T. Clark, Edinburgh, 1897), 23; F. F. Bruce, *Philippians* (GNC; Harper & Row, San Francisco, 1983), 24; Peter T. O'Brien, *The Epistle to the Philippians: A Commentary on the Greek Text* (NIGTC; Eerdmans, Grand Rapids, 1991),110; Ben Witherington III, *Friendship and Finances in Philippi: The Letter of Paul to the Philippians* (NTC; Trinity Press International, Valley Forge, Pa., 1994), 46; y Bockmuehl, *Philippians*, 83.

[11] A menudo el primer problema se ha «resuelto» dividiendo a Filipenses en tres cartas, la primera de las cuales («Carta A») es 4:10-20. Ver, entre muchos otros, Jean-Francois Collange, *The Epistle of Saint Paul to the Philippians* (Epworth, Londres, 1979), 3-15, 148-54, y Jerome Murphy-O'Connor, *Paul: A Critical Life* (Oxford Univ. Press, Oxford, 1996), 216. El segundo problema se resuelve de varias maneras. J. Hugh Michael, *The Epistle of Paul to the Philippians* (MNTC; Hodder and Stoughton, Londres, 1928), 208-9, propone que Pablo está respondiendo a una queja de los filipenses de que una carta previa no mostró suficiente aprecio por la ofrenda que le habían enviado por medio de Epafrodito. G. W. Peterman, *Paul's*

La posición de los comentarios de aprecio de parte de Pablo y la manera en que los expresa probablemente están diseñadas para modelar ante los filipenses lo que significa discernir lo que importa.[12] Aunque aprecia la ofrenda de ellos (4:14–16, 18) y se regocija porque han expresado de nuevo su interés por él como lo habían hecho a menudo en el pasado (4:10), no quiere que piensen que ha estado descontento por eso (4:11–12). El Dios que fortalece a su pueblo hace a Pablo igual en toda circunstancia (4:13).[13]

Esta es también la actitud que los filipenses deben tener. Como él, ellos deben discernir lo mejor (el progreso del evangelio) y confiar en que Dios les dará la fuerza para resistir cualquier adversidad al dirigirse «al día de Jesucristo» (1:6).

Además de ofrecerse como ejemplo, Pablo muestra a Jesucristo (2:5–11), Timoteo (2:19–24), y Epafrodito (2:19–30) como personas a quienes los filipenses deben imitar en medio de su sufrimiento.[14] Puesto que Pablo describe a estas tres personas en un contexto en donde la desunión en la iglesia es su preocupación principal, probablemente quiere que sirvan primariamente como ejemplos de tener «un mismo parecer, un mismo amor, unidos en alma y pensamiento» (2:2). Con todo, cada uno de ellos es también un ejemplo de cómo mantenerse enfocado en lo que realmente importa en medio de la adversidad. Cristo Jesús soportó el sufrimiento en obediencia a Dios, y Dios le exaltó grandemente (2:6–11). Este es un patrón que los filipenses deben imitar conforme sus convicciones cristianas les llevan al sufrimiento en una sociedad que los ve como amenaza a la estabilidad social. Si ellos permanecen fieles, Dios los exaltará de una manera no diferente a la manera en que exaltó a Jesucristo y colocó todo en sujeción a él (3:20–21).[15]

Gift from Philippi: Conventions of Gift-exchange and Christian Giving (SNTSMS 92; Cambridge Univ. Press, Cambridge, 1997), 121-61, arguye que Pablo está tratando de evitar el mal entendido de que la ofrenda de los filipenses para él lo había colocado bajo alguna obligación social ante ellos. Gordon D. Fee, *Paul's Letter to the Philippians* (NICNT; Eerdmans, Grand Rapids, 1995), 444-45, piensa que Pablo quiere elevar la significación de la amistad mutua entre él mismo y los filipenses por sobre los asuntos más mundanos de dar y recibir.

[12] Cf. Holloway, «Disce Gaudere», 177-82.

[13] El lenguaje de Pablo de auto suficiencia en 4:12 parece superficialmente estoico, puesto que el estoicismo aducía que el sabio hallaba dentro de sí mismo los recursos para permanecer imperturbable ante las circunstancias variables de la vida. Como Peterman, Paul's Gift from Philippi, 142, señala, sin embargo, en 4:13 Pablo revela que «la fuerza que necesita para enfrentar las vicisitudes de la vida no vienen de su hombre natural sino de Dios en Cristo».

[14] Los intérpretes a veces ven 2:19-30 como una desviación desdichada, pero necesaria, del propósito primario de Pablo en la carta. Barth, *Philippians*, 79, se queja de que no contiene «enseñanza directa», y G. B. Caird, *Paul's Letters from Prison (Ephesians, Philippians, Colossians, Philemon)* (Oxford Univ. Press, Oxford, 1976), 130, de que contiene «detalles que cansan» que, una vez que «se los descarta», dan paso «al tema del gozo que es lo primordial en la mente [de Pablo]». Estos detalles, sin embargo, forman una parte importante de la estrategia de Pablo para proveerles a los filipenses ejemplos a seguir en sus esfuerzos por obedecer el imperativo que los sigue de inmediato: «regocíjense en el Señor» (3:1), mandato que insta a los filipenses a enfocar «las cosas de Jesucristo» (2:21) antes que las dificultades que están atravesando. Esto puede explicar por qué Pablo, contrario a su práctica acostumbrada, no ha dejado tales detalles para el fin de la carta sino que los coloca en medio de su argumentación.

[15] Cf. Oakes, *Philippians*, 202.

Timoteo y Epafrodito también han hecho avanzar el evangelio en medio de sufrimientos. Timoteo, dice Pablo, no se preocupa por sus propios intereses sino por los de Jesucristo, y por consiguiente se ha «esclavizado» *(douleuo)* con Pablo en «la obra del evangelio» (2:21–22). Epafrodito, de modo similar, «estuvo a punto de morir por la obra de Cristo» en su papel como colaborador y compañero de lucha de Pablo.

Pablo, Cristo Jesús, Timoteo y Epafrodito, por consiguiente, constituyen ejemplos que los filipenses pueden seguir frente a su propio sufrimiento por la fe y su sentimiento de ansiedad por otros en la misma situación difícil. Como ellos, los filipenses deben responder a sus circunstancias no con temor (1:28) ni con ansiedad (2:26; 4:6). Más bien deben hallar gozo al meditar en el progreso del evangelio a pesar de su dificultad, e incluso debido a ella.

El objetivo escatológico del creyente

El esfuerzo de Pablo de enfocar la atención de los filipenses en «lo que es mejor» (1:10) o lo que importa (1:18) como una manera de hacer frente a su adversidad también incluye un componente escatológico, como nos lleva a esperar el informe de su oración intercesora con su propio carácter escatológico (1:10b). Pablo dice en 1:28–29 que su sufrimiento es una bendición puesto que por él Dios les ha dado pruebas de su salvación escatológica. La ecuanimidad valiente de los filipenses frente a la oposición es una señal de dos facetas: muestra que sus perseguidores están entre los que serán destruidos y que los creyentes Filipenses están entre los que serán salvados en el día de Cristo.[16] Su perseverancia, por consiguiente, es un don porque les asegura que Dios, en las palabras de 1:6, «que comenzó tan buena obra en ustedes la irá perfeccionando hasta el día de Cristo Jesús».[17]

Pablo también quiere que los filipenses sepan que aunque la ciudadanía de Filipos los ha marginado, son ciudadanos de una ciudad celestial y que un día el gobernante de esa ciudad sujetará a sí mismo a todas las demás entidades. Esto es parte de lo que Pablo quiere decir cuando escribe en 3:20–21:

> En cambio, nosotros somos ciudadanos del cielo, de donde anhelamos recibir al Salvador, el Señor Jesucristo. Él transformará nuestro cuerpo miserable para que sea como su cuerpo glorioso, mediante el poder con que somete a sí mismo todas las cosas.

Como veremos más abajo, la preocupación primaria de Pablo en este pasaje es advertir a los filipenses en cuanto a la clase de mentalidad terrenal que asolaba a la iglesia de Corinto (3:19), pero el vocabulario significativamente político que Pablo usa revela un propósito subsidiario importante. El término «ciudadanía» *(politeuma)* rememora la situación significativa de Filipos como colonia romana con el «derecho de Italia» *(ius Italicum)*, cuyos ciudadanos estaban inscritos en la lista de las *tribus Voltinia* y por consiguiente eran considerados ciudadanos de Roma.[18] De modo similar, el término «salvador» se usaba comúnmente para los gobernantes políticos en la sociedad helenista y

---

[16] En la difícil afirmación «la cual es una señal para ellos de destrucción pero de la salvación de ustedes, y es de Dios» (1:28, aut.), el pronombre relativo femenino singular «la cual» *(jetis)* es femenino por atracción del género de «señal» *(endeixis)*. Su antecedente es la negativa de los filipenses a dejarse atemorizar por los que se oponen. Para esta comprensión del griego, ver Lightfoot, *Philippians*, 106; Vincent, *To the Philippians and to Philemon*, 35; y Bockmuehl, *Philippians*, 101. Cf. 2 Ts 1:5.

[17] Cf. Ro 5:3–5.

[18] Sobre esto ver Petet Pilhofer, *Philippi*, 2 vols. (WUNT 87, 119; J. C. B. Mohr [Paul Siebeck], Tübingen, 1995–2000), 1:122–23, 131–32.

romana, y era especialmente título común para los emperadores romanos. Por eso, a Julio César, en una inscripción del 48 d.C. se le llama «un dios visible y un salvador político de la vida humana», y otra inscripción de unos pocos años más tarde llama a Nerón el «salvador y benefactor del mundo».[19]

Claramente, en 3:20–21 Pablo quiere que los filipenses vean su marginación como una señal de su ciudadanía en una sociedad diferente, celestial. En el día final, además, su Salvador será el único gobernador del mundo y sujetará a sus perseguidores a sí mismo (cf. 2:10–11).[20] Pablo quiere que los filipenses vean que su salvación en el día final, debido a su fidelidad al evangelio, es, a pesar de su sufrimiento, «lo que es mejor» y algo que «importa» (1:10; cf. 1:18). En medio de su adversidad, por consiguiente, ellos deben enfocar este objetivo escatológico.

Gentileza para todos, oración agradecida, y la contemplación de lo bueno

Finalmente, Pablo da algún consejo práctico en cuanto a cómo los filipenses pueden regocijarse en el Señor en medio de sus circunstancias difíciles. «Alégrense siempre en el Señor», ordena. «Insisto: ¡Alégrense!» (4:4). Pero, ¿cómo, hablando prácticamente, pueden los filipenses superar su ansiedad sobre su propia persecución, el encarcelamiento de Pablo, y la enfermedad de Epafrodito?

Además del consejo que ya ha dado, Pablo anima a los filipenses a dar tres pasos prácticos. Primero, pueden recordar que la respuesta cristiana a la adversidad por la fe no es desquitarse contra los enemigos sino dejar la retribución al Señor en su regreso y, mientras tanto, mostrar gentileza *(epeikes)* a todos. Pablo sabe que así es como Jesús respondió a la persecución (Ro 15:3; 2 Co 10:1; cf. Fil 2:8),[21] y así es como los seguidores de Jesús deben responder.

Segundo, Pablo anima a los filipenses a orar con acciones de gracias, pensando menos en las dificultades que enfrentan que en aquello por lo que pueden estar agradecidos. El evangelio está progresando como resultado del encarcelamiento de Pablo (1:12–18a). Cualquiera que sea el resultado de su encarcelamiento, sea la vida o la muerte, Cristo será exaltado en el cuerpo de Pablo (1:18b–26). El propio sufrimiento de ellos es en sí mismo un don que les asegura a los filipenses la ruina de sus perseguidores y su propia salvación (1:28–29). Epafrodito heroicamente ha hecho avanzar la obra del evangelio mediante su ministerio sacrificado a Pablo en la prisión (2:25–30). Todo esto debe llevar a los filipenses a una oración agradecida.[22]

Tercero, como muchos antes que él y después de su tiempo que procuraron consolar a otros en medio de la adversidad, Pablo aboga por desviar del mal la mente y dirigirla a la contemplación de lo

---

[19] Ver Wernet Foerster, «swthr», *TDNT*, 7:1007; MM, 621–22; y Bockmuehl, *Philippians*, 235.

[20] Ver Pilhofer, *Philippi*, 1:122–34, que destaca que el mismo tema aparece en 1:27, en donde Pablo les dice a los filipenses que se conduzcan como ciudadanos *(politeuestze)* de una manera digna del evangelio de Cristo. También puede estar presente en 4:3, en donde Pablo habla de sus colaboradores como inscritos en el libro de la vida, posiblemente por analogía del catastro de ciudadanos que se guardaba en los archivos de Filipos.

[21] Es también como el justo de Sabid. Sal. 2:12–20 al parecer respondía a las persecuciones de los males. «Probémoslo con insultos y tortura», dicen los malos al tramar su ataque al justo, «para saber lo gentil *[epieikeias]* que es» (2:19).

[22] Holloway, «Disce Gaudere», 169–70, señala que en la literatura antigua de consolación, el consolador con frecuencia anima al lector a enfocarse en las cosas por las que debería estar agradecido antes que en su circunstancias difíciles.

bueno (4:8–9).²³ Epicuro aconsejaba lograr alivio de la angustia mental del sufrimiento al alejar del dolor la mente de uno y ponerla en experiencias agradables. Cicerón y otros modificaron la técnica para promover el dirigir la mente afligida no al placer, sino a lo que es virtuoso. El método de Cicerón también es el de Pablo; en verdad, la lista de virtudes de Cicerón para la contemplación en circunstancias difíciles es similar a la lista de Pablo aquí: «Todo lo respetable, todo lo justo, todo lo puro, todo lo amable».²⁴ Además, Pablo dice, los filipenses deben observar lo que les enseñó y el ejemplo que les dio en cuanto a poner estas virtudes en práctica (4:9).

Sumario

En su carta Pablo presenta a los filipenses maneras de hacerle frente a la ansiedad por lo que le espera a Pablo y a ellos como creyentes en una sociedad hostil a sus propósitos. Ellos deben, dice, hallar gozo en el progreso del evangelio a pesar de las dificultades que están atravesando. Esto es lo que realmente importa, y está sucediendo en las circunstancias de Pablo (1:12–26) y en la circunstancia de los filipenses (1:28–29). En sus esfuerzos por adoptar esta perspectiva, los filipenses deben tomar a Pablo, Jesucristo, Timoteo y Epafrodito como ejemplos. Deben recordar el objetivo escatológico de su progreso en la fe. Deben también permanecer serenos frente a la persecución, expresar oraciones de gratitud por el bien que Dios está haciendo entre ellos y los que aman, y alejar su mente de las circunstancias difíciles y pensar en lo bueno. En breve, deben «regocijarse en el Señor» (3:1; 4:4) y no permitir que la persecución y la ansiedad estorben «su jubiloso avance en la fe» (1:25).

La amenaza de desunión al progreso del evangelio

Aunque los intérpretes en ocasiones lo han cuestionado, puede haber escasa duda de que la desunión era una plaga en la iglesia filipenses.²⁵ En 4:2 Pablo ruega a dos personas, Evodia y Síntique, «que se pongan de acuerdo en el Señor», y la disputa entre ellas es tan grave que Pablo llama a un mediador anónimo a «que ayudes a estas mujeres»; presumiblemente hallando algún terreno común y acabando su disputa. Tal vez su desacuerdo se había derramado a la congregación en general, o tal vez la congregación estaba azotada por otros problemas no relacionados. Cualquiera que sea la causa, Pablo también debe decirle a toda la iglesia que dejen «quejas [y] contiendas» (2:14).

Las luchas internas deben cesar porque están estorbando el progreso del evangelio en dos respectos. Primero, está arruinando el testimonio de los filipenses a la «generación torcida y depravada» en la cual viven y ante la cual «brillan como estrellas en el firmamento». El mandato a los filipenses es aferrarse a la palabra de vida en esa situación de modo que, como Daniel 12:3 dice, ellos puedan instruir a muchos «en el camino de la justicia» (Fil 2:15–16a).²⁶ Su desunión, por consiguiente, amenaza esta perspectiva al poner en peligro su testimonio.

---

²³ Paul A. Holloway, «*Bona Cogitare:* An Epicurean Consolation in Phil 4:8–9», *HTR* 91 (1998): 89–96. Cf. idem, «Disce Gaudere», 170–77.

²⁴ Cicerón, *Tusc.* 5.23.67; cf. Fil 4:8.

²⁵ Caird, *Paul's Letters from Prison*, 117, arguye que la apelación a la unidad en la carta no revela un problema en la iglesia de Filipos sino que es un eco de «los tratos desdichados con la iglesia dividida de Roma».

²⁶ La afirmación de Pablo de que los filipenses «brillan como estrellas en el firmamento, manteniendo en alto la palabra de vida» (2:15–16) hace eco de Dn 12:3 en donde, después de la resurrección, los que

Segundo, su desunión está impidiendo su propio progreso hacia el día final. Pablo dice que ellos deben dejar de quejarse y discutir «Así en el día de Cristo me sentiré satisfecho de no haber corrido ni trabajado en vano» (2:16). De modo similar, él pone como prefacio su apelación a Evodia y Síntique un recordatorio de que los filipenses son su «corona», metáfora atlética para la corona de la victoria que él recibirá en el día final cuando su carrera esté completa (cf. 1 Co 9:25; 1 Ts 2:19; 2 Ti 2:5; 4:8). Si quieren llegar a ese día «puros e irreprochables» (1:10), deben poner en práctica («llevar a cabo su salvación», 2:12) dejando a un lado sus discusiones.

La estrategia de Pablo para alentarlos a hacer esto no sólo incluye exhortación directa (2:1–18), súplica (4:2) y recordatorios del día final (2:16) sino, de nuevo, como 3:17 y 4:9 nos llevan a esperar, ejemplos a seguir. Pablo, Jesús, Timoteo y Epafrodito proveen ejemplos no sólo de concentración en el progreso del evangelio a pesar de la adversidad, sino también de dejar a un lado sus propios intereses a fin de promover el evangelio.

Cuando Pablo enfrenta a los que «predican a Cristo por envidia y rivalidad, ... creyendo que así van a aumentar las angustias que sufro en mi prisión» (1:15, 17), se regocija de que de todas maneras se predica a Cristo (1:18a). De modo similar, Timoteo, aunque rodeado por los que buscan sus propios intereses antes que los intereses de Jesucristo, genuinamente se preocupa por el bienestar de los filipenses y su disposición de trabajar como esclavo junto con Pablo en «la obra del evangelio» (2:20–21). Epafrodito también podía haber vuelto la cara a casa cuando se enfermó, pero más bien siguió avanzando, arriesgando su vida, y casi se muere «por la obra de Cristo» (2:26–27, 30).[27]

El ejemplo más importante de Pablo, sin embargo, es Jesús (2:5–11), como lo muestra la naturaleza exaltada, casi poética, de la prosa de Pablo al describir a Jesús.[28] El ritmo de 2:6–11, su vocabulario nada usual, y el recorrido que el pasaje hace de la humillación de Cristo mismo hasta la exaltación que Dios le da a Cristo ha llevado a la mayoría de los intérpretes modernos a verlo como una pieza de liturgia cristiana inicial o como un «himno» que Pablo había tomado y tal vez modificado.[29] Si esto es correcto, entonces el pasaje provee una pieza importante de evidencia para la cristología de los primeros cristianos. Como con la hipotética fuente Q en los estudios de los Evangelios Sinópticos, mucho de la extensa literatura sobre este pasaje tiene menos interés en entender su función en la carta de Pablo que en usarlo para reconstruir la historia del cristianismo inicial.[30]

«instruyen a las multitudes en el camino de la justicia brillarán como las estrellas por toda la eternidad». Ver Fee, *Philippians*, 246–47, y Bockmuehl, *Philippians*, 158.

[27] Sobre la conexión entre el ejemplo de Cristo en 2:8 y los ejemplos de Timoteo y Epafrodito en 2:19-30, ver Holloway, «Disce Gaudere», 23–24.

[28] He tomado prestado el término «exaltado» de una descripción de la prosa de Pablo de Gordon D. Fee, «Philippians 2:5-11: Hymn or Exalted Prose?» *BBR* 2 (1992): 29–46.

[29] Ver Ralph P. Martin, *A Hymn of Christ: Philippians 2:5–11 in Recent Interpretation and in the Setting of Early Christian Worship* (InterVarsity Press, Downers Grove, Ill., 1997), y O'Brien, *Philippians*, 186–202. La designación del pasaje como un «himno» es anacrónica puesto que los antiguos himnos grecorromanos, y la mayoría de himnos judíos, eran expresiones de alabanza, y todos estaban dirigidos a la deidad. Fil 2:6–11, sin embargo, es una afirmación en cuanto a Cristo. Sobre esto, ver Stephen E. Fowl, *The Story of Christ in the Ethics of Paul: An Analysis of the Function of the Hymnic Material in the Pauline Corpus* (JSNTSup 36: Sheffield Academic Press, Sheffield, 1990), 32–33.

[30] Ver, por ej., Martin, *Hymn of Christ*, 287–311.

Hay dos buenas razones, sin embargo, para dudar que el pasaje, sea en todo o en parte, sea una pieza de liturgia prepaulina. Una razón tiene que ver con el estilo del pasaje y la otra con su contexto. Primero, aunque el pasaje en efecto tiene vocabulario nada usual, usa paralelismo y repetición, y avanza de una manera equilibrada entre la humillación de Cristo mismo y su exaltación, no es exactamente poesía. Las oraciones del pasaje pasan de las cláusulas principales a las cláusulas subordinadas de una manera típica de la prosa de Pablo.[31] Es más, los estudiosos que creen que el pasaje es un himno están divididos sobre cómo organizado en estrofas y como medir su métrica.[32]

Segundo, los temas del pasaje encajan inequívocamente en el contexto más amplio.[33] Justo antes del supuesto himno Pablo aconseja a los Filipenses a pensar *(froneo)* de la misma manera (2:2) y a considerar *(jegueomai)* a otros mejor que ellos mismos (2:3). Luego les dice que piensen *(froneo)* entre ellos mismos de una manera consistente con su situación de estar «en Cristo» (2:5).

¿Cómo piensa Cristo de sí mismo? El supuesto himno responde a esta pregunta. El no consideró *(jegueomai)* su igualdad con Dios algo que debía explotar (2:6) sino que fue obediente *(jupekoos)* a Dios y murió en una cruz (2:8). «Por tanto» *(joste)* los filipenses también deberían ser obedientes *(jupakouo)*, como habían sido en el pasado, y dejar sus peleas (2:12–16). Es posible que el «himno» influyera en el vocabulario de su contexto más amplio, pero parece más probable que Pablo mismo compuso el pasaje en prosa exaltada apropiada para su tema exaltado, y que al hacerlo así usó vocabulario pertinente a la exhortación a la unidad que quería darle a los filipenses.

Jesús es el ejemplo supremo de uno que puso a un lado «su egoísmo» y «vanidad» y consideró «los intereses de los demás» (2:3–4). Aunque podía haber explotado su igualdad con Dios, Jesús se hizo nada, tomando forma de siervo, y, en obediencia a Dios, sufrió muerte en una cruz (2:6–8).[34] Precisamente en este vaciamiento de sí mismo reveló el carácter de Dios, y Dios reconoció esto al exaltarlo al lugar más alto y darle el nombre que es sobre todo nombre (2:9–11).[35] Los filipenses debían seguir su ejemplo en sus relaciones unos con otros. Si consideraban los intereses de otros tan importantes como los propios, y consideraban el progreso del evangelio como el interés más importante de todos, ellos continuarían aferrándose a la palabra de vida hasta el día de Cristo y «brillarían como estrellas» en la generación torcida y depravada en que vivían (2:15–16).

La amenaza de las enseñanzas falsas al progreso del evangelio

---

[31] Fee, «Philippians 2:5–11», 31–32.

[32] Cf. Morna D. Hooker, «Philippians 2:6–11», en *Jesus und Paulus: Festschrift für Werner Georg Kümmel zum 10. Geburtstag*, ed. E. Earle Ellis y Erich Grasser (Vandenhoeck & Ruprecht, Göttingen, 1978), 151–64, aquí en 157–58, que piensa que el pasaje puede ser poesía pero que ve las muchas propuestas para el análisis poético del himno como una razón para cautela.

[33] Cf. ibid., 152–53 y la conclusión indicada cautelosamente de Oakes, *Philippians*, 210–12.

[34] Para la traducción de *jarpagmos* como «algo que se deba explotar», ver el estudio definitivo de Roy W Hoover, «The *Harpagmos* Dilemma: A Philological Solución», *HTR* 64 (1971): 95–119. Para un contraste entre esta actitud y la de los dioses paganos, ver la muestra de la actitud de adquisición de las deidades paganas en Aristófanes, *Eccl.* 777–83, según lo anota Norman H. Young, «An Aristophanic Contrast to Philippians 2.6–7», *NTS* 45 (1999): 153–55.

[35] Ver N. T. Wright, «arpagmo"; and the Meaning of Philippians 2:5–11» *JTS* 37 (1986), 321–52, aquí en 344–51.

En 3:1 Pablo recuerda a sus lectores el propósito principal de la carta: instarlos a regocijarse en el Señor y a no distraerse por los estorbos al progreso de su fe.[36] Luego lanza un ataque en el mismo callejón sin salida que los Gálatas habían empezado a recorrer: la noción de que la absolución ante el tribunal de Dios en el día final y una relación correcta con Dios (*dikaiosune*, «justicia») en el presente no es cuestión meramente de fe en Jesucristo sino también de seguir la ley mosaica (3:1–11).[37] El resto de la carta es demasiado cordial para imaginarse que «agitadores» estilo gálatas de Jerusalén habían estado activos en Filipos.[38] Probablemente, entonces, 3:1–11 es una advertencia para los filipenses a que no le abran las puertas a este grupo, si acaso ese grupo hallaba su camino a Filipos. Habiendo apenas luchado con el «evangelio» de ellos en la carta a los Gálatas, Pablo tiene ansia de prevenir su influencia corruptora en Filipos.

De la misma manera, 3:12–21 probablemente no refleja ninguna amenaza «antinomiana» seria presente en Filipos cuando Pablo escribe la carta sino que es una medida preventiva, con la intención de advertir a los filipenses en cuanto a la clase de error que surgió en la romana Corinto y que podría fácilmente surgir en la romana Filipos.[39] Los corintios habían echado la culpa a Pablo por

---

[36] El término *to loipon* no quiere decir «finalmente» aquí, ni tampoco *cairete en kurio* quiere decir «adiós en el Señor», como a veces han pensado los intérpretes (cf. 2 Co 13:11). *To loipon* puede querer decir, «en lo que tiene que ver con el resto, además de eso, además» tanto como «finalmente», y por consiguiente, no necesariamente indica la conclusión de una carta (ver BDAG, 602–3). *Cairete en kurio*, además, toma el tema del gozo y de alegrarse a pesar del sufrimiento que permea la carta y lo formula en un imperativo. Ver O'Brien, *Philippians*, 349, y Holloway, «Disce Gaudere», 15–19. Holloway observa que los estudiosos a menudo han trivializado las referencias de Pablo al gozo en la carta y su imperativo aquí en particular. Pablo está siguiendo modelos antiguos de consuelo al emitir un severo mandamiento a los filipenses para tener la perspectiva correcta de sus circunstancias. Cuando nos damos cuenta de esto, el llamado cambio de tono entre 3:1 y 3:2 se evapora.

[37] Otras dos ideas en cuanto a la identidad de los adversarios de Pablo han sido populares. Algunos creen que eran los judíos en general, y no el grupo en particular de cristianos judíos que Pablo atacó en Gálatas. Los que abogan por esta posición incluyen Caird, *Paul's Letters from Prison*, 133–34; Garland, «Composition and Unity», 166–73; y Hawthorne, *Philippians*, 40–47. Otros afirman que tanto en Gálatas como en Filipenses los adversarios de Pablo son los gnósticos que a la vez enfatizaban la circuncisión (cf. 3:2) y tenían tendencias antinomianas (cf. 3:19). Los que propone esta posición incluyen Walter Schmithals, *Paul and the Gnostics* (Abingdon, Nueva York, 1972), 82–83, y Willi Marxsen, *Introduction to the New Testament* (Fortress, Philadelphia, 1968), 63–64. Pero Ro 9:1–5 revela que Pablo no lanzaría un ataque polémico, tal como el que hallamos en Fil 3:2 contra los judíos en general, y que la evidencia es ligeramente en cuanto a un grupo gnóstico judío que hacía énfasis en la circuncisión pero no devoción a otros aspectos de la ley mosaica.

[38] Cuando Pablo recuerda a los filipenses en oración está agradecido y gozoso (1:3). Ellos son sus socios en la gracia que Dios le ha dado (1:5, 7; 4:14–16), su gozo y corona (4:1). Esto está en agudo contraste con el tono de las cartas en las que hay adversarios en escena, seduciendo a las iglesias de Pablo para alejarlas de él. Ver, por ej., Gá 1:6–9; 3:1; 4:11, 15–16; 5:7; 6:17; 1 Co 3:1–4; 4:8, 18; 6:5a; 11:17; 2 Co 11:19–20; 12:1, 20–21; 13:1–10.

[39] Para el argumento de que Pablo habla en contra de alguna amenaza de tendencia libertina presente, ver, por ej., Schmithals, *Paul*, 82–83; Marxsen, *Introduction*, 62–63; y Robert Jewett, «Conflicting Movements in the Early Church as Reflected in Philippians», *NovT* 12 (1970): 362–90, aquí en 376–82. Sobre el carácter latino de Filipos en tiempos de Pablo, ver Pilhofer, *Philippi*, 1:118–22, y para la clase de error que puede haber

su proclamación de la cruz (1 Co 1:18–25; 2:2), enorgulleciéndose en un maestro sobre otro, jactándose de suposición social, olvidándose que su salvación era un don, y aduciendo que ya eran ricos (1 Co 4:4–8; cf. 11:19). También se habían enredado en la inmoralidad, al parecer justificando sus acciones por las nociones populares grecorromana de la mortalidad del cuerpo (1 Co 15:1–58). Pablo se preocupa de que los filipenses no se enreden en una telaraña similar, y ciertamente que no lo hagan debido a alguna respuesta perversa a la afirmación de que ellos, como él, ya habían ganado a Cristo (3:8) y experimentado el poder de la resurrección de Cristo (3:10–11).

La estrategia de Pablo para prevenir estos dos errores en Filipos es, de nuevo, proveer un ejemplo para que los filipenses sigan. Habla de sí mismo sólo como uno que personalmente ha rechazado estas dos desviaciones de la senda del evangelio.[40] Espera que los filipenses sigan su ejemplo si acaso tales peligros surgen en medio de ellos.

La amenaza de una confianza errónea en la ley mosaica

Pablo empieza su ataque al hecho de poner la confianza en la ley mosaica con una descripción polémica de los agitadores. Son perros, dice, malos obreros, «la mutilación» *(katatome)*. Este epíteto final va al meollo del asunto. A los judíos a veces se les llamaba «la circuncisión» *(peritome)* debido a que este rito era uno de sus distintivos principales, y desde su perspectiva los apartaba como el pueblo de Dios (Ef 2:11; Col 4:11). Desde la perspectiva de Pablo, sin embargo, la circuncisión no era necesaria para la membresía en el pueblo de Dios y para la absolución en el tribunal celestial en el día final. Los que circuncidaban a los gentiles creyendo que el rito era necesario para la salvación última de ellos estaban, por consiguiente, sólo mutilando la carne, como los profetas frenéticos de Baal frustrados porque su dios no respondía a sus ruegos (Fil 3:2; cf. 1 R 18:18; también Lv 21:5, LXX).[41]

Pablo continúa su argumento diciendo que los que insisten en una operación literal en la carne para la membresía en el pueblo de Dios no son la verdadera «circuncisión». Esta designación para el pueblo de Dios le pertenece más bien a los que tienen dos características. Primero, adoran por el Espíritu (3:3a). La mención de la verdadera circuncisión en el mismo aliento con los que adoran por el Espíritu remembra los pasajes bíblicos en los que Dios promete restaurar la suerte de su pueblo después del período de su desobediencia. En ese tiempo, las Escrituras prometen, Dios circuncidará los corazones de su pueblo (Dt 30:6) y pondrá su Espíritu en ellos para que ellos puedan guardar sus mandamientos (Ez 11:19; 36:26–27; 37:14).[42] Las implicaciones de la afirmación de Pablo son claras:

---

surgido de la cultura romana en Filipos, ver John L. White, *The Apostle of God: Paul and the Promise of Abraham* (Hendrickson, Peabody, Mass., 1999), 50–51.

[40] En 3:17 también señala que otros que los filipenses conocían podían proveer ejemplos igualmente valiosos de la clase de devoción firme al evangelio que ha caracterizado su vida.

LXX Septuagint

[41] Ver Alfred Plummer, *A Commentary on St. Paul's Epistle to the Philippians* (Londres: Robert Scott Roxburghe House, 1919), 69.

[42] Para la presencia de estas nociones en el período del segundo templo, ver Scott J. Hafemann, «The Spirit of the New Covenant, the Law, and the Temple of God's Presence: Five Theses on Qumran's Self-Understanding and the Contours of Paul's Thought», en *Evangelium, Schriftauslegung, Kirche: Festschrift für Peter Stuhlmacher zum 65. Geburtstag*, ed. Jostein Adna, Scott J. Hafemann, y Otfried Hofius, (Vandenhoeck & Ruprecht, Göttingen, 1997), 172–89.

la presencia del Espíritu en la comunidad que adora es la señal segura del pueblo de Dios, y no el rito físico de la circuncisión (cf. Ro 2:28–29; Gá 3:1–5).

Segundo, el verdadero pueblo de Dios, dice Pablo, son los que «nos enorgullecemos en Cristo Jesús y no ponemos nuestra confianza en esfuerzos humanos» (3:3b). Pablo se detiene en esta segunda característica más prolongadamente. Su queja básica contra los que dicen que la circuncisión debe añadirse a la fe en Cristo como requisito para la absolución en el tribunal escatológico de Dios es que su confianza se divide entre Cristo y una operación física («la carne») antes que estar colocada sólo en Cristo. La confianza que se coloca en cualquier cosa que no sea Cristo, sin embargo, es equivocada (3:4a).

Para ilustrar lo que quiere decir, Pablo luego habla autobiográficamente de su propia experiencia antes de su conversión cuando consideraba como «ganancia» (3:7) su posición social como judío (3:5a) y su celo por la ley (3:5b–6).[43] Ninguna de estas características estaba errada en sí misma —ser judío y buscar la ley que señala hacia la justicia son asuntos elogiables a ojos de Pablo (Ro 9:3–5, 31)— pero la actitud de Pablo hacia ellas en su vida anterior estaba errada. Confiaba que en el día final sería hallado inocente en el tribunal celestial en base a su propia justicia (3:9).[44] «Para mí», dice, eran «ganancia» (3:7).

En su conversión, sin embargo, su actitud hacia su posición social y su observancia de la ley cambió. Ahora veía su propia justicia como inadecuada para su absolución ante el tribunal de Dios. Para esos propósitos su posición social y su celo, y cualquier otra cosa, era una pérdida total (3:7–8). Pablo se daba cuenta de que la absolución en el día final tendría lugar sólo si él fuera hallado «en [Cristo]». Sólo por iniciativa de Dios puede alguien estar en una relación correcta con Dios en ese día, y esta «justicia de Dios» puede venir sólo por fe en Cristo (3:9). La fe en Cristo, continúa Pablo, inicia una vida de sufrimiento en conformidad con la propia muerte de Cristo —y el encarcelamiento de Pablo y la adversidad de los filipenses son confirmación suficiente de esto— pero al final de este camino está nada menos que la conformidad con la resurrección de Cristo de los muertos (3:10–11).[45]

---

[43] White, *Apostle of God*, 24, observa que en el mundo mediterráneo la «identidad» o «situación social» se determinaba de dos maneras: por situación «adscrita», determinada por la familia en la que uno nacía, o por situación «adquirida», que se ganaba por los esfuerzos de uno.

[44] La afirmación de Pablo de ser «intachable» respecto a la ley no quiere decir que Pablo guardó la ley perfectamente antes de su conversión. Quiere decir, más bien, que un observador humano no habría hallado ninguna falta en Pablo en cuanto a su observancia de la ley. Ver Juan Calvino, *Commentaries on the Epistles of Paul the Apostle to the Philippians, Colossians, and Thessalonians* (Eerdmans, Grand Rapids, 1948), 92–93; John M. Espy, «Paul's "Robust Conscience" Re-examined», *NTS* 31 (1985): 161–88, aquí en 165–66; y Moises Silva, *Philippians* (BECNT; Baker, Grand Rapids, 1992), 175–76.

[45] En nada de esto Pablo dice que «la actitud básica de los judíos es de una confianza propia que busca gloria ante Dios y que se apoya en sí misma» (Rudolf Bultmann, «kaucaomai [ktl]», *TDNT*, 3:648). Pablo ve su propio enfoque de la ley antes de su conversión como nada usual (3:4b; cf. Gá 2:14), y es una medida del choque con que ve las acciones de los agitadores en Galacia que iguala su propia confianza pre conversión en su posición social y celo por la ley con el celo de ellos por circuncidar a los creyentes gentiles. Ciertamente, la clase de enfoque egocéntrico a la justicia que hallamos en Pablo pre conversión, en los agitadores gálatas, y ocasionalmente en el Nuevo Testamento, (por ej., Lc 18:10–14) existía en el judaísmo del primer siglo (por ej., 4QMMT 112–118; Josefo, *C. Ap.* 2.218), justo como siempre ha existido entre cristianos. No hay razón para pensar, sin embargo, que en cualquier caso la actitud es universal. Aunque E. P. Sanders

Los filipenses, por consiguiente, debían imitar la resuelta búsqueda de Pablo de la resurrección sólo por la fe en Cristo. Es la clase de enseñanza falsa que asolaba a las iglesias de Pablo en Galacia si llegara a Filipos, lo que Pablo espera que los filipenses puedan «discernir lo que es lo mejor» (1:10) y no permitir que esta piedra de tropiezo estorbe el progreso del evangelio en medio de ellos.[46]

La amenaza de una mentalidad terrenal

Si Filipenses fue escrito desde una cárcel en Éfeso durante los últimos meses del ministerio de Pablo en esa ciudad, entonces sus luchas con la iglesia de Corinto según se registran en 1 Corintios debían haber estado frescas en su mente (1 Co 16:8). Los corintios al parecer pensaban que habían logrado un plano más alto de madurez espiritual que Pablo con su énfasis necio en la crucifixión de Cristo. Ellos se enorgullecían no sólo con respecto a Pablo (4:8, 18–19) sino también con respecto a los que no seguían a sus maestros favoritos (4:6) y con respecto a los que carecían de su estilo de «conocimiento» (8:1–3, 10). Desdeñaban al pobre (11:22), y Pablo temía de que incluso menospreciarían a Timoteo (16:11).

A esto Pablo responde en 1 Corintios que su proclamación de Cristo crucificado era un «mensaje de sabiduría», pero que sólo «los maduros» *(joi teleioi)* podían entenderlo (1 Co 2:6). Los corintios, dijo, no estaban entre los maduros, y cuando Pablo estuvo entre ellos no pudo hablarles como gente espiritual sino sólo como gente carnal; como «meros infantes en Cristo». Sus divisiones le habían mostrado a Pablo que incluso en el tiempo de 1 Corintios ellos no estaban listos para comida sólida. Sólo podían tolerar leche infantil (3:1–4).

Otras señales de su inmadurez y perspectiva carnal surgen de secciones subsecuentes en 1 Corintios. Arrogantemente permitieron inmoralidad escandalosa en su medio (1 Co 5:1–2). Tenían relaciones sexuales con prostitutas y participaban en festivales que eran ocasión de adoración a ídolos siguiendo la teoría de que «todo estaba permitido» (6:12–20; 8:10; 10:1–22). Negaban la inmortalidad del cuerpo, posiblemente aduciendo que era necesario satisfacer los placeres corporales mientras uno estaba en posesión de su cuerpo (15:12, 32–33). Contra todo esto, Pablo tuvo que afirmar las convicciones cristianas de que los que participan en la inmoralidad flagrante no heredarán el reino de Dios y que el cuerpo era el templo escatológico del Espíritu de Dios y la posesión eterna, aunque destinada a cambio, del creyente.[47]

Parece probable que habiendo apenas luchado con estos problemas en Corinto, Pablo intenta prevenir su surgimiento en Filipos, en Filipenses 3:12–21. Después de todo, en dondequiera que el evangelio chocaba con la cultura romana tradicional, tales ideas podían surgir.[48] En 3:12–16, entonces, Pablo continúa hablando biográficamente pero cambia la dirección de la narrativa para recalcar que en su conversión no alcanzó el fin de su progreso en la fe. No había «ya sido hecho perfecto *[teteleiomai]*» (3:12), y los que eran «maduros» *(teleioi)* entendían esto (3:15). Los filipenses, dice, debían imitarlo a él y a otros que tenían esta perspectiva (3:17).

---

ha exagerado su caso, por lo menos él ha mostrado esto. Ver su *Paul and Palestinian Judaism: A Comparison of Patterns of Religion* (Fortress, Philadelphia, 1977), 1-428; idem, *Judaism: Practice and Belief 63 BCE-66 CE* (SCM/Triniry Press International, Londres/Philadelphia, 1992), 47-303; y los comentarios equilibrados de Bockmuehl, *Philippians*, 202-3.

[46] Contrastar Gá 5:7.

[47] Ver capítulo 12, arriba.

[48] Cf. Bruce Winter, *After Paul Left Corinth: The Influence of Secular Ethics and Social Change* (Eerdmans, Grand Rapids, 2001), 27-28.

Pablo entonces describe a un grupo a quien los filipenses no debían imitar. Como los corintios que probablemente ridiculizaban la proclamación de Pablo de la cruz, estos eran «enemigos de la cruz de Cristo» (Fil 3:18). Como los sexualmente inmorales de la iglesia de Corinto están destinados para «destrucción» si no cambian su conducta (cf. 1 Co 5:5; 6:9–10). Como algunos de los corintios, que se enorgullecían de la flagrante inmoralidad sexual en su medio (1 Co 5:1–2) e insistían en su derecho de asistir abanquetes presididos por ídolos y servidos por prostitutas (6:12–20; 8:10; 10:1–22), estas personas adoraban a sus estómagos y se gloriaban en algo de lo que deberían avergonzarse (Fil 3:19).

Pablo identifica el origen de este enfoque en pensamientos que se detienen «en cosas terrenales» (Fil 3:19).[49] Luego contrasta este enfoque con la manera correcta de pensar:

> En cambio, nosotros somos ciudadanos del cielo, de donde anhelamos recibir al Salvador, el Señor Jesucristo. Él transformará nuestro cuerpo miserable para que sea como su cuerpo glorioso, mediante el poder con que somete a sí mismo todas las cosas (3:20–21).

Esta afirmación pone en pastilla el argumento de 1 Corintios 15:42–49. Allí Pablo se opone a la noción corintia de que debido a que el cuerpo no será resucitado, hay que darle satisfacción (15:29–34). Contra esto Pablo dijo que los cuerpos mortales de los creyentes, formados como el cuerpo de Adán del polvo de la tierra, atravesarán una transformación en el futuro para llegar a ser como el cuerpo celestial de Jesús resucitado. Esta transformación, dijo, debería ser un incentivo para evitar la conducta inmoral: «E incluso así como si llevamos la imagen del hombre de polvo, así que llevemos la imagen del hombre del cielo» (1 Co 15:49, aut.).

Habiendo acabado de librar esta batalla en Corinto, Pablo advierte a los filipenses en contra de un peligro similar, que podría surgir de una interpretación errada de lo que Pablo dice en 3:7–11 de ganar a Cristo y de conocer el poder de su resurrección. Pablo quiere que los filipenses lo imiten a él (y a otros que entienden este enfoque, 3:17). Como él, quiere que ellos eviten mezclar el evangelio con nociones populares grecorromana de inmoralidad que producen una comprensión tóxica de sus responsabilidades éticas. De esta manera ellos pueden discernir «lo que es lo mejor» y pueden continuar progresando en su fe.

Cómo regocijarse en lo que importa en Filipos

En resumen, la carta de Pablo a los Filipenses es un intento sostenido de persuadir a los creyentes de Filipos a regocijarse en lo que importa (1:10, 18). Lo que importa es el progreso del evangelio, tanto en las circunstancias de Pablo (1:12) como en las dificultades de ellos (1:25), y Pablo arguye que ellos deben hacer todo esfuerzo (2:12) para eliminar cualquier estorbo al progreso del evangelio en sus propios asuntos. No deben afanarse por el encarcelamiento de Pablo, ni por la enfermedad de Epafrodito, ni por su propia persecución, porque en todas estas tres instancias Dios ha hecho avanzar el evangelio bien sea a pesar de sus dificultades o mediante ellas; en esto, ellos, como Pablo, deben alegrarse (1:18; 3:1; 4:4). Deben dejar sus discusiones y unificarse para que su testimonio del evangelio pueda ser efectivo (2:14–16) y así ellos llegarán al día de Cristo puros e intachables (1:10; 2:12). Deben evitar la falsa enseñanza en las formas que crearon al caos teológico en Galacia y Corinto (3:1–21) y así ellos pueden participar en la resurrección de Cristo (3:10–11, 21).

---

[49] Cf. la caracterización de Pablo de los corintios como «carnales» *(sarkikos)* y como personas que vivían de una manera meramente «humana» *(kata antzropon)* en 1 Co 3:1-4.

aut. traducción del autor

En todo esto ellos deben seguir los ejemplos de Pablo, sus colaboradores, y Jesús (3:17; 4:9). Pablo se regocija cuando la gente predica el evangelio, aunque lo prediquen por envidia o rivalidad (1:15, 17–18a). Él no se deja distraer por la falsa enseñanza para poder «alcanzar la resurrección de entre los muertos» (3:11; cf. 3:21). Timoteo sigue fiel a «la obra del evangelio» aun cuando otros se preocupan sólo por sí mismos (2:21–22). Epafrodito arriesga su vida antes que abandonar una oportunidad de hacer avanzar «la obra de Cristo» al ayudar a Pablo que está preso (2:30). Jesús mismo rehusó explotar su posición de igualdad con Dios y más bien se hizo hombre y murió la muerte de un esclavo en obediencia a Dios (2:6–8).

Estos ejemplos muestran lo que significa regocijarse en el progreso del evangelio en medio de la adversidad, descartar la agenda personal de uno a fin de trabajar con otros creyentes para el avance del evangelio, y permanecer sin distraerse por la falsa enseñanza de modo que la obra del evangelio pueda avanzar a su objetivo escatológico. Si los filipenses miran a su alrededor a estos ejemplos de consagración resuelto al evangelio y miran hacia adelante a su objetivo escatológico, ellos podrán superar los obstáculos a su «jubiloso avance en la fe» (1:25) y permanecerán «puros e intachables hasta el día de Cristo» (1:10). Pablo tiene confianza de que el Dios que empezó una buena obra en ellos vigilará que ellos triunfen (1:6).

SEGUNDA A LOS CORINTIOS: EL PODER SE PERFECCIONA EN LA DEBILIDAD

Desarrollos en corinto

La iglesia de Corinto experimentó un cambio dramático durante el tiempo que separa a 1 Corintios y 2 Corintios. La presuposición de Pablo de que los corintios contribuirían a su colecta para los cristianos de Judea asolados por la hambruna (1 Co 16:1–4) se convierte en una apelación a terminar lo que con tanto fervor habían empezado el año pasado (2 Co 8:10; 9:2). Lo que Pablo había dicho en cuanto a llegar a Corinto desde el norte después de visitar Macedonia, y de pasar el invierno con los corintios (1 Co 16:5–7) se vuelve una defensa de su decisión de cambiar los planes de visitar a Corinto dos veces, después de llegar una vez por barco desde Éfeso, viajando a Macedonia, y luego viniendo a Corinto de nuevo desde allí (2 Co 1:15–16). Al parecer, sin embargo, incluso estos planes no se materializaron, porque Pablo dice que decidió no hacer «otra visita que les causara tristeza» a Corinto (2 Co 1:23; 2:1), y más bien escribió una carta de apelación a los corintios (2:3–4; 7:8, 12). La carta evidentemente no enfoca múltiples facciones, cada una promoviendo a su maestro favorito (ver 1 Co 1:12; 3:4, 22), sino un solo adversario de Pablo de dentro de la iglesia de Corinto que había llevado a la iglesia a oponerse a su apóstol fundador (2 Co 2:5–11; 7:11–12).[1]

Otros adversarios de Pablo también son evidentes en 2 Corintios, pero ellos han venido de fuera de Corinto (2 Co 3:11; 11:4), y el argumento de que se los debe identificar con «el partido de Cristo» de 1 Corintios o con los emisarios de Cefas u otros de los apóstoles de Jerusalén (1 Co 1:12; 3:22; 9:5; 15:5) no es persuasivo.[2] La pelea de Pablo en 1 Corintios es con los mismos corintios, que han

---

[1] F. F. Bruce, *1 and 2 Corinthians* (NCBC; Londres: Marshall, Morgan & Score, 1971), 168; Victor Paul Furnish, *II Corinthians* (AB 32A; Doubleday, Garden City, N.Y., 1984), 37; y Ralph P. Martin, *2 Corinthians* (WBC 40; Word, Dallas, 1986), xlix, 237.

[2] Para una conexión con el «partido de Cristo» ver, por ej., F. C. Baur, Paul The Apostle of Jesus Christ, His Life and Work, His Epistles and His Doctrine: A Contribution to a Critical History of Primitive Christianity, 2 vols.; 2ª ed. (Londres: Williams & Norgate, 1876), 1:258–307, y Alfred Plummer, *A Critical and Exegetical*

usado los nombres de varios maestros, como Cefas, como punto focal para sus facciones. Él no critica a los líderes, y aun cuando difiere de ellos en práctica, respalda su derecho de seguir sus propios métodos misioneros (1 Co 9:5, 15; 16:12). En 2 Corintios, sin embargo, los intrusos han estado predicando a otro Jesús, un espíritu diferente, y un evangelio diferente (2 Co 11:4), y el problema es precisamente su estilo de ministerio.[3] Su confianza reside en cartas de recomendación, poder retórico, y una fuerte presencia corporal, y ellos han estado criticando amargamente a Pablo porque, a su manera de ver, él no tiene nada de eso (2 Co 3:1; 10:10–12; 11:6; cf. 5:12; 11:18).

¿Qué sucedió entre las dos cartas para que cambie el estado del cristianismo en Corinto tan dramáticamente? En 1 Corintios, que escribió desde Éfeso (1 Co 16:8), aprendemos que Pablo ya estaba preocupado lo suficiente por los corintios como para enviar a Timoteo para que les recuerde «mi manera de comportarme en Cristo Jesús» (1 Co 4:17). Su preocupación debe haberse hecho más fuerte después de recibir la inquietante carta y los informes igualmente inquietantes que motivaron 1 Corintios. «Si llega Timoteo» les dice al final de 1 Corintios, «procuren que se sienta cómodo entre ustedes, porque él trabaja como yo en la obra del Señor» (1 Co 16:10). Cuando llegó Timoteo, probablemente estas preocupaciones se materializaron: Timoteo halló a la iglesia firmemente opuesta a Pablo y volvió a Éfeso con este inquietante informe.[4] La situación fue grave lo suficiente como para impulsar a Pablo a visitar a Corinto de inmediato (2 Co 2:1).

Cuando llegó a Corinto encontró resistencia encabezada por un cristiano corintio anónimo (2 Co 2:5–11; 7:11). Perturbado por ese doloroso rechazo, dejó Corinto, pero antes de salir les dijo a los corintios que había decidido cambiar su plan original de pasar el invierno con ellos después de viajar por Macedonia (1 Co 16:5–6). Más bien, los visitaría a ellos primero y esperaba hallar a los corintios más abiertos a la corrección. Luego viajaría al norte a Macedonia, y volvería a los corintios después de su viaje por Macedonia. Los corintios entonces le enviarían a Judea (2 Co 1:15–16), presumiblemente con su contribución para la colecta para los creyentes allí azotados por la hambruna.

Este plan nunca se materializó. Después de regresar a Éfeso, Pablo consideró más sabio evitarles a los corintios lo que podía haber sido simplemente otra visita triste y más bien les envió una carta como sustituto.[5] Les escribió «con gran tristeza y angustia de corazón, y con muchas lágrimas», no

---

Commentary on the Second Epistle of Paul to the Corinthians (ICC; T. & T. Clark, Edinburgh, 1915), xxxvii. Para una conexión con Cefas, ver C. K. Barrett, *Essays on Paul* (Westminster, Philadelphia, 1982), 14–22. Bruce W. Winter, *Philo and Paul among the Sophists* (SNTSMS 96; Cambridge Univ. Press, Cambridge, 1997), 203, afirma que la misma fascinación con la retórica sofista y con la clase profesional de oradores públicos que la practicaban, que aparece en 1 Co 1–4 también está detrás de 2 Co 10–13.

[3] Cf. Furnish, *II Corinthians*, 53–54.

[4] La carta corintia que motivó a Pablo a escribir 1 Corintios puede haber ya tenido un tono beligerante. Sobre esto, ver Gordon D. Fee, *The First Epistle to the Corinthians* (NICNT; Eerdmans, Grand Rapids, 1987), 7.

[5] Para esta reconstrucción de los varios itinerarios implicados en 1 Co 16:5–7; 2 Co 1:15–16; y 2:1, ver Furnish, *II Corinthians*, 143–44, y Paul Barnett, *The Second Epistle to the Corinthians* (NICNT; Eerdmans, Grand Rapids, 1997), 11–12, 100. Es igualmente probable que la dolorosa visita de Pablo fue la primera etapa de su viaje a Macedonia proyectado en 2 Co 1:16 y que la visita que Pablo decidió evitarles a los corintios fue su regreso de Macedonia a Corinto. Para este escenario, ver C. K. Barrett, *A Commentary on the Second Epistle to the Corinthians* (HNTC; Harper & Row, Nueva York, 1973), 7–8, 86.

para afligirlos, dice, sino para hacerles saber lo hondo de su amor por ellos (2 Co 2:4). El colaborador de Pablo, Tito, llevó esta carta desde Éfeso a Corinto (2 Co 2:13; 7:6–8, 14).

Mientras tanto, Pablo experimentó en Asia una aflicción *(tzlipsis)* que amenazó su vida, tal vez surgiendo de su conflicto con los muchos adversarios mencionados en 1 Corintios (1 Co 16:8; cf. 15:32) y que resultó en un encarcelamiento (Fil 1:13, 17) que casi le trajo sentencia de muerte (Fil 1:20; 2 Co 1:9).[6] Esta adversidad lo oprimió más allá de su poder para soportarla, y él «hasta temió salir con vida» (2 Co 1:8). Pero así como Dios había resucitado a Jesús de los muertos, así rescató a Pablo de las fauces de la muerte y desesperanza (1:9–10).

Aún estaba profundamente preocupado por la iglesia de Corinto, sin embargo, y después de recuperarse de su experiencia casi fatal, salió de Éfeso y viajó al norte a Troas, esperando hallar a Tito allí y enterarse cómo los corintios habían respondido a la carta de lágrimas. Tito no asomó, y aunque en Troas se abrió una oportunidad significativa para la proclamación del evangelio, Pablo estaba demasiado preocupado como para aprovecharla. Siguió a Macedonia, tal vez con la esperanza de hallar a Tito (2 Co 2:12–13).

En Macedonia Pablo fue afligido «por todas partes; conflictos por fuera, temores por dentro» (2 Co 7:5), pero por segunda vez en lo que probablemente fueron unas pocas semanas el Dios «que consuela a los abatidos» (2 Co 7:6) lo consoló, esta vez con la venida de Tito, y un informe generalmente favorable en cuanto a los corintios.[7] La carta de lágrimas de Pablo los había llevado a la tristeza y al arrepentimiento (2 Co 7:8–9). Una mayoría de la iglesia había castigado al dirigente de la oposición contra Pablo, y el deseo de los corintios por reconciliación era tan ferviente que Pablo tuvo que urgir moderación al tratar con el ofensor (2 Co 2:7–8).

Con todo, no todo era ideal. La «mayoría» de los corintios pusieron al ofensor bajo disciplina eclesiástica (2:6), pero esto dejó una minoría en la iglesia que presumiblemente no estaba del lado de Pablo. Los adversarios cristianos judíos de fuera se habían unido a esta minoría (10:7; 11:22–23).[8]

---

[6] Ver Furnish, *II Corinthians*, 42, y Frank Thielman, «Ephesus and the Literary Setting of Philippians», en New Testament Greek and Exegesis, ed. Amy M. Donaldson y Timothy B. Sailors (Eerdmans, Grand Rapids, 2003), 205–23. A. E. Harvey, *Renewal through Suffering: A Study of 2 Corinthians* (SNTW; T. & T. Clark, Edinburgh, 1996), 19, arguye que en Fil 1:21–26 Pablo parece retener algún control sobre si vive o muere, en tanto que en 2 Co 1:9 afirma que «ya ha recibido sentencia de muerte». Pero Fil 1:21–26 puede haber sido escrito antes de que la situación se volviera tan lúgubre que Pablo hasta perdió «la esperanza de salir con vida» (2 Co 1:8).

[7] Dieter Georgi, *Remembering the Poor: The History of Paul's Collection for Jerusalem* (Abingdon, Nashville, 1992), 68–72, arguye que los «conflictos» que Pablo enfrentó en Macedonia fueron batallas entre cristianos (cf. Fil 3:2). Barnett, *Second Corinthians*, 368, probablemente tiene más razón, sin embargo, cuando arguye que Pablo se refiere a la persecución que enfrentaban las congregaciones tesalonicenses y filipenses. No sabemos nada cierto en cuanto a oposición teológica a Pablo en las iglesias de Macedonia, pero sí sabemos que estaban atravesando persecución de parte de los no creyentes (cf. Fil 1:28; 1 Ts 1:6; 2:14; 3:4; 2 Ts 1:4).

[8] Los argumentos para la unidad de la carta ligeramente pesan más que los argumentos para considerar los capítulos 10–13 como parte de una carta diferente. Para el argumento ahora común de que Pablo escribió los capítulos 10–13 después de los capítulos 1–9, ver, por ej., Hans Windisch, *Der zweite Korintherbrief*, 9ª ed. (MeyerK; Vandenhoeck & Ruprecht, Göttingen, 1924), 17–18; Bruce, *1 & 2 Corinthians*, 166–70; Barrett, *Second Epistle to the Corinthians*, 9–10, 12–17; Furnish, *II Corinthians*, 35–41; y Martin, *2 Corinthians*, xlv-xlvi. Para la posición de que los capítulos 10–13 son la «carta de lágrimas» a que se refiere en 2:3–4, 9 y 7:8 ver, entre muchos otros, Plummer, *Second Epistle of St. Paul to the Corinthians*, xxxvi-xli. La idea de que 2

Aunque hay controversia académica intensa en cuanto a la identidad de estos adversarios, unos pocos detalles son claros.[9] Los oponentes de Pablo eran judíos (11:22), afirmaban pertenecer a Cristo (10:7; 11:23), y aducían ser apóstoles (11:13). Pablo, irónicamente, los tilda de «superapóstoles» (11:5; 12:11) y afirma que no es en nada inferior a ellos (11:5; 12:11–12) aunque él tal vez sea aficionado cuando se trata de la retórica (11:6). Esto probablemente quiere decir que ellos se enorgullecían de su propia habilidad superior para hablar y acusaban a Pablo de no poseer este nivel de habilidad retórica (10:10; 11:6).[10]

Estos oponentes también aducían contra él su presencia física «nada impresionante» y «tímida» (10:1, 10), la vacilación de sus planes de viaje (1:15–2:4), el no poder presentar cartas de recomendación (3:1), y su negativa a recibir sostenimiento financiero de los corintios (11:7–11). Probablemente le acusaban de aducir que trabajaba duro para vivir entre las iglesias mientras secretamente metía las manos en la colecta que estaba tan afanoso de reunir de ellos para los cristianos pobres de Jerusalén (12:16–18).[11] Tales acusaciones pueden haber formado la base para la negativa de parte de toda la iglesia, incluyendo la mayoría arrepentida, a continuar en su compromiso adquirido durante el año anterior de contribuir a la colecta que Pablo estaba recogiendo (8:6, 10–12; 9:2).

Pablo, por su parte, acusó a sus componentes de predicar a otro Jesús, un espíritu diferente y un evangelio diferente (2 Co 11:4), y creía que eran «falsos apóstoles, obreros estafadores, que se disfrazan de apóstoles de Cristo». Eran servidores de Satanás (11:13–14). No obstante, su pelea con

---

Corintios es una colección de cartas ha ganado algún respaldo pero ningún esquema singular para dividir la carta en un número de fragmentos ha logrado consenso. para un argumento persuasivo en general de que los capítulos 1–9 y 10–13 pertenecen a la misma carta Barnett, *Second Epistle to the Corinthians*, 17–23, y para un estudio del debate desde Johann Salomo Semler (1725–91) ver Hans Dieter Betz, *2 Corinthians 8 and 9: A Commentary on Two Administrative Letters of the Apostle Paul* (Fortress, Philadelphia, 1985), 3–36.

[9] La tesis de que los adversarios de Pablo eran judaizantes se remonta por lo menos a Theodoret of Cyrus (PG 82:434; ACCS 7:283). Ver también Plummer, *Second Epistle of St. Paul to the Corinthians*, 36–41, y Barrett, *Essays on Paul*, 65. La tesis de que los adversarios era judaizantes con alguna conexión con los apóstoles de Jerusalén aparece en F. C. Baur, «Die Christus Partei in der korinthischen Gemeinde, der Gegensatz des petrinischen und paulinischen Christentum in der altesten Kirche, der Apostel Petrus in Rom», *Tübingen Zeitschrift für Theologie* 4 (1831): 61–206, aquí en 1023. Ver el sumario de la posición de Baur en Jerry L. Sumney, *Identifying Paul's Opponents: The Question of Method in 2 Corinthians* (JSNTSup 40; Sheffield Academic Press, Sheffield, 1990), 15–22. Barrett, *Essays on Paul*, 20–21, 34–38, 80, también toma esta posición. El argumento de que los oponentes eran judíos gnósticos aparece, por ej., en Windisch, *Der zweite Korintherbrief*, 25–26, y Rudolf Bultmann, *The Second Letter to the Corinthians* (Augsburg, Minneapolis, 1985), 203–4, 214–15. Dieter Georgi, *The Opponents of Paul in Second Corinthians* (Fortress, Philadelphia, 1986) opina que los adversarios de Pablo eran judios helenizados que aducían ser «hombres divinos». Winter, *Philo and Paul*, 203, arguye que eran sofistas que los corintios habían reclutado para que enseñaran después de que Pablo no volvió a Corinto. Sobre lo aconsejable de usar sólo la clara información de 2 Corintios para describir a los adversarios de Pablo, ver Furnish, *II Corinthians*, 48–54.

[10] Sus cartas eran retóricamente impresionantes, afirmaban, pero su «entrega» era defectuosa. Ver Winter, *Philo and Paul*, 205–8.

[11] Barrett, *Second Corinthians*, 324; Martin, *2 Corinthians*, 450; Barnett, *Second Epistle to the Corinthians*, 583; cf. Winter, *Philo and Paul*, 218.

ellos enfoca menos el contenido de la predicación de ellos que en su presencia.[12] El meollo del problema para Pablo es que ellos «se dejan llevar por las apariencias y no por lo que hay dentro del corazón» (5:12) y que se jactaban «conforme a la carne» (11:18, aut.) en tales asuntos como su identidad en étnica (11:21b–22). Ellos ponían confianza en las cartas de recomendación de otros (3:1) y en la propia recomendación que hacían de sí mismos (10:18).

Tito al parecer informó de todo esto a Pablo en Macedonia, y el apóstol respondió con la carta que nosotros conocemos como 2 Corintios. La carta es una mezcla de alivio porque la mayoría dentro de la iglesia se había arrepentido de su maltrato a Pablo durante su visita más reciente y de preocupación porque la iglesia todavía necesitaba buscar restauración (13:11). La meta de Pablo es animar a la mayoría que acababa de arrepentirse a seguir leales al evangelio y proveerles de los recursos teológicos para responder a los que se jactan en su apariencia externa y no en el corazón (5:12).

Estos recursos teológicos se pueden resumir en una línea: el poder de Dios se perfecciona en la debilidad (cf. 12:9). Los oponentes de Pablo habían puesto su confianza en los arreos externos del poder «carnal»: cartas de recomendación, habilidad retórica y presencia impresionante. Pablo, sin embargo, pone su confianza en el Dios que obra mediante la aflicción, la tristeza y la pobreza, para producir vida. Pablo muestra en 2 Corintios como Dios ha hecho esto con Jesús, los cristianos de Macedonia, los cristianos de Corinto, y, más significativamente a la luz de la oposición que él enfrenta, consigo mismo. Este principio teológico subraya la carta de principio a fin, dando unidad a lo que de otra manera es un argumento difícil y desorganizado.

Consuelo en la desesperación (1:3–11)

Pablo empieza 2 Corintios de una manera nada usual. En lugar de informar las gracias que da a Dios por sus lectores, Pablo bendice a Dios por librarle de un grave peligro y luego recuerda a los corintios de su necesidad de las oraciones de ellos para que Dios lo libre de otros peligros similares en el futuro. Cuando esa liberación suceda, dice, muchos darán gracias por ella.[13] ¿Por qué enfoca en esta oración en la obra de Dios antes que en sus propias circunstancias? El cambio surge no meramente porque Pablo acaba de experimentar liberación de un peligro mortal, sino porque su experiencia de la liberación ilustra con claridad el principio teológico que los corintios están en peligro de olvidar: no debemos confiar «en nosotros mismos sino en Dios, que resucita a los muertos» (1:9).

Esta bendición de apertura puede dividirse en cuatro secciones: los versículos 3–5 alaban a Dios por el consuelo que él da a los afligidos; los versículos 6–7 especifican a Cristo como el medio por el que esto sucede; los versículos 8–10a describen cómo Dios ha rescatado a Pablo, y los versículos 10b–11 afirman la confianza de Pablo de que Dios continuará rescatándolo conforme los corintios colaboran con él en oración.

Pablo empieza (1:3–4), como era común en las oraciones judías de gratitud por liberación, con una bendición.[14] El punto de la bendición es que debido a que Dios es compasivo, consuela a las

---

[12] Cf. Furnish, *II Corinthians*, 53.

aut. traducción del autor

[13] Cf. Bultmann, *Second Letter to the Corinthians*, 21, 31, y Furnish, *II Corinthians*, 53.

[14] Ver, por ej., Sal 18:46 [17:47, LXX]; 66:20 [65:20, LXX]; Judit 13:17. En Tobías 3:11 una bendición empieza una oración por liberación de la aflicción.

personas en su aflicción y luego usa esta experiencia en sus vidas para extender consuelo a otros que lo necesitan. No hay nada sorpresivo en la primera parte de esta afirmación; esperamos que un Dios misericordioso consuele a los afligidos. La segunda parte de la afirmación, sin embargo, es más desusada. Aquí aprendemos que Dios consuela a los afligidos para que ellos a su vez puedan consolar a otros en su aflicción.

La segunda sección (1:6–7) explica por qué Pablo puede decir esto. Primero, Jesús mismo sufrió de una manera que trajo «consuelo» a otros, y, de manera similar, Pablo, mediante su sufrimiento en el servicio del evangelio, extiende «consuelo y salvación» a otros.[15] La miríada de peligros que Pablo ha enfrentado para llevar evangelio a los gentiles y la presión diaria de cuidar a sus iglesias ha extendido el consuelo salvador y escatológico de Dios a muchos (cf. 4:7–12). Segundo, el mismo Pablo ha experimentado el consuelo de Dios en medio de los peligros que ha enfrentado al completar su misión (6:5) —tema que vuelve a tomar en 4:8–9; 6:9b–10; y 12:9–10— y en medio de las presiones psicológicas que el cuidado diario de sus iglesias ha puesto sobre el (6:8–9; 11:28–29; cf. también 7:6–7). Pablo, por consiguiente, sirve como ejemplo ante los corintios de que Dios «consuela a los abatidos», y esto debe animar a los corintios para soportar con perseverancia los sufrimientos que ellos también deben experimentar por su consagración al evangelio (1:6b–7).

En la tercera sección (1:8–10a) Pablo describe la experiencia específica de adversidad que motivó la bendición de 1:3–4. Los detalles biográficos de la experiencia no tienen importancia para Pablo.[16] Los elementos críticos son la gravedad de la aflicción (Pablo llegó a casi perder la esperanza de salir con vida), el rescate de Dios de Pablo de estas circunstancias desesperadas (Dios le libró de un peligro tan mortal), y, más importante, la reflexión teológica de Pablo sobre la razón por qué todo esto sucedió: «Pero eso sucedió para que no confiáramos en nosotros mismos sino en Dios, que resucita a los muertos» (1:9).

En la cuarta sección (1:10b–11) Pablo mira a su propio futuro y el futuro de los corintios. Confía en que Dios, que le ha librado en el pasado, continuará librándolo conforme él enfrenta peligro físico y presión psicológica. También confía que los corintios orarán por él en este sentido y que, cuando tenga lugar la liberación, ellos ofrecerán gracias a Dios.

En esta bendición de apertura Pablo ha colocado el cimiento teológico para todo lo que dice a los corintios en la carta.

- En 1:12–7:16 describe cómo Dios ha traído arrepentimiento de la tristeza y vida de la muerte de una manera que ha consolado a Pablo en su relación con los corintios y en su difícil ministerio en general. Como resultado de la manera en que Dios ha obrado en las dificultades de la vida hará «abundar la acción de gracias para la gloria de Dios» (4:15), tal como Pablo dice en 1:11.
- En 8:1–9:15 Pablo hace una apelación a los corintios a renovar su interés en la colecta para los hermanos creyentes pobres de Jerusalén en base a que la pobreza física provee la oportunidad para que la gracia de Dios obre de maneras poderosas. El resultado, de nuevo, será «acciones de gracias a Dios» (9:11–15).
- En toda la carta, pero especialmente en 10:1–13:14 Pablo insta a los corintios a abandonar la noción de sus oponentes de que la esencia de la existencia cristiana son cartas de recomendación, una presencia corporal impresionante, retórica hábil y alta posición social. Más bien, dice Pablo, la existencia cristiana deriva su poder de la gracia de Dios, que se ve

---

[15] Cf. Barrett, *Second Epistle to the Corinthians*, 62.

[16] Harvey, *Renewal through Suffering*, 9–13.

más claramente cuando Dios produce vida mediante la debilidad de su pueblo. «[Cristo] fue crucificado en debilidad», dice Pablo casi en la conclusión de su carta, «pero ahora vive por el poder de Dios. De igual manera, nosotros participamos de su debilidad, pero por el poder de Dios viviremos con Cristo para ustedes» (13:4).

Vida en medio de la tristeza (1:12–2:13; 7:5–16)

Pablo empieza el cuerpo de su carta con un relato de su reciente relación con los corintios que está probablemente diseñada, en la superficie, a responder a dos de las acusaciones de sus oponentes. Primero, ellos probablemente habían aducido que la «ligereza» con que él cambió sus planes de visitar a los corintios demuestra que no es confiable (1:12, 17). Segundo, ellos aducían que la carta severa que los corintios habían recibido recientemente de Pablo mostraba que él no se interesaba por ellos (2:3–4; 7:8; 10:1; 10:9–11).[17]

En respuesta a estas acusaciones, Pablo admite los hechos básicos pero niega la interpretación que sus oponentes al parecer les habían dado. En verdad él cambió sus planes y escribió una carta que les causó tristeza a los corintios, pero todo esto, dice, surgió de su amor por ellos. Él cambió sus planes de viaje una vez para darles el beneficio de que lo vieran dos veces (1:15), y luego los cambió de nuevo para evitarles otra visita dolorosa (1:23). En lugar de otra visita, les escribió en cuanto a esta aflicción, para que cuando finalmente fuera, ellos estuvieran en buenos términos de nuevo (2:3). Esa carta estaba llena de angustia, y Pablo lo lamenta, pero sus motivos eran buenos: quería que ellos supieran que los amaba (2:4; 7:8). Debajo de la superficie de esta defensa está el principal mensaje de Pablo: Dios es confiable (1:18–22) y puede usar las circunstancias de «gran angustia», «angustia de corazón», y «muchas lágrimas» para producir arrepentimiento, vida y gozo (1:23–2:13; 7:5–16).

Pablo enfoca en la confiabilidad de Dios en 1:18–22 a fin de decir que él, como Dios mismo, es confiable. El mensaje que predica no describe a Dios como fiel a algunas promesas e infiel a otras, sino que es el relato del cumplimiento de Dios de sus promesas en Cristo (1:18–20). Algunas promesas esperan cumplimiento, pero mientras tanto Dios hace que los creyentes permanezcan firmes y los ha ungido y sellado con su Espíritu, «como garantía de sus promesas» (1:21–22).

En 1:23–2:13 y 7:5–16 Pablo muestra cómo las circunstancias difíciles que rodearon su reemplazo de otra visita dolorosa con una carta severa trajo vida a los corintios y lo consoló. Él les hizo «una visita dolorosa» y les escribió una carta angustiada y de lágrimas (2:3–4) que más adelante él lamentó y que afligió a los corintios (7:8). La situación era tan lóbrega que Pablo abrevió un ministerio evangelizador fructífero en Troas debido a que Tito, portador de la carta severa, no había llegado allá en su viaje de regreso y el espíritu de Pablo estaba inquieto, presumiblemente por los resultados de la carta (2:12–13). Pablo viajó a Macedonia, pero allí también, antes de la venida de Tito, estaba «acosados por todas partes; conflictos por fuera, temores por dentro» (7:5).

La llegada de Tito, sin embargo, convirtió en gozo la angustia de Pablo. Tito trajo las noticias de que la carta en verdad había producido tristeza entre los corintios, pero Dios usó esta tristeza para llevarlos al arrepentimiento y la vida (7:9–10).[18] El Dios fiel de quien Pablo predica y cuyo carácter fiel se reflejaba en el ministerio de Pablo de fidelidad a los corintios en su gracia había usado la visita

---

[17] Cf. Furnish, *II Corinthians*, 130.

[18] Bultmann, *Second Letter to the Corinthians*, 47, señala que esta afirmación no contradice la afirmación de Pablo en 2:4 de que él no escribió la carta de lágrimas para entristecer a los corintios. En 2:4 Pablo no está refiriéndose a la tristeza saludable que lleva al arrepentimiento sino a la tristeza humana, producida con el propósito de vengarse.

no hecha y una carta lamentablemente rigurosa para reconciliar a los corintios y Pablo, y ponerlos en el curso hacia la salvación (7:10), y para consolar a Pablo (7:6, 13).

Vida mediante la muerte (2:13–7:4; 10:1–13:10)

Poco antes de que Pablo llegue al punto en la narrativa de su reciente relación con los corintios en la que Dios lo consoló con las buenas noticias de Tito, estratégicamente introduce una reflexión extendida de su comprensión de la existencia apostólica, y cristiana.[19] «Falsos apóstoles» habían causado, tal vez, o por lo menos habían estimulado, la ruptura entre él mismo y los corintios (11:13). Estos oponentes de Pablo valoraban una presencia corporal impresionante, sofisticada técnica retórica (10:10; 11:6), cartas de recomendación (3:1), y el sostenimiento financiero de los corintios (11:7–12). El entendimiento de Pablo de la existencia apostólica y cristiana era absolutamente opuesto a esa perspectiva. Por tanto, aunque las noticias de Tito eran consoladoras, antes de hablar de eso, Pablo quiere asegurarse de que los corintios entienden las diferencias entre él mismo y sus oponentes.

Pablo finalmente vuelve a la narración de su relación con los corintios en 7:5, y esta narrativa da paso en 8:1–9:15 a una apelación a los corintios a que renueven su dedicación a la colecta que Pablo estaba recogiendo para los cristianos de Judea azotados por la hambruna. Luego, por razones que no son claras, vuelve a una consideración de las diferencias entre sí mismo y sus oponentes en 10:1–13:10. Aunque el argumento de Pablo en 10:1–13:10 es más acalorado, más directo y más personal —señal para algunos estudiosos de que la situación en Corinto había progresado desde que escribió los capítulos 1 al 9— el problema y la respuesta de Pablo al mismo son fundamentalmente idénticos.[20]

La disputa entre Pablo y sus adversarios se hace clara en 5:13–19 y 11:1–12:13. En estos dos pasajes Pablo afirma que los cristianos piensan de una manera diferente de aquellos cuya perspectiva es determinada por la carne. Para los que piensan «según la carne» (*kata sarka*, 2:16; 10:3–4; 11:18) la vida que el creyente escoge llevar parece locura (5:13). Los cristianos, sin embargo, ya no evalúan a las personas en general, ni a Cristo en particular, «según la carne» (5:16). Al reconocer que Cristo murió por ellos para reconciliarlos con Dios, ellos también han muerto en el sentido de que ya no viven para sí mismos sino para Cristo (5:14–15). Son «una nueva creación. ¡Lo viejo ha pasado, ha llegado ya lo nuevo!» (5:17–19).

Esto quiere decir que para el creyente, jactarse «según la carne» (11:18) sólo puede ser necedad. Pablo puede participar de tal jactancia irónicamente, para mostrar lo necio que es; e incluso en medio de su jactancia irónica no puede resistir decir de frente: «Como si estuviera loco hablo» (11:23, RV-60).[21] Los oponentes de Pablo creen que él está loco (5:13) y que es un necio (11:16). El cree que

---

[19] Muchos estudiosos creen que el cambio dramático en tono y tema entre 2:13 y 2:14 señala la introducción de un fragmento epistolar paulino en este punto. Para un estudio de las varias teorías, ver R. Bieringer, «Teilungshypothesen zum 2.Korintherbrief Ein Forschungsuberblick», en *Studies on 2 Corinthians*, ed. R. Bieringer y J. Lambrecht (BETL 112; Leuven Univ. Press, Leuven, 1994), 66–105, aquí en 85–98. Aunque un giro dramático en la carta parece innegable en este punto (*pace* Furnish, *II Corinthians*, 186–87), los eslabones temáticos entre 1:12–2:13 y 2:14–7:4 muestra que las dos secciones van juntas. Comparar, por ej., 1:12–17 con 2:17; 4:2; y 6:6–10; sobre esto ver Barnett, *Second Epistle to the Corinthians*, 137 n. 1.

[20] Bruce, *1 and 2 Corinthians*, 166–70; Barrett, *Second Epistle to the Corinthians*, 243–46; Furnish, *II Corinthians*, 35–41; y Martin, *2 Corinthians*, xlii y 298.

[21] Esto es traducción de *parafronan lalo* en BDAG, 772.

ellos son necios (11:19). El conflicto entre ellos surge de dos nociones absolutamente diferentes del mundo y del evangelio.

En todo el pasaje de 2:14–7:4 y 10:1–13:10 Pablo contrasta estos dos diferentes enfoques a la existencia apostólica y cristiana. Los que toman un enfoque viven y luchan «según la carne». Los que toman el otro enfoque, aunque viven en la carne, no luchan «conforme a la carne» (10:2–3). Sus oponentes valoran lo visible, lo poderoso y, en su retórica sofisticada, lo engañador. Pablo argumenta en estos dos pasajes que los apóstoles y creyentes deben hallar el poder de Cristo más plenamente presente en la debilidad del sufrimiento, en decir la verdad sin adornos, y en el corazón humano invisible. El cristiano debe, en breve, «vivir por fe, y no por vista» (5:7).

Debilidad apostólica

Los oponentes de Pablo se enorgullecían de su fuerza. Se habían preparado en el arte de la retórica y tenían una presencia física poderosa que usaban como ventaja psicológica para llevar a su lado a los corintios (10:10; 11:6, 20). Como era costumbre para los oradores itinerantes en el mundo romano del primer siglo, los oponentes de Pablo llevaban cartas de introducción para demostrar la red de amistades con las que estaban conectados y como medio de ganar entrada en los círculos sociales en donde esperaban ejercer poder. También esperaban que los corintios les proveyeran de tales cartas para otros (3:1). Disfrutaban del patrocinio de los corintios, que les pagaban por sus servicios como maestros (2:17; 11:7–11, 20; 12:13–18).

Pablo, sin embargo no tenía nada de eso. Su presencia personal no era impresionante, su retórica—descontando sus cartas—de aficionado, y sus cartas de recomendación inexistentes, y no tenía la habilidad de ganar patronos. En una palabra, era débil (10:10; 11:6, 7–11, 21; 12:13–18).

En su defensa Pablo concede el punto básico de sus adversarios. Él es débil, aduce, pero es precisamente en su debilidad que obra el poder de Dios. Pablo empieza su defensa en 2:14 con una oración de acción de gracias al Dios «que siempre nos lleva a la muerte, como esclavos conquistados, en una procesión triunfal».[22] Pablo prestó esta imagen de la costumbre del triunfo romano, una procesión elaborada en la que se alababa al dios que concedía una victoria militar, y a prisioneros representantes de la guerra se les hacía desfilar ante el público romano antes de su ejecución ceremonial.[23] El punto de la imagen es clara: en su obra apostólica Pablo sufrió por diseño de Dios.

Pablo entonces cambia la imagen para recalcar otro punto. Al conducirlo como esclavo conquistado, dice, Dios puede esparcir la fragancia sacrificial de su conocimiento en todo lugar (2:14b).[24] Para los que están siendo salvados, esta fragancia es aroma de vida, pero para los que están pereciendo es hedor de muerte (2:15). El sufrimiento de Pablo no ha sido sin un propósito salvador, por consiguiente. La procesión triunfal de Dios ha llevado al apóstol de Jerusalén a Ilírico (Ro 15:19), y así por todo el Mediterráneo oriental la gente ha respondido al evangelio bien sea con rechazo, que resultaba en muerte, o con aceptación, que resultaba en vida. Dios ha usado la

---

[22] Para esta traducción ver Scott J. Hafemann, *Suffering and the Spirit: An Exegetical Study of II Cor. 2:14-3:3 within the Context of the Corinthian Correspondence* (WUNT 2.19; J. C. B. Mohr [Paul Siebeck], Tübingen, 1986), 51.

[23] Ibid., 7-39. Sobre la manera en que se celebraban los triunfos, ver Richard C. Beacham, *Spectacle Entertainments of Early Imperial Rome (Yale Univ. Press, New Haven, Conn., 1999), 1922, 39-41*.

[24] Durante un triunfo romano se abrían las puertas que bordeaban la ruta triunfal de Roma y la fragancia del incienso que se quemaba dentro flotaba sobre las multitudes que llenaban las calles. Ver Beacham, *Spectacle Entertainments*, 20.

proclamación del apóstol del evangelio, la había estampado cómo era con sufrimiento, para realizar sus propósitos salvadores (2:16a).

Varios párrafos más adelante Pablo recalca el mismo punto. El tesoro del evangelio, en tanto y en cuanto es proclamado por él, dice, está contenido en un vaso de barro: en su ministerio de predicar el evangelio él está «atribulado en todo, ... perplejo ... perseguidos ...» y «derribado». Sin embargo es precisamente el evangelio predicado por estos medios que Dios usa para discriminar entre personas de mentes veladas que por consiguiente están pereciendo (4:3–4), y los que creen en el evangelio y en quienes la vida está empezando a obrar (4:12). «Así que», Pablo les dice a los corintios, «la muerte actúa en nosotros, y en ustedes la vida».

En este pasaje, sin embargo, Pablo lleva el punto un paso más allá. Vislumbres de vida, dice, se hacen visibles conforme Dios lo sostiene personalmente en medio de su sufrimiento. Él dice: «Nos vemos atribulados en todo, *pero no abatidos;* perplejos, *pero no desesperados;* perseguidos, *pero no abandonados;* derribados, *pero no destruidos*» (4:8–9, cursivas añadidas). Más adelante habla de su ministerio en términos paradójicos similares:

> ... por honra y por deshonra, por mala y por buena fama; veraces, pero tenidos por engañadores; conocidos, pero tenidos por desconocidos; como moribundos, pero aún con vida; golpeados, pero no muertos; aparentemente tristes, pero siempre alegres; pobres en apariencia, pero enriqueciendo a muchos; como si no tuviéramos nada, pero poseyéndolo todo (6:8–10).

El ministerio de Pablo, por consiguiente, lleva el sello tanto del sufrimiento como de la salvación. Él es llevado a su muerte como un soldado capturado en procesión triunfal conforme él recorre todo el Mediterráneo oriental predicando el evangelio. Por este medio improbable Dios da la salvación a los que responden en fe a la predicación del evangelio, y Dios da salvación a Pablo al sostener al apóstol en medio de la adversidad.

¿Cuál es el origen de esta extraña forma de ministerio? La muerte y resurrección de Jesús. Así como Jesús murió, así el apóstol «está siendo entregado a la muerte por causa de Jesús»; y así como Jesús resucitó de los muertos, así también «la vida de Jesús» se revela en la «carne mortal» de Pablo (4:11, aut.), tanto en los límites que Dios pone en su sufrimiento (4:8–9; 6:8–10) como en la vida que su ministerio sufrido produce en los corintios (4:12). Cerca de la conclusión de la carta Pablo lo dice de esta manera: «[Cristo] fue crucificado en debilidad, pero ahora vive por el poder de Dios. De igual manera, nosotros participamos de su debilidad, pero por el poder de Dios viviremos con Cristo para ustedes» (13:4).

¿Por qué la obra de Dios que da vida tiene lugar en el contexto de tal debilidad? Pablo responde a esta pregunta de la manera que 1 Corintios 1:18–31 y 2:4–5 nos han llevado a esperar. En esos pasajes Pablo había dicho que Dios escogió obrar mediante lo necio, lo débil y menospreciado del mundo «para que nadie se jacte en su presencia» (1 Co 1:29). Pablo había dicho que no les predicó a los corintios con palabras sabias y persuasivas para que la fe de ellos «no dependiera de la sabiduría humana sino del poder de Dios» (1 Co 2:4–5). Aquí dice, de modo similar, que Dios ha colocado el tesoro del evangelio en vasijas de barro «para que se vea que tan sublime poder viene de Dios y no de nosotros» (2 Co 4:7). Al obrar de esta manera Dios puede mostrar que salva «a los que perecen» (1 Co 1:18; cf. 2 Co 2:15; 4:3) por sí mismo y por su propia iniciativa. Por eso Pablo puede caracterizar su predicación como un mensaje de la gracia de Dios (2 Co 4:15; 6:1; cf. 1:12).

---

aut. traducción del autor

Más adelante, en el «discurso del necio», el eslabón entre la gracia de Dios y el uso de Dios de la debilidad humana para realizar sus propósitos se hacen incluso más explícitos. Allí Pablo sólo se jacta «según la carne» irónicamente (11:18). Si la ironía se esfuma y él debe jactarse sinceramente, puede hacerlo sólo en su debilidad, sea por las adversidades que sufre como apóstol o su aguijón personal en la carne (11:21b–33; 12:7–10).

Pablo comenta que Dios le dio esta «espina» dolorosa personal para evitar que se vuelva arrogante, para mostrarle que la gracia de Dios era suficiente, y para revelar que el poder de Dios se perfecciona en la debilidad (12:9). Precisamente en medio de la adversidad que él soporta «por causa de Cristo» y en medio de su sufrimiento personal, el poder de Dios que da carácter se hace evidente (12:10). Sin ningún recurso para lograr la tarea que Dios le ha asignado excepto lo que Dios provee, no puede haber duda de que es Dios quien está realizando la obra.

Discurso sincero

Pablo concluye la descripción de su ministerio débil y sufriente en 2:14–16 con la pregunta: «Y ¿quién es suficiente para estas cosas?» (2:16b, aut.). Claramente no, implica que en 2:17, «los muchos que comercian *[kapelountes]* con la palabra de Dios».[25] En esta frase Pablo está usando una queja filosófica común contra los sofistas que viajaban de ciudad en ciudad promoviendo las virtudes de su enseñanza, no porque sabían de lo que estaban hablando, sino como los mercaderes *(kapelos)* de la plaza de mercado, para obtener ganancia (Platón, *Prt.* 313. c. 3–313.3.1).[26] Sus oponentes, como era costumbre entre los retóricos itinerantes, cobraban por sus servicios (11:7–12; 12:13–16a). Esta imagen también implicaba el uso de engaño para cerrar un negocio. «Un mercader difícilmente puede impedir hacer el mal, ni es el comerciante *[kapelos]* inocente de pecado», decía Ben Sirá (Sir. 26:29). Pablo creía que sus oponentes no sólo vendían la palabra de Dios por ganancia sino que usaban métodos engañosos para hacerlo (2 Co 2:17; 4:2; 11:3, 13–15).

¿Cuáles eran esas tácticas? Entre ellas había afirmaciones de una presencia corporal impresionante (10:10) y un pecho lleno de recursos retóricos (10:10; 11:6), equipo estándar para los oradores del segundo movimiento sofista temprano y filósofos cínicos falsos. Luciano describe a los falsos cínicos como obreros diarios comunes que, viendo que podían enriquecerse al ponerse la toga, cartera y bordón del filósofo, viajaban de un lado al otro insultando a gritos a la gente, ocasionalmente golpeándolos con sus bordones, y «como ellos mismos lo expresan … [trasquilando] a las ovejas» (*Fug.* 14). Esto suena similar a la descripción que Pablo da de sus oponentes en 11:20, en donde le dice a los corintios que «Aguantan incluso a cualquiera que los esclaviza, o los explota, o se aprovecha de ustedes, o se comporta con altanería, o les da de bofetadas».

---

aut. traducción del autor

[25] Para la traducción de *joi … kapeleuontes* como «los que comercian», ver Celsas Spicq, «katalheuw», *TLNT*, 2:254, y para la comprensión de la pregunta «¿quién es suficiente?» en términos polémicos, ver Hafemann, *Suffering and the Spirit*, 90–101.

[26] Cf. por ej., Dio Crisóstomo, 4.131-32; 54.1; Filóstrato, *VA* 1.13; Filón, *Gig.* 39; idem, *Mos.* 2.212; Luciano, *Herm.* 59. Ver Windisch, *Der zweite Korintherbrief*, 100, y Spicq, «katalheuw», 256–57. Hafemann, *Suffering and the Spirit*, 106–26, tiene razón al decir que la imagen de mercader no necesariamente implica que los oponentes de Pablo «diluían» el evangelio de la manera en que el mercader pillo de vinos diluía el vino (Luciano, *Herm.* 59), pero, como Hafemann reconoce, la imagen es definitivamente negativa. Como muestran las afirmaciones de Pablo en 4:2; 11:3, 13–15, el engaño era para él un elemento importante en la imagen.

En contraste al discurso fraudulento de sus oponentes y su presencia impositiva, diseñada para ocultar sus motivos codiciosos, Pablo afirma que habla con motivos sinceros, como uno enviado de Dios que conoce que habla en la presencia de Dios (2:17b; cf. 1:12). Dios le dio el evangelio en el camino a Damasco (4:6), y este mensaje creado divinamente no necesita aderezo retórico. Por eso, Pablo afirma ser diferente a Moisés, que ponía un velo sobre su cara después de su propia visión de Dios para que los hijos de Israel no vieran que su gloria se desvanecía. En contraste, Pablo conduce su mucho más glorioso ministerio con gran franqueza (*pole parresia crometza*, 3:12).[27]

La naturaleza gloriosa de este ministerio quiere decir que Pablo no «se cohíbe» (*enkakeo*) cobardemente (4:1, 16), como tienen que hacerlo los que usan engaño. Más bien, él ha renunciado a los caminos secretos y vergonzosos, el uso del engaño, y la distorsión de la palabra de Dios. Su propia recomendación se halla en la presentación abierta del evangelio a la conciencia de toda persona (4:1–2; cf. 1:18; 6:7; 10:3–5; 11:6, 10, 31; 12:16–17; 13:8), sin costo (11:7–12; 12:13–18). Los que hallan este evangelio misterioso lo ven de esa manera no porque sea engañoso sino porque están pereciendo (4:3), porque Satanás («el dios de este mundo») ha cegado sus mentes (4:4). Los que se ofenden por la insistencia de Pablo de sostenerse a sí mismo con la labor manual mientras proclama el evangelio antes que aceptar el patrocinio de sus iglesias «son falsos apóstoles, obreros estafadores, que se disfrazan de apóstoles de Cristo» (11:13).

En breve, Pablo presenta su evangelio con un candor apropiado a sus orígenes divinos y naturaleza gloriosa. La claridad con que predica el evangelio y su negativa a cobrar por predicarlo permite que la gloria de Dios brille sin oscuridad y de ese modo ilumine la mente de aquellos a quienes «el dios de este mundo» no ha cegado.

Cosas invisibles

Las técnicas retóricas, la presencia física imponente, y la tarifa de cobros de sus oponentes tenían en común su carácter externo y superficial. Derivaban cualquier poder que tenían de la ingenuidad humana. Luchar con tales armas era librar una guerra «según la carne» (*kata sarka*, 10:3–4) y jactarse en ellas era jactarse «según la carne» (*kata sarka*), 11:18).

Una cuarta arma en el arsenal de los oponentes de Pablo también encaja este estilo de ministerio: cartas de recomendación. En el tiempo de Pablo la gente a menudo pedía cartas de recomendación de amigos y ellos las daban a sus amigos en reciprocidad, como una manera de fortalecer amistades existentes y de formar nuevas. Las amistades que estas cartas facilitaban tenían propósitos utilitarios tales como ganar respaldo para la causa de uno, recibir hospitalidad, y testificar de carácter de uno en pleitos legales.[28] Los oponentes de Pablo evidentemente habían presentado tales cartas ante los corintios y esperaban que los corintios los proveyeran de tales cartas a otros como una obligación de

---

[27] Cf. Dio Crisóstomo, 4.14–15, en donde Dio cuenta la historia de una reunión entre Diógenes y Alejandro Magno. Alejandro halló a Diógenes en un bosque de cipreses en las afueras de Corinto (El Craeneon) sin alumnos ni multitud rodeándolo, «como los sofistas ... los tienen». Cuando Alejandro saludó a Diógenes, que estaba calentándose al sol, Diógenes meramente le pidió que se quitara del sol. Alejandro no se ofendió por esto, sino que admiró la valentía de Diógenes, porque, dice Dio, el valiente admira al valiente, pero los cobardes lo detestan. «Y así para una clase la verdad y franqueza *[aletzeia kai parresia]* son las cosas más agradables del mundo, y para el otro la lisonja y el engaño».

[28] Ver Peter Marshall, *Enmity in Corinth: Social Conventions in Paul's Relations with the Corinthians* (WUNT 2.23; J. C. B. Mohr [Paul Siebeck], Tübingen, 1987), 91–129, esp. 92 y 98. Como Furnish, *II Corinthians*, 180, observa, el mismo Pablo escribió tales cartas (por ej., Ro 16:1–2; Fil 2:29–30; Flm) y así no estaba en contra de usarlas en principio. Cf. Marshall, ibid., 128.

amistad (3:1b).[29] Al parecer también habían criticado a Pablo por haber recurrido a la recomendación propia, puesto que él no presentó tales cartas (3:1a; 5:12). El énfasis que estos oponentes ponían en las cartas de recomendación llevó a Pablo a reflexionar en la orientación interna que invisible de su propio ministerio apostólico.

Esta reflexión se puede dividir en dos partes. En 3:1–18 afirma que su carta de recomendación son los mismos corintios, que han inscrito en sus corazones y en cuyos corazones ha inscrito el Espíritu de Dios viviente. En 4:1–7:4 dice que su mirada está fija no en las circunstancias externas nada impresionantes de su ministerio sino en su objetivo invisible y eterno.

Cartas escritas por el Espíritu en el corazón humano (3:1–18)

Contra las afirmaciones de sus oponentes de que él no llevó cartas de recomendación, Pablo responde que en efecto tiene tal carta, aun cuando metafórica. Los mismos corintios son la carta de recomendación de Pablo, y esta carta está escrita en el corazón de Pablo. Pablo luego cambia la metáfora ligeramente para ajustarla a lenguaje convencional de la ley mosaica y los profetas. Según Éxodo y Deuteronomio los términos del pacto de Dios con Israel fueron registrados en «tablas de piedra escritas con el dedo de Dios» (Éx 31:18; Dt 9:10–11; cf. Éx 32:15–16, LXX). Israel violó los términos de este pacto, sin embargo, y por eso sufrió las maldiciones de destrucción y exilio que el pacto había advertido que les vendrían si ellos no guardaban sus estipulaciones (Lv 26:3–39; Dt 28:1–31:29).[30]

Los profetas, sin embargo, frecuentemente articulan una visión de la restauración de Israel. Jeremías habla de un tiempo cuando Dios hará un «nuevo pacto» con su pueblo escribiendo su ley en sus corazones (Jer 31:33). Ezequiel habla de que Dios pondrá un nuevo Espíritu en su pueblo, quitándoles el corazón de piedra y dándoles un corazón de carne para que ellos puedan guardar sus mandamientos (Ez 11:19; 36:26). Pablo trae a colación esta imagen bíblica y la mezcla como lo que les dice a los corintios: «Es evidente que ustedes son una carta de Cristo, expedida por nosotros, escrita no con tinta sino con el Espíritu del Dios viviente; no en tablas de piedra sino en tablas de carne, en los corazones» (2 Co 3:3).

La expresión «tablas de piedra» rememora la ley mosaica. La ley mosaica es, como Pablo la caracteriza unas pocas frases más adelante, «la letra» que «mata»; es «»; y es el «ministerio que causaba muerte, el que estaba grabado con letras en piedra». La expresión «tablas de piedra» también rememora el «corazón de piedra» que Ezequiel dice que Dios quitará en el tiempo de la restauración de Israel (Ez 11:19; 36:26). Según Pablo, todo esto cae bajo la era que domina «el viejo pacto», y está pasando (2 Co 3:11, 13–14).[31]

---

[29] Para ejemplos de cartas de recomendación del tercer siglo a.C. al siglo tercero d.C., ver Clinton W. Keyes, «The Greek Letter of Introduction», *AJP* 56 (1935): 28–48, esp. 3238. Para un ejemplo de una carta del siglo tercero a.C., que pide al destinatario que escriba otras cartas de presentación para la persona recomendada ver no. 14 en p. 34.

LXX Septuagint

[30] Ver Frank Thielman, *From Plight to Solution: A Jewish Framework for Understanding Paul's View of the Law in Galatians and Romans* (NovTSup 61; Brill, Leiden, 1989), 28–45, y la extensión del argumento en idem, *Paul and the Law: A Contextual Approach* (InterVarsity Press, Downers Grove, Ill., 1994), 48–68.

[31] *To katargoumenon* («lo que es pasajero») es neutro y por consiguiente no puede referirse simplemente al sustantivo femenino *doxa* («gloria»). Pablo no está diciendo que la gloria transitoria del ministerio mosaico está pasando, sino que todo el ministerio mosaico—el pacto mosaico, su sentencia de condenación, y la muerte que se aplica a los que lo desobedecen—está pasando. Ver Thielman, *Paul and the Law*, 113.

La noción de «el Espíritu del Dios viviente» escribiendo «en tablas de corazones humanos», en contraste, rememora la promesa profética de que Dios restauraría a Israel al cambiar el «corazón» del pueblo y dándoles su Espíritu. Como el que proclama el cumplimiento de estas promesas, Pablo es ministro de «un nuevo pacto» que trae al Espíritu que da vida (3:6, 8) y justicia (3:9). Cuando, bajo el ministerio de Pablo, la gente acude al Señor, el velo es levantado de sus corazones por la obra del Espíritu de Dios, y entonces ellos empiezan el proceso de transformación a imagen de Cristo, cuyo esplendor ahora ellos ven (3:18; cf. 34:4).

Todo esto es acción de Dios en el corazón humano con escasa evidencia física para mostrarlo. La competencia *(jikanos)* de Pablo como ministro no se mide, por consiguiente, por algo externo o físico, tales como cartas de recomendación bien sea de los corintios o para ellos. La medida de la confianza de Pablo como ministro son las vidas transformadas de aquellos que han creído en el evangelio (3:4–6).

Fe, no vista (4:1–7:4)

El énfasis de los oponentes de Pablo en cartas de recomendación, una imponente presencia física, habilidad retórica y honorarios de oradores son también síntoma de un malentendido fundamental de la escatología cristiana. Su mirada está fija en lo visible y transitorio antes que en lo invisible y eterno (5:12). El uso que Dios hace del sufrimiento de Pablo para develar los corazones de los creyentes y mostrar su gloria, y la manera similar en que Dios da vida por la muerte de Jesús (4:7–12), han enfocado la visión de Pablo en lo invisible y eterno:

> Escrito está: «Creí, y por eso hablé.» Con ese mismo espíritu de fe también nosotros creemos, y por eso hablamos. Pues sabemos que aquel que resucitó al Señor Jesús nos resucitará también a nosotros con él y nos llevará junto con ustedes a su presencia (4:13–14; cf. Sal 116:10).[32]

El autor del Salmo 116 y Pablo tenían la fe de que Dios los libraría de la muerte, y esta fe dio lugar a lo que dicen: en el caso del salmista una confesión sincera pero esperanzada de su aflicción, y en el caso de Pablo, la fiel proclamación del evangelio a pesar de la adversidad que enfrentaba.[33] En ambos casos, la esperanza por la liberación de Dios dio significado al sufrimiento en el presente. La esperanza de Pablo se fundaba en la resurrección de Jesucristo de los muertos, evento que inauguró el largamente esperado período de la restauración del pueblo de Dios, período que llegaría a su clímax en la resurrección de los muertos (Ez 37:1–14; Dn 12:2).

El período de restauración fue, sin embargo, solamente inaugurado, y esto establece una inevitable tensión entre lo que es visible en el presente y el futuro todavía invisible. Al presente el alineamiento de Pablo con la muerte de Jesús es claramente visible. Él se está «desgastando» afligido con «sufrimientos», y gime bajo la carga de su «carpa terrenal» (2 Co 4:16, 17; 5:1–4; 6:4–5, 8–10). Al mismo tiempo, estos sufrimientos son a la vez «ligeros y efímeros» en comparación con «un peso eterno de gloria» que Dios está produciendo en Pablo mediante ellos (4:17, aut.; cf. 5:5).[34] Por

---

[32] Esta es la traducción de Furnish, *II Corinthians*, 252.

[33] Pablo está citando la traducción del Salmo 115:1 de la LXX, que difiere ligeramente del hebreo: «Creí, por tanto hablé. Pero fui grandemente humillado». Sobre las conexiones temáticas entre este salmo y la acción de gracias de Pablo por la liberación de la muerte en 2 Co 1:3-11, ver Harvey, *Renewal through Suffering*, 18, y sobre la importancia del salmo para entender 4:13, ver ibid., 61.

aut. traducción del autor

[34] Paul usa el verbo *katergazomai* («lograr, producir») tanto en 4:17 y 5:5. Cf. Fil 1:12-13.

consiguiente, sólo su persona exterior está desgastándose; Dios está renovando su persona interior cada día, y él sabe que si esta casa terrenal, parecida a carpa, quedara destruida, tiene una casa eterna en el cielo (5:1). También sabe que si está vivo en el tiempo de la parusía, no será hallado desnudo sino vestido con su existencia inmortal sobre su cuerpo (5:2–4).[35] En breve, Pablo mira hacia adelante al tiempo cuando «lo mortal sea absorbido por la vida» (5:4).

Para el apóstol auténtico la vida entre la inauguración y la consumación de los propósitos de Dios da por sentado una postura distintiva. Pablo describe esta postura como «no nos fijamos en lo visible sino en lo invisible» (4:18), como no viendo a nadie desde la perspectiva externa, transitoria de «la carne» (5:16), sino como viviendo «por fe, no por vista» (5:7). Contrario a las acusaciones de sus adversarios (10:1–2), Pablo afirma que esta no es una vida de desaliento; de «desanimarse» (*enkakeo*, 4:1, 16); sino de confianza valiente (*tzareo*, 5:6, 8) en que Dios que ha dado su Espíritu prometido por los profetas también hará que la vida absorba todo lo que es mortal (5:4–5). Es una vida que se vive a la luz que el juicio venidero arroja sobre el presente, y la aspiración de los que viven de esta manera, cualesquiera que sean sus circunstancias, es agradar a Dios (5:9–10).

Sumario

Pablo cree que el enfoque de sus oponentes sobre las cartas de recomendación, presencia corporal, técnica retórica, y tarifas de conferencistas es miope. Han nublado y oscurecido la vista de la preocupación esencial del evangelio: la iniciativa de la gracia de Dios en la salvación, el corazón humano como el enfoque de la obra transformadora de Dios, y el futuro todavía invisible cuando Dios resucitará de los muertos a su pueblo. Al enorgullecerse «por las apariencias y no por lo que hay dentro del corazón» (5:12), los oponentes de Pablo se han perdido la importancia esencial para la fe de enfocarse en lo invisible en el corazón humano y en el futuro. Al parecer habían arrastrado a algunos de los corintios a hacer lo mismo (10:7; cf. 5:20; 6:1–2; 6:11–7:4).[36] Al hacer esto, los oponentes de Pablo y los corintios que se habían convencido de su posición han ocultado el evangelio.

La pobreza como ocasión para la gracia de Dios

El fallo de los corintios en cuanto a la generosidad

Al concluir 1 Corintios Pablo había dado instrucciones en cuanto a una colecta «para los santos» de Jerusalén (1 Co 16:1, 3). Tenía la intención de que el dinero que recogería entre sus iglesias predominante gentiles de Galacia, Macedonia y Acaya ayudaría a sostener a los pobres de los cristianos judíos de Jerusalén (Ro 15:26; cf. Hch 24:17; Gá 2:10). De esta manera, argumentaba, el exceso de los fondos necesarios entre los cristianos gentiles de occidente supliría las necesidades de

---

[35] Bruce, *1 and 2 Corinthians*, 200, es representativo de un grupo de intérpretes que piensa que entre 1 Co 15:1–58 y 2 Co 5:1–5 Pablo se convenció que probablemente moriría antes de la parousía de Jesús. Así él habla de la nada atractiva posibilidad de quedar «desnudo» entre su muerte y la recepción de su cuerpo de resurrección (5:3). Es dudoso, sin embargo, que alguien que sufrió tanto como Pablo sufrió antes de la composición de su primera carta existente (1 Ts 2:2; 2 Co 11:32) no habría hecho frente a la posibilidad de su propia muerte inminente.

[36] *Ta kata prosopon blepete* en 10:7 puede significar bien sea: «Mirar los hechos al frente» (REB; cf. NRSV y la mayoría de comentaristas) o «Ustedes miran sólo a la superficie de las cosas» (NIV; cf. NASB), dependiendo de si *blepete* es imperativo o indicativo. Bultmann, *Second Letter to the Corinthians*, 187, probablemente tiene razón, sin embargo, de conectar 10:7 con 5:12, en donde Pablo usa la palabra *prosopon* («cara») para indicar «apariencia externa».

los cristianos judíos en oriente, y así produciría igualdad entre el pueblo de Dios (2 Co 8:13; cf. 9:12). Más tarde, en su carta a los Romanos, da una razón adicional para la colecta: «Porque si los gentiles han participado de las bendiciones espirituales de los judíos, están en deuda con ellos para servirles con las bendiciones materiales» (Ro 15:27).

Cuando Tito empezó la colecta en Corinto en algún momento durante el año anterior (2 Co 8:6, 10; 9:2), los corintios se mostraron deseosos de contribuir (8:10–11), y Pablo les había aconsejado en 1 Corintios 16:1–4 a seguir al procedimiento que había instado a las iglesias de Galacia que adopten.[37] Les dijo que cada semana deberían apartar para la colecta una cantidad en proporción a sus ingresos. A la larga el mismo Pablo llegaría a Corinto y enviaría a los representantes que los corintios hubieran escogido a Jerusalén con cartas de recomendación de él. Sólo si parecía aconsejable el mismo Pablo iría. La reciente ruptura entre Pablo y los corintios, sin embargo, parece haber detenido el esfuerzo semanal de los corintios de recoger fondos para la colecta, y aunque Tito había traído buenas noticias a Pablo en cuanto al efecto global de la carta severa en la mayoría de los corintios, Tito al parecer también tuvo que informar que el progreso de la colecta continuaba languideciendo.[38]

Al mismo tiempo que los corintios no estaban cumpliendo su compromiso a ser generosos, sin embargo, los macedonios inesperada y voluntariamente le habían suplicado que les permita el «favor» *(caris)* de poder participar en la ofrenda. Esta petición vino inesperadamente puesto que los macedonios mismos estaban experimentando «las pruebas más difíciles» y «extrema pobreza» (8:1–5; cf. 7:5). Esta exhibición de generosidad sencilla motivó a Pablo para enviar a Tito de regreso (8:6) con otros dos hermanos cuyos nombres no se da (8:18, 22–24; 9:3, 5) y la carta de 2 Corintios esperando que estimule a los corintios a «terminar la obra» que con tanto anhelo habían empezado.

El papel central de la gracia en el llamado de Pablo

Para Pablo, la reducción del entusiasmo de los corintios en cuanto a la colecta era asunto serio, no porque ponía en peligro el éxito de una obra de misericordia, sino porque constituía evidencia de que la gracia de Dios no había transformado los corazones de los corintios.[39] Como Pablo les dice más adelante, en un asunto relacionado, «no me interesa lo que ustedes tienen sino lo que ustedes son» (12:14). Pablo se preocupa en otros lugares de la carta porque los corintios en realidad no han experimentado los efectos transformadores del evangelio. «Les rogamos que se reconcilien con Dios», les suplica en 5:20. «Les rogamos que no reciban su gracia en vano», implora en 6:1. En 13:5 emite esta severa advertencia, y su posición a la conclusión de la carta la hace incluso más grave:

> Examínense para ver si están en la fe; pruébense [*dokimazete*] a sí mismos. ¿No se dan cuenta de que Cristo Jesús está en ustedes? ¡A menos que fracasen en la prueba! [*ei me adokimoi este*]

La misma preocupación está detrás de su llamado a los corintios en 8:1–9:15 a renovar su interés en la colecta. Pablo recalca la necesidad de que los corintios muestren que su fe es genuina; que la

---

[37] Para esta comprensión del papel de Tito en la colecta, ver Plummer, *The Second Epistle of St. Paul to the Corinthians*, 237, y Barnett, *Second Epistle to the Corinthians*, 387.

[38] Barnett, *Second Epistle to the Corinthians*, 387–88.

[39] Sobre la importancia fundamental de la gracia de Dios en el desarrollo de la argumentación de Pablo en 8:1–9:15, ver especialmente Georgi, *Remembering the Poor*, 72, 83, 89 (en donde, sin embargo, el argumento es cuestionable), 96–97, 107–8, y Barnett, *Second Epistle to the Corinthians*, 388–89, y en muchos lugares en la exégesis de Barnett de esos capítulos.

gracia de Dios en realidad está obrando en ellos. Así usa la colecta para «probar [*dokimazo*] la sinceridad de su amor [de ellos]» (8:8). Insta a los corintios a demostrar «la prueba» (*endeixis*) de su amor por Pablo y la razón por la que él estaba orgulloso de ellos (8:24). Al contribuir a la colecta, ellos mostrarán el «carácter aprobado» (*dokimes*) de su servicio; que su obediencia acompaña su confesión del evangelio de Cristo (9:13).[40]

La renovación de interés de los corintios en la colecta forma prueba de lo genuino de su consagración al evangelio porque una disposición de corazón a dar es en sí misma un don de la gracia de Dios. Si ellos están dispuestos a dar alegremente, por consiguiente, eso es evidencia de la obra transformadora de Dios en sus corazones. Los corintios deben dar la ofrenda voluntariamente, sin embargo, porque una contribución que brota de un sentido de obligación no es evidencia de que la mano de Dios está obrando. Así en todo el pasaje Pablo sugiere que el deseo de dar debe surgir desde adentro y que el deseo y la capacidad de dar son en sí mismos dones de Dios.

El uso de los macedonios como ejemplo recalca exactamente estos temas. Los macedonios sorprendieron al Pablo al suplicarle el privilegio de dar. Hicieron esto, Pablo recalca «espontáneamente» (*autzairetoi*), a pesar de su aflicción de sufrimiento y pobreza, y después de darse a sí mismos «primero al Señor» (8:3–4). Pablo quiere que los corintios den de la misma manera, no porque los obliga con un mandato a dar (8:8), ni tampoco porque él quiere su dinero aun si lo dan a regañadientes (9:5), sino porque ellos han renovado el deseo de dar que había sido tan fuerte el año anterior (8:10–12; 9:2–5). Pablo resume el principio de esta manera: «Cada persona debe dar exactamente cómo ha decidido en su corazón, no a regañadientes o por obligación, porque Dios ama al dador alegre» (9:7, aut.). Esta disposición de corazón a dar surge de la obra previa de la gracia de Dios. Dios les dio a las iglesias de Macedonia la gracia de dar para la colecta (8:1), y los corintios, si deciden dar, darán ellos mismos generosamente como resultado de «esta gracia» (8:6, 7).[41]

En su gracia, Dios no sólo pone el deseo de corazón a dar, sin embargo, sino que también da los medios por los cuales es posible dar. Por tanto, la profunda pobreza de las iglesias de Macedonia sólo hizo posible que se exhiba de la gracia extravagante de Dios (cf. 9:14). Dios los capacitó para dar no meramente de una manera que estaba de acuerdo a su capacidad, sino más allá de su capacidad (8:2–3). El Señor Jesús, de la misma manera, reveló su gracia al hacerse pobre, y precisamente mediante esta pobreza él enriqueció a los corintios (8:9). Pablo espera que los corintios sigan el ejemplo de los macedonios y del Señor Jesús al «sembrar» generosamente su riqueza y permitir que obre la gracia de Dios.

Aunque él no espera que ellos se empobrezcan (8:13–15), les dice que al dar ellos de su dinero, Dios «puede hacer que toda gracia abunde [para ellos] de manera que siempre, en toda circunstancia, tengan todo lo necesario, y toda buena obra abunde en ustedes» (9:8). Dios los enriquecerá de toda manera, dice Pablo, para que ellos puedan dar con generosidad sencilla (9:11). Este ministerio de dar, concluye, constituirá «prueba» (*dokimes*) de que su confesión del evangelio de Cristo es genuina (9:13). Es la «obediencia que surge de la fe» a la que Pablo se refiere en otras partes (Ro 1:5; 16:26).[42]

---

[40] Para la traducción de *dokimes* como «carácter aprobado», ver BDAG, 256.

aut. traducción del autor

[41] Cf. A. Schlatter, *Paulus der Bote Jesu: Eine Deutung seiner Brieft an die Korinther* (Calwer Verlag, Stuttgart, 1934), 611.

[42] Schlatter, *Paulus der Bote Jesu*, 610; Barrett, *Second Epistle to the Corinthians*, 240.

La debilidad humana como contexto de la gracia de dios en 2 corintios

Toda sección principal de los corintios recalca que la debilidad humana es el ambiente en el que florece la gracia de Dios. El peligro mortal que Pablo enfrentó en Asia proveyó el medio por el que la vida de Pablo pudo reflejar la vida y muerte de Cristo. Tal como con Cristo, así el sufrimiento de Pablo se desbordó en consolación a otros (1:5). El tipo de sufrimiento que Pablo había encontrado en Asia era un rasgo constante de su ministerio, y sin embargo aquel sufrimiento proveía la oportunidad para que Dios, en su gracia (*carisma*), rescatara al apóstol para servicio adicional (1:10–11; 4:7–12; 6:4–10). Como Pablo lo dice en 12:10: «cuando soy débil, entonces soy fuerte».

De la misma manera, precisamente por la aflicción y pobreza de los macedonios, la «sobreabundante gracia» de Dios (9:14) pudo efectuar su disposición y su capacidad para dar más allá de todo lo que Pablo había esperado (8:1–5). El Señor Jesús, también, había mostrado su gracia precisamente al hacerse pobre (8:9). Al hacer esto, les dice Pablo a los corintios, él hizo ricos a otros.

Las acusaciones de sus oponentes en Corinto de que el apóstol carecía de presencia corporal (10:10), capacidad retórica (10:10; 11:6) y constancia en cuanto a planear su itinerario (1:12) no dio en el blanco en cuanto a Pablo. Las afirmaciones de que era demasiado débil para obligar a los corintios a ser leales a él por medio de violencia física o intimidación emocional (11:20–21) o que su abolengo no igualaba el de ellos (3:1; 11:22) no impresionó en nada a Pablo. Para Pablo, la gracia de Dios no obraba en tales contextos.

Más bien, Pablo afirma que la gracia de Dios expresa su pleno poder en la debilidad de sufrimiento y en la condición invisible de corazón (3:2–3; 5:12). «Te basta con mi gracia», le dice el Señor crucificado y resucitado, «pues mi poder se perfecciona en la debilidad» (12:9). Pablo sabe que Dios obra de esta manera «para que no confiáramos en nosotros mismos sino en Dios, que resucita a los muertos» (1:9) y «para que se vea que tan sublime poder viene de Dios y no de nosotros» (4:7). Los que se jactan, como ha dicho en 1 Corintios y lo repite aquí, deben jactarse en el Señor (1 Co 1:31; 2 Co 10:17).

Pablo estaba preocupado, sin embargo, porque los corintios no lograron entender este principio teológico esencial. Aunque la carta de tristeza, de una manera típica de la obra de la gracia de Dios, parece haber producido arrepentimiento y vida en la mayoría, una minoría continuaba aferrándose a los oponentes del apóstol, y el hecho de que incluso la mayoría arrepentida no había renovado la gracia de dar mostraba a Pablo que no todo marchaba bien.

Segunda a los Corintios, entonces, representa un esfuerzo de reafirmar en la comunidad de Corinto un principio teológico fundamental, e instar a los corintios a abrazar ese principio dando el paso práctico de obediencia. En diversas maneras, y con varios cambios confusos de tema y tono, Pablo afirma una sola tesis: El poder de Dios se perfecciona en la debilidad humana. Los que han experimentado la obra de la gracia de este poder han cambiado su enfoque de la cara al corazón, de lo visible a lo invisible, e inevitablemente han llegado a ser los instrumentos por los que Dios en su gracia da salvación y consuelo a otros.

ROMANOS: EL EVANGELIO DE LA JUSTICIA DE DIOS

Después de que Pablo escribió 2 Corintios viajó de Macedonia a Acaya (o «Grecia», como Lucas lo llama), donde pasó tres meses (Hch 22:2–3). Esos tres meses deben haber sido un período mucho más feliz que su visita más reciente y triste a Acaya, porque durante su tercera visita los de Acaya siguieron el ejemplo de los macedonios y generosamente contribuyeron (*eudokesan*) a la colecta para los cristianos pobres de Jerusalén (Ro 15:26); se habían restaurado las buenas relaciones entre Pablo y los Corintios.[1] Pablo ahora se dispone a completar el plan que había formulado casi al fin de su ministerio en Éfeso de viajar no sólo a Macedonia, Acaya y Jerusalén en el servicio de los santos necesitados de Judea, sino a la larga también a Roma (Hch 19:21; cf. Ro 15:25–26). Tal vez fue durante estos tres meses que decidió extender su viaje a España.[2] Roma no sería la conclusión de su viaje hacia el oeste sino una etapa en el camino (Ro 15:23–24, 28).

Roma, sin embargo, sería mucho más que un lugar para esperar pasaje a España. Pablo había orado incesantemente que Dios prosperara su camino a Roma (1:11) y había deseado por muchos años visitar a los cristianos allí (15:23; cf. 1:11, 13), pero su consagración a predicar el evangelio «donde Cristo no sea conocido» lo había demorado (1:13; 15:20; cf. 15:22). Su anhelo brotaba de su obligación de predicar el evangelio a «todos, sean cultos o incultos, instruidos o ignorantes» (1:14). En su gracia Dios le había dado a Pablo el ministerio sacerdotal de presentarle a los gentiles como «una ofrenda aceptable a Dios, santificada por el Espíritu Santo» (15:16), y así Pablo esperaba fortalecer espiritualmente a los cristianos de Roma predicando el evangelio también en Roma (1:11, 15). Él quería recoger una cosecha entre ellos, tal como lo había hecho entre otros gentiles (1:13).

A primera vista esto suena extraño: ¿por qué Pablo diría al principio de una carta a los cristianos de Roma que quería predicar el evangelio en su ciudad y al final indicó su deseo ardiente de predicar el evangelio donde Cristo no había sido nombrado?[3] La explicación más probable es que Pablo creía que los romanos necesitaban oír el evangelio de nuevo, y que como apóstol a los gentiles (11:13; 15:15–16), esa iglesia predominantemente gentil caía dentro de su responsabilidad apostólica.[4] Esto viola solo parcialmente su política de no predicar el evangelio donde Cristo ya había sido nombrado, puesto que esa política fue motivada por su preocupación de no edificar «sobre fundamento ajeno» (15:20). Lo más probable es que, incluso en el tiempo de Pablo, los orígenes de la iglesia cristiana de

---

[1] Sobre el significado de *eudokesan* en este pasaje, ver C. E. B. Cranfield, *A Critical and Exegetical Commentary on the Epistle to the Romans*, 2 vols. (ICC; T. & T. Clark, Edinburgh, 1975–79), 2:771. La sugerencia de A. J. M. Wedderburn, *The Reasons for Romans* (SNTW; T. & T. Clark, Edinburgh, 1991), 43, de que el tiempo aoristo de este verbo implica que los de Acaya *habían* considerado que era bueno contribuir a la colecta pero que la idea ya no les entusiasmaba ve demasiado en el tiempo del verbo. El aoristo sólo implica que la colecta está próxima y que Pablo está listo para ir a Jerusalén. Si Pablo hubiera intentado decir que los de Acaya (¡y los de Macedonia!) ya no miraban favorablemente a la colecta, hubiera escrito algo como *pote eudokesan*.

[2] Por otro lado, Pablo puede haber incluido España en sus planes originales y Lucas puede haber decidido no mencionar el objetivo español de los viajes de Pablo a fin de enfocar la atención en el viaje de Pablo a Roma (cf. Hch 23:11; 28:14).

[3] Sobre la seriedad exegética de este problema ver Gunther Klein, «Paul's Purpose in Writing the Epistle to the Romans», en *The Romans Debate*, ed. Karl P. Donfried, rev. y exp. (Hendrickson, Peabody, Mass., 1991), 29–43. La propia solución de Klein al problema fue que Pablo creía que la iglesia de Roma necesitaba un cimiento apostólico. El comentarista latino anónimo del siglo cuarto sobre la epístola, al que Erasmo llamó «ambrosiastero», vislumbró esta teoría. Ver *ACCS*, 6:18, 20, 23, y 25. Pablo no habría hablado como lo hizo en 1:8 y 15:14, sin embargo, si hubiera considerado que la fe de los cristianos de Roma era defectuosa.

[4] Sobre la relación de la responsabilidad apostólica de Pablo a los gentiles y su preocupación por los cristianos de Roma, ver Wedderburn, *Reasons for Romans*, 98–99.

Roma eran oscuros, y así Pablo se sentía libre, en verdad se sentía obligado, de predicar el evangelio también en Roma.[5]

¿Por qué los cristianos de Roma necesitaban oír de nuevo el evangelio? La carta de Pablo provee evidencia para una respuesta convincente a esta pregunta. En 14:1–15:13 insta a dos grupos dentro de las iglesias de Roma, «los fuertes» y «los débiles»: «acéptense mutuamente, así como Cristo los aceptó a ustedes para gloria de Dios» (15:1, 7; cf. 14:1, 3). La fe débil de los débiles les llevaba a evitar la carne y el vino (14:1–2, 21; cf. 14:17) y a observar ciertos días como especiales (14:5–6). Los poderosos, sin embargo, comían «de todo» (14:2) y consideraban especiales todos los días (14:5). Al parecer, los fuertes menospreciaban a los que tenían escrúpulos en cuanto a comida y días, y los débiles condenaban a los que no los tenían (14:3, 10, 13). Esto suena como un desacuerdo entre cristianos judíos que observaban las restricciones dietéticas de la ley mosaica y el día de reposo, y los cristianos gentiles que creían que estos requerimientos ya no eran obligatorios.[6]

Es más, las descripciones de Pablo de los dos grupos, «los poderosos» (*joi dunatoi,*) y los «débiles» (*joi adunatoi*) probablemente dice algo en cuanto a su poder relativo en la comunidad cristiana: los que no tenían escrúpulos en cuanto a la ley mosaica tenían las riendas.[7] Esto se confirma cuanto se considera la amonestación de Pablo a «ustedes, los gentiles» en la comunidad en 11:13–21. Pablo les dice que no se jacten por sobre los judíos no creyentes que, debido a su incredulidad, Dios los ha podado del olivo de su pueblo. Los cristianos gentiles de Roma, que estaban en posición de poder, parecen haber sucumbido a un sentimiento antijudío en contra de los judíos creyentes y no creyentes.[8] El evangelio que Pablo típicamente predicaba en la sinagoga proveía el remedio teológico

---

[5] La primera referencia al cristianismo romano aparece en una afirmación de Suetonio de que «puesto que los judíos constantemente hacen disturbios por instigación de Cresto, él [i.e. Claudio] los expulsó de Roma» (*Claud*. 25.4; cf. Hch 18:2). Sobre la identificación de «Cresto» con Cristo, ver esp. Wolfgang Wiefel, «The Jewish Community in Ancient Rome and the Origins of Roman Christianity» en *The Romans Debate*, ed. Karl P. Donfried, rev. and exp. (Hendrickson, Peabody, Mass., 1991), 85–101, aquí en 92–93. «Ambrosiastero» empieza su comentario sobre Romanos con una breve orientación histórica a la carta. Afirma que los cristianos de Roma no habían recibido el evangelio de ningún apóstol sino que la iglesia había sido establecida por judíos convertidos y así «conforme a un rito judío». Ver la traducción de *CSEL*, 81.1, 56 en Wedderburn, *Reasons for Romans*, 51.

[6] Aunque los judíos no evitaban la carne y vino de costumbre, a veces los evitaban si no estaban seguros de su pureza, tal como Daniel comía sólo legumbres y bebía sólo agua en el exilio en Babilonia (Dn 1:12), y Ester and Judit rehusaron comer el alimento que les proveyeron gentiles (Est 14:17, LXX; Judit 12:2). Ver John M. G. Barclay, «'Do We Undermine the Law?' A Study of Romans 14:1–15.6», en *Paul and the Mosaic Law*, ed. James D. G. Dunn (WUNT 89; J. C. B. Mohr [Paul Siebeck], Tübingen, 1996), 287–308, aquí en 291–92. Wedderburn, *Reasons*, 59–60, piensa que la disputa se basaba más en actitudes divergentes hacia la ley mosaica que en etnicidad. Así, algunos cristianos gentiles pueden haberse unido a los judíos cristianos para abogar por la observancia de la leyes dietéticas y días sagrados y algunos judíos cristianos pueden haberse unido a algunos cristianos gentiles para abogar por la libertad de la ley mosaica. Pablo, sin embargo, parece dividir a los dos grupos por líneas étnicas en 15:7–13.

[7] Cf. Wiefel, «Jewish Community in Ancient Rome», 96 n. 110, y Joseph A. Fitzmyer, *Romans* (AB 33; Doubleday, Nueva York, 1993), 702.

[8] Wiefel, «Jewish Community in Ancient Rome», 86–89, 97–100, demuestra que el antijudaísmo permeó la sociedad romana en tiempos de Nerón.

para esta situación excluyendo toda jactancia en la posición social o logro humano, sea uno judío o gentil.[9]

¿Cómo supo Pablo de la lucha de poder en la iglesia de Roma si nunca había visitado Roma? Romanos 16:3–23 provee la respuesta.[10] Aquí Pablo saluda a veintiséis amigos, todos los cuales evidentemente conoció en sus esfuerzos de predicar el evangelio «por todas partes, hasta la región de Iliria» (15:19), y muchos de los cuales eran mucho más que conocidos al paso.[11] Priscila y Aquila habían arriesgado su vida por él (16:3). Epeneto fue el primero de Asia que abrazó el evangelio por la predicación de Pablo (15:5). Andrónico y Junias habían estado en la cárcel con Pablo (16:7). Urbano había sido su colaborador (16:9). La madre de Rufo había sido como una madre para Pablo mismo (16:13). Algunos de la lista eran también judíos, como informa Lucas (Priscila y Aquila), o como el epíteto «mi pariente» (*sungenes*) de Pablo indica (Andrónico, Junias, Herodión; cf. 9:3).[12] Parece probable que tales amigos íntimos se habían mantenido en contacto con Pablo, o por lo menos los judíos entre ellos le habían instado a usar su autoridad apostólica para ayudar a los cristianos de Roma a superar su desunión.

La carta de Pablo a Roma es compleja y claramente tenía más que un solo propósito.[13] Pablo probablemente quería que la carta informe a los romanos del contenido de su evangelio a la luz de su petición de respaldo para su misión a España (15:24, 28–29, 32). Como parte de su esfuerzo para lograr respaldo de parte de los romanos, puede haber también estado contestando acusaciones de los cristianos judaizantes de que su evangelio era antinomiano y antijudío (3:8; 6:1, 15; 7:12; 9:1–11:36). Ciertamente quería que los romanos oren por su «ministerio en Jerusalén», es decir, la ofrenda que había recogido para los cristianos pobres de Judea como una expresión de unidad de judíos y gentiles (15:26–27; cf. 2 Co 8:13–15), y tal vez esperaba que su presentación del evangelio en 1:16–15:13 convencería a los cristianos de Roma a respaldar sus esfuerzos. Además, puede haber esperado que una clara presentación del evangelio armaría a los romanos en contra de «los que causan divisiones y dificultades, y van en contra de lo» que los cristianos romanos habían aprendido (cf. 16:17).

Si enfocamos el propósito que Pablo mismo recalca, sin embargo, él escribió la carta principalmente para prepararles para su llegada a Roma, en donde él ejercería su don como «ministro de Cristo Jesús a los gentiles» (15:16) predicando el evangelio (1:15). Puesto que el evangelio implica que toda jactancia en la posición social y logro humano está fuera de lugar ante Dios, también

---

[9] El ambiente de la sinagoga para la proclamación del evangelio de parte de Pablo es evidente por la identidad judía del escéptico imaginario que Pablo en ocasiones usa para el avance de su argumentación. Ver, por ej., 2:1, 17; 3:1.

[10] Cf. Wedderburn, *Reasons*, 13.

[11] El número 26 excluye a Aristóbulo y Narciso, a quienes Pablo tal vez no conocía personalmente. Puede haber sido simplemente cabezas de familia que tenían cristianos a quienes Pablo conocía. Sobre esto ver Peter Lampe, «The Roman Christians of Romans 16», en *The Romans Debate*, ed. Karl P. Donfried, rev. and exp. (Hendrickson, Peabody, Mass., 1991), 216–30, aquí en 219 n. 15 y 222.

[12] «María» tal vez no era un nombre judío sino la forma femenina del nombre latín «Mario». Ver Lampe, «Roman Christians», 225.

[13] Como reconoce la mayoría de los que estudian la carta. Ver esp. Wedderburn, *Reasons for Romans*, 5–6, 140, y los comentarios de Cranfield, *Romans*, 2:815.

implica que la mayoría gentil entre los cristianos de Roma no debía complacerse en sí misma sino soportar la debilidad de la minoría judía. Este es el mensaje que Pablo predicaría cuando llegara a Roma, y puesto que su llegada se demoraría por su viaje a Jerusalén, esta carta, proclamaría mientras tanto el evangelio.[14]

Debido a que la carta de Pablo a los Romanos provee un compendio del evangelio que predica, simultáneamente provee una plena declaración nada usual de su teología. Pablo ha moldeado su presentación del evangelio para atender a las necesidades pastorales de la iglesia de Roma, y elementos esenciales de su teología no constan o los trata ligeramente (por ej., su opinión en cuanto a la iglesia, la *parusía* de Cristo, y la Cena del Señor), pero con todo Romanos ofrece un raro momento en el estudio de su teología.[15] Debido a que Romanos revela el evangelio conforme Pablo lo predicaba en la sinagoga, provee la más completa explicación existente del apóstol de las convicciones teológicas que acicateaban sus esfuerzos misioneros. La consideración de su teología, por consiguiente, debe seguir el bosquejo de la carta misma. Aquí, empezaremos con un examen de la declaración de tesis de Pablo y luego seguiremos el desarrollo de la propia carta de este énfasis.

El evangelio como justicia de dios para todo el que cree (1:16–17)

Pablo empieza su descripción del evangelio con una declaración de tesis que resume sus tres elementos principales. Primero, el evangelio es la revelación de la justicia de Dios. Segundo, esta justicia es efectiva para todo el que cree. Tercero, el evangelio se levanta en continuidad con las Escrituras judías, y no en contradicción de ellas.

El evangelio revela la justicia de Dios

Pablo explica la significación del evangelio en 1:17 como la relación de «la rectitud de Dios» (aut.). Esta frase, o algo parecido, aparece diez veces en las cartas de Pablo, ocho de ellas en Romanos, y los ocho usos de la frase en esta carta giran alrededor de momentos especialmente críticos en la argumentación de Pablo. Además de su mención aquí en la declaración de tesis de Pablo, él la usa cuatro veces en los momentos más dramáticos de la carta, cuando describe la respuesta de Dios a la situación humana desesperada del pecado (3:21–26). También la usa dos veces en otras intersecciones críticas cuando, respondiendo a una objeción potencialmente fatal a su evangelio, explica por qué el pueblo escogido de Dios no han sido los beneficiarios primarios del evangelio (10:3).[16] Claramente, entonces, la frase es importante; pero, ¿qué significa?

---

[14] Cf. Nils Alstrup Dahl, *Studies in Paul: Theology for the Early Christian Mission* (Augsburg, Minneapolis, 1977), 77.

[15] Frank Thielman, «Paul as Jewish Christian Theologian: The Theology of Paul in the Magnum Opus of James D. G. Dunn», *PRSr* 25 (1998): 381-87, aquí en 383.

aut. traducción del autor

[16] Pablo también usa la frase en 3:5 en un excurso breve que prevee su consideración de la relación de Israel al evangelio en 9:1-11:36. Sobre la importancia de esta frase en Romanos ver Arland J. Hultgren, *Paul's Gospel and Mission: The Outlook from His Letter to the Romans* (Fortress, Philadelphia, 1985), 13; Douglas Moo, *The Epistle to the Romans* (NICNT; Eerdmans, Grand Rapids, 1996), 70; y James D. G. Dunn, *The Theology of Paul the Apostle* (Eerdmans, Grand Rapids, 1998), 340-41.

Algunos intérpretes afirman que se trata de una expresión técnica del judaísmo apocalíptico que la iglesia inicial adoptó y consistentemente se refiere a la actividad justa y salvadora de Dios a favor de su pueblo (entendiendo «de Dios» como genitivo de sujeto).[17] Otros creen que la frase se refiere a una situación justa que Dios da a los que tienen fe (comprendiendo «de Dios» como genitivo de origen).[18]

La comprensión más satisfactoria de la frase reconoce, sin embargo, que Pablo la usa en más de una manera. Usa la frase, o una similar, para referirse en algunos contextos a la situación justa que Dios da a los creyentes, como anticipo de su absolución escatológica ante su tribunal en el día final (Ro 10:3; Fil 3:9; 2 Co 5:21; cf. 1 Co 1:30).[19] También la usa para referirse al carácter justo de Dios: su consistencia en hacer lo que es correcto y en guardar sus promesas (3:5, 25–26).[20] En 1:16–17, sin embargo, usa la frase para referirse a la intervención poderosa de Dios a favor de su pueblo para salvarlo. Esto es evidente por la manera en que la frase explica la declaración de Pablo de que el evangelio «es poder de Dios para la salvación de todos los que creen».[21] Puede salvar a los que creen, dice, porque «en él se revela la rectitud de Dios» (aut.).

Al describir el evangelio de esta manera Pablo lo vincula con la noción bíblica de que Dios expresa su justicia cuando salva a su pueblo del pecado y la opresión (y frecuentemente la opresión de ellos el resultado de su pecado) en fidelidad a su pacto con ellos. La expresión de esta idea en Salmo 97:1–3 (LXX; MT 98:1–3) se acerca especialmente a la descripción de Pablo del evangelio en 1:16–17:

---

[17] Ver, por ej., Ernst Käsemann, *Commentary on Romans* (Eerdmans, Grand Rapids, 1980), 24–30. N. T. Wright, «On Becoming the Righteousness of God: 2 Corinthians 5:21» en *Pauline Theology, Volume II: 1 and 2 Corinthians*, ed. David M. Hay (Fortress, Minneapolis, 1993), 200–208, aquí en 203, toma la frase como término técnico de Pablo, pero no tomado del judaísmo apocalíptico.

[18] Ver, por ej., Cranfield, *Romans*, 1:92–99. A veces se piensa que esta interpretación es producto de la preocupación de los reformadores en cuanto a la justicia imputada. Parece haber sido articulada ya en el siglo cuarto por «Ambrosiastero», sin embargo, que interpreta la frase mediante el lente de Fil 3:9. Ver *ACCS*, 6:31.

[19] Cf. Isa. 54:17 y los comentarios de Peter Stuhlmacher, *Reconciliation, Law, and Righteousness (Fortress, Philadelphia, 1986)*, 72. Cf. idem, *Biblische Theologie des Neuen Testaments, 2 vols. (Vandenhoeck & Ruprecht, Göttingen, 1992–99)*, 1:335.

[20] Moo, *Romans*, 82–84, 189–90, 237–40. Así Georg Strecker, *Theology of the New Testament* (Nueva York: Walter de Gruyrer, 2000), 151, exagera el caso cuando dice que el término nunca se refiere a lo que él llama «una cualidad de Dios que reside en el ser divino».

[21] Ernst Käsemann, *New Testament Questions of Today* (Fortress, Philadelphia, 1969), 172–73, seguido por muchos, incluyendo Peter Stuhlmacher, *Paul's Letter to the Romans: A Commentary* (Westminster John Knox, Louisville, 1994), 29–32; idem, *Biblische Theologie*, 327–28; y Hans Hübner, *Biblische Theologie des Neuen Testaments*, 3 vols. (Vandenhoeck & Ruprecht, Göttingen, 1990–95), 1:261.

aut. traducción del autor

LXX Septuagint

MT Texto masorético

Canten al Señor un canto nuevo porque el Señor ha hecho maravillas. Su diestra ha sido victoriosa por él, y su brazo santo. El Señor ha dado a conocer su salvación y revelado su justicia [*dikaiosune*] ante los gentiles. Él ha recordado su misericordia a Jacob y su verdad a la casa de Israel. Todos los fines de la tierra han visto la salvación [*soterion*] de Dios (aut.).[22]

Aquí los actos poderosos y salvadores del Señor se celebran como «su salvación», que a su vez es igual a «su justicia». La salvación de Dios y su justicia se definen como una recordación de «su misericordia a Jacob y su verdad a la casa de Israel». En otras palabras, revelan su fidelidad al pacto que hizo con su pueblo. Al usar el lenguaje de la justicia salvadora de Dios, Pablo establece un eslabón entre el evangelio y los actos poderosos de Dios de fidelidad del pacto en el pasado según se registra en las Escrituras.[23]

El evangelio llega a ser efectivo por fe

La justicia de Dios, es decir, su poder para salvar, es efectiva para los que creen. Pablo define la fe cuidadosamente en 4:18–25, usando el ejemplo de Abraham y luego aplicando este ejemplo a los que tienen la fe cristiana. La fe de Abraham fue confianza de que Dios cumpliría su promesa de darle mucha descendencia a pesar de la improbabilidad, desde la perspectiva humana, de que esto pudiera suceder. Con el propósito de tener descendencia, él y Sara estaban prácticamente muertos, pero Abraham creyó, contra esta clara evidencia, de que «el Dios que da vida a los muertos y que llama las cosas que no son como si ya existieran … tenía poder para cumplir lo que había prometido» (4:17, 21).[24] Esto era más de lo que Abraham debería haber esperado desde la perspectiva humana, pero debido a su esperanza estaba en Dios, el «no vaciló como un incrédulo» (4:20).

---

aut. traducción del autor

[22] Ver también Jue 5:11; 1 S 12:7; Sal 71:18–19; 111:1–10; Is 45:8, 51:6; Dn 9:15–19; Mic 6:5 y las consideraciones en Stuhlmacher, *Romans*, 29–32, e idem, *Biblische Theologie des Neuen Testaments*, 1:327–28.

[23] Parece necesario discrepar, por consiguiente, tanto con Dunn, *Theology*, 341–44, y con Stephen Westerholm, *Perspectives Old and New on Paul: The «Lutheran» Paul and His Critics* (Eerdmans, Grand Rapids, 2004), 92–93. Dunn dice que el debate sobre si «la justicia de Dios» se refiere a la actividad de Dios o a un don que él da se vuelve en su mayor parte innecesaria cuando nos damos cuenta de que la frase se refiere a la relación de pacto de Dios con su pueblo. Westerholm observa que el uso del término «pacto» escasea en las cartas de Pablo «y; ¡caray!». Pablo nunca vincula la noción de la fidelidad de Dios a sus promesas con terminología de justicia. Es cierto que Pablo usa la frase «la justicia de Dios» en otras partes para referirse al don de Dios de «justicia extraordinaria» (frase de Westerholm) al malo, pero aquí en 1:17, como Westerholm admite, las nociones de la actividad salvadora de Dios son predominantes en el pensamiento de Pablo.

[24] La lectura correcta de 4:19, tanto en base externa como interna, es *kai me astzenesas te pistei katenoesen to jeautou soma* … («y, no debilitándose en fe, consideró su propio cuerpo …») antes que *kai me astzenesas te pistei ou katenoesen to jeautou soma* … («y, no debilitándose en fe, él *no* consideró su propio cuerpo …»). El punto de Pablo es que Abraham contempló de frente la improbabilidad de que podría tener un heredero natural y sin embargo confió en que Dios cumpliría su promesa. Ver las consideraciones en Cranfield, *Romans* 1:247, y Thomas R. Schreiner, *Romans* (BECNT; Baker, Grand Rapids, 1998), 239–40.

Esta disposición a confiar en las promesas de Dios a pesar de las apariencias al contrario es también el elemento esencial en la fe cristiana.[25] Los cristianos confían, a pesar de las apariencias, en que Dios resucitó a Jesús de los muertos, que su crucifixión y resurrección han resultado una absolución temprana en el tribunal escatológico de Dios (4:24–25), y que viviremos con Cristo en ese día final (6:8). La verdad de este mensaje no es del todo obvia; en verdad, a los mismos que deberían haber creído en ella primero, llegó a ser «una piedra de tropiezo y una roca que hace caer» (9:33). Pero Dios ha prometido, sostiene Pablo, que «el que confíe en él no será defraudado» (9:33; cf. 10:11). Esta comprensión de la fe probablemente explica por qué Pablo empieza su declaración de tesis con la afirmación de que «no se avergüenza» del evangelio. Cómo Pablo ha dicho en 1 Corintios 1:18: «El mensaje de la cruz es una locura para los que se pierden; en cambio, para los que se salvan, es decir, para nosotros, este mensaje es el poder de Dios».[26]

Pablo deriva dos conclusiones en toda la carta a los Romanos partiendo del carácter abrahámico de la fe cristiana, y esas dos conclusiones quedan implicada ya en Romanos 1:16–17. Primero, puesto que la justicia de Dios es efectiva para todo el que tiene fe, los gentiles que creen llegan a ser beneficiarios de las más poderosas en una larga hilera de obras poderosas de Dios que previamente habían beneficiado sólo a Israel, y a menudo habían beneficiado a Israel a detrimento de los gentiles. Así en 1:16 Pablo dice que el evangelio «es poder de Dios para la salvación de todos los que creen: de los judíos primeramente, pero también de los gentiles» (Cf. 3:22; 10:11). Esto implica que la ley mosaica ya no define los límites del pueblo de Dios y que Abraham ya no es el padre solo del pueblo judío. Cómo Pablo dirá en 4:16: «Por eso la promesa viene por la fe, a fin de que por la gracia quede garantizada para toda la descendencia de Abraham; esta promesa no es sólo para los que son de la ley sino para los que son también de la fe de Abraham, quien es el padre que tenemos en común».

Segundo, Pablo recalca en 1:17 que la justicia de Dios revelada en el evangelio viene por fe y sólo por fe. Pablo martilla este punto de dos maneras. Primero, dice que la justicia viene por fe «de principio a fin».[27] Segundo, en su prueba bíblica de Habacuc deja a un lado el pronombre en la frase del profeta «el justo vivirá por *su* fe» y enfoca la atención del lector en la fe: «El justo», dice, «vivirá por fe».[28] Tal como Dios reconoció justo a Abraham por fe sin las obras en general (4:1–5; cf. 3:27;

---

[25] Cf. Adolf Schlatter, *Der Glaube im Neuen Testament*, 4ª ed. (Calwer Verlag, Stuttgart, 1927), 346-48, e idem, *Romans*, 114–18.

[26] Esta posición no está libre de controversias, pero el uso del lenguage de vergüenza en 9:33 y 10:11 y el estrecho paralelo verbal entre 1:16 y 1 Co 1:18 indica que esta es la mejor comprensión de la frase (comparar *dunamis gar tzeou estin eis soterion con tois de sozomenois jemin dunamis tzeou estin*). Ver John Murray, *The Epistle to the Romans*, 2 vols. (NICNT; Eerdmans, Grand Rapids, 1959-65), 1:26; Otto Kuss, *Der Römerbrief*, 3 vols. (Regensburg: Verlag Friedrich Pustet, 1957-78), 1: 20; y Cranfield, *Romans*, 1:86–87. No hay necesidad, sin embargo, de pensar que la grandiosidad de Roma le sugirió a Pablo este pensamiento. Fue una implicación del evangelio dondequiera que lo predicaba, como Adolf Schlatter, *Romans: The Righteousness of God* (Hendrickson, Peabody, Mass., 1995; orig. ed. 1935), 17, lo vio claramente.

[27] *Ek pisteos eis pistin* debe ir con *dikaiosune* antes que con *apocalyptetai*, y la frase *ek pisteos eis pistin* también se debe entender como análoga a las frases *ek tzanatou eis tzanaton y ek zos eis zon* en 2 Co 2:16. Para esta comprensión de la frase, ver M.J. Lagrange, *Epitre aux Romains*, 3ª ed. (*EBib;* Paris: LeCoffre, 1922), 20. Cf. Schlatter, *Romans*, 24-25; Cranfield, *Romans*, 1:99–100; y Schreiner, *Romans*, 71–72.

[28] Manuscritos de la LXX discrepan sobre la frase, algunos traduciendo «su fe» con «mi fe» y otros cambiando el pronombre de la palabra «justo» para que diga «mi justo vivirá por fe» (cf. Heb 10:38). Un manuscrito tiene la frase tal como aparece en el texto de Pablo, pero el escriba probablemente conocía Ro

9:32), y aparte del marcador de identidad étnica de la circuncisión en forma específica (4:9–17; cf. 3:22, 30; 10:11–13), así la justicia salvadora de Dios viene a los que creen, aparte de cualquier actividad o asociación étnica. La vida escatológica, por consiguiente, viene por fe y sólo por fe.

El evangelio está en continuidad con las Escrituras

La insistencia de Pablo de que el acto clímax de la justicia de Dios obra poderosamente para la salvación no sólo de los judíos sino también de los gentiles por igual debe haber llegado como un rudo choque para algunos judíos. Tal evangelio, podrían haber respondido, implica no el cumplimiento de las promesas de Dios en las Escrituras sino su fracaso.[29] Ellos entendían el Salmo 97(98): 1–3, por ejemplo, como queriendo decir que Dios mostraría su justicia salvadora a favor de su pueblo de Israel de tal manera que los gentiles que los habían oprimido se darían cuenta amargamente de su error. Como un poeta judío anónimo del período lo dice:

> [El Mesías] juzgará a los pueblos y las naciones en la sabiduría de su justicia.... Y él tendrá a las naciones gentiles sirviéndole bajo su yugo, y él glorificará al Señor en (un lugar) prominente (por encima de) toda la tierra. Y el purgará a Jerusalén (y la hará) santa cómo fue desde el principio, (porque) las naciones vendrán desde los fines de la tierra para ver su gloria, para traer como ofrendas a sus hijos que han sido desterrados, y para ver la gloria del Señor con que Dios la ha glorificado. (*S. Salom.* 17:29–31).[30]

Pablo entendió la gravedad de esta objeción y construyó su oración de tesis para mostrar al principio de su carta que podía contestarla. Primero, aunque incluye a los gentiles creyentes entre los que experimentan el poder salvador de Dios, afirma sin ambigüedad que este poder viene «a los judíos primeramente». Con esto quiere decir no sólo que a los judíos se les confió las Escrituras (3:2; cf. 2:17–20) y que históricamente fueron los receptores de muchos dones divinos especiales (9:4–5), sino que Dios será fiel a sus promesas a ellos como pueblo (11:25–29). Aunque el evangelio implica la igualdad de judíos y gentiles dentro del pueblo de Dios, no implica al mismo tiempo que las promesas de Dios a los judíos ya no son válidas.[31]

Segundo, la cita de Habacuc 2:4 con que Pablo concluye muestra que los elementos basados en fe y universales del evangelio son consistentes con las Escrituras. La cita hace esto en dos niveles. En un nivel muestra que la importancia de la fe no es una invención de Pablo sino que siempre ha sido característica esencial del pueblo de Dios. Mucho tiempo atrás el profeta Habacuc afirmó esto cuando anotó la respuesta de Dios a su queja de que los caminos de Dios parecían injustos. «El justo», había respondido Dios, «vivirá por su fidelidad». No era irrazonable tomar esto como queriendo decir que la persona que confiaba en que Dios era confiable, a pesar de sus circunstancias

---

1:17 y asimiló su copia a él. Un antiguo rollo griego de los Profetas Menores (8HXIIgr 17.29–30) al parecer traduce exactamente el texto hebreo. Aunque la primera parte de *dikaios* y la última parte de *zesetai* están dañadas, y parte de *pisteos* no es claro, el *autou* después de *pisteos* es perfectamente legible.

[29] La preocupación de Pablo en cuanto a su seguridad entre los judíos no creyentes y la recepción de su colecta de los creyentes judíos de Jerusalén (15:30–31) muestra que la oposición vigorosa a su evangelio de parte de sectores judíos no era asunto teórico (cf. Hch 21:20–22).

[30] *OTP*, 2:667.

[31] Cf. Moo, *Romans*, 68–69.

presentes, y así permanecía fiel al pacto, viviría para ver confirmada su fe en Dios.[32] La cita de Habacuc 2:4 que da Pablo, entonces, es un anticipo de su consideración de la fe de Abraham en 4:18–25.

En otro nivel, menos obvio, Pablo probablemente consideró el carácter de la queja de Habacuc a Dios como significativa. Encajaba precisamente el carácter con las quejas que el evangelio de Pablo había provocado. Habacuc se había preguntado cómo Dios podía castigar los pecados de su pueblo trayendo contra ellos a las hordas perversas de Babilonia: «¿Por qué guardas silencio mientras los impíos se tragan a los justos?» (Hab 1:13). De modo similar algún judío podría preguntarle a Pablo: «¿Cómo puede Dios ser justo si, como tú evangelio implica, los gentiles se benefician de la demostración clímax de Dios de su justicia salvadora mientras los judíos que han oído el evangelio permanecen en su mayoría sin convencerse?» (cf. 3:1).[33] Al citar a Habacuc aquí Pablo da indicios de la respuesta a esta pregunta, respuesta que desarrollará brevemente en 3:1–8 y más completamente en 9:1–11:36.[34] Las Escrituras muestran que Dios exhibe su fidelidad del pacto a su pueblo (su justicia) de maneras inesperadas, y que a veces usa a los gentiles para acicatear a su pueblo al arrepentimiento. Eso fue verdad del Dios revelado en las páginas de la profecía de Habacuc, y es verdad del Dios revelado en el evangelio de Pablo.

Sumario

Pablo empieza el cuerpo de Romanos, entonces, con una declaración concisa de los tres pilares que sostienen al evangelio. Primero, el evangelio revela la justicia salvadora y poderosa de Dios. Segundo, la justicia de Dios se hace efectiva por fe sola y por consiguiente está disponible para todos, judíos y gentiles. Tercero, su manera de entender la justicia de Dios es consistente con las Escrituras.

Pablo desempaca estas afirmaciones en 1:18–11:36. Su argumento aquí toma tres giros críticos. Primero, muestra por qué la justicia salvadora de Dios es necesaria para el judío y para el gentil, y cómo los gentiles y los judíos pueden echar mano de ella sólo por fe, aparte del esfuerzo humano y la etiqueta nacional de la circuncisión (1:18–4:25). Segundo, describe la calidad de vida que caracteriza a los que han sido justificados por fe al vivir ellos en la superposición de «este mundo» (12:2) y la edad de la restauración de Israel (5:1–8:39). Esta presuposición de que un grupo

---

[32] Cf. Mária Eszenyei Széles, *Wrath and Mercy: A Commentary on the Books of Habakkuk and Zephaniah* (ITC; Eerdmans, Grand Rapids, 1987), 32–33, y O. Palmer Robertson, *The Books of Nahum, Habakkuk, and Zephaniah* (NICOT; Eerdmans, Grand Rapids, 1990), 176–81; Schreiner, *Romans*, 74–75. Para Pablo la fe no era meramente asentimiento intelectual sino que iba inevitablemente acompañada por la obediencia (1:5; 16:26). Significativamente, sin embargo, 1QpHab 8.1–3 explica a la «persona justa» de Hab 2:4 como la que hace la ley, interpreta la expresión *be emunato* no como las obras obedientes del justo, somo como su «sufrimiento paciente y ... fe firme en el Maestro de Justicia». Ver William H. Brownlee, *The Midrash Pesher of Habakkuk* (SBLMS 24; Scholars Press, Missoula, Mont., 1979), 125. *Pace*, por ej., C. H. Dodd, *The Epistle to the Romans* (MNTC; Hodder & Stoughton, Londres, 1932), 14.

[33] Cf. Rikki E. Watts, «'For I Am Not Ashamed of the Gospel': Romans 1:16–17 and Habakkuk 2:4» en *Romans and the People of God: Essays in Honor of Gordon D. Fee on the Occasion of His 65th Birthday*, ed. Sven K. Soderlund y N. T. Wright (Eerdmans, Grand Rapids, 1999), 3–25, aquí en 22–24.

[34] Cf. ibid., 18: «Sobre la lectura de Habacuc que se propone aquí, Romanos 9–11 cae en su lugar, no como postdata ni como centro, pero con todo vital». Ver también Robertson, *Nahum, Habakkuk, and Zephaniah*, 183.

étnicamente diverso de creyentes, de los cuales solo una minoría son judíos, comprende los principios de la restauración de Israel llama a cuestionamiento la consistencia de su evangelio con las promesas de Dios en las Escrituras para los judíos. Así que tercero, muestra que aunque más gentiles que judíos están experimentando el cumplimiento de las promesas de Dios de restaurar su pueblo, su evangelio no quiere decir que la palabra de Dios ha fallado (9:1–11:36). En esta sección Pablo a menudo hace progresar su argumentación mediante la voz inquisidora de un judío escéptico compañero de debate.

En 12:1–13:13 Pablo mostrará las implicaciones prácticas y pastorales para la iglesia de Roma de este evangelio. Cristianos judíos y gentiles deben aceptarse unos a otros porque Dios los ha aceptado como judíos y gentiles (1:18–4:25), porque su aceptación de ellos tiene implicaciones para la forma en que ellos viven (5:1–8:39), y porque la aceptación de Dios de ambos grupos es consistente con el plan salvador que él había anunciado de antemano en las Escrituras (9:1–11:36). De esta manera los dos grupos, unidos uno con otro en Cristo, cumplirán el objetivo último de Dios en el evangelio: que los judíos y los gentiles deben, con un corazón y voz, glorificar a Dios el Padre y al Señor Jesucristo (15:6).

Ira para todos los que pecan, justicia para todos los que creen (1:18–4:25)

Judíos y gentiles por igual están todos bajo pecado (1:18–3:20)

En 1:18–3:20 el objetivo de Pablo es mostrar que la necesidad de la justicia salvadora de Dios es universal. Nadie, sea judío o gentil, sobrevivirá el día de la ira de Dios sin ella, porque en ese día, aparte de la justicia salvadora de Dios, judíos y gentiles por igual serán hallados «bajo pecado» (3:9) y «todo el mundo se calle la boca y quede convicto delante de Dios» (3:19). Conforme su argumentación avanza hacia su objetivo, sin embargo, los judíos gradualmente surgen como el blanco primario de Pablo. Él quiere demostrar que aunque los gentiles son malos, los judíos no pueden aducir privilegio sobre ellos en el «día de la ira de Dios» tampoco debido a su posición u observancia de la ley mosaica. El argumento de Pablo hacia este objetivo da cuatro pasos.

Los gentiles merecen la ira de Dios (1:18–32)

Pablo empieza describiendo el pecado humano en términos que su imaginario compañero judío de debate ha reservado para el pecado de los gentiles. Los pecadores, dice, no tienen defensa ante la ira de Dios. Saben lo suficiente a partir de la creación como para adorar a Dios, pero más bien escogieron adorar a la creación misma, yendo de mal en peor al consagrarse a sí mismos a personas, pájaros, bestias de cuatro patas, y reptiles (1:18–23). Dios, por consiguiente, es justificado al entregarlos ya a su ira castigadora, que toma formas apropiadas a los pecados que castiga: la idolatría conduce a la desintegración social, particularmente en forma de confusión sexual, conforme de Dios entrega a la gente a las consecuencias de sus deseos pecaminosos. Aunque conocen que Dios ha decretado la muerte para los que cometen tales crímenes, Pablo concluye, no sólo que los han cometido sino que aprueban su comisión (1:24–32).

La lógica del argumento de Pablo en este pasaje sigue estrechamente el enfoque al pecado gentil en Sabiduría 11–16.[35] Allí también los gentiles no tienen excusa porque aunque saben en cuanto a Dios partiendo de su creación, adoran a la creación en lugar de a Dios (Sabid. Sal. 13:7–10; 14:11). Allí también la idolatría conduce a males sociales: «De la invención de los ídolos se siguió la inmoralidad; fue algo que destruyó la vida» (Sab. 14:12 VP).

---

[35] Cf., entre muchos otros, Timo Laato, *Paul and Judaism: An Anthropological Approach* (SFSHJ 115; Scholars Press, Atlanta, 1995), 86-88, 94-95, y Hübner, *Biblische Theologie*, 2:267.

El autor de Sabiduría cree que Dios castigó a los egipcios en el tiempo del éxodo con plagas que eran apropiadas para su culto irracional. De este modo las mismas criaturas que ellos adoraban se levantaron para afligirlos, «para enseñarles que las cosas con que el hombre peca, esas mismas le sirven de castigo» (Sabid. Sal. 11:15–16; cf. 12:23; 15:18–16:1, VP).

El único elemento no tradicional en la descripción de Pablo del pecado de los gentiles es alguna mención explícita de los gentiles. Aquellos a quienes él describe son simplemente «los seres humanos, que con su maldad obstruyen la verdad» (1:18). Por consiguiente, él ha puesto una trampa para los judíos que creen que solamente su situación como judíos, simbolizada por la posesión de la ley y la circuncisión, proveerá exención del derramamiento de la ira de Dios en el día final. En 2:1–29 la trampa salta.

Los judíos también merecen la ira de Dios (2:1–29)

Pablo da por sentado que el judío escéptico compañero de debate suyo hallará su descripción de rutina del pecado gentil incuestionable. En 2:1–29 adelanta lo que, por lo menos para algunos judíos, es una afirmación que aturde: A ellos no le siga mejor en «el día de la ira de Dios» (2:5) que a los gentiles «pues al juzgar a otros te condenas a ti mismo, ya que practicas las mismas cosas» (2:1).[36] El argumento de Pablo se desdobla en tres etapas.

Primero, Pablo indica aquí que la presteza para condenar el pecado en otros no es una calificación para escapar el juicio sobre uno mismo, porque en el día de la ira Dios dispensará su justicia a judíos y a gentiles por igual «según ... sus obras» (2:6). Los gentiles que tienen sólo la ley escrita en sus corazones serán castigados justamente por su violación de esa ley.[37] A los judíos de igual manera él condenará por su violación de la ley mosaica, «Porque con Dios no hay favoritismos» (2:1–11; cf. 2 Cr 19:7; Sir. 35:12).

Segundo, Pablo dice que la posesión de la ley, el conocimiento de su contenido, y una disposición para enseñarla a otros no provee protección contra la ira de Dios para el judío que no guarda la ley. Poder enseñar a otros a no robar o a no cometer idolatría no servirá para nada en el día final, si los que enseñan estos preceptos violan los mismos mandamientos que enseñan. Como la historia bíblica de su nación revela, los judíos han roto la ley y han sido exiliados como castigo, y «Por causa de [ellos] se blasfema el nombre de Dios entre los gentiles» (2:17–24; cf. Is 52:4–5; Ez 36:19–20).

Tercero, Pablo arguye que la circuncisión no provee protección contra la ira de Dios en el día final para los que no guardan la ley. El incircunciso que guarda la ley, dice, puede apropiadamente sentarse en juicio de los que poseen «el código escrito y la circuncisión» pero quebrantan la ley. Haciendo eco del argumento de Filipenses 3:2–3 y 2 Corintios 3:3–11, y en anticipación a Romanos

---

[36] Cf. Thomas R. Schreiner, *Paul, Apostle of Gods Glory in Christ* (InterVarsity Press, Downers Grove, Ill., 2001), 105 n. 1, que nota el patrón similar en el argumento de Amós 1:3–2:3 y 2 S 12:1–14.

[37] Pablo no quiere que sus afirmaciones de que Dios juzgará a todos imparcialmente conforme a sus obras en 2:6–10, 13, se entiendan aparte del impulso entero de su argumento en 1:18–3:20, como lo demuestra la propia afirmación de Pablo de su propósito en 3:9. En 2:6–16 Pablo indica la presuposición hipotética de que algunos gentiles serán justificados por sus obras a fin de demostrar la imparcialidad de Dios. Esta interpretación no está libre de controversias. Para explicaciones completas de que las varias opciones interpretativas ver Thomas Schreiner, «Did Paul Believe in Justification by Works? Another Look at Romans 2», *BBR* 3 (1993): 131–58, aquí en 131–39, y Richard N. Longenecker, «The Focus of Romans: The Central Role of 5:1–8:39 in the Argument of the Letter» en *Romans and the People of God: Essays in Honor of Gordon D. Fee on the Occasion of His 65th Birthday*, ed. Sven K. Soderlund y N. T. Wright (Eerdmans, Grand Rapids, 1999), 49–69, aquí en 52–55.

7:6 y 8:1–8, Pablo dice que el judío real es el que es de corazón circunciso por el Espíritu de Dios dado escatológicamente, y no meramente en forma física de acuerdo al requisito de la ley mosaica.

Pablo ha diseñado el argumento de 1:18 a 2:29 para acusar de pecado a los judíos y negar que (1) la capacidad para juzgar a los gentiles, (2) la posición y conocimiento de la ley, o (3) la observancia de la circuncisión física eximirá al judío de la condenación en el día final. El pecado de los judíos es tan grave a la vista de Dios como el pecado de los gentiles, y la identidad con el pueblo judío no da a nadie ninguna ventaja en «el día de la ira, cuando Dios revelará su justo juicio» (2:5).

¿Es Dios, por consiguiente, infiel? (3:1–8)

El cuadro del gentil incircunciso condenando al judío circunciso en la corte escatológica de Dios levanta dos objeciones potencialmente fatales al evangelio de Pablo según lo ha explicado hasta aquí. Primero, si los judíos son condenados juntamente con los gentiles, entonces ¿en qué quedan las promesas de Dios por medio de los profetas de restaurar la suerte de su pueblo?[38] Segundo, ¿cómo puede Dios condenar a infieles a quienes él sólo ha usado para hacer que su propio carácter justo («la justicia de Dios», 3:5) brille más fuertemente? Tal arreglo implica que los condenados no son responsables por su infidelidad ¡sino que están solamente cumpliendo el papel que Dios les ha asignado!.[39] Pablo responderá a estas objeciones en Romanos 9:1–11:36. Aquí, tal vez a fin de no perder a su público judío después del primer paso de su argumento, simplemente indica su conocimiento de estas objeciones, niega su validez y avanza.

Todo el mundo es responsable ante Dios (3:9–20)

El paso final en el argumento de Pablo de que todos, incluso los judíos, están condenados ante Dios es una reafirmación de su tesis mayor de una manera que muestra su continuidad con las Escrituras. Refiriéndose al caso que ha presentado en 1:18–2:29 Pablo dice que ha acusado a todos, judíos y gentiles, por igual, de estar «bajo el pecado» (3:9). Luego cita una solemne letanía de pasajes bíblicos que demuestran lo exhaustivo y grave de la transgresión humana (3:10–18). Concluye su caso con una afirmación sucinta, de dos oraciones, de sus puntos primarios. Primero, llamando a las Escrituras que acaba de citar «la ley», recuerda a sus oyentes judíos que como poseedores de la ley ellos caen bajo su afirmación de que todos sin excepción son culpables ante el juicio de Dios. La posesión de la ley, en otras palabras, lejos de eximir al judío del juicio, hace segura su condenación (3:19; cf. 2:17–20). Segundo, debido a que nadie ha logrado guardar la ley, nadie puede ser absuelto en el tribunal de Dios apelando a su desempeño de «las obras de la ley» (3:20).[40]

La justicia salvadora de Dios a todos los que creen (3:21–4:25)

Pablo explica luego cómo la justicia salvadora de Dios, mostrada en la muerte expiatoria de Jesucristo, responde al dilema que el pecado humano creó por un lado y mantiene el carácter justo de Dios por otro (3:21–26). Luego concluye debido a la naturaleza de la gracia de la justicia salvadora de Dios que ella excluye toda jactancia en el desempeño y en la posesión de la ley (3:27–4:25).

---

[38] Schreiner, *Romans*, 148, correctamente interpreta el término «ventaja» (ofeleia) en 3:1 queriendo decir «ventaja salvadora», como lo hace en 2:25. La pregunta en 3:1, por consiguiente, se refiere a la salvación escatológica de Israel según es prometida en pasajes tales como Jer 31:31–34 y Ez 36:22–32.

[39] Así 3:5–8 considera por anticipado la objeción de 9:14 de que Dios es injusto al condenar a los que no tienen voz en si pueden pertenecer al pueblo de Dios. Ver Schreiner, *Romans*, 151–59.

[40] El carácter judicial del verbo *dikaioo* en 3:20 es evidente por la terminología legal que lo rodea. En 3:19 el cuadro de bocas que dejan de hablar en su propia defensa y el uso del término judicial *jupodikos* muestra esto. En 3:20 nadie es justificado «ante él», tal como el acusado culpable comparece «ante» un juez.

La justicia de Dios y el sacrificio de Cristo (3:21–26)

Pablo explica que Dios ha puesto su justicia salvadora en efecto para su pueblo pecador y que, al mismo tiempo, ha preservado su carácter como juez justo del mundo (cf. 3:4b, 6b). Él ha hecho esto mediante la cruz de Jesucristo. Tal como en Éxodo Dios libremente y por gracia redimió a su pueblo de la esclavitud en Egipto, así ahora en el gran segundo éxodo predicho por los profetas, en su gracia ha redimido a su pueblo de sus pecados (3:24).[41] Él ha hecho esto, dice Pablo, por Jesucristo, «a quien Dios presentó como sacrificio expiatorio en su sangre, sacrificio apropiado mediante la fe» (3:25, aut.).

Aquí Pablo cambia de la imagen del Éxodo bíblico a su imagen de sacrificio. La LXX usa el término «presentó» (*protitzemi*) para referirse a la presentación de ofrendas en el santuario, especialmente al pan que regularmente «se presentaba» ante el Señor allí (Éx 29:23; 40:23; Lv 24:8; cf. 2 Mac. 1:8, 15).[42] La LXX usa el término que se traduce como «sacrificio expiatorio» (*jilasterion*) para referirse a la cubierta del arca del pacto, lugar en donde, en el día de la expiación, Aarón rociaba la sangre de un toro y la sangre de un macho cabrío para expiar (*exilasaszai*) por los pecados de los sacerdotes y los pecados del pueblo (Lv 16:2, 13–15).[43] Puesto que, como en la LXX, Pablo une el término con una referencia a la sangre, todo dentro de la explicación del remedio de Dios por la transgresión humana, probablemente está diciendo que la muerte de Cristo fue el sacrificio clímax y del día final de la expiación. Fue el medio por el que Dios expió los pecados «cometidos de antemano», pero que ha pasado por alto, sin castigarlos como se merecen (3:25).[44]

En la muerte de Cristo la justicia salvadora de Dios (1:16; 3:21) y su carácter justo (3:25–26) se unen.[45] Él puede seguir siendo un juez «justo» que castiga el pecado al mismo tiempo que «justifica» o absuelve a los que merecen su ira castigadora (3:26).

---

[41] Cf. Schreiner, *Paul*, 230.

aut. traducción del autor

LXX Septuagint

[42] Stuhlmacher, *Recontilation, Law, and Righteousness*, 94–109. aquí en 102; Hultgren, *Paul's Gospel and Mission*, 56 y 76–77 n. 79. El término también puede rememorar la exhibición pública de la sangre en la ceremonia de ratificación del pacto en Ex 24:5–8. Ver James D. G. Dunn, *Romans* 1–8 (WBC; Word, Dallas, 1988), 170. Léxicamente, el verbo también puede significar «preordenado», pero las amplias razones de *pace* Cranfield, *Romans*, 1:208–10, para el significado «presentó» en este pasaje aparecen en Christian Maurer, «protiqhmi (ktl)», *TDNT*, 8:165–67.

LXX Septuagint

[43] Stuhlmacher, *Reconciliation, Law, and Righteousness*, 96–103; Hultgren, *Paul's Gospel and Mission*, 58–60.

LXX Septuagint

[44] Cranfield, *Romans*, 1:212. Con esta afirmación Pablo implica que los sacrificios del día de la expiación sólo expiaban por los pecados debido a que presagiaban el sacrificio de Cristo. Puesto que el sacrificio de Cristo ahora ya ha tenido lugar *(en to nun kairo)* la necesidad de sacrificios para el día de la expiación ya no existe. Ver Schreiner, *Romans*, 195.

[45] Schreiner, *Romans*, 176, 180–81, 195–99.

Dos conclusiones (3:27–4:25)

Pablo deriva dos conclusiones de este evento clímax. Primero, su carácter enteramente por gracia (3:24) excluye toda jactancia. El argumento de Pablo en 1:18–3:20 se dirigió a los judíos que se jactaban en la posesión de la ley (2:17, 23) y en su presuposición de que eran más justos que los gentiles (3:9–20). Ahora Pablo dice que la ley con su prescripción de ciertas obras carecía de la gracia para excluir toda clase de jactancia. «La ley de la fe» (3:27, RV-60), sin embargo, elimina ambos. ¿Qué es la ley de la fe? Es probablemente la obra clímax de Dios de la expiación «por fe en la sangre [de Cristo]», que Pablo acaba de describir en 3:25.[46] La gracia de este evento, que Pablo recalcó en 3:24 hace imposible la jactancia en la posesión o en el cumplimiento de la ley mosaica.

Esto fue incluso cierto, Pablo pasa a decir, para Abraham. Algunos judíos del tiempo de Pablo consideraban a Abraham como «perfecto en todos sus tratos con el Señor», y tan «justo» que no necesitaba arrepentimiento (*Jub.* 23:10; *Or. Man.* 8; cf. Sir. 44:19–21). Si alguien alguna vez vivió que podría ser justificado en base a las obras y por consiguiente jactarse de obras ante Dios, dice Pablo, ese fue Abraham (Ro 4:2a). Pero Abraham no pudo ser justificado en base a esto, y así no tiene base para jactarse (4:2 b). Si se considera desde la perspectiva de sus obras, incluso él se debe contar entre los malos (4:5; cf. 1:18). Con respecto a la relación de Abraham con Dios, su única esperanza era ser reconocido justo en base a su fe, y, conforme a Génesis 15:6, esto fue precisamente lo que sucedió (4:3).

Esto quiere decir que la absolución en la corte de Dios tiene lugar no de acuerdo a lo que uno se gana sino a la dádiva de Dios dada gratuitamente (4:4–6; cf. 3:24). Pablo ha mezclado las metáforas de la corte de ley y el lugar de trabajo, pero su significado es claro: incluso el más santo escapa el justo castigo de Dios sólo debido a la dádiva dada por gracia del sacrificio clímax de Jesús, y no debido a que se ha ganado el derecho de absolución por esfuerzos de obediencia.[47]

Abraham se apropió de esta dádiva de gracia al tener fe en que Dios cumpliría su promesa de hacerle padre de muchas naciones, a pesar de toda las apariencias al contrario (4:3, 5, 17b–22). Después de la muerte y resurrección de Jesús, Dios reconoció a los cristianos justos ante Dios por una fe de la misma calidad pero con un contenido diferente. Frente a las burlas de los que lo consideraban necedad, creen que por la muerte y resurrección de Jesús, Dios ha provisto el medio último de expiación para la transgresión y ha restaurado a su pueblo a una relación correcta consigo mismo (4:23–25; cf. 1 Co 1:18; 15:12, 35).

El segundo resultado del sacrificio clímax de Jesucristo para la expiación es que los gentiles y los judíos pueden ahora pertenecer al pueblo de Dios (Ro 3:29–30). Eso es todo lo que el que estudia la Escritura esperaría, argumenta Pablo, porque la Shemá en sí misma (Dt 6:4) dice que Dios es uno, y que esto significa que el único Dios, el Dios de Abraham, con derecho ha reclamado para sí a todos los pueblos de la tierra, judíos y gentiles (3:29–30). La fe de Abraham también demuestra este punto, porque no sólo fue cualitativamente similar a la fe cristiana porque iba en contra de todo sentido

---

[46] Cf. Moo, *Romans*, 249–50. Debido a que la sangre sacrificial se usó en la ratificación del pacto mosaico (Éx 24:1–11), Pablo puede haber visto la sangre sacrificial de Cristo no sólo como un sacrificio del día de la expiación, sino también como la ratificación del nuevo pacto por igual. Sobre esto ver Frank Thielman, *Paul and the Law: A Contextual Approach* (InterVarsity Press, Downers Grove, Ill., 1994), 181.

[47] Esto está en directo contraste a la soteriología de 4Q399, «Y te será reconocida como justicia cuando hagas lo que es recto y bueno ante él, por tu propio bien y el de Israel». Esta traducción es de Geza Vermes, *The Complete Dead Sea Scrolls in English* (Penguin, Nueva York, 1997), 228.

común, sino porque no incluyó conformidad a la específicamente étnica ley mosaica.[48] Puesto que Dios justificó a Abraham debido a su fe antes que debido a su conformidad con la ley mosaica, la fe de Abraham predecía en sombra la inclusión de los gentiles en el pueblo de Dios por fe aparte de cualquier requisito de guardar la ley mosaica (4:9–12).

La inclusión de los gentiles en el pueblo de Dios por fe antes que por conformidad a la ley mosaica, además, suple el cumplimiento de las mismas promesas que Abraham creyó que Dios cumpliría. Si los gentiles fueran obligados a aceptar la ley mosaica a fin de pertenecer al pueblo de Dios, su promesa de bendecir a todas las naciones de la tierra por medio de él quedarían sin cumplirse. Los gentiles serían entonces efectivamente prosélitos judíos y simplemente vendrían bajo la maldición que la ley justamente pronunció sobre todo Israel por su desobediencia al pacto (4:13–15).[49] La promesa a Abraham quedaría sin cumplirse, y los gentiles, como los judíos, experimentarían sólo la ira de Dios. Al ejercer fe en el evangelio aparte de la ley mosaica, sin embargo, el influjo de los gentiles en el pueblo de Dios vindica la propia fe de Abraham: Abraham creyó que Dios le haría padre de muchas naciones; los gentiles que creen en el evangelio son esas «naciones».[50]

Así que en 3:21–4:25 Pablo ha empezado a explicar las nociones principales de su declaración de tesis en 1:16–17. Arguye que el evangelio revela la justicia poderosa y salvadora de Dios, que este poder salvador no está limitado a los judíos sino que es también para los gentiles, que la justicia salvadora de Dios viene a los que tienen fe que Dios, a pesar de las apariencias, será fiel a sus promesas, y que todo esto no es meramente compatible con las Escrituras sino que las cumple. El sacrificio de Jesús es el sacrificio climax y del día final de la expiación, el medio por el que un Dios justo puede dejar sin castigar pecados cometidos previamente y absolver a judíos y a gentiles en el día final.

La fe que los gentiles ejercen en que Dios usa este medio de expiación para reconocerlos justos no es sólo cualitativamente similar a la fe que Abraham ejerció y por la que él fue reconocido justo con Dios. Es también el mismo medio por el que Dios mostró que la fe de Abraham no estaba errada, porque estos creyentes gentiles cumplen la promesa de Dios hecha a Abraham de ser el padre de muchas naciones. Pablo debe todavía describir esta «vida» escatológica a los que son justificados por fe (5:1–8:39) y demostrar en dónde las promesas bíblicas a Israel encajan en su evangelio (9:1–11:36), pero al final del capítulo 4 el cimiento de su evangelio está en su lugar.

Jactancia excluida en Roma

Vale la pena hacer una pausa en este punto en nuestra consideración del argumento de Pablo para preguntar qué tiene que ver el argumento de Pablo en 1:18–4:25 con el ejercicio de su ministerio a los gentiles en Roma. Pablo ha dado por sentado hasta aquí que él se dirige a judíos escépticos, pero ha hecho esto en una carta a una iglesia en su mayoría gentil. ¿Por qué? ¿Está dándoles a los cristianos de Roma un ejemplo del evangelio que predica para que ellos puedan

---

[48] Sobre el uso frecuente que Pablo hace del término «ley» (*nomos*) con connotaciones específicamente étnicas, ver esp. Michael Winger, *By What Law? The Meaning of nomoō in the Letters of Paul* (SBLDS 128; Scholars Press, Atlanta, 1992).

[49] Thielman, *Paul and the Law*, 186; idem, *The Law and the New Testament: The Question of Continuity* (Crossroad, Nueva York, 1999), 24.

[50] Las palabras del español «gentil» y «nación» representan el término griego *etnos*.

respaldar su misión gentil?[51] ¿Usa él esta carta como medio para reflexionar en la teología que ha martillado en las batallas del pasado?[52] ¿Adoptó él una posición tan radical sobre la ley y el pueblo judío en Gálatas que ahora está, antes de reunirse con cristianos de Jerusalén, tratando de suavizar esa posición?[53]

Es más probable que Pablo cree que el evangelio como él lo explica tiene implicaciones profundas para la unidad de creyentes judíos y gentiles en Roma. Si algunos gentiles están desdeñando a los judíos que son escrupulosos en cuanto a la dieta y la observancia del día de reposo, y algunos judíos están condenando a los que no observan la ley mosaica en estos asuntos (14:3), entonces ambos necesitan el recordatorio de que el evangelio excluye toda jactancia (2:17, 23; 3:27; 4:2). Ambos necesitan que se les recuerde que todos comparecerán ante el tribunal de Dios para dar cuenta de sí mismos ante Dios (2:5–16; 14:4, 10–12), y en ese día sólo Dios mismo, no los escrúpulos de nadie ni la falta de ellos, le permitirán ser absuelto (14:4).[54] El argumento de 1:18–4:25, por consiguiente, coloca el cimiento teológico para el ejercicio de Pablo de «el deber sacerdotal de proclamar el evangelio de Dios» en Roma. [Él empezará a ejercer ese oficio explícitamente en 11:13–32 y 14:1–15:13, y continuará esa obra cuando llegué a Roma.

La vida de los que han sido justificados por fe (5:1–8:39)

En 5:1–8:39 el argumento de Pablo toma un giro crítico. Ahora examina el carácter de la vida a la que la persona justificada por fe ha ganado acceso. Su descripción de la fe de Abraham en 4:17b–22 ha preparado el camino para esta sección al definir la fe de Abraham como confianza en la disposición y capacidad de Dios de cumplir sus promesas a pesar de todas las apariencias al contrario. Pablo hace este enlace entre la calidad de la fe de Abraham y la calidad de la fe cristiana en 4:23–25:

> Y esto de que «se le tomó en cuenta» no se escribió sólo para Abraham, sino también para nosotros. Dios tomará en cuenta nuestra fe como justicia, pues creemos en aquel que levantó de entre los muertos a Jesús nuestro Señor. Él fue entregado a la muerte por nuestros pecados, y resucitó para nuestra justificación.

Pablo ahora, en 5:1–8:39, da una descripción del cristiano cuya absolución en el tribunal de Dios en el día final es tan seguro que se puede hablar de él en tiempo pasado (5:1), pero que debe vivir en un mundo que continúa plagado con sufrimiento en sí mismo y que inflinge sufrimiento en el pueblo de Dios. Estos capítulos están dominados por la atención que prevalece en la vida del que

---

[51] F. F. Bruce, «The Romans Debate-Continued», en *The Romans Debate*, ed. Karl P. Donfried, rev. and exp. (Hendrickson, Peabody, Mass., 1991), 175–94, aquí en 193–94.

[52] T. W. Manson, «St. Paul's Letter to the Romans—And Others», y Günther Bornkamm, «The Letter to the Romans as Paul's Last Will and Testament», en *The Romans Debate*, ed. Karl P. Donfried, rev. and exp. (Hendrickson, Peabody, Mass., 1991), 3–15, 16–28, aquí en 15, 25–28.

[53] Jacob Jervell, «The Letter to Jerusalem», en *The Romans Debate*, ed. Karl P. Donfried, rev. and exp. (Hendrickson, Peabody, Mass., 1991), 53–64, aquí en 59–60. Cf. Hübner, *Biblische Theologie*, 1:232–39.

[54] Cf. Luke Timothy Johnson, *Reading Romans: A Literary and Theological Commentary* (Crossroad, Nueva York, 1997), 200.

«será salvado de la ira de Dios» (5:9) y cuya vida escatológica ha sido inaugurada, pero que todavía experimenta los golpes de la muerte de la era de pecado y condenación.

Pablo enfoca dos características del creyente en esta difícil existencia: esperanza y obediencia. Abre y cierra la sección con una consideración de la esperanza de los creyentes (5:1–21; 8:18–39).[55] Emparedado entre las dos partes de su consideración está un tratamiento de la libertad del creyente del poder del pecado, especialmente en su enredo con la ley mosaica, y la capacidad del creyente dada por el Espíritu para obedecer la ley (6:1–8:17).

La esperanza del creyente (5:1–21 y 8:18–39)

En 5:1–21 y en 8:18–39 Pablo describe a los creyentes como los que, en medio de su sufrimiento, esperan el cumplimiento de las promesas escatológicas de Dios.

El carácter de la esperanza

Pablo enlaza la esperanza estrechamente con la fe en su descripción de la disposición de Abraham a creer que Dios sería fiel a sus promesas a pesar de las apariencias al contrario: «Contra toda esperanza, Abraham creyó [*pisteuo*] y esperó, y de este modo llegó a ser padre de muchas naciones, tal como se le había dicho: "¡Así de numerosa será tu descendencia!"» (4:18). También eslabona la esperanza con la fe en el deseo en la oración de conclusión de la carta: «Que el Dios de esperanza los llene de todo gozo y paz al ustedes creer [*pisteuo*] para que ustedes puedan sobreabundar con esperanza por el poder del Espíritu Santo» (15:13, aut.).[56] Como la fe, la esperanza es una confianza en Dios a pesar de las apariencias al contrario, porque «la esperanza que se ve, ya no es esperanza» (8:24; cf. 4:19; 1 Co 13:12; 2 Co 5:7).[57] Pero esperanza y fe no son idénticas.[58] El término «esperanza» pone énfasis especial en la perseverancia de la confianza de uno en Dios en medio de adversidad continua. El creyente puede jactarse en el sufrimiento, porque el sufrimiento provee la oportunidad para la perseverancia, la perseverancia continuada instila resistencia en el creyente, y la resistencia a su vez produce esperanza (5:4; cf. 8:25). Esta esperanza firme frente al sufrimiento sostenido define la existencia del creyente entre el ejercicio inicial de la fe y la vindicación de la fe en el día final.

El contenido de la esperanza

Porque, ¿qué esperan los creyentes? Esperan «da gloria de Dios» (5:2). En 8:18–30 Pablo explica lo que esto significa. Acaba de decir en 8:14 que aquellos a quienes el Espíritu de Dios dirige no viven según la carne (8:12) y son por consiguiente hijos de Dios. En 8:18–30 describe la esperanza como la expectativa anhelante del tiempo cuando Dios revelará la situación del creyente como su hijo adoptivo (8:19, 23; cf. 8:15). Esto quiere decir que los creyentes participan de la situación de Jesús como Hijos de Dios al presente, pero participarán más plenamente de ella en el futuro (1:3–4;

---

[55] Sobre la importancia de la esperanza en esta sección, ver esp. Schreiner, *Romans*, 246–49. Sobre la estructura de Romanos 5–8, ver Dahl, *Studies in Paul*, 81–85, y Frank Thielman, «The Story of Israel and the Theology of Romans 5–8», en *Pauline Theology, Volume III. Romans*, ed. David M. Hay y E. Elizabeth Johnson (Fortress, Minneapolis, 1995), 169–95, aquí en 169–72.

aut. traducción del autor

[56] Rudolf Bultmann, «elpiõ (ktl)», *TDNT*, 2:529–35, aquí en 531–32.

[57] Cf. Stuhlmacher, *Romans*, 135.

[58] Contra Rudolf Bultmann, *Theology of the New Testament*, 2 vols. (Scribners, Nueva York, 1951–55), 1:319–20.

8:3, 29; cf. Gá 4:4–7). Esta es «la gloria que habrá de revelarse en nosotros» (8:18; cf. 5:2). Enlazada con esta plena revelación de la situación del creyente como hijo de Dios está la esperanza de que Dios liberará a toda la creación de la vanidad (*mataiotes*, 8:20) y corrupción (*ftzora*, 8:21) a la que Adán la sujetó en la caída (cf. 1:18–32).[59] En el día final, la creación misma participará en «la gloriosa libertad de los hijos de Dios» (8:21).

En todo esto Pablo se apoya en las expectativas judías tradicionales de la restauración escatológica que Dios hará de Israel. Tres temas tradicionales son particularmente importantes para entender la significación teológica de su argumento.

Primero, la noción de Pablo de que los creyentes esperan la manifestación de su situación como hijos adoptivos de Dios usa imágenes de los textos bíblicos: Éxodo 4:22–23, que considera la redención de Israel de como marca de su situación como hijo de Dios, y Oseas 11:1–11, que describe a Israel como el hijo a quien Dios llamó de Egipto y que subsiguientemente se reveló. Según Oseas, esta rebelión acarreó el castigo de Dios, pero un día el Señor rugirá como león y sus hijos «Vendrán desde Egipto, temblando como aves; vendrán desde Asiria, temblando como palomas, y yo los estableceré en sus casas —afirma el Señor—» (Os 11:11). La afirmación de Pablo de que los cristianos son hijos adoptivos de Dios que experimentarán su condición de hijos más plenamente en el día final implica que ellos constituyen el cumplimiento de estas expectativas.

Segundo, Pablo liga la condición de hijos de los cristianos a la condición de Hijo de Cristo mismo, y por consiguiente, a la expectativa tradicional de que Dios un día cumplirá su promesa a David de que su «casa y reino durarán para siempre» (2 S 7:14). Cristo, como descendiente de David, cumple esta promesa según el punto de vista de Pablo (Ro 1:2–3), y debido a la presencia del Espíritu de Dios dado escatológicamente a ellos, los cristianos participan de esta condición de hijos (8:14), porque el Espíritu los capacita a llamar a Dios «*Abba*, Padre», tal como Jesús lo llamó. Son herederos con Cristo (8:17) y hermanos de Cristo que están destinados a participar de la gloria escatológica de Cristo en el día final (8:29–30; cf. 1 Co 15:43, 49; 2 Co 4:17; Fil 3:21).[60] Juntos, por consiguiente, ellos y él cumplen la promesa de que la casa de David durará para siempre.

Tercero, Pablo entiende la esperanza del cristiano como dirigida hacia la restauración de toda la creación a su condición prístina antes del pecado primitivo de Adán. Esta idea parece estar detrás de Isaías 65:17–25, en donde las referencias al disfrute de las cosechas de uno en paz, a no trabajar en vano, y a no tener hijos para el desastre (65:21–23; cf. 66:22) hacen eco de la maldición de Dios sobre Adán y Eva por su pecado (Gn 3:16–19; 5:29). También puede estar en el trasfondo de muchas referencias en la literatura judía del período del segundo templo a una restauración de la tierra a su condición anterior al pecado de Adán en la era escatológica.[61] Los creyentes esperan el tiempo cuando esta expectativa se cumplirá y «la creación misma ha de ser liberada de la corrupción que la esclaviza, para así alcanzar la gloriosa libertad de los hijos de Dios» (8:21).

La base de la esperanza

---

[59] Cf. el uso de Pablo de *mataioo* y *ftzartos* en 1:21 y 23 en la consideración en Dunn, *Romans 1–8*, 470.

[60] James M. Scott, *Adoption as Sons of God: An Exegetical Investigation into the Background of UIOQESIA in the Pauline Corpus* (WUNT 2.48; J. C. B. Mohr [Paul Siebeck], Tübingen, 1992), 244-65, y Stuhlmacher, *Romans*, 129, 136–37.

[61] Ver, por ej., 1QS 4.23; CD 3.20; 4Q171 3.2; 1QH 4.15; *Jub.* 1:29; 4:26; *1 En.* 45:4–5; *2 Bar.* 32:6; Ap 21:1. Estos enlaces con la tradición judía hacen difícil concordar con Longenecker, «The Focus of Romans», 67, que en tanto que en 1:16–4:25 Pablo apela al interés tradicional judío de su público, en 5:1–8:39 resume el evangelio como lo predicaba a «públicos puramente gentiles».

En 5:1–21 y 8:31–39 Pablo habla de tres cimientos de la esperanza del creyente: la muerte de Cristo, la resurrección de Cristo y el otorgamiento del Espíritu.

Primero, Pablo hace énfasis en el gran costo, la naturaleza inmerecida, y la eficacia abrumadora de la muerte de Cristo como cimiento para la esperanza del creyente. La muerte de Cristo tuvo lugar por iniciativa de Dios, a gran costo para Dios mismo (8:32), y para los que no habían hecho nada para merecerla (5:6–8). Fue efectiva para ganar absolución para ellos en el tribunal futuro de Dios (5:1, 9; 8:33–34a; cf. 8:1) y para reconciliarnos con Dios (5:1, 10). Es más, invirtió los efectos de la desobediencia de Adán (5:12–19) y la intensificación de esos efectos en la desobediencia de Israel (5:20–21).[62] Esta inversión vino como la dádiva gratuita de Dios, y la extensión de su gracia superó con mucho los efectos de la transgresión de Adán (5:12b–18a).

Segundo, Pablo también cimenta la esperanza del creyente en la vida de Cristo (5:10). Debido a que Jesús no sólo murió sino que también resucitó de los muertos, está a la diestra de Dios, en donde intercede ante Dios por nosotros en el presente (8:34). Al sufrir los creyentes los efectos finales de la desobediencia de Adán y la desobediencia de Israel, gimen con toda la creación caída y anhelantemente esperan su resurrección corporal final (8:22–23, 35–36); pero, al mismo tiempo, el Jesús resucitado ruega ante Dios a favor de ellos (8:34). Esto también asegura a los creyentes que Dios no defraudará la esperanza que han puesto en él.

Finalmente, de modo similar, el exuberante otorgamiento de Dios del Espíritu asegura a los creyentes que a pesar del sufrimiento que deben soportar en el presente, Dios no defraudará su esperanza de resurrección futura (5:4–5).[63] El otorgamiento de Dios del Espíritu en medio del sufrimiento es una señal de su amor (5:5) y una «primicia», o seguridad, de la cosecha completa de redención que vendrá (8:23).[64] El Espíritu, además, intercede por los creyentes ante Dios y les ayuda ahora durante el período de «debilidad» que sufren antes del cumplimiento de sus esperanzas.[65]

En resumen, la esperanza del creyente es una confianza firme en la fidelidad de Dios, a pesar de las apariencias al contrario. Es una esperanza en que Dios completará la restauración de su pueblo que ha prometido en los profetas y que ha inaugurado en la vida y muerte de Jesús. Es una esperanza cimentada en la exhibición del amor de Dios en la cruz en su propio Hijo, en la resurrección de su Hijo de los muertos y en la presencia del Espíritu de Dios dado escatológicamente.

La conducta del creyente (6:1–8:17)

Antes del cumplimiento del período de esta restauración, la obediencia y la esperanza deben caracterizar la vida del creyente. El núcleo de 5:1–8:39, por consiguiente, afirma que la conducta cristiana debe ser consistente con el gran cambio escatológico que ha tenido lugar en la muerte de Cristo.[66] Tal como Adán y Cristo presidieron sobre dos eras diferentes: una trágicamente dominada por la transgresión de Adán y el aumento de la transgresión bajo la ley mosaica, y la otra dominada

---

[62] El *dia touto* («debido a esto», aut.) al principio de 5:12 probablemente introduce evidencia de respaldo para la esperanza que Pablo acaba de describir en 5:1-11. Ver Otto Kuss, *Der Römerbrief*, 3 pts. (Regensburg: Verlag Friedrich Pustet, 1957-78), 1:226: Moo, *Romans*, 317; y Schreiner, *Romans*, 271.

[63] Cf. Gordon D. Fee, *God's Empowering Presence: The Holy Spirit in the Letters of Paul* (Hendrickson, Peabody, Mass., 1994), 494.

[64] Para esta comprensión de *aparque*, ver Fitzmyer, *Romans*, 510; Fee, *God's Empowering Presence*, 573.

[65] Fee, *God's Empowering Presence*, 578-79.

[66] Moo, *Romans*, 351.

por el acto justo de Cristo (5:12–21), así al presente los cristianos deben cambiar su lealtad del ámbito del pecado, que usa la ley mosaica para sus propios fines, al ámbito de la justicia y de obediencia a la ley de Dios dirigida por el Espíritu (6:1–8:17).

Podemos dividir esta sección central de 5:1–8:39 en dos partes. En 6:1–23 Pablo enfoca el cambio del creyente del ámbito del pecado (6:1–14) al ámbito de la justicia (6:15–23). En 7:1–8:39 enfoca la transferencia del creyente saliendo del campo del enredo en el pecado con la ley mosaica (7:1–25) al ámbito de la sumisión dirigida por el Espíritu a la ley de Dios (8:1–17).[67]

Muerte al pecado (6:1–14) y esclavitud a la justicia (6:15–23)

Pablo primero afirma que los creyentes han muerto al pecado con Cristo en su crucifixión (6:2, 6, 8, 11) y que han sido sepultados con él en su bautismo (6:3–5). Aunque el debate sobre precisamente como Pablo piensa que el creyente se relaciona a la muerte de Cristo ha sido intenso, la explicación más razonable parece ser que el creyente murió al pecado «con» (6:8) o «en» (6:11) Cristo en el sentido de que Cristo expió por los pecados del creyente en la cruz.[68] Es probablemente por esto que Pablo dice que la muerte «justificó» al creyente «del pecado» (6:7). Desde la perspectiva del castigo justo de Dios (3:4–5), el creyente ha muerto con Cristo en la cruz, o, como Pablo dice en 2 Corintios 5:14, «uno murió por todos, y por consiguiente todos murieron».[69] Cuando Cristo murió, por consiguiente, murió en lugar de los que creen en él (cf. Ro 3:25; 2 Co 5:21; cf. Lv 16:20–22).

Esta transacción tiene lugar cuando el que no es creyente se vuelve creyente (suceso que Pablo describe concisamente en 6:4 como bautismo) y conduce a los que experimentan eso llevándolos del poder del pecado al poder de la justicia. Pablo usa metáforas políticas para describir esta transferencia de lealtad. Los creyentes no deben permitir que el pecado «reine» (*basileuo*) en sus cuerpos. No deben presentar sus facultades como «armas» (*jopla*) al pecado sino como «armas de justicia a Dios» (aut.). El pecado no debe «ejercer señorío» (aut.) sobre ellos (6:12–14). En breve, ellos han salido del ámbito de pecado al ámbito de la justicia, y deben actuar como ciudadanos leales y soldados del nuevo ámbito en el que viven.

Pablo entonces amplía la metáfora de esclavitud que ha usado en 6:6 («que ya no siguiéramos siendo esclavos del pecado») para describir el cambio del creyente del ámbito del pecado al ámbito de la justicia en vocabulario que recuerda las descripciones bíblicas de la futura restauración de Israel. «En efecto, habiendo sido liberados del pecado», dice, «ahora son ustedes esclavos de la justicia» (6:18). Este lenguaje trae a colación la afirmación bíblica de que la violación de Israel de la

---

[67] Desde la perspectiva de la estructura del argumento de Pablo, esta parte de la carta responde más plenamente a la pregunta del interlocutor escéptico judío de Pablo en 3:8 («¿Por qué no decir: Hagamos lo malo para que venga lo bueno?»). Pablo da indicios de este enlace repitiendo en 6:1 la substancia de la pregunta de 3:8 («¿Vamos a persistir en el pecado, para que la gracia abunde?»).

[68] Cranfield, *Romans*, 1:299–300, reconoce cuatro sentidos en que el creyente muere al pecado y con Cristo, de los cuales éste es el primero. El contexto parece respaldar este sentido más claramente que los otros sentidos que Cranfield menciona: Pablo acaba de traer a colación la significación judicial de la muerte de Cristo (5:1–2, 6–9). Ver también Cranfield's *On Romans* (T. & T. Clark, Edinburgh, 1998), 23–31.

[69] Cf. Cranfield, *Romans*, 1:299; idem, *On Romans*, 24.

aut. traducción del autor

aut. traducción del autor

ley de Dios los llevó a la esclavitud (LXX, *douleia*) bajo poderes extranjeros (Esd 9:8–9; cf. Neh 9:36, LXX, *esmen semeron douloi*), cumpliendo la amenaza deuteronómica de que si Israel violaba el pacto, Dios invertiría el éxodo:

> Y aunque el Señor te prometió que jamás volverías por el camino de Egipto, te hará volver en barcos. Allá te ofrecerás a tus enemigos como esclavo, y no habrá nadie que quiera comprarte (Dt 28:68).[70]

Los profetas concibieron un nuevo y mayor éxodo, sin embargo, porque Dios restauraría las fortunas de su pueblo (Is 4:5–6; 11:16; 49:9–11; Jer 23:7–8).[71] Pablo puede estar haciendo eco de esta imagen bíblica aquí como una manera de decir que los cristianos representan el cumplimiento de las profecías de que Dios restauraría a su pueblo.

Esto se vuelve probable cuando consideramos la similitud entre la visión de Ezequiel de la restauración de Israel y la descripción que Pablo da de los creyentes aquí. Pablo dice que los creyentes obedecen «de corazón» al cuerpo de la enseñanza cristiana que se les ha entregado (6:17). Dice además que ya no son esclavos de la «impureza» (*akatzarsia*) y «maldad siempre creciente» (*anomia eis ten anomian*) sino que más bien ponen sus facultades al servicio de la «justicia» con el propósito de «santidad» (6:19). En Ezequiel Dios da esta descripción de la restauración de Israel:

> Los sacaré de entre las naciones, los reuniré de entre todos los pueblos, y los haré regresar a su propia tierra. Los rociaré con agua pura, y quedarán purificados. Los limpiaré de todas sus impurezas (LXX, *akatzarsia*) e idolatrías. Les daré un nuevo corazón, y les infundiré un espíritu nuevo; les quitaré ese corazón de piedra que ahora tienen, y les pondré un corazón de carne. Infundiré mi Espíritu en ustedes, y haré que sigan mis preceptos y obedezcan mis leyes.... Los libraré de todas sus impurezas (LXX, *akatzarsia*) (Ez 36:24–29, modificado).

Pablo da por sentado en Romanos 6:15–23, por consiguiente, que los creyentes han entrado en la era escatológica de la cual hablaron los profetas. Son el pueblo restaurado de Dios y deben vivir de una manera que sea consistente con la nueva era que ocupan.[72]

Libres del enredo de la ley con el pecado (7:1–8:17)

LXX Septuagint

LXX Septuagint

[70] Cf. Josephus, *A. J.* 4.190 en donde Moisés predice que el pueblo de Dios será desobediente a Dios y, en castigo, él les hará «llenar toda tierra y mar con su servidumbre [*douleia*]».

[71] Ver la consideración de este tema en Joseph Klausner, *The Messianic Idea in Isreal from Its Beginning to the Completion of the Mishnah* (George Allen & Unwin, Londres, 1956), 63, 74, 97-98, 122-23, 159.

LXX Septuagint

LXX Septuagint

[72] Ver también Thielman, «Story of Israel», 185–90, y N. T. Wright, «New Exodus, New Inheritance: The Narrative Substructure of Romans 3–8» en *Romans and the People of God: Essays in Honor of Gordon D. Fee on the Occasion of His 65th Birthday*, ed. Sven K. Soderlund y N. T. Wright (Eerdmans, Grand Rapids, 1999), 26–35, aquí en 28–29, 33.

Esta restauración fue necesaria porque Adán había violado un mandamiento específico de Dios y sumido a toda la humanidad en el pecado (5:12–19), situación que sólo empeoró cuando apareció la ley mosaica en Israel con sus muchos mandatos y muchas oportunidades para rebelarse contra Dios (5:20–21; cf. 3:20; 4:15; 6:14–15). Pablo ahora describirá más plenamente el papel de la ley mosaica en el dilema del cual Dios ha rescatado a su pueblo, y hará esto de una manera que exonera a la ley de toda culpa (7:1–25). Luego argumentará que por el poder del Espíritu el creyente cumple la ley (8:1–17). La ley que el creyente cumple por el poder del Espíritu, sin embargo, no es la ley mosaica sino una nueva ley que acompaña al nuevo pacto y que cumplen tanto judíos como gentiles.

En 7:1–6 Pablo afirma claramente lo que él ya ha implicado en 6:14–15: cuando los creyentes mueren al pecado en su bautismo (6:2–3), también mueren a la ley mosaica, y la crucifixión de Cristo hizo esto posible (7:4; cf. 6:6). La muerte de Cristo, arguye, ha introducido un cambio histórico en los propósitos salvadores de Dios. La era dominada por la «letra» de la ley mosaica ha terminado. Esa era fue un período de desobediencia siempre creciente a la ley mosaica seguida por la ira castigadora de Dios, como revelan las Escrituras de Israel. La era de la restauración de Israel ha reemplazado la ira de la desobediencia e ira, y la morada del Espíritu de Dios entre su pueblo es la señal segura de que este cambio escatológico largamente esperado ha tenido lugar (7:6).[73] El resto del argumento de Pablo explica el contraste entre la era de la letra (7:7–25) y la era del Espíritu (8:1–17).[74]

En 7:7–25 Pablo explica por qué el período dominado por la ley mosaica fue un tiempo de pecado siempre creciente en el pueblo de Dios (7:5, 7–25). La culpa no está en la ley sino en el pecado, que usa a la ley para engañar al individuo a rebelarse contra el mandamiento de Dios. Cuando Dios dijo: «No codiciarás» en la ley mosaica (Éx 20:17; Dt 5:21), el pecado usó el mandamiento para producir toda clase de codicia en el individuo. El mandamiento en sí mismo no era pecado, por consiguiente, pero fue la herramienta que el pecado usó para engañar al individuo (7:7–12). El pecado pudo hacer esto debido a la debilidad de la carne del individuo. Por tanto, aunque el individuo concordaba con la ley en que sus mandamientos eran buenos, el pecado esclavizaba tanto a la carne que el individuo era totalmente incapaz de obedecer la ley (7:13–25).[75]

---

[73] El contrast entre la «letra» y el «Espíritu» en 7:6, por consiguiente, no es entre dos maneras de guardar la ley (legalista y no legalista), ni tampoco entre dos enfoques hermenéuticos a la ley (literal y «espiritual»), sino entre dos eras en la historia de la salvación: la era dominada por el enredo de la ley con el pecado y su condenación de los pecadores, y la era dominada por el cumplimiento lleno del Espíritu de los «requisitos justos» de la ley (8:3–4). Ver, por ej., Ulrich Wilckens, *Der Brief an die Römer (Röm 6–11)* (EKK 6.2; Benziger/Neukirchen-Vluyn: Neukirchener, Zurich, 1980), 69–72; Stephen Westerholm, *Israel's Law and the Church's Faith: Paul and His Recent Interpretas* (Eerdmans, Grand Rapids, 1988), 209–13; Stuhlmacher, *Romans*, 102–4; y Schreiner, *Romans*, 142–44, 353.

[74] Cf. Käsemann, *Romans*, 190–91; Dunn, *Romans* 1–8, 358; Stuhlmacher, *Romans*, 104; Schreiner, *Romans*, 344, 398.

[75] La identidad del «yo» en este pasaje es cuestión de intensa controversia. ¿Es Pablo (Agustín, *Propositions from the Epistle to the Romans*, 42–46; Martín Lutero, *Lectures on Romans*, LW; 25:322–43)? ¿La «Mankind under the shadow of Adam» (Käsemann, *Romans*, 196, 200)? ¿Israel (Moo, *Romans*, 430–31)? ¿Todos tres (Schreiner, *Romans*, 356)? La noción de que Pablo habla en todo este pasaje, incluso mediante los tiempos presentes en 7:14–25, de la experiencia de Adán e Israel bajo la ley mosaica parece hacer más justicia al arraigamiento del argumento de Pablo en la historia de la salvación, y, puesto que Pablo usa el pronombre

Pablo pone 7:7–25 en primera persona, lo que ha llevado a muchos intérpretes a creer que su enfoque es enteramente antropológico.[76] Según esta comprensión del pasaje, Pablo está diciendo algo en cuanto al dominio del pecado sobre el individuo y la incapacidad subsiguiente del individuo para cumplir las demandas de Dios. Usándose a sí mismo como ejemplo, Pablo dice que cuando se dio cuenta del mandamiento de Dios, en lugar de obedecerlo, entusiastamente lo desobedeció (7:7–12), y que aunque se deleitaba en la ley de Dios, el pecado gobernaba tan completamente su carne que no podía hacer lo que deseaba hacer (7:13–25). Conforme a esta interpretación del pasaje, el individuo, empantanado como está en carne de pecado, no puede esperar agradar a Dios sin el efecto transformador del Espíritu de Dios.

Los pronombres de primera persona singular en el pasaje demuestran el elemento de verdad en esta interpretación: lo que sea que Pablo pueda estar diciendo en cuanto a grupos de personas en general, también hace una observación en cuanto a la naturaleza del individuo. Agustín no estaba errado, por consiguiente, al hacer eco de este pasaje en *Confesiones* 8.5 (12) al luchar él en cuanto a si abrazar el evangelio:

> En vano yo «en lo íntimo de mi ser me deleito en la ley de Dios; 23 pero me doy cuenta de que en los miembros de mi cuerpo hay otra ley, que es la ley del pecado. Esta ley lucha contra la ley de mi mente, y me tiene cautivo» (Ro 7:22–23). La ley del pecado es la fuerza del hábito por la que incluso la mente renuente se ve arrastrada hacia abajo y atrapada, como merece estarlo, puesto que por decisión propia cayó en el hábito. «¡Soy un pobre miserable! ¿Quién me librará de este cuerpo mortal? ¡Gracias a Dios por medio de Jesucristo nuestro Señor! En conclusión, con la mente yo mismo me someto a la ley de Dios, pero mi naturaleza pecaminosa está sujeta a la ley del pecado» (Ro 7:24–25).[77]

El punto de Pablo no es puramente antropológico, sin embargo. También está haciendo una afirmación en cuanto al dominio del pecado en la era gobernada por Adán y la ley mosaica. La afirmación en 7:11 de que el pecado «me engañó» por los mandamientos hace eco de la astucia de la serpiente según Eva la describe en Génesis 3:13 (cf. Gn 3:4–6).[78] De modo similar, la afirmación de

---

de primera persona singular para martillar su punto, parece probable que quería incluirse personalmente como miembro de estos grupos.

[76] Ver, por ej., Augustín, *Confesiones* 8.5 (12); *Proposiciones de la Epístola a los Romanos* 42–46; *Réplica a las dos cartas de los pelagianos* 1.8(13)–1.11(24); Martín Lutero, *Lectures on Romans, LW*; 25:322–43.

[77] Augustín, *Confesiones*, trad. [al inglés]. Henry Chadwick (Oxford Univ. Press, Oxford, 1991), 141. Agustín correctamente entiende 7:14–25 como referencia a la lucha del no creyente con la ley. Cf. sus *Proposiciones de la Epístola a los Romanos* 42–46. Más tarde cambió de opinión sobre el asunto bajo presión de su disputa con los pelagianos. Ver, por ej., su *Réplica a las dos cartas delos pelagianos* 1.8(13)–1.11(24), y. sobre las razones para el cambio de opinión de parte de Agustín, ver Wilckens, *Der Briefan die Römer*, 2:105–6. La ausencia del Espíritu en este pasaje (en contraste con 8:1–39, en donde el Espíritu aparece diecinueve veces) y la descripción de Pablo del «yo» en 7:14 como «vendido al pecado» (cf. 6:14–15) muestra que Pablo está hablando del no creyente en este pasaje.

[78] Muchos comentaristas ven una referencia velada a Adán en 7:7–13. Ver, por ej., los comentarios de Theodoret, obispo de Cirro en el siglo quinto (*ACCS*, 6:186); Lagrange, *Romains*, 170–71; Franz]. Leenhardt, *The Epistle to the Romans* (Cleveland: World, 1961), 180–90; Cranfield, *Romans*, 1:350–53; Käsemann,

Pablo Romanos 7:13 de que por el mandamiento el pecado produjo la muerte en «mí» para que pudiera ser completamente pecaminoso es paralela a la afirmación de Pablo del efecto de la ley sobre Israel en 5:20: «En lo que atañe a la ley, ésta intervino para que aumentara la transgresión. Pero allí donde abundó el pecado, sobreabundó la gracia».[79]

Por tanto, el «yo» del pasaje fue engañado por el mandamiento tal como Adán fue engañado por la prohibición de Dios de no comer del árbol del conocimiento del bien y del mal. El «yo» del pasaje también es el lugar en donde el pecado aumentó mediante la ley, tal como Israel fue el lugar en donde el pecado aumentó cuando Dios dio la ley mosaica.[80]

El pasaje, por consiguiente, no es meramente una afirmación antropológica en cuanto a la total ineptitud del individuo para hacer aparte de la presencia del Espíritu de Dios lo que Dios requiere. Tampoco es meramente un análisis del período oscuro de la historia de la salvación. Es ambas cosas. El pecado dominó la era gobernada por la transgresión de Adán no sólo porque Adán pecó sino «porque todos pecaron» (5:12), y dominó la era de la ley mosaica no meramente debido al pecado de Israel como pueblo, sino porque cada israelita cedió al pecado de la manera que Pablo explica en 7:14–25. Como Daniel, que describió su confesión de la larga historia de la nación de pecado contra la ley mosaica como confesión de «mi pecado y el pecado de mi pueblo Israel» (Dn 9:20), y como Baruc, que similarmente admitió al confesar el carácter pecaminoso de la historia de Israel de que «todos nosotros seguimos la intención de nuestros propios corazones perversos» (Bar. 1:22; cf. 2:8), Pablo reconoce el papel del individuo en el pecado que domina a todos los pueblos y eras.[81]

En la muerte de Cristo, tuvo lugar un cambio radical en la historia de la salvación y en los individuos que constituyen el pueblo de Dios. Conforme Dios empieza a cumplir las promesas de restauración de su pueblo por la presencia de su Espíritu, los individuos cambian de amos: ya no son esclavos del pecado sino esclavos de la justicia. Conforme los individuos hacen esa transición de la era de la maldición de la ley a la era de la presencia del Espíritu, juntos forman un pueblo de Dios nuevo restaurado escatológicamente.

Pablo describe el lado positivo del movimiento de una era a la otra en 8:1–17. Recordando el lenguaje de 3:25 dice que la muerte de Cristo en la cruz sirvió como sacrificio por el pecado (*peri jamartias*, 8:3). Este sacrificio marcó la división de las edades. Expió por el pecado, para que los creyentes ya no estén bajo condenación (8:1; cf. 8:33–34). También dio paso al período de Espíritu escatológico de Dios que predijeron los profetas y así sirvió como enlace entre el pecado, la ley y la carne.

Como resultado, los creyentes cumplen las justas demandas de la ley de Dios (8:4) y ya no están en la carne (8:9). Esto no quiere decir que no pecan, porque la resurrección todavía está en el futuro (8:11), y Pablo debe todavía exhortar a sus lectores a vivir de una manera que sea consistente con su nueva posición (8:12–17). Con todo, en la muerte de Jesús y la aparición del Espíritu, el cambio crítico ha tenido lugar: el pueblo de Dios ya no vive en la vieja era del pecado, la ley mosaica, la

---

Romans, 196; Stuhlmacher, *Reconciliation, Law, and Righteousness*, 86; y Dunn, *Romans 1-8*, 378-82, 399-402.

[79] Para el «yo» en 7:7-13 como «Israel», ver, por ej., Douglas J. Moo, «Israel and Paul in Romans 7.7-12», *NTS* 32 (1986): 122-35; idem, *Romans*, 429-31; N. T. Wright, *The Climax of the Covenant: Christ and the Law in Pauline Theology* (T. & T. Clark, Edinburgh, 1991), 197-98; Thielman, «Story of Israel», 190-94.

[80] Cf. Cranfield, *Romans*, 1:352-53.

[81] Ver también Thielman, «The Story of Israel», 193-94.

carne y la muerte, sino en la era del Espíritu, el cumplimiento de una nueva ley, la espera de la resurrección y la vida.

La manera abreviada de Pablo de decir este cambio es que «por medio de él la ley del Espíritu de vida me ha liberado de la ley del pecado y de la muerte» (8:2). La «ley del pecado y de la muerte» es la ley mosaica que Pablo acaba de definir en 7:1–25 como enredo con el pecado (7:7–10) e instrumental en la muerte del individuo (7:11–13, 24). «La ley del espíritu de vida», es, correspondientemente, la manera de Pablo de referirse al nuevo pacto, instituido en la muerte de Cristo y sellado por el otorgamiento del Espíritu, que permite a los creyentes guardar la ley de Dios. Este fue el período de la restauración de Israel, que Jeremías describió como un tiempo cuando Dios establecería un nuevo pacto con su pueblo y escribiría su ley en sus corazones (Jer 31:31–34).

Durante este período, según Ezequiel, el Espíritu de Dios volverá a modelar los corazones de su pueblo e instilar nueva vida en ellos, haciéndoles posible seguir sus estatutos y ordenanzas (Ez 36:1–37:14).[82] Esta comprensión de 8:2 parece quedar confirmada cuando Pablo dice en 8:3–4 que Dios condenó al pecado en la carne humana por la muerte sacrificial de Jesús para que «el justo requisito de la ley» se «cumpla» en los que «andan no conforme a la carne sino conforme al Espíritu» (8:4, aut.).

Para Pablo, sin embargo, la ley que el creyente cumple no es la ley mosaica. El creyente ha sido libertado no meramente del enredo de la ley con el pecado, ni meramente de la sentencia de condenación de esa ley, sino de esa ley en su totalidad porque ella era parte de la era previa, dominada por el pecado (7:1–6). El nuevo pacto, la ley del Espíritu de vida en Cristo Jesús, lleva consigo nuevas obligaciones que se entrecruzan con la ley mosaica en lugares críticos, tales como el decálogo y el mandamiento del amor (13:8–10), pero que difieren de las obligaciones de la ley mosaica en asuntos tales como la circuncisión (Ro 2:27), observancias dietéticas, y el guardar festivales (Ro 14:1–15:13).

La pregunta retórica de Pablo en 2:26 confirma esta perspectiva: «Si el incircunciso debe guardar los requisitos justos de la ley, ¿no se le contará su incircuncisión como circuncisión?» (aut.). Aquí Pablo considera de antemano una situación en la que la circuncisión no marca los límites del pueblo de Dios sino guardar «los justos requisitos de la ley», y dice esto a pesar de la prominencia del mandamiento de la circuncisión en la ley mosaica (Gn 17:1–27; Lv 12:3). «Los justos requisitos de la ley», por consiguiente, deben referirse a la intersección de la ley mosaica con alguna otra ley que los judíos y los gentiles pueden observar. Cuando añadimos esta implicación de 2:26 a la afirmación de Pablo en 2:29 de que un judío por dentro ha experimentado «circuncisión del corazón, por el Espíritu, no por la letra» (aut.), llega a ser probable que en 2:26 y en 8:4 la frase «los requisitos justos

---

[82] Cf. Hübner, *Biblische Theologie*, 2:301–3. Hübner también menciona cinco diferencias entre Pablo y Ezequiel. Estas «diferencias» son de validez variable. La más importante de ellas es que en tanto que Pablo tenía en mente la inclusión de todos los grupos étnicos en esta restauración escatológica, Ezequiel habló sólo de Israel.

aut. traducción del autor

aut. traducción del autor

aut. traducción del autor

de la ley» se refiera a la nueva ley del nuevo pacto e implica que en muchos lugares, pero no en todos, esta nueva ley se entrecruza con la ley mosaica.[83]

En 8:1–17, por consiguiente, Pablo arguye que la muerte de Cristo y la venida del Espíritu han resuelto el dilema de toda la humanidad desde Adán, y especialmente del pueblo de Dios Israel desde el otorgamiento de la ley mosaica. La muerte de Cristo ha expiado por el pecado con el resultado de que el día final es de absolución antes que condenación en el tribunal de Dios. El Espíritu dado escatológicamente ha roto la alianza involuntaria de la ley mosaica con el pecado, una alianza que la debilidad de la carne humana hizo posible. La ley mosaica, habiendo servido su propósito, ha sido descartada y reemplazada con una nueva ley que Dios permite que su pueblo guarde por la provisión del Espíritu Santo.

Esperanza y obediencia en Roma

Vale la pena de nuevo hacer una pausa aquí para preguntar qué tiene que ver esta consideración general de la existencia cristiana entre el bautismo (6:14) y la resurrección (8:11) con el ejercicio en Roma del llamamiento de Pablo a ministrar a los gentiles. Aunque los imperativos son raros en este pasaje, y la situación de Roma no está directamente a la vista, la sección con todo pone el cimiento teológico para las amonestaciones que Pablo dirigirá en 14:1–15:13 a los cristianos gentiles y judíos de Roma que estaban peleando entre sí.

Primero, Pablo pone como prefacio a esas amonestaciones un párrafo (13:11–14) que pone la esperanza cristiana directamente en conexión con la ética cristiana y hace eco de su argumento de 5:1–8:39.[84] Hace énfasis en la cercanía de la consumación de los propósitos salvadores de Dios (13:11–12a; cf. 8:18–25), y a la luz de su acercamiento anima a los cristianos de Roma a «ponerse las armas [*jopla*; cf. 6:13 de luz» (13:12b) y a no «hacer provisión para la carne» (13:14, aut.; cf. 8:1–17). Luego, en 14:1–15:13 describe una manera específica en que los cristianos de Roma pueden hacer esto: pueden dejar de juzgarse unos a otros y dejar eso a Dios en el día final (14:4, 10–11; cf. 14:13, 19; 15:1, 7). Pablo, por consiguiente, enlaza su consejo ético específico a su base teológica en 5:1–8:39 mediante su párrafo de introducción en 13:11–14.

Segundo, la amonestación de Pablo a los cristianos de Roma a dejar de juzgarse unos a otros depende de la posición de la ley mosaica articulada en 5:1–8:39. Debido a que la ley mosaica ha pasado, Pablo puede a la vez concordar con los «fuertes» de la iglesia de Roma de que «nada es inmundo en sí mismo» (14:14a; cf. 15:1) y esperar que aquel «cuya fe es débil» deje de condenar a los que comen todos los alimentos (14:3). Debido a que «la ley del Espíritu de vida» ha reemplazado a la ley mosaica (8:2), y debido a que esta nueva ley ha absorbido el mandamiento de amor de la ley mosaica (13:8–10), Pablo puede esperar que los «fuertes» no se aprovechen de su posición sino que actúen en amor hacia los «débiles» (14:15; cf. 14:19; 15:1).

La descripción general de Pablo de la esperanza y obediencia en que los cristianos viven como el pueblo restaurado de Dios, por consiguiente, pone un cimiento necesario para sus exhortaciones

---

[83] Ver también Thielman, *Paul and the Law*, 200–213; idem, *Law and the New Testament*, 34–41; e idem, «Law and Liberty in the Ethics of Paul», *ExAud* 11 (1995): 63–75. Cf. Stuhlmacher, *Reconciliation, Law, and Righteousness*, 87.

[84] *Pace* Cranfield, *Romans*, 2:699, el *de* que empieza 14:1 no marca tanto «la transición a una nueva sección» como enlaza 14:1–15:13 con 13:11–14. Sobre esto ver Dunn, *Romans 9–16*, 797.

aut. traducción del autor

más específicas más adelante en la carta. Su descripción primordialmente indicativa del carácter del pueblo de Dios en 5:1–8:39 provee la preparación necesaria para los imperativos de 14:1–15:13.

¿Ha Fracasado La Palabra De Dios? (9:1–11:36)

En 9:1–11:36 el argumento de Pablo toma otro giro crítico. En todo el pasaje de 5:1–8:39 ha dado por sentado que el grupo mixto de judíos y gentiles que han sido justificados por fe componen el pueblo de Dios restaurado escatológicamente. Según resulta, sin embargo, la predicación de Pablo de su evangelio ha tenido éxito entre los gentiles mucho mejor que entre los judíos, y esto presenta de nuevo el problema que el imaginario compañero de debate de Pablo presenta en 3:1. Si el evangelio de Pablo es cierto, entonces las promesas de Dios a Israel deben ser falsas. Dicho de otra manera, si la restauración profetizada de Israel según Pablo la ha descrito en 5:1–8:39 incluye sólo unos pocos israelitas, ¿cómo puede el evangelio de Pablo ser compatible con la palabra de Dios?

La respuesta de Pablo a esta pregunta tiene dos partes básicas. La primera parte explica que la palabra de Dios no define la membresía en su pueblo ni por origen étnico ni por esfuerzo humano sino por la selección soberana de Dios (9:1–29; 11:1–10). Pablo incluye en esta parte de su respuesta una explicación extensa de por qué Israel no ha abrazado el evangelio (9:30–10:21). La segunda parte mantiene que el desplazamiento presente de los judíos no creyentes con grandes números de gentiles creyentes en el pueblo de Dios es parte de un esquema escatológico por el que, al final, todo Israel será salvado (11:11–36).

Dios decide la membresía de su pueblo (9:1–29; 11:1–10)

En la primera parte de su respuesta a la pregunta de la fidelidad de Dios a Israel, Pablo arguye que las Escrituras no ofrecen garantía de que los israelitas, simplemente porque son israelitas, pertenecerán al pueblo de Dios. Si eso fuera cierto, dice, entonces Israel e Isaac serían incluidos dentro del pueblo de Dios, porque Abraham fue padre de ambos. Las Escrituras muestran, sin embargo, que Isaac, el hijo que Dios le había prometido a Sara, fue el verdadero heredero de Abraham. Tal vez anticipándose a la objeción de que Ismael no fue escogido porque su madre fue la esclava Agar antes que Sara esposa de Abraham, Pablo también cita a los hijos de Rebeca e Isaac como ejemplos. Eran gemelos, y sin embargo, como el profeta Malaquías reconoció, Dios amó a Jacob y aborreció a Esaú.

Jacob y Esaú, continúa Pablo, también muestran que uno no gana inclusión en el pueblo de Dios por buena conducta. Dios había decidido antes del nacimiento de los niños y antes de que alguno de ellos hubiera hecho algo bueno o malo que, como Génesis 25:23 lo dice, «el mayor servirá al menor».

Aunque Pablo no lo dice explícitamente, esta cita de Génesis también demuestra un principio teológico que corre por todo Génesis y es prominente en Romanos 9–11: la selección de Dios a menudo, desde una perspectiva humana, es sorprendente. Según la ley de la primogenitura el linaje de Abraham debería haber sido preservado por Ismael (el mayor) antes que por Isaac (el menor) de los dos hijos de Abraham. El heredero de Isaac, de modo similar, debería haber sido Esaú, el primero de los gemelos que nació del vientre de Rebeca, antes que Jacob.[85] No sólo que la situación social y el logro humano no lo califican a uno como miembro del pueblo de Dios, por consiguiente, sino que Dios parece a propósito escoger a los candidatos menos probables para membresía en su pueblo (cf. 1 Co 1:26–29).

---

[85] Robert Alter, *The Art of Biblical Narrative* (Basic Books, Nueva York, 1981), 6. Ver también Frank Thielman, «Unexpected Mercy: Echoes of a Biblical Motif in Romans 9–11», *SJT* 47 (1994): 169–81, aquí en 177.

Debido a que el Dios bíblico libremente escoge la membresía de su pueblo, él puede escoger gentiles y judíos, y puede excluir a algunos judíos. Como el profeta Oseas lo muestra, es libre de llamar a los que previamente no eran su pueblo para que sean su pueblo, y, como el profeta Isaías dice, es libre de limitar a los que pertenecen a su pueblo entre los judíos a un remanente. Escoge este remanente, además, no en base a las obras de ellos y no estrictamente debido a su propia dádiva libre (9:24–29; 11:1–10).

La naturaleza del fracaso presente de Israel (9:30–10:21)

Emparedada entre las dos secciones (9:1–29 y 11:1–10) de su caso de que Dios escoge soberanamente a los que pertenecerán a su pueblo, Pablo coloca una descripción de la incredulidad endurecida de Israel (9:30–10:21). Los judíos que han oído el evangelio y lo han rechazado (10:14–21), arguye, muestran un optimismo no garantizado en cuanto a su capacidad de guardar la ley y obtener la vida que promete. Ellos persiguen una ley que promete justicia (*nomon dikaiosunes*) a los que la guardan, pero evidentemente están ajenos a su incapacidad aparte del evangelio de lograr la meta de la justicia hacia la que apunta la ley (9:31).[86] «Cristo», insiste Pablo, «es el objetivo de la ley, para justicia de todo el que cree» (10:4, aut.).

La ley y el evangelio, en otras palabras, apuntan en la misma dirección: hacia una correcta relación entre Dios y su pueblo, pero Dios ha provisto a Cristo, no la ley, como el medio por el cual esta relación se realiza. Por su rechazo del evangelio y su insistencia en vivir en la era dominada por la ley mosaica, muchos de Israel han implicado que sus propias obras (9:32) y su propia justicia (10:3) eran preferibles a la situación justa que viene de Dios por fe en el evangelio (10:3).[87]

Pablo arguye además que la ley en sí misma concuerda con su análisis del fracaso de Israel. Moisés, dice, describe la justicia que viene por la ley de esta manera: «Quien practique estas cosas vivirá por ellas» (10:5; Lv 18:5). Esta afirmación de la ley mosaica resume el requisito de la ley que Israel debe guardar para recibir las bendiciones la que le promete a Israel.

Pero esta afirmación también implica a la oposición inversa, de que si Israel no guarda la ley, Dios los maldecirá (Dt 27:15–28:68; 29:19–29; 30:15–20; 32:46–47; también Lv 26:3–39). Todo el que sabía el relato bíblico de la historia de Israel comprendía que Israel no había guardado la ley y recibido vida sino que había violado la ley y recibido la maldición del exilio y dominio extranjero.[88] Conforme muestra la naturaleza profética de la sección de bendición y maldición de Deuteronomio y Levítico, la ley misma predecía que la vida bajo ella sería dominada por la maldición antes que por la bendición. Dios consideraría a su pueblo responsable por el fracaso al guardar la ley que, les dice, «está muy cerca de ti; la tienes en la boca y en el corazón, para que la obedezcas» (Dt 30:14), y por consiguiente trae las maldiciones de la ley sobre ellos por su desobediencia a ella.

Esta parte profética de la sección de la ley de bendiciones y maldiciones, sin embargo, incluye, junto con esta noción pesimista de la historia de Israel, una nota de esperanza. En Deuteronomio 30:1–10 la ley también concibe un tiempo, después de que Israel haya experimentado la maldición

---

[86] Sobre esta comprensión de la frase *nomon dikaiosunes*, ver Moo, *Romans*, 625-27.

aut. traducción del autor

[87] Pablo comprendió esta perspectiva, puesto que en un tiempo fue la suya (Fil 3:9). Ver también Thielman, *Paul and the Law*, 206-7, and Schreiner, *Romans*, 540.

[88] Sobre esto ver Frank Thielman, *From Plight to Solution: A Jewish Framework for Understanding Paul's View of the Law in Galatians and Romans* (NovTSup 61; Brill, Leiden, 1989), 28-45, suplementado por más evidencia en idem, *Paul and the Law*, 48-68.

del exilio por la desobediencia, cuando Dios circuncidaría sus corazones y los corazones de sus descendientes de manera que ellos «lo ame[n] con todo [s]u corazón y con toda [s]u alma, y así tenga[n] vida» (Dt 30:10). Pablo cree que ese tiempo había llegado con la muerte y resurrección de Jesús y el otorgamiento del prometido Espíritu de Dios. Él puede, por consiguiente, hacer que «la justicia que es por la fe» hablen las palabras de la ley mosaica para mostrar que la ley en sí misma apunta hacia adelante al evangelio:

> Pero la justicia que se basa en la fe afirma: «No digas en tu corazón: "¿Quién subirá al cielo?" [Dt 30:10] (es decir, para hacer bajar a Cristo), o "¿Quién bajará al abismo?"» [cf. Sal 107:26; cf. Dt 30:13] (es decir, para hacer subir a Cristo de entre los muertos). ¿Qué afirma entonces? «La palabra está cerca de ti; la tienes en la boca y en el corazón» [Dt 30:14]. Ésta es la palabra de fe que predicamos (10:6–8).[89]

Para Pablo, por consiguiente, el período dominado por la ley mosaica ha terminado, y en el evangelio la justicia hacia la que la ley apuntaba en sus pasajes proféticos se ha realizado.

Pablo arguye aquí que los judíos no creyentes, por su rechazo del evangelio, han insistido en continuar viviendo en una era de desobediencia a la ley y de maldición de la ley. Por su negativa a dejar la ley mosaica a pesar del cumplimiento de sus propósitos divinamente designados, implican lo que incluso la ley reconoce como imposible: que una relación correcta con Dios se pueda establecer por la obediencia al pacto mosaico sin la intervención escatológica de Dios. Han implicado que la confianza en su propia justicia, sin la circuncisión escatológica de Dios de sus corazones, sustentará su relación con Dios. Por consiguiente, han cometido un error masivo en cuanto a llevar su calendario, no logrando ver en el evangelio que Dios está cumpliendo sus propósitos. También han cometido un error masivo en cuanto a la naturaleza de los seres humanos, pensando que pueden, por sus propios esfuerzos, mantener una relación de paz con Dios.

Todo Israel será salvo (11:11–36)

La segunda parte principal de la respuesta de Pablo a la pregunta de si Dios ha sido fiel a Israel aparece en 11:11–36. Pablo arguye que si Dios puede soberana y sorprendentemente escoger números nutridos de gentiles para que sean su pueblo, también puede revertir la sorpresa en un tiempo ulterior y escoger de nuevo grandes números de judíos. Esto, sostiene Pablo, es lo que Dios se propone hacer.[90] La selección presente de Dios de un gran número de gentiles y un mero remanente de judíos es sólo parte de un esquema mayor, el resultado final del cual será el influjo de gran número de judíos en la comunidad creyente en los días finales.[91] Dios ha atraído a muchos gentiles a su pueblo al presente para hacer que los que no son creyentes y endurecidos de corazón dentro de Israel étnico sientan envidia para que a la larga, cuando el número de gentiles haya entrado en su pueblo, «todo Israel será salvado» (11:11–12, 25–26a). Cuando esto suceda, dice Pablo, las esperanzas de Isaías y Jeremías de un tiempo cuando Dios quitará los pecados de su pueblo y establecerá un nuevo pacto con ellos se cumplirá (11:26b–27; cf. Is 59:20–21; Jer 31:31–34).

Debido a que la membresía en el pueblo de ellos resulta de la selección soberana y de gracia de Dios, y debido a que Dios ha revelado a Pablo el «misterio» de que a la larga escogerá «a todo Israel»,

---

[89] Ver Thielman, *Paul and the Law*, 209–10, la juiciosa crítica de esta posición en Moo, *Romans*, 652–53, y el útil esfuerzo de Schreiner en *Romans*, 657–58, de reformular esta posición a la luz de las críticas de Moo.

[90] Thielman, «Unexpected Mercy», 169–81.

[91] Cf. Schreiner, *Paul*, 477–81.

Pablo insiste que cualquier jactancia gentil en cuanto a los judíos que no son creyentes es inapropiada. Tal jactancia sólo repite el lado gentil del error judío que aducía excepción de la ira de Dios simplemente en base a la posesión de la ley mosaica (2:1–29).

Esta parte de la respuesta de Pablo a la pregunta de la fidelidad de Dios a Israel, por consiguiente, tiene implicaciones inmediatas para la disputa entre cristianos judíos y gentiles de Roma. Los gentiles que pueden haber celebrado la negativa de parte de Pablo del privilegio judío en el día de la ira de Dios en 1:18–4:25 descubren que Pablo no se inclina ni un ápice para respaldar su jactancia basada en su etnia. Como apóstol a los gentiles (11:13) Pablo quiere que los cristianos gentiles de Roma sepan que su posición en el pueblo de Dios fue solamente el resultado de la selección soberana de Dios y de su fe (11:20). Dios no sólo puede escoger grandes números de judíos para membresía en su pueblo, sino que anhela hacerlo así (11:24), y lo hará al fin cuando muchos de ellos abracen el evangelio (11:23, 26–32). No hay, por consiguiente, ninguna base teológica para la superioridad étnica que probablemente está detrás de la proclividad de algunos cristianos gentiles de Roma a «menospreciar» a sus hermanos cristianos judíos (14:3). Dios ha aprisionado a los gentiles y a los judíos en desobediencia para poder tener misericordia de unos y de otros (11:32).

Las Implicaciones Del Evangelio Para La Iglesia De Roma (12:1–15:13)

Pablo empieza a aplicar no sólo los conceptos de 11:11–36 sino también los argumentos de 1:18–11:36 específicamente a los cristianos de Roma en 2:1–15:13. Aquí su argumento cierra el círculo completo, y revela la razón primordial de su «gran anhelo de predicarles el evangelio también a ustedes que están en Roma» (1:15). Pone como prefacio de esta sección un párrafo de transición que se edifica sobre todo lo que ha dicho desde 1:18 y predice lo concreto de sus amonestaciones en el resto de la carta (12:1–2). Luego traza una visión moral general para la armonía dentro de la iglesia y armonía con los de fuera de la iglesia que a veces se oponen violentamente a ella (12:3–13:14). Finalmente, aplica a los creyentes judíos y gentiles de Roma la teología de la carta y su preocupación por la unidad interna y el testimonio externo de la iglesia (14:1–15:13).

La renovación de la mente en la edad presente (12:1–2)

El párrafo breve que principia esta sección de la carta reúne las nociones teológicas de todo el argumento hasta este punto y las arregla para que se puedan desatar como mandatos concretos para la iglesia de Roma en 12:3–15:13. Esta función del párrafo es visible en tres de sus características.

Primero, Pablo aquí trae a colación su descripción del dilema de la humanidad pecadora dada en 1:18–32 e insiste que los creyentes de Roma reviertan el camino de vida descrito en este pasaje.[92] En 1:18–32 la manera perversa de pensar de la humanidad pecadora (1:21–22, 32) condujo al culto perverso (1:23, 25, 28), uso perverso del cuerpo (1:24, 26–27), y relaciones personales perversas (1:29–31). Pablo ahora insta a los creyentes de Roma a que presenten sus cuerpos como una expresión de «culto racional [*logicos*]» (12:1) y les instruye a que sean transformados por la renovación de su mente (12:2).

Segundo, Pablo puede emitir estos mandatos (sugeridos de antemano en los imperativos de 6:11–13) porque previamente ha descrito en los capítulos 5–8 los efectos sobre el creyente de la muerte y resurrección de Cristo y el otorgamiento del Espíritu. El cuerpo de pecado ha sido anulado para el creyente (6:6). Dios, por medio de Cristo, ha rescatado a los creyentes del enlace entre sus

---

[92] Cf. Moo, *Romans*, 748; Brendan Byrne, *Romans* (SP 6; Michael Glazier, Collegeville, 1996), 363.

cuerpos, el pecado y la muerte (7:24–25). Porque Pablo ya ha descrito estas verdades, ahora puede instarlos a vivir de una manera consistente con la obra de Dios a favor de ellos.

Tercero, el párrafo da por sentado la posición previa de Pablo sobre la ley mosaica. Esa ley ya ha pasado (7:1–6; 8:2; 10:4), y el sacrificio clímax de Cristo ha obviado la necesidad de realizar el culto de sacrificios descritos dentro de esa ley (3:25). Pablo puede ahora hablar del sacrificio del creyente como devoción del cuerpo del creyente, durante la superposición de las edades, al servicio de Dios. Este sacrificio, como los sacrificios del culto mosaico en su día, es «santo y agradable a Dios» (12:1). Pablo puede ahora amonestar a los creyentes a ser transformados «por la renovación» de sus mentes, lo que hace eco de la profecía de Jeremías de que Dios un día pondría «sus leyes en sus mentes y las escribiría en sus corazones» (Jer 38:33, LXX; cf. 31:11, MT). Una nueva ley ahora gobierna la conducta del pueblo de Dios, guiándolos en el uso de sus cuerpos y de sus mentes.

Armonía dentro de la iglesia y sumisión al gobierno (12:3–13:14)

En 12:3–13:14 Pablo describe las implicaciones de esta nueva situación para la armonía interna de la iglesia y para su relación con el mundo no creyente, amonestando a los cristianos de Roma de una manera general a usar sus dones para su mutua edificación y a someterse a las autoridades gobernantes.[93] Algunos estudiosos han argumentado que la naturaleza general de este consejo muestra que está separado de alguna situación específica dentro de la iglesia de Roma: Pablo simplemente está repitiendo aforismos éticos tradicionales similares a los que se hallan en, por ejemplo, la *Didaqué*, Pseudofosílides, y Tobías 4:5–19; 12:6–10.[94]

Es cierto que la doble preocupación de armonía dentro de la iglesia y la conformidad a las normas justas de la sociedad son comunes en la literatura cristiana temprana, pero Pablo probablemente ha escogido recalcar estos elementos tradicionales porque son particularmente apropiados para los cristianos de Roma.[95] La desarmonía étnica que ya había aflorado a la superficie del argumento de Pablo en 11:18–19 y que considerará más específicamente en 14:1–15:13 probablemente está detrás de su decisión de recalcar el uso para el bien común de los dones que Dios ha dado a cada creyente (12:4–13), su enfoque sobre el genuino amor por otros (12:9–11, 13; 13:8–10), y especialmente su apelación a sus lectores para dejar la arrogancia y vivir en armonía unos con otros (12:3, 16).[96]

LXX Septuagint

MT Texto masorético

[93] Su consejo es reminiscencia de lo que les dice a los tesalonicenses a continuar amándose unos a otros (1 Ts 4:9–10) y a vivir una vida tranquila que gane el respecto de los de afuera (1 Ts 4:11–12).

[94] Martin Dibelius, *From Tradition to Gospel* (James Clarke, Cambridge, 1971; ed. orig., 1919), 238–41; idem, *James*, rev. Heinrich Greeven (Hermeneia; Fortress, Philadelphia, 1975), 3. Cf. William Sanday y Arthur Headlam, *A Critical and Exegetical Commentary on the Epistle to the Romans*, 5ª ed. (ICC; T. & T. Clark, Edinburgh, 1902), 351, y Byrne, *Romans*, 362, que piensa que Pablo escribe de su experiencia como misionero antes que debido a algún conocimiento específico de circunstancias en Roma.

[95] Cf. los comentarios de Sophie Laws, *The Epistle of James* (HNT; Harper, Nueva York, 1980), 7, sobre la clasificación de Dibelius de Santiago como *paraenesis* y por consiguiente sin relación a alguna situación pastoral específica.

[96] Cf. C. K. Barrett, *The Epistle to the Romans* (HNTC; Harper, Nueva York, 1957), 235; Dahl, *Studies in Paul*, 86; Wedderburn, *Reasons for Romans*, 78; Johnson, *Reading Romans*, 177, 181; Philip H. Towner, «Romans

El consejo de Pablo a los cristianos romanos a vivir en armonía unos con otros lleva a la amonestación a no desquitarse de los que les hacen mal, sino permitir que la ira de Dios cumpla ese papel. En base a los comentarios de Pablo en 1:18–32 podríamos imaginarnos que él explicaría la ira de Dios aquí, como lo hizo allá, como la entrega activa de parte de Dios de los malos a las consecuencias de su pensamiento torcido. Más bien, Pablo ahora concibe el gobernador estatal como agente de la ira de Dios sobre los que hacen el mal. Insta a los cristianos de Roma, por consiguiente, a someterse a las autoridades estatales y a pagar sus impuestos (13:1–7).

¿Por qué su exhortación toma esa dirección? Pablo puede haber tenido en mente los disturbios en la comunidad judía de Roma en el 49 d.C., evidentemente por la predicación del evangelio (Suetonio *Claudio* 25.4), que llevó a la expulsión de los judíos, incluyendo a los cristianos judíos tales como Priscila y Aquila (Hch 18:2). Algunos estudiosos creen, probablemente en forma correcta, que estos disturbios surgieron por la afirmación del evangelio de que los gentiles podían ser incluidos en el pueblo de Dios.[97] Estos disturbios pueden haber ocurrido no sólo entre judíos no creyentes y la iglesia, sino entre cristianos judaizantes y los que se apegaban a un evangelio libre de la ley dentro de la misma iglesia.[98]

Si es así, las cuestiones de armonía dentro de la iglesia y de sumisión a las autoridades gobernantes estaban conectadas en la mente de Pablo. Pablo quería que los cristianos romanos judíos y gentiles estuvieran unidos, sin estorbos en su adoración común a Dios (15:7–12) debido a desarmonía en su medio o persecución innecesaria de las autoridades gobernantes.[99]

El evangelio y la armonía étnica en la iglesia de Roma (14:1–15:13)

El objetivo pastoral de toda la carta alcanzó su clímax en esta sección.[100] Pablo ha recordado en toda su presentación del evangelio en 1:16–11:36 la unidad de judíos y gentiles en el derramamiento de la ira escatológica de Dios y en la activación de su justicia salvadora. En 1:18–3:20 ha demostrado que los judíos no podían jactarse de ninguna ventaja sobre el gentil en el día de la ira justiciera de Dios, ni por poseer ni por guardar la ley. En 3:1–4:25 ha demostrado que la dádiva gratuita de la expiación por la muerte de Cristo e inclusión entre los descendientes de Abraham estaba disponible para todos los que tienen fe, lo mismo judíos que gentiles. En 5:1–8:39 ha demostrado cómo las promesas proféticas de restauración de Israel han empezado a cumplirse dentro de un grupo étnicamente mixto de creyentes cuya conducta no ha sido definida por la ley mosaica. En 9:1–11:36 ha mostrado cómo el amplio brochazo de los propósitos salvadores de Dios excluye cualquier

---

13:1-7 and Paul's Missiological Perspective» en *Romans and the People of God: Essays in Honor of Gordon D. Fee on the Occasion of His 65th Birthday*, ed. Sven K. Soderlund y N. T. Wright (Eerdmans, Grand Rapids, 1999), 149-69, aquí en 152.

[97] Wedderburn, *Reasons for Romans*, 54-59, 83.

[98] Ibid., 58-59.

[99] Pablo probablemente refleja la tradición exílica judía de que el pueblo exiliado de Dios debe «buscar la paz y la prosperidad de la ciudad» Jer 29:7) a la que Dios los ha exiliado, porque las acciones de gobernantes incluso paganos están bajo la autoridad soberana de Dios. Cf. la estrategia de 1 Pedro, también escrita desde Roma; Towner, «Romans 13:1-7», 163; Bruce W Winter, *Seek the Welfare of the City: Christians as Benefactors and Citizens* (Eerdmans, Grand Rapids, 1994), 1; y Neil Elliott, *Liberating Paul: The Justice of God and the Politics of the Apostle* (Orbis, Maryknoll, N.Y., 1994), 224.

[100] Cf. Dunn, *Romans 1-9*, 797, y Schreiner, *Romans*, 704.

contrarrespuesta de superioridad étnica sobre los judíos. «Ustedes están firmes por fe», Pablo les dijo a los gentiles entre los cristianos de Roma. «No sean arrogantes, sino temerosos» (11:20). Como 3:22b–24 lo dice: «De hecho, no hay distinción, pues todos han pecado y están privados de la gloria de Dios, pero por su gracia son justificados gratuitamente mediante la redención que Cristo Jesús efectuó». O, como Pablo dice en 11:32: «Dios ha sujetado a toda persona a la desobediencia, con el fin de tener misericordia sobre todos ellos» (aut.).

Ahora, en 14:1–15:13, Pablo aplica estas realidades teológicas a las relaciones tensas entre los «débiles en la fe» (14:1; cf. 14:2; 15:1) y «los fuertes» (15:1) de la iglesia de Roma. En el primero y último párrafos de la sección Pablo insta a estos dos grupos a aceptarse unos a otros así como Dios, en Cristo, los ha aceptado a ellos (14:1, 3; 15:7). Si cuando ellos eran «débiles» Cristo murió por los impíos (5:6–8), los poderosos deben estar dispuestos a aceptar «a los débiles en la fe».[101] Si no hay «condenación» para los que están atrapados en la red del pecado de sí mismos, la ley y la muerte (8:1), entonces los que observan las costumbres dietéticas judías no deben «condenar» a los que creen que todos los alimentos son limpios.

¿Cómo, hablando prácticamente, deben estos dos grupos diversos trabajar para aceptarse uno al otro? Pablo insta a los «poderosos», que son dominantes porque sostienen la posición técnicamente correcta (14:14, 19; 15:1) y son probablemente la mayoría, a no despreciar a los débiles (14:3a, 10b, 13) y a no fanfarronear de su libertad de los requisitos mosaicos en cuanto a evitar ciertos alimentos. De hacerlo, estarán poniendo tropiezo frente a los débiles, tal vez conduciéndolos a actuar en contra de lo que creen que es correcto (14:13–15, 20b). El resultado será grave: «el que tiene dudas en cuanto a lo que come, se condena; porque no lo hace por convicción. Y todo lo que no se hace por convicción es pecado» (14:23). Los poderosos deben más bien soportar la debilidad de los impotentes, no agradándose a sí mismos sino más bien a su «prójimo» (15:1–2; cf. 13:9).

En contraste, los débiles que sólo comen vegetales, evitan el vino y observan el día de reposo no deben condenar a los que no siguen estas costumbres (14:3b, 10a, 13). Aunque los débiles no deben actuar contra sus convicciones (14:14b, 22b–23), deben darse cuenta de que sólo Dios puede con toda justicia sentarse para juzgar a aquellos cuyas convicciones no son iguales a las de ellos (14:4, 10c–12).

Ambas partes deben enfocar menos en el debate sobre el asunto mismo (dejando el juicio a Dios), y más bien esforzarse por «promover todo lo que conduzca a la paz y a la mutua edificación» (14:19; cf. 14:3–4, 6–12, 22). Mediante la aceptación de los creyentes de Roma unos a otros, Dios realizará su meta de reunir a un grupo compuesto de judíos y gentiles para darle alabanza (15:7), y el rescate de la creación de la vanidad a la cual Adán la hundió se hallará bien en camino a su realización (1:18–32; 5:12–21; 8:22).

El Evangelio Como La Fuente De La Alabanza Unificada De Dios

La iglesia de Roma, por consiguiente, debe, por su armonía étnica, exhibir los propósitos salvadores de Dios como Pablo los ha descrito en la carta. Debido a que la justicia salvadora de Dios viene tanto a judíos como a gentiles por fe, los cristianos judíos y gentiles de Roma deben estar juntos en la adoración, dando gloria a Dios. La oración de Pablo en 15:5–6 apropiadamente describe la meta del argumento teológico de 1:16–11:36 y las amonestaciones éticas de 12:1–15:13:

---

aut. traducción del autor

[101] Cf. Johnson, *Reading Romans*, 200.

Que el Dios que infunde aliento y perseverancia les conceda vivir juntos en armonía, conforme al ejemplo de Cristo Jesús, para que con un solo corazón y a una sola voz glorifiquen al Dios y Padre de nuestro Señor Jesucristo.[102]

COLOSENSES: CRISTO PREEMINENTE EN EL COSMOS Y LA HISTORIA

La preocupación que Pablo expresó en Romanos de que cuando fuera a Jerusalén podría hallar hostilidad no era infundada. Los judíos creyentes habían oído que enseñaba a los judíos que abandonaran la ley mosaica, particularmente la circuncisión, y los judíos que no eran creyentes afirmaban que él hablaba en contra de los judíos, su ley y su templo (Hch 21:21, 28). Estalló un motín en el templo cuando se regó la palabra de que Pablo había introducido gentiles a las áreas prohibidas para todos excepto judíos. Subsiguientemente Pablo fue arrestado y enviado a la capital administrativa de Judea, Cesárea, en donde el corrupto gobernador Félix lo dejó en la cárcel por dos años, esperando recibir soborno (24:26). Cuando Félix, por petición secreta de los adversarios de Pablo, sugirió que regresaran a Pablo a Jerusalén para que lo juzgaran, Pablo echó mano de su derecho como ciudadano romano para apelar su caso ante el césar en Roma (25:10–11).

Mientras estaba bajo arresto domiciliario en Roma esperando comparecer ante el césar, Pablo recibió un visitante llamado Epafras, que había viajado por tres iglesias agrupadas en el valle del río Lico, (tributario del Meander) en la parte sur central de la provincia romana de Asia. Epafras era de la iglesia de Colosas (Col 4:12) y probablemente había llevado el evangelio a Colosas, Hierápolis y Laodicea (4:13) después de oírlo él mismo durante la larga estadía de Pablo en Éfeso (Hch 19:10).[1] Ahora había venido para informar a Pablo sobre la condición del cristianismo en Colosas y Laodicea.[2]

Aunque el Espíritu estaba obrando entre los colosenses y su fe era sólida (1:7; 2:5) alguien había empezado a abogar una «filosofía» dentro de la iglesia. Pablo describe esta enseñanza como «engaño vacío» y «conforme a los elementos del mundo, y no conforme a Cristo» (2:8, aut.). La fuerza de la advertencia de Pablo a los colosenses a no dejarse atrapar por esta filosofía y por implicación de que ahora están sometiéndose a las especiales regulaciones de la filosofía (2:20) muestra que la amenaza a la salud espiritual de los colosenses es seria.

---

[102] Sobre la gloria de Dios en Cristo como objetivo de Romanos y de la teología de Pablo, ver Schreiner, *Romans*, 23, y *Paul*, passim.

[1] Un número de estudiosos concluye del vocabulario, estilo y énfasis teológico de Colosas que es una carta seudónima de una era post paulina. Esta noción, sin embargo, lleva a una dificultad significativa para hallar un ambiente histórico convincente para la carta, especialmente para los detalles personales de 4:7-17. También no logra explicar la selección de Colosas como el escenario ficticio de la carta. Colosas era una ciudad relativamente insignificante en su tiempo, y nunca estuvo en el itinerario de Pablo en Hechos, y fue destruida por un terremoto en el 60 o 61 d.C. Para una argumentación persuasiva de que Pablo supervisó la producción de Colosenses pero que Timoteo (1:1) tuvo un papel más grande que normal para redactarla, ver James D. G. Dunn, *The Epistles to the Colossians and to Philemon* (NIGTC; Eerdmans, Grand Rapids, 1996), 35-39.

[2] Pablo también escribió a Laodicea (4:16), probablemente como resultado de la visita de Epafras.

aut. traducción del autor

A pesar de los heroicos esfuerzos de los estudiosos para ubicar la filosofía dentro de algún movimiento religioso conocido del primer siglo, su identidad precisa sigue siendo un misterio.[3] Unas pocas características son claras. La filosofía imponía restricciones sobre comida y bebida, y abogaba la observancia de ciertos festivales, lunas nuevas y días de reposo. Su principal defensor, similar a los cristianos judíos en Romanos 14:3-4, juzgaba a los que no se conformaban a estas observancias (Col 2:16). Todo esto encaja cómodamente con las costumbres dietéticas y de calendario de los judíos del primer siglo.[4]

Además, sin embargo, el principal defensor de la filosofía se deleitaba en «humildad falsa» y en la «adoración de ángeles», y también se dedicaba a minuciosidades en cuanto a sus experiencias visionarias (2:18). La enseñanza de la filosofía también recalcaba la existencia de «gobernadores y autoridades» cósmicas (1:16; 2:10, 15) y evidentemente enseñaba la necesidad de aplacar «a los elementos [*stoiqueia*] del mundo» (2:8, 20, aut.) con ciertas prácticas ascéticas que Pablo caracteriza como «falsa humildad» y «tratamiento riguroso del cuerpo» (2:23). Irónicamente resume estas prácticas con la frase: «No tomes en tus manos, no pruebes, no toques» (2:21). La fascinación de la filosofía con seres cósmicos evidentemente había conducido a una falta de interés correspondiente en la preeminencia universal de Cristo y su derrota de los poderes cósmicos adversos en su muerte (2:2-4; 2:19).

Estos detalles adicionales en cuanto a la filosofía nos permiten señalar más precisamente el tipo del judaísmo al que se debía. La literatura apocalíptica judía del período del segundo templo por lo general enfoca un vidente que tiene visiones del mundo celestial, visiones que a menudo incluyen ángeles. Ocasionalmente las visiones vienen pisándole los talones a algún ejercicio ascético, y

---

[3] Gnosticismo judío: J. B. Lightfoot, *Saint Paul's Epistles to the Colossians and to Philemon* (Macmillan, Londres, 1879), 73-113; Eduard Lohse, *Colossians and Philemon* (Hermeneia; Fortress, Philadelphia, 1971) 128-29; y Petr Pokorny, *Colossians: A Commentary* (Hendrickson, Peabody, Mass., 1991), 117-20. Pitagoreanismo: Eduard Schweizer, *The Letter to the Colossians: A Commentary* (Augsburg, Minneapolis, 1982). Platonismo medio: Richard E. DeMaris, *The Colossian Controversy: Wisdom in Dispute at Colosse* OSNTS 96; Sheffield Academic Press, Sheffield, 1994), 98-133. Una mezcla sincretista de creencia folclórica frigia, judaísmo folclórico local, y cristianismo: Clinton E. Arnold, *The Colossian Syncretism: The Interface between Christianity and Folk Belief at Colosse* (WUNT 2.77; J. C. B. Mohr [Paul Siebeck], Tübingen, 1995), 228-44. Cf. Ulrich Luz, «Der Brief an die Kolosser» in Die Brieft an die Galater, Epheser und Kolosser por J. Becker y U. Luz (NTD 8.1; Vandenhoeck & Ruprecht, Göttingen, 1998), 218-19. Judaísmo apocalíptico: Fred O. Francis, «Humility and Angelic Worship» en *Confict at Colosse: A Problem in the Interpretation of Early Christianity Illustrated by Selected Modern Studies*, ed. Fred O. Francis y Wayne A. Meeks, ed. rev. (SBLSBS 4; Missoula, Mont.: Scholars, 1975), 163-95; Thomas J. Sappington, *Reveíation and Redemption at Colosse*, OSNTSup 53; Sheffield Academic Press, Sheffield, 1991); y Walter T. Wilson, *The Hope of Glory: Education and Exhortation in the Epistle to the Colossians* (NovTSup 88; Brill, Leiden, 1997), 35. Cf. Dunn, *Epistles to the Colossians and to Philemon*, 23-35, y Peter Stuhlmacher, *Biblische Theologie des Neuen Testaments*, 2 vols. (Vandenhoeck & Ruprecht, Göttingen, 1992-1999), 2:12-13.

[4] Algunos intérpretes se han preguntado si la preocupación de «bebidas» refleja las restricciones de la ley mosaica, pero para un sumario similar de las restricciones dietéticas judías, ver *Let. Arist.* 162, y para las preocupaciones judías respecto al vino de los gentiles, ver Dn 1:5-20; Judit 10:5; Ad. Est. 14:17; *Jos. y Asen.* 8.5; *m. Abod. Zar.* 4.8-5.12. Cf. Ro 14:21.

aut. traducción del autor

frecuentemente el vidente está tan abrumado por la gloria de los ángeles que se postra ante ellos como para adorarlos.[5] La literatura apocalíptica también a veces habla de ángeles que presiden sobre los «elementos» básicos de los cuales se pensaba comúnmente que el mundo estaba compuesto (tierra, agua, aire y fuego).[6]

Este círculo de pensamiento produjo el hereje de principios del segundo siglo llamado Elcasai. Este creía que los cristianos «debían circuncidarse y vivir según la ley» (Hipólito, *Haer.* 9). También enseñaba que las personas pueden hallar perdón de pecados y alivio de aflicciones físicas al someterse a un segundo bautismo y numerosos lavamientos y luego usando encantamientos especiales para conjurar «siete testigos», que él menciona como «el cielo, y el agua, y los espíritus santos, y los ángeles de oración, y el aceite, y la sal, y la tierra» (Ibíd. 10). Creía que la luna y las estrellas poseían poderes potencialmente hostiles, y que el daño de estos se podía evitar al seguir un calendario diseñado intrincadamente (Ibíd. 11). Elcasai aducía haber recibido su sistema religioso de un ángel enorme que se le apareció (Ibíd., 8).[7]

De un período posterior, la literatura judía jekjalot describe una relación entre lo humano y lo divino que tiene similitudes con la «filosofía» de Colosas. Esta literatura prescribe ciertos ritos ascéticos y encantamientos específicos para recibir visiones del mundo celestial. A menudo el objetivo de estos procedimientos es invocar a un ángel celestial a la presencia de uno a fin de obtener sabiduría respecto al contenido o significado de la Tora, sin embargo, sufrir daño del ángel poderoso que podría aparecer. Algunos estudiosos han sugerido una conexión entre esta literatura y la literatura de grupos judíos anteriores orientados apocalípticamente, tales como los pactantes de Qumrán y los elcaseitas.[8]

Ninguna de estas ideas provee una combinación exacta con la filosofía de Colosas, pero las similitudes son bastante cercanas como para decir que pertenecía generalmente a esta corriente de judaísmo. La filosofía probablemente reducía a Cristo de una posición de preeminencia cósmica a nivel de un «gobernador y autoridad» cósmico entre muchos. Tal vez entonces abogaba un régimen

---

[5] Giras por el cielo con guías angelicales aparecen en, por ej., *1 En.* 7-36 y *Apoc. Ab.* 9-29, y los videntes reverentemente rindiendo reverencia a los ángeles aparece en, por ej., *Apoc. Zeph.* 6:11-15; Ap 19:10; 22:8-9. Sobre la conexión entre las visiones apocalípticas y ayunar, ver Dn 10:2-3; *4 Esdras* 9.23-28; 12:51; y *Apoc. Ab.* 9.7. Sobre todos esto, ver las consideraciones en Sappington, *Revelation and Redemption*, 65-66, 90-94.

[6] Ver *Jub.* 2:2 y *2 En.* 19:1-4. Para el uso de la frase *stoiqueia tou kosmou* para designar los cuatro elementos básicos de la composición del mundo, ver, por ej., Filón, *De aetem. mund*, 108-12; *Rer. div. her*. 134, 140, y cf. Sab. 7:17. Para la adoración de la tierra, fuego, agua y viento entre los persas, ver Herodoto, 1.31 (cf. Filón, *De vita cont.* 3). Sobre la frase en general, ver Peter T. O'Brien, *Colossians, Philemon* (WBC 44; Word, Waco, Tex., 1982), 129-32; Lohse, *Colossians and Philemon*, 96-98; y Luz, «Der Brief an die Kolosser», 220.

[7] Cf. A. J. M. Wedderburn, «The Theology of Colossians» en *The Theology of the Later Pauline Letters*, por Andrew T. Lincoln y A. J. M. Wedderburn (New Testament Theology; Cambridge Univ. Press, Cambridge, 1993), 6-12, y Wilson, *Hope of Glory*, 35-38.

[8] Ver Rebecca Macy Lesses, *Ritual Practices to Gain Power: Angels, Incantations, and Revelation in Early Jewish Mysticism* (HTS; Trinity Press International, Harrisburg, Pa., 1998), 64-75, 117-60. Lesses deriva paralelos entre las prácticas ascéticas de la literatura jekjalot y las restricciones sobre el contacto sexual en Qumram. También cautelosamente sugiere que la prohibición de comer legumbres en algunos de los conjuros jekjalot pueden tener una conexión con la prohibición de ciertas legumbres entre los elcasaitas. Ver ibid., 130-32, 142-44, 149-55.

ascético específico para obtener la sabiduría necesaria para aplacar y manipular los poderes cósmicos a fin de evitar el daño que podrían hacer bien sea en esta vida o en la venidera.

Contra esta comprensión de la relación entre lo humano y lo divino, Pablo promueve un caso por la superioridad de Cristo sobre el universo, particularmente sobre sus poderes hostiles. Pablo también recalca la suficiencia de la muerte de Cristo para el perdón del pecado humano, para la inclusión dentro del pueblo del pacto de Dios, y para la reconciliación con Dios. La suficiencia de la muerte de Cristo, arguye, obvia la necesidad para todo régimen ascético complicado como medio de aplacar y controlar los poderes divinos. En lugar de su «tratamiento riguroso del cuerpo» Pablo ofrece un programa ético que refleja la derrota que Cristo impuso a los poderes cósmicos hostiles y la reconciliación de todo el mundo a Dios por la muerte de Cristo en la cruz.

La Preeminencia De cristo En El Universo Y En Los Propósitos Históricos De Dios

Los «argumentos plausibles» de la filosofía implicaban que Cristo no tenía la estatura que el evangelio afirmaba, según Epafras lo había predicado originalmente. En lugar de adorar a Cristo, o por lo menos junto con adorarlo a él, la filosofía abogaba por adorar «los elementos del mundo»: los ángeles que controlaban el universo y que por consiguiente gobernaban el destino de cada persona. El defensor de esta filosofía puede haber aducido saber encantamientos que podían ejercer control sobre tales poderes cósmicos de manera que ellos trabajarían a favor, en lugar de en contra, el bienestar de uno.[9] Al aprender esta clase de «sabiduría» esotérica, quizás afirmaba, los cristianos colosenses obtendrían control sobre su destino y tendrían acceso a una sabiduría más honda que estaba disponible solamente a los que estaban en contacto con el mundo celestial. Contra estas ideas Pablo recalca la suprema autoridad de Cristo sobre todos los poderes cósmicos. Los que tienen acceso a él deben tener confianza de que tiene acceso a toda la sabiduría y conocimiento necesarios.

La importancia esencial de este tema se hace claro por la centralidad en la confesión tradicional que aparece cerca del principio de la carta como una extensión del informe usual de Pablo de oración intercesora. Los temas de esta confesión reverberan en toda la carta, especialmente en su primera mitad.[10] La confesión se puede dividir en dos estrofas (1:15–18a y 1:18b–20), cubriendo el principio y el objetivo de los propósitos de Dios para sus criaturas.[11]

---

[9] Cf. 4Q510.4-5: «Y yo, el Sabio, declaro la grandiosidad de su brillo a fin de asustar y aterrar a todos los espíritus de los ángeles asoladores y los espíritus bastardos, demonios, duendes, lechuzas y [chacales ...]». El polemista anticristiano Celso, del siglo segundo, también menciona a judíos «que adoran a ángeles y son adictos a la hechicería de la que Moisés era su maestro» (Orígenes, cont. *Cels.*, 1.26; cf. 5.6).

[10] El pasaje a menudo se le llama himno, pero los himnos en contextos judíos y griegos antiguos eran cantos de alabanza a los dioses o a Dios. Col 1:15–20 no encaja en esta categoría. Ver Stephen E. Fowl, *The Story of Christ in the Ethics of Paul: An Analysis of the Function of the Hymnic Material in the Pauline e Corpus* (JSNTSup 36; Sheffield Academic Press, Sheffield, 1990), 31–34. La naturaleza litúrgica del pasaje es evidente en la repetición de *jos estin, prototokos, y joti en auto* al principio de la primera y segunda partes (1:15–16, 18–19). Ver F. F. Bruce, «The 'Christ Hymn' of Colossians 1:15–20», *BSac* 141 (1984): 99–111, aquí en 99–100.

[11] Para la división bipartita del himno, dictada por las cláusulas relativas que principian 1:15 y 1:18b, ver Eduard Norden, *Agnostos Theos: Untersuchungen zur Formengeschichte religiöser Rede* (Berlin: Teubner, 1923), 252. Cf. Georg Strecker, *Theology of the New Testament* (Walter de Gruyter, Berlín, 2000), 550-51, y Stuhlmacher, *Biblische Theologie*, 2:5–11.

La prioridad de Cristo sobre el universo

Esta primera parte de la confesión (1:15–18a) da prioridad a Cristo sobre el universo, en cuanto a tiempo y rango. Él existía antes de que el universo fuera creado (1:17). Toda la creación, incluyendo sus varios «principados y autoridades» (1:16; cf. 2:15), fueron ellos en él, por él y para él (1:16), y él continúa sustentándolos (1:17).[12]

Esta primera estrofa de esta confesión reviste a Cristo en los atuendos tradicionalmente reservados para la sabiduría en la tradición judía. Habría formado una respuesta apta para cualquier reclamo de parte de la filosofía de que sus adherentes tenían acceso especial a la sabiduría necesaria para navegar alrededor de los poderes peligrosos del cosmos o que ellos tenían necesidad de sabiduría especial que tales poderes podrían revelar, especialmente si esta sabiduría se identificaba con la Tora. La sabiduría y la Tora frecuentemente se identificaba en el judaísmo del período del segundo templo (Sir. 24:1–29, Bar. 3:9–4:4), y aquí Pablo reemplaza la Tora en la ecuación con Cristo.[13]

Así que las «riquezas», «abundancia» y «tesoros» asociados con la sabiduría (Pr 8:18–21; Sabid Sal. 7:9, 11, 14; 8:18) se hallan en Cristo (Col 2:2). Como la sabiduría, él es la imagen visible del Dios invisible y preeminente sobre la creación divina (1:15, 17; cf. Pr 8:22–31; Sab. 6:22; 7:26; 9:9; 10:1). Como sabiduría, modeló por sí mismo la creación (Col 1:16; cf. Sabid. Sal. 7:22; Cf. 7:17; Pr 8:30). Tal como los reyes, gobernantes y príncipes gobiernan mediante la sabiduría, los poderes y autoridades cósmicas sólo tienen sus posiciones debido a Cristo (Col 1:16; cf. Pr 8:15–16).

Pablo toma estos temas más adelante en la carta para revelar el error del énfasis de la filosofía en los «elementos del mundo». En 2:9–10 explica que la preocupación por los «elementos del mundo» es inapropiada porque toda la plenitud de Dios mora en Cristo, y Cristo es la cabeza sobre «todo poder [*arqué*] y autoridad [*exousia*]». De modo similar, en 2:15 Pablo dice que con su crucifixión Cristo desarmó a los «poderes» (*arqué*) y «autoridades» (*exousia*) hostiles y los condujo en procesión triunfal a su ejecución.[14] Al mismo tiempo, además, Cristo desarmó y triunfó sobre los principados y poderes hostiles (2:15). Todos esos poderes fueron creados en Cristo, por Cristo y para Cristo; y existen sólo debido a que su poder sustentador lo permite; y Cristo los ha despojado de su poder perverso en su crucifixión. No hay, por consiguiente, necesidad de adorarlos, sino de adorar solamente a Dios por lo que él ha realizado en Cristo (3:16–17).

En fin, Cristo desempeñó el papel tradicionalmente asignado a la «sabiduría» en la creación y por consiguiente está antes y sobre todo otro poder cósmico.[15] Los que tienen acceso a él por fe (2:12),

---

[12] O'Brien, *Colossians*, 47.

[13] Ver W. D. Davies, *Paul and Rabbinic Judaism: Some Rabbinic Elements in Pauline Theology*, 4ª ed. (Fortress, Minneapolis, 1980), 150–53, 169, 172. Cf. Stuhlmacher, *Biblische Theologie*, 2:9.

[14] Sobre el significado de la frase *tzriambeusas autous* como «habiéndonos conducido en triunfo a su ejecución», ver Scott J. Hafemann, *Suffering and the Spirit: An Exegetical Study of II Cor. 2:143:3 within the Context of the Corinthian Correspondence* (WUNT 2.1; J. C. B. Mohr [Paul Siebeck], Tübingen, 1986), 7–39, y para una descripción del triunfo romano ver Richard C. Beacham, *Spectacle Entertainments of Early Imperial Rome* (Yale Univ. Press, New Haven, Conn., 1999), 19–21, 39–41.

[15] Gordon D. Fee, «Wisdom Christology in Paul: A Dissenting View», en *The Way of Wisdom: Essays in Honor of Bruce K Waltke*, ed. J. I. Packery Sven K. Soderlund (Zondervan, Grand Rapids, 2000), 251–79, aquí en 257–60, hace algunas observaciones persuasivas de las diferencias entre Cristo en Col 1:15–17 y la sabiduría de Dios según se describe en textos tales como Sab. 1:6–7; 7:26; Pr 8:22, 25; y Sir. 1:4. Es cierto que Pablo enfoca la dignidad de Cristo como «primogénito», con todos los derechos de primogenitura, antes

tienen acceso a todos los tesoros de la sabiduría y conocimiento necesarios para abrirse paso por la vida.

La prioridad de Cristo en los propósitos históricos de Dios

La última línea de la primera parte de la confesión (1:18a) introduce el tema que domina la segunda estrofa de la confesión (1:18b–20): Cristo tiene prioridad en tiempo y en rango dentro del plan de Dios para reconciliar a toda la creación consigo mismo. Si el pueblo de Dios, la iglesia, está concebido como un cuerpo, entonces Cristo es su cabeza autoritativa (1:18a) por medio de la cual es sustentada la iglesia, como la creación (2:19).[16] Él es, por consiguiente, anterior a la iglesia en rango. También es anterior temporalmente puesto que él es «el primogénito de entre los muertos». Él es el primero que experimentó la resurrección de los muertos; suceso que a la larga incluirá a todo el pueblo de Dios y señalará la conclusión de los propósitos de Dios de reconciliar a toda la creación consigo mismo (1:20).

Más adelante en la carta Pablo desarrollará la noción de la preeminencia temporal de Cristo. En 2:16–17 dice que la posición de Cristo como cabeza de su cuerpo, la iglesia, también quiere decir que preside sobre el progreso de los propósitos de Dios más allá de la ley mosaica a su cumplimiento en la iglesia. Contra las aseveraciones de la filosofía de validez continuada de la ley mosaica, Pablo afirma que la ley es solamente una «sombra» de las cosas por venir, y que el «cuerpo» que arroja la sombra es «de Cristo». El significado de la frase de Pablo «el cuerpo es de Cristo» (2:17b, aut.) es menos que claro, pero a la luz de su uso del término «cuerpo» en otras partes de la carta para referirse a la iglesia (1:18, 24; 2:19; 3:15), probablemente está diciendo que la iglesia —el cuerpo del cual Cristo es la iglesia— es la meta escatológica hacia la que apuntaba la ley mosaica.[17] Como cabeza de la iglesia Cristo capacita a la iglesia para que cumpla este propósito escatológico.[18]

---

que en alguna noción de que Dios creó a Cristo, como es el caso con la sabiduría en Pr 8:22, 25. Es más, Pablo enfoca la preexistencia de Cristo antes que en su creación antes que todo lo demás, como es el caso con la sabiduría en estos pasajes. Pero hay suficiente superposición verbal y conceptual entre lo que Pablo dice en cuanto a Cristo en Col 1:15-17 con lo que se dice de la sabiduría en estos textos, particularmente en Sab 1:6-7 y 7:26, para hacer un caso convincente de que Pablo intencionalmente hace eco de algunos de ellos.

[16] Muchos estudiosos creen que las referencias a Cristo aquí como «la cabeza ... de la iglesia (1:18) y a la «sangre que [Cristo] derramó en la cruz» (1:20) son añadiduras de Pablo (o del autor que escribía bajo su nombre) al «himno» Ver, por ej., Lohse, *Colossians and Philemon*, 52–53, 60, y Schweizer, *Colossians*, 58–60. Para la perspectiva (que se toma aquí) de que Pablo no ha añadido nada al «himno», ver Peter Stuhlmacher, «The Understanding of Christ in the Pauline School: A Sketch» en *Jews and Christians: The Parting of the Ways A.D. 10-135*, ed. James D. G. Dunn (Eerdmans, Grand Rapids, 1999), 159–74, aquí en 172–73, e idem, *Biblische Theologie*, 2:6–7.

aut. traducción del autor

[17] Cf. C. F. D. Moule, *The Epistles to the Colossians and to Philemon* (CGTC; Cambridge Univ. Press, Cambridge, 1957), 103, y Lohse, *Colossians and Philemon*, 117, aunque Lohse niega el elemento de promesa y cumplimiento en la figura de la «sombra» y «»substancia».

[18] Luz, «Der Brief an die Kolosser», 224, afirma que «sombra» y «substancia» están en directa oposición entre sí como irrealidad y realidad. Ver también la posición de Hans Hübner, *An Philemon, an die Kilosser, an die Epheser* (HNT 12; J. C. B. Mohr [Paul Siebeck], Tübingen, 1997), 87–88. El uso de Pablo de la frase

Al emplear Pablo los conceptos de «misterio» y «oculto» en toda la carta implica también que Cristo es el clímax de los propósitos de Dios. Así como en la literatura apocalíptica judía un «misterio» es el conocimiento de los propósitos históricos de Dios que el Señor en su gracia revela al vidente o a su pueblo (Dn 2:17–49), para Pablo Dios ha revelado sus propósitos históricos definitivos en Cristo (Col 1:27).[19] Estos propósitos estuvieron ocultos por generaciones (1:26; cf. Dn 2:22), pero ahora en la proclamación del evangelio (Col 1:27; 4:3–4) Cristo es revelado como el medio por el que Dios trae sus propósitos a su objetivo último con la inclusión de los gentiles en su pueblo. Mediante el Cristo que mora en ellos, los gentiles también participan de la gloria de Dios (1:27; cf. 3:3), y traen la creación de vuelta a su condición de antes de que Adán pecara y quedara destituido de esa gloria (Ro 3:23).[20] Los que entienden este misterio, tal como bondadosamente nos ha sido revelado en la predicación del evangelio, poseen «todos los tesoros de la sabiduría y del conocimiento» (2:2–3).

El mensaje implícito en el uso de Pablo del lenguaje tradicional del misterio y lo oculto es claro: los colosenses no necesitan buscar la sabiduría esotérica que la filosofía promueve, porque en el evangelio Dios finalmente ha revelado el objetivo de sus propósitos en la historia: que Cristo es el medio por el que Dios incluye a los gentiles en su pueblo y vuelve a su creación a la gloria que perdió al principio. Para usar las palabras de la confesión litúrgica: «Porque a Dios le agradó ... por medio de [Cristo], reconciliar consigo todas las cosas, tanto las que están en la tierra como las que están en el cielo, haciendo la paz mediante la sangre que derramó en la cruz» (1:19–20; cf. 1:22).

La suficiencia de la muerte y resurrección de cristo para rescatar de la autoridad de las tinieblas

El proponente primario de la filosofía parece haber abogado la sumisión tanto a la ley mosaica (2:16) como a reglas ascéticas especiales (2:20–23) a fin de aplacar a los hostiles «elementos del mundo». Sin tales esfuerzos extraordinarios en la purificación y subyugación de la carne, los creyentes colosenses estaban en peligro de enojar al «dominio de las tinieblas» (1:13) en este mundo y, a su muerte, en el venidero. Tal vez abogaba algo estructuralmente similar a lo que Elcasai aconsejaba respecto al día de reposo: «Allí existían estrellas perversas de impiedad ... honren el día del día de reposo, puesto que ese día es uno de los cuales en que prevalece (el poder) de estas estrellas» (Hipólito, *Haer.* 9.11).

O tal vez, como algunos apocalipsis judíos, afirmaba que a la muerte el individuo enfrentaría un ángel acusador con un «manuscrito» (*quierografon*) en el cual estaban escritas las obras buenas y malas

---

«cosas por venir», sin embargo, muestra que la historia de la salvación provee el marco de trabajo para su pensamiento aquí.

[19] Dunn, *Epistles to the Colossians and to Philemon*, 119–20.

[20] R. P. Martin, *Colossians and Philemon* (NCB; Oliphants, Londres, 1974), 72; Dunn, *Epistles to the Colossians and to Philemon*, 123. Según Hans Hübner, *Biblische Theologie des Neuen Testaments*, 3 vols. (Vandenhoeck & Ruprecht, Göttingen, 1990–95), 2:355–56, la falta de interés en Israel aquí traiciona un uso post paulino del motivo de misterio presente en Ro 11:25–27. Es más probable, sin embargo, que la necesidad de asegurar a los cristianos de Colosas que, aunque gentiles, ellos pertenecían al pueblo de Dios llevó a Pablo a expresarse en forma diferente aquí.

de uno.[21] La condenación vendría a aquellos cuyas buenas obras no superaban a sus obras malas (*Apoc. Zeph.* 3.6–9; 7.1–11).[22] En cualquier caso, la filosofía parecía abogar el guardar la ley mosaica, y probablemente otras reglas de carácter especialmente ascético, como manera de recibir tratamiento favorable de los poderes cósmicos bien sea en esta vida o en la venidera.

Contra estas ideas Pablo arguye que Dios ya ha reconciliado a los colosenses consigo mismo y los ha incluido en su pueblo mediante la muerte de Cristo y aparte de la conformidad de ellos a reglas especiales. El temor de lo que los poderes cósmicos les hagan bien sea en esta vida o en la venidera no debe dictar su conducta. Más bien, su identificación con la muerte y resurrección de Cristo debe gobernar la manera en que viven.

Los colosenses como pueblo de Dios

Aunque los cristianos colosenses eran gentiles (1:27; 2:13) Pablo les asegura de su lugar en el pueblo de Dios. Dios los ha calificado, dice, «para participar de la herencia [*klerou*] de los santos [*jagion*] en el reino de la luz» (1:12). La LXX usa el término «herencia» (*kleros*) para referirse a la porción de Israel en la tierra prometida (Éx 6:8; Nm 16:14; Jos 17:4; cf. Dt 10:9) y entonces, por extensión metafórica, al destino eterno del pueblo de Dios (Dn 12:13, Teodosio).[23]

El término «santo» (*jagioi*) rememora la situación de Israel como «un reino de sacerdotes y una nación santa [LXX, *jagion*]» (Éx 16:6) y es reminiscencia del llamado de Dios a su pueblo a «ser santos [LXX, *jagioi*], porque yo soy santo [*jagios*]» (Lv 11:45). Dios ha provisto «redención» para ellos, así como redimió a su pueblo de la esclavitud de Egipto (Éx 6:6), y ha provisto «el perdón de pecado» que Jeremías afirmó que sería el marcador de la era de nuevo pacto de Dios con su pueblo (Col 1:14; cf. Jer 31:34). Ellos llevaban la señal del pueblo del pacto de Dios, la circuncisión, no en algún sentido literal, sino en un sentido que cumple la promesa de Dios a su pueblo de que un día él circuncidaría sus corazones descarriados (Dt 30:6). Viene sin que sea sorpresa, entonces, que en Colosenses 3:12 Pablo transfiere tres clásicas designaciones de la situación especial de Israel a los colosenses gentiles: son «escogidos de Dios, santos y amados».[24]

---

[21] En el texto cóptico de *Apoc. Zeph.* 3.7, 8, 9; 7.1, 3, 4, 5, 6, 7, y 8, el término *queirografon* («manuscrito») es transliterado del griego. Col 2:14 contiene el único uso de este término en el Nuevo Testamento, que LSJ, 1985, define como una «nota manuscrita, note de mano, bono».

[22] Registros celestiales de obras humanas aparecen frecuentemente en la literatura apocalíptica judía. Ver, por ej., *1 En.* 81.2, 4; 96.7; 97.5–7; 98.6–8; 104.7; *2 En.* 44.5–7; 50.1; 52.15; 53.2–3; *Jub.* 4.23; 39.6; *Test. Ab.* 12.7, 12, 17–18 y la consideración de estos textos en Sappington, *Revelation and Redemption*, 100–108. Cf. Wilson, *Hope of Glory*, 30.

LXX Septuagint

[23] Cf. Sab. 3:14 y 1QS 1:9–11, que se acerca especialmente al vocabulario de Col 1:12–13. Ver Str-B 3:625; Dunn, *Epistles to the Colossians and to Philemon*, 77–79, y J. H. Friedrich, «klhro-», *EDNT*, 2:199–300.

LXX Septuagint

LXX Septuagint

[24] Para «escogidos» o «electos» (*eklektos*) ver Sal 105:6 e Is 43:20; 65:9, 15, 22 y para «amado» (*egapemenos*) ver Is 5:1. Ver también Lightfoot, *Colossians and Philemon*, 221, y O'Brien, *Colossians, Philemon*, 197–98.

Dios ha logrado la transferencia de los cristianos colosenses a su pueblo por la muerte de Cristo. Por la sangre sacrificial derramada en la crucifixión de Cristo, Dios ha reconciliado «consigo mismo toda las cosas», incluyendo a los cristianos colosenses, que en un tiempo estaban alienados de Dios debido a sus obras malas (1:20–22).[25] Si estas obras malas estuvieron registradas en una serie de decretos contra ellos en algún «manuscrito» (*quierografon*) celestial, entonces Dios borró esas obras de ese «manuscrito», tomó el manuscrito y lo clavó en la cruz.

En otras palabras, cuando Cristo fue crucificado, las obras malas de los cristianos fueron crucificadas con él, y en base a eso Dios los perdonó (1:13–14). Con esta contundente metáfora Pablo expresa en la misma comprensión de la muerte de Cristo que articuló en 2 Corintios 5:21 y Romanos 3:25. La muerte de Cristo en la cruz fue un sacrificio en el que Cristo desempeñó el papel de la víctima y por consiguiente asumió la pena por los pecados del suplicante y quitó la maldición que cayó sobre el suplicante por su transgresión. En este caso, sin embargo, Dios en lugar del suplicante proveyó el sacrificio. Como 2 Corintios 5:21 lo dice: «Al que no cometió pecado alguno, por nosotros Dios lo trató como pecador, para que en él recibiéramos la justicia de Dios».[26]

Los recursos éticos de los colosenses

La muerte de Cristo también provee el antídoto real para las tendencias malas de «la carne» (*sarx*, 2:23). Los colosenses, que eran gentiles, estuvieron en un tiempo muertos en sus transgresiones y en la incircuncisión de su carne. Pero creyeron en el poder eficaz de Dios que resucitó a Jesús de los muertos y fueron bautizados. De esta manera ellos llegaron a identificarse con la muerte y resurrección de Jesús. La muerte de Jesús se puede comparar a la circuncisión, puesto que, como la circuncisión, incluyó despojar (*apekduo*) su carne física. De modo similar, los colosenses han llegado a ser circuncidados, no en un sentido literal sino metafóricamente.

Todo esto implica que los colosenses tienen una nueva identidad y que su carne ha recibido un golpe mortal. Ahora están vivos, con Cristo, para Dios (2:11–13; 3:3; cf. 1:22). Debido a esto ellos deben hacer morir su manera anterior y pecaminosa de vida (3:5–8), y despojar (*apekduo*) su «ser humano viejo con sus prácticas» (3:9, aut.). En su lugar, ellos deben «vestirse del nuevo ser humano, que está siendo renovado en conocimiento a la imagen de su Creador» (3:10, aut.).

La frase «la imagen de su Creador» rememora la confesión cristológica de 1:15–20, que describe a Cristo como «la imagen de Dios invisible» (1:15) y el que creó toda las cosas (1:16). Por medio de

---

[25] *Pace* E. F. Scott, *The Epistles of Paul to the Colossians, to Philemon and to the Ephesians* (MNTC; Hodder and Stoughton, Londres, 1930), 26, y Dunn, *Epistles to the Colossians and to Philemon*, 103–4, la mención de Pablo de «sangre» aquí señala la comprensión sacrificial de la muerte de Jesús que también aparece en pasajes tales como Ro 3:25 y 1 Co 11:25. Ver Lohse, *Colossians and Philemon*, 60 n. 209, y esp. Stuhlmacher, *Biblische Theologie*, 2:10-11.

[26] El trasfondo judío de este concepto se puede hallar, por ejemplo, en el ritual del día de la expiación en Lv 16:1–34. Sobre esto ver esp. Peter Stuhlmacher, *Reconciliation, Law, and Righteousness: Essays in Biblical Theology* (Fortress, Philadelphia, 1986), 94–109, e idem, *Biblische Theologie*, 1:196. Para un caso persuasivo de que la naturaleza sustitutiva y expiatoria de la muerte de Cristo fue plenamente inteligible en el mundo grecorromano, ver Martin Hengel, *The Atonement: The Origins of the Doctrine in the New Testament* (Fortress, Philadelphia, 1981), 1–32.

aut. traducción del autor

aut. traducción del autor

él, y específicamente mediante su muerte sacrificial en la cruz, la confesión afirma, Dios reconcilió todas las cosas consigo mismo. Pablo ahora describe el significado de vivir en la imagen de aquel por quien Dios realizó esta reconciliación, es decir, busca reconciliación y paz con otros. Las barreras sociales entre la gente se derrumban; las personas se aman unas a otras; la iglesia vive en paz, enfocada en adoración agradecida a Dios, y las familias viven en armonía (3:5–4:1).[27]

Los estudiosos de costumbre señalan que el consejo de Pablo en este último punto, las familias viviendo en armonía (3:18–4:1), hace eco de una forma de consejo sobre la administración de la familia que probablemente es anterior a Aristóteles y que reaparece en la enseñanza moral común de las escuelas filosóficas corrientes durante el período del Nuevo Testamento. Aristóteles, probablemente basado en las tradiciones que circulaban antes de él, creía que puesto que la familia era la unidad social básica del estado, su ordenamiento apropiado era esencial para la administración exitosa del estado.[28] Tres relaciones eran de importancia particular: esposo a esposa, padre a hijos, y amo a esclavo. El padre estaba en el tope de esta jerarquía porque era más racional que la esposa, el esclavo y los hijos. El esclavo no tenía racionalidad, decía, y los hijos eran inmaduros.[29]

De modo similar, el filósofo estoico Epícteto creía que un buen estudiante debe querer saber «lo que es apropiado con respecto a los dioses, los padres, los hermanos, la patria, y los extraños» (*Diatr.* 2.17.31; cf. 2.14. 8). Según Séneca, la filosofía estoica «aconseja cómo el esposo debe conducirse hacia su esposa, cómo un padre debe criar a sus hijos, o cómo el amo debe gobernar a sus esclavos» (*Epist.* 94.1).[30] La misma preocupación con las relaciones de la familia ocasionalmente reaparece en la literatura del judaísmo helenista, especialmente como un intento de interpretar la ley mosaica para un público gentil. Filón, por ejemplo, explicaba el enfoque de la ley mosaica a las relaciones de la familia de esta manera:

> Si ultrajas a un esclavo o a un hombre libre, si lo mantienes en grillos, si lo aprisionas y lo vendes … es muerte.

---

[27] En 1:22 Pablo dice que Cristo reconcilió a los colosenses con Dios «a fin de presentarlos santos, intachables e irreprochables delante de él». Los imperativos a reconciliarse unos con otros en los capítulos 3 y 4 descansan en este indicativo de la propia obra de Cristo de reconciliar a Dios con su pueblo.

[28] Platón ya había conectado la virtud cívica con la familiar y hablado de la virtud familiar en términos de deberes de «hijos, mujer, esclavo, libre, artesano, gobernante y gobernado» (*Resp.* IV 433A, C–D). Ver David L. Balch, *Let Wives Be Submissive: The Domestic Code in 1 Peter* (SBLMS 26; Scholars Press, Atlanta, 1981), 23–24.

[29] Ver Aristóteles, *Pol.* I 1253b 1–14 y 1260a 9–14. Para estos textos y la probabilidad de que la forma aristotélica del código familiar fuera ampliamente conocido en el primer siglo, ver Balch, *Let Wives Be Submissive*, 33–49.

[30] Lohse, *Colossians and Philemon*, 155, y Hübner *An Philemon, an die Kolosser, an die Epheser*, 110. Sobre la estructura legal y emocional de la familia romana, ver Andrew Wallace-Hadrill, «The Roman Family», en *The World of Rome: An Introduction to Roman Culture*, ed. Peter Jones y Keith Sidwell (Cambridge Univ. Press, Cambridge, 1997), 208–34.

Había también otras leyes tales como la de que las esposas deberían ser gobernadas por sus esposos, no por insulto, sino con vista a la obediencia en todas las cosas: que los padres deberían gobernar a sus hijos para seguridad y mejor cuidado....[31]

Parece probable alguna conexión entre Colosenses 3:18–4:1 y estos «códigos de familias», pero las amplias similitudes también destacan dos diferencias significativas. Primero, Pablo hace énfasis en la naturaleza recíproca de estas relaciones. Las esposas deben estar sujetas a sus esposos, pero los esposos deben amar a sus esposas. Los hijos deben obedecer a sus padres, pero los padres no deben provocar a sus hijos. Los esclavos deben obedecer a sus amos, pero los amos deben tratar a sus esclavos con justicia y equidad porque ellos saben que también tienen un amo celestial.[32] Es cierto que la reciprocidad en las relaciones familiares no es una innovación cristiana, pero el énfasis que se coloca en ellas aquí es inusual.[33]

Segundo, Pablo no legitima el orden de familia señalando algo intrínsecamente inferior en sus miembros subordinados. Rehúsa incluso decir que los hijos son inmaduros. El código familiar en la carta de Pablo, por consiguiente, queda integrado en el tema de reconciliación social que penetra en toda la sección de 3:5 a 4:1 y que es, a su vez, un reflejo de la reconciliación que Dios ha efectuado con el universo por la muerte de Cristo. En la familia cristiana, al igual que en la iglesia, una igualdad común subyace al ordenamiento de las relaciones porque «Cristo es todo y está en todos» (3:11).

Pablo ofrece una alternativa al programa ética de «da filosofía». Su líder era altanero (2:18), emitiendo juicios y aduciendo que no eran aptos para pertenecer a su grupo superior a menos que siguieran su programa ascético para aplacar a «los elementos del mundo» (2:16, 18). Con esta actitud carnal (2:18), afirma Pablo, aquel líder no se ha aferrado a la cabeza de la iglesia que la mantiene unificada (2:19). Puesto que Cristo ha triunfado en su muerte sobre los gobernadores y autoridades cósmicas (2:15), además, y puesto que los cristianos colosenses en su bautismo murieron con Cristo a «los elementos del mundo» (2:20), ellos no tiene nada que temer de los poderes cósmicos siempre que se mantengan aferrados firmemente a Cristo.

---

[31] Citado en Eusebio, *Praep. ev.* 357d–358a. He usado la traducción [al inglés] de Edwin Hamilton Gifford, 2 partes (Baker, Grand Rapids, 1981), 1:387–88. Cf. Josephus, *C. Ap.* 2.190–219; Pseudofosilides, *Oraciones* 175–227; y la consideración en Wilson, *Hope of Glory*, 45–46.

[32] La mutualidad del consejo de Pablo a los esclavos y amos está en contraste al énfasis del *obsequium* («obediencia») de los esclavos en la literatura de élite del período como una manera de prevenir la resistencia de los esclavos y la rebelión a las condiciones opresivas en que vivían. Ver K. R. Bradley, *Slaves and Masters in the Roman Empire: A Study in Social Control* (Oxford Univ. Press, Nueva York, 1987), 36–37. Esta mutualidad no respalda la afirmación posterior de Bradley de que en Ef 6:5 y 1 P 2:18 (erróneamente identificada como «1 P 18») «los líderes cristianos absorbieron e indirectamente respaldaron la ideología de las clases que eran dueños de esclavos en la sociedad romana en general» (ibib., 114).

[33] Cf. Hübner, *An Philemon, and die Kolosser, an die Epheser*, 111; Paul Achtemeier, *1 Peter* (Hermeneia; Fortress, Minneapolis, 1996), 52 n. 543; y Harold Hoehner, *Ephesians: An Exegetical Commentary* (Baker, Grand Rapids, 2002), 720–29. Para el punto de que la reciprocidad en los códigos de familiar no es una innovación cristiana, ver John M. G. Barclay, «Ordinary but Different: Colossians and Hidden Moral Identity», *ABR* 49 (2001): 34–52, aquí en 41 n. 11. Además a Filón, *De decalogo* 165–67, que Barclay cita, ver al estoico Séneca del primer siglo d.C. (*Ben.* 2.18.1–2) y al estoico del segundo siglo Hiérocles (Estobeo 4.22.24). La obra de Hiérocles está disponible sólo en extractos del antólogo del quinto siglo d.C. Juan Estobeo (o Stobaeus). Los pasajes relevantes de Séneca y Hiérocles aparecen en Balch, *Let Wives Be Submissive*, 5 y 51–52.

Por eso, la afirmación de la filosofía de que los cristianos necesitan apaciguar a estos poderes mediante un régimen ascético específico se disuelve, y el cimiento para las tendencias altaneras de la filosofía se disuelve junto con ella (2:23). Los colosenses son entonces libres para morar en Cristo en su posición de autoridad a la diestra de Dios. Ellos participan en su resurrección y en su triunfo sobre sus enemigos (3:1; cf. Sal 110:1); triunfo que ha empezado a reconciliar a todo el mundo con Dios. Las relaciones entre ellos deben ser un reflejo de esta reconciliación cósmica.[34]

Cristo propina derrota a los poderes cósmicos en colosenses

Contra las nociones de que Cristo es sólo uno entre muchos poderes cósmicos, que el éxito en esta vida o en la venidera depende de apaciguar a estos poderes, y que «la filosofía» es la depositaria de la sabiduría que puede apaciguarlos, Pablo afirma aquí la preeminencia de Cristo. Cristo es superior a los «gobernantes y autoridades», afirma, porque Dios los creó por Cristo y para Cristo (1:16). Él también es superior a ellas porque por su muerte en la cruz las ha despojado de sus capacidades malévolas, tal como los soldados capturados son despojados de sus armas, y él las condujo en un desfile triunfal, tal como el general victorioso conduce a los soldados derrotados a su ejecución (2:15).

Cuando Jesús murió en la cruz, los cristianos también murieron con él. La derrota que Cristo logró sobre estos poderes, por consiguiente, también es la derrota que ellos logran sobre esos poderes. Ellos moran con Cristo a la diestra de Dios y, como él, se sientan junto a Dios con estos poderes cósmicos a sus pies (3:1–3). La noción de que los cristianos colosenses deban usar prácticas ascéticas para apaciguar a los gobernadores y autoridades, por consiguiente es «vana y engañosa» (2:8). El complicado esquema ascético de la filosofía puede parecer sabiduría de una manera superficial, pero es solamente una farsa; todos los tesoros de sabiduría y conocimiento residen en Cristo, y el único medio efectivo de resistir las tendencias de pecado de la carne es morir y resucitar con él (2:3–3:4).

La cruz no solamente efectuó la derrota de los poderes cósmicos adversos sino también la reconciliación de los cristianos colosenses con Dios (1:20, 22). Mediante la muerte expiatoria de Cristo, Dios ha perdonado las transgresiones de los cristianos colosenses (2:13–14) y los ha incluido en las etapas iniciales del proceso por el que, mediante la muerte expiatoria de Cristo en la cruz, él reconciliará todas las cosas consigo mismo y restaurará a la creación a su posición de comunión con Dios anterior a la caída de Adán (1:20). Los colosenses proveen evidencia del alcance universal de los planes de Dios para la reconciliación porque aunque son gentiles (1:27) y estaban muertos en sus pecados y en la incircuncisión de su carne (2:13), Dios los ha incluido en su pueblo por la muerte y resurrección de Cristo.

Porque Dios los ha reconciliado consigo mismo y porque ellos forman las etapas iniciales del plan de Dios para reconciliar todo consigo mismo, los cristianos colosenses deben reflejar la naturaleza perdonadora y reconciliadora de Dios en sus relaciones unos con otros. En lugar de permitir que un temor falso de los poderosos cósmicos y los reclamos altaneros del principal promotor de la filosofía dicte su conducta, la iglesia colosense debe vivir de una manera que refleje la paz que Dios ha hecho con su creación por la sangre que Jesús derramó en la cruz.

---

[34] Sobre el uso de Sal 110:1 (LXX 109:1) aquí, ver Hübner, *Biblische Theologie*, 2:360, y *An Philemon, and die Kolosser, an die Epheser*, 98.

FILEMÓN: LA RECONCILIACIÓN EN LA PRÁCTICA

La ética de reconciliación que Pablo promovió en su carta a los Colosenses incluyó la amonestación a los esclavos de que debían obedecer de todo corazón a sus amos, y a los dueños de esclavos que debían tratar a sus esclavos con equidad y justicia.[1] En su carta a Filemón, Pablo insta a la reconciliación de un amo con su esclavo debido a la nueva relación entre los dos implicada por la conversión del esclavo al cristianismo. Pablo insiste que Filemón (el dueño) deje a un lado los convencionalismos sociales brutales que rodeaban a la esclavitud romana antigua y que ame a Onésimo (el esclavo) como si fuera su hermano, en verdad como si Onésimo fuera el mismo Pablo, anciano y preso, pero no menos autoritativo para todo eso.[2] A fin de entender la teología que subyace en la profunda transformación de Pablo de los convencionalismos sociales romanos en Filemón, es necesario reconstruir, en todo lo que sea posible, las circunstancias que motivaron esta breve carta.

La huida de Onésimo a pablo y la carta de pablo a Filemón

Tradicionalmente, los intérpretes de la carta han pensado que Onésimo robó dinero de su amo Filemón y huyó. De alguna manera encontró al íntimo amigo de su amo, Pablo, y por él llegó a ser cristiano. Pablo entonces envió al fugitivo de regreso a su amo con una carta suplicando que Filemón perdone a Onésimo y prometiendo pagar de sus propios fondos el dinero que Onésimo había robado.[3] Esta construcción depende fuertemente en dos presuposiciones: que cuando Pablo dice que está enviando de regreso a Onésimo (v. 12) Onésimo ha huido, y que cuando Pablo instruye a Filemón que cargue a su propia cuenta cualquier injusticia o deuda de Onésimo (vv. 18–19), Onésimo le ha robado dinero a su amo.

Este escenario tradicional, sin embargo, es innecesariamente complicado. Hay que asumir que cuando Onésimo huyó, no tenía la intención de encontrar a Pablo sino que, por lo que parece una probabilidad improbable, se halló en compañía del apóstol.

---

[1] El consejo a los esclavos es más largo que el consejo a los amos, lo que a primera vista se podría ver cómo que viola el principio de mutualidad sugerido en el capítulo previo. Esta impresión necesita ser moderada, sin embargo, con el conocimiento de que probablemente muchos más esclavos que dueños de esclavos eran cristianos. Aunque escribe con hostilidad y un siglo más tarde, el perfil social del cristianismo que escribe Celso en el siglo segundo probablemente no está demasiado fuera del blanco para el primer siglo: «Quieren y pueden convencer», dice, «sólo a los necios, innobles y estúpidos, y sólo a esclavos, mujeres y niños pequeños» (Orígenes, *Cels.* 3.44).

[2] A pesar de la algunas veces optimista descripción de la esclavitud antigua romana como bienes muebles en la literatura escolástica sobre el Nuevo Testamento, la institución era brutal. Sobre esto ver K. R. Bradley, *Slaves and Masters in the Roman Empire: A Study in Social Control* (Oxford Univ. Press, Nueva York, 1987); John M. G. Barclay, «Paul, Philemon and the Dilemma of Christian Slave-Ownership», *NTS* 37 (1991): 161–86, aquí en 165–70; y J. Albert Harrill, *The Manumission of Slaves in Early Christianity* (HUT 32; J. C. B. Mohr [Paul Siebeck], Tübingen, 1995), 11–56.

[3] Ver, por ej., J. B. Lightfoot, *Saint Paul's Epistles to the Colossians and to Philemon* (Macmillan, Londres, 1879), 310–15; C. F. D. Moule, *The Epistles to the Colossians and to Philemon* (CGTC; Cambridge Univ. Press, Cambridge, 1957), 18–21; Barclay, «Dilemma of Christian Slave-Ownership», 163–65.

Una explicación mucho más sencilla para la carta, y que tiene precedente histórico contemporáneo, sostiene que Onésimo había experimentado una ruptura de relación con su amo y va a Pablo específicamente para pedirle que intervenga a su favor. La ley romana del primer siglo hacía distinción entre un esclavo que huía para escapar de ser propiedad de su amo, y un esclavo que huía a un amigo del amo, a un templo, o a una imagen de un emperador romano buscando asilo.[4] El esclavo que huía a tal refugio para escapar del maltrato no se le consideraba fugitivo (*Dig.* 21.1.17.12). En una carta famosa de la primera década del segundo siglo, el joven Plinio escribió a su amigo Sabiniano respecto a un liberto precisamente en esta dificultad (*Ep.* 9.21).[5] El liberto había huido a Plinio después de ofender a su amo y, temiendo alguna represalia severa, le pidió a Plinio que intercediera por él antes Sabiniano. Plinio ruega a Sabiniano que perdone al liberto y que renueve su amor por él, y sin embargo rehúsa suplicarle a Sabiniano que hiciera esto para que no «pareciera que estaba obligando en vez de suplicando que lo perdonara».

La carta de Pablo encaja bien en este tipo de situación. Onésimo probablemente había cometido un error, intencional o no, que le costó a Filemón algún dinero (v. 18). Sabiendo que Pablo era amigo de su amo, Onésimo acudió a Pablo para buscar asilo y pedirle a Pablo que intercediera por él.[6] En su respuesta Pablo, como Plinio, anima a Filemón a mostrar amor a Onésimo (vv. 9, 16), y, en una frase que inequívocamente se asemeja al lenguaje de la carta de Plinio, dice que aunque le gustaría ordenarle a Filemón que hiciera lo que es apropiado, prefiere más bien suplicarle en base al amor (v. 8).

Estas similitudes superficiales entre las dos cartas, sin embargo, sólo destacan una diferencia contundente. Onésimo había llegado a ser cristiano durante el período de asilo con Pablo (vv. 10, 16), y por consiguiente la carta de Pablo no es una petición a Filemón para que perdone a su esclavo sino una descripción de la reorientación radical de la relación entre Onésimo y Filemón que resulta de la conversión de Onésimo. Los dos hombres se deben reconciliar entre sí, no meramente como esclavo ofensor y amo ofendido (como en la carta de Plinio). Se deben reconciliar *como hermanos creyentes* que tienen en común su conversión mediante la ejecución fiel de Pablo de su tarea apostólica y que tienen en común la responsabilidad de ayudar a Pablo en el desempeño de su tarea. Su reconciliación entre sí mediante el evangelio derriba los convencionalismos sociales por el que una vez se relacionaban entre sí solo como amo y esclavo. Ahora deben relacionarse uno a otro como hijos de Pablo, como hermanos en la carne y en el Señor, y como colaboradores con Pablo en el progreso del evangelio.

Pablo no envía a Onésimo de regreso a Filemón, por consiguiente, esperando que Filemón generosamente se haga de la vista gorda en cuanto a la ofensa de Onésimo y acepte al esclavo de vuelta en su familia (como Sabiniano a la larga aceptó de vuelta a su liberto).[7] Lo envía de regreso

---

[4] Peter Lampe, «Keine 'Sklavenflucht' des Onesimus», *ZNW* 76 (1985): 135-37; Bradley, *Slaves and Masters*, 124-25.

[5] Incluso después de la manumisión, el amo a menudo retenía poder sobre un ex esclavo. Bradley, *Slaves and Masters*, 81, explica: «Como condición de liberación de una situación servil el liberto podría hallarse a sí mismo atado a su amo por un nexo de obligaciones … como resultado de las cuales él continuaría desempeñando varios servicios para el patrón por un cierto período de tiempo».

[6] Cf. James D. G. Dunn, *The Epistles to the Colossians and to Philemon* (NIGTC; Eerdmans, Grand Rapids, 1996), 304-5, y Hans Hübner, *An Philemon, an die Kolosser, an die Epheser* (HNT 12; J. C. B. Mohr [Paul Siebeck], Tübingen, 1997), 34.

[7] Plinio, *Ep.* 9.24.

para que la relación entre los dos hombres pueda ser reorientada alrededor de su membresía común en la familia de Dios. También le envía de regreso a fin de que Filemón, por decisión propia, pueda permitir que Onésimo vuelva a Pablo y le ayude, en lugar de Filemón, en la obra del evangelio.[8] En su carta a Filemón, por consiguiente, la teología de reconciliación cósmica que Pablo describió en su carta a los Colosenses toma una expresión específica en el realineamiento radical de relación entre un esclavo cristiano y su amo.[9]

La teología de la petición de Pablo

Pablo basa su petición a Filemón en tres presuposiciones teológicas. Primero, Pablo da por sentado que Dios le ha dado a Filemón el deseo de hacer lo que es debido. Por eso Pablo no le ordena a Filemón «lo que debes hacer», aunque piensa que está dentro de los límites de su autoridad apostólica hacerlo, pero apela a él en base al amor (v. 8). De modo similar, rehúsa retener a Onésimo sin el «consentimiento» (*gnome*) de Filemón y quiere que Filemón envíe a Onésimo de regreso a él no por «obligación» sino «espontáneamente» (v. 14). Pablo se siente «confiado» de que Filemón obedecerá sus deseos, pero no quiere imponer el asunto (v. 21).

Algunos intérpretes han entendido todo esto como un esfuerzo de Pablo por mostrar magnanimidad mientras manipula a Filemón para que lo obedezca. Después de todo, la carta debe leerse ante la iglesia que se reúne en la casa de Filemón (v. 2), y Pablo le dice a Filemón que planea visitar su casa pronto (v. 22). Bajo esas circunstancias, ¿cuánta libertad tendría Filemón para ignorar los deseos de Pablo? De seguro Pablo expone sus sentimientos reales cuando cerca del final de la carta habla de la «obediencia» de Filemón (v. 21).[10]

En otras partes, sin embargo, Pablo muestra disposición a permitir que sus iglesias tomen sus decisiones para hacer lo que sabe que es correcto. En Filipenses 3:12–15a, por ejemplo, Pablo se ofrece como ejemplo de uno que correctamente no deja que su confianza en la justicia que viene de Dios lo lleven a la complacencia, pero, dice, «Y si en algo piensan de forma diferente, Dios les hará ver esto también» (3:15b). En Romanos 14:1–15:13 Pablo está convencido que los que no distinguen entre comidas o días tienen razón (14:14; cf. 14:20). No obstante, insiste que los que sostienen esta posición eviten imponer sus puntos de vista sobre otros porque «Cada uno debe estar firme en sus propias opiniones» (14:5).

---

[8] La preocupación de Barclay, «Dilemma of Christian Slave-Ownership», 170–75, respecto a exactamente qué es lo que Pablo está pidiéndole a Filemón aturde. Pablo dice explícitamente en vv. 13–14 que le gustaría retener a Onésimo a su lado, pero no quiere hacerlo sin permiso de Filemón. Esta es ciertamente una petición cortés para que Filemón envíe a Onésimo de regreso a Pablo. Es más, la referencia en el v. 18 al mal que Onésimo había cometido contra Filemón, puesta como está en el contexto de la petición de que Filemón reciba a Onésimo con amor fraternal, claramente muestra que Pablo quiere que Filemón y Onésimo se reconcilien.

[9] Cf. Ralph P. Martin, *Reconciliation: A Study of Paul's Theology* (NFTL; John Knox, Atlanta, 1981), 231–32. El eslabón histórico entre las cartas de Pablo a los Colosenses y a Filemón es claro por la situación común implicada en ambas. Onésimo, que se dice que era de Colosas, aparece en Colosenses, en donde Pablo dice que le envía de regreso a Colosas con Tíquico, el portador de la carta a la iglesia colosense (Col 4:7-9). Además, Epafras, Marcos, Aristarco, Demas y Lucas están con Pablo cuando él escribe ambas cartas (Col 1:7; 4:10, 12, 14, 17; Flm 24), y Pablo menciona en ambas a Arquipo (Col 4:10; Flm 1).

[10] Ver esp. Barclay, «Dilemma of Christian Slave-Ownership», 171–72.

De modo similar, en 1 Corintios siete Pablo permite a los corintios la «concesión» de abstenerse de relaciones sexuales con sus cónyuges para dedicarse a la oración (7:6) y ofrece su «juicio» (*gnome*) sobre si, a la luz de «la crisis presente», el matrimonio es aconsejable (7:25, 40). Sin embargo, no quiere «echarles el lazo», y que los que no siguen su consejo no estén pecando (7:28, 35–36, aut.). En 2 Corintios 8–9 rehúsa ordenarles a los corintios que contribuyan a la ofrenda para los cristianos judíos que sufrían en Jerusalén, pero quiere que cualquier contribución surja de «sinceridad», «buena voluntad», y decisión alegre del corazón de uno (8:8, 11–12; 9:7).

Si era necesario Pablo podía dictar directivas autoritativas en cuanto a cómo sus iglesias debían conducirse. Al mismo tiempo parece haber creído que la conducta ética cristiana debe brotar de las propias convicciones internas del individuo. Tal vez su comprensión del nuevo pacto como pacto cuyas estipulaciones están escritas en el corazón le ha llevado a esta posición (2 Co 3:6; cf. Is 54:13; Jer 31:31–34; Ez 11:19; 36:26–27; 37:24).[11]

Segundo, Pablo da por sentado que él y Filemón concuerdan en el punto central de la ética cristiana: el amor por el prójimo. Por consiguiente, basa su apelación a Filemón en el amor (v. 9); el amor cristiano que Filemón ya ha demostrado hacia Pablo y a muchos otros por su buena voluntad para reconfortar sus «corazones» (vv. 5, 7).[12] Debido a las demostraciones pasadas de Filemón de amor hacia otros, Pablo se siente confiado que actuará con amor hacia Onésimo y hacia el mismo Pablo (vv. 9, 13–14, 21). Puesto que Onésimo está en el «propio corazón» de Pablo (v. 12), Pablo sabe que Filemón reconfortará su «corazón» (v. 20) al tratar a Onésimo con amor (v. 16) y al enviarle de vuelta para que trabaje con Pablo en lugar de Filemón (vv. 13–14, 20–21).[13]

Este énfasis en el amor en la carta probablemente surge de la centralidad del mandamiento de amor en el entendimiento de Pablo de la ética cristiana. En sus cartas a los Gálatas y a los Romanos Pablo había resumido el decálogo en términos del mandamiento de amor (Ro 13:5–10; Gá 5:14), y lo había hecho así precisamente en el contexto de una afirmación radical en cuanto al impacto del evangelio en los límites sociales establecidos (Ro 3:19, 22b, 29; 4:16–17; 9:24; 11:32; Gá 2:11–21; 3:28). En 1 Corintios, de nuevo, en donde las distinciones sociales de clase estaban fomentando el espíritu divisivo en la comunidad, Pablo instó a los «fuertes» de Corinto que valoren el amor por sobre el conocimiento (1 Co 8:1–2; 13:1–13). Así que aquí también, puesto que Filemón es un creyente, mostrar amor hacia Onésimo es lo correcto (vv. 8–9).

Pablo no apela, por consiguiente, a Filemón, como Plinio parece hacerlo, en base a un afecto que naturalmente ha crecido entre el amo y el esclavo en su casa, sino en base a la propia reducción de Jesús de la regulación de la ley mosaica de relaciones sociales al precepto de Levítico 19:18: «Amarás a tu prójimo como a ti mismo». Como Jesús, que definió al prójimo en este mandamiento como el

---

aut. traducción del autor

[11] Ver Frank Thielman, «Law and Liberty in the Ethics of Paul», *ExAud* 11 (1995): 63-75. Cf. el comentario de Eduard Lohse, *Colossians and Philemon* (Hermeneia; Fortress, Philadelphia, 1971), 202: «El amor se puede expresar concretamente sólo en base a una decisión que se toma libremente».

[12] El «amor del v. 9, por consiguiente, no es «amor considerado como un principio que exige respeto deferencial», como sostienen Lightfoot, *Colossians and Philemon*, 22, y Lohse, *Colossians and Philemon*, 198. «Amor» en el v. 9 se define más bien por «amor» en vv. 5 y 7 y es por consiguiente la propia demostración práctica de amor de parte de Filemón. Ver Peter T. O'Brien, *Colossians, Philemon* (WBC 44; Word, Waco, Tex., 1982), 289.

[13] Lohse, *Colossians and Philemon*, 195.

extraño y el enemigo (Lc 10:29–37), Pablo entiende el mandamiento del amor como significando que dentro del pueblo de Dios recientemente restaurado, las barreras entre grupos étnicos y clases sociales quedan a nivel.[14]

Tercero, Pablo da por sentado que la conversión de Onésimo ha cambiado radicalmente el lugar de Onésimo en la casa de Filemón.[15] En esta carta y dentro de los límites de la iglesia colosense, Onésimo ya no es esclavo de Filemón sino, «algo mejor», que esclavo, es un «hermano querido» (v. 16).[16]

Pablo, además, toma la posición de padre para ambos: él ha dado a luz a Onésimo en prisión y también trajo a la vida a Filemón (vv. 10, 19). Onésimo y Filemón, en otras palabras, han experimentado la conversión al creer el evangelio que Pablo les comunicó. En un sentido metafórico Pablo como su padre (cf. Gá 4:19; 1 Ts 2:7), y los dos son hermanos entre sí. Hablando prácticamente, esto quiere decir que Pablo está dispuesto a pagar las deudas de Onésimo, tal como un padre pagaría la deuda pendiente de su hijo (vv. 18–19a). También quiere decir que Filemón debe estar dispuesto a pasar por alto cualquier injusticia o deuda que Onésimo haya cometido contra él (vv. 19–20). Como anticipándose a la posibilidad de que Filemón pueda dejar esta hermandad en el ámbito teórico sin ningún impacto real en su interacción día tras día con Onésimo, Pablo específicamente dice que Onésimo es hermano de Filemón «tanto en la carne como en el Señor» (v. 16, aut.).

De una manera que es consistente con esta nivelación de relaciones sociales, Pablo valora a Onésimo como un colaborador en la proclamación del evangelio (vv. 11, 13), tal como valora a Filemón en la misma capacidad (vv. 1, 13, 17). Por otro lado, cuando Onésimo llegue a la puerta de Filemón, Filemón debe por consiguiente tratar a Onésimo como habría tratado a Pablo. Esto es lo que alguien que considera a Pablo como «compañero» haría (v. 17). Por otro lado, cuando Onésimo llegue de regreso a la puerta de Pablo, Pablo lo considerará como tomando el lugar de Filemón al ayudar a Pablo en su encarcelamiento por la proclamación del evangelio (v. 13).

Las implicaciones sociales radicales del evangelio

Estas tres presuposiciones teológicas: que Dios lleva a los creyentes a tomar decisiones correctas, que el amor de unos a otros es central en la ética cristiana, y que el evangelio derriba las barreras sociales, tomadas juntas, hacen una afirmación social que, dentro del contexto de la cultura de Pablo,

---

[14] Cf. David Wenham, *Paul: Follower of Jesus or Founder of Christianity* (Eerdmans, Grand Rapids, 1995), 234–40.

[15] Chris Frilingos, «'For My Child, Onesimus': Paul and Domestic Power in Philemon», *JEL* 119 (2000): 91–104. Cf. John L. White, *The Apostle of God: Paul and the Promise of Abraham* (Hendrickson, Peabody, Mass., 1999), 52–53.

[16] Cf. Norman Petersen, *Rediscovering Paul: Philemon and the Sociology of Paul's Narrative World* (Fortress, Philadelphia, 1985), 289–90, y Neil Elliott, *Liberating Paul: The Justice of God and the Politics of the Apostle* (Maryknoll, N.Y.: Orbis, 1994), 47–48. Puesto que la carta se debía leer a toda la iglesia y dentro de la casa de Filemón, Pablo quiere que toda la iglesia tenga conocimiento del realineamiento que ha tenido lugar entre Onésimo y Filemón. Sobre esto ver Frilingos, «'For My Child, Onesimus'», 99.

aut. traducción del autor

es aturdidoramente radical. Pablo cree que el evangelio reconfigura una de las relaciones sociales más básicas, y más brutales, de sus días: la esclavitud.

La esclavitud estaba profundamente entretejida en la fibra económica del imperio romano; sin ella los romanos no podrían haber logrado el dominio político de la región mediterránea, ni hubieran sido posibles sus celebrados logros arquitectónicos, cívicos, literarios y filosóficos. La esclavitud proveía a las clases acomodadas con la facilidad para cultivar estrategias, preparar planes, debatir legislación, escribir poesías y ensayos, y pensar en la vida. Al mismo tiempo, la esclavitud era inevitablemente deshumanizante y opresiva: los esclavos, y no solo su trabajo, eran propiedad de sus amos.[17] Aunque eran «almas humanas», se compraban y se vendían como bronce, hierro, mármol o canela.[18] No tenían derechos legales y podían ser engendrados, violados, castigados o asesinados a capricho de sus amos. La institución era tan brutal que podía haber sobrevivido sólo por el uso sistemático del temor y la violencia.[19]

Pablo piensa que el evangelio transforma esta relación social de modo que el esclavo y el amo son hermanos «amados, tanto en la carne como en el Señor» (v. 16, aut.). También cree que los hermanos en el Señor deben ser responsables por el bienestar unos de otros (Gá 6:1), deben ser esclavos unos de otros (5:13), y deben llevar los unos las cargas de los otros (6:2).[20] Una redefinición así de radical de la relación entre amo y esclavo elimina la brutalidad y los aspectos deshumanizantes de la esclavitud romana, y con estos aspectos quitados, la eliminación de la institución, por lo menos en círculos cristianos, espera sólo que la consistente aplicación de la visión social radical de Pablo sea completa.

EFESIOS: LA UNIDAD DE LA IGLESIA Y EL COSMOS EN CRISTO

Al mismo tiempo que Pablo escribía Colosenses y Filemón, también escribió una carta más general a los creyentes en la parte sur central de Asia romana.[1] Muchas de estas iglesias probablemente

---

[17] Ver esp. Bradley, *Slaves and Masters*.

[18] Ap 18:11-13.

[19] Bradley, *Slaves and Masters*, 113-37.

aut. traducción del autor

[20] Barclay, «Dilemma of Christian Slave-Ownership», 178-79, cree que la hermandad cristiana, según la define la teología de Pablo, no podría ser compatible con la posesión de esclavos y sin embargo que Pablo vaciló en derivar estas conclusiones radicales. Esta vacilación, arguye, es evidente en la naturaleza vaga de la petición de Pablo a Filemón. Las peticiones de Pablo a Filemón, sin embargo, no son vagas, y, como lo muestra el realineamiento radical de la carta en cuanto a los asuntos de la casa de Filemón, Pablo estaba dispuesto a hablar la verdad respecto a las implicaciones sociales del evangelio, por inconvenientes que podrían ellas haber sido a los poderosos.

[1] Probablemente él dirigió la carta a los efesios porque Éfeso era la ciudad más importante de la región y el lugar de la comunidad cristiana más grande. Sobre esto, ver Harold W. Hoehner, *Ephesians: An Exegetical Commentary* (Baker, Grand Rapids, 2002), 79. Aunque *en Efeso* («en Éfeso») en 1:1 no aparece en varios de los testigos tempranos al texto de la carta, Hoehner, *Ephesians*, 146, arguye persuasivamente que el balance de la evidencia textual favorece ligeramente la inclusión de la frase. Esto produce la construcción griega, que se admite difícil, *tois jagiois tois ousin en Efeso kai pistois* («a los santos que están en Éfeso y a los

nacieron durante el prolongado ministerio de largo alcance de Pablo en Éfeso (Hch 19:10), pero no mediante los esfuerzos del mismo Pablo. Pablo puede haber pensado de las iglesias de Colosas, Laodicea y Hierápolis como parte de este grupo, y, tal como su colaborador Epafras había trabajado para establecer iglesias en esos lugares (Col 1:7; 4:13), así otros colaboradores pueden haber tenido ministerios similares en otras ciudades cercanas.[2]

Como con las reuniones de cristianos en Colosas y Laodicea, probablemente Pablo no había visitado algunas de estas iglesias, y así implica tanto que no conoce personalmente a sus lectores como que tal vez ellos no lo conocían a él (1:15; 3:2; cf. 4:1–22; Col 1:4, 9; 2:1). El hecho de que Pablo escriba esta carta para este grupo diverso de lectores probablemente explica su falta de referencias a problemas en particular y para el problema que muchos intérpretes consecuentemente han tenido para hallar un escenario concreto de vida para ella.[3]

Efesios, como todas las cartas de Pablo, sin embargo, tenía un propósito pastoral, y, como es común en su correspondencia, Pablo da indicios de este propósito en su informe de oración intercesora en la carta. Pablo da gracias por la fe y amor de sus lectores (1:15) pasa rápidamente a interceder a favor de ellos para que Dios los capacite para entender su esperanza como los que han sido llamados, su situación como su propia herencia rica, y el inmenso poder que les pertenece como creyentes (1:18–19). Pablo entonces hace una digresión a las bendiciones que han venido a sus lectores como resultado de la muerte y resurrección de Cristo (2:1–22), y a su propia parte para llevar a estas bendiciones a los gentiles (3:2–12). Concluye su digresión con esta afirmación: «Así que les pido que no se desanimen a causa de lo que sufro por ustedes, ya que estos sufrimientos míos son para ustedes un honor» (3:13).

«Por esta razón», Pablo entonces explica, él ora que Dios fortalezca a sus lectores mediante la obra interna de su Espíritu y que ellos tengan el poder para captar el vasto alcance de su amor (3:14–19).[4] Evidentemente, Pablo cree que sus lectores se han desalentado, por lo menos en parte, debido

---

fieles»). Los padres de la iglesia que hablaban griego, Crisóstomo, Teodoro de Ciro, y Teófilacto de Acrida, sin embargo, no delatan ninguna confusión en cuanto a su significado, que toman ser que los cristianos en Éfeso son tanto santos como fieles (PG 62:9–10; 82:509; 124:1033).

[2] Cf., por ej., J. Armitage Robinson, *St. Paul's Epistle to the Ephesians* (James Clarke, Londres, 1928), 11–13; F. F. Bruce, *The Epistles to the Colossians, to Philemon, and to the Ephesians* (NICNT; Eerdmans, Grand Rapids, 1984), 245; y Peter T. O'Brien, *The Letter to the Ephesians* (PNTC; Eerdmans, Grand Rapids, 1999), 57–58.

[3] Ver esp. Andrew T. Lincoln, *Ephesians* (WBC 42; Word, Dallas, 1990), lxxiv, e idem, «The Theology of Ephesians» en *The Theology of the Later Pauline Letters*, por Andrew T. Lincoln y A. J. M. Wedderburn (New Testament Theology; Cambridge Univ. Press, Cambridge, 1993), 78–79. La naturaleza general de la carta, su estrecha relación a Colosenses, y su inusual vocabulario, estilo y pensamiento ha llevado a muchos estudiosos, incluyendo a Lincoln, a concluir que la carta es pseudónima. Parece improbable, sin embargo, que el autor copiaría la amonestación a no mentir que se halla en Col 3:9–10, hiciera más enfático su propio lenguaje («cada uno de ustedes»), y la fortaleciera con una alusión a las Escrituras (Ef 4:25; cf. 4:15 y Zac 8:16) todo dentro de un fraude de su propia cosecha. Sobre la genuinidad de la carta, ver esp. el juicioso argumento de O'Brien, *Ephesians*, 4–47. Cf. Hoehner, *Ephesians*, 2–61.

[4] La oración de 3:14–19 tiene dos peticiones, una en el v. 16 y otra en el v. 18, cada una indicada por una cláusula *jina*. Ver Petr Pokorný, *Der Brief des Paulus an die Epheser* (THKNT 10.2; Evangelische Verlagsanstalt, Leipzig, 1992), 153, y O'Brien, *Ephesians*, 256 n. 141.

a su encarcelamiento (3:1; 4:1; 6:20) y que necesitan que se les recuerde (2:11) de quiénes son como creyentes en el evangelio y lo que su nueva posición, creada por su fe, requiere de ellos.[5]

Si Pablo escribió esta carta durante su encarcelamiento en Roma descrito en Hechos 28:11–31, entonces habría estado bajo guardia romana por entre tres o cuatro años para cuando la escribió: primero en Cesarea (dos años), luego como preso viajando por mar a Roma (algo así como un año), y finalmente en Roma misma (dos años).[6] Después de un período tan largo de silencio de parte del apóstol más íntimamente conectado con su propia consagración al evangelio, los cristianos de Asia pueden haber experimentado un período de desaliento, particularmente si los fuegos de la persecución de los cuales 1 Pedro y Apocalipsis testifican habían empezado a arder.[7] Necesitaban un recordatorio de estímulo de todo lo que Dios había hecho por ellos en Cristo y que a pesar de los asaltos de los poderes invisibles desataban contra los propósitos de Dios, el diablo no triunfará en reclamar el cosmos de la obra redentora que Dios ya había realizado en la muerte, resurrección y sesión celestial de Cristo Jesús. También necesitaban estímulo para vivir de una manera acorde con su papel importante en la nueva creación de Dios. Pablo espera suplir estas necesidades recalcando dos temas: (1) la unificación a la larga del universo debido a la muerte, resurrección y sesión celestial [o acto de sentarse] de Cristo, y (2) la responsabilidad de la iglesia de proclamar mediante su propia unidad este objetivo supremo de Dios.[8]

La unificación del universo en la muerte, resurrección y sesión celestial de cristo

Pablo revela en la extravagante bendición que empieza la carta y en la oración intercesora de la carta que uno de sus objetivos principales al escribir es recordarles a sus lectores su lugar en los propósitos de la gracia de Dios. Quiere que entiendan que ellos desempeñan un papel esencial en el plan divino misericordioso y de largo alcance de reunir todo en Cristo «para alabanza de su gloria». En su oración intercesora, por consiguiente, Pablo pide que sus lectores puedan comprender la anchura, la longitud, la altura y la profundidad del amor de Cristo; amor, dice, que sobrepasa todo conocimiento (3:18–19).

En la bendición de apertura de la carta Pablo describe más plenamente lo que esto significa. Allí dice que Dios ha derramado abundantemente su rica gracia en los cristianos revelándoles el misterio

---

[5] Cf. Lincoln, Ephesians, 76–77, e idem, «Ephesians», 82–83. Lincoln se imagina una razón similar para la carta, pero la pone en un escenario post paulino.

[6] Ver Hch 24:9, 27; 28:11, 30 para las notas cronológicas que permiten estos cálculos.

[7] Primera de Pedro fue escrita a las iglesias en cinco provincias de Asia Menor, una de las cuales era Asia, y fue escrita para consolar a los cristianos que atravesaban la «prueba de fuego» de la persecución (1 P 4:12). Ap 2:3 se refiere a la persecución en Éfeso; 2:10 a la persecución en Esmirna; 2:13 a la persecución en Pérgamo; y 3:8–10 a la persecución en Filadelfia. Ver capítulos 30 y 32 abajo. Medio siglo después de que Pablo escribió Efesios, Ignacio, obispo de Antioquía, tuvo que amonestar a las iglesias de Éfeso, Magnesia, Filadelfia y Esmirna para que se reúnan más frecuentemente y no sucumban a una mezcla herética de cristianismo doceta y judaismo. Ver, por ej., Ig. *Eph.* 5.2; 13.1; 16.1–2; *Magn.* 7.2; 8.1–11.1; *Phld.* 6.1; 8.2; *Pol.* 3.1; 4.2.

[8] Ver Max Turner, «Mission and Meaning in Terms of 'Unity' in Ephesians», en *Mission and Meaning: Essays Presented to Peter Cotterell*, ed. Antony Billington, Tony Lane, y Max Turner (Paternoster, Carlisle, 1995), 138–66, y O'Brien, *Ephesians*, 58–65.

de propósito por el cual Cristo vino (1:7–9). La aparición de Cristo fue parte del plan de Dios de llevar los tiempos a su cumplimiento reuniendo todo en el cielo y en la tierra (1:10). Este plan, o sea, cumplir los tiempos al reunir todas las cosas en el cielo y todas las cosas en la tierra, es la principal preocupación teológica de la primera sección principal de la carta (1:3–3:21).[9]

La unificación de Dios del tiempo en Cristo

Pablo dice en 1:10 que la unificación de Dios de todas las cosas en Cristo es parte de un plan divino de traer los «tiempo» (*kairoi*) a su cumplimiento. El plural muestra que Pablo, como otros pensadores apocalípticos judíos de su era, dividían el tiempo en períodos discretos y sostenían que Dios ha diseñado estos períodos para que avancen hacia un objetivo en particular. En toda la carta Pablo recuerda a sus lectores de varias maneras que en Cristo y en su cuerpo la iglesia, el plan histórico de Dios ha empezado a llegar a su clímax.[10] A fin de entender esto, debemos entender el concepto de historia que Pablo y sus lectores presuponen.

En la carta Pablo presupone que Dios poseía un plan para el universo antes de crearlo. De este modo, Pablo puede decir que Dios «escogió» a su pueblo «antes de la creación del mundo» y «predestinó» su adopción (1:4–5; cf. 1:11), y puede hablar del «plan» de Dios conforme al cual tuvieron lugar esas decisiones primordiales (1:10; 3:9). De acuerdo a este plan, «Dios ... creó todas las cosas» (3:9) en el cielo y en la tierra, y agrupó los seres celestiales y terrenales en unidades. Como Padre de todos estos seres, le dio a cada unidad un nombre familiar apropiado (3:15; cf. Gn 2:20a; Sal 147:4; Is 40:25–26; 1QS 11.19).[11]

Sin embargo, la creación de Dios, tanto celestial como terrenal, se rebeló contra él, y los seres que componían el universo quedaron alejados de su Creador.[12] Del lado humano, también quedaron alejados unos de otros. El diablo y los poderes cósmicos empezaron una lucha contra los propósitos

---

[9] La expresión crítica «reunir en él todas las cosas» (*anakefalaioo*) en 1:10 quiere decir reunir una variedad de artículos y recapitularlos en una forma breve y unificada, como cuando uno resume un discurso. Ver Heinrich Schlier, «anakefalaioomai», *TDNT*, 3:681–82, y sobre la posición clímax de esta expresión dentro de la bendición de 1:3–14, ver Chrys C. Caragounis, *The Ephesian* Mysterion: *Meaning and Content* (ConBNT 8; Lund: CWK Gleerup, 1977), 95, y Hans Hübner, *Biblische Theologie des Neuen Testaments*, 3 vols. (Vandenhoeck & Ruprecht, Göttingen, 1990–95), 2:363–64.

[10] Cristo no ha logrado ya la «reunión» o «resumen» de todas las cosas como A. Lindemann, *Die Aufhebung der Zeit: Geschichtsverständnis und Eschatologie im Epheserbrief* (SNT 12; Mohn, Gütersloh, 1975), 98–99; Hübner, *Biblische Theologie*, 2:374; y Ernest Best, *A Critical and Exegetical Commentary on Ephesians* (ICC; T. & T. Clark, Edinburgh, 1998), 139, creen. Caragounis, *The Ephesian* Mysterion, 144 n. 21, recalca correctamente que si Dios ya hubiera resumido todo en Cristo, es difícil entender cómo Pablo pudo ver su propia predicación de este misterio como un paso en su realización (futura) (3:810).

[11] Esta interpretación presupone que 3:15 quiere decir «toda familia en el cielo y en la tierra» antes que «toda su familia en el cielo y en la tierra» (NIV). Si Pablo hubiera querido decir esta última traducción, probablemente habría colocado el artículo antes de *pasa*. Ver O'Brien, *Ephesians*, 255–56; Best, *Ephesians*, 237–38; Hoehner, *Ephesians*, 474–75. Parece innecesario proponer, como propone Heinrich Schlier, *Die Brief an die Epheser: Ein Kommentar* (Dusseldorf: Patmos, 1957), 168, y Bruce, *The Epistles to the Colossians, to Philemon, and to Ephesians;* 325, que Pablo está rebatiendo conceptos gnósticos de la creación del mundo.

[12] Esto parece quedar implicado por el término *anakefalaioo* («reunir») en 1:10. Ver Stig Hanson, *The Unity of the Church in the New Testament: Colossians and Ephesians* (Almqvist & Wiksells, Uppsala, 1946), 126.

de Dios que Pablo describe en términos militares. El diablo gobierna un «reino del aire» que incluye los poderes cósmicos rebeldes (6:11–12), y su meta es desarrollar estratagemas con las que puede frustrar los propósitos de Dios (6:11, 18). El diablo obra entre las criaturas humanas de Dios para conducirlas a seguir deseos, lujuria y pensamientos carnales y desobedecer así a Dios (2:1, 3; 4:17–19, 27). Esto ha llevado a Dios a derramar su ira sobre sus criaturas (2:3) y ha resultado en la muerte espiritual de estas (2:1).

Dios no abandonó por completo a su creación a «la vanidad de su mente» (4:17, RV-60), sin embargo, pero apartó a un pueblo especial a quien Pablo, siguiendo la terminología bíblica, llama «Israel» (2:12) y «los santos» (*jagioi* en 2:19). Aunque el pueblo de Dios en el Antiguo Testamento no era menos pecador que otras naciones (2:3), Dios les dio una ley cuyos mandamientos y ordenanzas, si los seguían apropiadamente, los separarían de esas naciones y llegarían a ser una entidad políticamente distinta (2:12, 19) y un lugar de morada apropiadamente puro para la presencia de Dios (cf. Éx 19:6; Lv 11:44–45). Si ellos hacían esto, Dios prometió, Israel sería su posesión atesorada de entre toda las naciones de la tierra (Éx 19:5).

Israel falló en esta vocación. Dios, sin embargo, prometió que entraría en un nuevo pacto con ellos y que un rey especial, el Mesías, daría paso a este período en el que él restauraría su relación con su pueblo (2:12)[13]

Los propósitos de Dios alcanzaron su momento clímax cuando el Mesías Jesús apareció. Su muerte en la cruz expió por los pecados de su pueblo escogido dentro de Israel (1:7; 2:16; 5:2, 25) y por consiguiente cumplió «los pactos de la promesa» hallados en las Escrituras (2:12). Debido a que su amor y su misericordia son tan grandes, sin embargo, Dios no ha limitado el efecto reconciliador de la muerte de Cristo a su pueblo de Israel solo, sino que mediante esta abolió la ley mosaica. De esta manera, reconcilió a los judíos con los gentiles y a ambos consigo mismo (2:11–22), y creó un nuevo y tercer pueblo: la iglesia (2:15).

Además, la resurrección del Mesías y su sesión celestial sellaron la derrota de los poderes hostiles de los cielos y los unificó en subyugación bajo sus pies (1:20–23). Esto quiere decir que los que oyeron y abrazaron el evangelio han sido rescatados de la muerte espiritual a la que los poderes hostiles, y el diablo en particular, los habían consignado obrando en ellos para producir desobediencia (2:5–6).

Pablo reconoció que el lector promedio de las Escrituras de Israel no puede decir partiendo de ellas que Dios se proponía admitir a las naciones en su pueblo sobre la misma base de Israel. Es fácil ver en las Escrituras que Dios incluyó a las naciones en sus propósitos escatológicos (por ej., Is 2:2–4; 25:6–10; 55:5; 56:6–7; 66:18–23; Zac 8:23).[14] Pero no es claro que los gentiles tuvieran igual posición que Israel en esos días. Sin embargo este «misterio» es precisamente lo que Dios le reveló a Pablo y a otros apóstoles y profetas cristianos. Dios cumplirá sus promesas a Israel de tal manera que su gran amor (Ef 2:4a), rica misericordia (2:4b), y gracia abundante (2:7) se extenderá más allá de los límites del mismo Israel para incluir a todas las cosas, sea en el cielo y en la tierra, y tanto judíos como gentiles en términos iguales (1:10; 3:3–6, 9). Los cristianos gentiles, insiste, son «junto con Israel, beneficiarios de la misma herencia, ... un mismo cuerpo y participantes igualmente» con los judíos cristianos en el pueblo restaurado de Dios (3:6).[15]

---

[13] Ver Jer 23:5–6; 31:31–34; Ez 34:23–24; 37:24–25.

[14] Para la claridad con que la inclusión de los gentiles en los propósitos escatológicos de Dios se entendió durante la era de Pablo ver, por ej., Tob. 13:6–7; *1 En.* 90:33; *2 Bar.* 72:4.

[15] Ver el uso del término *musterion* («misterio») en, por ej., Mt 13:11, Mr 4:11, Lc 8:10; Dn 2:47 (LXX); Ro 11:25; 16:25; Ap 1:20; y 17:7. Sobre el significado del crucial *jos* («como») de 3:5, ver Hoehner, *Ephesians*, 439–41;

Mediante la muerte, resurrección y sesión celestial de Cristo y el consiguiente establecimiento de la iglesia, Dios ha empezado la restauración de su creación. Los que han sido salvados por la iniciativa de la gracia de Dios en Cristo son «hechura de Dios, creados» por el Mesías Jesús para hacer buenas obras (2:10). El Mesías abolió la ley para que judíos y gentiles puedan reunirse en un cuerpo y así él pueda de esta manera «crear en sí mismo un nuevo ser humano de los dos» (2:15, aut.). Esta unión entre Cristo y la iglesia, que es su cuerpo, es paralelo de la unión de Adán y Eva en una carne (Gn 2:24) y se ilustra en la unión corporal de esposo y esposa en el matrimonio cristiano (5:31).[16] En el Mesías, por consiguiente, Dios ha empezado el proceso por el que él a la larga reunirá (*anakefalaioo*) a su creación fragmentada y alienada. Él ha, en otras palabras, empezado la fase final y clímax de su plan de llevar «los tiempos» a «su cumplimiento» (1:10).

Cuando Pablo dice que Dios ha colocado toda las cosas bajo los pies de Cristo en su resurrección y sesión celestial (1:20–23) y que los creyentes han tomado su lugar de victoria junto a él (2:5–6), él ha colapsado juntos el principio de esta fase final y su fin. Algunos estudiosos han argumentado que el colapso es tan completo que la escatología de Efesios contradice la escatología de las cartas indisputablemente paulinas, en donde Pablo resiste cualquier noción de que el día escatológico ha llegado. Es cierto que el Efesios recalca más que las cartas indisputablemente paulinas lo que Cristo ya ha hecho, pero los logros de Cristo todavía se tienen en tensión con lo que todavía está por cumplirse.

Esto se hace más claro cuando Pablo amonesta a sus lectores en la segunda parte de Efesios (4:1–6:24) a «vestirse del nuevo ser humano, creado conforme a la imagen de Dios en justicia y santidad y verdad» (4:24, aut.; cf. Col 3:9–10), y cuando les instruye a ponerse «toda la armadura» que Dios provee a fin de resistir las estratagemas del diablo (6:11). En estas afirmaciones aprendemos que a pesar de lo que Pablo dice en 1:20–23 y 2:5–6, Dios todavía no ha subyugado completamente a los poderes hostiles ni ha formado completamente al nuevo ser humano que ha creado (cf. 2:15). Pablo debe, por consiguiente, instruir a sus lectores a despojarse de la criatura humana vieja y ponerse la nueva (4:24).

A su debido tiempo, sin embargo, Dios resolverá esta ambigüedad entre lo que ya ha hecho en Cristo y lo que realizará más adelante. En ese día, Dios derramará su ira sobre los desobedientes (5:6), Cristo se presentará a su iglesia en esplendor inmaculado y purificada (5:27), y la iglesia recibirá la herencia de la cual el Espíritu Santo es un adelanto (1:14; 5:5). Este será el día de la redención, para la cual el Espíritu Santo sirve como sello de garantía (1:13; 4:30). También será el día en el cual la «reunión» de Dios de todas las cosas en Cristo se completará (1:10).[17]

De los varios «tiempos» descritos en este plan, el más esencial es el de la muerte resurrección y sesión celestial de Cristo. Estos sucesos son tan importantes porque mediante ellos Dios está

Sigurd Grindheim, «What the OT Prophets Did Not Know: The Mystery of the Church in Eph 3, 2–13», *Biblica* 84 (2003): 531–53, aquí en 534; y Frank Thielman, «Ephesians», en *Commentary on the Use of the Old Testament in the New*, ed. Gregory D. Beale y Donald A. Carson (Baker, Grand Rapids, a publicarse).

aut. traducción del autor

[16] Andrew T. Lincoln, «The Use of the OT in Ephesians», *JSNT* 14 (1982): 16–57, aquí en 35; idem, *Ephesians*, 381; y O'Brien, *Ephesians*, 432–35.

aut. traducción del autor

[17] Ver el sumario de los elementos futuros de la escatología de Efesios en O'Brien, *Ephesians*, 30.

volviendo a reunir a su creación esparcida y alienada, «cosas en el cielo» y «cosas en la tierra». Pablo dedica mucho de su carta a recordar a sus lectores que como «el cuerpo de Cristo», ellos participan de la victoria de Dios sobre los poderes celestiales hostiles, y que por su unidad terrenal a la vez contribuye al proceso por el cual Dios está reuniendo todas las cosas en Cristo y proclama a las fuerzas celestiales hostiles que su derrota es definitiva.

La unificación de Dios de los poderes celestiales bajo Cristo

Pablo quiere que sus lectores sepan que por la resurrección de Cristo, Dios ha derrotado a todos los poderes celestiales adversos y, en la ascensión y sesión celestial de Cristo, él ha colocado todo en sujeción bajo los pies de Cristo. Él dice explícitamente este punto en 1:20–23 e implícitamente en 4:8.

En 1:20–23 Pablo alude al Salmo 8:6 y 110:1 para mostrar que mediante la resurrección de Cristo, Dios ha colocado a Cristo en posición suprema de honor y autoridad majestuosos a su diestra. Tal como en el Salmo 110:1 el Señor le dice al rey de su pueblo: «Siéntate a mi derecha hasta que ponga a tus enemigos por estrado de tus pies», así Dios ha exaltado al Mesías, el Rey ungido de su pueblo, a su diestra por su resurrección y ascensión (Ef 1:20). Tal como en el Salmo 8:6 Dios hizo a Adán gobernante de su creación y «todo lo puso bajo sus pies», así Dios ha colocado todo bajo los pies de Cristo (1:22). «Todas las cosas», Pablo aclara, incluye los poderes cósmicos hostiles: «todo gobierno y autoridad, poder y dominio, y de cualquier otro nombre que se invoque, no sólo en este mundo sino también en el venidero» (1:21).[18]

Los títulos «gobierno», «autoridad», «poder», y «dominio» designan fuerzas celestiales: seres que muchas personas, tanto judíos como gentiles, temían debido al daño al parecer arbitrario que podían hacer.[19] Dos ejemplos (uno de un escenario judío y otro de un ambiente griego) ilustran el punto. En el *Testamento de Salomón*, obra repleta de descripciones de los horrores que los poderes demoníacos podían infligir a la gente y que probablemente contiene tradiciones mágicas que se remontan en alguna forma al judaísmo del primer siglo d.C., «Salomón» dice que escribió su libro «para los hijos de Israel y ... lo dio a ellos para que pudieran conocer los poderes de los demonios y sus formas tanto como el nombre de los ángeles por los que son engañados» (15.14).[20] El autor del libro, en otras palabras, les ha provisto a sus lectores el procedimiento mágico necesario para guardarlos contra los poderes celestiales hostiles.

---

[18] En las cartas anteriores a Efesios Pablo frecuentemente se refiere a estos textos del Antiguo Testamento. Cf. el uso similar de Sal 110:1 y 8:6 en 1 Co 15:25–27; la alusión al Sal 110:1 en Ro 8:34 y Col 3:1; y la alusión aal Sal 8:6 en Fil 3:21. Es eslabón entre el uso de estos pasajes en Efesios y 1 Corintios es particularmente estrecho siendo que el motivo de Cristo como el nuevo Adán evidentemente subyace en ambos. Ver la consideración en Lincoln, «Use of the OT», 40–42.

[19] Cf. Ro 8:38; 1 Co 2:8; 15:24; y, por ej., 2 *En.* 20:1. Ver también la «nota separada» sobre los poderes en Best, *Ephesians*, 174–80, y Clinton E. Arnold, *Ephesians: Power and Magic: The Concept of Power in Ephesians in Light of Its Historical Setting* (SNTSMS 63; Cambridge Univ. Press, Cambridge, 1989), 14–20.

[20] *OTP*, 1:976. En su consideración de la fecha del *Testamento de Solomon*, D. C. Duling dice que «hay un acuerdo general en cuanto a que mucho del testamento refleja el judaísmo del primer siglo en Palestina» (*OTP*, 1:942). Algunos estudiosos han argumentado que en su forma final y muy posterior, el *Testamento de Salomón* viene de Asia Menor. Ver la consideración de Duling, *OTP*, 1:943.

De modo similar Plutarco, probablemente escribiendo a fines del primer siglo, dedicó todo un tratado a «El terror de los dioses».[21] Comenta que los que temen a los dioses realizan una amplia variedad de ritos mágicos estrafalarios debido a su preocupación de que, a menos que sean manipulados para actuar de otra manera, los dioses les harán daño:

> Dan por sentado que los dioses son impulsivos, desleales, volubles, vengativos, crueles y se ofenden fácilmente; y, como resultado, el que teme a los dioses está destinado a aborrecerlos y a temerlos. ¿Por qué no, puesto que piensa que lo peor de sus males se debe a ellos, y se deberán a ellos en el futuro? (*Superst.* 170 E).[22]

Frente a tales conceptos Pablo afirma que por la resurrección y sesión celestial de Cristo, todos esos poderes han sido derrotados, y los pies de Cristo descansan sobre ellos como el pie del guerrero victorioso descansa sobre el cadáver de su enemigo.[23]

En 2:1–6 Pablo edifica sobre esta noción con su afirmación de que antes de que recibieran la misericordia de Dios sus lectores andaban «siguiendo la corriente de este mundo, conforme al príncipe de la potestad [*exousia*] del aire» (2:2, RV-60). Esta «potestad», dice Pablo, está obrando entre los que se rebelan contra Dios. Él los mantiene muertos en transgresiones y pecados y vivos a los pensamientos, deseos lujuriosos e intenciones de la carne (2:1, 3). Pero Dios ha transferido a los lectores de Pablo fuera de este ámbito y los ha hecho vivos con Cristo. Los ha resucitado con Cristo y los ha sentado con él en los lugares celestiales (2:5–6). Aunque Cristo ocupa un lugar único a la diestra de Dios, los cristianos no obstante participan de su victoria sobre el reino hostil de los poderes celestiales y sobre su supremo «príncipe».

En 3:7–13 Pablo les dice a sus lectores que Dios le ha dado a la iglesia la tarea de proclamar a los poderes celestiales hostiles el «misterio» de la obra reconciliadora de Dios entre judíos y gentiles. Dios le dio a Pablo la tarea de proclamar su misterio a una iglesia racialmente diversa pero unificada para que Dios pueda usarla para dar a conocer «la multiforme sabiduría de Dios» a «los poderes y autoridades en las regiones celestiales».[24] Puesto que «la sabiduría de Dios» aquí está en paralelo al «misterio» de 3:9, Pablo está diciendo que así como él tiene la tarea de predicar a los gentiles su inclusión en el pueblo de Dios, así la iglesia unificada que resulta de su predicación tiene la tarea de mostrar a los poderes celestiales hostiles que la obra de Dios de reconciliación y recreación está «ahora» en progreso.[25]

---

[21] Esta pista comúnmente se la llama *De superstitione* («superstición»), pero la preocupación de Plutarco es con *deisidaimonia*, que se traduce mejor como «temor [o terror] de los dioses». Sobre esto ver Morton Smith, «De superstitione (Moraba 164E-171F)», en *Plutarch's Theological Writings and Early Christian Literature*, ed. Hans Dieter Ben (SCHNT 3; Brill, Leiden, 1975), 1–35, aquí en 2–3.

[22] He modificado ligeramente la traducción de Frank Cole Babbitt en la edición de Loeb para reflejar la preocupación de Smith de que *deisidaimonia* y su cognado verbal no se entienda como refiriéndose a «superstición».

[23] Como implica la imagen del Sal 110:1.

[24] La cláusula *jina* que empieza 3:10 se debe ligar con el *edotze* de 3:8 para indicar el propósito por el cual Dios le dio a Pablo «esta gracia» (i.e., el llamado a predicar a los gentiles). Sobre esto ver Best, *Ephesians*, 322; O'Brien, *Ephesians*, 244–45.

[25] Schlier, *An die Epheser*, 157; Markus Barth, *Ephesians: Introduction, Translation, and Commentary on Chapters 1–3* (AB 34; Garden City, N. Y.: Doubleday, 1974), 363–66; Bruce, *The Epistles to the Colossians, to*

La iglesia, entonces, declara a los poderes celestiales hostiles la derrota de sus intenciones de frustrar los propósitos de Dios en la creación.[26] El «día malo» en el que el diablo y sus aliados pueden disparar sus «flechas encendidas» contra el pueblo de Dios se acerca a su fin, y la iglesia, por su unidad, les hace saber esto.[27]

La victoria de Cristo sobre las fuerzas demoníacas hostiles probablemente también está detrás del uso de Pablo de Salmo 68:18 (MT 68:19; LXX 67:19) en 4:8. En su propio contexto, este Salmo describe el ascenso triunfal del Señor a la cumbre del monte Sion después de llevar cautivos a sus enemigos. Una vez que su ascenso está completo, él recibe el botín de sus enemigos conquistados. Pablo cambia el «recibió» del Salmo a «dio» y usa la declaración resultante para respaldar su afirmación de que Cristo ha dado a la iglesia los dones de personas con varias capacidades a fin de ayudar a la iglesia en su propio crecimiento hacia la madurez (4:11–13).[28] Pablo probablemente también tiene un propósito secundario, sin embargo, al usar lenguaje de Salmo: quiere decir sutilmente de nuevo que Cristo ha triunfado sobre las huestes hostiles del cielo; que ha descendido no meramente a la tierra sino a sus partes más bajas (Hades, 4:9), en donde triunfó sobre los poderes hostiles y los llevó cautivos al ascender de nuevo de regreso a su posición «por encima de todos los cielos» (4:10).[29]

Philemon, and to the Ephesians, 321–22; O'Brien, *Ephesians*, 247–48; Best, *Ephesians*, 325. El pensamiento de Bruce de que los poderes que se tiene en mente aquí incluyen poderes celestiales amistosos (cf. 1 P 1:12), sin embargo, no es convincente a la luz de la noción negativa de los poderes implicada en 1:20–23; 4:8; y esp. 6:12.

[26] En tal vez la más antigua interpretación existente de Ef 3:10, Ignacio, *Smyrn.* 6.1, dice que «incluso las cosas en el cielo y la gloria de los ángeles, y los gobernadores visibls e invisibles, incluso para ellos hay un juicio si no creen en la sangre de Cristo». Ver Peter Stuhlmacher, *Biblische Theologie des Neuen Testaments*, 2 vols. (Vandenhoeck & Ruprecht, Göttingen, 1992–99), 2:32.

[27] El pensamiento es similar al expresado en 1 P 3:18–22, en donde Cristo predica condenación a los poderes angélicos malos. Cf. *1 En.* 10:11–12, en donde Dios le instruye a Miguel que le informe al angel malo Semiaza que morirá porque ha tenido relaciones sexuales ilícitas con mujeres, y *1 En.* 16:3, en donde Dios le da a Enoc una misión similar.

MT Texto masorético

LXX Septuagint

[28] El cambio que Pablo hace del verbo en Salmo 68:18 ha suscitado un montón de comentarios. Para una revisión de los enfoques al versículo en la exégesis antigua judía y cristiana temprana, ver W, Hall Harris, III, *The Descent of Christ: Ephesians 4:7–11 and Traditional Hebrew Imagery* (AGJU 32; Brill, Leiden, 1996), 64–122, y para una breve revisión de la erudición del pasaje, ver Thielman, *Ephesians* (Baker, Grand Rapids, a publicarse). Probablemente Hoehner, *Ephesians*, 528, tiene razón cuando dice que aunque Pablo modificó el texto para que encaje en su argumento en este punto, su cambio no es arbitraria. El salmo habla de los muchos dones que Dios le ha dado a su pueblo: su presencia activa, su cuidado por los necesitados, su fidelidad a Israel en toda su historia, especialmente al darles victoria sobre sus enemigos, su entrada a su santuario y su eliminación de los malos.

[29] Arnold, *Ephesians: Power and Magic*, 56–58.

Mucho de Efesios, por consiguiente, está dedicado a hacer la declaración enfática de que mediante la resurrección, ascensión y sesión celestial de Cristo, Dios ha derrotado a las fuerzas hostiles de los cielos. Por la resurrección con Cristo de los que han recibido la misericordia de Dios y por su colocación junto a él con Dios en el cielo, ellos han sido transferidos fuera del ámbito que esas fuerzas controlan. Puesto que mediante la predicación de Pablo los que han participado en la derrota de Cristo de las fuerzas celestiales hostiles proceden de entre los gentiles y de entre los judíos, ellos dan a conocer a los poderes hostiles el plan sabio de Dios de unir a todos los grupos sociales en Cristo mediante el cuerpo de Cristo, la iglesia. Debido a la unidad de ellos unos con otros en Cristo y a pesar de la diversidad de grupos étnicos de los cuales son sacados y la diversidad de oficios que Dios les ha dado, ellos proclaman que los poderes hostiles han sufrido derrota.

La Unificación de Dios de los Gentiles y Judíos en un Nuevo Pueblo por Cristo

En 1:10 Pablo bendice a Dios no sólo por su plan de unir en Cristo «las cosas en los cielos», sino también «las cosas en la tierra». El ancho, el largo, la altura y la profundidad del amor de Dios que Pablo pide en oración que sus lectores capten alcanza no sólo a los cielos sino también a los grupos sociales de la humanidad por igual (3:18).[30] Desde la perspectiva de Pablo como judío, el mundo estaba dividido en dos grupos sociales, judíos y «las naciones» o «gentiles» (*ta etzne*).[31] Escribe su carta como judío a gentiles incircuncisos (2:11–12) y quiere que sus lectores sepan que Dios, por diseño, ha formado un nuevo pueblo de ambos grupos.

Este tema lo presenta sutilmente en la bendición inicial de la carta (1:3–14). Aquí Pablo alaba a Dios por planear que todos los cristianos, sean judíos o gentiles, reciban la herencia prometida al pueblo de Dios en las Escrituras (1:11–12).[32] Pasa luego a alabar a Dios porque sus lectores gentiles también han sido incluidos en el pueblo de Dios. Ellos recibieron esta herencia al oír el evangelio y recibir el Espíritu Santo (1:13).

Pablo describe al Espíritu que sus lectores gentiles han recibido a la vez como algo «prometido» y como algo con el que ellos han sido «sellados». La mención del Espíritu como algo «prometido» implica que los lectores de Pablo son los receptores de la promesa profética que en los últimos días

---

[30] Cf. Francis Watson, «Writing the Mystery: Christ and Reality in the Letter to the Ephesians», ensayo presentado ante el Disputed Paulines Group of the Society of Biblical Literature, 19 de nov., 2000 en Nashville, pp. 7-9. Watson ofrece la atractiva sugerencia de que el término «largo» en 3:18 se refiere al tiempo concebido en términos espaciales.

[31] Sobre las varias maneras en que los judíos entendían a los gentiles durante el período del segundo templo, ver Terence L. Donaldson, *Paul and the Gentiles: Remapping the Apostles Convictional World* (Fortress, Minneapolis, 1997), 51-78. Donaldson opina que antes de su conversión Pablo tomó la posición relativamente conservadora de que los gentiles podían gozar del favor de Dios sólo al llegar a ser plenos prosélitos del judaísmo.

[32] Esta interpretación da por sentado que el verbo *eklerotzemen* quiere decir «hemos ... obtenido una herencia» (REB, NRSV, NJB, LuthB) antes que «fuimos ... escogidos» (NAB, NIV). Ver Best, *Ephesians*, 145-46. La forma pasiva del verbo también puede querer decir que el grupo definido por el «nosotros» es la herencia de Dios: «fuimos reclamados por Dios como su porción», como O'Brien, *Ephesians*, 115, lo traduce. Pero la referencia inequívoca a «nuestra herencia» en 1:14 probablemente debe decidir el asunto a favor de la posición de Best.

Dios derramaría su Espíritu sobre su pueblo como parte de la restauración de su pacto con ellos.[33] Puesto que los profetas parecían decir que sólo Israel recibiría esta bendición escatológica, el otorgamiento de ella a los gentiles vino como sorpresa a la iglesia inicial. Fue, como dice Pablo, la revelación de un misterio (3:9).

La actividad del Espíritu entre los gentiles, sin embargo, provee la garantía de que Dios, a pesar de las expectativas al contrario, los ha incluido en las bendiciones que Dios prometió a Israel en su restauración escatológica. Aunque el Espíritu es un «sello» para todo creyente, sea judío o gentil, tal vez funciona de esta manera especialmente para los gentiles; para ellos el Espíritu sirve como la marca de identidad de que Dios mismo los ha incluido entre su pueblo (Hch 10:27; 11:17; 15:8; Gá 3:2–5).[34] La herencia que Dios prometió a su pueblo de Israel es, por consiguiente, de ellos por igual (1:14).

Este tema de reconciliación étnica entre el pueblo de Dios surge a prominencia especial en 2:11–22, en donde Pablo contrasta la situación antigua de sus lectores cómo gentiles «excluidos de la ciudadanía de Israel» con su nueva situación como «conciudadanos de los santos y miembros de la familia de Dios» (2:19). Anteriormente, explica, ellos estuvieron apartados del Mesías, de Israel, y de los pactos de las Escrituras que contienen las promesas que Dios cumpliría entre su pueblo. Estaban, por consiguiente, «sin esperanza y sin Dios en el mundo» (2:12). Mediante la muerte sacrificial de Cristo, sin embargo, Dios ha abolido la ley mosaica y ha superado estas vastas desventajas para ellos.[35] La abolición de esa ley era necesaria porque Dios la diseñó para separar a Israel de otros pueblos como «un reino de sacerdotes y una nación santa» (Éx 19:4–6). En las palabras del autor del segundo siglo a.C. de *La carta de Aristeas*:

> Cuando ... nuestro legislador, equipado por Dios para tener noción en todas las cosas, hubo examinado cada particular, nos cercó con empalizadas inexpugnables y con muros de hierro a fin de que de ninguna manera nos mezclemos con ninguna de las otras naciones, permaneciendo puros en cuerpo y en espíritu, emancipados de opiniones vanas, reverenciando al único y poderoso Dios sobre toda la creación (139).[36]

Aquí a la ley se la concibe como un muro que separa a Israel de las naciones, y la hostilidad expresada hacia las naciones está velada tenuemente; por implicación ellos son impuros en cuerpo y en espíritu, esclavos de «opiniones vanas» e idolátricamente reverencian a la creación de Dios antes que a Dios mismo. Ahora, dice Pablo, esta «pared divisoria de hostilidad» ha sido derribada (2:14–15).

Pablo no dice explícitamente cómo la muerte de Cristo derribó la pared, pero sus referencias gráficas a la «sangre» de Cristo (2:13), su «carne» (2:15), y su «cruz» (2:16) probablemente quieren decir que la naturaleza sacrificial de la muerte de Cristo implica el fin de la ley.[37] La muerte de Cristo

---

[33] Ver, por ej., Is 32:15: 44:3; Ez 11:19; 36:26–27; 37:14; 39:29; Jl 3:1–2. Cf. Ga 3:14.

[34] Que el Espíritu es el sello en la fe de todo creyente es claro por el «también» en 1:13 y el «nosotros» en 1:14. Cf. 2 Co 1:22.

[35] Cf. O'Brien, *Ephesians*, 196–99.

[36] La traducción pertenece a la edición y traducción de Moses Hadas de *Aristeas to Philoerates* (Letter of Aristeas) (*Nueva York: Harper & Brothers, 1951*), 157.

[37] Cf. la recibión de 1984 de la Lutherbibel: «durch das Opfer seines Leibes hat er abgetan das Gesetz» («por el sacrificio de su cuerpo él ha abolido la ley»).

en la cruz fue un sacrificio expiatorio que hizo posible la justificación de gentiles y judíos «aparte de la ley» (Ro 3:21–26). También fue el sacrificio por el que Dios instituyó el nuevo pacto y así trajo el pacto mosaico a su conclusión (1 Co 11:25; cf. Éx 24:8).[38]

Con la abolición de la ley mosaica, judíos y gentiles pueden unirse en Cristo para formar un nuevo y tercer pueblo, todos los cuales están en paz con Dios y por consiguiente en paz unos con otros (Ef 2:15, 17–18). Son un solo ser humano, un cuerpo, creado de nuevo por Dios de dos entidades dispares (2:15b–16). Son conciudadanos de una patria que una vez solo incluyó israelitas (2:19a). Son miembros de la familia de Dios (2:19). Son parte del templo de Dios recientemente formado, cuyos cimientos son los apóstoles y los profetas y cuya piedra angular es Cristo. Un grupo diverso de personas funciona como las otras partes menos importantes del edificio, y a pesar de su diversidad, encajan unas con otras para formar «un templo santo en el Señor» (2:20–22).

Entre esta variedad de metáforas, la metáfora del cuerpo es particularmente importante para Pablo como expresión de la unidad que Dios ha efectuado entre creyentes judíos y gentiles en un nuevo pueblo. Ya ha dicho en 1:22–23 que Dios designó a Cristo como Cabeza sobre toda las cosas para la iglesia, «la cual es su cuerpo». Ahora que sus lectores entienden este cuerpo como el nuevo ser humano creado por Dios de dos grupos sociales anteriormente dispares, están preparados para entender a Pablo cuando inventa una nueva palabra griega en 3:6 para decir que los cristianos gentiles se han unido a los cristianos de Israel para formar un «cuerpo común» (*sussoma*).[39] También están preparados para entender la significación de sus amonestaciones en 4:3–4, 15–16 de que las varias partes de este nuevo cuerpo humano deben trabajar juntas en unidad.

La Unidad de la Iglesia Como su Vocación

El funcionamiento raudo y unificado del nuevo ser humano de Dios es necesario para la compleción del plan de Dios de restaurar su creación en Cristo. Si la iglesia no está unificada, entonces la obra de Dios de reunir «todas las cosas … de la tierra» en Cristo (1:10) quedará incompleta, y su plan de unir a toda su creación al lado de Cristo o debajo de sus pies quedará sin proclamarse entre los poderes celestiales hostiles (3:10). En la segunda parte principal de su carta (4:1–6:20), por consiguiente, Pablo les dice a sus lectores cómo pueden vivir de una manera que sea consistente con la unidad hacia la que Dios está moviendo el universo.[40] Les ofrece amonestaciones prácticas sobre cómo pueden evitar la discordia social y los insta a usar la diversidad de dones que Cristo les ha dado para mejorar su unidad. Habla no sólo a la iglesia en general, sino más específicamente a las familias cristianas dentro de la iglesia, y especialmente a los esposos y esposas cristianas, cuya unidad física ilustra la fusión de Cristo y la iglesia en un cuerpo unificado.

---

[38] Cf. Barth, *Ephesians 1–3*, 298–305, que, sin embargo, no cree que la muerte de Cristo llevó a la ley en sí misma a su fin, sino sólo las divisiones entre Dios y la humanidad y las divisiones entre judíos y gentiles.

[39] La afirmación de Best, *Ephesians*, 311–12, de que puesto que no conocemos toda la literatura griega, no debemos aducir que Pablo ha inventado esta palabra, parece demasiado precisa. Puesto que las palabras se podían inventar fácilmente en griego al componer dos o más palabras, otros escritores griegos pueden también haber «inventado» la palabra. Si fuera un término bien conocido, sin embargo, probablemente aparecería en alguna otra parte en la literatura pre paulina existente.

[40] Cf. Turner, «Mission and Meaning», 148–57; O'Brien, *Ephesians*, 57–63; y Stuhlmacher, *Biblische Theologie* 2:32.

Al mismo tiempo que la iglesia trabaja hacia la unidad, sin embargo, debe tener cuidado de no comprometer su identidad como pueblo que refleja el carácter de Dios. Por esto Pablo entreteje entre su consejo práctico para mantener la cohesión social afirmaciones que instan a la iglesia a mantener su santidad. La iglesia debe hacer esto, insiste, evitando la enseñanza errónea, permaneciendo separada de «los gentiles», e imitando a Dios y a Cristo en su conducta.

La unidad de la iglesia

Pablo empieza su segunda sección principal de su carta con un resumen del caso que acaba de hacer en su primera sección de la carta: hay sólo un Dios, y está sobre todo el universo, y él ha llamado a la iglesia para que refleje esta verdad (4:1–6).[41] En 4:6–6:20 explica cómo, en términos concretos, la iglesia permanece unificada.

Por un lado, el Espíritu de Dios produce y mantiene la unidad necesaria. El Espíritu es el medio por el que la iglesia unificada de judíos y gentiles tiene acceso al Padre (2:2) y es también la presencia de Dios que mora en su templo una vez que está construido de diversas personas (2:18). El Espíritu ha revelado a los apóstoles y a los profetas el misterio de que la iglesia es un nuevo cuerpo, compuesto de gentiles e Israel que están en Cristo Jesús (3:6). No es sorpresa, entonces, que la unidad de la iglesia viene del Espíritu (4:3), la unidad de la iglesia como cuerpo de Cristo es como la unidad del Espíritu (4:4), y los cristianos entristecen al Espíritu cuando se comportan de maneras que perturban la armonía de la iglesia (4:30).

Por otro lado, Pablo da pautas específicas a sus lectores sobre cómo pueden procurar armonía social.[42] Deben ser «siempre humildes y amables, pacientes, tolerantes unos con otros en amor» (4:2). Deben reconocer que la diversidad de dones que Cristo ha distribuido a la iglesia tiene el propósito de promover el servicio de unos a otros (4:12), y que al ser edificados de esta manera la iglesia, como cuerpo de Cristo, avanza hacia la meta escatológica de estar llena por entero de Cristo (4:13, 15–16; cf. 2:20–22). Deben hablar la verdad, evitar permitir que su ira arda al rescoldo de un día a otro, y en lugar de robar deben dedicarse al trabajo productivo que les permita compartir con los necesitados (4:25–28). Deben abstenerse de palabras descomedidas y reemplazarlas con palabras que edifican y llenas de gracia. Deben abandonar «toda amargura, ira y enojo, gritos y calumnias, y toda forma de malicia» (4:31) y más bien ser amables, compasivos y perdonadores (4:32).

Los dos conceptos de que el Espíritu produce unidad y los creyentes deben actuar de maneras que promuevan la unidad convergen en 5:18–6:9. Aquí Pablo instruye a sus lectores a «ser llenos del Espíritu», describiendo al Espíritu como él *medio* por el cual los creyentes son llenados. ¿Con qué *contenido* son ellos llenados? Pablo usó el lenguaje de «llenura» anteriormente cuando habló de la distribución de Cristo de varios dones a la iglesia para la edificación del cuerpo de Cristo «hasta que todos lleguemos a la unidad de la fe y del conocimiento del Hijo de Dios, a un varón perfecto, a la

---

[41] Pablo empieza la sección diciendo a sus lectores: «vivan de una manera digna del llamamiento que han recibido» (4:1). El llamamiento que han recibido queda definido en 1:18 como el llamamiento a ser herencia de Dios, un pueblo unido y santo que participará en la reunión final de Dios de todo el universo alrededor y bajo Cristo (1:10, 22–23; 2:6).

[42] La tensión producida así entre el «indicativo» y el «imperativo» debe ser familiar a los lectores de las otras cartas de Pablo (cf. Ro 6:1–12; 1 Co 6:11, 18; y esp. Gá 5:25). En algún sentido la muerte y resurrección de Cristo y el otorgamiento del Espíritu han derrotado al poder del pecado, pero en otro sentido el creyente debe apropiarse de esta victoria constantemente por fe. Ver Rudolf Bultmann, «The Problem of Ethics in Paul» en *Understanding Paul's Ethics: Twentieth Century Approaches*, ed. Brian S. Rosner (Eerdmans, Grand Rapids, 1995), 195–216.

medida de la estatura de la plenitud de Cristo» (4:13; RV-60, cf. 1:23; 3:19; 4:10). En esa afirmación, la iglesia crece hacia la unidad que, cuando finalmente se alcanza, significará que está enteramente llena de Cristo. En 5:18, entonces, probablemente debemos entender que Pablo dice que el Espíritu es el medio por el que la iglesia crece hacia esta unidad escatológica con Cristo.[43]

Pablo sigue el imperativo «sean llenos» de 5:18 con cinco participios que describen los resultados de esta llenura en términos de culto armonioso dentro de la iglesia y relaciones armoniosas dentro de la familia.[44] Las personas que son llenas del Espíritu adorarán a Dios cantando y dando gracias. También se someterán unos a otros (5:19–21). En la familia, esta sumisión significará que la esposa se somete a su esposo y que el esposo ama a su esposa. Esposo y esposa deben hacer esto de manera de dar a conocer la unidad entre Cristo y su cuerpo, la iglesia (5:22–33). En otras maneras también Pablo infunde en la cadena convencional de mando de la familia grecorromana una mutualidad que remueve sus rasgos opresivos y deja detrás un reflejo de funcionamiento armonioso de la unión entre Cristo y la iglesia, y de la unión a la larga y escatológica entre Dios y el cosmos (6:1–9).[45]

La identidad de la iglesia

Puesto que Dios ha escogido a los cristianos para que sean «santos y sin mancha delante de él» (1:4) y puesto que Cristo murió por la iglesia «para hacerla santa» (5:26), la iglesia unificada debe guardar su pureza moral. La iglesia puede, después de todo, unificarse alrededor de enseñanza falsa o en su disposición tolerar la inmoralidad sexual. Esta situación, sin embargo, comprometería la identidad de la iglesia como compañía de «santos» (*jagioi* en 4:12; 5:3; 6:18), que, como Israel en los días de la ley mosaica, se suponía debían permanecer separados del mundo que los rodeaba. A diferencia del antiguo Israel, el nuevo ser humano que Dios ha creado de judíos y gentiles no tiene identidad étnicamente específica sino que continúa teniendo una identidad moral que refleja el carácter de Dios (cf. Lv 11:44–45; 19:2; 20:7; 20:26). La unidad que Pablo insta a sus lectores, por consiguiente, no debe venir al costo de la identidad de la iglesia como herencia santa de Dios (1:18). Esta preocupación surge explícitamente en tres pasajes.

En 4:14–16 Pablo dice que Cristo le ha distribuido a la iglesia diferentes oficios (4:11), no sólo para que la iglesia se mantenga junta en unidad, sino también para que su unidad pueda guardarla contra la astucia de la enseñanza falsa. Trabajar juntos en armonía de amor es importante, de otra manera la iglesia no revelará el objetivo escatológico hacia el que Dios está moviendo el universo (1:10; 3:10), pero esta meta será igualmente frustrada si la iglesia no habla la verdad (4:15; cf. 4:25; 5:6–7).

En 4:17–24 Pablo insta a sus lectores a vivir de manera que los distinga de «los gentiles». En 2:3 Pablo ya ha recordado a sus lectores que antes de que lleguen a ser los receptores de la misericordia de Dios, seguían la lujuria y deseos de su carne y de sus mentes. Estaban espiritualmente muertos y bajo el dominio del diablo. Ahora Pablo rememora ese lenguaje a fin de decir explícitamente lo que era implícito antes: sus lectores deben distanciarse de la manera de vivir de los gentiles. Más bien, su

---

[43] Cf. O'Brien, *Ephesians*, 391–93.

[44] Daniel B. Wallace, *GGBB*, 639.

[45] Sobre la estructura de la familia en la cultura romana ver Andrew Wallace-Hadrill, «The Roman Family», en *The World of Rome: An Introduction to Roman Culture*, ed. Peter Jones y Keith Sidwell (Cambridge Univ. Press, Cambridge, 1997), 208–34, y Hoehner, *Ephesians*, 720–29.

manera de vivir debe ser consistente con la nueva creación que Dios ha estado formando desde la venida de Cristo (4:22–24).[46]

En 4:32–5:18 Pablo insta a sus lectores a imitar a Dios y a Cristo en su conducta: así como Dios los perdonó en Cristo, así ellos deben perdonar a otros, y así como Cristo expresó su amor por ellos al sacrificarse a sí mismo por ellos, así ellos deben amar sacrificadamente a otros. Estos pensamientos generales conducen a instrucciones más específicas en cuanto a cómo debe vivir un «pueblo santo» (5:3), un pueblo destinado a heredar «el reino de Cristo y de Dios» (5:5). Deben perdonar a otros tal como Dios los perdonó por la muerte expiatoria de Cristo (4:32; 5:2). Su conducta debe caracterizarse por el amor, tal como Cristo amó la iglesia y se entregó a sí mismo como sacrificio por ella (5:2; cf. 5:25). Son «pueblo santo» y deben por consiguiente actuar de manera apropiada a esta identidad (5:3). Las acciones de gracias deben reemplazar a las palabras inmorales y las acciones que la acompañan (5:3–7), y deben vivir a la luz de su conversión antes que en las tinieblas características del período antes de que la luz transformadora de Cristo brillara en ellos (5:8–18).

El pueblo de Dios debe, por consiguiente, estar unido como una expresión del plan de Dios para derrotar a las fuerzas del universo que están obrando por su desintegración. Al mismo tiempo, no deben comprometer su identidad como pueblo santo de Dios. Como el antiguo Israel, la iglesia debe ser santa porque el Señor es santo y ha apartado a la iglesia de las naciones para que sea su propia posición (cf. Ex 19:5; Lv 20:26).

La armadura de la iglesia

Pablo concluye la segunda sección principal de su carta con un recordatorio a sus lectores de que sus esfuerzos para permanecer unidos y mantener su identidad como pueblo de Dios no avanzarán sin oposición. Aunque el triunfo de Cristo sobre los poderes celestiales hostiles y la participación de la iglesia en ese triunfo son tan ciertos que Pablo puede hablar de ambos en tiempo pasado (1:22; 2:6), todavía no es completo. «Los días», todavía son «malos» y recubiertos de «oscuridad» (5:16; 6:12–13). El diablo, no queriendo rendirse frente a la derrota certera, continúa disparando flechas de fuego a la iglesia y, junto con sus fuerzas cósmicas que lo respaldan, presentándole batalla en un conflicto espiritual (6:11–12).

A la luz de su posición histórica entre la acción final de Dios para la derrota de estas fuerzas hostiles en Cristo y la realización de esa derrota en «el día de la redención» (4:30), la iglesia debe defender la posición que el ataque de Cristo contra los poderes hostiles ha logrado para ella. Debe ponerse la armadura que Dios le ha provisto y entonces estar firme (6:11, 13–14).

La iglesia debe ceñirse con la verdad según Dios la ha expresado en el evangelio (6:14; cf. 1:13; 4:15, 21).[47] Debe ponerse la coraza de la justicia que Dios le da al creyente (6:14).[48] Debe poner en

---

[46] La referencia a la nueva persona en 4:24 probablemente es eco de la narrativa de la creación. Ver Pokorny, *An die Epheser*, 189.

[47] En Efesios Pablo habla de la verdad tanto como una virtud que los cristianos deben practicar (4:24–25; 5:9) y como las convicciones expresadas en el evangelio (1:13; 4:15, 21). En el contexto de 6:14, en donde se tiene en mente una lucha defensiva contra el diablo y sus fuerzas, parece probable que Pablo tiene en mente la resistencia de la iglesia al tipo de enseñanza artera falsa que ya ha mencionado en 4:14 y cuyo antídoto es «hablar la verdad [presumiblemente del evangelio] en amor». Cf. Best, *Ephesians*, 599.

[48] Aunque en Efesios «justicia» por lo general es una virtud (4:24; 5:9), Best, *Ephesians*, 599, tiene razón para decir que aquí se debe entender como algo que Dios ha puesto que ni el evangelio de paz (6:15), ni la salvación (6:17), ni la palabra de Dios (6:17) se entienden como siendo actividades humanas.

sus pies el evangelio; que por Cristo Dios ha hecho la paz entre judíos y gentiles en la iglesia y paz entre sí mismo y los que están en la iglesia (6:15). Debe tomar el escudo de una fe que une a la iglesia y la protege de la falsa enseñanza (6:16; cf. 4:5, 13–14).[49] La iglesia también debe tomar el casco de la salvación que Dios libremente da por fe en Cristo el Salvador (6:17a; cf. 2:5, 8; 5:23). Finalmente, debe tomar la espada del Espíritu, que Pablo identifica con la palabra hablada de Dios (6:17b). Esta es la única arma ofensiva en la lista de la armadura, y se refiere al uso de las Escrituras inspiradas por el Espíritu para combatir los esfuerzos estratégicos que el diablo hace para sacar a la iglesia de la posición que Dios ha ganado para ella (cf. Mt 4:1–11; Lc 4:1–13).[50]

Dios le ha dado a su iglesia su posición de victoria sobre las fuerzas hostiles del universo. También le ha provisto la armadura necesaria para defender su posición mientras espera la eliminación final de sus enemigos.[51] Si no va a perder el terreno que ha ganado, y si la meta de Dios de que lleguen los tiempos de cumplimiento al unir toda las cosas en el cielo y en la tierra alrededor de Cristo va a lograrse, la iglesia debe ponerse esta armadura y estar firme.

Una Iglesia Unida Como Modelo de un Universo unido

En un esfuerzo por animar a los cristianos desalentados de Asia del Sur, Pablo les ha recortado el plan de Dios para el universo y el lugar esencial de la iglesia en ese plan. Su carta pinta un cuadro de una nueva creación en la cual las fuerzas invisibles y hostiles de los cielos yacen conquistadas bajo los pies de Cristo. En este cuadro, una iglesia que consiste tanto de judíos como de gentiles se sienta junto a Cristo resucitado en los cielos, participando de su triunfo. Esta es la meta, dice Pablo, hacia la que Dios está moviendo el universo: reunir todas las cosas en el cielo y en la tierra en Cristo.

Antes de que «los tiempos» alcancen este «cumplimiento», sin embargo, los poderes cósmicos hostiles continúan librando guerra contra la iglesia, y así los cristianos deben vestirse de una armadura que les permitirá resistir su ataque: verdad, justicia, el evangelio de la paz, fe y salvación. Al estar unidos unos con otros en esta armadura, ellos harán «saber a los poderes y autoridades en los campos celestiales» la «multiforme sabiduría» de Dios en la reconciliación de judíos y gentiles para formar un nuevo ser humano por el evangelio. La iglesia, por consiguiente, proclamará a estos poderes hostiles que en la muerte, resurrección y sesión celestial de Cristo, Dios ha derrotado sus esfuerzos de frustrar su propósito en la creación.

La iglesia desempeña un papel esencial, por consiguiente, en el plan de Dios de llevar los tiempos a su cumplimiento reuniendo todo en Cristo. Ellos son la nueva humanidad que reemplaza a la humanidad vieja y desintegrada, y son evidencia de que el plan de Dios de reunir todo en Cristo rápidamente está llegando a su final. La iglesia en la provincia romana de Asia debe animarse porque Dios, en su gran amor y misericordia, ha hecho tanto por ellos. Deben esforzarse con celo renovado en su vocación para estar firmes y unidos contra el diablo y su campo conforme Dios lleva sus propósitos cósmicos a su fin glorioso.

---

[49] Cf. Best, *Ephesians*, 601. De nuevo, dos opciones enfrentan al intérprete: «fe» como el medio de salvación (1:15; 2:8; 3:12, 17; 6:23) o fe como el cuerpo de doctrina al que los cristianos dan asentimiento (4:5, 13). Debidoaque el artículo frente a *písteos* y la calidad estática de las otras partes de la armadura, la segunda opción es preferible.

[50] Hoehner, *Ephesians*, 853.

[51] Best, *Ephesians*, 597.

PRIMERA A TIMOTEO: LA IGLESIA COMO COLUMNA Y CIMIENTO DE LA VERDAD

Después de que Pablo apeló a Festo para ser juzgado ante el emperador en Roma, Festo hizo arreglos para una audiencia preliminar ante el rey judío Herodes Agripa II. Ajenos a las minuciosidades del judaísmo, Festo se vio frente a la desagradable perspectiva de tener que explicar a Nerón por qué algunos vocingleros judíos de su provincia querían que se ejecutara a Pablo. Era de esperarse que Agripa le ayudaría a salir de esta situación potencialmente embarazosa interpretando las querellas de los judíos para Festo y dándole al gobernador algo que escribir al emperador (Hch 25:13–27). Festo no podía haber quedado más complacido con los resultados, porque después de oír la explicación de Pablo de los sucesos que rodearon a su arresto, Agripa concluyó: «—Se podría poner en libertad a este hombre si no hubiera apelado al emperador» (Hch 26:32).

A la luz de esto, parece probable que Nerón absolvió a Pablo de las acusaciones contra él y lo dejó en libertad. Esto, por lo menos, es el testimonio casi unánime de la iglesia inicial.[1] Después de cinco años bajo arresto, los planes de Pablo de visitar a Roma, y después evangelizar a España (Ro 15:24, 28) habían cambiado: después de todo, no esperaba «visitar» Roma por dos años como preso (Hch 28:30). Esperando su liberación, le había pedido a Filemón que le prepare alojamiento en Colosas (Flm 22), y parece probable, por consiguiente, que viajó hacia el oriente hacia Asia después de haber sido absuelto de las acusaciones contra él.[2]

A pesar de la opinión de muchos estudiosos de que las Cartas Pastorales no son cartas auténticas de Pablo, probablemente él las escribió durante este período de su ministerio.[3] Esto no quiere decir que las circunstancias históricas precisas que rodearon la escritura de estas cartas son claras.[4] Un

---

[1] La evidencia se examina exhaustivamente en J. B. Lightfoot, *Biblical Essays* (Macmillan, Londres, 1893), 423–27. Incluso Pelagio, que tenía dudas de que Pablo alguna vez llegó a España, creía que fue libertado de su encarcerlamiento en Roma que se registra en Hechos. Ver Lightfoot, ibid., 427 n. 1. Es importante reconocer, *pace* Luke Timothy Johnson, *Letters to Paul's Delegates: 1 Timothy, 2 Timothy, Titus* (NTC; Trinity Press International, Valley Forge, Pa., 1996), 10, que la teoría de un segundo encarcelamiento en Roma no exige una misión de Pablo a España. Sobre esto ver Herman Ridderbos, *De Pastorale Brieven* (Commentaar op het Nieuwe Testament; Kok, Kampen, 1967), 12–13.

[2] Para consideración de esta posibilidad, ver Ridderbos, *Pastorale Brieven*, 12–13.

[3] John Ashton, *The Religion of Paul the Apostle* (Yale Univ. Press, New Haven, Conn., 2000), 77, piensa que «las llamadas Cartas Pastorales» ya «no se las adscribe a Pablo excepto por un puñado de conservadores extremos». Sería difícil argumentar un caso, sin embargo, de que la etiqueta «conservador extremo» le venga a estudiosos tales como Luke Timothy Johnson, *Letters to Paul's Delegates*; idem, *The First and Second Letters to Timothy* (AB 35A; Doubleday, Nueva York, 2001); Bo Reicke, *Re-examining Paul's Letters: The History of the Pauline Correspondence*, ed. David P. Moessner e Ingalisa Reicke (Trinity Press International, Harrisburg, Pa., 2001), 52–56; y Jerome Murphy-O'Connor, *Paul: A Critical Life* (Oxford Univ. Press, Oxford, 1996), 357–59 (que niega la autenticidad de 1 Timoteo y Tito, pero acepta como genuina a 2 Timoteo).

[4] Ocasionalmente se hacen esfuerzos por ubicar las Pastorales dentro del período de ministerio de Pablo cubierto en Hechos. Ver, por ej., Johnson, *First and Second Letters to Timothy*, 135–37, 319, y Reicke, *Re-examining Paul's Letters*, 51–59, 68–74, 85–91. Para la refutación decisiva de esta posición, ver Lightfoot, *Biblical Essays*, 399–410.

escenario probable es que Pablo viajó de Roma junto con Timoteo y Tito a Creta, en donde establecieron iglesias en varias ciudades pero desdichadamente también vieron una variación nada ortodoxa de su enseñanza echando raíces entre algunos convertidos judíos.[5] Pablo dejó a Tito en la isla para que presidiera sobre el nombramiento de líderes en estas iglesias y las instruyera más completamente en la fe.

Pablo entonces se fue con Timoteo a Éfeso. Allí hallaron a la iglesia en tal caos que el término «naufragio» más tarde viene a la mente (1 Ti 1:19). «Algunos» estaban abogando enseñanzas extrañas similares a las que Pablo y sus colaboradores habían encontrado en Creta, y dos efesios, Himeneo y Alejandro, habían caído tan seriamente en el error que Pablo los excomulgó (1:20).

Pablo dejó a Timoteo a cargo de la situación y continuó su viaje, tal vez yendo primero a Colosas para visitar a Filemón pero aclarándole a Timoteo antes de salir que se proponía ir a Macedonia (1:3). Probablemente escribió 1 Timoteo desde Macedonia, y su preocupación primaria en la carta es la perniciosa enseñanza falsa que infectaba a la iglesia de Éfeso.[6]

La naturaleza de la enseñanza falsa es difícil de describir, y esto es probablemente resultado directo de la intensa falta de apoyo de parte de Pablo hacia ella.[7] Se trata de «discusiones inútiles» (1:6), «fábulas profanas y de viejas» (4:7, RV-60), y «discusiones profanas e inútiles» (6:20; 2 Ti 2:16). Sus proponentes son «charlatanes y engañadores» (Tit 1:10) que, a pesar de un aire de confianza, no entienden de qué están hablando (1 Ti 1:7; 6:4). En opinión de Pablo la enseñanza falsa es tan banal que no merece consideración intelectual seria; en verdad, tomarla seriamente es dejarse arrastrar a un debate contencioso e infructuoso (6:20; 2 Ti 2:14, 23; Tit 3:9) que parece por un lado nunca

---

[5] Gordon D. Fee, *1 and 2 Timothy, Titus* (GNC; Harper & Row, Nueva York, 1984), xviii. Lightfoot, *Biblical Essays*, 430–35, se imaginó que Pablo viajó de Roma inmediatamente a Asia en cumplimiento de su promesa a Filemón. Luego evangelizó en Creta, fue a España, y a la larga volvió al oriente. Este escenario se complica innecesariamente, sin embargo, por el deseo de Lightfoot de incorporar una misión a España en los viajes de Pablo.

[6] Lightfoot, *Biblical Essays*, 434, ubica la escritura de Primera a Timoteo alrededor del tiempo en que Pablo estaba en Macedonia. Como veremos en el próximo capítulo, Pablo probablemente escribió Tito al mismo tiempo. Decidir cuál fue escrita primero probablemente no es posible ni necesario, aunque Fee, *1 and 2 Timothy, Titus*, xxiv, especula que Tito vino después de Primera a Timoteo puesto que Tito tiene un tono menos urgente y parece más preocupada con prevención que con cura.

[7] Johnson, *Letters to Paul's Delegates*, 7, 108–9, resiste la opinión de que el error que se presupone en las tres Pastorales es idéntico. La falsa enseñanza en las tres cartas, no obstante, posee varios rasgos en común, y la mejor explicación de esto es que el error era básicamente el mismo. En todas tres el error se esparce de casa en casa (1 Ti 5:13; 2 Ti 3:6; Tit 1:11), y tanto en 1 Timoteo y 2 Timoteo las mujeres dentro de esas casas han llegado a ser especialmente vulnerables al mismo (1 Ti 4:17; 5:13; 2 Ti 3:6). En 1 Timoteo y Tito, la enseñanza falsa tiene que ver con la ley mosaica (1 Ti 1:7; Tit 1:9). Hay presentes diferencias sutiles, tales como la identificación de los herejes con «la incircuncisión» en Tit 1:10, la referencia única a la abstinencia del matrimonio en 1 Ti 4:3, y la afirmación en 2 Ti 2:18 de que la resurrección ya había sucedido, pero estas diferencias probablemente representan los diferentes énfasis de las tres cartas diferentes. Cf. Lightfoot, *Biblical Essays*, 412.

terminar, y por otro nunca avanzar ni un ápice hacia la verdad (3:7).[8] A diferencia del malentendido de su propia enseñanza que Pablo enfrentó en Tesalónica y Corinto, la oposición intelectualmente desafiante de Galacia, o incluso la filosofía orientada apocalípticamente que perturbó a la iglesia de Colosas, la enseñanza falsa en las Pastorales parece bien sea carecer de coherencia, o surgir de una cosmovisión tan diferente que Pablo no podía hallar sentido en ella.[9]

Con todo, Pablo provee algunas nociones de los métodos que sus proponentes usaban y de los resultados en las vidas de los que la abrazaban. El rasgo más prominente del contenido de la falsa enseñanza que surge de las cartas es su preocupación con la ley mosaica. Los proponentes de la herejía, dice Pablo «pretenden ser maestros de la ley» (1 Ti 1:7) y enfrascarse en «discusiones y peleas sobre la ley» (Tit 3:9). Se preocupan por «leyendas judías [y] de lo que exigen esos que rechazan la verdad» (Tit 1:14). Algunos de los falsos maestros son judíos (Tit 1:10).

Otros aspectos de la enseñanza, sin embargo, no encajan confortablemente dentro de un marco de trabajo judío. Los falsos maestros prohíben el matrimonio (1 Ti 4:3) y afirman que la futura resurrección corporal ya ha ocurrido (2 Ti 2:18). Además, parecen haber usado la magia, puesto que Pablo los compara a Janes y a Jambres, nombres tradicionales de los magos que se opusieron a Moisés en la corte del faraón (2 Ti 3:8; cf. Éx 7:11, 22), y advierte a Timoteo que «los hombres malos y los hechiceros irán de mal en peor» (2 Ti 3:13, aut.).[10] Estas aberraciones probablemente quieren decir que su abstinencia de «alimentos» (1 Ti 4:3) y su abstinencia de cosas «impuras» (Tit 1:15) tenía que ver con algo más que seguir las regulaciones dietéticas y de purificación de la ley mosaica. La descripción que Pablo da de la enseñanza como una serie de «mitos e interminables genealogías» (1 Ti 1:4; cf. 2 Ti 4:4; Tit 1:14; 3:9) puede referirse a especulación en cuanto a los orígenes de la costumbre basada en una exégesis del Génesis, el primer libro de la ley mosaica.

Esta clase de especulación aparece en el siglo tercero en un tratado gnóstico de Nag Jammadi, *On the Origin of the World*. El autor de este documento entreteje imágenes de la narrativa de la creación en Génesis en su relato genealógico de los dioses que habitan en el cosmos. Según el autor, la Pistis Sofía impía creó al dios de Génesis («el gobernador») y luego se retiró a su región de luz, dejando «al gobernador» con la impresión de que «sólo (él) existía». Las siguientes acciones del gobernador se parecen a las acciones de Dios en Génesis 1:6–9:

> El gobernador separó la sustancia acuosa. Y cuando estuvo seca fue dividida en otro lugar. Y de la materia hizo para sí mismo una morada, y la llamó cielo. Y de la materia, el gobernador hizo un estrado, y lo llamó tierra (II.101).[11]

---

[8] En cuanto a tomar en serio los comentarios desdeñosos de Pablo en cuanto a la naturaleza estrafalaria de la falsa enseñanza, ver I. H. Marshall, *The Pastoral Epistles* (ICC; T. &T. Clark, Edinburgh, 1999), 42–43. Como Johnson, *Letters to Paul's Delegates*, 109, señala, Pablo en efecto ocasionalmente hace más que simplemente descartar la enseñanza de sus oponentes (1 Ti 1:8–10; 4:3–5, 7–8; 6:5–10), pero el breve choque de espadas que ofrece en estos pasajes no se equipara a la prolongada y profundamente entrelazada argumentación presente en las otras cartas de Pablo.

[9] La naturaleza intelectualmente no interesante de la oposición de Pablo puede ayudar a explicar la a menudo observada blandura de la argumentación de Pablo en las cartas, al compararlas, por ejemplo, con Gálatas.

[10] Sobre la traducción de la palabra *goetes* como «hechiceros» ver LSJ, 356. Cf. Lightfoot, *Biblical Essays*, 412, 415, que traduce el término como «magos» y «encantadores».

[11] La traducción [en inglés] es de *NHL*, 173.

Podemos ir hacia atrás a partir de esta interpretación de Génesis hasta lo que cuenta Ireneo del hereje Saturnino de principios del siglo segundo, que enseñaba que siete ángeles dijeron la frase «hagamos al hombre a nuestra imagen» de Génesis 1:26. Estos ángeles hicieron el mundo y todo lo que hay en él, incluyendo al primer hombre, pero estropearon su obra y el hombre no podía sostenerse erguido. Felizmente, el «poder de arriba» máximo se compadeció del hombre y al poner una chispa de su esencia divina en él, le permitió ponerse de pie y vivir (*Haer.* 1.24.1). Evidentemente puesto que el mundo era un lugar malo y el cuerpo material el producto de deidades inferiores e ineptas, los seguidores de Saturnino se oponían al matrimonio y a la procreación, y se abstenían de comer carne (*Haer.* 1.24.2).

Si damos otro paso hacia atrás en el relato de Ireneo, llegamos a Menander, sucesor de Simón el mago de Hechos 8:9–11 (*Haer.* 1.1, 5), y, según Ireneo, el primer gnóstico (*Haer.* 3.4.3).[12] Menander aducía que por su magia «uno puede superar a esos mismos ángeles que hicieron al mundo» y que «sus discípulos obtienen la resurrección al ser bautizados en él, y ya no pueden morir, sino que permanecen en posesión de juventud inmortal» (*Haer.* 1.23.5).[13] Aquí hallamos especulación sobre los orígenes del mundo (aunque sin una referencia explícita a Génesis) acoplada con la creencia de que la resurrección ya ha sucedido, por lo menos para los miembros de la secta. El uso de la magia también aparece.[14]

Aunque ninguno de estos sistemas ofrece un duplicado exacto de la herejía detrás de las Pastorales, y todos ellos son posteriores a las Pastorales, la enseñanza falsa de Éfeso y de Creta puede haber sido una forma primitiva de tales religiones.[15] Las tres revelan una fascinación con los mitos que trazan la genealogía de los varios poderes cósmicos hacia abajo desde el poder máximo del dios o dioses que crearon al mundo. Todas evidentemente creían que el mundo creado era esencialmente un lugar imperfecto, plagado por las fabricaciones ineptas del dios descrito en los

---

[12] J. Fossum, «Simón Magus», *DDD*, 781, arguye persuasivamente que la enseñanza de Simón era en realidad una forma naciente del gnosticismo del siglo segundo.

[13] Ireneo probablemente consiguió esta información de Justino Mártir, que describió a Menander brevemente en su *Apología* (1.26: cf. 1.56). En el mismo párrafo Justino mencionó su obra contra las herejías en que se podía hallar más información (cf. Eusebio, *Hist. eccl.* 3.26). Desdichadamente, la obra de Justino contra las herejías ya no existe, pero Ireneo probablemente la conocía y derivó de ella una explicación más detallada. Sobre esto ver G. Salmón, «Menander», *DCB*, 722–23.

[14] Ignacio de Antioquía también provee evidencia de una mezcla de judaísmo y cristianismo doceta en Asia a principios del siglo segundo. Sobre esto ver C. K. Barrett, «Jews and Judaizers in the Epistles of Ignatius» en *Jews, Greeks and Christians: Religious Cultures in Late Antiquity*, ed. Robert Hamerton-Kelly y Robin Scroggs (SJLA 21: Brill, Leiden, 1976), 220–44, esp. 237 y 241, en donde Barrett comenta sobre la importancia de la evidencia de Ignacio para entender el trasfondo de las Cartas Pastorales.

[15] Justino Mártir menciona a Saturnino en una lista de herejes en su *Diálogo con Trifón* 35, al parecer escrito poco después de la guerra de Bar Cocba de 132–136. Saturnino debe haber florecido, por consiguiente, en algún momento a fines del primer siglo o principios del segundo, y Menander antes de él. Aunque Saturnino vivió hasta tener casi setenta años, cuando se escribieron las Pastorales, Menander estaba más cerca a Pablo. Even Simone Petrement, *A Separate God: The Christian Origins of Gnosticism* (Harper, Nueva York, 1984), 315, que arguye que el gnosticismo se desarrolló del cristianismo y se inclina a fecha más tarde sus orígenes, piensa que Menander puede haber enseñado tan temprano como «las últimas décadas del siglo primero».

primeros capítulos de Génesis, el primer libro de la ley mosaica. Menander por lo menos usaba la magia y pensaba que sus seguidores ya habían resucitado. Su sucesor Satarnino se oponía al matrimonio, a la procreación y al consumo de carne. Algo como esta amalgama de especulación cósmica, escatología desbordada, magia, y ascetismo probablemente explica las falsas enseñanzas descritas en las Pastorales.[16]

La falsa enseñanza ha empezado a esparcirse como gangrena (2 Ti 2:17) y su éxito evidentemente ha surgido por los esfuerzos arteros de sus maestros para seleccionar familias cristianas en donde la cabeza masculina de la familia está o bien ausente o descuida sus deberes familiares. De este modo Pablo dice que los falsos maestros «están arruinando familias enteras» (Tit 1:11).[17] Al parecer hacían esto introduciéndose en las casas y convenciendo de su falsa enseñanza a mujeres ya corruptas (2 Ti 3:6). Tal vez podemos también ligar la afirmación de Pablo de que un deseo de riqueza motivaba a los falsos maestros (1 Ti 6:5; cf. 6:6–10, 17–19), su preocupación de que las mujeres no hagan exhibición ostentosa de su riqueza (2:9), y su preocupación de que las mujeres no enseñen en la iglesia (2:11–14). Tal vez las mujeres ricas de Éfeso les habían estado pagando a los falsos maestros para que le sirvan de tutores y luego transmitiendo a las iglesias que se reunían en sus casas la falsa enseñanza que aprendían.[18]

En 1 Timoteo Pablo se preocupa especialmente por las viudas jóvenes que están bajo el cuidado de la iglesia de Éfeso. Algunas viudas «se entrega[n] al placer» (1 Ti 5:6), escribe, y al parecer algunas viudas de esta clase han logrado que se las incluya en la lista de las viudas que la iglesia sostiene. Pablo aconseja en contra de poner a viudas jóvenes en esta lista: «Además se acostumbran a estar ociosas y andar de casa en casa. Y no sólo se vuelven holgazanas sino también chismosas y entrometidas, hablando de lo que no deben» (5:13).

La frase «hablando de lo que no deben» (*lalousai ta me deonta*) se parece a la frase «enseñar lo que no se debe» (*didaskontes ja me dei*) en Tito 1:11, en donde Pablo describe cómo los maestros arruinan familias enteras. La frase en 1 Timoteo, por consiguiente, probablemente se refiere no simplemente a charla relativamente inocua sino a la enseñanza herética que había perturbado tanto a la iglesia de Éfeso.[19] Debido a que estas viudas recibían su sostenimiento de la iglesia, no tenían necesidad

---

[16] Esto no quiere decir que el gnosticismo era una religión independiente, precristiana, como muchos estudiosos desde Richard Reitzenstein (1861-1931) y Wilhelm Bousset (1865-1920), han pensado. Ver Petrement, *A Separate God*, 1–26. Con todo, es importante tomar en serio la dedicación de la falsa enseñanza a «mitos e interminables genealogías» (cf. 1 Ti 4:7: 2 Ti 4:4: Tit 1:14; 3:9). Este elemento de enseñanza falsa de acerca más ideológicamente (si no cronológicamente) a estos sistemas gnósticos posteriores que los problemas de la iglesia de Corinto o el cristianismo de los *Hechos de Pablo*. Sobre los problemas de la iglesia de Corinto y la religión que se refleja en los *Hechos de Pablo* como trasfondo para las Pastorales, ver respectivamente, Philip H. Towner, *The Goal of Our Instruction: The Structure of Theology and Ethics in the Pastoral Epistles* (JSNTSup 34: Sheffield Academic Press, Sheffield, 1989), 2145, y Frances Young, *The Theology of the Pastoral Letters* (Cambridge Univ. Press, Cambridge, 1994), 13-20.

[17] William D. Mounce, *Pastoral Epistles* (WBC 46; Nashville: Thomas Nelson, 2000), lii, observa que en Hch 20:20 Pablo dice que enseñó a los efesios «casa por casa» (*kat'oikous*).

[18] Alan Padgett, «Wealthy Women at Ephesus: 1 Timothy 2:8–15 in Context», *Interp* 41 (1987): 19–31, aquí en 23.

[19] Fee, *1 and 2 Timothy, Titus*, 83; Lorenz Oberlinner, *Die Pastoralbriefe: Kommentar zum ersten Timotheusbrief* (HTKNT 11.2; Herder, Frieburg, 1994), 240; Marshall, *Pastoral Epistles*, 603.

económica de casarse, tener hijos y administrar un hogar, y la falsa enseñanza que sostienen desalienta tal domesticidad que afirma la creación. En lugar de dedicarse a estas actividades, entonces, pueden pasar su tiempo aprendiendo la falsa enseñanza y esparciéndola de casa en casa (1 Ti 5:13; 2 Ti 3:7).

Aquí también surge un eslabón con formas posteriores de gnosticismo.[20] Ireneo menciona a una mujer llamada Marcelina que llegó a Roma a mediados del siglo segundo («bajo Aniceto») e «hizo descarriar a multitudes» con su enseñanza gnóstica (*Haer.* 1.25.6; cf. Orígenes, *Cels.* 5.62). Tertuliano comenta sobre cómo los herejes gnósticos extienden a las mujeres privilegios que el cristianismo ortodoxo no les dio. Entre estos están los privilegios de enseñar y debatir (*Praescr.* 41).

Cualesquiera que hayan sido los detalles del contenido de la falsa enseñanza o de los métodos de sus maestros, Pablo difícilmente puede ser más claro en cuanto a los motivos de ellos y los resultados. Los motiva la codicia del dinero (1 Ti 6:10; Tit 1:11), sus propios deseos (2 Ti 4:3), mentes depravadas (2 Ti 3:8; Tit 3:11), y conciencias cauterizadas (1 Ti 1:9; 4:2). Los resultados de sus esfuerzos son facciones dentro de la iglesia (Tit 3:10) y naufragio para la fe de aquellos a quienes convencen (1 Ti 1:19).

Pablo escribió 1 Timoteo para proveerle a su colaborador un mandato para restaurar el orden en la iglesia de Éfeso, a la que esta enseñanza había corrompido. Dentro del corpus paulino, la carta es inusual. Al saludo no le sigue, como es común en las cartas de Pablo, una oración o un informe de oración sino una descripción de la comisión de Pablo a Timoteo para sofocar la falsa enseñanza en Éfeso. La carta luego continúa con secciones alternas de instrucciones específicas de restaurar el orden y directivas personales a Timoteo.

Cartas como estas comúnmente las enviaba en la antigüedad algún funcionario del gobierno a un subordinado cuando el subordinado asumía alguna nueva responsabilidad pública. Tal vez el mejor ejemplo existente de tales cartas es el Papiro Tebtunis 703. Un administrador del gobierno envió esta carta en el siglo tercero a.C., a un mayordomo que acababa de recibir el cargo de un distrito administrativo egipcio.[21] La carta está escrita como un «memorando» (*jupomnema*) para recordarle al mayordomo las cosas que el administrador había cubierto con él en la conversación antes de que el mayordomo saliera para asumir su nuevo cargo (ll. 258–61). Los detalles de la carta muestran que el mayordomo debe corregir problemas en particular, tales como las quejas de los agricultores contra los oficiales de la ciudad (ll. 40–49) y el robo de ingresos de aceite debido al contrabando (ll. 141–45). Amonestaciones personales están entremezcladas con instrucciones prácticas detalladas sobre cómo administrar el distrito.[22] La carta concluye con una amonestación general a la conducta ejemplar:

---

[20] *Pace* Towner, *The Goal of Our Instruction*, 26–27, aunque su sugerencia es convincente (39) que un modo de la emacipación de la mujer visible en el imperio romano en el primer siglo puede haber contribuido a los problemas de la iglesia de Éfeso. Ver también Bruce W. Winter, «The 'New' Roman Wife and 1 Timothy 2:9-15: The Search for a *Sitz im Leben*», TynBul 51 (2000): 285-94.

[21] El texto de la carta con una introducción, traducción y comentario detallado se puede hallar en Arthur S. Hunt y J. Gilbert Smyly, *The Tebtunis Papyri*, vol. 3, parte 1 (Oxford Univ. Press, Londres, 1933), 66-102. Estoy usando la traducción [al inglés] de Hunt y Smyly, y las referencias a líneas son de su edición del texto griego.

[22] Por ej., ll.158-63: «Si eres descuidado en esto ... asegúrate que además de los pagos ... caerás en desacato no ordinario», y ll. 254-57: «Si actúas de este modo cumplirás tu deber oficial y tu propia seguridad estará asegurada».

> Tu deber primario es actuar con cuidado peculiar, honradez y de la mejor manera posible ... y tu siguiente deber es comportarte bien y ser recto en tu distrito, guardarte de malas compañías, evitar toda colusión de base, creer que, si eres sin reproche en esto, se te considerará merecedor de funciones más altas, guardar las instrucciones en tu mano, informar de todo como se te ha ordenado. (ll. 261–80).

Esta carta era algo así como un manual para el mayordomo al empezar sus deberes en su nuevo cargo.[23]

Hablando de la situación bajo el imperio romano en el primer siglo a.C., Dio Casio dice que «el emperador da instrucciones [*entole*] a los procuradores, los procónsules, y los pretores, a fin de que puedan estar bajo órdenes definitivas cuando salen a sus provincias» (*Hist.* 53.15.4). El contenido de tales «mandatos reales» tenía la intención de publicación amplia de modo que por ellos el público pudiera saber lo que se esperaba bajo el nuevo oficial y qué acciones que realizara este nuevo oficial tenían el respaldo de la autoridad del emperador.[24] El emperador Trajano, escribiendo a principios del segundo siglo d.C., a su gobernador Plinio, por ejemplo, le instruye que haga su mandato imperial conocer a sus súbditos en Bitinia:

> El pueblo de esa provincia comprenderá, creo, que tengo sus intereses en el corazón. Porque tú cuidarás de aclarárselo, que fuiste nombrado especialmente para representarme a mí (Plinio, *Ep.* 10.18).

Una carta de mandato oficial, por consiguiente, servía como recordatorio al subordinado de sus deberes y como una comisión pública para este subordinado.[25]

En 1 Timoteo 6:14 Pablo le dice a Timoteo que «guarde el mandamiento [*entole*]», queriendo decir el mandato que le ha dado mediante la carta. La naturaleza precisa de este mandato surge en varios puntos. Timoteo debe ordenar a los maestros falsos que dejen de enseñar (1:18) y obligar a que se practique conducta apropiada dentro de la iglesia (3:15). Personalmente debe proveer un ejemplo de conducta consagrada (4:12, 15), asegurarse de que ni su conducta ni su enseñanza caen en el patrón que ha determinado la falsa enseñanza (4:16; 6:20). La pureza de la iglesia, tanto en la conducta de los que pertenecen a ella como en la enseñanza de sus dirigentes, es muy importante porque el verdadero evangelio se halla en la iglesia, y el evangelio es el único medio de salvación (2:1–7; 3:15; 4:7b–10, 16).

Si los hombres de la iglesia están metidos en agrias disputas, no pueden alzar manos santas en oración, y si su conducta estorba sus oraciones, también estorba el avance del evangelio (2:1–8). Si las mujeres de la iglesia están abandonando la modestia y, como Eva, sucumbiendo a la oferta de Satanás de conocimiento pecaminoso, y luego enseñando este error a otros (2:9–14; 5:15), entonces su misma salvación está amenazada (2:15). La iglesia es columna y fundamento de la verdad que

---

[23] Hunt y Smyly, *Tebtunis Papyri*, 69, describen la carta como «una especie de vademécum» para el mayordomo y «su carta señalada».

[24] Michael Wolter, *Die Pastoralbriefe als Paulustradition* (FRLANT 146; Vandenhoeck & Ruprecht, Göttingen, 1988), 164-70.

[25] Ver Hunt y Smyly, *Tebtunis Papyri*, 66–73; Ceslas Spicq, *Les Epitres Pastorales*, 2 vols., 4ª ed. (Ebib; Lecoffre, Paris 1969), 1:34–37; Benjamin Fiore, *The Function of Personal Example in the Socratic and Pastoral Epistles* (AnBib 105; Biblical Institute, Roma, 1986), 79–84; Wolter, *Die Pastoralbriefe*, 161–70; y Johnson, *Letters to Paul's Delegates*, 106-7.

todos deben conocer para ser salvados (3:15; cf. 2:4–6). Por esto Timoteo debe dirigir a la iglesia de Éfeso de regreso a la doctrina apropiada y a la conducta correcta.

Doctrina Correcta

En varios lugares esparcidos por la carta Pablo resume elementos críticos de la enseñanza cristiana como una manera de recordarle a Timoteo, y también a la iglesia que oirá la interpretación de este mandato, de ciertos elementos fundamentales del evangelio. Timoteo ha recibido una comisión a ser fiel a este «depósito» de verdad cuando fue apartado para la obra del evangelio (6:12, 20).[26] En varios puntos la enseñanza falsa está cuestionando la enseñanza cristiana tradicional, y Pablo quiere recordarle a Timoteo, su subordinado oficial, y a la iglesia a su cuidado de los lugares fundamentales en los que el evangelio y la falsa enseñanza toman caminos diferentes.

Primero, en dos lugares Pablo recalca que Dios es el único Dios verdadero (1 Ti 2:5; 6:15–16). Esta era una confesión común en el judaísmo antiguo (por. ej., Dt 6:4; Is 48:8; 45:5–6) y en el cristianismo primitivo (Mr 12:29; Ro 3:30; 1 Co 8:1; Ef 4:5–6; Stg 2:19), que servían en un contexto politeísta para afirmar la soberanía exclusiva del Dios de las Escrituras judías sobre el universo. Como Pablo dice en 1 Corintios 8:4: «sabemos que un ídolo no es absolutamente nada, y que hay un solo Dios».

Por un lado, es posible que cuando Pablo usa este lenguaje en 1 Timoteo, está simplemente usando lenguaje judío tradicional como un recordatorio de la soberanía universal de Dios en un contexto en que la gente a menudo hacía afirmaciones similares en cuanto al emperador y otros gobernantes (cf. por ej., 2 Mac. 12:15; Sir. 46:5).[27] Por otro lado, Pablo puede estar usando lenguaje tradicional contra las afirmaciones gnósticas de que el Dios judío es una deidad menor en una vasta genealogía de deidades. Puede estar aseverando que Dios no es el Creador creado que se olvidó de sus orígenes y que está por debajo del desconocido «poder de arriba». Más bien, él es el «único potentado» (*dunastes*), el único Dios por sobre todos los demás gobernantes cósmicos y terrenales.[28]

Segundo, Pablo hace énfasis en que Dios es el Creador del mundo y que su creación es buena. Pablo afirma la creación divina de Adán y Eva en 2:11, e implica que la creación de Dios fue buena al colocar la responsabilidad por la transgresión en Satanás (que está detrás de los verbos en voz pasiva *epatetze* y *exapatetzeisa* en 2:14).[29] Esta noción aparece de nuevo en 4:3–5, en donde Pablo

---

[26] La «buena profesión delante de muchos testigos» de Timoteo (6:12, RVR) es por consiguiente equivalente a «ordenación». Ver George W. Knight III, *Commentary on the Pastoral Epistles* (NIGTC; Eerdmans, Grand Rapids, 1992), 264–65.

[27] La referencia a Dios como el único inmortal puede ser una alusión a la práctica común, desde Julio César, de asignarle honores divinos al gobernante supremo de Roma. Sobre esta práctica, ver Mary Beard, John North, y Simon Price, *Religions of Rome*, 2 vols. (Cambridge Univ. Press, Cambridge, 1998), 206–10; para esta comprensión de la frase en 1 Ti 6:16 ver, entre otros, J. N. D. Kelly, *The Pastoral Epistles* (BNTC 14; Hendrickson, Peabody, Mass., 1960), 146, y Spicq, *Epitres Pastorales*, 1:573–74.

[28] Cf. E. F. Scott, *The Pastoral Epistles* (MNTC; Hodder and Stoughton, Londres, 1936), 79, y, para 2:5, Kelly, *Pastoral Epistles*, 63. *Pace* Towner, *The Goal of Our Instruction*, 50 y 84, que conecta el lenguaje de «un Dios» con el universalismo de Pablo (cf. Ro 3:29–30; Gá. 3:20; Ef 4:5–6).

[29] Andreas J. Köstenberger, «Ascertaining Women's God-Ordained Roles: An Interpretation of 1 Timothy 2:15», *BBR* 7 (1997): 107–44, aquí en 123.

contrasta elementos de la enseñanza falsa con su sumario de la verdad que la iglesia sostiene en 3:15–16.

En 4:3–5 Pablo se refiere a la profecía cristiana de que en los tiempos del fin algunos abandonarán la fe por enseñanzas engañosas e inspiradas por los demonios. Menciona dos de estas enseñanzas: prohibir el matrimonio y la abstinencia de alimentos. Puesto que refuta la noción de que el matrimonio sea malo en otros puntos de la carta (2:15; 3:2, 12; 5:9, 14), en el capítulo 4 enfoca la idea de que hay que rechazar «los alimentos».[30] El alimento, arguye, como todo lo demás que Dios ha hecho, es bueno, santificado por la palabra creativa de Dios y por las oraciones que ofrecen los creyentes antes de comer. Dios lo ha hecho, además, para beneficio de los que creen y reconocen la verdad; fue creado para que ellos lo reciban con gratitud (cf. 1 Co 10:30). Aquí Pablo hace eco del relato de Génesis de la creación, y específicamente la afirmación de clímax al fin de los seis días de actividad creativa de Dios: «Dios miró todo lo que había hecho, y consideró que era muy bueno» (Gn 1:31).

Más adelante Pablo describirá a Dios como «el cual da vida a todas las cosas» (6:13) y «que nos provee de todo en abundancia para que lo disfrutemos» (6:17). Como 6:15–16, la descripción de Dios como origen de la vida es posiblemente un empuje polémico tradicional en una cualidad a veces adscrita a los emperadores romanos. Cada súbdito supuestamente consideraba al emperador «el origen de su vida y de su existencia» (*Inscr. Priene* 105.10.32).[31] Puesto que Pablo ha recalcado tan fuertemente en 4:3–5 que Dios creó todas las cosas, sin embargo, probablemente quiere decir en 6:13, 17 que el único soberano Dios es también el Dios que dio vida a todo, y que la creación que él hizo existir es buena. El Dios máximo, en otras palabras, es el Dios de Génesis 1–3, que ha creado y ahora sostiene generosamente a sus criaturas.[32]

Tercero, Pablo recalca la obra de gracia salvadora de Dios a favor de su creación humana por el Mediador plenamente humano entre Dios y los seres humanos, Cristo Jesús. Pablo afirma el relato del origen del pecado humano que se halla en Génesis 3:1–19 (1 Ti 2:14) y da por sentado que, como resultado de ese pecado original, todos están en necesidad de salvación (1 Ti 2:4, 6; 4:10). Pone énfasis especial, sin embargo, en el carácter de gracia de Dios y de Cristo, en el papel de Cristo como mediador entre Dios y la humanidad, y en la humanidad de Cristo en su papel de mediador. Por eso Pablo le da a Dios el título «Dios nuestro Salvador» y dice que Dios quiere que todos sean salvados (2:3–4). Él es, por consiguiente «es el Salvador de todos, especialmente de los que creen» (4:10). Dios salva a los que creen a través de Cristo, y es un Salvador misericordioso y de gracia, dispuesto a rescatar incluso al peor de los pecadores, cualquiera que sea el nivel de su ignorancia e incredulidad (1:13–16).

En dos confesiones tradicionales (2:5–6 y 3:16b), Pablo recalca el papel de mediador de Cristo entre Dios y la humanidad.[33] Así como hay sólo un Dios, el primer credo dice, también hay sólo un

---

[30] Knight, *Pastoral Epistles*, 190; Marshall, *Pastoral Epistles*, 542.

[31] Spicq, *Epitres Pastorales*, 1:570.

[32] Cf. Walter Lock, *The Pastoral Epistles*, 3ª ed. (ICC; T. & T. Clark, Edinburgh, 1952), 71, sobre 6:13, y Marshall, *Pastoral Epistles*, 672, sobre 6:17. El participio *zoogonountos* en 6:13 está en tiempo presente, indicando que Dios al presente sustenta la vida que ha creado. Sobre esto, ver Marshall, *Pastoral Epistles*, 662.

[33] Los comentaristas por lo común toman esos dos pasajes como citas de material tradicional previamente existente, aunque hay algún debate sobre 2:5–6. Para la posición de que 2:5–6 es una «pieza litúrgica» antes que un «credo» o «confesión», ver Martin Dibelius y Hans Conzelmann, *The Pastoral Epistles* (Hermeneia;

mediador entre Dios y la humanidad: Cristo Jesús (2:5). El segundo credo también habla de Cristo como el que se mueve entre el mundo visible e invisible: Cristo fue vindicado por el Espíritu, visto por los ángeles, y recibido arriba en gloria, pero también fue manifestado en la carne, predicado entre las naciones, y creído en el mundo (3:16). Fue, en otras palabras, «el mediador entre Dios y la humanidad» (2:5).

Ambos credos también recalcan la naturaleza humana de Cristo como mediador. Es como «el ser humano Cristo Jesús» que media entre Cristo y los seres humanos (2:5). Fue también «en la carne» que se manifestó al mundo (3:16).

¿Por qué este triple énfasis en la gracia de Dios, el papel de Cristo como mediador, y la naturaleza humana de Cristo? Pablo probablemente les está recordando a Timoteo y a la iglesia de Éfeso precisamente los puntos de la enseñanza cristiana tradicional que con mayor efectividad refutan las afirmaciones de los maestros falsos. Cristo no es, como los herejes tales como Saturnino afirmaban, un ser celestial sin carne que soslaya a los creadores angélicos del mundo y media entre el Dios desconocido y las personas que poseen una chispa implantada de lo divino. Él es el mediador plenamente humano entre el único Dios y su creación humana, y su poder salvador es efectivo para todos los que creen en él.[34] El Dios que creó el mundo, es más, no está aparte del «poder de arriba» de gracia que se compadeció de los productos humanos miserables de las trastadas creativas de los ángeles. Más bien, el Dios que creó a los seres humanos es también en el que, por la obra misericordiosa y de gracia de Jesucristo, efectuó su salvación.

Conducta Apropiada

La mayor parte de 1 Timoteo aborda la cuestión de una conducta apropiada dentro de la iglesia. La enseñanza falsa produce conducta que parece brotar de una conciencia cauterizada: prohibición del matrimonio, restricciones ascéticas en cuanto a comida, disputas interminables de galimatías basadas en la narrativa de la creación de Génesis, peleas agrias que surgen de esas discusiones, y una codicia por la riqueza. Las mujeres, particularmente las mujeres acomodadas que pueden haber pagado a los maestros falsos para que les sirvan de tutores, y las viudas jóvenes a quienes la iglesia sostenía de sus fondos comunes, están evidentemente entre las principales promotoras de la herejía que ha llevado a esta conducta. Las mujeres acomodadas tal vez están enseñando la herejía en sus casas mientras los hombres pasan el tiempo en las reuniones de la iglesia, no en oración, sino en discusiones agrias sobre la herejía.[35] Las viudas jóvenes, por la generosidad de la iglesia libres de la

---

Fortress, Philadelphia, 1972), 41, y Spicq, *Epitres Pastorales*, 366. Para la idea de que 2:5-6 es composición del mismo Pablo, ver Johnson, *Letters to Paul's Delegates*, 127. La retórica equilibrada del pasaje probablemente indica que es una declaración tradicional de alguna clase y, si la *Shemá* (Dt 6:4-5) sobre la que se basa se puede llamar un credo, con certeza esta declaración califica para ese título también.

[34] Esto parece ser más probable que la sugerencia de Towner, *The Goal of Our Instruction*, 54, de que en estos pasajes se ve a Cristo simplemente como el mediador de un pacto. Es cierto que el término *mesites* tiene matices pactuales en otros usos en el Nuevo Testamento (Gá 3:20; Heb 8:6; 9:15; 12:24), pero en esos pasajes el contexto deja bien claros tales matices.

[35] Cf. Padgett, «Wealthy Women», 22.

responsabilidad del matrimonio y de criar hijos, en lo que no creen de todas maneras, pueden pasar su tiempo yendo de casa en casa de los creyentes promoviendo la falsa enseñanza.[36]

Los hogares cristianos en donde la iglesia se reúne por consiguiente están en un caos doctrinal, y, como consecuencia, la «familia de Dios» está en caos. La noción de que Dios y su pueblo están separados del orden creado amenaza la base bíblica y teológica del evangelio. Un enfoque sobre la importancia del conocimiento mítico para la salvación oscurece la preocupación del evangelio con la salvación mediante la misericordia de Dios y la mediación sacrificial de Jesucristo. Las agrias disputas de los hombres y el descuido de la correcta administración del hogar tanto de parte de hombres como de mujeres están acarreando sobre la iglesia la justificada censura del mundo de afuera. Como resultado, el testimonio de la iglesia al evangelio está seriamente obstaculizado.[37]

Frente a todo esto, Pablo le otorga a Timoteo un mandato para recordarles a los cristianos de Éfeso a conducirse apropiadamente en la casa de Dios y en sus propias familias. Parece especialmente preocupado por lo que sucede cuando la iglesia se reúne para la adoración y por la necesidad de dirigentes calificados en la iglesia de Éfeso. En el trasfondo de sus comentarios sobre estos dos asuntos está el abuso entre los cristianos de Éfeso de la compleja conexión entre la iglesia y el hogar.

La iglesia reunida para la adoración

En 2:1–15 Pablo le da a Timoteo instrucciones sobre la conducta de la iglesia cuando se reúne para la adoración. Al parecer cuando la iglesia se ha reunido para adoración en el pasado, agrias disputas entre los hombres llevaron al descuido de la oración (2:8), y estas disputas probablemente surgieron por la enseñanza de mano pesada de la herejía de parte de las mujeres (2:12). Pablo insta a Timoteo y a la iglesia a restaurar la oración como el enfoque primario (*protos*) de adoración (2:1, 8), y especialmente los insta a orar por los que están en cargos de autoridad en el gobierno, de modo que los cristianos puedan vivir en paz y vidas santas (2:2). Tales condiciones no son sólo deseables porque hacen más fácil para que los cristianos vivan de una manera que agrade a Dios (2:3) sino también porque facilitan la proclamación del evangelio por parte de la iglesia a un mundo incrédulo (2:4–7).[38]

Pablo también quiere que los papeles respectivos de los sexos en la reunión de adoración de la iglesia reflejen positivamente el orden de la creación y negativamente la experiencia de la caída según se describe en Génesis 1–3. Los hombres deben dejar de andar coléricos y peleando unos con otros y más bien deben levantar «manos santas» a Dios en oración. Las mujeres deben traer a la reunión de adoración vidas adornadas con buenas obras antes que con exhibiciones ostentosas de riqueza o vestidos inmodestos (2:9–10). Pablo probablemente no quiere decir que se excluya a las mujeres de

---

[36] Esta parece ser la mejor explicación del consejo de Pablo de «inscribir» (*katalego*) sólo a viudas que sean de edad avanzada (sesenta o más años) y que no tengan parientes que las cuiden (5:3–9a, 16), y que se «excluya» (*paraiteo*) a viudas más jóvenes (5:11, aut.) puesto que algunas desean casarse y otras aprenden a ser holgazanas, «yendo por las casas ... diciendo lo que no deben» (5:12–13, aut.). Ver Marshall, *Pastoral Epistles*, 574-81, 591-92, 601-3.

[37] Cf. Towner, *The Goal of Our Instruction*, 169-99. Como Towner recalca por todo su estudio, esta preocupación por la misión y no la noción de *christliche Bürgerlichkeit* («ciudadanía cristiana»), como Dibelius y Conzelmann, *Pastoral Epistles*, 8, 39-41, la describen, explica la ética social de las Pastorales.

[38] Sobre el matiz causal del pronombre relativo *jos* («quién») que empieza 2:4, ver Marshall, *Pastoral Epistles*, 425. Marshall llama la atención a las construcciones paralelas en 4:10 y Tito 2:14.

orar durante la reunión de adoración de la iglesia como tampoco quiere decir que se excluya a los hombres de adornar sus vidas con buenas obras, pero la implicación de su mandato directo a los hombres en cuanto a orar es que por lo menos ellos deben tomar la iniciativa en esta actividad.[39]

Además, Pablo prohíbe que las mujeres enseñen o ejerzan autoridad inapropiada sobre el hombre en el culto de la iglesia (2:12a).[40] Deben más bien aprender calladamente y «en plena sumisión» (2:11, 12). Pablo no dice a quién o a qué deben someterse las mujeres, pero puesto que acaba de prohibirles enseñar, parece ser más probable que quiera decir que ellas deben someterse a los supervisores o ancianos de la iglesia, que deben ser hombres con capacidad para enseñar (3:2; 5:17).[41]

¿Por qué esta preocupación de separar los papeles de los hombres y las mujeres y de silenciar a las maestras en el culto de la iglesia? En un nivel práctico, silenciar a las maestras corta la enseñanza falsa en su fuente: mujeres acomodadas, como ya hemos visto, estaban probablemente financiando a los maestros falsos y esparciendo ellas mismas la herejía de los falsos maestros, y las viudas jóvenes, alegremente liberadas de toda obligación de casarse y de criar hijos, estaban yendo de casa en casa enseñando la herejía.

Como ya es evidente por la disposición de Pablo de separar los papeles de los sexos en el culto en 2:8–9 y a silenciar a todas las maestras en 2:12, sin embargo, un asunto teológico más profundo está en juego en este ordenamiento específico de géneros en la adoración. Pablo indica este asunto explícitamente en 2:13–15. Dios hizo a los seres humanos en dos géneros, masculino y femenino, y el orden en que los creó implica papeles distintos en la iglesia para cada género. Los hombres deben presumiblemente tomar la iniciativa en la oración cuando la iglesia se reúne para la adoración, y las mujeres deben someterse a la autoridad del liderazgo masculino de la iglesia porque «primero fue formado Adán, y Eva después» (2:13). Los hombres, más bien que las mujeres, deben enseñar porque Eva antes que Adán fue la primera víctima de Satanás en el engaño que condujo a la desobediencia descrita en Génesis 3:6.

La implicación es clara: Adán y Eva violaron el ordenamiento divino de los géneros cuando Eva condujo a Adán a desobedecer el mandato de Dios. De una manera que es reminiscencia de 1 Corintios 11:2–16 Pablo correlaciona la actividad en el culto de la iglesia con el ordenamiento divinamente designado de los sexos en la creación. Las mujeres serán salvadas de la enseñanza falsa inspirada satánicamente (1 Ti 2:15; cf. 5:15)—y por consiguiente serán salvadas escatológicamente—

---

[39] Marshall, *Pastoral Epistles*, 447.

[40] El verbo raro *autzenteo*, parafraseado en esta oración como «ejerciendo autoridad inapropiada», ha sido tema de intenso debate, en cuanto a si se refiere, en sentido negativo, al uso inapropiado de la autoridad o, en sentido neutral, al uso de la autoridad en general. Ver las consideraciones opuestas en, por ej., Andreas J. Köstenberger, «A Complex Sentence Structure in 1 Timothy 2:12», en *Women in the Church: A Fresh Analysis of 1 Timothy 2:9–15*, ed. Andreas J. Köstenberger, Thomas R. Schreiner, y H. Scott Baldwin (Baker, Grand Rapids, 1995), 81–103, y Marshall, *Pastoral Epistles*, 456–60. La naturaleza inusual del término indica que Pablo quiere decir algo diferente de que las mujeres no deben ejercer autoridad sobre los hombres (cf. Marshall, *Pastoral Epistles*, 458). Pablo podría haber fácilmente formulado una oración que usaba un término más común, tal como *proistemi* (cf. 3:4–5; 5:1), si hubiera querido dar ese significado. Probablemente quiere decir, por consiguiente, que las mujeres no deben ejercer autoridad inapropiada sobre los hombres, y no simplemente que nunca deben ejercer autoridad sobre los hombres.

[41] Los «ancianos» que enseñan en 5: claramente son hombres puesto que Pablo, que es plenamente capaz de hablar de *presbuterai* (5:2), no obstante escoge aquí la frase masculina *joi … presbuteroi*.

si dejan sus prácticas y enseñanzas ascéticas y se dedican a los deberes que afirman la creación: el matrimonio, criar hijos y administrar un hogar (2:15; 5:14).[42]

No lleva mucho buscar la razón por la que Pablo impone esto sobre la iglesia de Éfeso un orden que refleja el orden, tanto positivo como negativo, de las narrativas de la creación en Génesis, si la enseñanza falsa en Éfeso se parecía al gnosticismo de Saturnino. Una devaluación del «Dios judío» que Génesis 1–3 describen cómo el Creador del universo, y por consiguiente el Creador de Adán y Eva, ha llevado a una violación de los convencionalismos en el culto en la iglesia, convencionalismos que Pablo creía que se arraigaban en esa narrativa. Esos convencionalismos necesitaban ser establecidos de nuevo como una manera de afirmar el orden creado contra las afirmaciones de la herejía y también como una manera de restaurar el orden en la adoración colectiva de la iglesia.[43]

Pablo espera que si la iglesia sigue estas instrucciones disfrutará de tres resultados. Primero, de nuevo se elevará oración por las autoridades gobernantes, conteniendo así la oleada de persecución y ayudando a preservar el ambiente social en el que puede florecer el testimonio de la iglesia en cuanto al evangelio. Segundo, los perpetradores primarios de la enseñanza falsa serán silenciados. Tercero, la conducta de la iglesia en la adoración proclamará en sí misma al Dios de Génesis 1–3 como el verdadero Dios.

Liderazgo en la familia de Dios

El liderazgo en la iglesia de Éfeso está en manos de un grupo que Pablo llama alternadamente «obispos» (3:1–7) y «ancianos» (5:17–20).[44] Estos líderes probablemente cuentan en su trabajo con la ayuda de los «diáconos» (3:8–13). La iglesia sobre la que estos líderes presiden evidentemente se reúne en varias casas, que son de propiedad de ancianos o supervisores individuales. Esto no quiere decir, sin embargo, que cada supervisor o anciano tiene su propia iglesia de hogar puesto que en 5:20 Pablo instruye a Timoteo a reprender a los ancianos que pecan (plural) frente a todo el grupo.[45]

---

[42] Cf. Mounce, *Pastoral Epistles*, 130-43. Sobre el acaloradamente debatido significado de la declaración de Pablo «sera salvada al engendrar hijos» en 2:15, ver la amplia revisión de interpretaciones y las observaciones exegéticas en Köstenberger, «Ascertaining Women's God-Ordained Roles», 107-44.

[43] La base para el atractivo de esta herejía para las mujeres puede haber sido colocada por la «nueva» actitud entre algunas esposas a fines de la república de Roma que trataban de ejecer dominio sobre sus esposos. Para el tiempo de Augusto, esta conducta era común pero a menudo se la veía como escandalosa. Sobre esto ver Towner, *The Goal of Our Instruction*, 39, y Winter, «'New' Roman Wife», 285-94. Tal vez en 2:9-15 Pablo trataba de prevenirle a la iglesia un escándalo público sobre este asunto y con propósitos evangelizadores, como lo hace con los esclavos en 6:1-2 (cf. Tit 2:5, 10).

[44] Ver Tit 1:5 y 7, en donde los dos términos designan el mismo oficio. El término «supervisor» (*episkopos*) siempre está en singular en las Pastorales (1 Ti 3:1, 2; Tit 1:7) y por esto algunos estudiosos han propuesto que el «supervisor» y los «ancianos» (*presbuteroi*) cumplen funciones diferentes. R. Alastair Campbell, *The Elders: Seniority within Earliest Christianity* (SNTW; T. & T. Clark, Edinburgh, 1994), 176-205, por ejemplo, cree que las Pastorales reflejan un período transicional en el que un solo «supervisor» se escoge en cada ciudad para presidir sobre los «ancianos» de la ciudad (Tit 1:5, 7). Pero, como Marshall, *Pastoral Epistles*, 179, observa, Tit 1:5 habla de nombrar «ancianos» en cada ciudad, y no un «supervisor» para cada ciudad. Parece mejor, con Marshall, ibid., 181, ver «supervisor» como título descriptivo de la función y «anciano» como título descriptivo de su posición.

[45] Esto hace improbable la afirmación de Campbell (*Elders*, 193) de que «supervisores» empezaron como líderes de sus propias iglesias en hogares.

Parece razonable pensar del anciano o supervisor que tiene una casa en la que se reúne la iglesia como teniendo un papel especialmente prominente en el liderazgo de la iglesia que se reúne en su casa; un dueño de casa sería acomodado y por consiguiente tendría cierta medida de posición social natural dentro de la iglesia.[46]

Si este entendimiento de la estructura de la iglesia de Éfeso es correcto en general, entonces la enseñanza falsa puede sólo haber ganado fuerza si los ancianos en cuyas casas la iglesia se reúne habían estado desatentos tanto a los asuntos domésticos como a los eclesiásticos de sus hogares. Las familias que viven en sus casas y las asambleas que se reúnen en ellas están en caos moral y doctrinal. El desorden doméstico y colectivo que plaga a la iglesia está dándole a la fe un mal nombre ante los que no creen y estorbando la proclamación del evangelio (2:1–7; 3:13–15; 6:1). Un propósito importante del mandato de Pablo a Timoteo, por consiguiente, es poner ante él y ante la iglesia una lista de requisitos personales para los que deben servir en estos cargos e instar a Timoteo a ser un ejemplo para todos sobre cómo conducir los asuntos domésticos y eclesiásticos.

Los estudiosos frecuentemente señalan cuán similar la lista de requisitos para supervisores y diáconos en 3:1–13 es a las listas de requisitos que se hallan en los filósofos helenistas o teóricos morales del período. La lista de Pablo es similar en forma y en algunas de las cualidades mencionadas, por ejemplo, a la lista de requisitos para un general descritos en el contemporáneo de Pablo Onansander.[47] Un general debe ser prudente y no amador del dinero, preferiblemente debe tener hijos, tener la edad apropiada, no ser ni demasiado joven ni demasiado viejo, y tener buena reputación (junto con muchas otras buenas cualidades); estas características son idénticas o se parecen mucho a algunas de las cualidades mencionadas en la lista de Pablo. Esto no es sorpresa puesto que una de las principales preocupaciones de Pablo en 1 Timoteo es restaurar la reputación pública estropeada de la iglesia para que su testimonio del evangelio a los de afuera pueda ser efectivo. Así concluye su lista de requisitos para el oficio de «supervisor» con la afirmación de que el que sirve en esta capacidad debe ser un hombre del «que hablen bien de él los que no pertenecen a la iglesia, para que no caiga en descrédito y en la trampa del diablo» (3:7; cf. 2:1–6; 6:1).

Además de estos requisitos, sin embargo, Pablo incluye para los supervisores como los diáconos un número de cualidades que parecen particularmente apropiadas para gobernar hogares tranquilos, justos y ordenados, y para enseñar la doctrina apropiada dentro de las asambleas cristianas que se reúnen en esos hogares. Los supervisores y los diáconos deben ser fieles a sus esposas (3:2, 12), no deben ser proclives a la borrachera (3:3, 8), y deben administrar bien sus propias casas, particularmente a sus hijos (3:4, 12). Los supervisores deben ser sobrios, moderados, y hospitalarios, y en lugar de desatarse en violencia física, deben ser amables y pacíficos (3:2–3), cualidades especialmente apropiadas para un hogar ejemplar.

Además, el supervisor debe ser hábil para enseñar la fe y, junto con los diáconos, debe tener una buena comprensión de la fe y una clara conciencia en cuanto a la precisión de sus creencias (3:2, 9). Los que son responsables por la conducta de sus hogares también son responsables por la veracidad de la enseñanza que tiene lugar en ellos cuando la iglesia se reúne para la adoración.

¿Por qué se preocupa Pablo tanto porque los líderes de la iglesia sean cabezas responsables de sus familias? Los falsos maestros, además de reclutar a viudas jóvenes (5:13), también pueden haber

---

[46] Ver David C. Verner, *The Household of God: The Social World of the Pastoral Epistles* (SBLDS 71: Scholars Press, Chico, Calif., 1983), 133, 152.

[47] Onasander (a veces deletreado Onosander) fue un filósofo platónico que escribió durante el reino de Claudio (41–54 d.C.). Ver el texto con traducción [al inglés] de su *De imperatoris officio* 1 en Dibelius y Conzelmann, *The Pastoral Epistles*, 158–60.

seleccionado familias en donde, según la costumbre griega y romana, el hombre tenía autoridad formal, pero que estaban en caos. Pueden haber hecho presa de los hogares en donde las mujeres ya eran corruptas (2 Ti 3:6) y no cuidaban a sus familiares (1 Ti 5:4, 8, 16). También pueden haber tenido éxito en hogares en donde la enseñanza fuera de la ortodoxia no era cuestionada (2 Ti 3:6; Tit 1:11).

Los jefes de familia que también eran los dueños de las casas en donde se reunían las congregaciones para la adoración pueden haber sido indirectamente responsables por mucho de este desorden por su renuencia para asumir la responsabilidad de lo que ocurría en sus hogares. Tal vez la borrachera (1 Ti 3:2, 3, 8, 11), infidelidad marital (3:2, 12), una falta de capacidad para enseñar (3:2), o una falta de conocimiento sostenido con sinceridad (3:9) estorbaba el ejercicio de sus responsabilidades. Tal vez el éxito financiero de los falsos maestros los impresionó (3:3; 3:8; cf. 6:3–10; Tit 1:11). Tales individuos, dice Pablo, no deben ocupar cargos de liderazgo en la iglesia, «porque el que no sabe gobernar su propia familia, ¿cómo podrá cuidar de la iglesia de Dios?» (3:5; cf. 3:12). A los ancianos que persisten en esta clase de conducta se les debe reprender públicamente (5:20).[48] En contraste, los que gobiernan bien merecen recibir reconocimiento especial (5:17).

Pablo quiere que el mismo Timoteo provea un ejemplo no sólo para los líderes de la iglesia sino para todos. «Que los creyentes vean en ti un ejemplo a seguir», Pablo le dice, «en la manera de hablar, en la conducta, y en amor, fe y pureza» (4:12; cf. 4:15). Timoteo debe ver a todos dentro de la iglesia de Éfeso como si fueran miembros de su familia y tratar con respeto a cada familiar metafórico dentro de esta familia (5:1). Debe evitar ordenaciones precipitadas a cargos de responsabilidad eclesiástica (5:22), mantenerse libre del ascetismo de los maestros falsos, tomar «un poco de vino» (5:23), huir de los males a los que da lugar la codicia por la riqueza, y procurar «la justicia, la piedad, la fe, el amor, la constancia y la humildad» (6:3–11). Sobre todo, debe guardar «el depósito», la «instrucción sana» que Pablo le ha confiado a su cuidado y que los falsos maestros han abandonado (1:13; 6:3).[49] En otras palabras, como los que recibían mandatos reales, él debe ser un ejemplo de la clase de conducta que pone orden en el mundo y que sostiene, en el caso de Timoteo, la administración de la familia de Dios» (*oikonomian tzeou*, 1:4).[50]

La Administración de la Familia de Dios en Éfeso

En 1 Timoteo Pablo está preocupado por restaurar el testimonio evangélico de una iglesia plagada por enseñanza protognóstica. Esta enseñanza promovía una noción desordenada del universo, se aprovechaba de familias en desorden para propagar su enseñanza, y dejaba a su paso una iglesia en desorden. Los que estaban fuera de la iglesia notaron el estado caótico de la iglesia y no quedaron impresionados favorablemente. A pesar del deseo de Dios de que «todos sean salvos y lleguen a conocer la verdad» (2:4), la iglesia no testificó efectivamente de la bondad de la creación de Dios, la situación caída de la humanidad y los propósitos salvadores de la gracia de Dios como han sido revelados en la obra mediadora de Cristo Jesús. Su desvío de estos elementos cardinales de la fe llevaron a las mujeres a abandonar la administración (*oikodespoteo*, 5:14) de sus hogares y a ejercer

---

[48] El participio *jamartanontas* («los que pecan») está en tiempo presente y por consiguiente se refiere a los que *persisten* en pecar.

[49] Ver Ceslas Spicq, «paraqhkh», *TLNT*, 3:27.

[50] Para esta traducción de la frase, ver Johnson, *Letters to Paul's Delegates*, 112.

autoridad de enseñanza inapropiada sobre el liderazgo masculino de la iglesia. La administración de la familia de Dios, como resultado, cayó en un caos.[51]

Pero la familia de Dios, la iglesia, es «columna y fundamento de la verdad». La verdad debe ser evidente en lo que la iglesia enseña y en la manera en que la iglesia y las familias que auspician sus reuniones llevan sus asuntos. Dios creó a los seres humanos como masculino y femenino, y le asignó a cada género papeles separados. Pablo le dice a Timoteo que el ordenamiento del culto de la iglesia y el ordenamiento de los asuntos en el hogar deben reflejar esta obra de Dios como Creador. Si los hombres y las mujeres en la iglesia de Éfeso alinean sus asuntos domésticos y eclesiásticos con la verdad de que Dios creó el mundo y lo llamó bueno, entonces mostrarán por la manera en que viven que las nociones de las falsas enseñanzas que niegan al mundo están erradas. Los que no son creyentes ya no calumniarán la enseñanza de la iglesia (6:1). La iglesia más bien funcionará como depósito de la verdad en cuanto a Dios, la humanidad y el rescate de Dios de la humanidad por el único mediador entre Dios y su creación humana, el hombre Jesucristo (2:5–6).

TITO: CÓMO CONOCER A DIOS, HACER EL BIEN Y HACER ATRACTIVA LA SALVACIÓN

Más o menos al mismo tiempo en que Pablo escribió su mandato a Timoteo en Éfeso (i.e., 1 Timoteo), también escribió un mandato a Tito. Como vimos en el capítulo 19 el apóstol había dejado a Tito en la isla de Creta para corregir problemas y nombrar dirigentes calificados en las iglesias de la isla. Como las antiguas cartas reales de mandato descritas en el capítulo previo, la carta de Pablo a Tito la escribe un superior a un subordinado que está a cargo de la supervisión de un grupo social. Como esos documentos, el propósito de la carta es evidentemente recordarle a Tito, subordinado de Pablo, las instrucciones que le dio oralmente antes de que asumiera sus deberes. También como estos «mandatos reales», la carta de Pablo, aunque escrita para Tito mismo, es un documento público, destinado a toda la iglesia, como lo muestra el plural «ustedes» (*jumon*) en su renglón de conclusión (3:15).

Pablo encarga a Tito que nombre dirigentes que puedan refutar la falsa enseñanza que ha empezado a corromper a las iglesias de Creta y la reemplace con «doctrina sana» (1:5, 9). Como es común en tales mandatos reales, Tito mismo debe proveer un modelo de creencia y conducta que Pablo espera que todos tengan en la iglesia de Creta (2:7–8), y la naturaleza pública del mandato muestra a todos los cristianos de Creta que Tito lleva en sí el respaldo autoritativo del apóstol Pablo (3:15).

La falsa enseñanza que ha empezado a perturbar las iglesias de Creta parece virtualmente idéntica a la enseñanza falsa que había creado desorden en las iglesias de Éfeso. Apela a la ley judía (Tit 3:9; cf. 1:14; 1 Ti 1:7), tiene tendencias ascéticas (Tit 1:14–15; cf. 1 Ti 4:3), y hace énfasis en la importancia de «mitos» (Tit 1:14; cf. 1 Ti 1:4; 4:7) y «genealogías» (Tit 3:9; cf. 1 Ti 1:4). Los falsos maestros de Creta, como los de Éfeso, tienen conciencias corruptas (Tit 1:15; cf. 1 Ti 4:2), codician ganancia financiera (Tit 1:11; cf. 1 Ti 6:10), y promueven discusiones y facciones (Tit 3:9–11; 1 Ti

---

[51] La noción de la iglesia como familia de Dios también aparece en las cartas paulinas anteriores y no es síntoma de una preocupación para christliche Bürgerlichkeit («ciudadanía cristiana») que se desarrolló en la iglesia después del tiempo de Pablo. Ver Gá 6:10; Ef 2:19 (cf. 1 Co 4:1; 9:17) y la consideración en Towner, *The Goal of Our Instruction*, 133–34.

6:4). También, como su contraparte de Éfeso, esparcen su enseñanza de casa en casa, trastornando a las familias en esas casas y probablemente a las iglesias que se reúnen en ellas (Tit 1:11; cf. 1 Ti 5:13).

Las diferencias primarias entre los grupos están en sus orígenes étnicos y geográficos. Sabemos que el grupo de Creta era nativo de la isla (1:12–13) y era judío (1:10), en tanto que Pablo no dice explícitamente los orígenes del grupo de Éfeso.[1] Como en Éfeso, también en Creta la enseñanza falsa probablemente es una forma temprana de gnosticismo judío y probablemente contiene algunos de los elementos mitológicos y ascéticos que afloraron en los sistemas gnósticos posteriores de Saturnino y Menander.[2]

La preocupación primaria de Pablo en la carta es que esta enseñanza perversa continuará conduciendo a conducta impía, lo que a su vez traerá descrédito público para el «mensaje fidedigno» de la iglesia en cuanto a Dios. Esta preocupación en cuanto a la conexión entre la calidad del conocimiento de uno acerca de Dios y la calidad de la conducta de uno domina la carta. La enseñanza engañosa en cuanto a Dios inevitablemente conducirá a una conciencia corrupta y obras impías. La enseñanza sólida de que por Jesucristo Dios salva a los seres humanos de la mala conducta y les da esperanza de vida eterna, sin embargo, debe conducir a pureza moral y obras buenas. La enseñanza falsa que ha infestado a las iglesias de Creta es tan perniciosa porque su comprensión de Dios conduce a conducta impía, lo que a su vez socava la capacidad de los cristianos de atraer a los de afuera al mensaje cristiano; el mensaje de que Dios ha ofrecido salvación del pecado y esperanza eterna por Cristo Jesús.

En este capítulo examinaremos primero la conexión que Pablo hace entre la creencia y la conducta en Tito y luego hablaremos de los orígenes e implicaciones, tanto sociales como teológicas, de la creencia de Pablo de que la conducta impía estorba la enseñanza de la iglesia en cuanto a Dios como Salvador.

Conocimiento y conducta

La conexión entre conocimiento y conducta permea toda la carta y explica la diferencia básica entre la «enseñanza sana» del evangelio de Pablo y el mensaje engañoso de los falsos maestros. «El conocimiento de la verdad», como Pablo dice en la primera oración de la carta, «conduce a la piedad [*eusebia*]» (1:1).[3] Pero la calidad de las vidas de los falsos maestros denota la falsedad de sus reclamos

---

[1] Creta era la más grandes de las islas del mar Egeo y allí vivía una numerosa minoría judía. Josefo informa que durante el reinado de Augusto un impostor con un parecido superficial al Alejandro, hijo de Herodes, pudo convencer a todos los judíos que encontró en la isla que las instrucciones de Herodes de ejecutar a sus hijos Alejandro y Aristóbulo nunca se acataron y que él era Alejandro (*A. J.* 17.327; cf. *B. J.* 2.103). Josefo también estaba casado con una mujer de Creta que, dice, venía de una familia prominente de la isla (*Vit.* 427). Tácito extrañamente traza el linaje de los judíos a gente de Creta (*Hist.* 5.2), y Hch 2:11 menciona a Creta entre los lugares desde los que los judíos vinieron para celebrar el festival de Pentecostés en Jerusalén. Todo esto implica que había una población judía numerosa en la isla.

[2] Ver los comentarios sobre Saturnino y Menander en capt. 19, arriba.

[3] En las Pastorales, el término *eusebeia* («reverencia, piedad, santidad») quiere decir conocimiento de Dios que da lugar a la conducta apropiada. Sobre esto ver Hermann von Lips, *Glaube-Gemeinde-Amt: Zum Verständnis der Ordination in den Pastoralbriefen* (FRLANT 122; Vandenhoeck & Ruprecht, Göttingen, 1979), 80–84. Esta comprensión del término puede surgir de su uso en la LXX y en judaísmo helénico en general. Ver, por ej., Is 11:2 y 33:6, en donde *eusebeia* traduce «el termo del Señor» (cf. Pr 1:7), y la consideración en Philip H. Towner, *The Goal of Our Instruction: The Structure of Theology and Ethics in the Pastoral Epistles*

de conocer a Dios (1:16). Son insubordinados (1:10), codiciosos (1:11), buscapleitos (3:9), y divisivos (3:10). Tienen mentes manchadas así como conciencias corruptas, y estas deficiencias intelectuales los han llevado a confusión sobre lo que es puro y lo que es impuro (1:15).[4]

La conexión que Pablo hace entre el conocimiento de Dios y la ética explica, por lo menos en parte, su cita del poeta cretense Epiménides: «Los cretenses son siempre mentirosos, malas bestias, glotones perezosos» (1:12).[5] Esto no es simplemente repetición insensible de un estereotipo social, y un ejemplo de que el mismo Pablo no sigue su propio consejo de 3:2 de demostrar «plena humildad en su trato con todo el mundo».[6] Muchos consideraban a los cretenses en la antigüedad como mintiendo específicamente en cuanto a Zeus puesto que afirmaban que él fue un hombre divinizado por sus obras benéficas a la sociedad y cuya tumba se podía ver en su isla. El proverbio vincula a la mentira cretense en cuanto a Dios con su conducta. La cita de Pablo del proverbio es, por consiguiente, un esfuerzo por decir que por lo menos los falsos maestros encajan con este estereotipo de los cretenses porque tienen una comprensión falsa de Dios, y esta comprensión falsa encaja como guante en mano con su manera perversa de vida.[7]

Si los falsos maestros demuestran la verdad de que una comprensión perversa de Dios lleva a una conducta perversa, entonces el antídoto a la enseñanza falsa debe combinar una comprensión correcta de Dios con la enseñanza en cuanto a las buenas obras a las que debe conducir esta comprensión correcta. Esta conexión entre la enseñanza correcta y la conducta correcta aparece en varias coyunturas críticas de la carta. Pablo dice que los ancianos deben apegarse firmemente a «la palabra fiel» y «refutar a los que se opongan» (*gar*, 1:9–10) porque «hay muchos rebeldes, charlatanes y engañadores». En otras palabras, el antídoto a la mala conducta de los falsos maestros está en la refutación de su falsa enseñanza. De modo similar, los cristianos cretenses de cualquier edad, género y posición social deben vivir sensatamente «debido a lo que» (*gar*, 2:11) han creído en cuanto a la gracia salvadora de Dios y su esperanza futura (2:11–13).

Tito debe recordarles a los creyentes de Creta que vivan de manera sumisa, honrada y pacífica (3:1–2) «porque» (*gar*, 3:3) Dios ha rescatado a todos los creyentes sacándolos de lo opuesto de esta clase de conducta cuando les mostró su bondad y los justificó por su gracia. Los cretenses no sólo

---

(JSNTSup 34; Sheffield Academic Press, Sheffield, 1989), 88, 147–54; I. H. Marshall, *The Pastoral Epistles* (ICC; T. & T. Clark, Edinburgh, 1999), 135–44, y Jerome D. Quinn, *The Letter to Titus* (AB 35; Doubleday, Nueva York, 1990), 282–91.

[4] Tal vez de una manera similar a los falsos maestros de Colosas, los falsos maestros de Creta creían que a Dios y a los seres cósmicos bajo él se les debe apaciguar con prácticas ascéticas: «mandamientos de los que rechazan la verdad» como Pablo se refiere a ellos aquí (1:14; cf. Col 2:18, 22–23).

[5] Epiménides era un maestro religioso que vivió en Creta alrededor del 500 a.C. Nada de su producción literaria ha sobrevivido, pero la cita aquí le fue atribuida tan temprano como con Clemente de Alejandría (*Strom.* 1.59.1–2) y Jerónimo (*Comm. Tit.*, 707).

[6] Al autor de Tito frecuentemente se le increpa por el comentario. Los comentarios de Alexander Souter y Emil G. Kraeling son típicos: «Tal vituperio no se debe tomar demasiado en serio. Los antiguos eran muy dados a eso, y probablemente revela tanto el gusto o incluso el carácter de las personas que lo usaban como la naturaleza de aquellos a quienes atacaban». Ver su artículo, «Crete, Cretans», en *Dictionary of the Bible*, ed. James Hastings, Frederick C. Grant, y H. H. Rowley, 2ª ed. (T. & T. Clark, Edinburgh, 1963), 188.

[7] Reggie M. Kidd, «Titus as *Apologia*: Grace for Liars, Beasts, and Bellies», *HBT* 21 (1999): 185–209.

son «rebeldes, charlatanes y engañadores», sino que todo cristiano, antes de abrazar la verdad en cuanto a Dios, vivía de esa manera: «en la malicia y en la envidia. Éramos detestables y nos odiábamos unos a otros» (3:3).[8] Dios ha rescatado a todo el mundo de esta manera de vida a todo el que ha confiado en él y creído en la enseñanza sana del evangelio ortodoxo. Aquellos a quienes él ha rescatado deben, por consiguiente, empeñarse «en hacer buenas obras» (3:8; cf. 3:14).

Cómo hacer atractivo al Salvador

Vimos que en 1 Timoteo Pablo tomó en serio el impacto que la falsa enseñanza ejercía en la ética de aquellos que la abrazaban y consecuentemente en el testimonio de la iglesia ante el público no creyente. En 1 Timoteo Pablo le dijo a Timoteo que las vidas pacíficas y tranquilas de los cristianos son agradables a «Dios nuestro Salvador, el cual quiere que todos los seres humanos sean salvados y vengan al conocimiento de la verdad» (1 Ti 2:4, aut.). Esta declaración implica que Dios quiere que las personas dentro de la iglesia vivan pacífica y tranquilamente para que las buenas nuevas de los propósitos salvadores de Dios para la humanidad puedan ganar oídos de parte de los que están fuera de la iglesia. Más adelante Pablo le dijo a Timoteo que enseñe a las viudas jóvenes a descartar la denigración del matrimonio que promovía la enseñanza falsa, y que más bien se casen, críen hijos y ejerzan responsablemente autoridad sobre sus familias, y «no den lugar a las críticas del enemigo» (5:14). Los esclavos también deben servir a sus amos de manera honorable y respetuosa, porque «así evitarán que se hable mal del nombre de Dios y de nuestra enseñanza» (6:1–2).

Pablo levanta esta misma preocupación en Tito. Como resultado de su conducta reformada, dice Pablo, los cristianos silenciarán a los que hablan «mal de la palabra de Dios» (Tit 2:5) y están buscando algo «malo de nosotros» (2:8) para decir. Los cristianos más bien harán «honor a la enseñanza de Dios nuestro Salvador» (2:10). Si las mujeres jóvenes aman a sus esposos e hijos, tienen dominio propio y son puras, ejercen sus responsabilidades domésticas con diligencia, son bondadosas, y se someten a sus esposos, entonces nadie podrá desacreditar a «la palabra de Dios» aduciendo que conduce al desorden doméstico (2:5). De modo similar, si los esclavos son sumisos a sus amos, tratan de agradarles, se abstienen de discutir con ellos o de robarles, y se ganan la confianza de sus amos, harán que la enseñanza de la iglesia en cuanto al Dios que salva a las personas de sus pecados (cf. 3:3–5) sea atractiva para los de afuera (2:10; cf. 1 Ti 6:2).[9]

Tanto en 1 Timoteo como en Tito, Pablo parece dar atención especial a los que debido a que carecen de poder social son vulnerables a la opresión de parte de sus superiores. Las mujeres deben aprender en plena sumisión en 1 Timoteo 2:11 y deben someterse a sus esposos en Tito 2:5. Los esclavos deben servir a sus amos obediente y respetuosamente en 1 Timoteo 6:1–2; y mucho más si los amos son hermanos en la fe. En Tito 2:9–10 los esclavos deben someterse a sus amos en todo sin discutir.

Muchos de los que estudian las Cartas Pastorales han entendido estas directivas como una capitulación de parte del autor de las Pastorales a la estructura social opresiva que prevalecía en ese tiempo; un acomodo conveniente de la iglesia a un mal claramente cultural para que la iglesia pueda

---

[8] Cf. Kidd, «Titus as *Apologia*», 200.

aut. traducción del autor

[9] Sobre el motivo misionero de la ética social de las Pastorales, ver Towner, *The Goal of Our Instruction*, 169-99.

sobrevivir como institución.[10] Algunos piensan que este aspecto de las Pastorales las separa del Pablo auténtico, cuyas tendencias eran mucho más igualitarias.[11] Otros piensan que son sólo el resultado posterior de una tendencia que ya caracteriza las cartas paulinas anteriores.[12]

La preocupación de Pablo, sin embargo, no es la supervivencia institucional de la iglesia sino la supervivencia de un oído para el evangelio. Su propósito en estas instrucciones es evangelizador.[13] Esto queda claro al mirar de cerca 1 Timoteo 2:1–7. Allí Pablo aconseja a la iglesia de Éfeso que oren por todos, especialmente por los que ocupan cargos de autoridad gubernamental, y que vivan vidas tranquilas y pacíficas. Pablo da este consejo porque Dios es el Salvador y quiere que todos «sean salvados y vengan al conocimiento de la verdad». Pablo entonces resume el evangelio: que Jesús es el mediador entre Dios y la humanidad, y se entregó a sí mismo como el rescate que podía rescatar de sus pecados a la humanidad (1 Ti 2:5–6). Pablo entiende que este evangelio es para todos porque Dios le ha llamado a ser apóstol a las naciones no judías (2:7). La conducta tranquila y pacífica de la iglesia de Éfeso, por consiguiente, facilitará la comunicación de este evangelio a todos con la esperanza de que puedan ser salvados.

De modo similar en Tito 2:7–8, los propósitos evangelizadores más que de acomodo del consejo de Pablo a las mujeres y a los esclavos queda claro cuando Pablo le dice a Tito, que no es ni mujer ni esclava, que sea un ejemplo de conducta apropiada y de habla irreprochable. Tal como con las mujeres y los esclavos, la razón para este consejo es hacer que los que se oponen al cristianismo se avergüencen y no tengan nada malo que decir de los cristianos. Para el Pablo de las Pastorales, Dios es el Salvador de la humanidad, la única esperanza que los cretenses (1:12) o cualquier otro (3:3) tiene para vivir de una manera agradable a Dios (2:11–14; 3:8) y para heredar la vida eterna (1:2; 3:7). Pablo considera de suprema importancia que este mensaje gane el oído de los que están fuera de la iglesia. Por tanto, aunque los amos de los esclavos creyentes son sus «hermano» tanto como sus amos (1 Ti 6:2), insta a los esclavos a someterse a sus amos por el objetivo más alto de presentar el evangelio ante la sociedad en pleno.

Precisamente debido a estas tendencias igualitarias, el evangelio según Pablo lo predicaba apelaba especialmente a los desvalidos de la sociedad: mujeres, niños o esclavos. La censura de que el cristianismo trastornaba el orden social debe haber sido tan común en el tiempo de Pablo cómo sabemos que lo fue un siglo o algo así más tarde en tiempo de Celso, que aducía que el cristianismo apelaba solamente a los fácilmente engañables: mujeres, esclavos, niños, patanes necios y los innobles (Orígenes, *Cels.* 3.24; 6.24).

---

[10] Ver el cuatro de simpatía de este desarrollo como una necesidad social de seguido al fracaso de las expectaciones escatológicas de la iglesia inicial en Dibelius y Conzelmann, *Pastoral Epistles*, 40–41. Para una lectura antagonista de la supuestamente ética burguesa de las Pastorales, ver Neil Elliott, *Liberating Paul: The Justice of God and the Politics of the Apostle* (Orbis, Maryknoll, N.Y., 1994), 25–31.

[11] Ver, por ej., Elliott, *Liberating Paul*, 25–54.

[12] Ver, por ej., John M. G. Barclay, «Paul, Philemon and the Dilemma of Christian Slave-Ownership», *NTS* 37 (1991):161–86, e idem, «Ordinary but Different: Colossians and Hidden Moral Identity», ensayo leído en la «Theology of the Disputed Paulines Group» en la reunión anual de la Sociedad de Literatura Bíblica en Boston, Mass., 20–23 de nov., 1999.

[13] Cf. Luke Timothy Johnson, *Letters to Paul's Delegates: 1 Timothy, 2 Timothy, Titus* (Trinity Press International, Valley Forge, Pa., 1996), 235–36.

El temor del trastorno social sancionado por la religión que yace debajo de esta afirmación tenía una larga historia en el imperio romano, como lo explica la supresión oficial de los ritos de bacanales en Roma en el siglo segundo a.C. y como lo demuestra el informe de Livio como un siglo y medio más tarde lo demuestra (39.8–19).[14] En su narrativa de la supresión de parte del senado romano de las bacanales, Livio revela un temor evidentemente común de que los ritos nocturnos secretos de Oriente promovían la inmoralidad y corrompían a los jóvenes.[15] El lugar prominente que la secta daba a las mujeres (39.13.9; 39.15.11) y a los niños (39.13.14) amenazaba el poder del padre sobre su familia y por consiguiente la misma urdimbre de la sociedad romana.[16] Como Livio lo dice en un «discurso» que el cónsul romano dio al senado sobre este asunto:

> Si supieran a qué edad los varones fueron iniciados sentirían no sólo lástima por ellos, sino también vergüenza. ¿Piensan ustedes, ciudadanos, que los jóvenes iniciados por este juramento deberían ser hechos soldados? ¿Que se deberían confiar las armas a hombres sacados de esta capilla inmunda? ¿Podrán hombres degradados por su propio desenfreno y la de otros luchar hasta la muerte por la castidad de las esposas e hijos de ustedes? (39.15.13–14).

La persecución en gran escala de los cristianos que estalló en Roma bajo Nerón en el 64 d.C. —tal vez sólo pocos meses después de que Pablo le escribió a Tito— debe haber hallado algún fundamento legal en la persecución previa de las seguidoras principalmente mujeres de Baco.[17] Sabemos, en cualquier caso, que Nerón pudo echarle la culpa del gran incendio de Roma a «una clase de hombres, envilecidos por sus vicios, que la chusma llama cristianos», y declararlos convictos «no tanto del cargo de incendiarios sino más bien de aborrecimiento de la raza humana» (Tácito, *Ann.* 15.44).

Como ya hemos visto en la carta de Pablo a Filemón, el apóstol sabía que los trastornos sociales eran inevitables en donde el evangelio era predicado fielmente y se lo creía. El apóstol que proclamó la desintegración de la barrera entre judíos y gentiles difícilmente podía insistir en que se preserven intactas las opresivas barreras sociales entre amos y esclavos. Pero Pablo tenía que navegar entre la Estila de no honrar las implicaciones sociales del evangelio y la Caribdis de crear tal trastorno social que el mensaje de la obra salvadora de Dios en Cristo Jesús no hallara oídos.

Tanto en 1 Timoteo como en Tito la preocupación de Pablo es con este segundo problema. Si las mujeres y esclavos se insubordinan, el mensaje de la obra salvadora de Dios en Cristo Jesús se perderá para los de fuera de la iglesia que no podrán ver más allá de la amenaza que el cristianismo presenta a sus posiciones de poder y privilegio. Pablo cree que los cristianos deben mirar más allá de

---

[14] Cf. Johnson, *Letters to Paul's Delegates*, 235.

[15] Si la práctica de los cristianos de Bitinia en el 117 d.C. fue similar a la práctica de los cristianos de Roma en el 64 d.C., entonces los cristianos de Roma también se reunían «en un cierto día fijo antes de que aclare el día» (*stato die ante lucem*). Ver Plinio, *Ep.* 10.96.

[16] Mary Beard, John North, y Simon Price, *Religions of Rome*, 2 vols. (Cambridge Univ. Press, Cambridge, 1998), 1:93–96.

[17] Ver Hugh Last, «The Study of the 'Persecutions'», *JRS* 27 (1937): 80–92; W. H. C. Frend, *Martyrdom and Persecution in the Early Church: A Study of a Conflict from the Maccabees to Donatus* (Baker, Grand Rapids, 1981), 109–11; y Robert L. Wilken, *The Christiam as the Romans Saw Them* (Yale Univ. Press, New Haven, Conn., 1984), 17.

sus propias posiciones sociales, a menudo subordinadas, a la necesidad superior de todos por el evangelio.

¿De dónde obtiene Pablo la noción de que la reputación de Dios a los ojos de los que no son creyentes debe ser una preocupación del pueblo de Dios? Las raíces de esta convicción probablemente están en las Escrituras de Pablo. En Éxodo 19:3–6 Dios entró en un pacto con su pueblo basado en su rescate por gracia de ellos de la esclavitud de Egipto (19:4). Si Israel obedecía el pacto de Dios con ellos, dijo, ellos serían su «propiedad exclusiva» y serían para él «un reino de sacerdotes y una nación santa» (19:5–6).[18] La ley mosaica, es decir, el pacto que su pueblo debía obedecer, separaría al pueblo de Dios de otros pueblos y mostraría a los otros pueblos de la tierra el carácter de él.[19] Ellos debían ser santos, como Levítico frecuentemente dice, porque Dios mismo es santo (Lv 11:44–45; 11:44; 20:7, 26; 21:8).

Cómo revelaban las Escrituras de Pablo, sin embargo, Israel no permaneció santo, y debido a su pecado, Dios usó primero a los asirios y después a los babilonios para enviar a su pueblo al exilio. En el exilio, el nombre de Dios fue profanado cuando los que habían conquistado a Israel y Judá dieron por sentado que el Dios de ellos mismo era débil, como su pueblo (Ez 36:20–36; cf. Is 52:5). Esta mala conducta del pueblo de Dios les alejó de su vocación de mostrar el carácter de Dios al resto del mundo y más bien resultó en una compresión errada de Dios.

En 2:1–14 Pablo parece hacer eco de estas preocupaciones bíblicas en cuanto a la vocación del pueblo de Dios. Aquí él basa su enseñanza ética a varios grupos sociales en la obra redentora de la gracia de Dios en Jesucristo. El patrón teológico que siguen refleja el patrón de Éxodo, en donde el pacto de Dios con su pueblo se basa en su rescate de gracia de su pueblo de Egipto. El propósito de la obra redentora de Cristo a favor de su pueblo también es idéntica a los propósitos de Dios de rescatar a Israel: «purificar para sí un pueblo elegido, dedicado a hacer el bien» (2:14).[20]

De una manera que es reminiscencia de 1 Corintios 10:1–13, el ejemplo negativo del antiguo Israel está detrás del consejo ético de Pablo en Tito 2:1–10. Los cristianos de Creta han fallado en su vocación de ser un reino de sacerdotes que le muestra al mundo el carácter de Dios, con el resultado de que el nombre de Dios es blasfemado. Pablo, sin embargo, quiere que ellos sean fieles a su vocación. Por sus buenas obras ellos asegurarán que los que no son creyentes no hablarán mal de «da palabra de Dios» (2:5, 8) y que la enseñanza de la iglesia en cuanto al Dios que salva del pecado a las personas será atractiva (2:10).

Conocimiento, Pureza y testimonio en tito

La preocupación primaria de Pablo en Tito, por consiguiente, es prevenir que los falsos maestros de Creta convenzan a los cristianos de allí de su comprensión perversa de Dios. Tal cuadro corrupto de Dios ya ha afectado a sus conciencias, los ha confundido en cuanto a la definición de pureza, los ha llevado a una controversia innecesaria dentro de las iglesias, y los ha estimulado a trastornar la tranquilidad doméstica de las familias cristianas.

Para los que están fuera, trabajar hacia atrás desde las observaciones de la conducta cristiana a su comprensión del Dios cristiano, esta situación equivale a desastre. Ellos verán los efectos

---

[18] En la LXX, ver, además, Éx 23:22.

[19] Cf., por ej., J. Philip Hyatt, *Exodus* (NCB; Marshall, Morgan & Scott, Londres, 1971), 200, y John I. Durham, *Exodus* (WBC 3; Word, Waco, Tex. 1987), 262-63.

[20] Cf. Towner, *The Goal of Our Instruction*, 130.

trastornadores socialmente de esta comprensión perversa de Dios y serán incapaces de avanzar más allá de ella al mensaje que la iglesia debe proclamar: que por la dádiva de la gracia de la obra redentora de Cristo, Dios ha redimido y está purificando a un pueblo para sí mismo que heredará vida eterna. Por su mandato epistolar a Tito, Pablo le ha recordado a su colaborador la conexión estrecha entre la teología, la ética y el testimonio de la iglesia, y le ha instruido que nombre líderes en las iglesias de Creta que entienden también esta conexión.

SEGUNDA A TIMOTEO: FIDELIDAD AL EVANGELIO

Cuando Pablo escribió a Tito a fines del verano o principios del otoño, esperaba pasar el invierno en Nicópolis, ubicada en Epiro al oeste de Grecia (Tit 3:12). No sabemos si logró llegar allá, pero cuando pasamos a 2 Timoteo, el invierno está por llegar (2 Ti 4:21) y Pablo no está en Nicópolis sino en la cárcel en Roma (1:17). Tito se ha ido a Dalmacia, al otro lado del mar Adriático de la península italiana (4:9), y otros colaboradores están esparcidos en varios lugares, incluyendo uno que ha abandonado la causa de Pablo (4:10). Entre sus colaboradores, sólo Lucas está con él (4:11). Pablo espera una segunda audiencia judicial, y no es optimista de que resultará en absolución puesto que en su primera audiencia nadie salió en defensa suya (4:16). Él piensa que pronto morirá (4:6–8).[1]

De este contexto, Pablo pasa su atención a su íntimo amigo y colaborador, Timoteo (cf. Fil 2:20–22). Timoteo al parecer ya no está en Éfeso (2 Ti 4:12) sino en algún lugar suficientemente cerca de Troas como para hacer esa ciudad una escala natural en su camino para ir a Pablo en Roma (4:13).[2] Pablo echa de menos a Timoteo y necesita el abrigo y los libros que dejó con algún amigo en Troas. Espera beneficiarse de la ayuda de Marcos con quien Timoteo está en contacto (4:12). Un propósito de la carta, por consiguiente, es simplemente pedirle a Timoteo que venga a Roma con Marcos tan pronto como sea posible (4:9), preferiblemente antes del invierno (4:21), y que traiga consigo la ropa y documentos de Pablo.[3]

Pablo también escribe con otro propósito más importante. Al acercarse al fin de su carrera misionera, y para Pablo eso puede estar sólo al fin de su vida, está especialmente consciente de los peligros que las deserciones de la fe presentan a la iglesia que ha fundado.[4] «Todos» los de la

---

[1] Michael Prior, *Paul the Letter-Writer and the Second Letter to Timothy* [JSNTSup 23; Sheffield Academic Press, Sheffield, 1989), 91–112, arguye que 4:6–8 no se refiere a la muerte de Pablo sino a la fidelidad de Pablo al evangelio hasta el momento de escribir. Prior piensa que pablo escribió 2 Timoteo durante su encarcelamiento de Hch 28 y que, confiado de su inminente absolución, escribió 4:9–18 en preparación de la continuación de su misión a los gentiles. La explicación de Prior de 4:6–8, sin embargo, no es convincente.

[2] La afirmación de pablo de que ha enviado a Tíquico a Éfeso (4:12) implica que Timoteo no está en esa ciudad, puesto que si Timoteo también estuviera en Éfeso el comentario sería innecesario. Ver Jerome Murphy-O'Connor, *Paul: A Critical Life* (Oxford Univ. Press, Nueva York, 19), 358–59, 364–65.

[3] La frase *ta biblia malista tas membranas* en 4:13 se debe traducir: «los libros, es decir, los pergaminos». Ver T. C. Skeat, «'Especially the Parchments': A Note on 2 Tim 4.13», *JTS* 30 (1979): 173–77.

[4] Sobre la integración de la vida de Pablo con su misión, el comentario de Karl Barth sobre Fil 1:12 es relevante: «Simplemente no sería apóstol si pudiera hablar objetivamente sobre su propia situación en

provincia de Asia le han abandonado (1:15). Incluso su colaborador Demas ha dejado a Pablo en Roma y se ha vuelto a Tesalónica, posiblemente a su casa (4:10).[5]

Estas deserciones parecen brotar de dos causas básicas. En el caso de Demas, la causa es el amor por la edad presente antes que, como Pablo, amor por el tiempo de la aparición del Señor (4:8; cf. 4:10).[6] En el caso de otros, tales como Himeneo y Fileto, la causa es alejarse de la verdad y acercarse a la enseñanza falsa (2:17–18). Pablo quiere recordarle a Timoteo el evangelio tal como Pablo se lo enseñó tanto por palabras como por su ejemplo, y amonestar a Timoteo a ser fiel al evangelio en medio del desafío de la persecución y la falsa enseñanza.[7] A diferencia de 1 Timoteo y Tito, 2 Timoteo no es un «mandato». Pablo no está escribiendo para comisionar a Timoteo a que restaure orden en una situación eclesiástica caótica, sino para amonestarle: «fortalécete por la gracia que tenemos en Cristo Jesús» (2:1). La carta, por consiguiente, sigue el patrón básico de las cartas antiguas parenéticas en las que un autor escribe a un pupilo a fin de animarle a recordar y seguir modelos de buena conducta, a vivir conforme a ciertos preceptos morales, y a evitar ejemplos de mala conducta.[8] Como Séneca le dice a Lucilo en una carta escrita virtualmente al mismo tiempo que Pablo escribió 2 Timoteo (62–64 d.C.), la palabra escrita es útil para aprender cómo conducir la vida de uno, pero una experiencia de ejemplos personales es mejor (*Ep.* 6).[9]

Loida, abuela de Timoteo, y su madre Eunice (2 Ti 1:5), Onesíforo, amigo de Pablo (1:16–18), Jesús (2:2), y especialmente el mismo Pablo (1:11–13; 2:9–10; 3:10–11; 4:6–8, 16–18) ejemplifican la clase de fidelidad al evangelio en medio de la enseñanza falsa y persecución de Pablo quiere animar en Timoteo.[10] Figelo y Hermógenes (1:15), Demas (que abandonó a Pablo, 4:10), maestros falsos tales como Himeneo y Fileto (2:17), y los magos Janes y Jambres (3:8; cf. Éx 7:8–11; CD 5.17–19)

---

abstracción del curso del evangelio, al cual él ha sacrificado su subjetividad y con esto todo interés objetivo en su persona. A la pregunta de cómo le va *a él* el apóstol *debe* siempre reaccionar con información de cómo le va al evangelio». Ver *The Epistle to the Philippians* (John Knox, Richmond, Va., 1962), 26.

[5] Pablo menciona a Demas en Flm 24 junto con Aristarco, que era de Tesalónica (Hch 20:4; 27:2). Ver C. Spicq, *Les Epitres Pastorales*, 2 vols. (Ebib; París: LeCoffre, 1969), 2:811; George W Knight, III, *The Pastoral Epistles* (NIGTC; Eerdmans, Grand Rapids, 1992), 464; e I. Howard Marshall, *The Pastoral Epistles* (ICC; T. & T. Clark, Edinburgh, 1999), 815.

[6] Cf. Marshall, *Pastoral Epistles*, 815–16.

[7] Como Prior, *Paul the Letter-Writer*, 62, observa, las acciones de gracias en 2 Timoteo, como las acciones de gracias en otras cartas paulinas, cubre los temas primarios de la carta. Pablo anhela que Timoteo venga en 1:4 y la preocupación de Pablo de que Timoteo permanezca fiel aparece en 1:5–6.

[8] Luke Timothy Johnson, *Letters to Paul's Delegates: 1 Timothy, 2 Timothy, Titus* (NTC; Trinity Press International, Valley Forge, Pa., 1996), 39–41. Algunos estudiosos opinan que 2 Timoteo es un «discurso de despedida», pero Johnson arguye persuasivamente que el género de «carta parenética» encaja más estrechamente con la forma de la carta. Ver también Stanley K. Stowers, *Letter Writing in Greco-Roman Antiquity* (LEC; Westminster, Filadelfia, 1986), 94–97.

[9] La carta la reproduce y comenta Stowers en *Letter Writing*, 100–101.

[10] Cf. el uso de Séneca de sí mismo como un ejemplo moral para Lucilo en *Ep.* 6.

ejemplifican el descarrío y oposición a la verdad que Pablo le instruye a Timoteo que evite.[11] Podemos analizar el mensaje teológico de la carta bajo dos encabezamientos: cómo soportar la adversidad por causa del evangelio, y cómo guardar el evangelio contra la falsa enseñanza.

Cómo soportar la adversidad por causa del evangelio

Pablo no quiere que Timoteo llegué a ser otro Demas. Más bien, Timoteo necesita la determinación necesaria para permanecer fiel a Pablo y al evangelio en medio del sufrimiento que será su porción, como ciertamente ha sido la de Pablo (3:12). Timoteo no debe avergonzarse ni de testificar del Señor mismo ni de asociarse con Pablo, preso del Señor, en el sufrimiento de Pablo (1:8). Más bien debe sufrir junto a Pablo (1:8; 2:3) y, a pesar de este sufrimiento, cumplir su comisión como uno a quien se le ha encargado el evangelio (4:5).

Pablo basa estas amonestaciones de varias maneras. Le recuerda a Timoteo que ha recibido el don del Espíritu santo, que no produce «cobardía» (*deilia*) si no un «poder» que se exhibe tanto en «amor» como en «dominio propio» (1:7). Le recuerda a Timoteo que Dios es fiel a los que se han entregado a él y que él los llevará con seguridad por las pruebas hasta el día final, cuando ellos serán vindicados (1:12; 4:1, 8).

Más significativamente, sin embargo, le recuerda a Timoteo el papel importante que el sufrimiento desempeña en el evangelio mismo. Timoteo no debe avergonzarse ni de dar testimonio del evangelio ni de Pablo, que está preso por el evangelio. Más bien «con el poder de Dios, debes soportar sufrimientos por el evangelio» (1:8). Pablo resume este evangelio como poder que Dios ha mostrado al salvar a los creyentes y llamarles a vivir una vida santa, «no por nuestras propias obras, sino por su propia determinación y gracia. Nos concedió este favor en Cristo Jesús antes del comienzo del tiempo» (1:9). En otras palabras, el sufrimiento que Pablo soporta, y que Timoteo debe unírsele para soportar provee el medio por el que Dios puede exhibir su poder, y esta manera de obrar es consistente con la gracia que caracteriza el evangelio. El Dios que salva a las personas en medio de su debilidad es también el Dios que anuncia estas buenas nuevas a las personas por el sufrimiento de sus mensajeros.[12]

Aquí Pablo echa mano de su comprensión del evangelio como lo sabemos por sus otras cartas. Debido a que el evangelio nació en el sufrimiento del Mesías en la cruz, «tropezadero para los judíos y locura para los gentiles» (1 Co 1:23), los llamados a testificar de él pueden fácilmente hallarse avergonzándose de él (2 Ti 1:8; cf. Ro 1:16). Pero precisamente en el sufrimiento del Mesías en la cruz Dios exhibió su sabiduría y fuerza al proveer justicia, santidad y redención para su pueblo (1 Co 1:25, 30). Mediante la «pobreza» de Cristo, Dios ha «enriquecido» a su pueblo (2 Co 8:9). En este evangelio «necio» reside el poder de Dios para salvación de todo el que cree (Ro 1:16).

La vida de los que creen en este evangelio también adopta la insensatez del evangelio. Por ejemplo, no muchos sabios, influyentes o nobles de Corinto eran parte de la iglesia (1 Co 1:26–28), y Dios obró por medio de los cristianos macedonios azotados por la pobreza para producir una contribución generosa a la colecta de Pablo para los cristianos judíos que sufrían en Jerusalén (2 Co 8:2–3). Más importante, sin embargo, por el sufrimiento de Pablo, Dios llevó el evangelio a muchos

---

[11] Cf. Plinio *Ep.* 8.23.2 (97 ó 98 d.C.), en la que Plinio ofrece su propia conducta en un banquete como ejemplo para que su pupilo Avito siga y provee la conducta del anfitrión del banquete como un ejemplo que Avito debe evitar. Ver Stowers, *Letter Writing*, 101–3.

[12] Cf. Norbert Brox, *Die Pastoralbriefe* (RNT 7; Verlag Friedrich Pustet, Regensburg, 1969), 229-30; Johnson, *Letters to Paul's Delegates*, 54-55.

en Corinto (2 Co 4:7–12), a la gente de Asia (Ef 3:13; Col 1:24), y a los que estaban dentro de la sede del gobierno en Éfeso (Fil 1:12). «Así que», les dice a los cristianos de Corinto, «la muerte obra en nosotros, pero la vida en ustedes». ¿Por qué obra Dios de esta manera? Obra por el sufrimiento y debilidad para que nadie pueda jactarse en sí mismo sino sólo en Dios. Dios da vida por el evangelio como una dádiva gratuita, y quiere que no quede ninguna ambigüedad en cuanto a la gracia de su obra salvadora (1 Co 1:29, 31; 2 Co 1:9; 11:30; 12:5, 9–10).[13]

En cuatro pasajes de 2 Timoteo, Pablo se coloca a sí mismo ante Timoteo como ejemplo de esa clase de sufrimiento.[14] En 1:6–18 resume primero el contenido del evangelio que fue llamado a predicar (1:9–11) y luego dice que debido a este llamamiento al presente sufre en encarcelamiento desde donde escribe la carta (1:12). Con todo, continúa, «no me avergüenzo» (1:12b). Tal como Pablo ha amonestado a Timoteo a no avergonzarse de dar testimonio del Señor, así Pablo no se avergüenza del evangelio, a pesar del sufrimiento que debe soportar como su heraldo.[15] Pablo quiere que su propia fidelidad al evangelio en medio del sufrimiento sirva como ejemplo para Timoteo para que él también soporte fielmente el sufrimiento al que el evangelio lo llama.

Pablo parece seguir la misma estrategia en 2:8–10. Aquí dice que sufre por el evangelio al punto de estar en cadenas como malhechor, pero, continúa, «la palabra de Dios no está encadenada» (2:9). Tal como en 1 Corintios 2:1–4 el poder de Dios obra en la debilidad de su apóstol retóricamente no sofisticado, tal como en 2 Corintios 4:7–12 el apóstol de Dios lleva el precioso tesoro del evangelio en el vaso de barro de su ministerio sufriente, tal como en Filipenses 1:12–18 Dios promueve el evangelio mediante el encarcelamiento de Pablo y la predicación de otros cristianos con motivos turbios, así aquí, a pesar de las cadenas de Pablo, la palabra de Dios no está encadenada. Si su sufrimiento es el medio por el que algunos oyen el evangelio y alcanzan la salvación, Pablo está contento de soportarlo (2 Ti 2:10; cf. 2 Co 4:12; Fil 1:18a).[16] Dios ha escogido obrar por el sufrimiento de Pablo. Así que para Timoteo, el sufrimiento de Pablo no debe ser fuente de vergüenza (2 Ti 1:8) sino un ejemplo para imitar.

En 3:10–12 Pablo le recuerda a Timoteo nueve aspectos de su vida, todos familiares a Timoteo por su trabajo con el apóstol. Concluye la lista refiriéndose a las «persecuciones» y a los «sufrimientos» que ha soportado; sufrimientos, dice, como los que le sucedieron en Antioquía, Iconio y Listra, y de los cuales el Señor le rescató. Como los justos del Salmo 34:7, 19 y como el mismo Pablo, «Así mismo serán perseguidos todos los que quieran llevar una vida piadosa en Cristo Jesús» (2 Ti 3:12). Esto inevitablemente incluye a Timoteo, pero él debe seguir el ejemplo de fidelidad a pesar del sufrimiento que ha visto en Pablo durante los años de su trabajo común por el evangelio.[17]

---

[13] Ver esp. Rudolf Bultmann, *Theology of the New Testament*, 2 vols. (Scribners', Nueva York, 1951–55), 1:242-43.

[14] Sobre el uso de Pablo de sí mismo como ejemplo para Timoteo en 2 Timoteo, ver Philip H. Towner, «The Portrait of Paul and the Theology of 2 Timothy: The Closing Chapter of the Pauline Story», *HBT* 21 (1999): 151–70. Además a Pablo, Onesíforo (que «no se avergonzó» de las cadenas de Pablo 1:16–18) y Jesús (cuyo sufrimiento Dios vindicó en la resurrección, 2:8) sirven como ejemplos para Timoteo.

[15] Cf. Marshall, *Pastoral Epistles*, 709.

[16] Ver también Ef 3:1, 13; 4:1; y Col 1:24. 17 Cf. Towner, «The Portrait of Paul», 160.

[17] Cf. Towner, «The Portrait of Paul», 160.

En 4:5 Pablo insta a Timoteo a concentrarse en su tarea y soportar la adversidad al trabajar como evangelista y cumplir su ministerio. Como muestra la conexión «porque» (*gar*) en 4:6, Pablo entonces ofrece su situación presente y difícil como ejemplo de resistencia fiel de adversidad en el servicio del ministerio evangélico:

Porque yo ya estoy para ser sacrificado, y el tiempo de mi partida está cercano. He peleado la buena batalla, he acabado la carrera, he guardado la fe. Por lo demás, me está guardada la corona de justicia, la cual me dará el Señor, juez justo, en aquel día; y no sólo a mí, sino también a todos los que aman su venida (4:6–8, RV-60).

Unas pocas frases más adelante Pablo describe cómo aunque en su primera defensa nadie lo respaldó, el Señor estuvo a su lado y le fortaleció para ser librado de la boca del león y por medio de él el evangelio fue predicado a los gentiles (4:17).[18] Esto no quiere decir, como algunos han pensado, que Pablo ahora espera su liberación de la cárcel para el ministerio futuro sino que la voluntad de Dios de permitirle vivir después de su primera defensa ha provisto otra oportunidad para que él dé testimonio del evangelio ante sus captores gentiles (cf. Fil 1:12–13).[19] Aquí también Pablo sirve como ejemplo para Timoteo de cómo Dios usa la fidelidad de sus ministros en medio del sufrimiento como una oportunidad para exhibir su poder para extender el evangelio a los gentiles.

Como Proteger el Evangelio de Falsas Enseñanzas

Así como Timoteo no debe avergonzarse de sufrir por el evangelio, así en su manejo de «la palabra de verdad» debe demostrar que es un obrero hábil que no tiene causa para avergonzarse de su trabajo (2:15). La amenaza primaria a su habilidad como predicador de la palabra viene de la misma falsa enseñanza que ha infectado a las iglesias de Creta y de Éfeso. Se especializa en charla frívola y corrupta, se concentra en mitos, frecuentemente estalla en peleas iracundas (2:14, 16, 23; 4:4), conduce a la impiedad (2:16), y probablemente promueve prácticas de magia (3:8, 13).[20]

Las frecuentes alusiones a Moisés en 2 Timoteo (por ej., 1:6; cf. Nm 2:19; 3:8–9; 16:5; 27:18–23; cf. también Éx 7:11, 22) pueden formar un ataque sutil a la preocupación de los falsos maestros por la ley mosaica (cf. 1 Ti 1:7; Tit 1:10), y la clara alusión a la rebelión de Coré (2 Ti 2:19; cf. Nm 16:5) implica que los falsos maestros han hecho serios avances en las iglesias de Creta y de Éfeso. Pablo ha confiado el «buen depósito» del evangelio a Timoteo, pero Timoteo debe guardarlo de las influencias corruptoras de estos maestros a fin de trasmitirlo a otros en su forma pura (1:14; 2:2).

Los esfuerzos de Pablo por alejar a Timoteo de la falsa enseñanza emplean cuatro estrategias. Primero, le recuerda a Timoteo el contenido del evangelio. En 1:9–10 Pablo usa una declaración evidentemente de credo, reminiscencia de la teología de Efesios, para resumir este contenido. La declaración recalca el carácter de gracia de la salvación y vincula este concepto con el «propósito» eterno de Dios de crear, por su «llamamiento», un pueblo santo (cf. Ef 1:4, 11, 18; 2:5–8). También

---

[18] Towner, «The Portrait of Paul», 169, halla reminiscencias del Salmo 22 (LXX, 21) en 4:17 y opina que Pablo ve su sufrimiento aquí por los lentes del sufrimiento de Jesús. Tal como el sufrimiento de Jesús proveyó una oportunidad para que Dios muestre su poder salvador, así Dios sigue el mismo patrón con Pablo.

[19] Para la noción de que 4:17 se refiere a la inminente liberación de Pablo y ministerio futuro de predicación a los gentiles, ver Prior, *Paul the Letter-Writer*, 113–39.

[20] Ver la descripción de esta falsa enseñanza, en el cap. 19, arriba.

recalca el lugar central de Cristo Jesús en este propósito eterno (cf. Ef 1:10; 3:11) y el efecto de la salvación en la abolición de la muerte y la iluminación de la vida e inmortalidad (cf. Ef 5:14).

Puesto que los detalles de la enseñanza falsa son tan escasos, es imposible decir con certeza que este credo recalca elementos del evangelio que negaban los falsos maestros, pero parece seguro dar por sentado que el credo como un todo afirma la fe a la que Timoteo debe aferrarse a fin de evitar serio error teológico.[21] Este es el «testimonio de nuestro Señor», del cual Timoteo no debe avergonzarse y por el cual debe sufrir (1:8).[22]

Segundo, Pablo le recuerda a Timoteo que sea fiel a su ordenación a predicar el evangelio. Pablo mismo ha apartado a Timoteo para la tarea de predicar al imponerle las manos (1:6).[23] Esta comisión confirmó que Timoteo tenía el Espíritu y que el Espíritu le había dado el don de dar «testimonio de nuestro Señor» (1:8).[24] Pablo está pensando en este pasaje en el don dado por el Espíritu a Timoteo de la capacidad y el llamamiento a proclamar el evangelio. Esto es claro por el eslabón estrecho entre las instrucciones de Pablo a Timoteo para «que avives la llama del don de Dios», su afirmación de que Dios no nos da un Espíritu de timidez, y su mandato a Timoteo de que no se avergüence de testificar del Señor (1:6–8).[25]

En 4:1–2, 5, Pablo específicamente encarga a Timoteo que sea fiel a este llamamiento a la luz de la falsa enseñanza descrita en 4:3–4. Debido a que la falsa enseñanza es inevitable y le dice a la gente lo que quiere oír, Timoteo debe pensar claramente y cumplir con «los deberes» de su ministerio, particularmente el deber de predicar el evangelio.[26] Debe interpretar «la palabra de verdad» correctamente (2:15).

---

[21] Cf. Marshall, *Pastoral Epistles*, 702.

[22] Knight, *Pastoral Epistles*, 703.

[23] Brox, *Die Pastoralbriefe*, 228, cree que 1 Ti 4:14, que habla de la ordenación de Timoteo por un concilio de ancianos, contradice 2 Ti 1:6 y que esta contradicción es una señal del seudonimato de las dos cartas. Con apenas un poco de buena voluntad, sin embargo, podemos concebir a Pablo como miembro del cuerpo ordenador descrito en 1 Ti 4:14. En 2 Ti 1:6 Pablo estaría, entonces, hablando de su participación personal en la ordenación de Timoteo. Ver la consideración en Spicq, *Epitres Pastorales*, 2:728-29, y Philip H. Towner, *The Goal of Our Instruction: The Structure of Theology and Ethics in the Pastoral Epistles* (JSNTSup 34; Sheffield Academic Press, Sheffield, 1989), 57.

[24] No hay indicación aquí, como algunos a veces han pensado (por ej., Brox, *Die Pastoralbriefe*, 228), que Pablo transfirió el Espíritu a Timoteo mediante la imposición de manos. Pablo pensaba que todos los creyentes tenían el Espíritu (1:14), y el procedimiento que describe aquí está modelado en la comisión de Josué por parte de Moisés en Nm 27:15–23. En ese pasaje Josué ya tiene el Espíritu de Dios en él (27:18) antes de que Moisés le imponga las manos. Sobre la significación de 2 Ti 1:14 para esta consideración, ver Marshall, *Pastoral Epistles*, 699.

[25] Cf. Ef 4:11 y la propia descripción frecuente de Pablo de su papel como apóstol y ministro del evangelio a los gentiles como don de la gracia de Dios. (Ro 15:15–16; Gá 2:9; Ef 3:6–7; Fil 1:7).

[26] «La palabra» que Timoteo debe predicar en 4:2 es lo mismo como «la palabra de Dios» en 2:9 y «la palabra de verdad» en 2:15. Como indica claramente el contexto de esas frases, se refieren al mensaje cristiano. Ver Knight, *Pastoral Epistles*, 453, y Marshall, *Pastoral Epistles*, 800.

Tercero, Pablo insta a Timoteo a que sea fiel a lo que ha aprendido de sus ancianos cristianos. Tal como el mismo Pablo había sido fiel a la tradición que sus antepasados le entregaron (1:3), así la memoria de los antepasados de Timoteo debe encender en él un deseo a ser fiel a las Escrituras que le enseñaron desde niño (3:14–17; cf. 1:5). Timoteo también debe ser fiel a la «sana doctrina» que recibió de Pablo (1:13) y debe «guardar el buen depósito» del evangelio que Pablo le encomendó, presumiblemente en la ordenación de Timoteo (1:14; cf. 1:6). Esto quiere decir no sólo que debe mantener el evangelio intacto, sin contaminación de la enseñanza falsa, sino que también debe entregarlo a otros que a su vez sean capaces de trasmitirlo.

Cuarto, Timoteo debe cuidarse de los falsos maestros y de su charla profana, puesto que la enseñanza que está en el meollo de toda esa verborrea, como gangrena, puede fácilmente infectar y carcomer a aquellos con quienes entra en contacto (2:16–17). Como Coré, Datán y Abiram en días de Moisés, estos falsos maestros están mezclados con la compañía del pueblo de Dios, y aunque el cimiento de la casa de Dios permanece firme (2:19), artículos tanto nobles como innobles existen lado a lado dentro de sus paredes (2:20–21).[27] Por consiguiente Timoteo debe huir de estos maestros y de los deseos ilegítimos que sus enseñanzas engendran (2:22). Debe mantenerse lejos de sus argumentaciones (2:23) y de ellos (3:5).

Al mismo tiempo, Timoteo no debe reaccionar en demasía a la situación. No todo el que se le opone y se pone del lado de dos falsos maestros es igualmente peligroso. Si Timoteo rehúsa dejarse arrastrar en sus «discusiones insensatas» y mantiene un espíritu amable hacia ellos, tal vez pueda instruir a alguno de ellos en «el conocimiento de la verdad» (2:25a). Mediante la gentil persuasión de parte de Timoteo, Dios puede llevarlos a que recuperen el buen sentido para que escapen de la trampa del diablo (2:26).[28]

Timoteo debe andar en una línea fina entre evitar esta enseñanza falsa y perniciosa y los que la promueven por un lado, y por otro lado intentar persuadir a aquellos a quienes la enseñanza falsa ha infectado para que vuelvan a la verdad. No es sorpresa que Pablo insta a Timoteo más adelante en la carta: «sé prudente en todas las circunstancias» (4:5).

El carácter Teológico de la carta final de Pablo

Cuando Pablo escribe 2 Timoteo piensa que va a morir en la cárcel (4:6), y mira hacia atrás a su vida y su relación con Timoteo como si ambas cosas estuvieran acercándose a su fin (1:3–6, 13; 2:2; 3:10–11). La carta lleva las marcas de esta situación difícil.[29] Su estructura organizacional es casi imposible de discernir, como lo muestran los ampliamente diferentes intentos de analizarla, y no introduce la argumentación teológica enérgica tan característica de las cartas anteriores de Pablo.[30]

A pesar de estas circunstancias difíciles, diferentes de cualquier otra bajo la cual haya escrito previamente, las convicciones teológicas fundamentales de Pablo siguen siendo las mismas.[31] El

---

[27] Cf. Towner, *The Goal of Our Instruction*, 25–26.

[28] Cf. ibid., 135.

[29] Marshall, *Pastoral Epistles*, 40.

[30] Ver la tabla de Marshall de bosquejos de comentaristas, ibid., 34.

[31] Las circunstancias de la carta de Pablo a los Filipenses son las más cercanas a las de 2 Timoteo, pero en Filipenses Pablo sospecha que será puesto en libertad de su encarcelamiento (Fil 1:23–26), en tanto que en 2 Timoteo está seguro de que será ejecutado (2 Ti 4:6–13).

evangelio es el mensaje de la provisión de la gracia de Dios para salvación de su pueblo aparte de cualquier esfuerzo de parte de ellos (1:9), y los que lo predican fielmente sufrirán por su consagración a este evangelio (1:8, 12; 2:3, 9–10; 3:10–12; 4:5–6). Este sufrimiento a fin de predicar el evangelio fielmente es el medio por el que Dios muestra su poder (1:8) y el medio por los que aquellos a quienes él ha escogido «obtienen la salvación que es en Cristo Jesús» (2:10).

Este énfasis doble, la gracia de Dios y el poder de Dios mostrado por el sufrimiento, son parte de la misma noción global, tan central en la teología de Pablo, de que el carácter de gracia de la obra salvadora de Dios quiere decir que Dios obra a pesar y mediante la debilidad humana para realizar sus propósitos. Incluso aquí, en la última y más tensa carta de Pablo, esta convicción reluce. Para que Timoteo sea fiel al evangelio de la gracia de Dios, no debe avergonzarse ni del sufrimiento de Pablo (1:8) ni del propio (2:3; 3:12; 4:5), porque es por medio de precisamente esa debilidad humana que Dios muestra su poder salvador (1:8–10).

Los énfasis Comunes y las Convicciones Centrales de las Cartas de Pablo

El estudio del énfasis teológico de cada una de las cartas paulinas lleva naturalmente a un examen de los temas que aparecen repetidamente o reciben énfasis especial en el cuerpo entero. La repetición de estos temas no quiere decir en sí misma que Pablo particularmente estaba fascinado por ellos, sino sólo que las iglesias que fundó a menudo tuvieron problemas relativos a estos asuntos. La colección de estos temas, por consiguiente, no parece mucho una teología sistemática. Parece más como un manual del primer siglo sobre el cuidado pastoral de iglesias cristianas. Una vez que los temas mismos se coleccionan y examinan, sin embargo, es claro que la forma en que Pablo los atiende descansa en un conjunto de convicciones teológicas coherentes y sostenidas firmemente. Estas convicciones, arregladas lógicamente, en sí mismas no forman una teología sistemática completa, pero sí revelan los elementos centrales de la teología de Pablo y la base para su consejo práctico a sus iglesias.

En este capítulo examinaremos los asuntos teológicos que reciben tratamiento repetido en las cartas de Pablo, y luego brevemente describiremos la estructura teológica básica que respalda la forma en que Pablo trata estos asuntos. Cinco asuntos surgen repetidamente en las cartas existentes: perseverancia en medio de la persecución, la relación de la iglesia con el mundo no creyente, la santidad de la iglesia, la unidad de la iglesia y la preservación de la iglesia libre de enseñanza falsa. Las respuestas de Pablo a estos cinco asuntos brotan de sus convicciones en cuanto a los propósitos salvadores de Dios en la historia, el pecado de cada persona y la gracia de Dios.

Asuntos teológicos en las Cartas de Pablo

Perseverancia en la persecución

Los cristianos tanto de Tesalónica como de Filipos, debido a su dedicación al evangelio, enfrentaron la misma clase de oposición social de parte de no creyentes que Pablo mismo frecuentemente enfrentó en sus esfuerzos por predicar el evangelio a los gentiles. Pablo había sido tratado vergonzosamente en Filipos antes de llegar a Tesalónica (1 Ts 2:1), y tanto los tesalonicenses como los filipenses habían sufrido la misma humillación (Fil 1:29–30; 1 Ts 2:14–15). El relato de Lucas de la visita de Pablo a Filipos revela la clase de problemas de que Pablo habla en estas cartas. Gente de influencia de la comunidad veía a Pablo y a Silas como una amenaza a la paz y seguridad de la ciudad al promover costumbres extrañas a la forma romana de vida (Hch 16:20–21). En Tesalónica las acusaciones fueron incluso más serias, porque la gente acusó a los cristianos de desafiar los decretos del césar y dar lealtad a un emperador rival: «Jesús» (17:7).

En las ciudades en donde la devoción pública al emperador romano era un medio importante de preservar la estabilidad política, la negativa de una nueva secta de oriente a participar en el culto imperial difícilmente sería bien recibida. Celso, escribiendo como un siglo después de Pablo, probablemente revela el sentimiento básico de los que desde el principio persiguieron a los cristianos en base cívica:

> Aun si alguien te dice que jures por un emperador de entre los hombres, eso también no es nada aterrador. Porque las cosas terrenales le han sido dadas a él, y lo que sea que tú recibes en esta vida lo recibes de él.... Porque, si tú derrocas esta doctrina, es probable que el emperador te castigará. Si todos hicieran lo mismo que tú, no habría nada que evitaría que se le deje abandonado y sólo, en tanto que las cosas terrenales vendrían al poder de los más impíos y salvajes bárbaros (Orígenes, *Cels*. 8.67–68; cf. 8.69).

Aparte de estas dificultades con las autoridades, los conversos cristianos enfrentarían problemas en sus propias familias tan pronto como ellos «se volvían de los ídolos a Dios» (1 Ts 1:9). Las familias tanto griegas como romanas típicamente observaban ritos religiosos domésticos que honraban a los dioses respecto a asuntos domésticos: Zeus Ktesios y Zeus Herkios conforme a la costumbre griega, y el Lares conforme a la costumbre romana. Las tumbas de los antepasados muertos se decoraban en el aniversario de la muerte. ¿Qué habría significado eso para un niño, mujer o esclavo, todavía viviendo bajo la autoridad del padre de familia todopoderoso, rehusar participar en estas costumbres? Es difícil imaginarse que las consecuencias habrían sido normalmente alguna cosa que no sea desagradable.[1] De nuevo, Celso nos instruye:

> Si [los cristianos] se van a casar, tener hijos, y disfrutar de los frutos, y participar de las alegrías de esta vida, y soportar los males designados ... deben rendir los debidos honores a los seres a los que se les ha encargado estas cosas ... es incorrecto que la gente que participa de lo que es propiedad de ellos no les ofrezca nada en pago (Orígenes, *Cels*. 8.55).

Aunque Celso escribe en un tiempo cuando los cristianos eran más numerosos y ampliamente conocidos —y la paciencia con ellos andaba escasa— que en el primer siglo, probablemente articula los sentimientos de muchos padres de familia no creyentes del tiempo de Pablo que se hallaron presidiendo sobre una familia con uno o más cristianos en ella.

Pablo usa tres estrategias para ayudar a sus lectores a enfrentar esta situación. Primero, se dedica a una «formación de identidad», recordándoles que aunque la sociedad y la familia los marginen, ellos son miembros de una nueva sociedad y una nueva familia. Segundo, apela a los elementos escatológicos de su evangelio para recordar a sus lectores que sus sufrimientos son sólo parte de un esquema histórico mayor cuyo resultado último será su salvación. Tercero, les insta a imitar la paciencia fiel de otros cristianos y, en particular, a adoptar su propia actitud hacia el papel que Dios da al sufrimiento en la realización de sus propósitos salvadores.

Formación de identidad

---

[1] Ver John M. G. Barclay, «The Family as the Bearer of Religión in Judaism and Early Christianity», en *Constructing Early Christian Families: Family as Social Reality and Metaphor*, ed. Halvor Moxnes (Routledge, Londres, 1997), 66–80, aquí en 67–68.

En las cartas a los Tesalonicenses y a los Filipenses Pablo recuerda a sus lectores en medio de su sufrimiento que son parte de una nueva familia y una nueva sociedad. Como vimos en la consideración de 1 Tesalonicenses, Pablo probablemente quería que la intensidad de su lenguaje familiar y de su lenguaje de elección ayude a sus lectores a superar la alienación que inevitablemente sentirían de la sociedad y de las familias que los habían rechazado. Ello eran parte de una nueva familia: Pablo era su padre, su madre y su hermano. Los cristianos tesalonicenses eran también hermanos y hermanas unos de otros. Es más, eran parte del pueblo de Dios, estando en continuidad con Israel como lo describen las Escrituras judías. Como pueblo de Dios, Israel, en las Escrituras, ellos eran la «asamblea» de Dios, amada, escogida y llamada por él.

Aunque en Filipenses este tema no surge a la prominencia que tiene en 1 Tesalonicenses, con todo es importante, tal vez por la misma razón. No sólo que los filipenses son «hermanos» de Pablo (Fil 1:12; 3:3, 13, 17; 4:8), sino que son sus «hermanos» a quienes él «ama y anhela», su «gozo y corona» (4:1; cf. 1 Ts 2:19). Pablo también está rodeado de «hermanos» en Éfeso (Fil 1:14; 4:21),[2] incluyendo el mensajero a los filipenses, Epafrodito (2:25). De manera similar, el colaborador de Pablo, Timoteo, es su compañero, un «hijo» que trabaja junto a él como esclavo (2:20, 22) y que, como Pablo, genuinamente se preocupa por el bienestar de los filipenses (2:19). Sus propias familias pueden marginar a los cristianos filipenses por no participar en los ritos de la familia, pero ellos se han unido a una familia estrechamente unida, sostenida junta por el vínculo de la fe en Jesucristo. Aquí también, Pablo usa un lenguaje que identifica a los cristianos filipenses en términos reservados para Israel en las Escrituras. Son «los santos» (1:1) y «la circuncisión» (3:3).

Además de estas estrategias para dar aliento, Pablo también parece estar consciente de la presión que la sociedad de Filipos romana debe haber puesto sobre los creyentes para participar en el culto imperial. Afirma que toda rodilla en el cielo y en la tierra un día se doblará ante Jesús y toda lengua confesará que él es «Señor» (2:10–11). También dice que los creyentes son ciudadanos de una patria celestial y esperan desde allí un «Salvador, el Señor Jesucristo» (3:20). Desde el tiempo de Claudio la gente frecuentemente usaba el título «señor» (*kurios*) para referirse a la autoridad universal del emperador deificado. Incluso desde tiempo anterior usaban el título «salvador» (*soter*) para describir la beneficencia del emperador deificado.[3]

A Augusto, por ejemplo, se le podía honrar como «el salvador de la raza común de personas» (*sotera tou koinou ton antzropon genous*) y a Nerón se le podía llamar «el señor de todo el universo» (*jo tou pantos kosmou kurios*).[4] En tal contexto, el uso de Pablo de estos títulos para describir la autoridad de Jesús sobre una patria en particular a la cual los creyentes pertenecen y hablar del reconocimiento a la larga de este Jesús como amo del mundo entero tenía claras connotaciones políticas.[5] Aunque la colonia romana de Filipos marginara a los cristianos filipenses debido a que se negaban a adorar al emperador romano, ellos eran con todo ciudadanos de la patria cuyo gobernador un día ejercería poder sobre el universo entero.

Escatología

---

[2] Ver la introducción al cap. 13, en donde argumento que Filipenses fue escrita desde una prisión en Éfeso.

[3] Ver BDAG, 577 y 985.

[4] Werner Foerster, «swthr», *TDNT*, 7:1012; idem, «kurio~ (ktl)», *TDNT*, 3:1056.

[5] Ver también Markus Bockmuehl, *The Epistle to the Philippians* (BNTC; Hendrickson, Peabody, Mass., 1998), 143–44, 147, 233–35.

Frecuentemente Pablo insta a sus lectores a recordar el día final cuando Cristo aparecerá y vindicará a los que sufrieron por él. Pablo expresa esto sutilmente en 1 Tesalonicenses cuando reviste la descripción de la aparición de Cristo en los términos bíblicos de Dios librando guerra a favor de su pueblo contra los que se oponen a ellos (1 Ts 4:16; cf. 2:16). Llega a ser explícito en 2 Tesalonicenses y Filipenses cuando habla de la persecución que sus lectores están soportando como una señal doble de que Dios destruirá a sus oponentes y salvará a los cristianos que perseveran en la adversidad que sus adversarios les infligen (Fil 1:18; 2 Ts 1:5–10). Está presente en Romanos cuando Pablo insta a sus lectores a no vengarse ellos mismos contra sus enemigos sino esperar la ira venidera de Dios, cuando Dios pagará a los que han hecho mal (Ro 12:19; cf. 2 Ti 4:14). También está detrás de la propia confianza de Pablo que a pesar de su sufrimiento presente, Dios fielmente guardará lo que Pablo le ha confiado «hasta ese día» (2 Ti 1:12). En «ese día» Dios le otorgará una corona de justicia (4:8), le rescatará de «todo ataque perverso», y le llevará «seguro a su reino celestial» (4:18). Debido a esto Pablo no se avergüenza de sufrir, y Timoteo debe adoptar la misma perspectiva (1:8).

Ocasionalmente, Pablo dice que las persecuciones por las que sus lectores están pasando son parte del sufrimiento del pueblo de Dios que se esperaba que experimentaran antes de la gran batalla escatológica entre el bien y el mal, y el triunfo final de Dios. Esta idea probablemente está detrás del recordatorio de Pablo a 2 Tesalonicenses que «insistía en decirles» cuando estuvo con ellos de que «serían perseguidos» (1 Ts 3:4). Probablemente también motivó su afirmación en su carta posterior a ellos que «el misterio de la maldad ya está ejerciendo su poder» (2 Ts 2:7). Aparece explícitamente en 2 Timoteo cuando Pablo describe el mal desenfrenado que estallará «en los últimos días» (2 Ti 3:1–5) y le dice a Timoteo que evada a los que participan en las actividades malas que acaba de describir (3:6–9); claramente estos días malos del tiempo del fin hasta cierto punto ya han llegado (cf. 1 Ti 4:1–4).

Como en la mayor parte de la literatura apocalíptica, Pablo quiere que esta comprensión del sufrimiento del pueblo de Dios como una señal del fin que se avecina consuele a las víctimas de la persecución recordándoles que su sufrimiento no cae fuera de los límites del amor soberano de Dios y ultimadamente su plan salvador para su pueblo.

Imitación

Ocasionalmente Pablo exhorta a sus lectores a seguir el ejemplo de Jesús, de otros cristianos, y particularmente del mismo Pablo en su fidelidad al evangelio a pesar de la adversidad que su dedicación ha significado. Pablo les dice a los tesalonicenses que están sufriendo de la misma manera que otros cristianos genuinos, como los de Judea, han sufrido por su consagración al evangelio. Así como los judíos no creyentes han perseguido a los cristianos de Judea, incluyendo a Pablo y al mismo Jesús, así los vecinos gentiles no creyentes de los tesalonicenses están haciéndoles sufrir a ellos (1 Ts 2:14–15).

Pablo compara el sufrimiento de los cristianos tesalonicenses con el sufrimiento de otros principalmente para asegurarles lo genuino de su fe: los cristianos auténticos tienden a sufrir por su fe, y el sufrimiento de los tesalonicenses es una señal de que ellos también son cristianos auténticos. Esta comparación, sin embargo, probablemente también servía a un propósito subsidiario importante, es decir, animarles a ser fieles a pesar de su sufrimiento, así como otros cristianos valientemente habían soportado el sufrimiento por su fe.

De modo similar, en Filipenses Pablo recuerda a sus lectores en medio de su sufrimiento que están experimentando «el mismo conflicto» que Pablo tenía cuando ministró entre ellos (Hch 16:16–40) y que todavía está experimentando (Fil 1:12–18a). Más tarde Pablo les dice a los filipenses que «se unan a otros a seguir mi ejemplo» (3:17) y a poner en práctica «lo que de mí han aprendido, recibido y oído, y lo que han visto en mí» (4:9). Un aspecto de esta imitación es adoptar la actitud del apóstol hacia el sufrimiento por el evangelio. Pablo cree que Dios está usando su sufrimiento para el progreso del evangelio (1:12); y los filipenses deben tener también esta misma actitud.

Como acabamos de ver en el capítulo 21 sobre 2 Timoteo, la imitación de los cristianos fieles como un medio de hacerle frente al sufrimiento surge de nuevo en la última carta de Pablo. Timoteo debe unirse a Pablo en el sufrimiento por el evangelio (2 Ti 1:8). Debe recordar las persecuciones que Pablo ha enfrentado en los años de su ministerio común. También debe recordar que «Así mismo serán perseguidos todos los que quieran llevar una vida piadosa en Cristo Jesús» (3:11–12). Como en Filipenses, también aquí, Pablo afirma que Dios usa el sufrimiento para realizar sus propósitos: Pablo está «con el poder de Dios … soporta[ndo] sufrimientos por el evangelio» (1:8). Sus cadenas son sólo un medio por el que Dios está realizando sus propósitos salvadores para su pueblo escogido (2:9–10). Timoteo también debe tomar esta causa, soportar la adversidad junto con Pablo «como buen soldado de Jesucristo» (2:3).

La relación de la iglesia con el mundo no creyente

Pablo dice mucho más en cuanto a la relación de la iglesia con el mundo que simplemente que el mundo es el que persigue a la iglesia. Como vimos en nuestro estudio de 1 Timoteo y Tito, Pablo no sólo se preocupa en cuanto a la falsa enseñanza en Éfeso y en Creta porque era falsa sino también debido al efecto que ejercía sobre la capacidad de la iglesia para proclamar el evangelio al mundo no creyente. Al corromper la conducta de los que atrapaba, la enseñanza falsa deslustraba la reputación de la iglesia a ojos de los que no son creyentes y estorbaba su capacidad de funcionar como «familia de Dios … columna y fundamento de la verdad» (1 Ti 3:15). Por tanto, Pablo insta a los creyentes de Éfeso a «que tengamos paz y tranquilidad, y llevemos una vida piadosa y digna» porque Dios «quiere que todos sean salvos y lleguen a conocer la verdad» (2:2, 4).

Como familia de Dios y depositaria de la verdad en cuanto a él, los hogares en los que la iglesia se reúne deben operar de una manera ejemplar. Ser «irreprochable» es el primer requisito de un «supervisor» de una iglesia en un hogar (3:2), y los requisitos que siguen, la mayoría de los cuales se dedican a la supervisión de una familia (3:2–6), son elaboraciones de esta cualidad general.[6] Se resumen en la afirmación de conclusión: «Se requiere además que hablen bien de [el supervisor] los que no pertenecen a la iglesia, para que no caiga en descrédito y en la trampa del diablo» (3:7). Los que están dentro de la iglesia deben cuidar a sus parientes necesitados, particularmente a los ancianos (5:4, 8). De igual manera, a «las viudas jóvenes» les dice «que se casen y tengan hijos, y que lleven bien su hogar y no den lugar a las críticas del enemigo» (5:14). Los esclavos deben tratar a sus amos con respeto porque «así evitarán que se hable mal … de nuestra enseñanza» (6:1).

La misma preocupación aparece en la carta de Pablo a Tito, en donde exhorta a los esclavos a comportarse de una manera ejemplar «para que en todo hagan honor a la enseñanza de Dios nuestro Salvador» (Tit 2:10), e instruye a varios grupos de varias edades y géneros dentro de la iglesia a vivir de tal manera que «se avergonzará cualquiera que se oponga, pues no podrá decir nada malo de nosotros» (2:8). Inmediatamente después de aconsejar sujeción a los gobernantes, obediencia, buenas obras, y vivir de una manera pacífica, considerada y humilde «hacia todos», Pablo le recuerda a Tito el efecto transformador del evangelio sobre los que previamente estaban empantanados en el mal (3:1–8). Aquí también la preocupación de Pablo por la conducta ejemplar de los cristianos parece ser en parte evangelizadora: cuando los que no son creyentes vean la transformación que el evangelio produce en la vida de gente necia, desobediente, engañadora, inmoral, maliciosa, envidiosa y aborrecedora (3:3), ellos mismos se sentirán atraídos a su mensaje.[7]

---

[6] I. H. Marshall, *The Pastoral Epistles* (ICC; T. & T. Clark, Edinburgh, 1999), 477.

[7] Cf. ibid., 299.

Si esto representa una comprensión correcta de estos pasajes de las Cartas Pastorales, entonces no son parte de la estrategia de una iglesia envejeciente para apaciguar al mundo que la rodea inculcando «buena ciudadanía cristiana» (*christliche Bürgerlichkeit*).[8] Son más bien esfuerzos por asegurar que la iglesia siga siendo una fuente atractiva de verdad en cuanto a Dios; una fuente a la cual los que no son creyentes quieran acudir y experimentar por sí mismos que es «excelente y útil para todos» (Tit 3:8).[9]

Sin duda, la expresión de este tema en las Pastorales difiere de su expresión en las cartas indisputablemente de Pablo. En las Pastorales el tema no sólo es más prominente que en las Cartas indisputables, sino que va ligado al funcionamiento raudo de la familia cristiana; enlace que no aparece en las cartas indisputables.

Con todo, el tema de evitar ofender a los que no son creyentes para que el evangelio pueda avanzar también está presente en la correspondencia anterior de Pablo e indisputablemente auténtica. En 1 Corintios Pablo especialmente se preocupa por el impacto de la conducta de los creyentes en la iglesia sobre la capacidad de la iglesia para atraer a los que no son creyentes para que oigan el evangelio. En 1 Corintios 14:13–25 Pablo se preocupa de que el énfasis que la iglesia de Corinto pone sobre hablar en lenguas en el culto colectivo pueda evitar que el «buscador» (*idiotes*) o «incrédulo» (*apistos*) entienda lo que se dice y por consiguiente reciba algún beneficio espiritual. «En ese caso tu acción de gracias es admirable», comenta, «pero no edifica al otro» (14:17). En lugar de lenguas sin interpretación en el culto colectivo, Pablo recomienda las expresiones inteligibles de profecía. Si un buscador o un inconverso oye estas expresiones entendibles, puede que sienta convicción y las cosas ocultas de su corazón queden al descubierto y puede que sea llevado a adorar a Dios (14:24–25).

Esta misma preocupación motiva el consejo de Pablo a los creyentes corintios que pueden hallarse en la casa de un no creyente frente a un plato de carne de origen desconocido (1 Co 10:25–11:1). En tanto que el judío tal vez rehúse comer carne en base a que podía haber sido parte de un sacrificio pagano, Pablo aconseja a los cristianos que coman de lo que sea que se les ponga delante sin preocuparse por sus orígenes. La única excepción a esto es si algún no creyente presente en la comida, es un esfuerzo obtuso pero bien intencionado de evitar que el cristiano haga algo en contra de sus condiciones religiosas, le advierte al cristiano que el plato contiene carne previamente ofrecida a un ídolo (10:28–29). Para evitar ofender, Pablo dice, el cristiano no debe comer la carne. La razón para evitar tales ofensas en esta y ambientes similares es que muchos «puedan ser salvados» (10:33). Así como Pablo se hizo «todo para todos, a fin de salvar a algunos por todos los medios posibles» (9:22), así los corintios deben seguir su ejemplo y evitar ofender innecesariamente a alguien para que sean salvados cuántos sea posible (10:33–11:1).

En la correspondencia a los tesalonicenses Pablo de igual manera está preocupado porque los creyentes se conduzcan con decoro hacia los que están fuera de la iglesia (1 Ts 4:11–12; cf. 5:14; 2 Ts 3:6–15), aunque aquí el motivo para el consejo no es enteramente claro. Pablo tal vez se preocupaba porque los cristianos tesalonicenses, por su conducta extraña estaban aumentando el nivel de persecución que se dirigía contra ellos. Para librarlos de más sufrimiento del necesario, puede

---

[8] Ver, por ej., Martin Dibelius y Hans Conzelmann, *The Pastoral Epistles* (Hermeneia; Fortress, Filadelfia, 1972), 8, 39-41; Willi Marxsen, *New Testament Foundations for Christian Ethics* (Fortress, Minneapolis, 1993), 255-60; J. Christiaan Beker, *Heirs of Paul: Their Legacy in the New Testament and the Church Today* (Eerdmans, Grand Rapids, 1991), 43-47.

[9] Sobre esto, ver esp. Philip H. Towner, *The Goal of Our Instruction: The Structure of Theology and Ethics in the Pastoral Epistles* (JSNTSup 34; Sheffield Academic Press, Sheffield, 1989).

haberles instado a no dar ofensa innecesaria a los de afuera. O la evidencia de 1 Corintios puede indicar que por lo menos parte de su preocupación en 1 Tesalonicenses es evitar que los creyentes de allí estorben la capacidad de la iglesia para comunicar el evangelio persuasivamente a los de afuera.

La motivación evangelizadora del consejo familiar en las Pastorales, por consiguiente, es consistente con las expresiones de la teología de Pablo en las cartas indisputables. La noción de que la conducta de la iglesia debe recomendar el evangelio ante los de afuera está presente en la correspondencia del apóstol por lo menos del período de 1 Corintios, y probablemente antes.

La santidad de la iglesia

Como hemos visto en todo nuestro estudio de las cartas de Pablo, Pablo da por sentado que sus iglesias, a pesar de estar compuestas predominantemente por gentiles, representan las etapas iniciales de la restauración prometida del pueblo de Dios. Conforme a los profetas, un elemento importante en ese suceso sería la restauración de la santidad de Israel. Cuando Dios constituyó a su pueblo como nación en el monte Sinaí, les prometió que si ellos guardaban el pacto que estaba a punto de hacer con ellos, ellos serían «un reino de sacerdotes y una nación santa» (Éx 19:5–6). Las leyes del pacto del Sinaí se suponía que debían separar a Israel de otras naciones para que, como reino de sacerdotes, ellos revelaran el carácter de Dios a todas las naciones de la tierra. El pueblo de Israel debía «consagrarse» y «ser santo» porque Dios es santo (Lv 11:44–45; 19:2; 20:7).

En Levítico, por ejemplo, la conducta sexual del pueblo de Dios y la clase de alimentos que debían evitar van ligadas explícitamente a la separación de Israel de otras naciones como el pueblo escogido de Dios. El prefacio a la lista de relaciones sexuales ilícitas en Levítico dice de esta manera:

> El Señor le ordenó a Moisés que les dijera a los israelitas: «Yo soy el Señor su Dios. No imitarán ustedes las costumbres de Egipto, donde antes habitaban, ni tampoco las de Canaán, adonde los llevo. No se conducirán según sus estatutos, sino que pondrán en práctica mis preceptos y observarán atentamente mis leyes. Yo soy el Señor su Dios. Observen mis estatutos y mis preceptos, pues todo el que los practique vivirá por ellos. Yo soy el Señor (Lv 18:1–5).

Las regulaciones dietéticas tienen una explicación similar:

> Yo soy el Señor su Dios, que los he distinguido entre las demás naciones. Por consiguiente, también ustedes deben distinguir entre los animales puros y los impuros, y entre las aves puras y las impuras. No se hagan detestables ustedes mismos por causa de animales, de aves o de cualquier alimaña que se arrastra por el suelo, pues yo se los he señalado como impuros. Sean ustedes santos, porque yo, el Señor, soy santo, y los he distinguido entre las demás naciones, para que sean míos (Lv 20:24b–26).

Por lo menos desde la perspectiva de los profetas, sin embargo, Israel no guardó los términos del pacto. En lugar de separarse de las naciones como testigo a ellas del carácter de Dios, Israel participó en la idolatría de las naciones. Ezequiel, por ejemplo, hace eco del «código de santidad» de Levítico 17–26 cuando acusa a Israel de idolatría, adulterio y usura (Ez 18:5–18; cf. Lv 19:4; 20:10; 25:35–37). El castigo por violar estas, y otras, estipulaciones del pacto fue el exilio (Lv 26:17, 27–39). Ezequiel explica a los israelitas, a quienes los babilonios habían derrotado y llevado al exilio, que su propio pecado en estos aspectos, y no el pecado de sus antepasados, había acarreado sobre sus cabezas la ira justa de Dios (Ez 18:1–32).

No obstante, Israel no debía perder las esperanzas, dice Ezequiel, porque Dios no ha abandonado a su pueblo. Un día él restaurará su suerte, y en ese día también restaurará su santidad.

Ellos serán un pueblo santo y por consiguiente un lugar apropiado para que su Espíritu more. Dios morará en sus corazones (Ez 11:19; 36:26) y en un santuario imponente y recientemente construido (37:26–28).

Pablo creía que con la muerte y resurrección de Cristo y el establecimiento de las asambleas de los que creían en él, ese día había amanecido. Las iglesias que él y otros cristianos habían fundado componían los principios del pueblo de Dios restaurado escatológicamente. Estas iglesias y los individuos que pertenecían a ellas eran el santuario escatológico de Dios, el lugar de morada de su Espíritu. Por lo tanto, era natural que Pablo se preocupara porque sus iglesias demostraran su estado como pueblo restaurado de Dios viviendo vidas santas. Como Pablo lo dice: «el templo de Dios es sagrado, y ustedes son ese templo» (1 Co 3:17).

De una manera que es reminiscencia tanto de Levítico como de Ezequiel, Pablo estaba especialmente preocupado porque el pueblo de Dios nuevamente restaurado evitara la inmoralidad sexual (1 Co 5:1–13; 6:12–20; 2 Co 12:21; Ef 5:3; 1 Ts 4:3–8) y la idolatría (1 Co 10:1–22; cf. 2 Co 6:14–7:1). Por ejemplo, en una represión insólita a los corintios por su actitud despreocupada hacia la inmoralidad sexual, Pablo pregunta: «¿Acaso no saben que su cuerpo es templo del Espíritu Santo, quien está en ustedes y al que han recibido de parte de Dios?» (1 Co 6:19). En otro lugar combina citas tanto del código de santidad de Levítico como de un pasaje de Ezequiel que hablan de lugar escatológico de morada de Dios con su pueblo para recordar a sus lectores la importancia de su santidad:

> ¿En qué concuerdan el templo de Dios y los ídolos? Porque nosotros somos templo del Dios viviente. Como él ha dicho: «Viviré con ellos y caminaré entre ellos. Yo seré su Dios, y ellos serán mi pueblo» (2 Co 6:16; cf. Lv 26:12; Ez 37:27).

Ni Levítico ni Ezequiel, sin embargo, presagian la convicción de Pablo de que la ley mosaica ha cesado de establecer los límites de santidad para el pueblo de Dios. Pablo reemplaza la circuncisión literal con la circuncisión espiritual del corazón (Ro 2:25–29; 1 Co 7:19; Fil 3:3; cf. Col 2:11–12). Considera que las restricciones dietéticas ya no son obligatorias (Ro 14:14a; 1 Co 10:25). Aunque reafirma el Decálogo (Ro 13:8–9), lo resume, siguiendo la enseñanza de Jesús, en términos de Levítico 19:18: «Ama a tu prójimo como a ti mismo» (Ro 13:10; Gá 5:14). Evidentemente él llama a esa enseñanza «da ley de Cristo» (Gá 6:2; cf. 1 Co 9:21) por analogía a la designación: «da ley de Moisés».

El Decálogo en sí mismo, además, ha cambiado ligeramente: Pablo ya no asigna el mandamiento del día de reposo a un día en particular y más bien considera todos los días como especiales (Ro 14:05; 15:1). Él cambia la promesa adjunta al mandamiento de honrar padre y madre para que se refiera ya no a una vida dentro de los límites geográficos literales de Israel (Éx 20:12; Dt 5:16) sino a una «darga vida sobre la tierra» (Ef 6:2–3).

Un templo literal con sus sacrificios y sacerdocio ya no es necesario. El pueblo de Dios es su templo, el lugar de morada de su Espíritu otorgado escatológicamente (1 Co 6:19; 2 Co 6:16). La muerte de Cristo en la cruz fue el sacrificio clímax del día de la expiación y, por implicación, final (Ro 3:25–23). La conducta ética del creyente es su «sacrificio espiritual» (Ro 2:1; cf. Fil 3:3). Pablo mismo es un sacerdote que ofrece el sacrificio de los gentiles creyentes a Dios (Ro 15:16), y, en el proceso, él mismo es derramado como sacrificio a Dios (Fil 2:17; 2 Ti 4:6). Así que ya no hay necesidad de observar el vasto cuerpo de leyes que regulaban el culto del templo.

Además de estas discontinuidades entre la comprensión de Pablo de la santidad y la comprensión de la santidad que se halla en Levítico y Ezequiel, debemos recordar la nueva comprensión del apóstol de cómo la santidad es comunicada o contaminada. Como en la ley mosaica, el pecado de los miembros de la comunidad puede contaminar la santidad del pueblo de

Dios. Así, Pablo advierte a los corintios que sus disputas sobre cuál dirigente es el mayor, debido a que están dividiendo a la iglesia, son una amenaza a la santidad del templo de Dios (1 Co 3:17). También los insta, haciendo eco de un estribillo que se usa en Deuteronomio con propósitos similares, que cuando surja entre ellos la inmoralidad sexual, ellos deben expulsar al malvado de entre ellos (1 Co 5:13; cf, por ej., Dt 13:5; 17:7, 12; 19:19; 21:19; 22:21–24:7).

No obstante, los que no son creyentes que tienen una conexión de familia con la iglesia y que se interesan en el culto en la iglesia no contaminan ni al creyente individual ni a la comunidad que adora. Puesto que pueden ser salvados o llevados a adorar a Dios por estas afiliaciones, Pablo estimula la preservación de tales relaciones: la esposa casada con un inconverso o el esposo casado con una inconversa deben quedarse casados puesto que el cónyuge no creyente, y cualquier hijo en el hogar, son «santificados» por medio del miembro creyente de la familia (1 Co 7:12–16). De modo similar, la iglesia debe conducir su adoración colectiva de una manera que «edifique» al buscador o al no creyente que está en su medio (1 Co 14:16–17, 22–25).

La consecuencia más obvia del cambio que Pablo hace de los límites mosaicos de la santidad es la inclusión de los gentiles como gentiles en el pueblo de Dios. Las personas cruzan los límites al nuevo «Israel de Dios» (Gá 6:16) simplemente por fe en que Dios en su gracia los ha reconocido como estando en relación correcta consigo mismo debido a la muerte de Jesucristo. La señal de esta fe es la presencia del Espíritu de Dios en ellos, y el Espíritu de Dios lleva en sus vidas «fruto» ético (Gá 5:16–24) que se conforma a «la ley de Cristo». La «ley de Cristo» es un cuerpo de enseñanza ética que por lo menos incluye el resumen que Jesús hizo de la ley mosaica en términos de Levítico 19:18 y probablemente incluye una forma ligeramente modificada del Decálogo, pero no incluye ninguno de los elementos reconociblemente «judíos» de la ley mosaica (1 Co 9:21; Gá 6:2; cf. 1 Co 7:19).

La fe en Cristo y la presencia del Espíritu, que conduce a los cristianos a obedecer este nuevo cuerpo de enseñanza ética, distingue al pueblo de Dios de los gentiles, «que no conocen a Dios» (1 Ts 4:5; cf. 1 Co 5:1; 10:32). Este nuevo pueblo de Dios no necesita practicar la circuncisión, ni tampoco necesita guardar el día de reposo u observar las restricciones dietéticas de la ley mosaica. Estas señales características del judaísmo son innecesarias porque el pueblo de Dios consiste de todos los que, de cualquier trasfondo étnico, tienen fe en Cristo y el Espíritu de Dios.

Para usar lenguaje de Efesios, Cristo hizo esto «derribando la pared intermedia de separación» entre judíos y gentiles y «aboliendo en su carne las enemistades, la ley de los mandamientos expresados en ordenanzas» (Ef 2:14–15). En otras palabras, Dios ha tirado a un lado la ley mosaica con la venida de Cristo (Ro 7:6; Gá 3:19). Como resultado, Dios ahora define la santidad de su pueblo de una manera que no es específicamente judía.[10]

La unidad de la iglesia

El pueblo restaurado y santificado de Dios debe ser un pueblo unido, y Pablo se esfuerza arduamente para preservar la unidad de sus iglesias a pesar de las tendencias poderosas hacia la desintegración que a veces obran dentro de ellas. El problema de la desunión es más visible en las cartas a los Corintios, pero Pablo también lo considera en Romanos, Gálatas y Filipenses. Sus esfuerzos de persuadir a sus iglesias a vivir en armonía parecen brotar de dos convicciones teológicas. Pablo cree que la naturaleza de gracia de la salvación excluye la arrogancia. También cree

---

[10] Sobre esto ver Frank Thielman, *Paul and the Law: A Contextual Approach* (InterVarsity, Downers Grove, Ill., 1994): idem, *The Law and the New Testament: The Question of Continuity* (Crossroad, Nueva York, 1999), 7-43.

que en vista del día final venidero, la iglesia debe trabajar unida por la extensión del evangelio a los que no son creyentes y la perseverancia de los creyentes en su fe.

El problema de la desunión

En la carta a los Corintios, como hemos visto, la desunión ha resultado de muchos asuntos diferentes. La elevación elitista de un maestro sobre otro, usando normas de medida al parecer determinadas por el segundo movimiento sofista, llevó a la fragmentación de la iglesia en grupos que seguían a Pablo, Apolos, Cefas y Cristo (1 Co 1:10–4:13). Con el tiempo, cuando los oponentes de Pablo llegaron a Corinto, usaron esta tendencia entre los corintios para alienar del mismo Pablo a la iglesia (2 Co 10–13). Además, algunos creyentes corintios habían llegado a la conclusión de que su «conocimiento» en cuanto a participar en las comidas rituales paganas los acercaba más a Dios que los «débiles», que no tenían este conocimiento. Los «débiles» de la congregación por consiguiente se sentían presionados a violar sus conciencias, abriendo la posibilidad de que podían salir de la comunión de la iglesia y ser destruidos eternamente. El conocimiento en esta situación había reemplazado al amor y promovía la fragmentación de la iglesia (1 Co 8:1–13).

Además, un enfoque en la liberación personal de los convencionalismos sociales en asuntos de vestido estaba trastornando el culto (y tal vez también a las familias cristianas), y el hecho de observar una distinción de clases durante la Cena del Señor había fomentado, de una manera inapropiada, la discordia entre clases sociales que prevalecía fuera de los límites de la iglesia (1 Co 11:1–34). De un solo don: la glosolalia, se pensaba que era el único don «honroso» (*eusquemon*), y a los que no lo poseían efectivamente los que lo tenían les estaban diciendo, «¡No te necesito!» (12:12–26).

En Romanos, Gálatas y Filipenses Pablo también se dirige a los cristianos que necesitan reconciliarse unos a otros. Una mayoría cristiana gentil en Roma al parecer se estaba jactando por su estado como mayoría en la iglesia y despreciando a los cristianos judíos en medio de ellos que insistían en observar un calendario y dieta judíos. (Ro 11:18–19; 14:3). Los cristianos judíos, por su lado, condenaban a los que no guardaban las leyes mosaicas respecto a dietas y días especiales (14:6).

En Galacia, los «agitadores» judaizantes al parecer querían «excluir» a los creyentes gálatas gentiles que rehusaban conformarse a la ley judía a fin de avergonzarlos para que sean «celosos» por los judaizantes y su causa (Gá 4:17).[11] El resultado de esta táctica puede haber sido que la parte de la congregación que observaba la ley no estaba dispuesta a asociarse con los que la observaban, tal como Pedro se separó de la mesa de comunión de los cristianos gentiles en Antioquía bajo presión del «grupo de la circuncisión» (2:12). Tal vez por esto Pablo advierte a los gálatas que si continúan «mordiéndose» y «devorándose» unos a otros, se destruirán a sí mismos (5:15).

En Filipos, el desacuerdo entre Evodia y Síntique (Fil 4:2) al parecer era sólo uno de los varios casos de no prestar atención al mensaje de Pablo de: «No hagan nada por egoísmo o vanidad» (2:3).

Común en cada una de estas situaciones era una mentalidad elitista o arrogancia de parte de por lo menos una parte, motivándola a desdeñar a la otra parte. Los corintios se «jactaban» (1 Co 3:21; 4:7; 5:6; 2 Co 11:18, 21) y se «enorgullecían» (1 Co 4:6; cf. 8:1; 13:4; 2 Co 12:20), pensando que eran «diferentes» de (y mejores que) otros (1 Co 4:7; cf. 11:19). Por lo menos algunos creían que habían llegado a la perfección espiritual (1 Co 4:8). Su arrogancia les llevó a abandonar a Pablo debido a la debilidad física y retórica de él, y más bien a aferrarse a los oponentes de Pablo que esgrimían poder (2 Co 10:1–12:21).

Ambos lados de la disensión entre judíos y gentiles en la iglesia de Roma adoptaron una actitud altanera hacia sus oponentes, bien sea despreciándolos o condenándolos (Ro 14:3–4). La disensión entre las iglesias de Galacia de manera parecida se basaba en una actitud exclusivista (Gá 4:17; 5:15;

---

[11] Cf. John M. G. Barclay, *Obeying the Truth: Paul's Ethics in Galatians* (Fortress, Minneapolis, 1991), 59–60.

6:12–13), y aunque los detalles de la desunión en Filipos no son claros, un elemento de altanería similar motivó la preocupación de Pablo en toda la carta de que los filipenses no habían considerado a otros mejores que ellos mismos (Fil 1:3: 23–25; 2:3–4, 19–30).

La naturaleza de gracia de la salvación, lo que excluye la altanería

La principal convicción teológica que alimenta las respuestas de Pablo a estos problemas es la naturaleza de gracia de la salvación, que él recalca como antídoto al elitismo especialmente en 1 Corintios, Gálatas y Romanos. Las divisiones en Corinto pueden sanar si los cristianos corintios reconocen lo que la mayoría de ellos eran cuando Dios los llamó: ni sabios ni influyentes ni nobles, y comprenden que están «en Cristo Jesús» sólo porque Dios mismo tomó la iniciativa de incluirlos entre su pueblo (1 Co 1:26–30). «¿Quién te distingue de los demás?» pregunta retóricamente. «¿Qué tienes que no hayas recibido? Y si lo recibiste, ¿por qué presumes como si no te lo hubieran dado?» (4:7). Los esfuerzos de los oponentes de Pablo en Corinto de meter una cuña entre los corintios de igual manera eran un mal debido a la confianza en la fuerza humana que los alimentaba. No reconocía que Dios obra con gracia y obra poderosamente mediante la debilidad humana (2 Co 11:30; 12:9).

En Gálatas también Pablo resiste al exclusivismo de los «agitadores» judaizantes apelando a la gracia de Dios. Cuando Pedro se separó de la comunión de los cristianos gentiles en Antioquía, Pablo le recordó las implicaciones de su conducta. Al excluir de la comunión a los creyentes gentiles estaba implicando que guardar la ley mosaica, una forma de esfuerzo humano, era necesario para ser incluido en el pueblo de Dios. Pablo insistió que eso era falso, debido a que una posición correcta ante Dios viene por la fe en Cristo, y afirmar de otra manera es «desechar la gracia de Dios» disponible en Cristo (Gá 2:21). Los cristianos gálatas que insistían en que observar la ley mosaica era requisito de entrada al pueblo de Dios, por consiguiente, habían «caído de la gracia» (5:4).

El argumento en Romanos también está cuidadosamente trazado para recalcar cómo el evangelio excluye toda jactancia, bien sea en la afiliación étnica de uno o en sus esfuerzos para hacer lo que requiere la ley mosaica. Pablo silencia «toda boca» con su argumento de que todos están, sin excepción, bajo pecado y por consiguiente bajo la condenación justa de Dios (Ro 1:18–3:20). Él estructura su argumento de que Dios ha resuelto este dilema mediante la muerte expiatoria de Cristo para llegar a la conclusión de que toda «jactancia», especialmente la jactancia judía en la posición o logros de la ley mosaica, «queda excluida» (3:27). El énfasis en la gracia soberana de Dios en la elección, aparte de la afiliación étnica (9:6b–9) o el esfuerzo humano (9:11; cf. 4:16; 11:5–6), facilita el caso de Pablo de que Dios muestra su misericordia de maneras sorprendentes y que toda jactancia de parte de los cristianos gentiles en su estado de mayoría en el pueblo de Dios es, por consiguiente, prematuro e inapropiado (11:17–24). La apelación de Pablo a la unidad hacia el fin de la carta (14:1–15:13), por tanto, descansa en el cimiento de la gracia de Dios en la salvación que Pablo ya ha colocado.

En todas estas tres cartas Pablo ataca la división recalcando la unidad de las personas en su necesidad de que Dios actúe a favor de ellos, y en la unidad de todos los cristianos en su experiencia del don de Dios dado gratuitamente de salvación o justificación. El elitismo y la altanería son inapropiados dentro de la iglesia porque todos, cualquiera que sea su posición social o «conocimiento», necesita la acción salvadora de la gracia de Dios, y nadie dentro de la iglesia se ha merecido la dádiva divina de salvación debido a requisitos personales.

La responsabilidad de la iglesia de edificar a otros

Otra convicción teológica importante que subyace en el deseo de Pablo por iglesias unificadas es su preocupación de que los creyentes se «edifiquen» unos a otros. El verbo «edificar» (*oikodomeo*) parece referirse tanto al estímulo de los que no son creyentes para aceptar el evangelio y a estimular a los creyentes a perseverar en la fe hasta el día final. En 1 Corintios Pablo insta a los cristianos de Corinto a que eviten afirmar en forma divisiva sus derechos a fin de edificar a los que no son creyentes con quienes tienen contacto. Aunque los creyentes tienen el derecho de comer todo lo que se ofrece a la venta en el mercado, deben abstenerse de comer carne plenamente ofrecida en un sacrificio pagano si abstenerse «edificará» al no creyente (1 Co 10:23, 28).

De la misma manera, en el culto colectivo los corintios deben poner un valor más alto a la profecía que en el don «preciado» de hablar en lenguas para que el no creyente y creyente por igual sean «edificados» (14:3–5, 12, 17, 26). De modo similar, los creyentes que tienen «conocimiento» no deben ejercer su libertad a costa de los que tienen conciencia débil. Deben más bien actuar en amor, para «edificar» a los débiles (8:1). De otra manera, lo opuesto a la edificación puede tener lugar: el creyente débil puede sentirse presionado por el ejemplo del creyente que tiene conocimiento a violar su conciencia y así ser destruido (8:10–11). Esta destrucción no es un concepto psicológico sino una idea escatológica, y Pablo no quiere que los débiles experimenten la destrucción en el día final debido a que no han perseverado en su fe.[12]

En Romanos Pablo usa un lenguaje que estrechamente hace eco de lo que ha escrito previamente en 1 Corintios sobre este asunto. Aconseja a la mayoría gentil cristiana de Roma a lidiar delicadamente con la conciencia sensible de la minoría cristiana judía. Aquí también Pablo dice que el ejercer el derecho de uno de comer todo puede «destruir al hermano por quien Cristo murió» (Ro 14:15, 20). Más bien, la mayoría cristiana de la iglesia debe actuar en amor, lo que puede querer decir dejar a un lado el ejercicio de sus derechos, a fin de buscar la «paz» y la «edificación mutua» (14:19).

Sumario

Al aconsejar a sus iglesias que trabajen por la unidad, por tanto, Pablo tiene su ojo sobre dos sucesos en la historia de la salvación: la cruz, en donde Dios en su gracia proveyó expiación para los pecadores, y en el día final, cuando Dios destruirá a los que no son creyentes y salvará a los que han perseverado en su fe en el evangelio. La cruz excluye toda jactancia porque implica que todos son pecadores, y el día final exige que los creyentes «se edifiquen» unos a otros y a los que no son creyentes para que, cuando llegue ese día, puedan ser salvos.

La preservación de la iglesia del error teológico

Muchos de los que comúnmente se consideran los elementos más importantes de la teología de Pablo aparecen en cartas que procuran corregir un malentendido de su teología, corregir algún desacuerdo indígena con Pablo, o refutar la enseñanza falsa de los oponentes teológicos que han llegado de otras partes a las iglesias de Pablo. Estos momentos en las cartas de Pablo son especialmente útiles para construir la teología de Pablo por dos razones.

Primero, cuando Pablo corrige un error, podemos dar por sentado que lo hace conforme a algún estándar teológico. En el curso de la corrección este estándar a menudo se hace claro. Algunos que interpretan a Pablo han disputado esto, afirmando que por lo menos algunas de las correcciones «teológicas» de Pablo son motivadas sociológicamente: Pablo está simplemente intentando mantener a sus iglesias unidas bajo su autoridad y usa retórica teológica como una manera conveniente de hacerlo. Cuando la forma específica en que Pablo maneja los problemas diferentes en diferentes iglesias parece brotar de la misma convicción básica o cuando una convicción surge en un escenario tanto polémico como no polémico, sin embargo, parece seguro dar por sentado que esta convicción es un elemento firme de su teología y no un elemento teológico conveniente sostenido en forma ligera (o no sostenido de ninguna manera) porque se desarrolló bajo la presión del momento.

---

[12] Pablo usa el término *apolumi* para referirse a esta destrucción, término que casi siempre en sus cartas se refiere a la destrucción escatológica (1 Co 1:18–19; 10:9–10; 15:18; cf. 2 Co 2:15; 4:3; cf. Ro 2:12; 14:15; 2 Ts 2:10). La única excepción posible es 2 Co 4:9.

Segundo, el deseo de Pablo de corregir los errores en primer lugar muestra que representan desviaciones de convicciones que él piensa que valen la pena la pelea. Como acabamos de ver, la unidad de sus iglesias era importante para Pablo, y él no se arriesgó ligeramente a dividirlas. En asuntos incluso más importantes que, no obstante, no eran centrales a sus convicciones teológicas consistentemente practicó y aconsejó la tolerancia: estaba dispuesto a conceder un punto (1 Co 7:6–7), para hacer una apelación antes que dar una orden (Flm 8–10), a abstenerse de actuar según sus propias convicciones por deferencia a los que tenían fe «débil» (Ro 14:14a; 15:01; cf. 1 Co 8:9–13; 9:12, 19–23; 10:27–11:1), y a dejar a Dios la tarea de convencer a los que discrepaban con él (Fil 3:15).[13] Todo esto quiere decir que cuando en efecto hallamos a Pablo interviniendo en vigoroso debate sobre un asunto teológico en particular, el asunto es con toda probabilidad esencial a su teología.

Pablo corrige la falsa enseñanza en muchos puntos de sus cartas. En las cartas más tempranas a menudo tuvo que corregir nociones erróneas del día final, de la resurrección, de la vida venidera y de la inminencia del fin. En las cartas que escribió a mediados de su carrera, por lo menos según la hemos trazado, se preocupó especialmente por el evangelio falso de los cristianos judaizantes y particularmente con el asunto de quién será absuelto ante Dios en el día cuando él aparezca para juzgar a todos. Sus cartas finales frecuentemente consideran la enseñanza falsa de la relación entre el mundo visible e invisible: ¿Cuál es la naturaleza del Creador del mundo, del mundo que él creó, y de las fuerzas cósmicas invisibles que habitan ese mundo?

La naturaleza del día final

Temprano en la carrera de Pablo como escritor de epístolas, por lo menos hasta donde sepamos, el asunto del día final presentó un problema que motivó varias respuestas vigorosas de parte del apóstol. En 1 Tesalonicenses, los malos entendidos en cuanto a la resurrección corporal de los creyentes, y en 1 Corintios, el rechazo abierto de ella, hizo que Pablo expresara sus pensamientos sobre este tema extensamente. En 2 Tesalonicenses, la confusión sobre el tiempo de la venida del Señor motivó un correctivo sustancial de parte de Pablo. Cuando añadimos a los tratamientos extensos en estas cartas la referencia al día final por todas partes en otras cartas, surge al enfoque un cuadro razonablemente completo de sus convicciones escatológicas.

La resurrección y la vida venidera

En 1 Tesalonicenses Pablo considera una situación en que los nuevos convertidos al cristianismo, privados de la plena enseñanza de Pablo sobre el evangelio, dieron por sentado la convicción común de su cultura grecorromana de que los que han muerto «no tenían esperanza» (1 Ts 4:13). Para ellos, esto quería decir que aunque los creyentes vivos escaparían a la «ira venidera» y participarían en el reino de Dios, los creyentes que murieron no podrían participar. Su decisión costosa de volverse de los ídolos al Dios vivo y verdadero no había colocado a tales creyentes en ninguna ventaja sobre los que no son creyentes muertos. A su modo de ver, la muerte simplemente había extinguido de la existencia a los creyentes muertos.[14]

Como hemos visto en la consideración de 1 Tesalonicenses, Pablo les dice a los creyentes de Tesalónica que la perspectiva que ellos tienen sobre la muerte de los creyentes y la venida del reino

---

[13] Ver Fran Thielman, «Law and Liberty in the Ethics of Paul», *ExAud* 11 (1995): 63–75.

[14] El asunto no es, por tanto, meramente si el creyente muerto será resucitado después de la parusía y por consiguiente se pierda la participación en ese evento glorioso, como opinan muchos comentaristas. Para la posición que se adopta aquí y arriba en el capítulo sobre 1 Tesalonicenses, ver I. Howard Marshall, *1 and 2 Thessalonians* (NCB: Eerdmans, Grand Rapids, 1983), 122.

de Dios descansa en un serio malentendido de los sucesos del día final. La muerte no es el fin de la existencia del creyente, dice, como tampoco fue el fin de la existencia de Cristo. Tal como Dios resucitó de los muertos a Jesús, así «también Dios resucitará con Jesús a los que han muerto en unión con él» (1 Ts 4:14). Pablo entonces retrocede y describe el escenario apocalíptico desde el principio: Jesús descenderá del cielo listo para librar batalla contra los enemigos de Dios; los creyentes muertos resucitarán de los muertos; los creyentes que están vivos en el momento se unirán a los creyentes resucitados, y juntos encontrarán a Jesús en el aire; todos los creyentes, tanto los que han muerto antes de la venida de Jesús y los que estén vivos en el tiempo de su venida, estarán para siempre con el Señor (4:16–18).

¿Qué quiere decir Pablo, sin embargo, cuando dice que Jesús traerá en su venida consigo a los creyentes muertos (1 Ts 4:14) y que estos creyentes resucitarán de los muertos y le recibirán en el aire (1 Ts 4:16–17)?[15] ¿Quiere decir que los creyentes muertos, en alguna forma incorpórea, vendrán con el Señor del cielo a la tierra en donde serán unidos con sus cuerpos?[16] El dogmatismo no es sabio aquí, pero parece más probable que cuando Pablo dice que Jesús traerá consigo a los que han dormido, quiere decir que en la venida de Jesús, Dios resucitará los cuerpos de los cristianos muertos y que Jesús entonces traerá a estos creyentes resucitados consigo a la presencia de Dios. Jesús «trae» a los creyentes muertos, por consiguiente, no del cielo a la tierra sino de la tierra a la presencia de Dios. Según 4:17 los creyentes que están vivos en la venida del Señor también serán «arrebatados junto con ellos» y pasarán la eternidad en la presencia del Señor.

Esta manera de entender 1 Tesalonicenses 4:14–17 recibe confirmación en 2 Corintios 4:14. Aquí Pablo da por sentado por el momento que él habrá muerto y los corintios estarán vivos cuando Jesús vuelva. Si eso sucede, entonces «sabemos que aquel que resucitó al Señor Jesús nos resucitará también a nosotros con él y nos llevará junto con ustedes a su presencia». Aquí también, Dios resucitará a los cristianos muertos y los llevará a su presencia junto con los que estén vivos en el tiempo de la resurrección.[17]

Para los que como los tesalonicenses y los corintios cuyas convicciones religiosas anteriores a su conversión chocaban con la noción de una resurrección corporal, otra pregunta clamaba respuesta: ¿cómo pueden los cuerpos físicos, sujetos a corrupción, participar de la existencia inmortal en el cielo)? Los corintios hallaron esta pregunta tan difícil que algunos de ellos habían rechazado por completo la enseñanza de Pablo sobre la resurrección de los creyentes. En respuesta Pablo les dice que todo creyente, tanto los que han sido resucitados y los que estén vivos en la venida de Jesús, «serán transformados» en el tiempo de la parusía de Cristo (1 Co 15:52).

Este cambio tendrá lugar instantáneamente; no incluye el despojarse del cuerpo presente, sino «vestir» el cuerpo perecedero, «mortal», con un cuerpo que es imperecedero e inmortal (15:53–54). Este nuevo cuerpo estará en contraste con el cuerpo de Adán hecho de «polvo» y vuelto al «polvo» (15:21–22, 45–49; cf. Gn 2:7; 3:19). El nuevo cuerpo, más bien, será como el cuerpo resucitado de Cristo, el segundo hombre, cuyos orígenes están no en el «polvo» sino en el «cielo» (1 Co 15:42–53). Como resultado de este cambio la muerte será «devorada» y finalmente derrotada (15:54; cf. Is 25:8).

---

[15] «Exactamente cómo se correlacionan los dos sigue siendo no claro»; James D. G. Dunn, *The Theology of Paul the Apostle* (Eerdmans, Grand Rapids, 1998), 300.

[16] Ben Witherington, *Jesús, Paul and the End of the World: A Comparative Study in New Testament Eschatology* (InterVarsity Press, Downers Grove, Ill., 1992), 157.

[17] Joseph Plevnik, *Paul and the Parousia: An Exegetical and Theological Investigation* (Hendrickson, Peabody, Mass., 1997), 71–76.

Esta comprensión de la naturaleza del cuerpo resucitado queda confirmada en 2 Corintios 5:1–5 y Romanos 8:18–27. En el primer pasaje, Pablo describe su existencia presente como una en la que él sufre mientras busca cumplir su comisión apostólica. Es un tiempo de «gemir» y «anhelar» la resurrección que está por delante (2 Co 5:2). Aquí también la resurrección no querrá decir un despojarse de su cuerpo presente sino ser «revestido» con un cuerpo «celestial» (5:2, 4), y cuando esto suceda lo que es «mortal» será «absorbido por la vida» (2 Co 5:4; cf. Is 25:8). Esta realidad invisible y futura, cuya certeza garantiza la presencia del Espíritu (2 Co 5:5), le da a Pablo el valor para persistir en sus trabajos misioneros a pesar de la oposición y el sufrimiento físico que estos trabajos inevitablemente conllevan (5:6–8a).

La misma perspectiva surge en Romanos 8:18–26, en donde Pablo se une a toda la creación al «gemir» mientras espera ser «ser liberad[o] de la corrupción que la esclaviza» (8:21), que para Pablo y otros creyentes quiere decir «la redención de nuestro cuerpo» (8:23). Aquí también esta realidad está en un futuro que es el objeto de la esperanza de Pablo y que queda confirmada por la presencia del Espíritu (8:23), pero que no puede ser «vista» (8:24–25).[18]

En una breve declaración en Filipenses Pablo une su comprensión del retorno de Cristo según lo articuló en 1 Tesalonicenses 4:14–17 y la transformación del cuerpo según lo explicó en Romanos 8:18–26; 1 Corintios 15:50–57; 2 Corintios 5:5–10:

> En cambio, nosotros somos ciudadanos del cielo, de donde anhelamos recibir al Salvador, el Señor Jesucristo. Él transformará nuestro cuerpo miserable para que sea como su cuerpo glorioso, mediante el poder con que somete a sí mismo todas las cosas (Fil 3:20–21).

Aquí Pablo pone en pastilla lo que otros pasajes, tomados juntos, explican más completamente: que en la parusía de Cristo los cuerpos de todos los creyentes serán transformados para que sean como el cuerpo glorioso y resucitado del mismo Jesús.[19]

Las ocasionales afirmaciones de los estudiosos de que el pensamiento de Pablo sobre la naturaleza de la existencia después de la muerte atravesó un cambio de un concepto materialista a otro espiritual, de una noción judía a una helenista, o, por lo menos en las cartas a los Corintios, se desarrolló ad hoc para acomodar a su público y contrarrestar a sus oponentes, convence poco a la luz de esta evidencia.[20] Puesto que el vocabulario que Pablo usa para la resurrección en estos pasajes es similar y las piezas pueden encajar fácilmente unas con otras en un patrón consistente, estas teorías introducen más problemas que los que resuelven.

En 1 Tesalonicenses Pablo habla de la resurrección de los creyentes muertos y su reunión con los creyentes vivos para estar con el Señor «siempre». Parece natural que Pablo tenía alguna idea en mente en cuanto a cómo los cuerpos muertos de los creyentes fallecidos y los cuerpos mortales de los creyentes vivos asumirían una existencia eterna. Algún cambio parece requerido, y sabemos cómo Pablo concibe ese cambio en 1 Corintios 15:50–57: el «cuerpo físico» se convierte en un «cuerpo espiritual», o, para decirlo de otra manera, lo mortal se «viste» de lo «inmortal».

---

[18] Ver la consideración del concepto de «esperanza» de Pablo en Plevnik, *Paul and the Parousia*, 197–220, esp. 210–12.

[19] Dunn, *Theology*, 307.

[20] Ver respectivamente, C. F. D. Maule, *Essays in New Testament Interpretation* (Cambridge Univ. Press, Cambridge, 1982), 200–221; Jacques Dupont, *SUN KRSTWI: L'union avec le Christ suivant Saint Paul* (Editions de l'Abbaye de Saint-Andre, París, 1952), 153–58, 170–71; y Wilfred L. Knox, *St. Paul and the Church of the Gentiles* (Cambridge Univ. Press, Cambridge, 1939), 128, 142.

Aunque Pablo no usa el término «cuerpo» del individuo resucitado en 2 Corintios 5:1–10, habla, en una metáfora famosamente mixta, del presente «tabernáculo» siendo «vestido más» (el verbo es *ependuomai*) con una «morada celestial» (5:1–4).[21] Pablo no ha pasado de pensar de la transformación del cuerpo en 1 Corintios 15 al reemplazo del cuerpo en 2 Corintios 5.[22] Ambos pasajes hablan de ponerse un conjunto de ropas sobre algo que ya existe.[23] La falta de cualquier cambio queda confirmada en Filipenses 3:20–21, en donde Pablo habla de nuevo de la transformación del cuerpo en la venida del Señor Jesucristo, y en Romanos 8:23, que habla de la redención de nuestros cuerpos. Pablo, por tanto, describe la resurrección en vocabulario similar en varias cartas escritas en el curso de varios años y atendiendo a situaciones ampliamente divergentes. Esta no es la estrategia de alguien que rápidamente cambia sus convicciones teológicas sobre la marcha para ajustarlas a las convicciones teológicas de sus lectores.[24]

¿Atravesó el pensamiento escatológico de Pablo otra clase de cambio, no obstante, un cambio de la presuposición para cuando escribió 1 Tesalonicenses de que estaría vivo para cuando el Señor volviera a la creencia para el tiempo cuando escribió 2 Corintios de que podía morir antes de ese suceso? ¿Ha desarrollado él la noción correspondiente de que a su muerte estará inmediata y conscientemente con el Señor?[25] Esta tesis al principio parece describir los pasajes pertinentes con precisión. En 1 Tesalonicenses 4:15 habla de «*nosotros*, los que estemos vivos y hayamos quedado hasta la venida del Señor», como si él hubiera de estar vivo en ese momento. Cuando llegamos a 1 Corintios 15:51 podemos entrever que ya había alguna duda de que la mayoría de los cristianos que todavía vivían estuvieran vivos cuando Jesús regresara porque Pablo dice: «No *todos* moriremos, pero todos seremos transformados».[26] Finalmente, en 2 Corintios 5:1–10, habiendo pasado su roce con la muerte que relata en 1:8–11 y enfrentado las implicaciones mortales de su ministerio según describe en 4:10–12, Pablo cree que puede morir antes de la parusía. Esto, entonces, le lleva a meditar en cómo será la existencia entre su propia muerte y el tiempo cuando será vestido con su morada celestial.[27]

Incluso este cambio no es convincente, sin embargo. Parece improbable que alguien que ha sido bajado en una canasta de la ventana de la muralla de una ciudad para escapar al arresto del gobernador de Damasco (2 Co 11:32–33) y que había sufrido aflicción y rechazo en Filipos antes de llegar a Tesalónica (1 Ts 2:2) no haya enfrentado la posibilidad de que podría morir antes de la parusía. Y todo esto sucedió antes de que Pablo escriba su primera carta existente. Algunos judíos del tiempo de Pablo, además, creían que una persona podía dejar su cuerpo y tener experiencias

---

[21] Sobre el significado de *ependuomai*, ver BDAG, 361.

[22] Como Moule, *Essays*, 212-21, arguye. Cf. Dupont, *SUN KRSTWI*: 153-58, que opina que la noción de Pablo oscila entre una perspectiva judía y helenista dentro del espacio de 2 Co 5:1-10.

[23] John Gillman, «A Thematic Comparison: 1 Cor 15:50-57 y 2 Cor 5:1-5», *JBL* 107 (1988): 439-54.

[24] Como Knox, *St. Paul*, 128, 142, opina.

[25] C. H. Dodd, *New Testament Studies* (Manchester Univ. Press, Manchester, 1953), 109-18. Cf. F. F. Bruce, *1 & 2 Corinthians* (NCB; Eerdmans, Grand Rapids, 1971), 200.

[26] Dodd, *Essays*, 110.

[27] Bruce, *1 & 2 Corinthians*, 200. Cf. Dodd, *Essays*, 113, 118, y 127.

esotéricas en el cielo antes de la muerte, y parece que Pablo tuvo alguna de ellas (2 Co 11:32–33).[28] Si Pablo sostenía esta creencia incluso antes de convertirse en cristiano (y no hay razón para pensar que es un desarrollo posterior a su conversión), entonces que él habría podido en cualquier tiempo en su carrera de escribir cartas concebir la muerte e ir de inmediato a estar con el Señor.

En su correspondencia más tardía expresa estas convicciones explícitamente.[29] Aunque la perspectiva de ser «desvestido» no es atractiva (2 Co 5:3–4), dice que partir del cuerpo en la muerte es estar con el Señor (2 Co 5:8–9) y que esto es «mucho mejor» (Fil 1:23; cf. 2 Co 5:8). No obstante, incluso en su carta final Pablo da por sentado que está viviendo en «los últimos días» (2 Ti 3:1) y se cuenta entre los que han «anhelado» la aparición del Señor (4:8), conclusión que sigue firme incluso en la presuposición de que Filipenses o Romanos sea la carta final de Pablo (Ro 13:11–12; Fil 3:20; 4:5). Desde su primera hasta la última carta existente, Pablo revela las convicciones tanto de que el Señor podría venir dentro de su vida como que él podría morir antes de ese momento. En cualquier caso, él está convencido, que estará de inmediato en la presencia del Señor. Como lo dice en 1 Tesalonicenses 5:10: «Él murió por nosotros para que, en la vida o en la muerte, vivamos junto con él».

La inminencia del fin

Como hemos visto, cuando Pablo escribió 1 Tesalonicenses su objetivo primario era animar a la comunidad cristiana perseguida y que luchaba a que permaneciera fiel a su consagración al evangelio. Un elemento importante de este esfuerzo fue recordarles la naturaleza escatológica de la existencia de ellos. Pablo creía que vivían en el período de intenso sufrimiento que muchos judíos esperaban que precedería al «día del Señor». Se refiere a esto cuando le dice a los tesalonicenses que «nadie fuera perturbado» por las pruebas que están enfrentando puesto que, como sabemos, «se nos destinó para esto» (3:3). Pablo había pronosticado sus sufrimientos cuando estaba entre ellos, y ahora les recuerda esa profecía (3:4). Como es cierto de la literatura apocalíptica en general, Pablo se propone que este concepto consuele a los tesalonicenses con el conocimiento de que su sufrimiento no está fuera del control soberano de Dios sino que es parte de un plan ordenado.

Este concepto del sufrimiento cristiano, tanto del propio de Pablo como de los cristianos en general, permanece constante en las cartas del apóstol.

- En 2 Tesalonicenses la ola rugiente de persecución que los tesalonicenses siguen experimentando (2 Ts 1:4) es parte del escenario escatológico final. Su sufrimiento empeorará en el futuro, cuando la mano contenedora de Dios sea quitada y «el malvado» aparezca (2:6), pero incluso ahora «el misterio de la maldad ya está ejerciendo su poder» (2:7).
- En Romanos 1:17–18, la ira de Dios que al presente está siendo revelada (*apocalupto*) desde el cielo contra la impiedad humana es paralela a la justicia de Dios escatológicamente revelada (*apocalupto*), demostrando que ella también es uno de los sucesos esperados de los tiempos del fin. Romanos 8:18 afirma que los «sufrimientos presentes» no son dignos de compararse con la gloria venidera que será revelada (*apocalupto*) en los creyentes.
- En Colosenses 1:24 Pablo se regocija porque su sufrimiento está completando lo que falta de los sufrimientos del Mesías; afirmación enigmática que es más entendible contra el trasfondo

---

[28] Paul Hoffmann, *Die Toten in Christus: Eine religionsgeschichtliche und exegetische Untersuchung zur paulinischen Eschatologie* (NTAbh 2; Münster: Verlag Aschendorf, 1966), 325.

[29] Cf. Plevnik, *Paul and the Parousia*, 276.

apocalíptico de una cantidad determinada de sufrimiento cuya compleción dará paso al día final.[30]

- Finalmente, en 2 Timoteo 3:1–5a Pablo describe los «tiempos difíciles» de los «últimos días», pero entonces revela en 3:5b–9 que el caos que los falsos maestros han creado en la iglesia de Éfeso está entre esos sucesos terribles (cf. 1 Ti 4:1–5).

Puesto que Pablo entendía que los creyentes están viviendo en los últimos días no es sorpresa que frecuentemente recalca la inminencia del «día del Señor» como motivo para la consagración firme al evangelio y conducta intachable. En 1 Tesalonicenses 5:1–11 Pablo les recuerda a los creyentes lo repentino con que vendrá el día y la necesidad, por consiguiente, de estar alerta, tener dominio propio y estar listos con la armadura defensiva de la fe, amor y esperanza (5:4–6, 8). Para los creyentes, que son «hijos de la luz e hijos del día» (5:5), ese día significará salvación (5:9), pero para los no preparados, que ingenuamente hablan de la «paz y seguridad» (5:6) y que viven en oscuridad (5:4–5), será un día de destrucción repentina (5:6) e ira (5:9; cf. 1:10).

De modo similar, en 1 Corintios 7:17–40 Pablo insta a sus lectores a considerar la urgencia escatológica del tiempo en que viven al tomar decisiones sobre si permanecer circuncisos, buscar libertad de la esclavitud, o casarse con su prometido o prometida. La «crisis presente» (7:26) ha relativizado la importancia de cada una de estas costumbres largamente sostenidas. «El tiempo ha sido acortado» (7:29, LBLA),[31] y es evidente que «este mundo, en su forma actual, está por desaparecer» (7:31). Debido a la naturaleza crítica de su existencia presente, los creyentes deben tomar decisiones en cuanto a estos asuntos transitorios que promoverán «constante devoción al Señor» (7:35, LBLA). Pablo puede haber estado respondiendo en este pasaje a personas de Corinto que sostenían la noción de que el mundo es eterno en tanto que las personas son efímeras y que deben «comer, beber y alegrarse» mientras la oportunidad está presente.[32] Pablo está diciendo que la verdad en realidad es lo opuesto de esto: las personas son eternas en tanto que el mundo que conocemos es efímero, y los días finales del mundo ya están sobre nosotros. Los creyentes, dice, deben vivir de tal manera que muestre que están conscientes de esta verdad.

Dice esto de nuevo en Filipenses 3:18–4:1, en donde insta a sus lectores a vivir de tal manera que sea diferente de «los enemigos de la cruz de Cristo», que «Sólo piensan en lo terrenal». Los creyentes deben, más bien, vivir dándose cuenta de que son ciudadanos de otra ciudad, y que están esperando la llegada del cielo de su Salvador y Señor, que transformará su humilde existencia presente para que se ajuste a su existencia gloriosa. A la luz de esta verdad, Pablo dice, los cristianos filipenses deben «estar firmes».

La misma preocupación surge de nuevo en Romanos 13:11–14. Aquí también Pablo recalca la inminencia del día final y lo usa para instar a sus lectores a vivir a la luz de este enfoque. Ellos deben

---

[30] Ver Dale C. Allison Jr., *The End of the Ages Has Come: An Early Interpretation of the Passion and Resurrection of Jesus* (Fortress, Filadelfia, 1985), 62–65.

[31] Sobre la traducción de la frase *jo kairos sunestalmenos estin* como «el tiempo ha sido acortado», ver Ben Witherington III, «Transcending Imminence: The Gordion Knot of Pauline Eschatology», en Eschatology in Bible and Theology: Evangelical Essays at the Dawn of a New Millennium, ed. Kent E. Browery Mark W. Elliott (InterVarsity Press, Downers Grove, Ill., 1997), 171–86, aquí en 173–74.

[32] Ver Bruce W. Winter, «'The Seasons' of This Life and Eschatology in 1 Corinthians 7:29–31» en *Eschatology in Bible and Theology: Evangelical Essays at the Dawn of a New Millennium*, ed. Kent E. Brower y Mark W. Elliott (InterVarsity Press, Downers Grove, Ill., 1997), 323–34.

amarse unos a otros (13:8–10), y hacer «todo esto estando conscientes del tiempo en que vivimos» (13:11). Pablo usa la ilustración de la noche y el día, y de la oscuridad y la luz, que ha usado en 1 Tesalonicenses 5:5 y 7 (Ro 13:12–13) para derivar un agudo contraste entre la conducta moral que los creyentes deben abrazar y «las obras de la oscuridad» (Ro 13:12). También usa la imagen de ponerse la armadura, tal como lo hizo en 1 Tesalonicenses 5:8, para describir la necesidad de estar firmes contra los ataques del mal (13:12). Deben hacer esto porque «La noche está muy avanzada y ya se acerca el día» (13:12).

En dos de las últimas cartas de Pablo: Colosenses y Efesios, el enlace entre la inminencia de la venida de Cristo y la ética no es tan prominente. En Colosenses la nota de inminencia escatológica es muda y el énfasis recae más bien en la existencia del creyente en el presente con Cristo: el creyente ha sido resucitado con Cristo (2:12), ha recibido vida en unión con él (2:13) y ahora está sentado con él en los ámbitos «de arriba» (3:1). El imperativo ético brota de este estado que el creyente ya ha logrado (3:2–3, 5). Los conceptos espaciales vienen al frente en tanto que los conceptos temporales pasan al trasfondo. Algunos han concluido de esto que Pablo no escribió la carta y que el cambio en énfasis escatológico es evidencia de un tiempo posterior cuando la expectativa escatológica estaba empezando a desvanecerse.[33]

El enlace entre la escatología y la ética no está ausente de Colosenses, sin embargo. Por eso Pablo instruye a sus lectores no sólo a «hacer morir» la conducta inmoral porque su vida está «ahora escondida con Cristo en Dios» (Col 3:3) sino porque «viene el castigo de Dios» (3:6). ¿Por qué Pablo no hizo sonar esta nota más a menudo o más claramente en Colosenses? Como vimos en el capítulo sobre Colosenses, Pablo estaba oponiéndose a una enseñanza falsa que cuestionaba si la consagración de los creyentes colosenses al evangelio de Pablo era suficiente para su supervivencia en el día del juicio. Contra tal noción, los colosenses necesitaban oír que su lugar en el pueblo de Dios era seguro: su rescate del dominio de las tinieblas, su redención y su perdón estaban firmes debido a que en la cruz Cristo había triunfado sobre su pecado y los poderes cósmicos (1:13–14; 2:13–15).

La situación es similar en Efesios. Aquí Pablo promueve una escatología realizada que es impresionante cuando se la coloca junto al énfasis de la expectativa inminente de la venida de Cristo en su correspondencia anterior. Dios ha resucitado de los muertos a Cristo y le ha sentado a su diestra en los cielos superiores (*epouraniois*, Ef 1:20). Dios, de modo similar, ha hecho a los creyentes vivir, los ha resucitado de los muertos, y los ha sentado en estos lugares celestiales (*epouraniois*) con Cristo (2:5–6). Dios los ha salvado por su gracia por fe (2:5, 8).

Tal como en Colosenses, sin embargo, el cambio surge de la situación que Pablo atiende, así que resulta ser más un asunto de énfasis que una desviación de la sustancia de las convicciones escatológicas de Pablo expresadas en su correspondencia anterior. Como hemos visto en el capítulo sobre Efesios, Pablo escribió la carta a cristianos que vivían en un ambiente que recalcaba la existencia de poderes invisibles cuya capacidad para ayudar o hacer daño a las personas se podía controlar mediante la magia.[34] En este contexto, el que Pablo hable de que los creyentes han sido salvados y que participan de la posición de Cristo de victoria sobre «todo gobierno y autoridad, poder y dominio, y de cualquier otro nombre que se invoque» (Ef 1:21) tenía buen sentido práctico.[35]

---

[33] Eduard Lohse, *Colossians and Philemon* (Hermeneia; Fortress, Filadelfia, 1971), 180.

[34] Ver esp. Clinton E. Arnold, *Power and Magic: The Concept of Power in Ephesians* (SNTSMS 63; Cambridge Univ. Press, Cambridge, 1989).

[35] Ibid., 153–55.

Incluso así, la tensión existencial que marca las expectativas escatológicas de Pablo en sus cartas anteriores no está ausente de Efesios. Pablo todavía espera la reunión de todas las cosas en Cristo (Ef 1:10) y la redención de su herencia como creyente (1:14; 4:30). Entiende la división entre la edad presente y la edad venidera (1:21; 2:7). Sabe tanto que la edad presente es un tiempo de sufrimiento para los creyentes (5:16), en el que ellos deben amarse para la lucha contra «las artimañas del diablo» (6:11, 16), como que en la edad venidera Dios derramará su castigo sobre los desobedientes (5:6). Pablo ciertamente recalca en esta carta los aspectos realizados de sus convicciones escatológicas, pero no lo hace tan completamente como para que la escatología de la carta esté fundamentalmente fuera de armonía con su correspondencia anterior.

Podemos incluso avanzar más y decir que la manera en que Pablo aplica su escatología en Colosenses y Filipenses se equipara a su aplicación en Gálatas. Como en Colosenses y Efesios, lo mismo en Gálatas, Pablo se opone a la posición de que la obra de Dios en Cristo fue de alguna manera insuficiente para efectuar una posición correcta entre los seres humanos por un lado y Dios o los poderes cósmicos por el otro. Aquí también la escatología, aunque no ausente, se retira al trasfondo.[36] Los creyentes viven en «este mundo malvado», pero la muerte de Cristo los ha rescatado de él (Gá 1:4) y los ha «redimido de la maldición de la ley» (3:13–14) en la plenitud del tiempo (4:4–5). Ya son hijos y herederos (4:7), lo que hace extraño que cualquiera de ellos quiera hacer retroceder el reloj a un tiempo antes de su madurez cuando ponían su confianza en algo diferente de Cristo (4:7–10). La declaración «no culpable» en el tribunal de Dios sigue estando en el futuro (2:16–17; 5:5), pero si «la fe ha venido» y las personas son justificadas por fe (3:24–25), entonces por lo menos para los que tienen fe, la justificación debe en cierto sentido ser una realidad presente. Es cierto que «en el tiempo apropiado» los creyentes «segarán», pero esto puede suceder sólo después de un largo período de perseverancia en hacer el bien (6:9).[37]

Mucho del mismo patrón surge en Romanos. La parte de la carta que resume las convicciones de Pablo en cuanto al criterio para la supervivencia en el día final (Ro 1:16–4:25) no pone ningún énfasis en la expectativa inminente de «el día». Más bien, la justicia de Dios y su poder salvador, tanto como su ira escatológica, está siendo revelada en el presente (1:17–18; 3:26). Cuando Pablo cambia su preocupación en la carta a la conducta ética concreta que el evangelio presupone, sin embargo, habla sin ambigüedad de la expectativa anhelante de los creyentes por su redención escatológica (8:23) y la cercanía de la salvación escatológica de Dios (13:11).

Por consiguiente, tanto en las cartas previas como en las más tardías la expectativa inminente de la parusía recibe menos énfasis en donde es fuerte el reto a la suficiencia de la fe en Cristo para la justificación o salvación. En tales contextos Pablo considera necesario recordar a sus lectores lo que Dios ya ha logrado para ellos en la muerte de Cristo (Gálatas, Colosenses y Efesios) y en su resurrección y sesión celestial (Colosenses y Efesios). En una carta (Romanos), aparecen ambos énfasis: el énfasis en el logro de Cristo en la primera parte, en donde el criterio para entrada al pueblo de Dios es un asunto (Ro 1–4), y el énfasis en la redención escatológica en las secciones posteriores, en donde la ética se vuelve especialmente importante (caps. 8 y 13).

El criterio para la absolución en la corte de Dios

---

[36] Ver las consideraciones de esta característica de Gálatas en F. F. Bruce, *Commentary on Galatians* (NIGTC; Eerdmans, Grand Rapids, 1982), 54, y J. L. Martyn, *Galatians: A New Translation with Introduction and Commentary* (AB 33A; Doubleday, Nueva York, 1997), 97–105, esp. 102–3, 105.

[37] James D. G. Dunn, *The Epistle to the Galatians* (BNTC 9; Hendrickson, Peabody, Mass., 1993), 332, comenta sobre 4:9, «La expectativa inminente casi ni se la marca aquí».

En sus cartas a los cristianos gálatas, filipenses y romanos, Pablo arguye contra la idea de que el acceso al pueblo de Dios se puede obtener sólo mediante el judaísmo y la observancia de su ley (cf. Gá 5:1; cf. Hch 15:10). En todas las tres cartas el debate gira alrededor del mandato de la ley de que todo los hombres judíos se circunciden (por ej., Ro 2:25–29; Gá 6:13; Fil 2:2–3), mandato que, en vista de la persecución de los judíos por parte del reino seléucida en el siglo segundo a.C., había llegado a ser una característica definidora del pueblo judío. La circuncisión, sin embargo, era simplemente un primer paso; para los judaizantes la observancia de los festivales judíos (Gá 4:10; cf. Ro 14:5–6), de sus requisitos dietéticos (Gá 2:12; cf. Ro 14:2, 14–15, 21, 23), y de sus otros mandamientos (cf. Ro 13:10; Gá 5:14) era tan innecesario para el cristiano gentil que quería ser incluido dentro de los límites del pueblo de Dios.

Contra esta noción Pablo insiste que el único criterio para la entrada al pueblo de Dios es la fe en Jesucristo. La fe en Cristo, afirma Pablo, hace al creyente miembro de la familia de Abraham (Ro 4:11; Gá 3:7), y la obra interior del Espíritu de Dios, no la circuncisión, hace a uno un verdadero judío (Ro 2:25–29; Fil 3:6).

Más a menudo Pablo enfoca el debate más estrechamente sobre la cuestión de la base sobre la que Dios «justifica» al ser humano.[38] ¿Es una persona justificada debido a que hace las obras de la ley o por la fe en Cristo? Pablo afirma enfáticamente «que nadie es justificado por las obras que demanda la ley sino por la fe en Jesucristo» (Gá 2:16). Esta tesis, repetida de varias maneras en Gálatas y Romanos y articulada de nuevo en Filipenses 3:2–11, ha desatado un debate masivo sobre dos cuestiones principales: ¿Qué quiere decir Pablo cuando habla de justificación por fe? ¿Cuán central es la justificación por fe en la teología de Pablo?

¿Qué quiere decir justificación por fe?

Cuando Pablo usa el verbo «justificar» (*dikaioo*), más a menudo parece evocar la imagen de una corte en la que el juez declara inocente al acusado.[39] «¿Quién acusará a los que Dios ha escogido?», pregunta Pablo en Ro 8:33a, «Dios es el que justifica. ¿Quién condenará?» (8:33b–34a; cf. 2:13; 3:19–20).[40] A veces Pablo habla de este veredicto como algo que Dios dictará en el futuro, en el día final (por ej. Ro 2:13), y a veces habla como si Dios ya lo hubiera dictado (por ej., Ro 5:1, 9; 8:30; 1 Co 6:11).[41]

El uso de Pablo del sustantivo «justicia» (*dikaiosune*) es incluso más complejo. A veces trae a colación pasajes bíblicos en donde la justicia de Dios se muestra en las «cosas maravillosas» que él ha hecho para salvar a su pueblo y mostrarles su amor (Ro 1:17; cf. Sal 98:1–3). Otras veces se refiere a una autoridad que ahora gobierna a los creyentes en lugar del pecado y los lleva a la santificación (Ro

---

[38] Cf. Stephen Westerholm, *Perspectives Old and New on Paul: The «Lutheran» Paul and His Critics* (Eerdmans, Grand Rapids, 2004), 442.

[39] El lenguaje de la justificación es notoriamente confuso en inglés, en donde el verbo «justificar», los adjetivos «justo» y «recto», y los sustantivos «justicia» y «rectitud» se usan todos para traducir palabras que en el griego tienen una raíz común: *dikaioo, dikaios, y dikaiosune*. Pablo usa el sustantivo «justificación» (*dikaiosis*) sólo dos veces (Ro 4:25: 5:18).

[40] Ver la consideración en Douglas Moo, *The Epistle to the Romans* (NICNT; Eerdmans, Grand Rapids, 1996), 86–87.

[41] Bultmann, *Theology*, 1:273–74; Herman Ridderbos, *Paul: An Outline of His Theology* (Eerdmans, Grand Rapids, 1975), 16168.

6:12–23). A veces Pablo lo usa en un sentido forense que está en agudo contraste a su uso ético, tal como su afirmación de que Dios le reconoció a Abraham su fe como «justicia» aunque era «impío» (Ro 4:3–8).[42] Puesto que aquí es precisamente en donde el malo es con todo declarado justo con Dios (contraste Ro 2:13), esta «justicia» debe venir como una dádiva de Dios (Ro 5:17; cf. 2 Co 5:21; Fil 3:9). Aquí también, el tiempo de la llegada de esta justicia es complejo. ¿Nos ha sido ya la justicia reconocida a nosotros en el pasado (Ro 4:3)? ¿Está siendo revelada al presente (Ro 1:17); o, esperamos su venida futura (Gá 5:5)?

Este uso variado ha desatado un debate sobre cuál faceta de la justicia es más básica en la teología de Pablo. ¿Es la idea de que Dios declara a los creyentes justos (la perspectiva protestante clásica)?[43] ¿Es que Dios no solamente absuelve sino que también transforma a los seres humanos para que ellos lleguen a ser justos (la perspectiva clásica católico romana)?[44] ¿Es, como algunos estudiosos han opinado, que Dios está siendo fiel al pacto que hizo con su pueblo?[45] ¿O es, como incluso otros han recalcado, que Dios obra poderosamente para salvar y transformar sus criaturas?[46]

La última perspectiva parece ser la más fiel tanto al propio uso de Pablo del vocabulario de justicia y al trasfondo bíblico que lo informa. Como vimos en el capítulo sobre Romanos, el uso de Pablo de la frase «la justicia de Dios» en Romanos 1:17 con alusiones tan claras a las nociones bíblicas de la poderosa actividad salvadora de Dios a favor de su pueblo muestra que Pablo no concibe la justicia en términos estáticos. No es meramente el veredicto de inocencia que Dios pronuncia sobre el que tiene fe en Cristo, sino que es también poder salvador por el que Dios rescata a los que tienen fe en Cristo. Por eso el uso de Pablo de la terminología de justicia en 1:17 se superpone con su uso de esa terminología en 6:12–23. En ambos lugares la justicia no es un estado

---

[42] Westerholm, *Perspectives*, 263–84, distingue en forma útil entre justicia «ordinaria» y «extraordinaria» y señala Ro 5:7-8 como un buen lugar en donde ver claramente la diferencia.

[43] Ver, por ej., Bultmann, *Theology*, 270–85: Mark A. Seifrid, *Justification by Faith: The Origin and Development of a Central Pauline Theme* (NovTSup 68: Leiden: Brill, 1992): C. K. Barrett, *Paul: An Introduction to His Thought* (Westminster John Knox, Louisville, 1994), 87–103; Moo, *Romans*, 79–90; Westerholm, *Perspectives*, 273–84, con la cuidadosa calificaicón de n. 39 en 277–78.

[44] Ver, por ej., M.-J. Lagrange, *Epitreaux Romains*, 3ª ed. (Le Coffre, París, 1922), 119–41: Otto Kuss, *Der Römerbrief*, 3 vols. (Pustet, Regensburg, 1959–78), 1:121-31.

[45] Ver esp. N. T. Wright, «On Becoming the Righteousness of God» en *Pauline Theology, Volunte II: 1 and 2 Corinthians*, ed. David M. Hay (Fortress, Minneapolis, 1993), 200–208: idem, «Romans and the Theology of Paul», en *Pauline Theology, Volume III: Romans*, ed. David M. Hay y E. Elizabeth Johnson, (Fortress, Minneapolis, 1995), 33-34, 38-39: e idem, «New Exodus, New Inheritance: The Narrative Substructure of Romans 38», en *Romans and the People of God: Essays in Honor of Gordon D. Fee on the Occasion of His 65th Birthday*, ed. Sven K. Soderlund y N. T. Wright (Eerdmans, Grand Rapids, 1999), 26-35.

[46] Crédito for formular esta posición por lo general se atribuye a Ernst Käsemann, «Gottesgerechtigkeit bei Paulus», *ZTK* 58 (1961): 367–78, traducido en idem, *New Testament Questions of Today* (Fortress, Filadelfia, 1969), 168–82. Gottlob Schrenk ya había adoptado algo cercano a esta posición, sin embargo, en su artículo de 1935 «dikh (ktl)», *TDNT*, 2:178–225, aquí en 203–4. Para proponentes más recientes de esta posición, ver, entre otros, Karl Kertelge, «Rechtfertigung» bei Paulus: Studien zur Strukur und zum Dedeutungsgehalt des paulinischen Rechtfertigungsbegriffs (NTAbh 3; Aschendorff, Munster, 1967), 107-9; Peter Stuhlmacher, *Biblische Theologie des Neuen Testaments*, 2 vols. (Vandenhoeck & Ruprecht, Göttingen, 1992–99), 1:335-37.

inerte sino una actividad que Dios realiza (1:16–17) o una autoridad que exige servicio (6:12–23). En ambos lugares, en otras palabras, la justicia de Dios es un poder que cambia radicalmente a los creyentes; a la vez los salva y exige su obediencia.[47]

Esto no quiere decir, sin embargo, que el énfasis de la Reforma sobre la declaración de Dios de justicia para el creyente estuvo errado. Al contrario, el mismo Pablo recalca que Dios contó la fe de Abram como justicia (Ro 4:3, 5, 6, 9, 11; Gá 3:6) y lo hizo porque él justifica al malo simplemente en base a la fe de éste en Cristo (Ro 4:5; 5:6–9) y como una dádiva (Ro 3:24; 5:17; 1 Co 1:30; 2 Co 5:20). Esta es una declaración forense de inocencia a la vista de Dios —«delante de Dios», como Pablo dice (Ro 2:13; 3:20)— y así es tan final que nadie puede presentar más acusaciones en contra o condenar a aquellos a quienes Dios ha justificado (Ro 8:33).[48] En el día final, ni la posesión de la ley mosaica, ni el hacerla, eximirá a alguien de la condenación de Dios, porque Dios es imparcial, recompensando sólo el hacer, y no meramente la posesión de la ley, y nadie puede guardar completamente la ley (1:18–3:20). Sólo la fe de que Dios, en la muerte de Cristo, ha expiado por los pecados de su pueblo puede rescatar a uno del castigo de Dios en ese día. Para el creyente, Dios ya ha dictado su juicio escatológico, y ha juzgado a favor del creyente debido a que la muerte de Cristo hizo posible su absolución (Ro 3:9–5:21; Gá 2:15–16; 3:10–14; Fil 3:2–11).[49]

A la pregunta de si esto hace a Dios un juez injusto (cf. Dt. 25:1), Pablo respondería que la disposición de Dios de entregar a su propio Hijo a la muerte como sacrificio expiatorio por el pecado de los malos le permite a la vez ser justo y declarar justos a los malos como dádiva gratuita en base a la fe sola (Ro 3:25–26; 5:10; 8:32). La objeción de que esto es meramente una ficción legal por la que Dios cierra los ojos al pecado, Pablo bien respondería que en algún punto la metáfora legal se rompe. El juez ha entrado en un pacto con aquellos a quienes absuelve; son su pueblo y él es su Dios. Su absolución de ellos en base a la muerte de su Hijo muestra que él no toma a la ligera el pecado de ellos, y que no pretende que no han pecado cuando los pronuncia inocentes. Son justos en el sentido de que Dios ahora declara que están en una relación correcta con él.[50]

¿Cuán central es en la teología de Pablo la justificación por fe?

Desde la Reforma protestante la justificación por fe a menudo se ha considerado el rasgo central de la teología de Pablo. En las palabras de un influyente estudioso paulino: «Para Pablo, como para los reformadores después de él, el evangelio de la justificación por fe sola fue el artículo por el que la iglesia se yergue o cae».[51]

---

[47] Ver esp. Käsemann, «'The Righteousness of God,'» 171.

[48] Moo, *Romans*, 86–87.

[49] Cf. Bultmann, *Theology of the New Testament*, 1:274–79; Moo, *Romans*, 87; y esp. Westerholm, *Perspectives*, 273–84.

[50] Cf. Bultmann, Theology of the New Testament, 1:276; Moo, Romans, 87. *Pace* Westerholm, Perspectives, 286–96.

[51] Günther Bornkamm, *Paul* (Harper & Row, Nueva York, 1971), 135. Bornkamm está aludiendo al dictado luterano de que la justificación es el «*articulus stantis et cadentis ecclesiae*» («el artículo por el que la iglesia se levanta o cae»). Aunque Lutero no habló precisamente en estos términos, sí dice algo parecido a esto en *Smalcald Articles* 1. El dictado posterior data por lo menos de principios del siglo diecisieto, sobre el cual ver Alister E. McGrath, *Iustitia Dei: A History of the Christian Doctrine of Justification*, 2ª ed. (Cambridge Univ. Press, Cambridge, 1998), 188, 450 n. 3.

Algunos estudiosos, sin embargo, han disentido de esta noción. Según un grupo, la afirmación de Pablo de que la fe justifica al creyente aparte de las obras de la ley surgió, no debido a que sostenía esta noción como convicción resuelta, sino debido a que sus oponentes estaban tratando de imponer la ley mosaica sobre sus iglesias gentiles. Antes de este desdichado conflicto con el cristianismo judío, Pablo no había bregado con la relación entre sus convicciones precristianas sobre la ley mosaica y su misión presente a los gentiles. Sólo sabía que Dios había extendido salvación a los gentiles, como gentiles, por el evangelio de Jesucristo. Pero cuando se vio frente a la afirmación de parte de sus adversarios cristianos judíos de que los gentiles tenían que aceptar la ley mosaica a fin de ser salvados, desarrolló la contra tesis de que la justificación ante Dios en el día final viene no por obras de la ley sino por fe en Cristo y como dádiva gratuita de Dios. «La teoría fue hija, y no padre, de la práctica».[52] El resultado, según algunos estudiosos, fue un cuadro distorsionado del judaísmo como una religión legalista y sin gracia cuando, en realidad, hacía énfasis en la gracia de Dios.[53]

De acuerdo a muchos otros estudiosos, la distorsión del judaísmo le pertenecía no a Pablo sino a sus intérpretes que malentendieron su contraste entre la fe en Cristo y las obras de la ley como un contraste entre la confianza en Dios para salvación por un lado y el esfuerzo humano que procura ganarse la aceptación de Dios mediante buenas obras por otro lado.[54] Pablo, sin embargo, quería que «las obras de la ley» se refieran a la observancia de la ley mosaica que separa a uno del resto del mundo como judío, no para referirse al esfuerzo humano concebido abstractamente.[55] Cuando se lee a Pablo de esta manera, la necesidad de pintar al judaísmo como una religión legalista se evapora.

De acuerdo a los estudiosos que adoptan esta «nueva perspectiva de Pablo», el patrón soteriológico de Pablo y el judaísmo en realidad empiezan a verse similares: ambos presuponen que Dios libremente da salvación a su pueblo, no debido a que se la han ganado sino simplemente en base a su propia misericordia, y ambos arguyen que las buenas obras son el medio necesario para continuar dentro del pueblo de Dios.[56] Dentro del contexto del judaísmo, este patrón de religión se

---

[52] William Wrede, *Paul* (Philip Green, Londres, 1907), 146. Ver también Heikki Räisänen, *Paul and the Law* (WUNT 29; J. C. B. Mohr [Paul Siebeck], Tübingen, 1983), 251-63; Terence L. Donaldson, *Paul and the Gentiles: Remapping the Apostles Convictional World* (Fortress, Minneapolis, 1997), 111-13. Cf. E. P. Sanders, *Paul and Palestinian Judaism: A Comparison of Patterns of Religion* (Fortress, Filadelfia, 1977), 442-51; idem, *Paul, the Law, and the Jewish People* (Fortress, Filadelfia, 1983), 47. Sanders arguye que Pablo trabajó en reversa desde su convicción cristológica de que Cristo era el Salvador del mundo a la noción de que todo el mundo, tanto gentiles como judíos, necesitaban la salvación que Cristo provee.

[53] Wrede, *Paul*, 127. Cf. Räisänen, *Paul and the Law*, 177-91, que cree que la distorsión tal vez no esté en una afirmación de que el judaísmo fue una religión sin gracia sino en la implicación de que la Toráh era el camino de salvación en el judaísmo tal como Cristo era el camino de salvación en el cristianismo.

[54] Ver esp. Sanders, *Paul and Palestinian Judaism*, 1-428.

[55] Sanders, *Paul, the Law, and the Jewish People*, 20, 47, 147, 152-53, 160; Dunn, *Jesus, Paul and the Law: Studies in Mark and Galatians* (Westminster John Knox, Louisville, 1990), 183-214; idem, *Theology*, 335-40, 354-71; Donaldson, *Paul and the Gentiles*, 171-72. La noción de que la frase «obras de la ley» en Pablo se refiere a mandamientos específicamente judíos tales como la circuncisión, la observancia del sabbat, y restricciones dietéticas se remonta hasta «Ambrosiaster» y Pelagio. Ver la colección de comentarios sobre Ro 3:20 en *ACCS*, 6:95, 97, y sobre Ro 3:28 en *ACCS*, 6:104-5.

[56] Morna D. Hooker, «Paul and Covenantal Nomism», en *Paul and Paulinism: Essays in Honour of C. K. Barrett*, ed. Morna D. Hooker y S. G. Wilson (SPCK, Londres, 1982), 47-56; Donaldson, *Paul and the*

ha llamado «nomismo de pacto», puesto que los judíos experimentaron la misericordia de Dios como inclusión dentro de su pueblo del pacto y la provisión de medios de expiación por la transgresión.[57] La diferencia entre Pablo y sus oponentes judíos, sean cristianos o no cristianos, yace en el lugar central que Pablo le da en su pensamiento a Cristo. Para Pablo, a diferencia de sus oponentes, la entrada en la iglesia mediante la identificación con Cristo en el bautismo es el único requisito necesario para membresía en el pueblo de Dios. Los cristianos judaizantes, por consiguiente, no pueden imponer la observancia de la ley mosaica sobre los gentiles como un requisito de entrada.

Es posible sostener esta nueva comprensión de la antítesis de fe y obras y todavía considerar la justificación por fe como elemento fundamental en la teología de Pablo.[58] Incluso si se entiende el problema como un contraste entre confiar en Dios y confiar en la afiliación nacional de uno antes que como un contraste entre confiar en Dios y confiar en el esfuerzo humano concebido en forma abstracta, el problema es todavía una falta de confianza en Dios, y sus síntomas siguen siendo la jactancia humana. Sobre esta interpretación, la estructura básica de justificación por la fe y la posibilidad de que sea central en la teología de Pablo sigue imperturbable.

La mayoría de los intérpretes que adoptan la «nueva perspectiva», sin embargo, aceptan como corolario de ella la noción de que la justificación por la fe es una doctrina polémica que no fue fundamental en la teología de Pablo.[59] Comúnmente citan dos razones para su posición. Primero, afirman que la «justificación por fe» ocupa una posición importante en el argumento sólo de aquellas cartas en las que Pablo ataca a los judaizantes.[60] Segundo, arguyen que la noción de Pablo de la participación en Cristo es más fundamental para su teología que su enseñanza sobre la justificación por la fe.[61]

Gentiles, 172; Kent L. Yinger, *Paul, Judaism, and Judgment according to Deeds* (SNTSMS 105; Cambridge Univ. Press, Cambridge, 1999), 288-90. Cf. Sanders, *Paul and Palestinian Judaism*, 513-14, que piensa que aunque la religión de Pablo es similar al «nomismo pactual» la idea de arrepentimiento es expresada con demasiada infrecuencia en las cartas de Pablo y la noción de la participación en Cristo es demasiado común en ellas para que el cristianismo de Pablo y el nomismo pactual del judaísmo representen el mismo «patrón de religión».

[57] Sanders, *Paul and Palestinian Judaism*, 75, 236; idem, *Judaism: Practice and Belief 63 BCE-66 CE* (,1992), 262-75.

[58] Este parece ser el caso con Dunn, *Theology*, 379, que comenta que incluso cuando se lo interpreta sin la polémica de la Reforma contra el esfuerzo humano, la doctrina es «una profunda concepción de la relación entre Dios y la humanidad; una relación de absoluta dependencia, de confianza incondicional».

[59] Ver, por ej., Sanders, *Paul and Palestinian Judaism*, 434-42; Donaldson, *Paul and the Gentiles*, 111-13, que ambos hacen eco de preocupaciones anteriores de Wrede, *Paul*, 122-37; Albert Schweitzer, *The Mysticism of Paul the Apostle* (Henry Holt, Nueva York, 1931), 205-26; and W. D. Davies, *Paul and Rabbinic Judaism: Some Rabbinic Elements in Pauline Theology*, 4ª ed. (Fortress, Filadelfia, 1980), 221-23.

[60] Ver, por ej., Wrede, *Paul*, 123; Schweitzer, *Mysticism*, 220; Donaldson, *Paul and the Gentiles*, 112-13.

[61] Ver, por ej., Sanders, *Paul and Palestinian Judaism*, 434-42, 502-8; y Donaldson, *Paul and the Gentiles*, 112. Cf. Schweitzer, *Mysticism*, 205-26, 294-95.

¿Es la justificación por fe sólo una doctrina polémica? Es cierto que Pablo desarrolla la afirmación de que la justicia viene por la fe en Cristo sin las obras de la ley mosaica sólo en Romanos, Gálatas, Filipenses y Tito.[62] También es cierto que a Tito a menudo de inmediato se le soslaya en las consideraciones de la teología de Pablo porque se debate su autoría paulina y que en las cartas restantes Pablo se enreda en un debate polémico con el judaísmo sobre lo que supone una relación correcta con Dios.[63] Si el debate se limita estrictamente a dónde el Pablo de las cartas indisputables usa ciertos términos, es difícil negar que usa el lenguaje de la justificación por fe en contextos en los que sus oponentes son judíos, o por lo menos toman posiciones judías.

Si el debate se amplía, sin embargo, para incluir el principio teológico detrás del lenguaje de la justificación que usa Pablo, se vuelve igualmente difícil negar que este principio tenía inmensa importancia para Pablo.[64] Hablar de justificación por fe aparte de mosaica dentro de un contexto judío es fundamentalmente afirmar que el pueblo de Dios está en una relación correcta con él no en base a su origen étnico o en base a sus esfuerzos por hacer lo que Dios requiere (esfuerzos que siempre deben terminar en fracaso), sino porque Dios en su gracia nos ha puesto en correcta relación consigo mismo. Los que tienen fe en que Dios ha hecho esto mediante la muerte de Cristo son los que reciben esta dádiva. Pablo puede articular esta convicción teológica fundamental sin usar el lenguaje de la justificación aparte de la ley mosaica, y lo hace a menudo.[65]

La correspondencia a los Corintios provee un buen ejemplo de esto.[66] Como hemos visto en los capítulos 12 y 14, Pablo responde a la insistencia de los corintios de crear divisiones al hacer énfasis en las distinciones sociales con un recordatorio de que los mismos corintios muestran que Dios realiza sus propósitos no mediante fuertes sino mediante los que son débiles (1 Co 1:26–31), no mediante elocuencia y sabiduría sino mediante la predicación de la cruz (1:27–2:16). El antídoto a la preferencia altanera de los corintios por un maestro por sobre otro es el darse cuenta humildemente de que han recibido de Dios todo don espiritual que dicen poseer (4:7).

De modo similar, Pablo responde a las objeciones de los corintios a su sufrimiento con un argumento sostenido de que Dios obra mediante la debilidad. La muerte de Jesús y el sufrimiento del apóstol proveyeron los medios por los que Dios trajo a los Corintios a la vida (2 Co 4:7–12). De la misma manera, la pobreza que Jesús se impuso a sí mismo y la disposición de Pablo a sufrir han enriquecido a los corintios (8:9; cf. 6:3–10). El mismo Pablo se jacta de su debilidad porque Dios obra poderosamente «en debilidades, insultos, privaciones, persecuciones y dificultades» para realizar sus propósitos redentores (11:30; 12:9–10).

---

[62] El concepto parece aflorar en 1 Co 1:30; 6:11; 2 Co 5:21, pero no es desarrollado allí. Aparece brevemente pero en forma totalmente desarrollada en Tit 3:5-7, pasaje que se trata más abajo.

[63] Incluso Tito contiene polémica contra «los de la circuncisión» (1:10).

[64] Cf. Moo, *Romans*, 90.

[65] Cf. John L. White, *The Apostle of God: Paul and the Promise of Abraham* (Hendrickson, Peabody, Mass., 1999), xxii, «Pablo no se oponía simplemente a la ley como una manera de definir la relación de los judíos con Dios. Se oponía igualmente a los principios análogos y énfasis gentiles dentro de sus propias comunidades». Cf. Seifrid *Justification by Faith*, 249, 257.

[66] Cf. Bultmann, *Theology of the New Testament*, 283-84; idem, «pisteuw (ktl)», *TDNT*, 6:174-228, aquí en 220.

El problema con los Corintios en ambas cartas es su insistencia de juzgar dentro de la iglesia en base a las apariencias externas de acuerdo a las normas comunes de la sociedad romana (2 Co 5:12; 10:7) y luego jactarse en los resultados. Ellos deben seguir al maestro con las credenciales retóricas más impresionantes (1 Co 1:12; 2:1–5); se enorgullecen del pecado sexual (5:2); deben vencer al otro en sus batallas legales (6:1–11); exhiben su «conocimiento» al participar en la idolatría (8:1–2, 10); deben discriminar entre las clases sociales en la Cena del Señor (11:19.); y deben usar los dones espirituales más llamativos (12:1–14:40). Se sienten atraídos a los que se jactan en sus credenciales sociales (2 Co 11:21b–23), los que proveen impresionantes cartas de recomendación (3:1), y los que abiertamente exhiben su fuerza retórica y física (10:10; 11:6). Como resultado de esta actitud de los corintios, la alabanza en sus iglesias va a los que reúnen sus criterios de superioridad, y no a Dios. Contra todo esto Pablo dice en ambas cartas a Corinto: «Si alguien ha de gloriarse, que se gloríe en el Señor» (1 Co 1:31; 2 Co 10:17; cf. Jer 9:23–24).

Pero esto es también el problema que Pablo considera en sus cartas a los Romanos, Gálatas y Filipenses. En Gálatas un grupo se jacta de que están promoviendo la circuncisión (Gá 5:13) y está excluyendo al otro grupo como una manera de coaccionarlos a que acepten la circuncisión (4:17; cf. 2:12–13). El remedio de Pablo es recalcar el efecto nivelador del evangelio de la gracia de Dios (2:14–16, 21): todos son pecadores, sean circuncidados o no, y todos necesitan la intervención de Dios a su favor mediante la cruz de Cristo a fin de pertenecer a su pueblo (2:20–21; 3:10–14). Como resultado sólo la cruz es digna de la jactancia del creyente (6:14).

En Filipenses Pablo contrarresta al mismo grupo con una afirmación autobiográfica en cuanto a gloriarse en Cristo Jesús y no poner confianza en la carne (circuncidada) (Fil 3:3–9).

En Romanos un grupo de judíos juzga a un grupo de gentiles (Ro 2:1; 14:1–4, 10, 13), y ambos grupos se glorían de sus propios recursos: los judíos en la posesión y observancia de la ley mosaica (2:17, 25–29; 3:27–4:8), y los gentiles en su estado de mayoría en el pueblo de Dios restaurado escatológicamente (11:18).[67] Aquí también el remedio es entender el evangelio: el pecado ha atrapado a todos los seres humanos sin excepción, esclavizándolos a su poder, y colocándolos bajo la justa condenación de la ley de Dios (1:30–3:20), pero que Dios en su gracia ha intervenido en la situación desastrosa con el sacrificio expiatorio de Cristo en la cruz (3:21–26). Como resultado, toda jactancia en los logros humanos o en la situación social queda excluida (3:27–4:25). Tal como en la correspondencia a Corinto, el objeto de la jactancia de los creyentes queda transformado. El creyente ahora se gloría en el sufrimiento porque Dios usa el sufrimiento y la debilidad para realizar sus propósitos salvadores (5:3, 6–8), y el creyente se gloría en Dios que usa el sufrimiento expiatorio de Cristo para reconciliar a los pecadores consigo mismo (5:11).

Aunque el asunto de jactarse en el esfuerzo humano es más prominente en la correspondencia que se dirige al cristianismo judaizante que en la correspondencia a Corinto, el principio fundamental sigue siendo el mismo: Dios, en su gracia, toma la iniciativa para reconciliar a los pecadores consigo mismo, y hace la iniciativa de su gracia claramente visible al obrar mediante la debilidad humana.

Esta convicción fundamental de que la base para la inclusión en el pueblo de Dios es la gracia de Dios antes que cualquier cosa que se origine en su pueblo mismo reaparece en las cartas paulinas posteriores. Aquí el esfuerzo humano es tan prominentemente objeto de la polémica de Pablo como lo fue en las cartas anteriores dedicadas a la controversia judaizante, pero ahora el esfuerzo humano en sí mismo no está ligado a la observancia de la ley mosaica. La carta de Pablo a los Colosenses les asegura a sus lectores que Dios ya los ha incorporado en su pueblo (Col 1:12; 2:11–12), y a los ha revivificado de la muerte espiritual (2:13), y ya los ha resucitado con Cristo (3:1) en base a la muerte de Cristo. Debido a que su muerte en la cruz efectuó el perdón de los pecados (1:13–14; 2:13–14;

---

[67] Cf. Seifrid, *Justification by Faith*, 249, 257.

3:3), los creyentes colosenses no necesitan seguir el régimen ascético de los falsos maestros para aplacar a los poderes celestiales.

En Efesios Pablo, de modo similar, afirma que Dios hizo a los cristianos vivir en Cristo cuando ellos estaban muertos en transgresiones y que Dios los salvó por su gracia por fe, no debido a ninguna «obra». Tal como en Romanos, Gálatas, Filipenses y las cartas a los Corintios, Dios salva a su pueblo de esta manera «para que nadie se jacte» (Efesios 2:4, 8–9).

De modo similar, 1 Timoteo recapitula la conversión de Pablo de una vida de blasfemia, persecución, violencia, ignorancia e incredulidad como resultado de la disposición de Dios de derramar la gracia del Señor en él (1 Ti 1:12–14). Pablo luego sigue esta afirmación con un «mensaje [que] es digno de crédito» que resume este elemento de su teología: «Cristo Jesús vino al mundo a salvar a los pecadores, de los cuales yo soy el primero» (1:15). El libro de Tito habla de Dios salvando a los pecadores desesperados no debido a las «cosas justas» que ellos hayan hecho sino debido a su «misericordia» (Tit 3:5) y resume el efecto de esta obra salvadora de Dios como «justificados por su gracia» (3:7).

Si estas afirmaciones se originaron con el mismo Pablo, proveen clara evidencia de la importancia del principio que yace debajo del lenguaje de la justificación en Romanos, Gálatas y Filipenses. Incluso si no proceden de Pablo sino de algún escrito de tiempo posterior en el nombre de Pablo, como piensan muchos que proponen la «nueva perspectiva», todavía muestran que mucho antes de la Reforma protestante los intérpretes de Pablo entendieron la antítesis de gracia y obras o de fe y obras como de importancia fundamental a su teología.[68]

La justificación por la fe aparte de la ley puede sólo ser marginada como doctrina polémica, por consiguiente, si se la separa de la convicción teológica fundamental de la cual es una expresión: que Dios toma la iniciativa en la salvación. Si entendemos la frase «justificación por fe» como sumario de esta noción, entonces es legítimo considerarla una de los más importantes principios teológicos de Pablo.

¿Es la justificación por fe secundaria a la participación en Cristo? Los que afirman que la enseñanza de Pablo sobre la justificación por fe no es central a su teología a menudo aducen que la comprensión de Pablo de la unión del creyente con Cristo es más fundamental para su teología que la justificación por la fe. El lenguaje jurídico de Pablo, se dice, es una manera particular de expresar su concepto de estar «en Cristo» cuando él debate con sus oponentes judíos.[69]

Estos intérpretes dan varias razones de su posición, pero tres argumentos son particularmente fuertes. Primero, Pablo no deriva su enseñanza ética de su comprensión de la justificación por fe sino de su noción de la unidad del creyente con Cristo o llenura con el Espíritu. Por ejemplo, cuando Pablo desarrolla una base para la ética en Romanos 6:1–11, apela no a los conceptos jurídicos expresados en 1:18–5:21 sino a la muerte del creyente con Cristo en el bautismo.[70] De modo similar, en 1 Corintios 6:15–17 y 10:19–21 amonesta a los corintios a evitar la inmoralidad sexual o idolatría no en base a alguna noción jurídica en cuanto a la muerte de Cristo como expiación por el pecado

---

[68] Sobre esto ver I. H. Marshall, «Salvation, Grace and Works in the Later Writings in the Pauline Corpus», *NTS* 42 (1996): 339–58.

[69] Schweitzer, *Mysticism*, 220; Sanders, *Paul and Palestinian Judaism*, 505–6.

[70] Donaldson, *Paul and the Gentiles*, 112. Cf. Schweitzer, *Mysticism*, 225–26, 294–95, y el argumento más matizado de Sanders, *Paul and Palestinian Judaism*, 339–41.

sino en base a que estos pecados establecen uniones que son incompatibles con su unión con Cristo.[71]

Segundo, si la justificación por la fe fuera fundamental a la teología de Pablo, sus referencias a la muerte de Cristo servirían más a menudo que lo que lo hacen como base para la noción jurídica de que Cristo murió una muerte expiatoria por las transgresiones. En lugar de esto, Pablo usa la muerte de Cristo más a menudo como base para su convicción de que creyentes están unidos con Cristo.[72] Para decirlo de otra manera, el argumento de Romanos 6:1–11 es más típico de la manera en que Pablo trata la muerte de Cristo que el argumento de 3:21–26.

Tercero, si una comprensión jurídica de la salvación fuera fundamental a la teología de Pablo, él habría desarrollado un concepto de arrepentimiento que se ajuste a las transgresiones de los creyentes después de su justificación. Como es bien conocido, sin embargo, Pablo rara vez usa la terminología de arrepentimiento, perdón o culpa. En Romanos 3:9, por ejemplo, la conclusión de Pablo a su argumentación de 1:18–2:29 de que tanto judíos como gentiles han cometido pecados no es que son culpables de transgresión por la que necesitan arrepentirse sino que están «bajo [el poder del] pecado».[73]

La comprensión dominante de Pablo del dilema humano, por consiguiente, es que los seres humanos están bajo el poder del pecado, y no de que han cometido transgresiones. La solución a este dilema es la identificación con la muerte de Cristo por el bautismo, y no el perdón de culpa o la declaración de inocencia en base al sacrificio expiatorio de la crucifixión de Cristo. El que Pablo pueda a veces describir el dilema humano como transgresión (Ro 2–3) y a veces describirlo como estando bajo el poder del pecado (3:9; 6:1–11) sin nunca explicar cómo, o si, los dos conceptos se relacionan sólo muestra que él pensó hacia atrás de su convicción de que todos han venido bajo el señorío de Cristo a varias razones por las que esto debe ser así.[74]

Estos son argumentos fuertes, pero en última instancia no convencen. Primero, es cierto que el cimiento teológico de la enseñanza ética de Pablo es la presencia del Espíritu y la unión con Cristo, pero Pablo a veces conecta nociones de la participación en Cristo y del Espíritu con el lenguaje de la justicia. En Romanos 6:7, por ejemplo, Pablo sugiere que la participación en la muerte de Cristo se origina en la declaración jurídica de Dios de la inocencia del creyente:

> Nuestro viejo yo fue crucificado con él para que el cuerpo de pecado pueda ser reducido a la impotencia a fin de que podamos ya no ser más esclavos del pecado, porque el que ha muerto ha sido justificado [*dedikaiotai*] del pecado (Ro 6:6–7, aut.).

La primera parte de esta declaración describe la participación «mística» del creyente en la muerte de Cristo y afirma que esta participación ha libertado al creyente de la garra del pecado. La segunda parte de la declaración, sin embargo, cimenta esta libertad en la declaración de Dios de que el

---

[71] Sanders, *Paul and Palestinian Judaism*, 503.

[72] Ibid., 502-3.

[73] Ibid., 503.

[74] Ibid., 497-502.

aut. traducción del autor

creyente es inocente.[75] En la segunda parte de Romanos 6 Pablo usa el término «justicia» en un sentido ético para describir al nuevo «señor» del creyente al que ahora está esclavizado (6:13–20). Esto sugiere que la declaración de la situación justa del creyente fue el punto inicial de la participación.[76]

Un eslabón similar entre la justificación por la fe y la morada del Espíritu de Dios aparece en Gálatas 3. Aquí Pablo les recuerda a los cristianos de Galacia que Dios los ha incluido dentro de su pueblo restaurado escatológicamente y los ha justificado aparte de cualquier observancia de la ley mosaica, simplemente en base a su fe en el evangelio: «Al darles Dios su Espíritu y hacer milagros entre ustedes, ¿lo hace por las obras que demanda la ley o por la fe con que han aceptado el mensaje? Así fue con Abraham: «Le creyó a Dios, y esto se le tomó en cuenta como justicia» (Gá 3:5–6).[77]

La presencia del Espíritu de Dios entre los gálatas gentiles es la señal de su inclusión en el pueblo de Dios restaurado escatológicamente. Este Espíritu es también, sin embargo, la señal de que Dios, en base a la fe de ellos, los ha declarado justos a su vista, tal como declaró a Abraham justo en base a su fe. Pablo no explica la conexión entre la recepción de ellos del Espíritu, su fe y su justificación, pero es claro que existe alguna conexión. La justificación por la fe y la vida en el Espíritu, por consiguiente, están estrechamente relacionadas en su pensamiento. Parece razonable pensar del Espíritu como viniendo a personas a quienes Dios ha declarado justas en base a la fe de ellos y que, en virtud a esta declaración, constituyen el cumplimiento de sus promesas en los profetas de restaurar la fortuna de su pueblo.

Segundo, es también cierto que la referencia de Pablo a la muerte de Cristo más a menudo respalda su noción de la participación en la muerte de Cristo que lo que respalda explicaciones de la justificación divina del pecador. Esto puede haber tenido más que ver con las circunstancias que motivaron las cartas de Pablo, sin embargo, que con la estructura de la teología de Pablo. Tanto en 1 Corintios como en Romanos, en donde Pablo usa la muerte de Cristo para respaldar su enseñanza ética, la ética es una preocupación primaria. Los problemas que motivaron 1 Corintios fueron problemas éticos, tal vez relativos a un malentendido de la enseñanza de Pablo sobre la justificación

---

[75] C. E. B. Cranfield, *A Critical and Exegetical Commentary on the Epistle to the Romans*, 2 vols. (ICC; T. & T. Clark, Edinburgh, 1975–79), 1:310–11. Cf. J. A. Ziesler, *The Meaning of Righteousness in Paul: A Linguistic and Theological Inquiry* (Cambridge Univ. Press, Cambridge, 1972), 200–201. Sanders, Paul and Palestinian Judaism, 503, 506, arguye que debido a que Pablo habla de la justificación del «pecado» en lugar que de «pecados» en Ro 6:7, está obligando al lenguaje de la justificación al servicio de la noción de que por la unión con la muerte de Cristo uno es libre del poder del pecado. Luego toma esto como evidencia de que la justicación no es le medio por el que uno entra en unión con Crisot. Pero Pablo pensaba que una manifestación de esta bajo el poder del pecado era la tendencia a cometer pecados (Ro 5:12, 16, 19). Así, la noción de que Dios declara al creyente inocente a pesar del poder que el pecado ejerce sobre el creyente es entendible. La NAB parece captar esta noción del versículo cuando traduce *dedikaiotai apo les jamartias* como «ha sido absuelto del pecado».

[76] Ambos conceptos se resumen en la frase «la justicia de Dios», que, como he explicado arriba, se debe entender tanto en un sentido jurídico como transformador. Ver Schreiner, *Romans*, 66–67.

[77] Muchos comentaristas empiezan una nueva división de la carta en 3:6, pero para la estrecha relación entre 3:5 y 3:6; ver Bruce, *Galatians*, 152–53, que comenta penetrantemente: «La conexión implicada en kadw~se perdería a menos que hubiera el más estrecho vínculo posible entre recibir el Espíritu y ser justificado».

por la fe como licencia para pecar. De modo similar, habían circulado rumores en Roma de que la enseñanza de Pablo sobre la justificación por fe respaldaba la noción de que la gente debería pecar más, y estas preocupaciones evidentemente motivaron a Pablo a atender el asunto de la ética en Romanos 6. En ninguno de esos contextos está en disputa la cuestión de justificación por fe en base a la muerte de Cristo.

Tercero, también es cierto, como los intérpretes a menudo han notado, que Pablo no desarrolla una doctrina del arrepentimiento.[78] Parece ignorar la existencia de esta enseñanza en el judaísmo y rara vez se refiere al arrepentimiento de los cristianos.[79] Esto es comprensible, sin embargo, en base al enlace que Pablo hace entre la muerte expiatoria de Cristo y la justificación por fe. En Romanos 3:25–26 Pablo dice que Dios ha justificado a los pecadores en base a la muerte expiatoria de Cristo e implica que esta muerte fue el sacrificio clímax y final de expiación por el pecado. Debido a eso, Dios puede permitir «que los pecados cometidos anteriormente [queden] sin castigo [*paresin*]» y seguir siendo justo. En otras palabras, el arrepentimiento del pecado y el sacrificio por el pecado fueron sólo efectivos en el pasado debido al futuro sacrificio expiatorio de Cristo en la cruz.

De la misma manera, como Romanos 8:1–4 y 33–34 muestran, los pecados que los cristianos pueden haber cometido después de creer en el evangelio también son cubiertos anticipatoriamente por este sacrificio. Por su muerte «por el pecado» Cristo Jesús condenó al pecado en la carne (8:3), y debido a que Dios ha justificado a los pecadores de esta manera, ya no necesitan temer condenación en el futuro (8:33–34). Los creyentes que cometen pecados continuarán siendo justificados, por consiguiente, no debido a algún proceso de arrepentimiento por estos pecados sino debido al sacrificio expiatorio de Cristo.

En la nueva situación que creó la muerte expiatoria de Cristo, Pablo al parecer halló el término «fe» más apropiado que el término «arrepentimiento» para describir la respuesta apropiada al pecado. Desde el tiempo de la muerte de Cristo la respuesta apropiada al pecado fue la fe en que esta muerte fue el sacrificio clímax y final de expiación por el pecado y hubo acabado la ira justificada de Dios contra el pecador, permitiendo a Dios ser a la vez justo y el justificador de los malos. La noción de que la justificación vino mediante la fe antes que mediante el arrepentimiento es exactamente lo que esperaríamos del que creyó que la muerte de Cristo expió por todo pecado de todo creyente, sea pasado o futuro. El uso escaso de lenguaje de arrepentimiento en Pablo y el uso frecuente de lenguaje de la fe, por consiguiente, lejos de constituir evidencia de que la justificación por la fe no fue una convicción teológica fundamental para Pablo, es una señal de que fue básica a su teología.

Esta enseñanza, en sí misma, pudiera fácilmente dejar a Pablo abierto a la acusación de que promovía el pecado al no proveer ningún incentivo para alejarse de él a un camino «justo» de vida, y es indicativo del lugar importante que la justificación de la fe tenía en la enseñanza de Pablo que había sido ampliamente mal entendida precisamente en esa dirección, tanto en tiempos antiguos (Ro 3:8; Gá 2:17; cf. Ro 6:1, 15) y en tiempos más recientes.[80] Para Pablo, sin embargo, la fe conlleva la

---

[78] Ver, por ej., Claude G. Montefiore, *Judaism and St. Paul: Two Essays* (M. Goschen, Londres, 1914), 75-76; John Knox, *Chapters in A Life of Paul* (Abingdon, Nueva York, 1950), 149-55; Sanders, *Paul and Palestinian Judaism*, 499-501, 503, 507, 449-50; John Ziesler, *Pauline Christianity*, ed. rev. (Oxford Bible Series; Oxford Univ. Press, Oxford, 1990), 76.

[79] Pablo usa el lenguaje de arrepentimiento en Ro 2:4; 2 Co 7:9-10; 12:21; y 2 Ti 2:25, y el concepto de arrepentimiento yace debajo de su descripción de los tesalonicenses como personas que «se convirtieron a Dios dejando los ídolos para servir al Dios vivo y verdadero y esperar del cielo a Jesús, su hijo» (1 Ts 1:9-10).

[80] Para un ejemplo moderno de esta crítica de la doctrina de justificación en Pablo, ver Knox, *Chapters in a Life of Paul*, 153-54.

misma clase de volverse hacia Dios y consagración firme al camino de vida que Dios desea que la que comúnmente se pensaba que describía el término «arrepentimiento» en el judaísmo.[81] La importancia de este aspecto de fe aparece claramente en la descripción de Pablo de la fe de Abraham:

> Contra toda esperanza, Abraham creyó y esperó, y de este modo llegó a ser padre de muchas naciones, tal como se le había dicho: «¡Así de numerosa será tu descendencia!» Su fe no flaqueó, aunque reconocía que su cuerpo estaba como muerto, pues ya tenía unos cien años, y que también estaba muerta la matriz de Sara. Ante la promesa de Dios no vaciló como un incrédulo, sino que se reafirmó en su fe y dio gloria a Dios, plenamente convencido de que Dios tenía poder para cumplir lo que había prometido. Por eso se le tomó en cuenta su fe como justicia (Ro 4:18–22).

La fe, entonces, es una confianza firme en Dios que moldea la vida entera del que la tiene. Por eso Pablo puede escribir naturalmente de «la fe que se expresa por el amor» (Gá 5:6) y de «la obediencia que viene de la fe» (Ro 1:5; 16:26). Por eso puede hablar simultáneamente de «obedecer» al evangelio y de «creer» en él (10:16), de confesar a Jesús como «Señor» y de «creer» que Dios le resucitó de los muertos (10:9).[82] También por eso puede visualizar un juicio conforme a las obras para los creyentes; en tanto que su salvación fue certera, Dios repartirá recompensas y castigos conforme a las obras.

Este juicio según las obras a veces tiene lugar en el presente (1 Co 11:30), pero Pablo más a menudo habla de él como algo que sucederá en el día final (3:15; cf. 4:4–5; 2 Co 5:10; Ro 14:10).[83] Para Pablo, por consiguiente, la fe no está tan distante del arrepentimiento como a veces se ha pensado. Dicho en forma sucinta, «la fe» para Pablo es «el arrepentimiento» visto desde una perspectiva escatológica provista por el sacrificio de expiación clímax y final de Cristo.

Sumario. La comprensión de Pablo de la justificación por fe aparte de las obras de la ley, por tanto, es una manifestación de su convicción fundamental en cuanto a la debilidad humana y la iniciativa de Dios en la salvación. Siendo que se deriva de esta noción, no puede calificar como el centro de la teología de Pablo conforme a los criterios considerados en el capítulo 8, pero está no obstante cerca al centro de su teología. Pablo cree que ninguna cualidad o actividad humana contribuye a la decisión de Dios de incluir a uno dentro de su pueblo o de hallar a uno inocente en «el día de la ira de Dios». La membresía en el pueblo de Dios y la absolución en su corte escatológica vienen solamente por la fe en Cristo.

La relación entre el mundo visible e invisible

---

[81] Sobre el concepto de arrepentimiento en el judaísmo, ver George Foot Moore, *Judaism in the First Centuries of the Christian Era: The Age of the Tannaim*, 3 vols. (Harvard Univ. Press, Cambridge, Mass., 1927-30), 1:497-534, y Sanders, *Judaism*, 252-53, 271. Sobre la superposición del concepto de fe en Paglo con el concepto judío de arrepentimiento, ver Adolf Schlatter, *The Theology of the Apostles: The Development of New Testament Theology* (Baker, Grand Rapids, 1998; ed. orig., 1922), 239-41, y Johannes Behm, «metanoew) (ktl)», *TDNT*, 4:989-1022, aquí en 1005.

[82] Kertelge, «Rechtfertigung» bei Paulus, 174-75.

[83] Ridderbos, *Paul*, 178-81; Judith Gundry-Volf, *Paul and Perseverance: Staying in and Falling Away* (WUNT 2.37; J. C. B. Mohr [Paul Siebeck], Tübingen. 1990), 131-57; Sanders, *Judaism*, 27374. *Pace* Yinger, *Paul, Judaism, and Judgment*, 259, 279, y 287-88, que opina que el jucio según las obras en Pablo, incluso al aplicarse a los creyentes, se refiere a su salvación eterna.

En Colosenses, en Efesios, 1 Timoteo y Tito, Pablo responde a personas que están enseñando una noción falsa de la relación entre el mundo visible, material, y los seres invisibles que habitan el mundo invisible. El error aparece más claramente en Colosenses, en donde Pablo responde a un maestro falso que al parecer afirmaba que había que apaciguar a varios seres invisibles mediante un régimen ascético («tradición humana», como Pablo lo llama en Col 2:8). El régimen incluía restricciones en cuanto a comidas y bebidas, e insistía en la observancia de festivales en particular (2:16). Pablo resume los requisitos ascéticos irónicamente con la frase: «No tomes en tus manos, no pruebes, no toques» (2:21), y dice que este régimen incluye «severo trato del cuerpo» (2:23).

Detrás de estas enseñanzas está una comprensión ilógica de la creación, tanto visible como invisible (cf. Col 1:19). Los falsos maestros parecen haber elevado a los seres angélicos a tal estado que creen que estos seres son una amenaza incluso para los cristianos. También parece que piensan que una disciplina ascética que niega al cuerpo alimento, bebida y otros placeres sensoriales es el medio por el que se puede aplacar a estos seres y neutralizar su amenaza. El mundo invisible provee tanto que temer, y rechazar aspectos del mundo visible y creado provee la solución a ese temor.

Contra esta enseñanza Pablo afirma que la muerte de Cristo ha reconciliado efectivamente a la creación terrenal y celestial de Dios con su Creador. Dios ha creado el universo por Cristo y ha usado la muerte de Cristo en la cruz para ganar la victoria sobre todos los elementos cósmicos hostiles (Col 2:15) y para proveer perdón para los pecados de su pueblo (2:13); en breve, «por medio de él, reconciliar consigo todas las cosas, tanto las que están en la tierra como las que están en el cielo» (1:20). La disciplina ascética como un medio de apaciguar a los seres angélicos supuestamente hostiles es por consiguiente inútil. Este enfoque al mundo invisible y visible no reconoce que la muerte de Cristo en la cruz ha derrotado a los poderes hostiles invisibles y ha provisto perdón para los pecados humanos.

En Efesios también Pablo afirma que los creyentes no tienen nada que temer del mundo invisible. La noción de que uno debe apaciguar a los poderes cósmicos hostiles mediante la disciplina ascética está ausente, pero aquí Pablo también afirma que Dios, por la resurrección y sesión celestial de Cristo, ha derrotado a los poderes cósmicos. Aunque los creyentes todavía están sujetos a los ataques sorpresivos del diablo (Ef 6:10–18), participan de la posición de Cristo en los cielos (1:20–23; 2:5–6) y por consiguiente hasta cierto punto participan de su victoria sobre «todo gobierno y autoridad, poder y dominio, y de cualquier otro nombre que se invoque» (1:21).

El problema que Pablo enfrenta en las Cartas Pastorales es similar al problema que encontró en Colosas. Aquí los maestros falsos parecen haber contado a Cristo como uno entre muchos poderes invisibles que median entre Dios y la humanidad. Tal enseñanza por lo menos explica la preocupación de Pablo por recalcar la unidad de Dios (1 Ti 2:5; 6:15–16), el papel singular de Cristo como mediador entre Dios y la humanidad (2:5; 3:16), y la naturaleza humana de Cristo (2:5; 3:16). Tal vez aquí también se pensaba que las prácticas de magia (2 Ti 3:13) y el enfoque ascético a la vida (1 Ti 4:3–5; Tit 1:15) de alguna manera apaciguaban a estos poderes o proveían acceso al conocimientos sobre ellos. Esto parece ser más probable puesto que Pablo designa las prácticas ascéticas que los falsos maestros promueven como «cosas enseñadas por los demonios» (1 Ti 4:1). Pablo responde no sólo afirmando la unidad de Dios, la singularidad del papel mediador de Cristo, y la naturaleza humana de Cristo, sino también una clara afirmación del matrimonio (1 Ti 3:2, 12; 5:9), la maternidad (2:15; 5:14), la familia (5:5, 8), y el disfrute de la comida y bebida (4:3–5; 5:23).

Estos problemas y las respuestas de Pablo a ellos están compilados en las cartas paulinas posteriores, pero son consistentes con la teología de Pablo de la creación conforme la hallamos en su correspondencia más temprana, particularmente en 1 Corintios. En 1 Corintios 8:1–11:1, en donde él considera el asunto de comer carne ofrecida en sacrificio a dioses paganos, Pablo argumenta en contra de toda conexión intrínseca entre los alimentos y lo divino; el que uno coma o que no coma ciertos alimentos no tiene nada que ver con su relación con Dios (8:2). Los elitistas de

Corinto que pensaban que su «conocimiento» de que podían comer tales carnes lo lleva más cerca a Dios están equivocados, y entonces, por implicación, cualquiera que se imagina que abstenerse de tal carne lo acerca a Dios. Los cristianos son libres para comer «de todo lo que se vende en la carnicería, sin preguntar nada por motivos de conciencia» (10:25). Dios creó a los animales que proveen la carne y por consiguiente ningún rito sacrificial pagano puede interferir con la propiedad inherente de comerlos (10:26).

Pablo sí prohíbe la participación en las comidas rituales «en el templo de un ídolo», sin embargo, tanto en base a que los que comen tales comidas pueden hacer que un cristiano con conciencia débil caiga en la idolatría (1 Co 8:11–12), como porque participar en estas comidas es participar en actividad demoníaca (10:14–22).[84] Pablo se refiere aquí a concurrir a comidas en donde se pensaba, o bien que un dios pagano era el auspiciador, o bien por lo menos estaba presente. Una invitación de esas del siglo segundo d.C. dice: «Cairemón te invita a cenar en la mesa del señor Serapis en el serapión, mañana que es el día 15, a las nueve».[85] Uno de los beneficios de asistir a tales comidas evidentemente era el apaciguamiento de los demonios que de otra manera podían hacer daño. Como Porfirio dice (aunque si bien en el siglo tercero d.C.), a Serapis se lo identificaba con Plutón, de quien se pensaba que gobernaba sobre los demonios, y por consiguiente los sacrificios a Serapis eran hechos para «propiciar o evitar su influencia» (Eusebio, *Praep. ev.* 174 b-c).[86]

Pablo quiere que sus lectores sepan que él no acepta la realidad de los dioses como Serapis, ni tampoco acepta la idea de que los sacrificios ofrecidos en las comidas en donde estos dioses supuestamente presidían surten los efectos propiciatorios deseados. Aunque la gente haga referencia a «muchos dioses» y «muchos señores», sólo hay un Dios Creador y un Señor Jesucristo, por quien Dios creó todas las cosas (1 Co 8:5–6). De la misma manera, aunque la participación en las comidas sobre las cuales presidía un dios pagano es idolatría, la prohibición contra ella no es una admisión de que estos dioses paganos en realidad existan o que los sacrificios ofrecidos a estos dioses en realidad funcionen de la manera que los que no son creyentes piensan que funcionan (10:19–20). Tampoco la carne usada en estas ceremonias paganas es de alguna manera contaminada por ellos, haciéndola inapropiada para comer. Dios creó a los animales de los cuales viene la carne, y ningún rito idólatra puede interferir con la propiedad de Dios sobre esta carne (10:25–26).

Pablo reconoce la existencia de los demonios, no obstante, y dice que estos demonios están presentes en las comidas auspiciadas por dioses gentiles, tal como el Señor está presente en la Cena del Señor (1 Co 10:20–21). Los que comen en estas comidas están «en comunión con los demonios» en la comida (10:20), y los que participan de la Cena del Señor participan con otros cristianos en los beneficios de la muerte de Cristo (10:16–17). Cada una de estas esferas invisibles de participación es incompatible con la otra (10:21).

Pablo no explica por qué son incompatibles, pero una inferencia razonable es posible. Si los participantes en comidas auspiciadas, por ejemplo, por Serapis piensan que están ejerciendo control

---

[84] Aquí sigo a Gordon D. Fee, *The First Epistle to the Corinthians* (Eerdmans, Grand Rapids, 1987), 357–63.

[85] El texto griego y una traducción al alemán, junto con una nota completa sobre las comidas cúlticas en la antigüedad se puede hallar en Hans Lietzmann y Werner Georg Kümmel, *An die Korinther I–II*, 5ª ed. (HNT; J. C. B. Mohr [Paul Siebeck], Tübingen, 1969), 49–51.

[86] He usado la traducción de *Preparation for the Gospel* por Edwin Hamilton Gifford, 2 vols. (Clarendon, Oxford, 1903), 1: 191. Eusebio está citando de la obra de Porfirio, *Of the Philosophy to Be Derived from Oracles*, que ya no existe. Estoy en deuca con Lietzmann, *An die Korinther*, 50, por llamar mi atención a este texto.

sobre el mundo demoníaco o sobre Serapis, o ambas cosas, al participar en los sacrificios que acompañan a la comida, entonces la participación de los cristianos en estas comidas implicaba que Dios no estaba en pleno control del mundo demoníaco. Implicaba que esas fuerzas invisibles tenían algún poder independiente del Dios que creó y sostiene el universo. Tal vez por esto Pablo llama a tal participación «idolatría»: cuando los demonios asumen un poder independiente de Dios, llegan a ser «dioses» y «señores» y por consiguiente, desde la perspectiva de Pablo, se convierten en ídolos. Así Pablo pone su consideración de este asunto en el contexto de un mandamiento a «huir de la idolatría» (10:14).

El enfoque de Pablo a la relación entre el mundo visible e invisible es, por consiguiente, consistente en las cartas que consideran el asunto, a pesar de los años que pasan entre la escritura de 1 Corintios y la escritura de las cartas posteriores. Dios creó todas las cosas por Jesucristo. Él tiene control soberano sobre esta creación, incluso sobre los poderes demoníacos que ya no están alineados con él. Estos poderes sufrieron una derrota de la cual no se recuperarán cuando Cristo los desarmó en su crucifixión, y Cristo ahora está sentado en el cielo a la diestra de Dios con estos poderes hostiles bajo sus pies. Los cristianos participan de esta victoria. Por esto, y también porque Dios los creó y en última instancia es su dueño, el uso especial o abstinencia de comida, bebida o matrimonio como medio de controlar el mundo demoníaco es innecesario. También es idolatría, puesto que implica que estos seres demoníacos tienen alguna posición o poder independiente de su creador.

Este concepto del mundo demoníaco no quiere decir que los demonios no pueden frustrar el culto a Dios haciendo descarriar a los cristianos, ni tampoco quiere decir que el diablo no puede complotar en contra y atacar a los creyentes. Lo que sí quiere decir, sin embargo, es que los ataques de estos poderes pueden ser derrotados en el presente por el cristiano bien armado y colocado estratégicamente. También quiere decir que la derrota completa de estos poderes en el futuro es segura, tan segura que Pablo puede hablar ya de ellos como estando inmolados bajo los pies de Cristo victorioso.

La Estructura Básica de la Teología de Pablo

Bajo las respuestas pastorales de Pablo a la persecución, ética, desunión y falsa enseñanza yacen varias convicciones básicas en cuanto a la naturaleza de la historia, el carácter de la humanidad y el carácter de Dios.

La naturaleza de la historia

Para Pablo la historia se mueve a lo largo de un continuo desde Adán a Cristo y al día final, y el propósito de Dios en la historia es reunir a un pueblo de todas las naciones de la tierra que le glorificará. Este propósito al parecer fue estorbado cuando Adán pecó contra Dios, trayendo la maldición de la muerte sobre sí mismo y todos sus descendientes. La muerte vino sobre todos ellos no sólo debido a que Adán pecó sino también porque todos ellos pecaron, y su error fundamental es no glorificar a Dios como Dios (Ro 5:2–14, 17; 1 Co 15:22).

Pero Dios no dejó a las personas en este estado de rebelión contra él, sino que seleccionó a Abraham y a su familia como el medio por el que él a la larga bendeciría a todas las naciones reconciliandolas consigo mismo (Ro 4:13, 17; Gá 3:8). Dios le prometió a Abraham que él bendeciría a toda las naciones de la tierra por medio de su familia. El patriarca creyó esta promesa, a pesar de no tener hijos y de lo que parecía imposibilidad de que se pudiera cumplir (Ro 4:18–22; Gá 3:6, 8, 17). Como resultado, Dios puso a Abraham en una relación correcta consigo mismo (Ro 4:3, 22; Gá 3:6).

Los descendientes de Abraham, sin embargo, no mantuvieron su fe en Dios. Dios les dio una ley por mediación de Moisés para instruirles en el conocimiento y la verdad, y capacitarlos a instruir a otros (Ro 2:17–20). La ley estipulaba que si el pueblo de Dios Israel obedecía todo lo que la ley requería, vivirían; pero si desobedecían la ley, morirían e irían al cautiverio. Pero tan pronto como recibieron la ley, pecaron contra ella. El mandamiento «no codiciarás», por ejemplo, sólo produjo en ellos toda suerte de codicia (Ro 7:7–8; cf. 5:20; Gá 3:19, 22–24). El resultado fue el derramamiento de la ira de Dios, que, de acuerdo con las maldiciones de la ley mosaica, quería decir exilio y muerte (Ro 2:24; 4:15; 5:20–21; 7:7–25; 1 Co 15:26).

En este extraordinariamente lúgubre momento de la historia, Dios envió a su Hijo, el Mesías, para «redimir» a su pueblo de la maldición de la ley (Ro 3:24; 5:6, 20; Gá 3:13; 3:19, 23; 4:4–5). Cristo puso esta redención en efecto por su muerte en la cruz, que fue el sacrificio clímax y final de la expiación por el pecado (Ro 3:25; cf. 2 Co 3:6). También instituyó el «nuevo pacto» que Jeremías había dicho que Dios haría con su pueblo para rescatarlos de su pecado (1 Co 11:25). Dios en su gracia libremente absuelve de mal a todo el que cree estas buenas nuevas (Ro 3:22–24). La justificación, en otras palabras, viene sólo por fe y como resultado de la gracia de Dios.

Esto quiere decir que está disponible en los mismos términos para gentiles tanto como para judíos y que mediante la asamblea de un nuevo pueblo, la iglesia de Dios, cuyos límites no están delimitados por la posesión de la ley judía sino sólo por fe en Cristo y la obra santificadora del Espíritu de Dios dado escatológicamente, Dios puede empezar a cumplir su promesa a Abraham. Todas las naciones de la tierra están siendo bendecidas por él al imitar su fe y creer «en el Dios que da vida a los muertos y que llama las cosas que no son como si ya existieran» (Ro 4:17).

Por la muerte y resurrección de Cristo, Dios no está meramente cumpliendo su promesa a Abraham sino que también está empezando a restaurar toda la creación a la comunión consigo mismo. Adán desobedeció el mandato de Dios y trajo pecado y muerte a todos después de él; pero Cristo fue obediente al punto de muerte y así trajo a muchos a la justicia y la vida (Ro 5:15; 17–19; 1 Co 15:22; Fil 2:8). Los que Dios ha salvado por su iniciativa de gracia en Cristo son los principios de su «nueva creación»; son «obra de sus manos, creados» por él (Gá 6:15; 2 Co 5:17; Ef 2:10). Son el principio de una nueva humanidad, no dividida unos de otros por hostilidad impulsada socialmente, ni dividida de Dios por la hostilidad justificada de Dios contra su pecado (Ro 8:21–22).

A la larga, después de que el número completo de gentiles haya abrazado el evangelio y entrado en el pueblo de Dios, un gran número de judíos se unirá a sus filas, y Dios cumplirá la profecía de Jeremías de que quitará el pecado de su pueblo de Israel estableciendo con ellos un nuevo pacto (Ro 11:25–27). Cuando este plan esté completo, la creación de Dios será liberada de su «esclavitud a corrupción» y sus «gemidos» bajo la consecuencia de su pecado (Ro 8:21–22). Más bien, todas las cosas en el cielo y en la tierra serán unidas bajo la Cabeza que es Cristo (Ef 1:10).

Al fin su pueblo, formado tanto de judíos como de gentiles, «con un solo corazón y a una sola voz glorifi[carán] al Dios y Padre de nuestro Señor Jesucristo» (Ro 15:6). Los propósitos de Dios en la creación entonces se cumplirán. Una creación unida bajo la cabeza que es Cristo finalmente dará a Dios la gloria que Adán, y todos después de él, no le dieron, y Dios será «todo en todos» (1 Co 15:28).

El carácter pecador de la humanidad

Esencial a este entendimiento de los propósitos de Dios en la historia es la noción que todo ser humano está impotentemente empantanado en el pecado. El pecado de Adán infectó a toda la humanidad, con el resultado de que todos después de Adán nacen en un estado de muerte espiritual y pecado (Ro 5:12–14, 17; Ef 2:1, 3). Pablo cree que, aparte de Cristo («que no tuvo pecado»), no hay excepción a este dilema humano común (2 Co 5:21). Todos pecaron como Adán pecó, y todos nacen en un estado de muerte espiritual que Adán inició cuando pecó (Ro 5:12; 1 Co 15:22). Debido al pecado de Adán «No hay un solo justo, ni siquiera uno; … No hay nadie que haga lo bueno; ¡no hay uno solo!» (Ro 3:10, 12).[87]

Esto quiere decir que nadie puede aducir exención del castigo de Dios en base a sus propias buenas obras, afiliación étnica o nacional, vínculos familiares o posición social (Ro 3:9–20; 1 Co 1:26–29; Gá 2:15–16; 3:10–12; Ef 2:8–9; Tit 3:5). «De hecho, no hay distinción», dice Pablo «pues todos han pecado y están privados de la gloria de Dios» (Ro 3:22–23). Los gentiles están muertos en sus transgresiones y pecados», y los judíos, tal como el Pablo precristiano, también vivían impulsados por sus deseos pecaminosos (Ef 2:1, 3). Los judíos son, como los demás, «por naturaleza objeto de la ira de Dios» (Ef 2:3; cf. Ro 1:18–3:20). Sin el Espíritu de Dios, Pablo, y todos los demás, están «vendidos al pecado», y «nada bueno vive en [él]» (Ro 7:14, 18).

Dios, por consiguiente, ha pronunciado con justicia una sentencia de condenación sobre Adán y todos los que viven después de él (Ro 5:16–17). Él ya ha empezado a castigar a sus criaturas pecadoras entregándolas a las consecuencias de su pecado (Ro 1:18, 24, 26, 28; 5:16–17; Ef 1:3). Con todo, un «día de ira» final se vislumbra en el horizonte, y en ese día Dios, por Jesucristo, ejecutará la plena medida de su ira castigadora contra los desobedientes (Ro 2:5, 8; 5:9; 9:22; 1 Ts 1:10; 2 Ts 1:5–10).

El carácter de gracia de Dios

Tal vez el elemento más característico de la comprensión de Pablo de Dios es la gracia de Dios para con sus criaturas en su condición apremiante común de pecado, condición que, aparte de la intervención de Dios, inevitablemente los condena a la destrucción en «el día de la ira de Dios» (Ro 2:5). Incluso en 1 Tesalonicenses Pablo dice que Dios tomó la iniciativa, por medio de su Hijo, de rescatar «de la ira venidera» a los creyentes, y afirma que Dios hizo esto por la muerte del Señor Jesucristo «por nosotros»; muerte que capacita a los creyentes para vivir juntos con Cristo en su venida antes que experimentar el «fuego ardiente» que visitará a los que «no conocen a Dios ni obedecen el evangelio de nuestro Señor Jesús» (1 Ts 1:10; 5:10; 2 Ts 1:7–8).

En Gálatas Pablo dice que sostener la posición de que la justicia viene mediante la aceptación de la ley, y por consiguiente por iniciativa humana, es «descartar la gracia de Dios» y «caer de la gracia» (Gá 2:21; 5:4).

En la correspondencia a Corinto, Dios toma la iniciativa en Cristo Jesús para sustituir la falta humana de «justicia, santidad y redención» por la propia capacidad de Cristo Jesús para llenar estos requisitos necesarios para una relación restaurada con Dios (1 Co 1:30). Dios reconcilia al mundo a sí mismo en Cristo no tomándoles en cuenta a los seres humanos sus pecados y más bien cambiando la pecaminosidad humana por la justicia de Cristo (2 Co 5:19, 21). La propia experiencia de Pablo de la gracia de Dios, a pesar de su persecución anterior a la iglesia de Dios y su presente debilidad, provee una ilustración personal de este aspecto del carácter de Dios (1 Co 15:10).

En Romanos Pablo afirma constantemente que los creyentes tienen una relación correcta con Dios debido a la muerte expiatoria de Cristo y que esto viene «por su gracia como dádiva» (Ro 3:24; cf. 4:4; 5:2, 15–17, 20–21; 6:23; 8:32; 11:5–6). Dios ha tomado la iniciativa para rescatar a su pueblo del pecado y castigo, dice, porque ellos mismos eran «impotentes» (*astzenon*) para no hacer nada en cuanto a su condición precaria (Ro 5:6).

Pablo reafirma este tema en cartas posteriores. En Efesios alaba la gracia de Dios gloriosa, abundante y otorgada gratuitamente, demostrada en la muerte expiatoria de Cristo por los pecadores que estaban «muertos en *sus* transgresiones y pecados» y absolutamente incapaces de hacer algo para lograr la salvación por sí mismos (Ef 1:6–7; 2:1, 8–9). En las Pastorales, Pablo de nuevo habla

---

[87] El versículo 10 parafrasea Salmo 14:1 y 3, y el versículo 12 los cita exactamente (de la LXX).

autobiográficamente de cómo Dios tomó la iniciativa para superar su «ignorancia e incredulidad» y por «da gracia de nuestro Señor Jesucristo» nombrarlo para el servicio del evangelio (1 Ti 1:12–14). Aquí también, la salvación se debe a la misericordia y la gracia de Dios, por iniciativa propia, y no viene en respuesta a ningún esfuerzo humano (2 Ti 1:9; Tit 3:5).

Pablo, sin embargo, ve la respuesta de la gracia de Dios a la debilidad humana no sólo como aplicable a la entrada al pueblo de Dios, sino también pertinente al carácter de la existencia del creyente dentro del pueblo de Dios. Los creyentes, dice Pablo, «ahora están» en la gracia de Dios (Ro 5:2). Existen «bajo gracia» (6:14–15). Aunque esa gracia, por definición, no puede ser ganada, no permanece pasiva en los que la reciben. Si hiciera eso, dice Pablo, sería «sin efecto» (*kene*). Más bien, fortalece a los que la reciben para trabajar duro en el servicio del evangelio; para convertirse en «colaboradores de Dios» (1 Co 15:10; 2 Co 6:1; cf. Ef 2:8–10; 2 Ti 2:1). Por eso, capacitó a las iglesias de Macedonia para dar de sus escasos recursos para ayudar a los cristianos de Judea azotados por la hambruna, y Pablo tiene esperanza de que estimule a los cristianos de Corinto a renovar su interés en la colecta y contribuir generosamente a ella (2 Co 8:1–15; 9:13–14). De la misma manera, Cristo reparte «gracia» a cada creyente para la edificación de la iglesia, su unidad y su protección de la enseñanza falsa (Ef 4:7–16).

La pecaminosidad humana y la gracia de Dios en las cartas de Pablo

Pablo cree que la solución para muchos de los problemas que considera en sus cartas es una comprensión más clara del pecado humano y la respuesta de gracia de Dios a eso en la historia por medio de Jesucristo. No darse cuenta de la pecaminosidad humana común tanto de judíos como de gentiles, y su necesidad común de justificación por fe en Jesucristo es lo que está detrás de las distinciones que Pedro, Bernabé y los de Jacobo hicieron en Antioquía y que los judaizantes hicieron en Galacia. Pablo responde a sus oponentes en Galacia, por consiguiente, de la misma manera en que resistió a Pedro en Antioquía, es decir, recordándoles que ningún judío puede guardar la ley y que tanto judíos como gentiles entran en una relación debida con Dios en base a la fe y como resultado de la gracia de Dios (Gá 2:15–16, 21; 3:10–14; 5:4).

Los corintios, de modo similar, estarán más unidos si tan sólo comprenden quiénes son ante Dios y todo lo que Dios ha hecho por ellos a pesar de su incapacidad. Ellos son débiles, necios y viles, pero Cristo Jesús ha llegado a ser para ellos sabiduría, justicia, santidad y redención (1 Co 1:26–31). La formación de distinciones entre ellos mismos con propósito de jactarse es inapropiada debido a que todo lo que ellos tienen, lo han recibido de la mano de Dios (1 Co 4:7; cf. 11:19).

Pablo refuta a sus oponentes en 2 Corintios de la misma manera. Su rechazo altanero de Pablo debido a que este no llega a las normas que ellos tienen de sofisticación retórica y no posee una presencia física poderosa descansa en un malentendido de quiénes son ellos y cómo obra Dios. Dios en su gracia escoge realizar sus propósitos mediante «vasos de barro» y perfeccionar su poder en la debilidad (2 Co 4:7; 12:7–10).

En Romanos también Pablo intenta brindar salud a una iglesia dividida recordándoles a los judíos y a los gentiles su situación precaria común de pecado y su experiencia común de la gracia de Dios por su fe en la muerte expiatoria de Cristo. «¿Dónde, pues, está la jactancia?», pregunta Pablo. «Queda excluida» (Ro 3:27).

Más adelante en su carrera, al enfrentar otros problemas, Pablo continuó considerando la gracia de Dios como un concepto central dentro de la expresión del evangelio. Al enfrentar una discusión de que la muerte de Cristo no era suficiente para tratar con el pecado en el día final, en Colosenses Pablo afirmó que por medio de la muerte de Cristo Dios ha perdonado gratuitamente a los cristianos. Al enfrentar el desaliento entre las iglesias predominantemente gentiles de Asia, Pablo les recordó en Efesios los efectos paralizadores de su pecado y la provisión abundante de la gracia de Dios a pesar del pecado de ellos. Al enfrentarse con una forma oscura de gnosticismo en las

Pastorales, Pablo resumió el evangelio en términos de pecaminosidad e incapacidad humanas, y la respuesta en Cristo de la gracia de Dios a esta condición precaria.

La gracia de dios: el centro de la teología de pablo

Por lo tanto, si un tema teológico es más básico que otros en las cartas de Pablo, es esta noción de que Dios es un Dios de gracia y que ha mostrado su gracia preeminentemente en su arreglo de la historia para responder al problema del pecado humano por medio de la muerte y resurrección de su Hijo, Jesucristo.

Esta es «la verdad del evangelio» que Pablo apasionadamente defendió contra los que la amenazaban en Jerusalén y Antioquía. Cuando falsos hermanos en el concilio de Jerusalén trataron de insistir que una relación correcta con Dios se definía no sólo por la fe en Cristo sino por la conformidad a la ley mosaica, Pablo ni por un momento accedió a someterse a ellos, pues quería que se preservara entre ellos la integridad del evangelio (Gá 2:5). Cuando Pedro, bajo presión de los creyentes judíos de Jerusalén, trató de obligar a los cristianos gentiles de Antioquía a conformarse a la ley mosaica, Pablo le dijo que estaba fuera del carril con «la verdad del evangelio» (Gá 2:14).

El problema en ambos casos era que insistir en la conformidad a la ley mosaica como un medio, por parcial que sea, de llevar a las personas a una relación correcta con Dios, los falsos hermanos y Pedro habían «descartado la gracia de Dios» e implicado que «Cristo murió en vano» (Gá 2:21). Aquí, entonces, Pablo nos responde a la pregunta del «centro» de su teología. Es una respuesta dada en la pasión del momento, pero como la importancia de este concepto en todo el cuerpo paulino demuestra, fue una respuesta que surgió de las más hondas convicciones de Pablo.[3]

---

[3] Thielman, F. (2006). *Teología del Nuevo Testamento: Síntesis del Canon del Nuevo Testamento* (pp. 415-532). Miami, FL: Editorial Vida.

Obras Citadas

Aalen, Sverre. *Guds Sonn og Guds Rike: Nytestamentlige Studier*. Universitetsforlaget, Oslo, 1973.

Achtemeier, Paul J. *1 Peter*. Hermeneia. Fortress, Minneapolis, 1996.

———. «The Continuing Quest for Coherence in St. Paul: An Experiment in Thought». Páginas 132–45 en *Theology and Ethics in Paul and His Interpreters: Essays in Honor of Victor Paul Furnish*. Editado por Eugene H. Lovering y Jerry L. Sumney. Abingdon, Nashville, 1996.

———. «Finding the Way to Paul's Theology: A Response to J. Christiaan Beker and J. Paul Sampley». Páginas 25–36 en *Pauline Theology, Volume I. Thessalonians, Philippians, Galatians, Philemon*. Editado por Jouette M. Bassler. Fortress, Minneapolis, 1991.

Aland, Barbara, Kurt Aland, et al. *Novum Testamentum Graece*. 27ª ed. Deutsche Bibelgesellschaft, Stuttgart, 1993.

Aland, Kurt. *The Problem of the New Testament Canon*. Contemporary Studies in Theology 2. A. R. Mowbray, Londres, 1962. Alexander, Loveday. «Ancient Book Production and the Circulation of the Gospels». Páginas 71–111 n *The Gospels for All Christians: Rethinking the Gospel Audiences*. Editado por Richard Bauckham. Eerdmans, Grand Rapids, 1998.

———. «Hellenistic Letter-Forms and the Structure of Philippians». *Journal for the Study of the New Testament* 37 (1989): 87–101.

Allison, Dale C. *The End of the Ages Has Come: An Early Interpretation of the Passion and Resurrection of Jesus*. Fortress, Philadelphia, 1985.

———. *The New Moses: A Matthean Typology*. Fortress, Minneapolis, 1993.

Alter, Robert. *The Art of Biblical Narrative*. Eerdmans, Grand Rapids, 1981.

(Pseudo-) Aristeas. *To Philocrates*. Harper & Brothers, Nueva York, 1951.

Arnold, Clinton E. *The Colossian Syncretism: The Interface between Christianity and Folk Belief at Colossae*. Wissenschafrliche Untersuchungen zum Alten und Neuen Testament 2.77. J. C. B. Mohr (Paul Siebeck), Tübingen, 1995.

———. *Ephesians, Power and Magic: The Concept of Power in Ephesians in Light of Its Historical Setting*. Society for the Study of the New Testament Monograph Series 63. Cambridge University Press, Cambridge, 1989.

Ashton, John. *The Religion of Paul the Apostle*. Yale University Press, New Haven, Conn., 2000.

———. *Understanding the Fourth Gospel*. Clarendon, Oxford, 1991.

Attridge, Harold W. *Hebrews*. Hermeneia. Fortress, Philadelphia, 1989.

Augustín. *Confessions*. Oxford University Press, Oxford, 1991.

Aune, David E. *Prophecy in Early Christianity and the Ancient Mediterranean World*. Eerdmans, Grand Rapids, 1983.

———. *Revelation 1–5*. Word Biblical Commentary 52A. Word, Dallas, 1997.

———. *Revelation 6–16*. Word Biblical Commentary 52B. Nelson, Nashville, 1998.

———. *Revelation 17–22*. Word Biblical Commentary 52C. Nelson, Nashville, 1998.

Aus, Roger D. «The Liturgical Background of the Necessity and Propriety of Giving Thanks according to 2 Thes 1:3». *Journal of Biblical Literature* 92 (1973): 432–38.

Baarda, Tjitze. «DIAFWNIA—SUMFONIA: Factors in the Harmonization of the Gospels, Especially in the Diatessaron of Tatian». Páginas 133–54 en *Gospel Traditions in the Second Century, Origins, Recensions, Text, and Transmission*. Editado por William L. Petersen. Christianity and Judaism in Antiquity 3. University of Notre Dame Press, Notre Dame, Ind., 1989. 11.

Bachmann, H., y W. A. Slaby, eds. *Concordance to the Novum Testamentum Graece* 3ª ed. Walter de Gruyter, Berlín, 1987.

Baird, William. *History of New Testament Research*. 3 vols. Fortress, Minneapolis, 1992_____.

Balch, David L. *Let Wives Be Submissive: The Domestic Code in 1 Peter*. Society of Biblical Literature Monograph Series 26. Scholars, Atlanta, 1981.

Balla, Peter. *Challenges to New Testament Theology: An Attempt to Justify the Enterprise*, Wisenschaftliche Untersuchungen zum Alten und Neuen Testament 2.95. Mohr, Tübingen, 1997.

Balz, Horst, y Gerhard Schneider, eds. *Exegetical Dictionary of the New Testament*. 3 vols. Eerdmans, Grand Rapids, 1990–93.

Barclay, John M. G. «Conflict in Thessalonica». *Catholic Biblical Quarterly* 55 (1993): 51230.

———. «'Do We Undermine the Law?' A Study of Romans 14.1–15.6». Páginas 287–308 en *Paul and the Mosaic Law*. Editado por James D. G. Dunn. Wissenschaftliche Untersuchungen zum Alten und Neuen Testament 89. J. C. B. Mohr (Paul Siebeck), Tübingen, 1996.

———. «The Family as the Bearer of Religion in Judaism and Early Christianity». Páginas 66–80 en *Constructing Early Christian Families: Family as Social Reality and Metaphor*. Editado por Halvor Moxnes. Routledge, Londres, 1997.

———. *Obeying the Truth: Paul's Ethics in Galatians*. Fortress, Minneapolis, 1988.

———. «Ordinary but Different: Colossians and Hidden Moral Identity», *Australian Biblical Review* 49 (2001): 34–52.

———. «Paul, Philemon and the Dilemma of Christian Slave-Ownership». *New Testament Studies* 37 (1991): 161–86.

Barker, Margaret. *The Revelation of Jesus Christ Which God Gave to Him to Show to His Servants What Must Soon Take Place (Revelation 1.1)*. T. & T. Clark, Edinburgh, 2000.

Barnett, Paul. *The Second Epistle to the Corinthians*. New International Commentary on the New Testament. Eerdmans, Grand Rapids, 1997.

Barnouin, M. «Les problemes de traduction concernant II Thess. II.6–7». *New Testament Studies* 23 (1976–77): 482–98.

Barr, James. *The Scope and Authority of the Bible*. Westminster, Philadelphia, 1980.

Barrett, C. K. *The Acts of the Apostles*. International Critical Commentary. 2 vols. T. & T. Clark, Edinburgh, 1994–98.

———. «The Centre of the New Testament and the Canon». Páginas 5–21 en *Die Mitte des Neuen Testaments: Einheit und Vielfalt neutestamentlicher Theologie: Festschrift für Eduard Schweizer zum siebzigsten Geburtstag*. Editado por Ulrich Luz y Hans Weder. Vandenhoeck & Ruprecht, Göttingen, 1983.

———. A Commentary on the First Epistle to the Corinthians. Harper's New Testament Commentaries. Harper & Row, Nueva York, 1968.

———. *A Commentary on the Second Epistle to the Corinthians*. Harper's New Testament Commentaries. Harper & Row, Nueva York, 1973.

———. *The Epistle to the Romans*. Black's New Testament Commentaries. A. C. Black, Londres, 1957.

———. *The Epistle to the Romans*. Ed. rev. Hendrickson, Peabody, Mass., 1991.

———. *Essays on Paul*. Westminster, Philadelphia, 1982.

———. *The Gospel according to St. John*. 2ª ed. Westminster, Philadelphia, 1978.

———. «Jews and Judaizers in the Epistles of Ignatius». Páginas 220–44 en *Jews, Greeks and Christians: Religious Cultures in Late Antiquity*. Editado por Roben Hamerton-Kelly y Robin Scroggs. Studies in Judaism and Late Antiquity 21. E. J. Brill, Leiden, 1976.

———. «John and Judaism». Páginas 231–46 en *Anti-Judaism and the Fourth Gospel*. Editado por Reimund Bieringer, Didier Pollefeyt, y Frederique Vandecasteele-Vanneuville. Westminster John Knox, Louisville, 2001.

———. *Paul: An Introduction to His Thought*. Westminster John Knox, Louisville, 1994.

Barth, Karl. *The Epistle to the Philippians*. John Knox, Richmond, 1962.

Barth, Markus. *Ephesians: Introduction, Translation, and Commentary on Chapters 1–3*. Anchor Bible 34. Doubleday, Garden City, N.Y., 1974.

Barton, John. *Holy Writings, Sacred Text: The Canon in Early Christianity*. Westminster John Knox, Louisville, 1997.

Bassler, Jouette M. «The Enigmatic Sign: 2 Thessalonians 1:5». *Catholic Biblical Quarterly* 46 (1984): 496–510.

Bauckham, Richard. *The Climax of Prophecy: Studies on the Book of Revelation*. T. & T. Clark, Edinburgh, 1993.

———. «James and the Jerusalem Church». Páginas 415–80 en *The Book of Acts in Its Palestinian Setting*. Editado por Richard Bauckham. Eerdmans, Grand Rapids, 1995.

———. *James: Wisdom of James, Disciple of Jesus the Sage*. New Testament Readings. Routledge, Londres, 1999.

———. *Jude, 2 Peter*. Word Biblical Commentary 50. Word, Waco, Tex., 1983.

———. *Jude and the Relatives of Jesus in the Early Church*. T. & T. Clark, Edinburgh, 1990.

———. *The Theology of the Book of Revelation*. New Testament Theology. Cambridge University Press, Cambridge, 1993.

Bauckham, Richard, ed. *The Gospels for All Christians: Rethinking the Gospel Audiences*. Eerdmans, Grand Rapids, 1998.

Bauer, Walter. *A Greek-English Lexicon of the New Testament and Other Early Christian Literature*. 3ª ed. Revisado y editado por Frederick William Danker. University of Chicago Press, Chicago, 2000.

———. *Orthodoxy and Heresy in Earliest Christianity*. SCM, Londres, 1972.

Baur, Ferdinand Christian. *The Church History of the First Three Centuries*. 2 vols. : Williams and Norgate, Londres, 1878–79.

———. «Die Christuspartei in der korinthischen Gemeinde, der Gegensatz des petrinischen und paulinischen Christentum in der altesten Kirche, der Apostel Petrus in Rom». *Tübingen Zeitschrift für Theologie* 4 (1831): 61–206.

———. *Die ignatianischen Briefe und ihr neuester Kritiker*. Ludwig Friedrich Fues, Tübingen, 1848.

———. *Paul, The Apostle of Jesus Christ, His Life and Work, His Epistles and His Doctrine: A Contribution to a Critical History of Primitive Christianity*. 2 vols. 2ª ed. Williams & Norgate, Londres, 1876.

———. *Vorlesungen über neutestamentliche Theologie*. Editado por F. F. Baur. Wissenschaftliche Buchgesellschaft, Darmstadt, 1973.

Beacham, Richard C. *Spectacle Entertainments of Early Imperial Rome*. Yale University Press, New Haven, Conn., 1999.

Beale, G. K. «The Eschatological Conception of New Testament Theology». Páginas 11–52 en *Eschatology in Bible and Theology: Evangelical Essays at the Dawn of a New Millenium*. Editado por Kent E. Brower y Mark W. Elliott. InterVarsity Press, Downers Grove, Ill., 1997.

———. *The Book of Revelation*. New International Greek Testament Commentary. Eerdmans, Grand Rapids, 1999.

Beard, Mary, John North, y Simon Price. *Religions of Rome*. 2 vols. Cambridge University Press, Cambridge, 1998.

Beare, Francis Wright. *The First Epistle of Peter*. Blackwell, Oxford, 1947.

Beasley-Murray, George R. *Jesus and the Kingdom of God*. Eerdmans, Grand Rapids, 1986.

———. *John*. Word Biblical Commentary 36. Word, Waco, Tex., 1987.

———. *Baptism in the New Testament*. Eerdmans, Grand Rapids, 1962.

Becker, Jürgen. *Paul: Apostle to the Gentiles*. Westminster John Knox, Louisville, 1993.

Beker, J. Christiaan. *Heirs of Paul: Their Legacy in the New Testament and the Church Today*. Eerdmans, Grand Rapids, 1991.

———. *Paul the Apostle: The Triumph of God in Life and Thought*. Fortress, Philadelphia, 1980.

———. «Recasting Pauline Theology: The Coherence-Contingency Scheme as Interpretive Model». Páginas 15–24 en *Pauline Theology, Volume I. Thessalonians, Philippians, Galatians, Philemon*. Editado por Jouette M. Bassler. Fortress, Minneapolis, 1991.

Berger, Klaus. *Theologiegeschichte des Urchristentums: Theologie des Neuen Testaments*. 2ª ed. Francke, Tübingen, 1995.

Berkowitz, L. y K. A. Squitier. *Thesaurus linguae graecae: Canon of Greek Authors and Works*. 3ª ed. Oxford University Press, Oxford, 1990.

Best, Ernest. *1 Peter*. New Century Bible. Eerdmans, Grand Rapids, 1971.

———. *A Commentary on the First and Second Epistles to the Thessalonians*. Harper's New Testament Commentaries. Harper & Row, Nueva York, 1972.

———. *A Critical and Exegetical Commentary on Ephesians*. International Critical Commentary. T. & T. Clark, Edinburgh, 1998.

———. *Essays on Ephesians*. T. & T. Clark, Edinburgh, 1997.

Betz, Hans Dieter. *2 Corinthians 8 and 9: A Commentary on Two Administrative Letters of the Apostle Paul* Hermeneia. Fortress, Philadelphia, 1985.

———. *The Sermon on the Mount*. Hermeneia. Fortress, Minneapolis, 1995.

Bieringer, R. «Teilungshypothesen zum 2.Korintherbrief: Ein Forschungsüberblick». Páginas 66–105 en *Studies on 2 Corinthians*. Bibliotheca ephemeridum theologicarum lovaniensium 112. Editado por R. Bieringer y J. Lambrecht. Leuven University Press, Leuven, 1994.

Biguzzi, Giancarlo. «Ephesus, Its Artemision, Its Temple to the Flavian Emperors, and Idolatry in Revelation». *Novum Testamentum* 40 (1998): 227–90.

Bjerkelund, Carl J. *Tauta Egeneto: die Präzisierungssätze im Johannesevangelium*. Wissenschaftliche Untersuchungen zum Alten und Neuen Testament 40. J. C. B. Mohr (Paul Siebeck), Tübingen, 1987.

Black, C. Clifton. «Christ Crucified in Paul and in Mark: Reflections on an Intracanonical Conversation». Páginas 184–206 en *Theology and Ethics in Paul and His Interpreters: Essays in Honor of Victor Paul Furnish*. Editado por Eugene H. Lovering y Jerry L. Sumney. Abingdon, Nashville, 1996.

Block, Daniel I. *The Book of Ezekiel: Chapters 25–48*. New International Commentary on the Old Testament. Eerdmans, Grand Rapids, 1998.

Bock, Darrell L. *Jesus according to Scripture: Restoring the Portrait from the Gospels*. Baker, Grand Rapids, 2002.

———. *Luke 1:1–9:50*. Baker Exegetical Commentary on the New Testament 3A. Baker, Grand Rapids, 1994.

———. *Luke 9:21–24:53*. Baker Exegetical Commentary on the New Testament 3B. Eerdmans, Grand Rapids, 1996.

Bockmuehl, Markus. *The Epistle to the Philippians*. Black's New Testament Commentary. Hendrickson, Peabody, Mass., 1998.

Boers, Hendrikus. *What Is New Testament Theology: The Rise of Criticism and the Problem of a Theology of the New Testament*. Fortress, Philadelphia, 1979.

Bonz, Marianne Palmer. *The Past as Legacy: Luke-Acts and Ancient Epic*. Fortress, Minneapolis, 2000.

Boobyer, G. H. «The Secrecy Motif in St. Mark's Gospel». *New Testament Studies* 6 (195960): 225–35.

Booth, Alan. «The Age for Reclining and Its Attendant Perils». Páginas 105–20 en *Dining in a Classical Context*. Editado por William J. Slater. University of Michigan, Ann Arbor, 1991.

Bornkamm, Günther. «End-expectation and Church in Matthew». Páginas 15–51 en *Tradition and Interpretation in Matthew*. Editado por Günther Bornkamm, Gerhard Barth, y Heinz Joachim Held. New Testament Library. Westminster, Philadelphia, 1963.

———. «The Letter to the Romans as Paul's Last Will and Testament». Páginas 16–28 en *The Romans Debate*. Editado por Karl P. Donfried. Ed. rev. y amp. Hendrickson, Peabody, Mass., 1991.

———. *Paul*. Harper & Row, Nueva York, NY., 1971.

Bovon, Francois. *Das Evangelium nach Lukas (Lk 1, 1–9, 50)*. Evangelisch-katholischer Kommentar zum Neuen Testament 3.1. Benziger Verlag/Neukirchen-Vluyn: Neukirchener Verlag, Zurich, 1989.

———. *Das Evangelium nach Lukas (Lk 9, 51–14, 35)*. Evangelisch-katholischer Kommentar zum Neuen Testament 3.2. Benziger Verlag/Neukirchen-Vluyn: Neukirchener Verlag, Zurich, 1996.

Bowersock, G. W. *Greek Sophists in the Roman Empire*. Oxford University Press, Oxford, 1969.

Braaten, Carl E. *Mother Church: Ecclesiology and Ecumenism*. Fortress, Minneapolis, 1998.

Bradley, K. R. *Slaves and Masters in the Roman Empire: A Study in Social Control*. Oxford University Press, Nueva York, 1987.

Braun, F-M. *Jean le theologien: Le grandes traditions d'Israël l'accord des Ecritures d'apres le Quatrieme Evangile*. Etudes bibliques. Librairie Lecoffre, Paris, 1964.

Braun, Herbert. «Hebt die heutige neutestamentliche-exegetische Forschung den Kanon auf?» *Fuldaer Hefte* 12 (1960): 9–24.

Brecht, Martin. *Martin Luther*. 2 vols. Fortress, Minneapolis, 1990.

Brodie, Thomas L. *The Gospel according to John: A Literary and Theological Commentary*. Nueva York: Oxford, 1993.

Brooke, A. E. *A Critical and Exegetical Commentary on the Johannine Epistles*. International Critical Commentary. Scribner's, Nueva York, 1928.

Brown, Raymond E. *The Birth of the Messiah*. 2ª ed. Anchor Bible Reference Library. Doubleday, Nueva York 1997.

———. *The Community of the Beloved Disciple*. Paulist, Nueva York, 1979.

———. *The Epistles of John*. Anchor Bible 30. Doubleday, Garden City, N.Y., 1982.

———. *The Gospel according to John I–XII*. Anchor Bible 29. Doubleday, Nueva York, 1966.

———. *The Gospel according to John XIII–XXI*. Anchor Bible 29A. Doubleday, Nueva York, 1970.

———. «The Gospel of Peter and Canonical Gospel Priority». *New Testament Studies* 33 (1987): 321–43.

Brownlee, William H. *The Midrash Pesher of Habakkuk*. Society of Biblical Literature Monograph Series 24. Scholars, Missoula, Mont., 1979.

Brox, Norbert. *Der erste Petrusbrief.]* 3ª ed. *Evangelisch-katholischer Kommentar zum Neuen Testament. Benziger/ Neukirchen-Vluyn: Neukirchener Verlag, Zurich, 1989.*

———. *Die Pastoralbriefe*. Regensburger Neues Testament 7. Verlag Friedrich Pustet, Regensburg, 1969.

Bruce, F. F. *I & II Corinthians*. New Century Bible. Eerdmans, Grand Rapids, 1971.

———. *1 & 2 Thessalonians*. Word Biblical Commentary 45. Word, Waco, Tex., 1982.

———. *The Acts of the Apostles: The Greek Text with Introduction and Commentary*. 2ª ed. Tyndale, Londres, 1952.

———. «The 'Christ Hymn' of Colossians 1:15–20». *Bibliotheca sacra* 141 (1984): 99–111.

———. *Commentary on Galatians*. New International Greek Testament Commentary. Eerdmans, Grand Rapids, 1982.

———. *The Epistles to the Colossians, to Philemon, and to the Ephesians*. New International Commentary on the New Testament. Eerdmans, Grand Rapids, 1984.

———. *The Epistle to the Hebrews*. Ed. rev. New International Commentary on the New Testament. Eerdmans, Grand Rapids, 1990.

———. *The Gospel of John*. Eerdmans, Grand Rapids, 1983.

———. *Paul: Apostle of the Heart Set Free*. Eerdmans, Grand Rapids, 1977.
———. *Philippians*. Good News Commentary. Harper & Row, San Francisco, 1983.
———. «The Romans Debate-Continued». Páginas 175–94 en *The Romans Debate*. Editado por Karl P. Donfried. Ed. rev. y amp. Hendrickson, Peabody, Mass., 1991.
Bultmann, Rudolf. *Faith and Understanding*. Editado por Roben W. Funk. Fortress, Philadelphia, 1987.
———. *The Gospel of John: A Commentary*. Westminster, Philadelphia, 1971.
———. *The History of the Synoptic Tradition*. Harper & Row, Nueva York, NY., 1963.
———. «Is Exegesis without Presuppositions Possible?» Páginas 289–96 en *Existence and Faith: Shorter Writings of Rudolf Bultmann*. Editado por Schubert M. Ogden. World, Cleveland, Ohio, 1960.
———. *The Johannine Epistles*. Hermeneia. Fortress, Philadelphia, 1973.
———. «The Problem of Ethics in Paul». Páginas 195–216 en *Understanding Paul's Ethics: Twentieth Century Approaches*. Editado por Brian S. Rosner. Eerdmans, Grand Rapids, 1995.
———. *The Second Letter to the Corinthians*. Augsburg, Minneapolis, 1985.
———. *Theology of the New Testament*. 2 vols. Charles Scribner's Sons, Nueva York, 1951–1955.
Busching, Friderich. *Gedanken von der Beschaffenheit und dem vorzug der biblisch-dogmatischen Theologie vor der alten und neuen Scholastichen, und von theologischen Aufgaben*. Meyerschen Buchhandlung, Lemod, 1758.
Byrne, Brendan. *Romans*. Sacra Pagina 6. Liturgical, Collegeville, Minn., 1996.
Byrskog, Samuel. *Story as History-History as Story: The Gospel Tradition in the Context of Ancient Oral History*. Wissenschafdiche Untersuchungen zum Alten und Neuen Testament 123. J. C. B. Mohr (Paul Siebeck), Tübingen, 2000.
Cadbury, Henry J. *The Making of Luke-Acts*. Macmillan, Nueva York, 1927.
Caird, G. B. *A Commentary on the Revelation of St. John the Divine*. Harper's New Testament Commentaries. Harper & Row, Nueva York, 1966.
———. *Jesus and the Jewish Nation*. Athlone, Londres, 1965.
———. *New Testament Theology*. Editado por L. D. Hurst. Oxford University Press, Oxford, 1994.
———. *Paul's Letters from Prison (Ephesians, Philippians, Colossians, Philemon)*. Oxford University Press, Oxford, 1976.
Calvino, Juan. *Commentaries on the Epistles of Paul to the Galatians and Ephesians*. Eerdmans, Grand Rapids, 1948.
———. *The Epistle of Paul the Apostle to the Hebrews and the First and Second Epistles of St. Peter*. Eerdmans, Grand Rapids, 1963.
———. *Commentaries on the Epistles of Paul the Apostle to the Philippians, Colossians, and Thessalonians*. Eerdmans, Grand Rapids, 1948.
Cameron, Ron. *The Other Gospels: Non-Canonical Gospel Texts*. Westminster, Philadelphia, 1982.
Campbell, R. Alastair. *The Elders: Seniority within Earliest Christianity*. Studies of the New Testament and Its World. T. & T. Clark, Edinburgh, 1994.
Caragounis, Chrys C. *The Ephesian* Mysterion: *Meaning and Content*. Coniectanea neotestamentica 8. CWK Gleerup, Lund, 1977.
Carroll, John T. «Present and Future in Fourth Gospel 'Eschatology.'» *Biblical Theology Bulletin* 19 (1989): 63–69.
———. «Luke's Crucifixion Scene». Páginas 108–24 en *Reimagining the Death of the Lukan Jesus*. Editado por Dennis D. Sylva. Bonner biblische Beitdige 73. Anton Hain, Frankfurt am Main, 1990.
Carson, D. A. *The Gospel according to John*. Pillar New Testament Commentaries. Eerdmans, Grand Rapids, 1991.

———. «Matthew». Páginas 3–599 en vol. 8 de *The Expositor's Bible Commentary*. Editado por Frank E. Gaebelein. 12 vols. Zondervan, Grand Rapids, 1976–1992.

———. «Unity and Diversity in the New Testament: The Possibility of Systematic Theology». Páginas 65–95 en *Scripture and Truth*. Editado por D. A. Carson y John D. Woodbridge. Zondervan, Grand Rapids, 1983.

Cary, M. *A History of Rome Down to the Reign of Constantine*. 2ª ed. Macmillan, Londres, 1957.

Chadwick, Henry. *Introduction to Origen: Contra Celsum*. Cambridge University Press, Cambridge, 1953.

Charlesworth, James H. *The Old Testament Pseudepigrapha*. 2 vols. Doubleday, Nueva York, 1983–85.

Chester, Andrew. «The Theology of James». Páginas 1–62 en *The Theology of the Letters of James, Peter, and Jude*. Editado por Andrew Chester y Ralph P. Martin. New Testament Theology. Cambridge University Press, Cambridge, 1994.

Childs, Brevard S. *Isaiah*. Old Testament Library. Westminster John Knox, Louisville, 2001.

———. *The New Testament as Canon: An Introduction*. Fortress, Philadelphia, 1985.

Chilton, Bruce D. «Assessing Progress in the Third Quest». Páginas 15–25 en *Authenticating the Words of Jesus*. Editado por Bruce Chilton y Craig A. Evans. New Testament Tools and Studies 28. E. J. Brill, Leiden, 1999.

Cicerón, *On Duties*. Cambridge Texts in the History of Political Thought. Cambridge University Press, Cambridge, 1991.

———. *Cicero: The Nature of the Gods*. Clarendon, Oxford, 1997.

Collange, Jean-Francois. *The Epistle of Saint Paul to the Philippians*. Epworth, Londres, 1979.

Conzelmann, Hans. *The Theology of St. Luke*. Fortress, Philadelphia, 1961.

Crossan, John Dominic. *Four Other Gospels: Shadows on the Contours of Canon*. Winston, Minneapolis, 1985.

———. *The Historical Jesus: The Life of a Mediterranean Jewish Peasant*. Harper-SanFrancisco, San Francisco, 1991.

———. *Jesus: A Revolutionary Biography*. HarperCollins, Nueva York, 1994.

Cranfield, C. E. B. *The Epistle to the Romans*. 2 vols. International Critical Commentary. T. & T. Clark, Edinburgh, 1975–79.

———. *The Gospel according to Saint Mark*. Cambridge Greek Testament Commentary. Cambridge University Press, Cambridge, 1959.

———. *On Romans*. T. & T. Clark, Edinburgh, 1998.

Cullmann, Oscar. *The Early Church*. Editado por A. J. B. Higgins. SCM, Londres, 1956.

———. *Christ and Time*. SCM, Londres, 1951.

———. *Peter: Disciple, Apostle, Martyr: A Historical and Theological Essay*. Westminster, Philadelphia, 1953.

———. «Die Pluralität der Evangelien als theologisches Problem im Altertum». *Theologische Zeitschrift* 1 (1945): 23–42.

Culpepper, R. Alan. «Anti-Judaism in the Fourth Gospel as a Theological Problem for Christian Interpreters». Páginas 61–82 en *Anti-Judaism and the Fourth Gospel*. Editado por Reimund Bieringer, Didier Pollefeyt, y Frederique Vandecasteele-Vanneuville. Westminster John Knox, Louisville, 2001.

Dahl, Nils A. «'Do Not Wonder!' John 5:28–29 and Johannine Eschatology Once More». Páginas 322–36 en *The Conversation Continues: Studies in Paul and John in Honor of J. Louis Martyn*. Editado por Robert T. Fortna y Beverly R. Gaventa. Abingdon, Nashville, 1990.

———. *Studies in Paul: Theology for the Early Christian Mission*. Augsburg, Minneapolis, 1997.

Dalton, William Joseph. *Christ's Proclamation to the Spirits: A Study of 1 Peter 3:18–4:6*. 2ª ed. Analecta biblica 23. Editrice Pontificio Istituto Biblico, Roma, 1989.

Bibliografía comentada

Aunque la mayoría de esta bibliografía no se ha traducido al castellano, creemos que es importante incluirla tal y como hace la edición en el original, ya que puede ser una herramienta esencial para el lector que desee realizar una investigación más profunda[1].

Aquí facilitamos información sobre libros que tratan la persona de Pablo, sus epístolas y su teología, así que esta bibliografía no consiste en una lista de comentarios de sus epístolas, lo que ocuparía tanto o más espacio que el que ya ocupa esta sección. Recomendamos una obra muy valiosa para cualquier tema bíblico, y también para los temas paulinos: el nuevo *Anchor Bible Dictionary* editado en seis volúmenes por D.N. Freedman (Doubleday, 1992). También existen cientos de artículos y ensayos sobre Pablo en revistas especializadas, y algunos de ellos son muy importantes.

Para aquellos que dan sus primeros pasos en la investigación paulina, hemos marcado las obras introductorias y sencillas con un asterisco (*).

Beker, J. Christiaan, *Paul the Apostle: The Triumph of God in Life and Thought*, Fortress, 1980.
　Algo vago, presenta ideas poco conectadas entre sí. Sin embargo, es una impactante presentación de una versión americana del estudio teológico paulino de Käsemann.

*Beker, J. Christiaan, *Paul's Apocalyptic Gospel: The Coming Triumph of God*, Fortress, 1982.
　Consiste en una presentación más breve y accesible. Beker parte de que la teología de Pablo está caracterizada por el acontecimiento apocalíptico del triunfo de Dios en el mundo.

Boyarin, Daniel, *A Radical Jew: Paul and the Politics of Identity*, University of California Press, 1994.
　Una proeza de la interpretación postmoderna. Boyarin es un rabino, un especialista en el Talmud que un buen día descubrió a Pablo. Establece una relación entre una reinterpretación radical y postfreudiana de Pablo, con el debate contemporáneo sobre temas fascinantes como el sionismo, el feminismo, y otros.

*Bruce, F.F., *Paul: Apostle of the Heart Set Free*, Eerdmans, 1977.
　Una clásica biografía de Pablo. Clara, bien elaborada, presenta todos los detalles que el lector espera encontrar, y muchos más de los que se le habrían pasado por la mente. Único defecto: algo espeso, y a veces un poco ingenuo, teológicamente hablando.

Bultmann, Rudolf, *Teología del Nuevo Testamento*, Ed. Sígueme; Salamanca, 1981 [1958]. Traducción de *Theologie des Neuen Testaments*, Tübingen, 1965, 5ª ed.
　Aunque el estudio paulino ha evolucionado bastante desde los días de Bultmann, sigue teniendo una enorme influencia. El análisis que hace de Pablo ocupa la mayor parte del volumen I.

Dahl, N.A., *The Crucified Messiah and Other Essays*, Augsburg, 1974.

Dahl, N.A., *Studies in Paul: Theology for the Early Christian Mission*, Augsburg, 1977.
　Estas dos colecciones de Dahl son creativas, innovadoras y contienen ideas que dan mucho que pensar. Aunque se pasea por todas las escuelas de la investigación paulina, no se adhiere completamente a ninguna y establece, de principio a fin, su propio pensamiento.

Davies, W.D., *Paul and Rabbinic Judaism*, 4th edition, Fortress, 1980 [1948].

---

[1] (N. del T.)

* Para aquellos que dan sus primeros pasos en la investigación paulina, hemos marcado las obras introductorias y sencillas con un asterisco.

* Para aquellos que dan sus primeros pasos en la investigación paulina, hemos marcado las obras introductorias y sencillas con un asterisco.

La cuarta edición de un clásico, que cambió y marcó el rumbo de la investigación paulina después de la guerra.

Dictionary of Paul and his Letters, edited by Gerald F. Hawthorne, Ralph P. Martin, and Daniel G. Reid, InterVarsity, 1993.

Una herramienta importante y actual. Conservadora, pero no por ello sin sentido crítico.

Dunn, James D.G., *Christology in the Making: A New Testament Inquiry Into the Origins of the Doctrine of the Incarnation*, 2nd edition (1989), Eerdmans, 1996.

La famosa cristología de Dunn, en la que Pablo juega un papel muy importante. Pero pocos son los que han seguido sus conclusiones y pensamientos en lo que a este tema se refiere.

Dunn, James D.G., *Jesus, Paul, and the Law: Studies in Mark and Galatians*, Westminster / John Knox, 1990.

Una colección de artículos, algunos de los cuales han tenido una gran influencia en el debate que está conformando el pensamiento actual.

Fee, Gordon D., *God's Empowering Presence: The Holy Spirit in the Letters of Paul*, Hendrickson, 1994.

Más de 900 páginas: un estudio exhaustivo sobre el significado de cada pasaje en el que Pablo se refiere al Espíritu. Una verdadera mina.

Gaston, Lloyd, *Paul and the Torah*, University of British Columbia Press, 1987.

Gaston es un inconformista nato, que ha intentado demostrar que Pablo no tiene nada en contra del judaísmo. Aunque cabe destacar su ingenuidad, que es mucho más visible que su poder de convicción; de ahí que tuviera pocos seguidores.

Gospel in Paul: Studies on Corinthians, Galatians and Romans for Richard N. Longenecker, edited by L. Ann Jervis and Peter Richardson, *Journal for the Study of the New Testament Supplement Series*, Sheffield Academic Press, 1994, no. 108.

Una nueva colección de artículos de eruditos e investigadores importantes.

Hays, R.B., *The Faith of Jesus Christ: An Investigation of the Narrative Substructure of Galatians 3:1–4:11*, S.B.L. Dissertation Series, Scholars Press, 1983.

Hays, R.B., *Echoes of Scripture in the Letters of Paul*, Yale University Press, 1989.

Hays se ha hecho un nombre en la investigación paulina. Su segundo libro ha ejercido una influencia notable a los dos lados del océano. Redescubre los ecos de la Biblia judía que los eruditos han ignorado a lo largo de la historia a la hora de interpretar a Pablo.

Hengel, Martin, *The Pre-Christian Paul, in collaboration with Roland Dienes*, translated by John Bowden, Trinity Press International, 1991.

Hengel, quizá el erudito del Nuevo Testamento más importante de la actualidad, investiga la educación judía que Pablo recibió, y la etapa que va hasta su conversión.

*Hooker, Morna D., *Pauline Pieces*, Epworth Press, 1979.

Una introducción a Pablo muy útil, clara y sencilla, escrita por uno de los eruditos británicos más importantes.

Hooker, Morna D., *From Adam to Christ: Essays on Paul*, Cambridge University Press, 1990.

Una colección de artículos de más erudición que la obra anteriormente mencionada, pero escritos con mucha claridad y de forma interesante.

Käsemann, Ernst, *New Testament Questions of Today*, Fortress, 1969.

---

* Para aquellos que dan sus primeros pasos en la investigación paulina, hemos marcado las obras introductorias y sencillas con un asterisco.

* Para aquellos que dan sus primeros pasos en la investigación paulina, hemos marcado las obras introductorias y sencillas con un asterisco.

Käsemann, Ernst, *Perspectives on Paul*, translated by Margaret Kohl, Fortress, 1971 [1969].

Käsemann, Ernst, *Commentary on Romans*, Eerdmans, 1980 [1973].

Käsemann es el pensador alemán más interesante de la generación posterior a Bultmann. Aunque es anterior a Sanders, toda su obra es de mucho valor. Sin embargo, su lectura no resulta fácil. Por ejemplo, el comentario de Romanos es muy difícil de seguir.

Kim, Seyoon, *The Origin of Paul's Gospel*, Wissenschaftliche Untersuchungen zum neuen Testament 2, 2nd edition, J.C.B. Mohr (Paul Siebeck), 1984.

Kim defiende con una argumentación muy detallada, y a veces demasiado técnica, que la conversión de Pablo, entendida de una forma concreta, fue la raíz central de la teología que más tarde desarrollaría.

Maccoby, Hyam, *The Mythmaker: Paul and the Invention of Christianity*, Harper and Row, 1986.

Maccoby, Hyam, *Paul and Hellenism*, Trinity Press International, 1991.

Maccoby cree que Pablo era un pensador que estaba completamente bajo la influencia del pensamiento heleno que transformó la religión judía de Jesús en un sistema pagano y corrupto, lo que llegó a convertirse en el origen del posterior antisemitismo. La mayoría de eruditos no están de acuerdo con él, pero no por ello deja de ser importante. Se ha convertido en el portavoz de esta perspectiva.

Malherbe, Abraham J., *Paul and the Popular Philosophers*, Fortress, 1989.

Malherbe es un erudito estadounidense que está a la cabeza de la investigación de los movimientos filosóficos del siglo I. En este libro podemos encontrar algunos de los paralelos y diferencias entre estos movimientos y el pensamiento paulino, que en aquella época habrían sido muy obvias.

McGrath, Alister E., *Iustitia Dei. A History of the Christian Doctrine of Justification*, 2 volumes, Cambridge University Press, 1986.

Todo sobre la justificación, excepto una explicación detallada de su fundamento – la cual, como McGrath reconoce, quizá echará por tierra lo que muchos han intentado construir sobre él.

Meeks, Wayne A., *Los primeros cristianos urbanos: el mundo social del apóstol Pablo*, Salamanca: Sígueme, 1987 [1983]. *The First Urban Christians: The Social World of the Apostle Paul*, Yale University Press.

Un estudio serio e importante, que coloca a Pablo y a su congregación en el contexto social del siglo I.

Neill, Stephen: ver en Wright, N.T.

Räisänen, Heikki, *Paul and the Law*, Fortress, 1986a [1983].

Räisänen, Heikki, *The Torah and Christ: Essays in German and English on the Problem of the Law in Early Christianity*, Suomen Ekseegeettiseb Seuran Julkaisuja, Finnish Exegetical Society, 1986b.

La perspectiva de Räisänen, aunque un poco estridente (dice que Pablo no es radicalmente incoherente en cuanto a la ley), está bien elaborada, y sigue ejerciendo una influencia considerable.

Ridderbos, Herman N., *El pensamiento del apóstol Pablo*, Grand Rapids, MI, EE.UU., Libros Desafío; 2000. *Paulus, Ontwerp van zijn theologie*, traducido por Juan van der Velde, Kampen, Países Bajos: Uitgeversmaatschappij, 1966.

Un trabajo a tener en cuenta, escrito por uno de los investigadores más importantes. Aunque es anterior a Sanders, continúa siendo un libro muy útil para aquel que quiera hacer una lectura seria de Pablo.

Sanders, E.P., *Paul and Palestinian Judaism: A Comparison of Patterns of Religion*, Fortress, 1977.

Sanders, E.P., *Paul, the Law, and the Jewish People*, Fortress, 1983.

*Sanders, E.P., *Paul, Past Masters*, Oxford University Press, 1991.
   Las obras que hicieron cambiar el rumbo de la investigación paulina. *Paul and Palestinian Judaism*, a pesar de que es muy extenso, y a veces poco sistemático e incompleto, ha influenciado enormemente la investigación posterior. *Paul, the Law, and the Jewish People*, cubre muchas lagunas que había en los temas de la ley y del pueblo judío. *Paul* es una breve introducción que despertará el interés del lector.

Schoeps, H.-J., *Paul: The Theology of the Apostle in the Light of Jewish Religious History*, translated by H. Knight, Westminster, 1961 [1959].
   Una versión anterior a Maccoby (ver más arriba), más erudita, moderada y detallista.

Schweitzer, Albert, *Paul and His Interpreters: a Critical History*, translated by William Montgomery (1912), MacMillan, 1950.
   Fácil de seguir, para conocer a Pablo y a los que le han estudiado, la mayoría de ellos (aunque no todos) ya en el olvido, a los que Schweitzer categorizó y criticó.

Schweitzer, Albert, *The Mysticism of Paul the Apostle*, translated by William Montgomery, Preface by F.C. Burkitt, Seabury Press, 1968 [1930].
   El gran libro del maestro del pasado. Aún vale la pena leerlo. Schweitzer vio los problemas mucho antes de que otros lo hicieran, y quiso resolverlos de una forma creativa.

Segal, Alan F., *Paul the Convert: The Apostolate and Apostasy of Saul the Pharisee*, Yale University Press, 1990.
   Un libro con una perspectiva mucho más judía de lo que ya apuntaba Maccoby. Segal muestra su simpatía por Pablo, pero los argumentos que presenta son un poco flojos.

*Stendahl, K., *Paul Among Jewish and Gentiles*, Fortress, 1976.
   Contiene el ensayo seminal de Stendahl 'Paul and the Introspective Conscience of the West', que era una advertencia de los problemas que había en las interpretaciones de Pablo anteriores a Sanders. Es otro material interesante y presentado de una manera clara, accesible al lector no especializado.

Theissen, Gerd, *The Social Setting of Pauline Christianity: Essays on Corinth*, Fortress, 1982.
   Igual que Meeks (aunque no de forma tan clara), Theissen intenta situar a Pablo y a sus iglesias en su contexto sociológico.

Theissen, Gerd, *Psychological Aspects of Pauline Theology*, translated by John P. Galvin, Fortress, 1987 [1983].
   Se las da de innovador, pero de hecho no es muy convincente. Es un fascinante intento de entender a Pablo psicológicamente, e intercala algo de exégesis de forma bastante creativa.

Thielman, Frank, *From Plight to Solution: A Jewish Framework for Understanding Paul's View of the Law in Galatians and Romans*, Supplements to Novum Testamentum, E.J. Brill, 1989.

Thielman, Frank, *Paul and the Law*, InterVarsity Press, 1995.
   Uno de los mejores estudiosos de Pablo de la generación actual. Resulta claro y penetrante, incluso para aquellos que no comparten sus puntos de vista.

*Wenham, David, *Paul: Follower of Jesus or Founder of Christianity?* Eerdmans, 1995.

---

* Para aquellos que dan sus primeros pasos en la investigación paulina, hemos marcado las obras introductorias y sencillas con un asterisco.

* Para aquellos que dan sus primeros pasos en la investigación paulina, hemos marcado las obras introductorias y sencillas con un asterisco.

* Para aquellos que dan sus primeros pasos en la investigación paulina, hemos marcado las obras introductorias y sencillas con un asterisco.

El mejor y más completo estudio contemporáneo de la relación que hay entre Jesús y Pablo.

*Westerholm, Stephen, *Israel's Law and the Church's Faith: Paul and His Recent Interpreters*, Eerdmans, 1988.

Una excelente introducción a la investigación paulina contemporánea, incluye una argumentación razonada, equilibrada y cuidadosa en contra de la posición de Sanders sobre el tema de Pablo y la Ley.

Wilson, A.N., *Paul: The Mind of the Apostle*, Norton, 1997.

Una obra viva e interesante sobre el contexto histórico y cultural de los escritos de Pablo, que cuenta con algunas ideas sugerentes. Pero con una teología pésima: ignora la centralidad de la resurrección de Jesús en Pablo, y sugiere que para él la cruz era en parte una fijación psicológica, en parte influencia del culto a Mitra.

Witherington, Ben III, *Jesus, Paul, and the End of the World: A Comparative Study in New Testament Eschatology*, InterVarsity Press, 1992.

Withrington, Ben III, *Paul's Narrative Thought World: The Tapestry of Tragedy and Triumph*, Westminster / John Knox, 1994.

Dos trabajos muy completos, aunque fáciles de leer. Ambos abarcan mucho, aunque para un análisis más profundo de ciertos temas el lector querrá consultar otras fuentes.

Wright, N.T., *The Epistles of Paul to the Colossians and to Philemon*, Tyndale Commentaries, Eerdmans, 1986.

Un breve comentario, accesible, que incluye un análisis detallado del importante poema que aparece en Colosenses 1:15–20.

Wright, N.T. (with Stephen Neill), *The Interpretation of the New Testament, 1861–1986*, Oxford University Press, 1988.

Incluye (páginas 403–430) un análisis de los puntos clave de la investigación paulina desde Schweitzer hasta la década de 1980.

Wright, N.T., *The Climax of the Covenant: Christ and the Law in Pauline Theology*, Fortress, 1991.

Colección de ensayos exegéticos sobre la cristología paulina y su interpretación de la Ley. Usa mucho griego y argumentos técnicos, lo que dificulta un poco la lectura. Aunque los estudiantes comentan que el capítulo sobre Romanos 9–11 es el comentario más útil que han leído sobre dicho fragmento.

Wright, N.T., *The New Testament and the People of God*, Fortress, 1992.

Establece una base para el estudio del cristianismo primitivo, Pablo incluido. En cuanto a Pablo, cabe destacar la sección sobre los fariseos y otros aspectos del judaísmo del período intertestamentario (páginas 181–203).

Wright, N.T., ' "That we might become the righteousness of God": Refletions on 2 Corinthians 5:21', in *Pauline Theology*, edited by D.M. Hay, Fortress, 1993, volume II, pages 200–208.

Analiza un texto clave del debate existente sobre la justicia de Dios.

Wright, N.T., 'Gospel and Theology in Galatians', in *Gospel in Paul: Studies on Corinthians, Galatians and Romans for Richard N. Longenecker*, edited by L. Ann Jervis and Peter Richardson, *Journal for the Study of the New Testament*, Supplement Series, Sheffield Academic Press, 1994, no. 108, pages 222–239.

¿Qué entendía Pablo por 'el evangelio'?

Wright, N.T., 'Romans and Pauline Theology', in *Pauline Theology*, edited by David M. Hay and E. Elizabeth Johnson, Fortress, 1995, volume III, pages 30–67.

---

* Para aquellos que dan sus primeros pasos en la investigación paulina, hemos marcado las obras introductorias y sencillas con un asterisco.

¿Cuál es la idiosincrasia teológica de Romanos? ¿Cuál es su puesta en práctica?

Wright, N.T., *Jesus and the Victory of God*, Fortress, 1996.

No tiene que ver directamente con la teología paulina, pero sí trata la cuestión de la comprensión paulina de Jesús – ¡y analiza si ésta era errónea!

Wright, N.T., 'Paul, Arabia and Elijah (Galatians 1:17)', in *Journal of Biblical Literature*, 1996, volume 115, pages 683–692.

Wright, N.T., 'The Law in Romans 2', in *Paul and the Mosaic Law*, edited by J.D.G. Dunn, J.C.B. Mohr (Paul Siebeck), 1996, pages 131–150.

*Ziesler, John A., *Pauline Christianity* (revised edition), The Oxford Bible Series, Oxford University Press, 1990 [1983].

Un breve y espléndido estudio del pensamiento paulino, claro y fácil de leer.

Bibliografía adicional en castellano

J.J. Bartolome, *El Evangelio y su verdad. La justificación por la fe y su vivencia en común. Un estudio exegético de Gal 2,5.14*. Roma, 1988.

Jordi Sánchez Bosch, *Escritos Paulinos*, Introducción al Estudio de la Biblia, 7, Estella: Ed. Verbo Divino, 1998.

José M. Bover, *Teología de San Pablo*, Madrid: Biblioteca de Autores Cristianos, 1967.

⸺. "Valor de los términos 'Ley', 'Yo', 'Pecado' en Rom. VII," *Bib* 5 (1924): 192–196.

Rudolf Bultmann, *Teología del Nuevo Testamento*, Salamanca, 1981, Traducción de *Theologie des Neuen Testaments*, Tübingen, 1965, 5ª ed.

M. G. Cordero, *Teología de la Biblia II and III: Nuevo Testamento*, Madrid, 1972.

Juan Miguel Díaz-Rodelas, *Pablo y la ley: la novedad de Rom 7,7–8,4 en el conjunto de la reflexión paulina sobre la ley*, Institución San Jerónimo, 28, Estella: Ed. Verbo Divino, 1994.

Georg Eichholz, *El Evangelio de Pablo: Esbozo de la Teología Paulina*, Salamanca: Ed. Sígueme, 1977.

Joseph A. Fitzmyer, *Teología de San Pablo*, Traducción de *Pauline Theology: A Brief Sketch*, 1967. Madrid: Ed. Cristiandad, 1975.

Joachim Gnilka, *Teología del Nuevo Testamento*, Traducción de *Theologie des Neuen Testaments*, 1994, Madrid: Editorial Trotta, 1998.

George Eldon Ladd, *Teología del Nuevo Testamento*. Traducción de *A Theology of the New Testament*, Revised Edition, Colección IBSTE, Terrassa: Ed. Clie, 2002.

Eduard Lohse, *Teología del Nuevo Testamento*, Traducción de *Grundriss der Neutestamentlichen Theologie*, 1975, por Antonio Piñero, Madrid: Ed. Cristiandad, 1978.

L. Lopez, "Ley y libertad en San Pablo," *Studiem* 10 (1970): 53–82.

T. W. Manson, *Cristo en la Teología de Pablo y Juan*, Traducción de *On Paul and John*, 1967, Madrid: Ed. Cristiandad, 1975.

M. Meinertz, *Teología del Nuevo Testamento*, Traducción de *Theologie des Neuen Testaments*, 2 vols., Madrid: 1966.

Alberto de Mingo Kaminouchi, "Fe en Cristo e identidades excluyentes, una relectura de la Carta a los Gálatas," *Moralia* (Madrid) 24 (2–3, 01) 153–72.

Este artículo, que incluye una descripción y crítica de la gran obra de E.P. Sanders, *Paul and Palestinian Judaism*, junto con el de Matthew C. Williams, son las mejores introducciones al tema de la "nueva perspectiva" en estudios paulinos en castellano.

P. Pastor Ramos, *La libertad en la Carta a los Gálatas: Estudio exegético-teológico*, Madrid/Valencia, 1977.

---

* Para aquellos que dan sus primeros pasos en la investigación paulina, hemos marcado las obras introductorias y sencillas con un asterisco.

M. Pérez Fernández, "El numeral eij» en Pablo como título cristológico: Rom 5,12–19; Gal 3,20; cf. Rom 9,10," *EstBíb* 41 (1983): 325–340.

Felipe F. Ramos, *El Nuevo Testamento: Presentación y contenido*, 2 tomos, Madrid: Sociedad de Educación Atenas, 1988, 1989.

Herman Ridderbos, El Pensamiento del apóstol Pablo. Grand Rapids: Libros Desafío, 2000.

K. H. Schelkle, *Teología del Nuevo Testamento*, 4 vols., Traducción de *Theologie des Neuen Testaments*, 4 vols., Barcelona, 1975–1978.

Frank Stagg, *Teología del Nuevo Testamento*, Traducción de *New Testament Theology*, 1962, El Paso, EE.UU.: Casa Bautista de Publicaciones, 1987 (1976).

F. Varo, "La lucha del hombre contra el pecado. Exégesis de Rom 7,14–25," *ScriptTheol* 16 (1984): 9–52

———. "El léxico del pecado en la Epístola de San Pablo a los Romanos," *ScriptTheol* 21 (1989): 99–116.

Matthew C. Williams, "El Estudio Paulino en los últimos 25 años," en F.F. Bruce, *Comentario de la Carta a los Gálatas*, Traducción de *Commentary of Galatians*, 1982, Colección IBSTE, Terrassa: Ed. Clie, 2002.

Este artículo, junto con el de Alberto de Mingo Kaminouchi, son las mejores introducciones al tema de la "nueva perspectiva" en estudios paulinos en castellano.[4]

---

[4] Wright, T. (2002). *El verdadero pensamiento de Pablo: Ensayo sobre la teología paulina*. (D. G. Bataller, Trans., N. A. Ozuna, A. F. Ortiz, L. R. Fernández, & J. O. Raya, Eds.) (pp. 195–206). Viladecavalls, Barcelona: Editorial Clie.

Made in the USA
Columbia, SC
19 August 2024